中华传世藏书

【图文珍藏版】

二十五史

姜涛⊙主编

线装书局

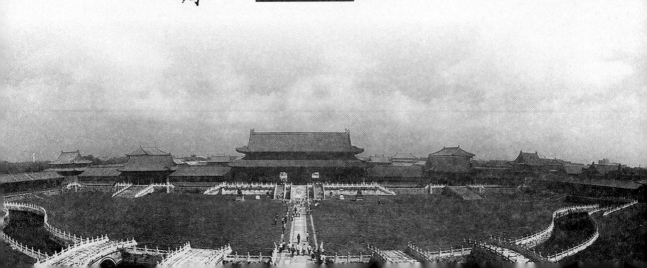

宗干传

【题解】

宗干,金大将,太祖完颜阿骨打之子,开国功臣,早年率兵出征,屡立战功,封为勃极烈。他又参与制定国典,奠定金朝典制。后病卒。

【原文】

宗干本名斡本,太祖庶长子。太祖伐辽,辽人来御,遇于境上。使宗干率众先往填堑,士卒毕渡。渤海军驰突而前,左翼七谋克少却,遂犯中军。果辄出战,太祖曰:"遇大敌不可易也。"使宗干止杲。宗干驰出杲前,控止导骑哲垤之马,杲乃还。达鲁古城之战,宗干以中军为疑兵。太祖既攻下黄龙府,即欲取春州。辽主闻黄龙不守,大惧,即自将,籍宗戚豪右少年与四方勇士及能言兵者,皆隶军中。宗干劝太祖毋攻春州,休息士卒,太祖以为然,遂班师。

宗干得降人,言春、泰州无守备,可取。于是斜也取春、泰州,宗雄、宗干等下金山县。宗雄即以兵三千属宗干,招集未降诸部。宗干择土人之才干者,以诏书谕之。于是女固、脾室四部及渤海人皆降。

太祖克临潢府,至沃黑河,宗干谏曰:"地远时暑,士疲马乏,若深入敌境,粮饷不继,恐有后艰。"上从之,遂班师。从都统杲取中京。宗干自北安州移书于杲。是时,希尹获辽人,知辽主在鸳鸯泺,可袭取之。杲不能决,宗干使再至。宗干谓杲曰:"移赉勃极烈灼见事机,再使来请,彼必不轻举。且彼已发兵,不可中止,请从其策。"再三言之,杲乃报宗干会奚王岭。当时无宗干,杲终无进兵意。既会军于羊城泺,杲使宗干与宗翰以精兵六千袭辽至五院司。辽主已遁去,与辽将耿守忠战于西京城东四十里,守忠败走。

太宗即位,宗干为国论勃极烈,与斜也同辅政。天会三年,获辽主于应州西余睹谷。始议礼制度,正官名,定服色,兴庠序,设选举,治历明时,皆自宗干启之。四年,官制行,诏中外。

十年,熙宗为谙班勃极烈、宗干为国论左勃极烈。熙宗即位,拜太傅,与宗翰等并领三省事。天眷二年,进太师,封梁宋国王,入朝不拜,策杖上殿,仍以杖赐之。宗干有足疾,诏设坐奏事。无何,监修国史。皇统元年,赐宗干辇舆上殿,制诏不名。

上幸燕京,宗干从。有疾,上亲临问。自燕京还,至野狐岭,宗干疾亟不行,上亲临问,语及军国事,上悲泣不已。明日,上及后同往视,后亲与宗干馈食,至暮而还。因赦罪囚,与宗干襄疾。居数日,薨。上哭之恸,辍朝七日。大臣死辍朝,自宗干始。上致祭,是日庚戌,太史奏戊亥不宜哭,上不听曰:"朕幼冲时,太师有保傅之力,安得不哭!"哭之恸,上生日不举乐。上还上京,幸其第视殡事。及丧至上京,上临哭之。及葬,临视之。

海陵篡立，追谥宪古弘道文昭武烈章孝睿明皇帝，庙号德宗，以故第为兴圣宫。大定二年，除去庙号，改谥明肃皇帝。及海陵废为庶人，二十二年，皇太子允恭奏，略曰："追惟熙宗世嫡统绪，海陵无道，弑帝自立，崇正昭穆，削其炀王，俾齿庶人之列。瘗之闲旷，不封不树，既已申大义而明至公矣。海陵追崇其亲，逆配于庙。今海陵既废为庶人，而明肃犹窃帝尊之名，列庙祧之数。海陵大逆，正名定罪，明肃亦当缘坐。是时明肃已殂，不与于乱，臣以谓当削去明肃帝号，止从旧爵。或从太祖诸王有功例，加以官封，明诏中外，俾知大义。"书奏，世宗嘉纳，下尚书省议。于是追削明肃帝号，封为皇伯、太师、辽王，谥忠烈，妻子诸孙皆从降。明昌四年，配享太祖庙廷。

【译文】

宗干的本名叫斡本，太祖完颜阿骨打的庶长子。太祖率军伐辽，辽军前来抵御，双方在边境相遇。太祖派宗干率部先去填平沟堑，使全军士卒得以通过。交战时，辽军中渤海人组成的军队冲锋在前，金军的左翼七谋克军向后退却，渤海军遂进攻金军中军。宗杲遇敌便出战，太祖说："遇到强敌不可轻视。"让宗干去制止宗杲出战。宗干纵马冲到宗杲的前面，控制了导骑哲埒的马，宗杲才退回。达鲁古城之战中，宗干率中军作为疑兵。太祖在攻下黄龙府之后，立即想攻取春州。辽朝皇帝听说黄龙府失守，非常恐惧，即亲自率军，征集宗室亲戚豪右少年子弟和四方勇士，以及懂得军事的人，都集合到军中。宗干劝太祖不要进攻春州，应休息士卒，准备大战。太祖认为有理，于是退军。

宗干得到投降的人，说春州和泰州没有守备，足以攻取。于是，斜也率军攻取了春州和泰州，宗雄和宗干等攻下了金山县。宗雄即以三千兵马交给宗干，让他招集没有降附的各部落。宗干选择土人中的那些有才干的人，以诏书晓谕他们。于是，女固、脾室四部和渤海人都来投降。

太祖率军攻克临潢府后，进兵至沃黑河。宗干劝太祖说："路程遥远，天气暑热，士疲马乏，如果深入敌境，粮运不继，恐怕以后遇危难。"太祖听从了宗干的话，于是退军。他又跟从都统宗杲攻取辽的中京。宗干从北安州传书给宗杲。当时，希尹俘辽人，得知辽朝皇帝在鸳鸯泺，可以袭取。宗杲接到宗干传书后，犹豫不决。宗干又一次派人来催。宗干对宗杲说："移赍勃极烈察事极明，两次派人来请，绝不是随便做的。而且他已经发兵，不可能中止，请您听从他的决策。"反复向宗杲请求，宗杲才派人回报宗干，与宗干相约在奚正岭会合。当时若没有宗干在，宗杲根本没有进军的意思。金军在羊城泺会合后，宗杲派宗干和宗翰以精兵六千袭击辽军，进至五院司，辽朝皇帝已经逃跑，和辽将耿守忠在辽西京城东四十里处大战，耿守忠战败逃走。

太宗即位后，宗干为国论勃极烈，和斜也共同辅政。天会三年，金军在应州西面的余睹谷俘虏辽朝皇帝。金朝开始议定礼乐制度，正官名、定服色、兴学校、设选举、制订历法以明时节，都是由宗干首倡。天会四年，官制订好推行，昭行中外。

天会十年，金熙宗为谙班勃极烈，宗干为国论左勃极烈。熙宗即皇帝位后，拜宗干为太傅，与宗翰等并领三省之事。天眷二年，进宗干为太师，封梁宋国王，上朝不拜，策杖上殿,仍以杖赐之。宗干有脚病,诏令他设坐奏事。不久,监督修撰国史。皇统元年,赐宗干乘辇舆上殿,制诏不名。

熙宗行幸燕京,宗干跟从。生了病,熙宗亲临探问。从燕京归还,到达野狐岭,宗干病情加剧,不能行动,熙宗亲自探望,谈到军国之事,熙宗悲哭不已。第二天,熙宗和皇后一起去探望,皇后亲自给宗干喂食,到天黑才回去。熙宗又下令赦免囚犯,以给宗干禳疾。过了几天,宗干病死。熙宗失声痛哭,为此辍朝七天。大臣死后辍朝从宗干开始。熙宗去祭祀,这天是庚戌日,太史启奏戌日和亥日不宜哭泣,熙宗不听,说:"我幼年时,太师有抚养之功,怎么能不哭呢?"哭得非常悲伤。熙宗在自己的生日也没有举乐,归还上京后,幸临宗干的家去看丧事办理。宗干的灵柩到达上京后,熙宗前去哭泣,并亲自为宗干送葬。

海陵王完颜亮篡位即皇帝位后,追谥宗干为宪古弘道文昭武烈章孝睿明皇帝,庙号德宗,以宗干原来居住的府第为兴圣宫。大定二年,又除去庙号,改谥为明肃皇帝。及海陵王被废为庶人,二十二年,皇太子允恭上奏,大略说:"熙宗世嫡统绪,海陵无道,杀帝自立,崇正昭穆,削其赐王之号,想使他列入庶人之列。又将他埋到闲旷之地,不封不树,现在已经申大公而明至大之义了。海陵追崇自己的亲人,而逆配于祖庙。现在,海陵既已废为庶人,而明肃仍然盗用皇帝之号,列于庙祧之数。海陵是大逆,正名定罪,明肃也应当连坐。当时明肃已经去世,没有参与逆乱,臣认为应当削去明肃的帝号,从其旧爵即可。或者依从太祖诸王有功的先例,加以官封,明诏中外,使知大义。"奏书上了之后,世宗认为正确,让尚书省议论此事。于是,追削宗干的明肃帝号,而封为皇伯、太师、辽王,谥号忠烈,妻子和诸孙都依例降级。明昌四年,使宗干配享于太祖庙廷。

完颜宗弼传

【题解】

宗弼(?~1148),又名兀术,金朝大将。初从完颜宗望追击辽天祚帝。天会三年(1125年),随军攻宋,屡战屡胜。七年任都监,率军渡过长江,攻陷临安,追宋高宗入海。次年,被韩世忠阻于黄天荡,相持四十八日才得渡江退去。未几,奉命入陕,与张浚大战于富平,力战得胜。后连年进攻秦岭北麓,均被吴玠击败。金熙宗时,封沈王,任右副元帅。天眷三年,进兵河南,屡为岳飞所败。皇统元年,率军渡淮,威逼宋廷签订屈服于金的和约,累晋太傅、太师。八年病卒。

【原文】

宗弼,本名斡啜,又作兀术,亦作斡出,或作晃斡出,太祖第四子也。

希尹获辽护卫习泥烈,问知辽帝猎鸳鸯泺。都统杲出青岭,宗望、宗弼率百骑与马和尚逐越卢孛古、野里斯等，驰击败之。宗弼矢尽。遂夺辽兵士枪，独杀八人，生获五人，遂审得辽主在鸳鸯泺畋猎，尚未去，可袭取者。

及宗望伐宋，宗弼从军，取汤阴县，降其卒三千人。至御河，宋人已焚桥，不得渡，合鲁索以七十骑涉之，杀宋焚桥军五百人。宗望遣吴孝民先入汴谕宋人，宗弼以三千骑薄汴城，宋上皇出奔，选百骑追之，弗及，获马三千而还。

宗望薨，宗辅为右副元帅，徇地淄、青。宗弼败宋郑宗孟数万众，遂克青州。复破贼将赵成于临朐，大破黄琼军，遂取临朐。宗辅军还，遇敌三万众于河上，宗弼击败之，杀万余人。

诏伐宋康王，宗辅发河北，宗弼攻开德府，粮乏，转攻濮州。前锋乌林荅泰欲破王善二十万众，遂克濮州，降旁近五县。攻开德府，宗弼以其军先登，奋击破之。攻大名府，宗弼军复先登，破其城。河北平。

宋主自扬州奔于江南，宗弼等分道伐之。进兵归德，城中有自西门北门出者，当海复败之。乃绝隍筑道，列炮隍上，将攻之，城中人惧，遂降。先遣阿里、蒲卢浑至寿春，宗弼军继之。宋安抚使马世元率官属出降。进降庐州，再降巢县王善军。当海等破郦琼万余众于和州，遂自和州渡江。将至江宁西二十里，宋杜充率步骑六万来拒战，鹘卢补、当海、迪虎、大㪷合击破之。宋陈邦光以江宁府降。留长安奴、斡里也守江宁。使阿鲁补、斡里也别将兵徇地，下太平州、濠州及句容、溧阳等县，沂江而西，屡败张永等兵，杜充遂降。

宗弼自江宁取广德军路，追袭宋主于越州。至湖州，取之。先使阿里、蒲卢浑趋杭州。具舟于钱塘江。宗弼至杭州，官守巨室皆逃去，遂攻杭州，取之。宋主闻杭州不守，遂自越奔明州。宗弼留杭州，使阿里、蒲卢浑以精兵四千袭之。讹鲁补、术列速降越州。大㪷破宋周汪军，阿里、蒲卢浑破宋兵三千，遂渡曹娥江，去明州二十五里，大破宋兵，追至其城下。城中出兵，战失利，宋主走入于海。宗弼中分麾下兵，会攻明州，克之。阿里、蒲卢浑泛海至昌国县，执宋明州守赵伯谔，伯谔言"宋主奔温州，将自温州趋福州矣。"遂行海追三百余里，不及，阿里、蒲卢浑乃还。

宗弼还自杭州，遂取秀州。赤盏晖败宋军于平江，遂取平江。阿里率兵先趋镇江，宋韩世忠以舟师扼江口，宗弼舟小，契丹、汉军没者二百余人，遂自镇江沂流西上。世忠袭之，夺世忠大舟十艘，于是宗弼循南岸，世忠循北岸，且战且行。世忠艨艟大舰数倍宗弼军，出宗弼军前后数里，击柝之声，自夜达旦。世忠以轻舟来挑战，一日数接。将至黄天荡，宗弼乃因老鹳河故道开三十里通秦淮，一日一夜而成，宗弼乃得至江宁。挞懒使移剌古自天长趋江宁援宗弼，乌林荅泰欲亦以兵来会，连败宋兵。

宗弼发江宁，将渡江而北。宗弼军渡自东，移剌古渡自西，与世忠战于江渡。世忠分舟师绝江流上下，将左右掩击之。世忠舟皆张五纲，宗弼选善射者，乘轻舟，以火箭射世忠舟上五纲，五纲著火箭，皆自焚，烟焰满江，世忠不能军，追北㪷七十里，舟军歼焉，世忠仅能自免。

宗弼渡江北还，遂从宗辅定陕西。与张浚战于富平，宗弼陷重围中，韩常流矢中目，怒拔去其矢，血淋漓，以土塞创，跃马奋呼搏战，遂解围，与宗弼俱出。既败张浚军于富平，遂与阿卢补招降熙河、泾原两路。及攻吴玠于和尚原，抵险不可进，乃退军，伏兵起，且战且走，行三十里，将至平地，宋军阵于山口，宗弼大败，将士多战没。明年，复攻和尚原，克之。天会十五年，为右副元帅，封沈王。

天眷元年，挞懒、宗磐执议以河南之地割赐宋，诏遣张通古等奉使江南。明年，宋主遣端明殿学士韩肖胄奉表谢，遣王伦等乞归父丧及母韦氏兄弟。宗弼自军中入朝，进拜都元帅。宗弼察挞懒与宋人交通赂遗，遂以河南、陕西与宋，奏请诛挞懒，复旧疆。是时，宗磐已诛，挞懒在行台，复与鹘懒谋反。会置行台于燕京，诏宗弼为太保，领行台尚书省，都元帅如故，往燕京诛挞懒。挞懒自燕京南走，将亡入于宋，追至于祁州，杀之。

诏"诸州郡军旅之事，决于帅府。民讼钱谷，行台尚书省治之。"宗弼兼总其事，遂议南伐。太师宗干以下皆曰："构蒙再造之恩，不思报德，妄自鸥张，祈求无厌，今若不取，后恐难图。"上曰："彼将谓我不能奄有河南之地。且都元帅久在方面，深究利害，宜即举兵讨之。"遂命元帅府复河南疆土，诏中外。

宗弼由黎阳趋汴，右监军撒离喝出河中趋陕西。宋岳飞、韩世忠分据河南州郡要害，复出兵涉河东，驻岚、石、保德之境，以相牵制。宗弼遣孔彦舟下汴、郑两州，王伯龙取陈州，李成取洛阳，自率众取亳州及顺昌府，嵩、汝等州相次皆下。时暑，宗弼还军于汴，岳飞等军皆退去，河南平，时天眷三年也。上使使劳问宗弼以下将士，凡有功军士三千，并加忠勇校尉。攻岚、石、保德皆克之。

宗弼入朝，是时，上幸燕京，宗弼见于行在所。居再旬，宗弼还军，上起立酌酒饮之，赐以甲胄弓矢及马二匹。宗弼已启行四日，召还。至日，希尹诛。越五日，宗弼还军，进伐淮南，克庐州。

上幸燕京。宗弼朝燕京，乞取江南，上从之。制诏都元帅宗弼比还军与宰臣同入奏事。俄为尚书左丞相兼侍中、太保、都元帅，领行台如故。诏以燕京路隶尚书省，西京及山后诸部族隶元帅府。乃还军，遂伐江南。既渡淮，以书责让宋人，宋人答书乞加宽宥。宗弼令宋主遣信臣来禀议，宋主乞"先敛兵，许弊邑拜表阙下"，宗弼以便宜约以画淮水为界。上遣护卫将军撒改往军中劳之。

皇统二年二月，宗弼朝京师，兼监修国史。宋主遣端明殿学士何铸等进誓表，其表曰："臣构言，今来画疆，合以淮水中流为界，西有唐、邓州割属上国。自邓州西四十里并南四十里为界，属邓州。其四十里外并西南尽属光化军，为弊邑。沿边州城，既蒙恩造，许备藩方，世世子孙，谨守臣节。每年皇帝生辰并正旦，遣使称贺不绝。岁贡银、绢二十五万两、匹，自壬戌年为首，每春季差人般送至泗州交纳。有渝此盟，明神是殛，坠命亡氏，踣其国家。臣今既进誓表，伏望上国蚤降誓诏，庶使弊邑永有凭焉。"

宗弼进拜太傅。乃遣左宣徽使刘筈使宋，以衮冕圭宝珮璲玉册册康王为宋帝。其册文曰："皇帝若曰：咨尔宋康王赵构。不吊，天降丧于尔邦，亟渎齐盟，自贻颠覆，俾尔越在江表。用勤我师旅，盖十有八年于兹。朕用震悼，斯民其何罪？今天其悔祸，诞诱尔衷，封奏狎至，愿身列于藩辅。今遣光禄大夫、左宣徽使刘筈等持节册命尔为帝，国号宋，世服臣职，永为屏翰。呜呼钦哉，其恭听朕命。"仍诏天下。赐宗弼人口牛马各千、驼百、羊万，仍每岁宋国进贡内给银、绢二千两、匹。

宗弼表乞致仕，不许，优诏答之，赐以金券。皇统七年，为太师，领三省事，都元帅、领行台尚书省事如故。皇统八年，薨。大定十五年，谥忠烈。十八年，配享太宗庙廷。子亨迭。

【译文】

宗弼，本名斡啜，又叫兀术，也叫斡出，或者叫晃斡出，是金太祖的第四个儿子。

希尹俘获了辽国的护卫习泥烈，审问得知辽帝在鸳鸯泺射猎。都统果出兵青岭，宗望、宗弼率领一百名骑兵与马和尚追击越卢孛古、野里斯等人，急驰赶上并打败了他们。宗弼的箭射光了，于是夺过辽兵的枪，一人杀死了八个人，生俘了五个人，审问得知辽主正在鸳鸯泺打猎还没有离去，可以突然袭击并抓获他。

等到宗望讨伐宋朝的时候，宗弼率部随行，夺取了汤阴县，降服了宋兵三千人。进至御河，宋人已烧毁桥梁，无法渡过，合鲁索率七十名骑兵涉水而过，杀死烧桥的宋军士兵五百人。宗望派吴孝民先行进入汴京谕告宋人，宗弼率三千名骑兵逼近汴京城，宋朝太上皇出逃，宗弼选一百名骑兵追赶他，没有追上，缴获了三千匹马而回。

宗望去世，宗辅担任右副元帅，攻略淄、青二州。宗弼打败了宋将郑宗孟的部队好几万人，于是攻克了青州。又在临朐击败贼将赵成，大破黄琼的部队，于是攻取了临朐。宗辅的部队回师，在黄河边遇到敌军三万人，宗弼击败了他们，杀死了一万余人。

皇帝命令讨伐宋朝的康王，宗辅从河北出发，宗弼攻打开德府，军粮缺乏，转而攻打濮州。前锋乌林荅泰欲击败王善二十万人马，于是攻克了濮州，降服旁近五个县。攻打开德府时，宗弼率所部首先登上城墙，奋力拼杀，击败敌军。攻打大名府之战，宗弼的部队再次首先登上城墙，攻占此城，河北平定。

宋朝皇帝自扬州逃到江南，宗弼等人分道进讨。进兵归德，城中有从西门、北门出来的部队，当海又打败了他们。于是断绝城壕修筑道路，在城壕上架起了火炮，将要攻打时，城中的人害怕，于是出降。先派阿里、蒲卢浑到寿春，宗弼的部队接着进发。宋朝安抚使马世元率领官属出降。进兵降服了庐州，降服了巢县王善的部队。当海等在和州打败了郦琼的一万多人，于是从和州渡过长江。将要进至江宁以西二十里的地方，宋将杜充率领步兵和骑兵六万人来迎战，鹘卢补、当海、迪虎、大臭联合击败了他。宋将陈邦光率江宁府投降。留下长安奴、斡里也镇守江宁。另外派阿鲁补、斡里也率队攻取土地。攻下太平州、濠州以及句容、溧阳等县，沿江西进，屡次击败张永等人的部队，杜充于是投降。

宗弼从江宁攻取广德军路，在越州追击宋朝皇帝，到达湖州，攻取了它。先令阿里、蒲卢浑直奔杭州，在钱塘江准备船只。宗弼到杭州，官吏和富户都逃走了，于是下令攻打杭州，夺取了该城。宋朝皇帝听说杭州失守，于是从越州逃奔明州。宗弼留在杭州，派遣阿里、蒲卢浑用精兵四千袭击明州。讹鲁补、术列速降服越州，大臭击败宋将周汪部，阿里、蒲卢浑打败了宋兵三千人，于是渡曹娥江，距明州二十五里，大败宋兵，追到明州城下。城中宋兵杀出，战斗失利，宋朝皇帝逃奔于海中。宗弼平分手下人马，合力攻打明州，拿下了它。阿里、蒲卢浑渡海到达昌国县，拘捕了宋明州守官赵伯谔，伯谔说："宋帝逃奔温州，将从温州直接到福州。"于是走海路追了三百余里，没有追上，阿里、蒲卢浑就回来了。

宗弼从杭州撤回，夺取了秀州。赤盏晖在平江打败宋军，于是夺取了平江。阿里率兵先行奔赴镇江，宋将韩世忠率水军船队扼守住长江口，宗弼的船小，契丹、汉军淹死了有二百多人，于是从镇江溯江水西行。世忠攻打他们，被宗弼夺取了大船十艘，于是宗弼沿着南岸，世忠沿着北岸，一边交战一边行进。世忠的巨船大舰数倍于宗弼军，出没于宗弼军的前后数里，敲打木梆的声音，自夜里响到天亮。世忠乘轻快的小船前来挑战，一天要接战数次。将要到黄天荡时，宗弼沿着老鹳河的故道开掘三十里通向秦淮河，一天一夜就挖成了。宗弼于是得以到达江宁。挞懒命令移刺古从天长赴江宁援助宗弼，乌林荅泰欲也带兵来会合，连连击败宋兵。

宗弼自江宁出发，将要渡过长江北上。宗弼的部队从东边渡江，移刺古从西边渡江，与世忠战于长江渡口。世忠分船队阻绝了江水上下游，准备从左右两侧乘虚进击。世忠的每条船上都设有用以测风向的鸡羽毛，宗弼挑选善于射箭的士兵，乘着轻便的小船，用火箭射世忠船上的鸡羽毛，鸡羽毛被火箭射中，都自行燃烧开来，烟焰满江，世忠溃不成军，败退七十里，水军被歼灭，只有世忠逃走了。

韩世忠与梁红玉

宗弼渡过长江北还，于是跟从宗辅平定陕西。与张浚在富平作战，宗弼身陷重重包围之中。韩常被流箭射中眼睛，使劲拔出箭，鲜血淋漓，用土敷住伤口，跃马大叫着与敌格斗，于是解除了包围，与宗弼一起撤出。在富平打败了张浚的部队之后，就与阿卢补招降了熙河、泾原两路。等到在和尚原进攻吴玠时，遇到险阻无法前进，就撤回军队，宋军伏兵出现，边战边行，走了三十里，将要走到平地时，宋军在山口列阵而待，宗弼军被打得大败，将士大多阵亡。第二年，再次攻打和尚原，拿下了它。天会十五年，担任右副元帅，被封为沈王。

天眷元年，挞懒、宗磐坚持主张把河南地区割赐给宋朝，皇帝派张通古等出使江南。第二年，宋朝皇帝派端明殿学士韩肖胄奉表前来致谢，派王伦等人请求归葬父亲及归还母亲韦氏兄弟。宗弼从军中入朝，晋升为都元帅。宗弼调查到挞懒与宋人交结并接受贿赂，把河南、陕西送给宋朝的行为，就上奏请求诛杀挞懒，恢复原来的疆域。这个时候，宗磐已被处死，挞懒在行台，又与鹘懒谋反。正赶上在燕京设置行台，皇帝命宗弼担任太保，统领行台尚书省，依旧担任都元帅，前往燕京诛杀挞懒。挞懒从燕京南逃，将要逃入宋境，宗弼追到祁州，杀了他。

皇帝下令："各州郡的军旅之事，决定于元帅府。民间的诉讼及钱粮之事，由行台尚书省治理。"宗弼兼总其事，于是讨论南伐。太师宗干以下的文武百官们都说："赵构承蒙我们的再生恩德，非但不想报答，却妄自嚣张，祈求没有满足之时，现在如果不攻取他，以后恐怕就难以图谋了。"皇帝说："他们认为我不能全部占领河南，都元帅久任方面大员，深知其中的利与害，应该与上举兵讨伐他们。"于是命令元帅府收复河南疆土，并将诏令宣布朝廷内外。

宗弼从黎阳奔赴汴京，右监军撒离喝从河中出兵直趋陕西。宋将岳飞、韩世忠分别据守着河南各州郡的要害之处，同时又出兵进入河东，驻扎在岚州、石州、保德的边境，互相协作牵制金军。宗弼派孔彦舟攻克汴、郑两州，王伯龙攻取陈州，李成攻取洛阳，自己率领部队攻克亳州及顺昌府，嵩、汝等州相率被攻克。当时天热，宗弼把部队撤回汴京，岳飞等部队也都退走，河南平定，当时是天眷三年。皇帝派使者慰劳抚问宗弼以下的将士，立有战功的军士总共三千人，全都加官忠勇校尉。攻打岚州、石州、保德，并全部拿下。

宗弼入朝，当时，皇帝巡幸燕京，宗弼在皇帝居住的地方参见。住了二十天，宗弼返回部队，皇帝起立斟酒给他喝，赐给他甲胄、弓箭和两匹马。宗弼已经启程走了四天，皇帝又把他召回。到达那天，希尹被处死。过了五天，宗弼返回部队，进军讨伐淮南，攻克庐州。

皇帝巡幸燕京，宗弼到燕京朝见，请求攻取江南，皇帝听从了他的主张。诏令都元帅宗弼等回军之后与宰相共同入奏。不久被任命为尚书左丞相兼侍中、太保、都元帅、领行台如故。皇帝下诏命令燕京路隶属尚书省，西京及山后各部族隶属元帅府。宗弼回到部队，随即讨伐江南。渡过淮河之后，宗弼写信责问宋人，宋人回信请求加以宽恕。宗弼命令宋朝皇帝派遣可靠的大臣来禀告商议，宋朝皇帝请求"先收兵，允许敝邑拜表阙下"。宗弼以临机便宜行事之权与宋人相约划淮河为边界。皇帝派护卫将军撒改前往军中慰劳他。

皇统二年二月，宗弼入京师朝见，兼任监修国史。宋朝皇帝派遣端明殿学士何铸等来进奏誓表，表中说："臣赵构进言，现在来划分疆界，应以淮水中流为界，西边的唐、邓二州割属给贵国。从邓州以西四十里并向南四十里为界，属邓州。这四十里以外和西南全部属于光化军，为我国所有。沿边界的州城，既然承蒙恩造，允许作为藩属，世世子孙，将谨慎的恪守臣节。每年皇帝的生辰及正月旦日，派遣使臣称贺不绝。每年进贡银、绢二十五万两、匹，从壬戌年开始，每年春季差遣人员搬送到泗州交纳。如果违背这个盟约，明神加以诛戮，丢掉性命灭亡家族，颠覆他的国家。臣今天既已进上誓表，俯首盼望上国早日降下誓诏，以便让敝国永远有个凭据。"

宗弼进拜为太傅。于是派遣左宣徽使刘蘧出使宋朝，用衮冕、圭宝、珮璲、玉册册立康王为宋朝的皇帝。其册文说："皇帝这样说：宋康王赵构听命。你不为上天所怜恤，上天给你的邦国降下了死亡,你多次冒犯两国订立的盟约,自己招致颠覆,使你流离失所在江表,使我的军队备受辛劳,到现在已经十八年了。我十分震惊悲哀,这些百姓有什么罪?现在上天不愿再看见战祸,引导你的诚心,使你的密封的奏章能交替送来,甘愿列身于藩辅之国。今派光禄大夫、左宣徽使刘筹等拿着符节册命你为皇帝,国号为宋,世世履行臣子的职守,永远为大国的屏障。一定要恭敬啊,你要恭听我的命令。"仍旧把此诏布告天下。赏赐给宗弼人口、牛马各一千,骆驼一百,羊一万,并且每年从宋朝进贡的岁币内赐给他银、绢两千两、匹。

宗弼上表请求退休,皇帝不允许,用文辞美好的诏书回答了他,赐给他金券。皇统七年,担任太师,统领三省事,仍然兼任都元帅、领行台尚书省事。皇统八年,去世。大定十五年,朝廷给他的谥号为忠烈。十八年,灵牌安放太宗庙廷。他的儿子是孛迭。

韩企先传

【题解】

韩企先(1082~1146),辽兴中府(今辽宁朝阳)人,先世居蓟州玉田(今属河北)。中书令韩知古九世孙,辽末进士。辽朝灭亡后,又在金朝为官。刘彦宗去世后,代替他担任同中书门下平章事、知枢密院事,进任尚书左仆射兼侍中,为管领汉人地区的行政长官。天会十二年(1134),升为尚书右丞相,应召至上京进见太宗,参与制定制度,擢用汉人官员。皇统元年(1141),封为濮王。六年(1146)病死。金世宗称他为"汉人宰相中的第一人",谥"简懿",配享太宗庙庭。

【原文】

韩企先,燕京人。九世祖知古,仕辽为中书。徙居柳城,世贵显。

乾统中,企先中进士第,回翔不振。都统杲定中原,擢枢密副都承旨,稍迁转运使。宗翰为都统经略山西,表署西京留守。天会六年,刘彦宗死,企先代之,同中书门下平章事、知枢密院事。七年,迁尚书左仆射兼侍中,封楚国公。

初,太祖定燕京,始用汉官宰相赏左企弓等,置中书省、枢密院于广宁府,而朝廷宰相自用女真官号。太宗初年,无所改更。及张敦固伏诛,移置中书、枢密于平州,蔡靖以燕山降,移至燕京,凡汉地选授调发租税皆承制行之。故自时立爱、刘彦宗及企先辈,官为宰相,其职大体如此。斜也、宗翰当国,劝太宗改女真旧制,用汉官制度。天会四年,始定官制,立尚书省以下诸府寺。

十二年,以企先为尚书右丞相,召至上京。入见,太宗甚惊异曰:"朕畴昔曾梦此人,今果见之。"于是,方议礼制度,损益旧章。企先博通经史,知前代故事,或因或革,咸取折衷。企先为相,每欲为官择人,专以培植奖励后进为己责任。推毂士类,甄别人物,一时台省多君子。弥缝缺漏，密谟显谏，必咨于王。宗翰、宗幹雅敬重之，世称贤相焉。

皇统元年，封濮王。六年死。年六十五。正隆二年，例降封齐国公。大定八年，配享太宗庙庭。

十年，司空李德固孙引庆求袭其祖猛安，世宗曰："德固无功，其猛安且缺之。汉人宰相惟韩企先最贤，他不及也。"十一年，将图功臣像于衍庆宫，上曰："丞相企先，本朝典章制度多出斯人之手，至于关决大政，与大臣谋议，不使外人知之，由是无人能知其功。前后汉人宰相无能及者，置功臣画像中，亦足以示劝后人。"十五年，谥"简懿"。

【译文】

韩企先，燕京人。九世祖韩知古，在辽朝做官，为中书令，移居柳城，世代富贵显赫。

乾统年间，韩企先考中进士，盘旋留滞，不得进用。都统完颜杲平定中京，提拔韩企先为枢密副都承旨，逐渐升为转运使。完颜宗翰任都统经营治理山西时，上表让韩企先代理西京留守。太宗天会六年，刘彦宗去世，韩企先代替他担任同中书门下平章事、知枢密院事。七年，升任尚书左仆射兼侍中，封为楚国公。

起初，太祖平定燕京，开始用汉官赏赐左企弓等人，在广宁府设中书省、枢密院，而朝廷的宰相则用女真自己的官号。太宗初年，没有什么改变。等到张敦固被处死，把中书省、枢密院移到平州，蔡靖献燕山之地投降，又移到燕京，凡是汉人地区选任官职、征调租税等事，都由燕京中书省和枢密院根据朝廷的命令进行管理。所以从时立爱、刘彦宗到韩企先等人在任宰相时，他们的职掌大体上都是这样。斜也、宗幹主持国政，建议太宗改革女真族的传统制度，采用汉人的官制。天会四年，才开始确定官制，设置尚书省以下各级官署机构。

天会十二年，任命韩企先为尚书右丞相，召他到上京。进宫拜见，太宗十分惊异地说："我以前曾梦见此人，今天果然看到了。"这时，朝廷正讨论礼仪制度，改革以前旧的规章。韩企先学识广博、贯通经史，了解前代旧制，有的继承，有的更改，都使之调和中正、没有偏颇。韩企先做宰相，每次都要选拔有才能的人出任官职，专门以培植和奖掖晚辈后生为自己的责任。推荐读书人，鉴别人才，一时间台省多由有德行的君子担任官职。弥补政事的缺漏和不足，在进行秘密的策划和公开的谏劝时，必定向诸王征求意见。宗翰、宗幹都很敬重他，当时的人称他为贤明的宰相。

熙宗皇统元年，韩企先被封为濮王。六年，韩企先去世，终年六十五岁。海陵王正隆二年，降封为齐国公。世宗大定八年，诏令韩企先配享太宗庙庭。

大定十年，司空李德固的孙子李引庆请求继承他祖父的猛安爵号。世宗说："李德固没有什么功劳，他的猛安称号姑且空缺。汉人宰相只有韩企先最为贤明，其他人比不上。"十一年，将在衍庆宫画功臣像时，皇上说："丞相韩企先，本朝的典章制度多是由他制定的，至于处理和决定国家大事，都与大臣们谋划商议，不让外人知道，所以没有人能够知道他的功劳。前后汉人宰相中没人能比得上他，把他安置在功臣像里面，也足以昭示和勉励后人。"十五年，赐韩企先谥号为"简懿"。

张中彦传

【题解】

张中彦(？~1166)字才甫,原籍安定州(今甘肃定西)。历任金彰武军承宣使,秦凤经略使。后南归任宋龙神卫四厢都指挥使,靖海军节度使。又北去任金靖难军节度使,西蜀道行营副都统制,吏部尚书,真定尹、兼河北西路兵马都总管,后在任所病故,享年七十五岁。

张中彦生当宋金对峙时期,他长期参与了宋金战争,虽然并非决策者却也是一个重要人员。长期战争的结果使女真与南宋两败俱伤,筋疲力尽。他是一个比较好的地方长官,刚正不阿,能主持公道,聪明机智而又细心负责,做过一些好事,得到百姓的爱戴。

他曾建筑架空道路用以运输巨木,又开通关洛水道,作浮桥;创"鼓子卯"结构制作船模,创制简易的船舶下水滑道等等,这些都表现出他的聪明和才智,在我国科技史上具有一定意义。综观他的一生确实是一个比较复杂的历史人物,其中部分原因固然是当时的环境所造成,而他本人终究不能辞其责,但在历史上不失为一个能为政府和百姓办事的地方长官,一位有名望的造船专家和道路桥梁专家。

【原文】

张中彦字才甫,中孚弟。少以父任仕宋,为泾原副将,知德顺军事。睿宗经略陕西,中彦降,除招抚使。从下熙、河、阶、成州,授彰武军承宣使,为本路兵马钤辖,迁都总管。

宋将关师古围巩州,与秦凤李彦琦会兵攻之。王师下饶风关,得金、洋诸州,以中彦领兴元尹,抚辑新附。师还,代彦琦为秦凤经略使。秦州当要冲而城不可守,中彦徙治北山,因险为垒,今秦州是也。筑腊家诸城,以扼蜀道。帅秦凡十年,改泾原路经略使,知平凉府。

朝廷以河南、陕西赐宋,中孚以官守随,例当留关中。熙河经略使慕洧谋入夏,将阚关、陕,中彦与环庆赵彬会两路兵讨之,洧败入于夏。中彦与兄中孚俱至临安,被留,以为龙神卫四厢都指挥使,清远军承宣使,提举佑神观,靖海军节度使。

皇统初,恢复河南,诏征中彦兄弟北归,为静难军节度使,历彰化军、凤翔尹,改尹庆阳,兼庆原路兵马都总管、宁州刺史。宗室宗渊殴死僚佐梁郁,郁,远人家贫无能赴告者。中彦力为正其罪,竟置于法。改彰德军节度使,增赋调法,奸豪无所蔽匿,人服其明。

正隆营汴京新宫,中彦采运关中材木。青峰山巨木最多,而高深阻绝,唐宋以来不能致。中彦使构崖驾壑,起长桥十数里,以车运木,若行平地,开六盘山水洛之路,遂通汴梁。明年,作河上浮梁,复领其役。舟之始制,匠者未得其法,中彦手制小舟才数寸许。不假胶漆而首尾自相钩带,谓之"鼓子卯",诸匠无不骇服,其智巧如此。浮梁巨舰毕功,将发旁郡民曳之就水。中彦召役夫数十人，治地势顺下倾泻于河，取新秫稭密布於地，复以大木限其旁，凌晨督众乘霜滑曳之，殊不劳力而致诸水。

俄迁平阳。海陵将伐宋，驿召赴阙，授西蜀道行营副都统制，赐细铠，使先取散关俟后命。

世宗即位，敕书至凤翔，诸将惶惑不能决去就，中彦晓譬之，诸将感悟，受诏。上召中彦入朝，以军付统军合喜。及见，上赐以所御通犀带，封宗国公。寻为吏部尚书。上书曰："古者关市讥而不征，今使掌关市者征而不讥。苟留行旅，至披剔囊箧甚於剽掠，有伤国体，乞禁止。"从之。

逾年，除南京留守。时淮楚用兵，土民与戍兵杂居，讼牒纷纭，所司皆依违不决。中彦得戍兵为盗者，悉论如法，帅府怒其专决，劾奏之，朝廷置而不问。秩满，转真定尹兼河北西路兵马都总管。未几，致仕，西归京兆。明年，起为临洮尹兼熙秦路兵马都总管。巩州刘海构乱，既败，籍民之从乱者数千人，中彦惟论为首者戮之。西羌吹折、密臧、陇逋、庞拜四族恃险不服，使侍御史沙醇之就中彦论方略，中彦曰："此羌服叛不常，若非中彦自行，势必不可。"即至积石达南寺，酋长四人来，与之约降，事遂定，赏赐遣之。还奏，上大悦，遣张汝王驰驿劳之，赐以球文金带，用郊恩加仪同三司。以疾卒官，年七十五。百姓哀号辍市，立像祀之。

【译文】

张中彦，字才甫，是张中孚的弟弟。少年时以父荫在宋朝为官，任泾原副将、知德顺军事。金睿宗进军陕西，中彦投降，授职招抚使。侍从睿宗攻下熙、河、阶、成等州，升任彰武军承宣使，兼本路兵马钤辖，其后又升任本路兵马都总管。

宋将关师古围攻巩州，中彦与驻守于秦凤的李彦琦部联合进攻。金兵攻破骁凤关，获得金、洋等州。朝廷简派中彦为兴元尹，安抚新归附的各州。后来金兵撤回北方，中彦代李彦琦任秦凤经略使。秦州地当交通要冲，易攻难守，中彦将治所迁移到北山，就地势险要处建筑城堡，这就是今日的秦州。又建筑腊家等城以控制进入四川的通道。中彦担任秦凤部队的统帅共十年，以后调任泾原路经略使、知平凉府事。

金邦将河南、陕西归还宋朝，张中孚照例应当以当地地方官身份留守关中。熙河经略使慕洧图谋叛归西夏，将伺机侵犯关中、陕西，中彦与怀庆的赵彬会合两路兵马进行讨伐，洧兵战败逃入西夏。中彦与兄中孚都来到临安，被宋朝慰留，并任命中彦为龙神卫四厢都指挥使，靖远军承宣使、佑神观提举、靖海军节度使。

皇统初年，金兵恢复河南，金邦皇帝下诏命中彦兄弟北归，并任命中彦为靖难军节度使，后任彰化军节度使、凤翔尹，又调任庆阳尹，兼任庆原路兵马都总管、宁州刺史。其时金朝的宗室宗渊打死了部属梁郁，梁郁是远方的穷苦人，没有人能为他上告；中彦秉公力争，终于将宗渊定罪，依法予以惩处。其后调任彰德军节度使，在任上实施有利于平均赋调的征收制度，使土豪劣绅都不能逃避赋税，人们都很佩服他的公正廉明。

正隆年间金朝在汴京营建新宫，中彦负责采运关中木材。巨大的木材以青峰山为最多,但山高壑深,道路阻绝,唐、宋以来都无法采运,中彦命人在崖边凿道,壑上架桥,建造了十几里长的道路和桥梁,这样,用车运送木材,如同在平地运送一般。他又开辟了六盘山航道,由水路通到洛阳,于是西北山区的航运得以直达汴梁。明年,在黄河上建设浮桥,又是中彦领导这项工程。开始造船时,工匠不能掌握制造桥船的办法,中彦亲手制作的船舶模型只有几寸大,不用胶漆粘连,而构件的头尾自相连接,这种结构方法称为“鼓子卯”,工匠们看了无不惊骇叹服,他的聪明智巧就是这般高超。当架设浮桥用的大船建造完成时,承办人就准备调用邻县的民工来拖船下水。这时,中彦招来几十名壮工,就着地势整修河岸,使其成为斜坡直达水面,然后用新秫稭密密地排在地面上,再用大木从旁边压住,督率众工匠乘凌晨霜滑,拖船滑行,不费多大的力气,船舶便顺利下水了。

不久,中彦调任平阳。其时,海陵将进攻宋朝,派使者乘驿马急驰召中彦进京,授予西蜀道行营副都统制官职,赐给细铠,令中彦先攻取散关,再等候命令决定进止。

金世宗完彦雍即位,大赦天下的诏书送到凤翔,众将官都十分惶惑,不能决定动向,中彦多方晓喻譬解,诸将感动领悟,才决定接受诏书。皇上中命彦入朝,中彦将军队交付统军合喜。中彦入见世宗时,世宗将其佩戴的通犀带赐给中彦,并进封为宗国公。不久,就任命他为吏部尚书。中彦上书道:“古时候关市只查察而不收税;如今却命掌管关市的人征收税而不查察。对过往行旅客商都苛求留难,甚至打开行囊箱箧,任意搜刮,比抢劫还要厉害,实在有伤国家的大体和朝廷的法度,祈请圣上明令予以禁止。”世宗批准所请。

一年以后,朝廷简派中彦任南京(今开封)留守。当时正是淮楚地区进行军事行动之际,土民和戍守的兵卒混杂居住,下面送上来的诉讼状纸头绪纷繁,经管的官员都不知道对这些状纸如何处理。中彦查得戍兵有偷盗行为的,一概依法判处。当地的地区司令怪他专断,上奏章进行弹劾,朝廷也留中不发,不加闻问。中彦任满以后调任真定尹兼河北西路兵马都总管。不久,中彦退休,回到京兆府。

过了一年,朝廷又重行起用中彦为临洮尹兼熙秦路兵马都总管。当巩州刘海作乱失败以后,民众从乱被拘留的达几千人,中彦仅杀为首的人。西羌的吹折、密藏、陇逋、庞拜四族依仗着当地地势奇险,不服从金人的管辖,朝廷命侍御史沙醇之与中彦讨论处置方略,中彦道:“这些羌人服叛无常,中彦须得亲自去,否则难以妥善处理。”立即亲自到积石达南寺,到达以后,四名酋长来求见,中彦立刻与他们约定招降办法,事情就这样平定下来了。中彦赏赐他们以后随即遣返。沙醇之回朝奏闻招降经过。皇帝大喜,派张汝玉驰驿慰劳中彦,赐给中彦求文金带,赏用郊迎礼,并加“仪同三司”称号。其后因病在任上逝世,享年七十五岁。逝世以后,当地百姓罢市哀悼,并立像祭祀。

耶律履传

【题解】

耶律履(1130~1191),又作移剌履,辽国东丹王七世孙,金朝荫补为承奉班祗侯,累官至礼部尚书兼翰林直学士、尚书右丞。耶律履精通历法推算。大定年间（1161～1189），当时行用的《大明历》年久积差，日食预报连续失误。1180年，他编撰了《乙未元历》，受到广泛称赞，但未能被朝廷采用。

【原文】

移剌履字履道，辽东丹王突欲七世孙也。父聿鲁，早亡。聿鲁之族兄兴平军节度使德元无子，以履为后。方五岁，晚卧庑下，见微云往来天际，忽谓乳母曰："此所谓'卧看青天行白云者'耶？"德元闻之，惊曰："是子当以文学名世。"及长，博学多艺，善属文。初举进士，恶搜检烦琐，去之。荫补为承奉班祗侯、国史院书写。

世宗方兴儒术，诏译经史，擢国史院编修官，兼笔砚直长。一日，世宗召问曰："朕比读《贞观政要》，见魏征嘉谋忠节，良可称叹。近世何故无如征者？"履曰："忠嘉之士，何代无之，但上之人用与不用耳。"世宗曰："卿不见刘仲海，张汝霖耶，朕超用二人者，以尝居谏职，屡有忠言故也。安得谓之不用，第人才难得耳。"履曰："臣未闻其谏也。且海陵杜塞言路，天下缄口，习以成风。愿陛下惩艾前事，开谏净之门，天下幸甚。"

初议以时务策设女真进士科，礼部以所学不同，未可概称进士，诏履定其事，乃上议曰："进士之科，起于隋大业中，始试以策。唐初因之，高宗时杂以箴铭赋诗，至文宗始专用赋。且进士之初，本专试策，今女真诸生以试策称进士，又何疑焉。"世宗大悦，事遂施行。十五年，授应奉翰林文字，兼前职，俄迁修撰。二十年，诏提控衍庆宫画功臣像，过期，降应奉。逾年，复为修撰，转尚书礼部员外郎。

章宗为金源郡王，喜读《春秋左氏传》，闻履博洽，召质所疑，履曰："左氏多权诈，驳而不纯。《尚书》《孟子》皆圣贤纯全之道，愿留意焉。"王嘉纳之。二十六年，进本部郎中，兼同修国史、翰林修撰，表进宋司马光《古文孝经指解》曰："臣窃观近世，皆以兵刑财赋为急，而光独以此进其君。有天下者，取其辞施诸宇内，则元元受赐。"俄以疾，乞补外，世宗曰："履多病，可与便州。"

遂授蓟州刺史。无几，召为翰林待制，同修国史。明年，擢尚书礼部侍郎，兼翰林直学士。

世宗崩，遗诏移梓宫寿安宫。章宗诏百官议，皆谓当如遗诏，履独曰："非礼也。天子七月而葬，同轨毕至。其可使万国之臣朝大行于离宫乎？"上曰："朕日夜思之，舍正殿而奠于别宫，情有所不忍，且于礼未安。"遂殡于大安殿。二十九年三月，进礼部尚书，兼翰林直学士，赐大定三年孟崇献榜下进士及第。七月，拜参知政事，提控刊修《辽史》。明昌元年，进尚书右丞。

初，河溢曹州，帝问曰："《春秋》二百四十二年，不言河决，何也？"履曰："《春秋》止是鲁史，所以鲜及他国事。"二年六月，薨。年六十一。是日，履所生也，谥曰文献。

履秀峙通悟，精历算书绘事。先是，旧《大明历》舛误，履上《乙未历》，以金受命于乙未也。世服其善。初，德元未有子，以履为后，既而生子震，德元殁，尽推家资与之。其自礼部兼直学士为执政，乃举前代光院故事，以钱五十万送学士院，学者荣之。

　　耶律履（又作移剌履），字履道，辽国东丹王耶律突欲的七世孙。父亲耶律聿鲁早年亡故。聿鲁的族兄兴平军节度使耶律德元无子，以耶律履为后。五岁时，夜间睡在窗下，看见薄云在天空中飘荡，忽然对奶妈说："这就是所谓'卧看青天行白云'吧？"德元得知很吃惊，说："这孩子将以文学而著名于世。"长大后，耶律履博学多才，擅长文学。参加科举考试时，厌恶烦琐严密的搜检制度而罢考。因前辈的官位得以出任承奉班祗候、国史院书写。

　　金世宗完颜雍当时提倡儒术，下令编译经史。耶律履被提拔为国史院编修官，兼任笔砚直长。一天，世宗问他："我常读《贞观政要》，见魏征足智多谋，忠心耿耿，实在值得称赞。如今为何没有像魏征这样的人？"耶律履说："忠诚能干的人，哪个朝代没有？只看当权的人用不用。"世宗说："您不见刘仲海、张汝霖吗？我重用这两个人，是因为他们曾任谏官，多次提出忠言。怎么说当权者不用？实在是人才难得呀。"耶律履说："我没听说他们有什么忠言。况且海陵王当政时闭塞言路。天下人都闭口不言，习以为风。希望陛下以前事为戒，广开言路，接受意见，那可就是天下幸事了。"当初有人提议以时务（按：治国方法）策论作为女真进士科目。礼部认为与一般科举所学不同，不应同称为进士。皇上和耶律履商量，他说："进士科目，起自隋朝大业年间。开始时以策论为考试方法。唐初沿用，到唐高宗时才加杂箴、铭、赋、诗等文体的考试，到唐文宗时才专门用赋来考试。进士考试，本来专门考试策论。如今女直诸生以策论考试称进士，又有什么可犹豫的呢？"世宗很高兴，于是得以施行。大定十五年（1175），任应奉翰林文字，兼任过去的职务。不久又任修撰。大定二十年（1180），奉命负责衍庆宫画功臣像事。误期，降为应奉。过了一年，又复任修撰，转任尚书省礼部员外郎。

　　金章宗完颜璟即位前为金源郡王，爱读《春秋左氏传》。听说耶律履博学，召他去答疑。耶律履说："《左氏传》多权诈，杂而不纯。《尚书》《孟子》都是古代圣贤完美无缺的道理，希望您用心学习。"郡王很赞成。大定二十六年（1186），升为礼部郎中，兼任同修国史、翰林修撰。送给皇帝宋朝司马光的《古文孝经指解》说："我看近世，都以兵、刑、财、赋税为重，而司马光却写这本书献给他的国君。当政的人按照这本书中的精神统治国家，老百姓就幸运了。"不久，因病请求外任。世宗说："耶律履多病，可以派他去近便的地方。"于是任命为蓟州刺史。没多久又召回，为翰林待制，同修国史。第二年，升为尚书省礼部侍郎，兼翰林直学士。

　　世宗去世，遗言将棺材移置寿安宫。章宗召百官商议，大家都同意遵命，唯独耶律履说："这样不合礼节。天子死后，经七个月下葬，各国都要来吊。哪能让万国使臣在行宫祭奠皇上呢？"章宗说："我日思夜想，舍正殿而在行宫祭奠，感情上不忍心，礼节上也不合。"于是在大安殿停灵。大定二十九年（公元1189年）三月，升任礼部尚书，兼翰林直学士，赐大定三年（公元1163年）孟崇献榜下进士及第，七月任参知政事，负责编修《辽史》。明昌元年（公元1190年）升任尚书右丞。

当初黄河于曹州决口。皇帝问："春秋二百四十二年，不记载黄河决口，这是为什么？"耶律履说："春秋只是鲁国的历史，所以很少有其他国家的事。"明昌二年(公元1191年)六月，耶律履去世，时年六十一岁。这一天正是他的生日。死后赠谥号文献。

耶律履聪明广博，精通历法计算，书法绘画。当初旧时使用《大明历》错误很多，他编《乙未历》献上，因金朝受命于乙未年而命名。乙未历受到广泛赞扬。当初耶律德元没有儿子，过继了耶律履，后来生了儿子耶律震。德元死后，耶律履将家产全部给了耶律震。他从礼部尚书兼任翰林直学士执掌政事时，以前代光院故事为例，将五十万钱送给学士院，受到学界的称赞。

杨云翼传

【题解】

杨云翼(1169~1228)，平定乐平人(今山西昔阳县)。金明昌五年(1194)，考取进士第一名。历任太学博士，太常寺丞，上京、东京等路按察司事等职。因为精通天文历法，任提点司天台，礼部、吏部郎中，礼部侍郎兼提点司天台等职。官至礼部、吏部尚书，御史中丞，太常卿、翰林学士。司天台有人进《太乙新历》，杨云翼奉命参订，摘出其中二十余条不合适的，历法专家都很信服。他的著作中有《五星聚井辩》一篇，《悬象赋》一篇，《勾股机要》《象数杂说》等都是与天文历算有关的。

【原文】

杨云翼字之美，其先赞黄檀山人，六代祖忠客迁平定之乐平县，遂家焉。曾祖青、祖郁、考恒皆赠官于朝。云翼天资颖悟，初学语辄画地作字，日诵数千言。登明昌五年进士第一，词赋亦中乙科，特授承务郎，应奉翰林文字。承安四年，出为陕西东路兵马都总管判官。泰和元年，召为太学博士，迁太常寺丞，兼翰林修撰。七年，签上京、东京等路按察司事，因召见，章宗咨以当世之务，称旨。大安元年，翰林承旨张行简荐其材，且精术数，召授提点司天台，兼翰林修撰，俄兼礼部郎中。崇庆元年，以病归。贞祐二年，有司上官簿，宣宗阅之，记其姓名，起授前职，兼吏部郎中。三年，转礼部侍郎，兼提点司天台。四年，大元及西夏兵入鄜延，潼关失守，朝议以兵部尚书蒲察阿里不孙为副元帅以御之。云翼言其人言浮于实，必误大事。不听，后果败。

兴定元年六月，迁翰林侍讲学士，兼修国史，知集贤院事，兼前职，诏曰："官制入三品者例外除，以卿遇事敢言，议论忠谠，故特留之。"时右丞相高琪当国，人有请榷油者，高琪主之甚力，诏集百官议，户部尚书高夔等二十六人同声曰可。云翼独与赵秉文、时戬等数人以为不可，议遂格。高琪后以事遣之，云翼不衅也。二年，拜礼部尚书。兼职如故。三年，筑京师子城，役兵民数万，夏秋之交病者相籍，云翼提举医药，躬自调护，多所全济。

四年，改吏部尚书。凡军兴以来，入粟补官及以战功迁授者，事定之后，有司苛为程式，或小有不合辄罢去。云翼奏曰："赏罚国之大信，此辈宜从宽录，以劝将来。"

是年九月，上召云翼及户部尚书夔、翰林学士秉文于内殿，皆赐坐，问以讲和之策，或以力战为言，上俯首不乐，云翼徐以《孟子》事大、事小之说解之，且曰："今日奚计哉，使生灵息肩，则社稷之福也。"上色乃和。

十一月，改御史中丞。宗室承立权参知政事，行尚书省事于京兆，大臣言其不法，诏云翼就鞫之，狱成，廷奏曰："承立所坐皆细事，不足问。向大兵掠平凉以西，数州皆破，承立坐拥强兵瞻望不进。鄜延帅臣完颜合达以孤城当兵冲，屡立战绩。其功如此，而承立之罪如彼，愿陛下明其功罪以诛赏之，则天下知所劝惩矣。自余小失，何足追咎。"承立由是免官，合达遂掌机务。

哀宗即位，首命云翼摄太常卿，寻拜翰林学士。正大二年二月，复为礼部尚书，兼侍读。诏集百官议省费，云翼曰："省费事小，户部司农足以办之。枢密专制军政，蔑视尚书。尚书出政之地，政无大小皆当总领。今军旅大事，社稷系焉，宰相乃不得预闻，欲使利病两不相蔽得乎？"上嘉纳之。

明年，设益政院，云翼为选首，每召见赐坐而不名。时讲《尚书》，云翼为言帝王之学不必如经生分章析句，但知为国大纲足矣。因举"任贤""去邪""与治同道""与乱同事""有言逆于汝心""有言逊于汝志"等数条，一皆本于正心诚意，敷绎详明。上听忘倦。寻进《龟鉴万年录》《圣学》《圣孝》之类凡二十篇。

当时朝士，廷议之际多不尽言，顾望依违，寝以成俗。一日，经筵毕，因言："人臣有事君之礼，有事君之义。礼，不敢齿君之路马，蹴其刍者有罚，入君门则趋，见君之几杖则起，君命召不俟驾而行，受命不宿于家，是皆事君之礼，人臣所当尽者也。然国家之利害，生民之休戚，一一陈之，则向所谓礼者特虚器耳。君曰可，而有否者献其否。君曰否，而有可者献其可。言有不从，虽引裾、折槛、断鞅、轫轮有不恤焉者。当是时也，姑徇事君之虚礼，则不知事君之大义，国家何赖焉。"上变色曰："非卿，朕不闻此言。"

云翼尝患风痹，至是稍愈，上亲问愈之之方，对曰："但治心耳。心和则邪气不干，治国亦然，人君先正其心，则朝廷百官莫不一于正矣。"上矍然，知其为医谏也。

夏人既通好，遣其徽猷阁学士李弁来议互市，往返不能决，朝廷以云翼往议乃定。五年卒，年五十有九，谥文献。

云翼天性雅重，自律甚严，其待人则宽，与人交分一定，死生祸福不少变。其于国家之事，知无不言。贞祐中，主兵者不能外御而欲取偿于宋，故频岁南伐。有言之者，不谓之与宋为地，则疑与之有谋。至于宰执，他事无不言者，独南代则一语不敢及。云翼乃建言曰："国家之虑，不在于未得淮南之前，而在于既得淮南之后，盖淮南平则江之北尽为战地，进而争利于舟楫之间，恐劲弓良马有不得骋者矣。彼若扼江为屯，潜师于淮以断馈道，或决水以潴淮南之地，则我军何以善其后乎。"及时全倡议南伐，宣宗以问朝臣，云翼曰："朝臣率皆谀辞，天下有治有乱，国势有弱有强，今但言治而不言乱，言强而不言弱，言胜而不言负，此议论所以偏也。臣请两言之。夫将有事于宋者，非贪其土地也，第恐西北有警而南又缀之，则我三面受敌矣，故欲我师乘势先动，以阻其进。借使宋人失淮，且不敢来，此战胜之利也。就如所料，其利犹未可必然。彼江之南其地尚广，虽无淮南岂不能集数万之众，伺我有警而出师耶。战而胜且如此，如不胜害将若何。且我以骑当彼之步，理宜万全，臣犹恐其有不敢恃者。盖今之事势与泰和不同，泰和以冬征，今我以夏往，此天时之不同也。冬则水涸而陆多，夏则水潦而涂淖，此地利之不同也。泰和举天下全力，驱纠军以为前锋，今能之乎？此人事之不同也。议者徒见泰和之易，而不知今日之难。请以夏人观之，向日弓箭手之在西边者，一遇敌则搏而战、袒而射，彼已奔北之不暇。今乃陷吾城而虏守臣，败吾军而禽主将。曩则畏我如彼，今则侮我如此。夫以夏人既非前日，奈何以宋人独如前日哉。愿陛下思其胜之之利，又思败之之害，无悦甘言，无贻后悔。"章奏不报。时全果大败于淮上，一军全没。宣宗责诸将曰："当使我何面目见杨云翼耶。"

河朔民十有一人为游骑所迫，泗河而南，有司论罪当死。云翼曰："法所重私渡者，防奸伪也。今平民为兵所迫，奔入于河，为追死之计耳。今使不死于敌而死于法，后唯从敌而已。"宣宗悟，尽释之。哀宗以河南旱，诏遣官理冤狱，而不及陕西。云翼言："天地人通为一体，今人一支受病则四体为之不宁，岂可专治受病之处而置其余哉。"朝廷是之。

司天有以《太乙新历》上进者，尚书省檄云翼参订，摘其不合者二十余条，历家称焉。所著文集若干卷，校《大金礼仪》若干卷，《续通鉴》若干卷，《周礼辨》一篇，《左氏》《庄》《列赋》各一篇，《五星聚井辩》一篇，《悬象赋》一篇，《勾股机要》《象数杂说》等著藏于家。

【译文】

杨云翼，字之美，祖先是赞黄檀山人。六代祖先杨忠迁至平定州乐平县，从此定居。曾祖父杨青、祖父杨郁、父亲杨恒都得追赠官职。杨云翼天资聪颖，刚学会说话就在地上画字。每天能背诵几千字的文章。金章宗明昌五年(1194)考取进士第一名，辞赋考试也得中乙科。特别任命为承务郎、应奉翰林文字。承安四年(1199)，出任陕西东路兵马都总管判官。泰和元年(1201)任太学博士，又任太常寺丞兼翰林修撰。泰和七年(1207)，任上京、东京等路按察司事，受到皇帝召见。章宗询问治国的方法，对他的回答很满意。卫绍王大安元年(1209)，翰林承旨张行简推荐他才能出众，精通历法计算，因而被任命为提点司天台，兼翰林修撰，不久又兼礼部郎中。崇庆元年(1212)因病退休。宣宗贞祐二年(1214)，有关部门进呈官员名册，皇上阅读时记起他的名字，又重新授予从前的职位，兼吏部郎中。贞祐三年(1215)转任礼部侍郎，兼任提点司天台。

贞祐四年(1216)，元朝和西夏兴兵入侵鄜延地区，潼关失守。朝廷计划派兵部尚书蒲察阿里不孙为副元帅出征御敌。杨云翼说该人言过于实，必误大事。他的意见未被采纳，后来果然失败。

兴定元年(1217)六月，升任翰林侍讲学士，兼修国史，知集贤院事，仍兼前职。皇帝下诏说："官阶达到三品，按惯例派往外地任职。因为你遇事敢言，忠诚正直，所以特地将你留下。"当时右丞相高琪当权，有人请求油由政府专卖，高琪极力赞成，召集百官商议。户部尚书高巘等二十六人同声赞成，唯独杨云翼和赵秉义、时戬等几个人认为不可行，事情因而搁置。高琪后来借故打击，杨云翼并不害怕。兴定二年(1218)，任礼部尚书，兼职如故。兴定三年(1219)兴建京城的子城，服役的军民数万人。夏秋之交时疾病流行。杨云翼负责医药，亲自治疗，治好了许多人。兴定四年(1220)改任吏部尚书。自从金朝建立以来，捐钱买官或以战功升职的人，有关当局考核苛刻，稍有小毛病就罢官。杨云翼向皇上建议："赏罚有关国家的信誉。对这些人应该从宽处理，以鼓励后人。"

当年九月，皇上在内殿召见杨云翼和户部尚书高巘、翰林学士赵秉文，赐他们座位，商议讲和的事。有人极力主战，皇上低头不悦。杨云翼慢慢地用《孟子》中"事大、事小"的道理来讲解，说："如今只要想办法，能使人民得以解脱，才是国家的幸福。"皇上于是缓和脸色。

十一月，杨云翼改任御史中丞。皇亲完颜丞立任暂任参知政事，行尚书省于京兆府路，大臣揭发他行为不法。杨云翼奉命审查，罪案成立，报告说："承立所犯的都是小事，不足以治罪。然而上次大兵入侵平凉以西，几个州被破，承立带领重兵，畏缩不前。鄜延统帅完颜合达以孤城承当强敌，屡立战功。合达立这样的大功，而承立犯那样的罪过，望皇上判明其功罪。赏罚分明，则天下都知道努力了。至于承立的那些小过，不足以追咎。"于是承立被免官，合达被重用。

哀宗完颜守绪即位，先命杨云翼任太常卿，又任翰林学士。哀宗正大二年(1225)二月，又担任礼部尚书兼侍读。朝廷商议尚书省费用。杨云翼说："户部司农就可以办了。如今枢密院专管军事，蔑视尚书省。尚书省是总管国家大事的地方，不管什么政务都应由这里领导。军队大事，国家命运所系。宰相却无法干预，怎么能权衡利弊总管全局呢？"皇上采纳了他的意见。

第二年，设益政院，杨云翼首先入选，每次皇上召见的时候都赐座而不唤他的名字。为皇帝讲解《尚书》时，杨云翼认为皇帝学习不必像一般学生那样逐章逐句地研究，只要体会其中治国的基本精神就行了。于是举出"任贤、去邪"，"与治同道、与乱同事"，"有言逆于汝心、有言逊于汝志"等几条，全都本着"正心诚意"的精神，详细讲解发挥。皇上听得忘记疲倦。然后又献上《龟鉴万年录》《圣学》《圣孝》等二十篇文章。

当时的朝臣，当朝议政时常常左顾右盼，吞吞吐吐，不能畅所欲言，以致形成坏风气。一天，给皇帝上完课，杨云翼说："作为臣子，有侍奉君王的礼节，也有侍奉君王的道理。礼节而言，不可问皇上的马有多大年龄，践踏了马吃的草要罚，进入皇上的门要疾行而过，见到皇上的几杖要起立致敬，皇上召唤时不等马备好就赶快动身，做皇上托付的重要事情不能回家过夜。这些都是事君的礼节，做大臣的应该遵守。然而，国家的利害，人民的疾苦，真实地向皇上报告。比较起来，上述的礼就太虚了。皇上说可行的事，有反对的理由也要提出；皇上不行的事，认为可行也应建议。正确的意见不被采纳，应象前人引裾、折槛、断鞅、韧轮那样无所畏惧。象如今这样，虚演事君的礼节，不顾事君的大义，国家还有什么依靠呢？"皇上大受感动说："不是您，我哪能听到这样的话呢！"

杨云翼曾患风痹症，这时刚刚治愈。皇上亲自探问，问他治愈的方法。杨云翼说："只要治心。心情和谐邪气就不能入侵。治国也是这样，做皇上的先正心，则朝廷百官都会树立正气。"皇上豁然明白，这是以医来劝谏。

西夏与金通好后，派遣其徽猷阁学士李弁来商议互通贸易事，但往返数不能达成协议。杨云翼奉命前往，办成了这件事。正大五年（1228）杨云翼去世，享年五十九岁，赠谥号"文献"。

杨云翼性格庄重，严于律己，宽以待人。与人交友，名分一定，生死祸福都不改变。对于国家大事，知无不言。贞祐年间（1213～1217），主管军事的人不能抵抗北方侵略，却想以侵略宋朝来获得补偿，因而连年征伐南方。有提不同意见的人，不是说为宋朝着想，则诬为与宋朝有勾结。至于宰相，别的事都敢管，唯独不敢说南征的事。杨云翼说："国家目前所面临的最主要问题，不在于攻取淮南之前，而在于得到淮南之后。淮南攻占后，长江以北成为战场。我军若进攻，则进入水乡，劲弓良马不得驰骋，对方如果扼守长江，偷袭淮河以断我粮道，或决开河堤水淹淮南，我军如何守得住呢？"时全倡议南征，宣帝征求朝臣意见。杨云翼说："朝臣们所说的都是阿谀奉承之辞。天下有治有乱。国势有弱有强。如今只讲治不讲乱，只说强不说弱，只言胜不言败，都是偏颇的说法。我想从两方面分析。我们要攻打宋朝，并非贪其土地。主要是恐怕西北方敌人入侵时南方有牵制，那就三面受敌了。因而我们打算先下手，以阻止其进攻。假使宋人丢失淮南，且不敢反攻，这仗就胜利了。即使这样，也不一定对我有利。宋朝在长江之南尚有广大的领域，即使失了淮南也不难聚集数万人马，等我国有事时伺机出击。战胜了尚且如此，战败了又怎么办呢？况且我们以骑兵攻打宋朝的步兵，我看也并没有完全的优势。如今情况与泰和年间不同。泰和时冬天出击，如今要夏天去，这是天时不同。冬天水干陆地多，夏天水多泥烂，这是地利不同。泰和时举全国的军力，以纠军（按：边地部落）为前锋，如今纠军已降蒙古，这是人事不同。主战的人只看到泰和时之易，不知道今日之难。再请以西夏人为例。过去防守西边的弓箭手，一遇敌人就英勇作战，西夏人逃避北方。如今攻陷我城池，俘虏我官员，战败我军队，生擒我主将。过去那样怕我，今天如此欺侮我，只因夏人已非前日。既如此，怎知宋人就和过去一样呢？但愿陛下想想胜利有哪些好处，战败有什么坏处，别光听好听的话，做不后悔的事。"杨云翼的主张不被采纳。随后，时全果然大败于淮上，全军覆没。宣宗责备诸将说："我有什么脸看见杨云翼呢！"

河朔一带为骑兵所迫，十分之一的人泅黄河向南逃亡。按法律应治死罪。杨云翼说："法律严惩私渡的人，是为防止奸细，如今平民百姓为兵匪所迫，逃奔过河，只是为了避死。如今不死于敌人而死于法律，那以后就只好投靠敌人了。"宣宗顿时醒悟，下令把百姓全部释放。河南旱灾，哀宗派官员处理冤狱，不管陕西。杨云翼说："天、地、人是一样的道理。人的一条肢体生病则四体也会随之不舒服，哪能专治生病的地方而不管其余呢？"皇帝采纳了他的意见。

司天台有人进上《太乙新历》，尚书省交给杨云翼审阅。他找出其中错误二十多条。历法家都很信服。杨云翼著文集若干卷，校勘《大金礼仪》若干卷，《续通鉴》若干卷，《周礼辨》一篇,《左氏》《庄子》《列赋》各一篇,《五星聚井辨》一篇,《玄象赋》一篇,《勾股机要》《象数杂说》等著作收藏在家中。

赵秉文传

【题解】

赵秉文(1158~1232),字周臣,号闲闲老人,磁州滏阳(今河北省磁县)人。金大定二十五年进士,历任翰林侍讲、侍读学士、翰林学士、礼部尚书。他曾上书认为应罢免宰相胥持国,得罪,牵连王庭筠等人下狱,为士大夫所耻。赵秉文是金朝末期文坛盟主,诗文名满天下。他的诗气势奇伟纵放,而不拘格律,文长于析理,而不守程式。著述很丰,多不传,存世有《滏水集》三十卷。

他也是金朝著名书画家,"字画工夫最深,诗次之,又其次散文也。"(见《归潜志》)他的书法初学王庭筠,后学李太白、苏东坡,及其晚年,书艺大进,与王庭筠齐名。可惜书画没有留传下来。

【原文】

赵秉文字周臣,磁州滏阳人也。幼颖悟,读书若夙习。登大定二十五年进士第,调安塞簿,以课最迁邯郸令,再迁唐山。丁父忧,用荐者起复南京路转运司都勾判官。

明昌六年,入为应奉翰林文字,同知制诰。上书论宰相胥持国当罢,宗室守贞可大用。章宗召问,言颇差异,于是命知大兴府事内族膏等鞠之。秉文初不肯言,诘其仆,历数交游者,秉文乃曰:"初欲上言,尝与修撰王庭筠、御史周昂、省令史潘豹、郑赞道、高坦等私议。"庭筠等皆下狱,决罚有差。有司论秉文上书狂妄,法当追解,上不欲以言罪人,遂特免焉。当时为之语曰:"古有朱云,今有秉文,朱云攀槛,秉文攀人。"士大夫莫不耻之。坐是久废,后起为同知岢岚军州事,转北京路转运司支度判官。承安五年冬十月,阴晦连日。宰相张万公入对,上顾谓万公

赵秉文

曰:"卿言天日晦冥,亦犹人君用人邪正不分,极有理。若赵秉文曩以言事降投,闻其人有才藻、工书翰,又且敢言,朕非弃不用,以北边军事方兴,姑试之耳。"泰和二年,召为户部主事,迁翰林修撰。十月,出为宁边州刺史。三年,改平定州。前政苛于用刑,每闻赦将至,先捶贼死乃拜赦,而盗愈繁。秉文为政一从宽简,旬月盗悉屏迹。岁饥,出禄粟倡豪

民以赈，全活者甚众。

大安初，北兵南向，召秉文与待制赵资道论备边策，秉文言："今我军聚于宣德，城小，列营其外，涉暑雨器械弛败，人且病，俟秋敌至，将不利矣。可遣临潢一军捣其虚，则山西之围可解，兵法所谓'出其不意、攻其必救'者也。"卫王不能用，其秋宣德果以败闻。寻为兵部郎中，兼翰林修撰，俄转翰林直学士。

贞祐初，建言时事可行者三：一迁都，二导河，三封建。朝廷略施行之。明年，上书愿为国家守残破一州，以宣布朝廷恤民之意，且曰："陛下勿谓书生不知兵，颜真卿、张巡、许远辈以身许国，亦书生也。"又曰："使臣死而有益于国，犹胜坐糜廪禄为无用之人。"上曰："秉文志固可尚，然方今翰苑尤难其人，卿宿儒当在左右。"不许。

四年，拜翰林侍讲学士，言："宝券滞塞，盖朝庭初议更张，市肆已妄传其不用，因之抑遏，渐至废绝。臣愚以为宜立回易务，令近上职官通市道者掌之，给以银钞粟麦缣帛之类，权其低昂而出纳。"诏有司议行之。

兴定元年，转侍读学士。拜礼部尚书，兼侍读学士，同修国史。知集贤院事。又明年，知贡举，坐取进士卢亚重用韵，削两阶，因请致仕。金自泰和、大安以来，科举之文其弊益甚。盖有司惟守格法，所取之文卑陋陈腐，苟合程度而已，稍涉奇峭，即遭绌落，于是文风大衰。贞祐初，秉文为省试，得李献能赋，虽格律稍疏而词藻颇丽，擢为第一。举人遂大喧噪，诉于台省，以为赵公大坏文格，且作诗谤之，久之方息。俄而献能复中宏词，入翰林，而秉文竟以是得罪。

五年，复为礼部尚书，入谢，上曰："卿春秋高，以文章故须复用卿。"秉文以身受厚恩，无以自效，愿开忠言、广圣虑，每进见从容为上言，人主当俭勤、慎兵刑，所以祈天永命者，上嘉纳焉。哀宗即位，再乞致仕，不许。改翰林学士，同修国史，兼益政院说书官。以上嗣德在初，当日亲经史以自裨益，进《无逸直解》《贞观政要》《申鉴》各一通。

正大九年正月，汴京戒严，上命秉文为赦文，以布宣悔哀痛之意。秉文指事陈义，辞情俱尽。及兵退，大臣欲称贺，且命为表，秉文曰："《春秋》'新宫火，三日哭'。今园陵如此，酌之以礼，当慰不当贺。"遂已。时年已老，日以时事为忧，虽食息顷不能忘。每闻一事可便民，一士可擢用，大则拜章，小则为当路者言，殷勤郑重，不能自已。三月，草《开兴改元诏》，闾巷间皆能传诵，洛阳人拜诏毕，举城痛哭，其感人如此。是年五月壬辰，卒，年七十四，积官至资善大夫、上护军、天水郡侯。

正大间，同杨云翼作《龟鉴万年录》上之。又因进讲，与云翼共集自古治术，号《君臣政要》为一编以进焉。秉文自幼至老未尝一日废书，著《易丛说》十卷，《中庸说》一卷，《扬子发微》一卷，《太玄笺赞》六卷，《文中子类说》一卷，《南华略释》一卷，《列子补注》一卷，删集《论语》《孟子解》各一十卷，《资暇录》一十五卷，所著文章号《滏水集》者三十卷。

秉文之文长于辨析，极所欲言而止，不以绳墨自拘。七言长诗笔势纵放不拘一律，律诗壮丽，小诗精绝多以近体为之，至五言古诗则沉郁顿挫。字画则草书尤遒劲。朝使至自河、湟者，多言夏人问秉文及王庭筠起居状，其为四方所重如此。

为人至诚乐易，与人交不立崖岸，未尝以大名自居。仕五朝，官六卿，自奉养如寒士。杨云翼尝与秉文代掌文柄，时人号杨赵。然晚年颇以禅语自污，人亦以为秉文之恨云。

【译文】

赵秉文字周臣，是磁州滏阳县人。从小就很聪明，开始读书，就好像以前早就读过一样。他考中大定二十五年进士，调任安塞县主簿，因政绩优秀，升任邯郸县令，又改为唐山县令。父亲逝世在家守孝，因他人推荐，起用他为南京路转运司都勾判官。

明昌六年，入京任应奉翰林文字，同知制诰。他上书认为宰相胥持国应该罢免，宗室完颜宗贞可任此要职。金章宗向他询问，他的回答与上书的内容颇不一致，于是章宗命大兴府知府人完颜膏等人来审讯。赵秉文起初不肯招认，追问他的奴仆，才一一说出他所交往的人，这时赵秉文才承认："当初想上书，曾和修撰王庭筠、御史周昂、省令史潘豹、郑赞道、高坦等人私下商议过。"于是王庭筠等人都被逮捕入狱，分别轻重被判刑和处罚。有关部门论劾赵秉文上书内容虚妄，按照法律应当追究刑事责任，皇帝不想用言论而加罪于人，于是特予宽免。当时人针对赵秉文的行为编了几句顺口溜："古有朱云，今有秉文；朱云进言，不惜一死，秉文进言，出卖友人。"士大夫认为赵秉文的行为是可耻的。因此，他长时间在家闲居，废而不用。后来起用为同知岢岚等州事，又转任北京路转运司支度判官。承安五年冬季十月，一连几天出现阴晦天气，白日昏暗，宰相张万公入宫应对，章宗注视着张万公说："你说白日昏暗，就好像人君用人邪正不分一样，这话很有道理。如赵秉文这个人，以前因上书遭到贬降，听说他很有文采，又擅长书法，而且敢于说话。对此，我并不想弃之不用，因为北部边境上战事刚起，姑且考验一下他罢了。"泰和二年，征召他为户部主事，又升任翰林修撰。这年十月，又外任为宁边州刺史。泰和三年，改为平定州刺史。前任州刺史用刑苛毒，每当他听说大赦令将到，先把抓获的盗贼打死，然后再拜受大赦文书，因而盗贼越来越多。赵秉文行政一切从宽从简，不到一个月的时间，盗贼都销声匿迹了。灾害之年，他拿出自己的禄米号召富民赈救灾民，救活了很多人。

大安初年，北方蒙古兵南下，朝廷召见赵秉文和待制赵资道商议备边的策略。赵秉文说："现在我军聚集在宣德，宣德城很小，军队在城外扎营，到了伏天，雨水会把兵械淋坏，人也容易生病，等到秋天敌人来攻，那将是非常不利的。应派临潢的军队直捣敌人空虚的老窝，那么敌人对山西的包围就可以解除，兵法上说'出其不意，攻其必救。'就是这个道理。"他的建议，卫王不采纳。这年秋天，果然报来宣德失败的消息。不久，赵秉文被任为兵部郎中，兼翰林修撰，不久转为翰林直学士。

贞祐初年，赵秉文建言，有三项时政可以付诸实行：第一是迁都，第二是疏导黄河，第三是分封诸王。这三件事，朝廷大都实行了。第二年，他上书朝廷，表示愿意为国治理好一个残破州，以此来体现朝廷关心百姓疾苦的用心，他说："陛下您不要认为文弱书生不懂军事，颜真卿、张巡、许远等人舍身为国，这些人也是书生啊！"他又说："如果我不惜一死而对国家有益，总比白白消耗国家的俸禄成为无用的人要好。"宣宗说："你的志向固然可敬，但是翰林院还难找到合适的人，你是博学大儒，应留在我身边。"没有准许他的请求。

贞祐四年，任赵秉文为翰林侍讲学士，他上书说："纸币宝券之所以流通困难，是因为朝廷刚刚议论要改货币，市面上已经哄传宝券将要废弃不用，因而一再贬值，渐至被废弃。我认为应成立回收兑换机构，让皇帝身边懂得市场物价的官员主管，拨给该机构银币、粟麦、缣帛之类的物品，权衡价值的高低加以兑换。"皇帝命有关部门计议施行。

兴定元年，赵秉文转任侍读学士，又任礼部尚书兼侍读学士，同修国史，知集贤院事。又明年，主持科举取士，因录取进士卢亚偏重用韵获罪，官降二级，赵秉文因而请求退休。金朝从泰和、大安以后，科举文章的弊病越来越严重。因主持科举的官员只知按死格式衡量，故而所取中的文章，内容简陋，观点陈腐，只是符合格式罢了，如果文章稍稍有新奇的观点或稍有些棱角，总会被扔到一边，于是文风大为衰败。贞祐初年，赵秉文主持省试，发现李献能所做的赋，虽然格律稍有疏失，但文辞颇为典丽，选拔李献能为第一。于是举子们大肆喧哗，向上级告状，以为赵秉文严重地破坏了试文的规矩，并作诗进行诽谤，闹了好长时间才平息下来。不久，李献能又考中宏词科，进入翰林院。但赵秉文却因此而得罪。

贞祐五年，赵秉文再次任礼部尚书，在他进宫谢恩时，宣宗对他说："你岁数已经大了，因主持考试，故而再次起用你。"赵秉文因受到皇帝的厚爱，无从报效，他希望朝廷广开言路，采纳忠言，以增益圣上的心智，因而他每次朝见皇帝时都专向皇帝陈述：人主应当节俭、勤政，用兵用刑要慎重，以此来祈求上天，永保全国的江山。皇上愉快地采纳了的建议。哀宗皇帝即位，赵秉文再次请求退休，皇帝不答应。改任他为翰林学士，同修国史，兼益政院说书官。赵秉文鉴于哀宗即位不久，应该经常接触经史以加强自我修养，于是他进呈《无逸直解》《贞观政要》《申鉴》各一部。

正大九年正月，由于元兵进逼，汴京戒严，哀宗命赵秉文起草大赦文告，以宣示圣上悔悟、哀痛的心意。赵秉文据事说理，情感表现得淋漓尽致。元兵退走以后，大臣们想向皇帝表示祝贺，让赵秉文起草贺表，赵秉文说："《春秋》上记载：'新宫发生大灾，鲁成公哭祭了三天。'现在祖宗的陵墓成为这个样子，按照礼仪的规定，应该表示慰问，不应祝贺。"于是作罢。当时赵秉文年事已高，天天为国家大事而忧虑，连吃饭时也不能忘怀。每当他听到某一件事可以便利百姓，某一士人可以提拔任用，大事则上疏皇帝，小事则向当权的大臣面述，他的态度诚恳，表情严肃，自己也不能控制。三月，他起草的《开兴改元诏》，街头巷尾都能背诵，洛阳百姓按拜诏书后，满城一片痛哭的声音，他的文章如此感人肺腑。他于当年五月壬辰逝世，时年七十四岁，历官至资善大夫、上护军、天水郡侯。

正大年间，他和杨云翼撰述《龟鉴万年录》，进呈给皇帝。又因他向皇帝讲解经史，和杨云翼一起收集自古以来有关治世之道的文字，编成《君臣政要》一书进呈。赵秉文从幼年直到老年，没有一天不读书，他著有《易丛记》十卷，《中庸说》一卷，《扬子发微》一卷，《太玄笺赞》六卷，《文中子类说》一卷，《南华略释》一卷，《列子补注》一卷，删集《论语》《孟子解》各十卷，《资暇录》十五卷，他所著的文章集为《滏水集》三十卷。

赵秉文的文章，长于理论分析，把要说的话说尽后，便戛然而止，不受文章格式之类的束缚。他的七言长诗，气势纵放，不拘一格；律诗雄伟典丽；短诗非常精妙，多为近体诗；至于五言古诗，诗意深沉蕴藉，声调抑扬顿挫。他的字画，草书尤其刚韧奔放。朝廷的使臣从河、湟地区回来的，很多人反映：西夏人问及赵秉文和王庭筠的生活情况，他是这样受四方人士的敬重。

赵秉文为人，非常诚恳，平易近人，和朋友交往，从不摆架子，向来不以名人自居。他历事五朝，官至公卿，但饮食服饰和贫寒的读书人没有什么两样。杨云翼曾和赵秉文相继成为文坛盟主，时人称为"杨、赵"。但他在晚年时颇以佛语自我玷污，人们也为赵秉文感到遗憾。

雷渊传

【题解】

雷渊，字希颜。为人颇具铮铮风骨，非但执法不阿，而且风流文雅，金代大文学家元好问为他写过墓志铭，说他"击豪右，发奸伏，一县畏之"，很有汉代的董宣、周纮之风，这又是属于本书"前言"中所说的另一类"酷史"了。《金史》中仅仅只有三篇不像样子的《酷吏传》，很难反映历史的真实，所以加选此篇，作为补充。

【原文】

雷渊字希颜，一字季默，应州浑源人。父思，名进士，仕至同知北京转运使，注《易》行于世。渊庶出，年最幼，诸兄不齿，父殁不能安于家，乃发愤入太学，衣弊履穿、坐榻无席，自以跣露，恒兀坐读书，不迎送宾客，人皆以为据，其友商衡每为辩之，且嗣邮焉。后从李之纯游，遂知名。登至宁元年调赋进士甲科，调泾州录事，坐高庭玉狱几死。

后改东平，抚之，渊出入军中偃然不为屈。不数月，闾巷间多画渊像，虽大将不敢以新进书生遇之。寻迁东阿令，转徐州观察判官。

兴定末，召为英王府文学兼记室参军，转应奉翰林文学。拜监察御史，言五事称旨，又弹劾不避权贵，出巡郡邑所至有威誉，奸豪不法者立杀之。至蔡州，杖杀五百人，时号曰"雷半千"，坐此为人所讼，罢去。久之，用宰相侯挚荐，起为太学博士、南京转运司户籍判官，迁翰林修撰。一夕暴卒，年四十八。

正大庚寅倒回谷之役，渊尝上书破朝臣孤注之论，引援深切，灼然易见。主兵者沮之，策竟不行。

为人躯干雄伟，髯张口哆，颜渥丹，眼如望洋，遇不平则疾恶之气见于颜间，或嚼齿大骂不休，虽痛自惩创，然亦不能变也。为文章、诗喜新奇。善结交，凡当涂贵要与布衣名士无不往来。居京师，宾客踵门未尝去舍，家无馀赀，及待宾客甚丰腆。莅官喜立名，初登第摄遂平县事，年少气锐，击豪右，发奸伏，一邑大震，称为神明。尝擅笞州魁吏，州檄召之不应,罢去。后凡居一职辄震耀,亦坐此不达。

【译文】

雷渊字希颜,一字季默,应州浑源人。父亲雷思,是著名的进士,官至同知北京转运使,注释《易经》流传于世。雷渊是偏房所生,年龄最幼,兄长们都轻视他,父亲死了以后无法在家中安居,于是发愤进入太学,衣破鞋烂,坐榻没有席子。因为光着双脚,经常一人端坐读书,不迎送宾客,别人都以为他傲慢无礼,他的朋友商衡了解他,就为他辩护,并且周济他。后跟随翰林李之纯交往,于是知名于世。金卫绍王至宁元年考中辞赋进士甲科,调任泾州录事,因高庭玉一案获罪几乎丧命。

后来改任东平,黄河以北地区为重兵所在,骄将悍卒凭借外敌自重,从行台以下都尽量抚慰他们,雷渊出入军中则安然不被他们屈服。没有几个月,里巷之间的平民大多悬挂他的画像,虽统兵大将也不敢以新进书生对待他。不久升东阿县令,转徐州观察判官。

兴定末年,召为英王府文学兼记室参军,转应奉翰林文学。授为监察御史,对五件事提出进谏都符合皇帝的心意,又检举官吏过失,不避权贵要人,出去巡察郡邑,所到之处都受到称誉,对于奸豪不法之辈,立刻将其杖杀。到蔡州,杖杀五百人,当时号称"雷半千",由此被人起诉,罢官离职。许久以后,由于宰相侯挚的推荐,起用为太学博士、南京转运司户籍判官,迁翰林修撰。一天晚上突然死亡,年四十八岁。

金哀宗正大七年倒回谷之战,雷渊曾经上书反对朝臣所谓孤注一掷的不当言论,征引根据深刻切实,明白易见。掌管军事的大臣加以阻止,计策竟然不得施行。

雷渊为人躯干高大,胡须很硬大口开张,脸色红润,眼光深邃,遇不平事则疾恶如仇之气外露于形,时而咬牙切齿大骂不休,虽然痛切自我惩戒,但也不能有所改变。创作文章、诗歌喜欢新奇。善于结朋交友凡当路权贵与平民名士无不往来。居住在京城,宾客登门,未曾离舍,家里没有多余的财产,招待客人却颇为丰盛精美。到官任职喜欢立名,最初登第代理遂平县事,年少气盛,打击豪强大族,揭发隐藏奸人恶事,一邑之中大为震动,号称神明。曾经擅自笞杖州吏头目,州里用公文召见他而不加理睬,于是罢官离职。以后凡任一职都威震荣耀,也正因此而不得升迁。

徒单恭传

【题解】

徒单恭(? ~1154),金代女真人,本名斜也。金熙宗天眷二年(1139),为奉国上将军。以告吴十谋反之事,超授为龙虎卫上将军,为户部侍郎,出为济南尹,迁会宁牧,封谭国公。海陵王完颜亮篡位,其皇后为徒单恭之女,徒单恭因此被封王,不久又拜为平章政事。为政贪鄙自私,挟恨报复。因其妻兀鲁被谗怨望事而被免官,不久又被任命为司徒,进拜太保，领三省事，兼劝农使。再进位为太师，封梁晋国王。贞元二年（1154）病故。徒单恭任官以谋私为能事，人称"金总管"，是金代有名的贪官。

【原文】

徒单恭，本名斜也。天眷二年为奉国上将军，以告吴十反事，超授龙虎卫上将军。为户部侍郎，出为济南尹，迁会宁牧，封谭国公，复出为太原尹。

斜也贪鄙，使工绘一佛像，自称尝见佛，其像如此，当以金铸之，遂赋属县金，而未尝铸佛，尽入其家，百姓号为"金总管"。秉德廉访官吏，斜也以赃免。

海陵篡立，海陵后徒单氏，斜也女，由是复用为会宁牧，封王。未几，拜平章政事。海陵猎于胡剌浑水，斜也编列围场，平日不相能者辄杖之。海陵谓宰相曰："斜也为相，朕非私之；今闻军国大事凡斜也所言，卿等一无取，岂千虑无一得乎？"他宰相无以对，温都思忠举数事对曰："某事本当如此，斜也辄以为如彼，皆妄生异议，不达事宜。臣逮事康宗，累朝宰相未尝有如斜也专恣者。"海陵默然。斜也于都堂脊杖令史冯仲尹，御史台劾之，海陵杖之二十。斜也猛安部人撒合出者，言斜也强率取部人财物，海陵命侍御史保鲁鞫之。保鲁鞫不以实，海陵杖保鲁，而以撒合出为符宝祗候，改隶合扎猛安。斜也兄定哥尚太祖长女兀鲁，定哥死无子，以季弟之子查剌为后。斜也牟取其兄家财，强纳兀鲁为室而不相能，兀鲁尝怨骂斜也。斜也妾忽挞与兀鲁不叶，乃谮兀鲁于海陵后徒单氏曰："兀鲁怨上杀其兄宗敏，有怨望语。"会韩王亨改广宁尹，诸公主宗妇往贺其母，兀鲁以言慰亨母，忽挞亦以怨望指斥诬兀鲁，海陵使萧裕鞫之，忽挞得幸于徒单后，左验皆不敢言，遂杀兀鲁，斜也因而尽夺查剌家财，大定间皆追正之。海陵以兀鲁有怨望语，斜也不奏，遂杖斜也，免所居官。俄，复为司徒，进拜太保，领三省事，兼劝农使，再进太师，封梁、晋国王。

贞元二年九月，斜也从海陵猎于顺州。方猎，闻斜也死，即日罢猎，临其丧，亲为择葬地，遣使营治。及葬，赐辒辌车，上及后率百官祭之。赐谥曰忠。正隆间，改封赵国公。再进齐国公。其妻先斜也卒，海陵尝至其葬所致祭，起复其子率府率吾里补为谏议大夫。大定间，海陵降为庶人，徒单氏为庶人妻，斜也降特进巩国公。

【译文】

徒单恭，本名斜也。天眷二年为奉国上将军，因为报告了吴十谋反之事，被破格授予龙虎卫上将军。又被任命为户部侍郎，出任济南尹，迁升为会宁府长官，封为谭国公，后又出任太原尹。

斜也任官贪鄙，曾指使画工绘一幅佛像，自称曾见过佛祖，样子与画工所绘一样，应当用黄金铸造，因而向所属各县索取黄金，却从未铸佛，而是把所有的黄金拿到了自己家里，因此被百姓们称为"金总管"。完颜秉德出朝察官吏是否廉洁，斜也因贪赃被免去官职。

海陵王完颜亮篡夺皇位，他的皇后徒单氏是斜也的女儿，斜也因此又被任命为会宁府长官，并封爵为王。不久便被拜为平章政事。海陵王到胡剌浑水出猎，斜也负责编排打猎的围场,凡是平日与他不和的人,他都予以杖击。海陵王曾对宰相说:"斜也担任宰相,并不是我有私情;我听说有关军国大事,凡是斜也的意见,爱卿们都不接受,难道他千虑就无一得吗?"其他宰相都没有说话,只有温都思忠列举数事为例回答说:"某件事本应当这样,斜也却说应那样,毫无根据地提出不同意见,对当时的实际情况一点都不了解。臣下曾在康宗朝任官,几朝的宰相也没有像斜也那样专权自恣。"海陵王沉默表示同意。斜也在官府大堂杖击令史冯仲尹,遭到御史台弹劾,被海陵王杖击二十。斜也的猛安中有一名叫撒合出的人,报告说斜也强取本部人的财

熟伽泊猛安印

物,海陵王命令侍御史保鲁立案调查。保鲁却不顾事实,海陵王将保鲁处以杖刑,并任命撒合出为符宝祗侯,将其改隶为合扎猛安。斜也的哥哥定哥娶太祖的长女兀鲁为妻,定哥死时没有儿子,便以幼弟的儿子查剌作为自己的后代。斜也图谋哥哥的家财,强娶兀鲁为妻,两人关系却不和睦,兀鲁曾经骂过斜也。斜也的妾忽挞与兀鲁的关系也不好,于是在海陵的皇王徒单氏哪里谗毁兀鲁说:"兀鲁怨恨皇帝杀死了他的哥哥宗敏,曾口出怨言。"正巧韩王完颜亨改任广宁府尹,各位公主和宗室妇女都前去向完颜亨的母亲道贺,兀鲁也去劝慰,忽挞又诬陷兀鲁有怨言。海陵王命萧裕立案讯问,忽挞受到徒单后的宠幸,见证人都不敢说话,于是便把兀鲁处死了,斜也因此把查剌的家财全部夺走,大定年间都予以追回改正。海陵王因为兀鲁对皇帝有怨言,斜也不上报,又把斜也处以杖刑,免去他所任的官职。不久又复官为司徒,进拜为太保,负责三省事务,兼任劝农使,又进拜为太师,封爵为梁、晋国王。

贞元二年九月,斜也随同海陵王在顺州打猎。正要打猎时,听说斜也去世,当天便停止打猎,亲临治丧,为斜也选择墓地,派使臣负责修筑墓室。及至下葬,又赐给辒辌车,海陵王及皇后亲率百官祭奠,赐予谥号为"忠"。正隆年间,改封为赵国公,又晋封为齐国公。斜也的妻子在斜也之前去世,海陵王也曾到祭所祭奠,授予斜也之子率府率吾里补为谏议大夫。金世宗大定年间,海陵王被降级为庶民,徒单氏被降为海陵庶人妻,斜也也被降为特进巩国公。

王庭筠传

【题解】

王庭筠(1155~1202),字子端,辽东(今辽宁省)人。大定十六年进士,历官恩州军事判官、应奉翰林文字、翰林修撰。他是金代首屈一指的书法家。他的书作,很讲究布局,

字的大小位置,错落有致。赵秉文曾向他学习书法,也成为金代书法名家。王庭筠、赵
沨、赵秉文三人齐名,王庭筠实出二人之上。传世书迹有《法华台帖》《道林帖》《游黄华
诗》《蜀先主庙碑》等。他曾和张汝方详品全内府所藏法书名画,编为五百五十卷。著有
《聚辨》十卷、文集四十卷。

【原文】

王庭筠字子端,辽东人。生未期,视书识十七字。七岁学诗,十一岁赋全题。稍长,
涿郡王修一见,期以国士。登大定十六年进士第。调恩州军事判官,临政即有声。郡民
邹四者谋为不轨,事觉,逮捕千馀人,而邹四窜匿不能得。朝廷遣大理司直王仲轲治其
狱,庭筠以计获邹四,分别诖误,坐预谋者十二人而已。再调馆陶主簿。

明昌元年三月,章宗谕旨学生院曰:"王庭筠所试文,句太长,朕不喜此,亦恐四方效
之。"又谓平章张汝霖曰:"王庭筠文艺颇佳,然语句不健,其人才高,亦不难改也。"四月,
召庭筠试馆职,中选。御史台言庭筠在馆陶尝犯赃罪,不当以馆阁处之,遂罢。乃卜居彰
德,买田隆虑,读书黄华山寺,因以自号。是年十二月,上因语及学士,叹其乏材,参政守
贞曰:"王庭筠其人也。"三年,召为应奉翰林文字,命与秘书郎张汝方品第法书、名画,遂
分入品者为五百五十卷。

五年八月,上顾谓宰执曰:"应奉王庭筠,朕欲以诏诰委之,其人才亦岂易得?近党怀
英作《长白山册文》,殊不工,闻文士多妒庭筠者,不论其文顾以行止为訾。大抵读书人多
口颊,或相党。若东汉之士与宦官分朋,固无足怪。如唐牛僧孺、李德裕、宋司马光、王安
石,均为儒者,而互相排毁何耶!"遂迁庭筠为翰林修撰。

承安元年正月,坐赵秉文上书事,削一官,杖六十,解职,语在《秉文传》。二年,降授
郑州防御判官。四年,起为应奉翰林文字。泰和元年,复为翰林修撰,扈从秋山,应制赋
诗三十馀首,上甚嘉之。明年,卒,年四十有七。上素知其贫,诏有司赙钱八十万以给丧
事,求生平诗文藏之秘阁。又以御制诗赐其家,其引云:"王遵古,朕之故人也。乃子庭
筠,复以才选直禁林者首尾十年,今兹云亡,玉堂、东观无复斯人矣。"

庭筠仪观秀伟,善谈笑,外若简贵,人初不敢与接。既见,和气溢于颜间,殷勤慰藉如
恐不及,少有可取,极口称道,他日虽百负不恨也。从游者如韩温甫、路元亨、张进御、李
公度,其引荐者如赵秉文、冯璧、李纯甫,皆一时名士,世以知人许之。

为文能通所欲言,暮年诗律深严,七言长篇尤工险韵。有《聚辨》十卷,文集四十卷。
书法学米元章,与赵沨、赵秉文俱以名家,庭筠尤善山水墨竹云。

【译文】

王庭筠字子端,是辽东人。他生下来不到一周岁,看书时就认得十七个字。他七岁
时学作诗,十一岁时能整首写诗。稍稍长大以后,涿郡人王修只见他一面,就认为他将来
会成为国家栋梁之材。大定六年考中进士,被任为恩州军事判官,他刚刚从政,就赢得好
名声。恩州人邹四谋图造反,事情被发觉,逮捕了一千多人,但邹四却躲藏起来未能捕

朝廷派大理司直王仲轲审理此案，王庭筠用计捕获了邹四，他分辨出被牵连的人，判犯有预谋罪的只不过有十二个人罢了。再调任他为馆陶县主簿。

明昌元年三月，金章宗传旨于学士院，说道："王庭筠所做的试文，句子太长，我不喜欢这样的句子，也担心四方学子仿效他。"章宗又对平章张汝霖说："王庭筠的文采很好，但行文还不够老练，这个人才能高，改进也不难。"这年四月，征召王庭筠试馆阁职务，被选中。御史台上奏，说王庭筠在馆陶任职期间曾犯贪污罪，不应安排他在馆阁中任职，于是作罢。王庭筠定居在彰德，在隆虑县购置田地，入黄华山寺读书，因此自号为黄华山人。这年十二月，章宗谈及翰林学士时，感叹人才缺乏，参知政事完颜守贞说："王庭筠就是合适的人选。"明昌三年，朝廷征召他为应奉翰林文字，让他和秘书郎张汝方评品内府所收藏的书法、名画等级，把入选的书法、名画分为五百五十卷。

明昌五年八月，章宗对宰相说："应奉翰林文字王庭筠，我打算把起草诏诰的任务委任给他，这样的人才是很难得的。近来党怀英作《长白山册文》，很不精美。听说文人们很妒忌王庭筠，不看他的文章如何，只抓住他的品行进行诋毁。大致说来，读书人好多嘴多舌，或相互结党。过去东汉时的儒生与宦官分别结成党派，这本不足怪。又如唐朝的牛僧孺、李德裕，宋朝的司马光、王安石，他们都是读书人，而互相排斥诋毁，这也真无聊！"于是提拔王庭筠为翰林修撰。

承安元年正月，因受赵秉文上书一事的牵累，被削夺一级，杖打六十，解除职务，这事载在《赵秉文传》中。承安二年，贬降为郑州防御判官。四年，又起用为应奉翰林文字。泰和元年，再任翰林修撰，侍从章宗去秋猎，奉命作诗三十余首，受到章宗的嘉奖。第二年逝世，终年四十七岁。章宗一向知道他贫穷，命有关部门赠钱八十万，供丧葬费用，又搜集他一生所做的诗文，收藏于秘阁。又把亲笔诗作赏给他的家属，诗的小序中说："王遵古，是我的老朋友，他的儿子王庭筠，因有文才被选入宫中任职，前后十年，现在已经去世，玉堂、东观再也找不到这样的人了。"

王庭筠外表清秀伟岸，善于谈笑，表面上看，有一种高贵气质，别人起初不敢接近他，和他见面以后，脸上洋溢着温和的气色，热情诚恳，对对方百般体贴，唯恐有不周到的地方，别人有一点可取之处，他就满口称赞，过后虽然他人有一百个对不起自己的地方，也从不计较。和他交往的如韩温甫、路元亨、张进卿、李公度等人，经他推荐的如赵秉文、冯璧、李纯甫等人，都成为一时的名人，因此世人称许他有知人之明。

王庭筠的文章能充分地表达自己的思想，晚年的诗作格律严整，七言长诗尤其工于险韵。他著有《聚辨》十卷、文集四十卷。他的书法学米芾，与赵沨、赵秉文都是书法名家，王庭筠尤其擅长画山水墨竹。

麻九畴传

【题解】

麻九畴(1183~1232)，字知几，易州(今河北省属县)人。金正大初年特赐进士及第，历任太常寺太祝、权博士、应奉翰林文字。麻九畴自幼聪明，三岁识字，七岁能做草书，当时有神童之称。后博学经史，长于《易经》，知术数，善占卜算命。他诗文俱工，是当时著名文人。长于书法，"幼颖悟，善草书"，赵秉文"诗颇许麻知几、元裕之，字画颇许麻知几、冯叔献"(见刘祁《归潜志》)。可见其书法在当时颇有名。

【原文】

麻九畴字知几，易州人。三岁识字，七岁能草书，作大字有及数尺者，一时目为神童。章宗召见，问："汝入宫殿中亦惧怯否?"对曰："君臣，父子也。子宁惧父耶?"上大奇之。弱冠入太学，有文名。

南渡后，寓居郾、蔡间，入遂平西山，始以古学自力。博通《五经》，于《易》《春秋》为尤长。兴定末，试开封府，辞赋第二，经义第一。再试南省，复然。声誉大振，虽妇人小儿皆知其名。及廷试，以误绌，士论惜之。已而，隐居不为科举计。正大初，门人王说、王采苓俱中第，上以其年幼，怪而问之，乃知尝师九畴。平章政事候挚、翰林学士赵秉文连章荐之，特赐卢亚榜进士第。以病，未拜官告归。再授太常寺太祝，权博士，俄迁应奉翰林文字。

九畴性资野逸，高蹇自便，与人交，一语不相入则迳去不返顾。自度终不能与世合，顷之，复谢病去，居郾城，天兴元年，大元兵入河南，挈家走确山，为兵士所得，驱动广平，病死，年五十。

九畴初因经义学《易经》，后喜邵尧夫《皇极书》，因学算数，又喜卜筮、射复之术。晚更喜医，与名医张子和游，尽传其学，且为润色其所著书。为文精密奇健，诗尤工致。后以避谤忌，持戒不作。明昌以来，称神童者五人，太原常添寿四岁能作诗，刘滋、刘微、张汉臣后皆无称，独知几能自树立，耆旧如赵秉文，以征君目之而不名。

【译文】

麻九畴字知几，是易州人。他三岁时即识字，七岁时能做草书，能写数尺见方的大字，当时人视为神童。金章宗召见他，问道："你进入宫殿，是不是感到害怕呢?"麻九畴回答说："君臣关系就是父子关系，儿子难道会惧怕父亲吗?"章宗十分惊奇。二十岁左右进入太学，很有文名。

宋朝南渡后，他寓居郾师、上蔡之间，后来去遂平西山读书，开始致力于古学。他博通《五经》,尤其精于《易经》《春秋》。宣宗兴定末年,参加开封府的乡试,辞赋得了第二名,经义得了第一名。又参加南京会试,仍是辞赋第二,经义第一。于是名声大振。即使是妇女小孩都知道他的名字。在殿试时,因有误笔而落第,士人们很为他惋惜。于是隐居不出,不再想参加科举考试。正大初年,他的弟子王说、王采苓都考中进士,哀宗以为他们小小年纪考中进士,感到很惊奇,便询问他们的学业,才知他们曾拜麻九畴为师。平章政事侯挚、翰林学士赵秉文联名推荐麻九畴,哀宗特赐他为卢亚那一科的进士。因他生病,没有任官,告假回家。后任命他为太常寺太祝,代行太常博士,不久升任为应奉翰林文字。

麻九畴生性放逸不羁,散漫随便,和别人交往,有一句话不投机,便掉头而去,不再见面。他自料终究和世人合不来,过了不久,就称病去职。他居住在鄢城,天兴元年,元兵攻入河南,他带领全家逃往确山县,被元兵捕获,把他赶往广平,生病而死,终年五十岁。

麻九畴起初因研究经学,曾学习《易经》,后来爱读邵尧夫的《皇极书》,于是便研究术数,又喜爱占卜算卦。晚年喜爱医学,和名医张子和交往,把他的医术都学到手,并且帮张子和润色他的著作。麻九畴的文章文思精密,持论稳健,诗尤其做得好。后来因避免他人的妒忌和诽谤,决心不再做诗文。明昌年间以来,有神童之称的有五人,太原人常添寿,四岁能作诗,刘滋、刘微、张汉臣,后来都没有值得称道的地方,只有麻九畴能有所建树,象元老大臣赵秉文这样的人物,对麻九畴也以"征君"相称,不直呼其名。

元好问传

【题解】

元好问(1190~1257),金代作家、史学家。字裕之,号遗山。太原秀容(今山西省忻县)人。兴定进士,曾任行尚书省左司员外郎等职。金亡不仕。

元好问论诗受传统诗教影响,强调内容,同时重视艺术成就和作家品德,《论诗绝句三十首》是其诗论代表。其诗词在金元之际颇负盛名。其诗题材广泛,兴象深邃,风格遒上。词以苏、辛为典范,兼有婉约、豪放诸种风格。曾编金诗、词总集《中州集》和《中州乐府》。有《元遗山先生全集》。

【原文】

好问字裕之。七岁能诗。年十有四,从陵川郝晋卿学,不事举业,淹贯经传百家,六年而业成。下太行,渡大河,为《箕山》《琴台》等诗,礼部赵秉文见之,以为近代无此作也。于是名震京师。

中兴定五年第,历内乡令。正大中,为南阳令。天兴初,擢尚书省掾,顷之,除左司都事,转行尚书省左司员外郎。金亡,不仕。

为文有绳尺，备众体。其诗奇崛而绝雕刿，巧缛而谢绮丽。五言高古沈。七言乐府不用古题，特出新意。歌谣慷慨挟幽、并之气。其长短句，揄扬新声，以写恩怨者又数百篇。兵后，故老皆尽，好问蔚为一代宗工，四方碑板铭志尽趋其门。其所著文章诗若干卷、《杜诗学》一卷、《东坡诗雅》三卷、《锦礼》一卷、《诗文自警》十卷。

晚年尤以著作自任，以金源氏有天下，典章法度几及汉、唐，国亡史作，己所当任。时金国实录在顺天张万户家，乃言于张，愿为撰述，既而为乐夔所沮而止。好问曰："不可令一代之迹泯而不传。"乃构亭于家，著述其上，因名曰"野史"。凡金源君臣遗言往行，采摭所闻，有所得辄以寸纸细字为记录，至百余万言。今所传有《中州集》及《壬辰杂编》若干卷。年六十八卒。纂修《金史》，多本其所云。

元好问

【译文】

元好问，字裕之。七岁便能作诗。十四岁那年，跟随陵川（今属山西）郝晋卿学习，他不学如何参加科举考试求取功名的那一套，而是深入研究经传和诸子百家，他刻苦学习了六年，成为博洽而通达的饱学之士。接着，他下太行，过黄河，外出游学，他写了《箕山》《琴台》等诗，礼部赵秉文看到了这些诗，认为在近代没有这样优秀的作品。于是元好问的名声就震动了京师。

兴定五年（1221）中进士，任内乡（今属河南）县令。正大年间，担任南阳（今属河南）县令。天兴（1232～1234）初年，提升为尚书省的属官，接着，又授为左司都事，转行尚书省左司员外郎。金朝灭亡后，元好问就没有再做官。

元好问写文章有明确的标准。各种体裁的文章他都写得很好。他的诗构思奇特，风格劲健而绝不雕琢镂刻，巧缛新丽而绝去浮靡绮丽。五言诗高洁古雅，沉郁悲壮，七言乐府不用古题，特别有新意。歌谣慷慨悲凉，带着幽州、并州人的一种豪侠之气。他所做的词曲，发扬新声，大都是针对国家多难，人民不幸，以抒发他的悲壮胸怀，一共有几百篇。战乱以后，一些故旧相继去世，元好问成了文坛的一代领袖，各地的碑文、墓志铭之类的文字都来求他写作。他所写的文章、诗歌有若干卷，《杜诗学》一卷、《东坡诗雅》三卷、《锦礼》一卷、《诗文自警》十卷。

到了晚年，更加把著作作为自己的任务，他认为金立国以后，它的典章制度几乎可以和汉代、唐代相比，现在金国已经灭亡，赶快要把它的历史写下来，而这著史的任务，自己是当仁不让的。当时，金国的那些实录都在顺天（今北京）张万户家里，元好问就对张万户做了说明，表示自己愿意撰写《金史》，后来被乐夔所阻止而中止了。但是元好问说："不能让一个朝代的事迹泯灭而不传下去。"因此就在自己家里建造了一座亭子，自己就在里面撰写金代的历史,因为不是政府交给他的写作任务,所以他把自己写的东西称为《野史》。凡是金代君臣们留下来的言论、事迹,元好问都认真进行采集,他把听到的一点一滴都用小的纸条、小的字体记录下来,一直到一百多万字。今天他所传下来的著作有《中州集》以及《壬辰杂编》若干卷,六十八岁那年去世。后来别人纂修的《金史》,大多是参照元好问的著作编写的。

党怀英传

【题解】

党怀英(1134~1211),字世杰,冯翊(今陕西冯翊县)人,后定居山东泰安。大定十年成进士,历官莒州军事判官、汝阴县令、国史院编修官、应奉翰林文字、翰林待制、兼同修国史、翰林学士、翰林学士承旨。他曾和郝俣撰修《辽史》。据刘祁《归潜志》载:"党承旨怀英、辛尚收弃疾,俱山东人,少同舍。"以后幸南党北,俱有建树。党怀英长于诗文,工篆书籀书,当时称为第一,是金代颇有声誉的书法家,可惜书迹不见流传。

【原文】

党怀英字世杰,故宋太尉进十一代孙,冯翊人。父纯睦,泰安军录事参军。卒官,妻子不能归,因家焉。应举不得意,遂脱略世务,放浪山水间。箪瓢屡空,晏如也。大定十年,中进士第,调莒州军事判官,累除汝阴县令、国史院编修官、应奉翰林文字、翰林待制、兼同修国史。

怀英能属文,工篆籀,当时称为第一,学者宗之。大定二十九年,与凤翔府台中郝俣充《辽史》刊修官,应奉翰林文字移刺益、赵沨等七人为编修官。凡民间辽时碑铭墓志及诸家文集,或记忆辽旧事,悉上送官。

是时章宗初即位,好尚文辞,旁求文学之士以备侍从,谓宰臣曰:"翰林阙人如之何?"张汝霖奏曰:"郝俣能属文,宦业亦佳。"上曰:"近日制诏唯党怀英最善。"移刺履进曰:"进士擢第后止习吏事,更不复读书,近日始知为学矣。"上曰:"今时进士甚灭裂,《唐书》中事亦多不知,朕殊不喜。"上谓宰臣曰:"郝俣赋诗颇佳,旧时刘迎能之,李晏不及也。"

明昌元年,怀英再迁国子祭酒。二年,迁侍讲学士。明年,议开边防濠堑,怀英等十六人请罢其役,诏从之。迁翰林学士。七年,有事于南郊,摄中书侍郎读祝册,上曰:"读册至朕名,志微下,虽曰尊君,然在郊庙,礼非所宜,当平读之。"承安二年乞致仕,改泰宁军节度使。明年,召为翰林学士承旨。泰和元年,增修《辽史》编修官三员,诏分纪、志、列传刊修官,有改除者以书自随。久之,致仕。大安三年卒,年七十八,谥文献。怀英致仕后,章宗诏直学士陈大任继成《辽史》云。

党怀英字世杰,是已故宋朝太尉党进的十一代孙,冯翊人。他的父亲党纯睦,官至泰安军录事参军,死于官任上,妻子儿女回不了故乡,于是就在泰安落户。他应试不幸而落榜,于是他摆脱世俗,尽情游山玩水。家无隔夜粮,他也安然处之。大定十年,考中进士,被任为莒州军事判官,历升汝阴县令、国史院编修官、应奉翰林文字、翰林待制、兼同修国史。

党怀英很会写文章,又擅长篆书和籀书,在当时被称为第一,学者都很尊崇他。大定二十九年,他和凤翔府治中郝俣担任《辽史》刊修官,应奉翰林文字移剌益、赵沨等七人为编修官。凡是民间收藏的辽代碑铭墓志以及各家的文集,或记述辽代史事的文字,全部送交官府。

当时,金章宗刚即位,他崇尚文辞,广求有文学才能的人才,充任文学侍从,章宗对宰相说:"翰林缺人,怎么办呢?"张汝霖回奏说:"郝俣很会写文章,政绩也很好。"章宗说:"近来起草诏书文字的,只有党怀英最好。"移剌履奏说:"进士们中试以后,只是学习政务,便不再读书,近来才留心学问了。"章宗说:"现在的进士太粗疏了,连《唐书》中所载的史事也大都不知道,我特别不喜欢。"他又对宰相说:"郝俣的诗写得很好,过去的刘迎也能写诗,李晏赶不上他们。"

明昌元年,党怀英又升为国子监祭酒。明昌二年,升为侍讲学士。第二年,朝廷计议开挖边防壕沟,党怀英等十六人请求取消这项工程,皇帝听从了他们的意见。他又升为翰林学士。明昌七年,行南郊祭天礼,党怀英代中书侍郎诵读祝文,章宗说:"读祝文念到我的名字时,声音低了些,虽然是出于对君主的尊敬,但是这是在祭祀,按照礼法是不应该的,应当平声诵读。"承安二年,党怀英请求退休,朝廷改任他为泰宁军节度使。第二年,又征召他为翰林学士承旨。泰和元年,增加修《辽史》的编修官三名,皇帝下令,这三名官员分别担任纪、志、列传刊修官,有改任他职的,可带所修书赴任。过了很久,党怀英才退休。大安三年去世,终年七十八岁,赠谥号为"文献"。党怀英退休后,章宗命直学士陈大任继续修成《辽史》。

王政传

【题解】

王政,金代辰州熊岳(今属辽宁省)人,祖先曾在渤海及辽代任官。辽末归金,任谋克,伐宋时任滑州安抚使。时百姓常杀州官降宋,王政仅率数骑入州,释被捕饥民,并发仓廪赈贫苦百姓,州民皆悦,不复叛。金太宗天会四年(公元1124年),任燕京都曲院同监,未几,改权侍卫亲军都指挥使、兼掌军资库。当时,社会刚刚安定,仓库管理混乱,官吏趁机作奸犯科，王政到任后，严格出入库手续，从而制止了弊端。王政任官不谋私利，一次，吴王阇母和他开玩笑说："汝为官久矣，而贫不加富，何也?"王政回答说："政以杨震四知自守，安得不贫。"

【原文】

王政，辰州熊岳人也。其先仕渤海及辽，皆有显者，政当辽季乱，浮沉州里。高永昌据辽东，知政材略，欲用之。政度其无成，辞谢不就。永昌败，渤海人争缚永昌以为功，政独逡巡引退。吴王阇母闻而异之，言于太祖，授卢州渤海军谋克，从破白习，下燕云。及金兵伐宋，滑州降，留政为安抚使。前此，数州既降，复杀守将反为宋守。及是，人以为政忧，政曰："苟利国家，虽死何避。"宋王宗望壮之，曰："身没王事，利及子孙，汝言是也。"政从数骑入州，是时民多以饥为盗，坐系;政皆释之，发仓廪以赈贫乏，于是州民皆悦，不复叛。傍郡闻之，亦多降者。宋王召政至辕门，抚其背曰："吾以汝为死矣，乃复成功耶。"慰谕者久之。

天会四年，为燕京都麴院同监。未几，除同知金胜军节度使事，改权侍卫亲军都指挥使、兼掌军资。是时，军旅始定，管库纪纲未立，掌吏皆因缘为奸。政独明会计，严扃匙，金帛山积，而出纳无锱铢之失。吴王阇母戏之曰："汝为官久矣，而贫不加富，何也?"对曰："臣以杨震四知自守，安得不贫。"吴王笑曰："前言戏之耳。"以黄金百两、银五百两及所乘马遗之。六年，授左监门将军，历安州刺史、檀州军州事、户吏房主事。天眷元年，迁保静军节度使。致仕，卒，年六十六。

政本名南撒里，尝使高丽，因改名政。

【译文】

王政，辰州熊岳人。他的祖先曾在渤海及辽朝廷任官，都曾获得显要的职位。王政生活的年代正值辽末动乱，只好在州里随政局动荡而浮沉。高永昌占据辽东地区，他知道王政有才智胆识，想任用他。王政认为他不会成功，辞谢不赴任。高永昌失败后，渤海人争着把高永昌捆起来作为功劳，王政却悄悄独自退走了。金吴王完颜阇母听说后很惊异，报告了金太祖，于是任命王政为卢州渤海军谋克，随从攻破白习，攻下燕云地区。及至金兵征伐宋朝，滑州投降，留下王政为安抚使。先前，很多州投降后，州民又杀掉守将，挂上宋朝的旗帜。这时，人们都为王政担忧，王政说："如果有利于国家，即使被杀而死，又怎么能逃避呢?"宋王完颜宗望很佩服他的胆识，对他说："为国家而死，可以有利于子孙，你的话很对。"王政只率领数名骑兵到州中任官，当时百姓多因为饥荒沦为盗贼，从而犯法被抓。王政都予以释放，并调出官粮赈济贫困的人，州中百姓都很高兴，不再反叛。周围的郡听说后，也有很多人归降。宋王完颜宗望把王政召到营中，拍着他的肩膀说："我以为你被杀死了，而你却成功了。"慰劳抚谕了他。

金太宗天会四年，被任命为燕京都麴院同监。不久，又任命为同知金胜军节度使事，改任为权侍卫亲军都指挥使、兼掌军资库。当时，军事行动刚刚停息，仓库没有制度，掌管仓库的官吏趁机作奸犯科。王政到任后，明确会计制度，严格物资进出，库中金、帛虽然堆积如山，但进出物品却无丝毫差错。吴王完颜阇母曾和他开玩笑说："你任官已很久了，却仍然很贫困，没有富裕起来，这是为什么？"王政回答说："臣下以杨震所说的四知来约束自己，怎么会不贫穷呢？"吴王笑着说："刚才说的只是个玩笑。"以黄金一百两、白银五百两，以及自己所乘的马送给了王政。天会六年，被授予左监门将军，历任安州刺史、知檀州军州事、户吏房主事。金太宗天眷元年，迁升为保静军节度使。在任上退休，去世时，享年六十六岁。

王政本名为南撒里，曾出使高丽，因而改名为政。

刘焕传

【题解】

刘焕，字德文，金朝中山（今属河北省）人。生于北宋末，幼以孝闻名。年纪稍长便好学，天寒时仍拥粪火读书不倦。天德元年（1150），中进士，调任丘县尉。以清廉称，调中都市令。不畏权贵，以廉升京兆推官，再迁任北京警巡使。威严峻法，强恶不敢犯，召为监察御史，父老数百人卧于车下请留。后以本官摄户部员外郎，掌铸铁事。再迁为管州刺史，由郑州防御使转同知北京留守事。金世宗时迁辽东路转运使，在任上去世。任官以清廉公正著称。

【原文】

刘焕，字德文，中山人。宋末兵起，城中久乏食，焕尚幼，煮糠麸而食之，自饮其清者，以浓厚者供其母，乡里异之。稍长就学，天寒拥粪火读书不怠。

登天德元年进士，调任丘尉。县令贪汙，焕每规正之，秩满，令持杯酒谢曰："尉廉慎，使我获考。"调中都市令。枢密使仆散忽土家有绦结工，牟利于市，不肯从市籍役，焕系之。忽土召焕，焕不往，暴工罪而笞之。焕初除市令，过谢乡人吏部侍郎石琚，琚不悦曰："京师浩浩穰，不与外郡同，弃简就烦，吾所不晓也。"至是，始重之。以廉升京兆推官，再迁北京警巡使。捕二恶少杖于庭中，戒之曰："孝悌敬慎，则为君子；暴戾隐贼，则为小人。自今以往，毋狃于故习，国有明罚，吾不得私也。"自是，众皆畏惮，毋敢犯者。召为监察御史，父老数百人或卧车下，或挽其靴镫，曰："我欲复留使君期年，不可得也。"

以本官摄户部员外郎。代州钱监杂青铜铸钱，钱色恶，类铁钱，民间盗铸，抵罪者众，朝廷患之，下尚书省议。焕奏曰："钱宝纯用黄铜精治之，中濡以锡，若青铜可铸，历代无缘不用。自代州取二分与四六分，青黄杂揉，务省铜而功易就。由是，民间盗铸，陷罪者众，非朝廷意也。必欲分天下利，宜纯用黄铜，得数少而利远。其新钱已流行者，宜验数输纳准换。"从之。再迁管州刺史，耆老数百人疏其著迹十一事，诣节镇请留焕，曰："刺史守职奉法,乞留之。"以廉升郑州防御史,迁官一阶,转同知北京留守事。

世宗幸上京,所过州郡大发民夫治桥梁驰道,以希恩赏;焕所部惟平治端好而已。上嘉其意,迁辽东路转运使,卒。

【译文】

刘焕,字文德,中山人。北宋末年,金与宋开战,中山城内很久没有粮食,刘焕年纪尚幼,煮些糠麸作食物,他自己只喝些清汤,把浓稠的给母亲吃,同乡都很惊异。年长之后,到塾中读书,天气寒冷,他便守着用干粪点成的火堆读书不倦。

海陵王天德元年,进士及第,调任为任丘县尉。县令贪赃,刘焕常常规劝他,任官期满时,县令举杯向他道谢说:"县尉清廉谨慎,使我的考课得以通过。"调任为中都市令。枢密使仆散忽土家中有一名绦结工,在街市上牟取私利,又不肯服有市籍者应服的差役,被刘焕捉住。仆散忽土召刘焕前去,刘焕不但没有去,反而公开这个绦结工的罪行,并予以鞭笞。刘焕刚担任市令时,到同乡吏部侍郎石琚家中拜谢,石琚不高兴地说:"京城中事务繁杂,与外郡不同,放弃重要工作,来做繁杂的事务,我不明白你为什么这样。"到现在,石琚开始推重刘焕。因为清廉升为京兆推官,再迁之后为北京警巡使。他逮捕了两个城中恶少,亲手在庭中杖击,并告诫他们说:"孝敬父母,友爱兄弟,便是君子;暴戾不法,残忍奸诈,则为小人。从今以后,不能够恶习不改,否则,国家自有处罚的法令,我自己也不能私自宽免。"从此以后,人们对他都很敬畏忌惮,没有人敢冒犯他的威严。刘焕受朝廷征召为监察御史,北京的父老数百人拦住不让走,有的人躺在他车下,有的人拉住他的靴镫,说:"我们想再留您任官一年,却不能做到。"

刘焕以自己的本官代行户部员外郎职权。当时代州的钱是夹着杂青铜铸造的,钱的成色很坏,类似铁钱,民间常常偷着铸钱,因此而被治罪的人很多,朝廷很担忧,下令尚书省讨论。刘焕进奏说:"钱应纯用黄铜精铸,中间掺些锡,如果青铜可以铸钱,前代没有理由不用青铜。自从代州掺杂青铜二分或四六分铸钱,使青铜和黄铜杂糅在一起,目的在于省铜而容易铸。从此以后,民间常偷着铸钱,被治罪的人很多,这不是朝廷的本意。如若为天下的利益考虑,应该纯用黄铜,得到的钱虽然少,但利益长远。新钱已经流通的,最好检验数量收上来,准予百姓兑换。"他的建议被采纳。再迁升为管州刺史,父老数百人上疏汇报他的十一项显著政绩,到节度使哪里请求让刘焕留任,说:"刘刺史坚守职责,奉公守法,请求让他留任。"因任官廉洁而升任郑州防御使,迁升官位一级,转任为同知北京留守事。

金世宗到上京巡视,所经过地区的州郡都大规模征调民夫修建桥梁,筑驰道,以求得到恩赏。而刘焕却只命令下属修理平整而已,世宗对他的做法表示赞赏,迁升为辽东路转运使,在任上去世。

萧裕传

【题解】

　　萧裕，本名遥折，奚族人，金代奸臣与海陵王结党，制造事端，终于位极相位，后又与海陵王生隙，被海陵所杀。

【原文】

　　萧裕，本名遥折，奚人。初以猛安居中京，海陵为中京留守，与裕相结，每与论天下事。裕揣海陵有觊觎心，密谓海陵曰："留守先太师，太祖长子。德望如此，人心天意宜有所属，诚有志举大事，愿竭力以从。"海陵喜爱之，遂与谋议。海陵竟成弑逆之谋者，裕启之也。

　　海陵为左丞，除裕兵部侍郎，改同知南京留守事，改北京。海陵领行台尚书省事，道过北京，谓裕曰："我欲就河南兵建立位号，先定两河，举兵而北。君为我结诸猛安以应我。"定约而去。海陵虽自良乡召还，不能如约，遂弑熙宗篡立，以裕为秘书监。

　　海陵心忌太宗诸子，欲除之，与裕密谋。裕倾险巧诈，因构致太傅宗本、秉德等反状，海陵杀宗本，唐括辩遣使杀秉德、宗懿及太宗子孙七十馀人，秦王宗翰子孙三十馀人。宗本已死，裕乃求宗本门客萧玉，教以其款反状，令做主名上变。海陵既诏天下，天下冤之。海陵赏诛宗本功，以裕为尚书左丞，加仪同三司，授猛安，赐钱二千万、马四百匹、牛四百头、羊四千口。再阅月，为平章政事、监修国史。旧制，首相监修国史，海陵以命裕，谓裕曰："太祖以神武受命，丰功茂烈光于四海，恐史官有遗逸，故以命卿。"久之，裕为右丞相、兼中书令。裕在相位，任职用事颇专恣，威福在己，势倾朝廷。海陵倚信之，他相仰成而已。

　　裕与高药师善，尝以海陵密语告药师，药师以其言奏海陵，且曰："裕有怨望心。"海陵召裕戒谕之，而不以为罪也。或有言裕擅权者，海陵以为忌裕者众，不之信。又以为人见裕弟萧祚为左副点检，妹夫耶律辟离剌为左卫将军，势位相凭藉，遂生忌嫉，乃出祚为益都尹，辟离剌为宁昌军节度使，以绝众疑。

　　裕不知海陵意，遽见出其亲表补外，不令己知之，自是深念恐海陵疑己。海陵弟太师衮领三省事，共在相位，以裕多自用，颇防闲之，裕乃谓海陵使衮备之也。而海陵猜忍嗜杀，裕恐及祸，遂与前真定尹萧冯家奴、前御史中丞萧招折、博州同知遥设、裕女夫遏剌补谋立亡辽豫王延禧之孙。

　　裕使亲信萧屯纳往结西北路招讨使萧好胡。好胡即怀忠。怀忠依违未决，谓顿纳曰："此大事，汝归遣一重人来。"裕乃使招折往。招折前为中丞，以罪免，以此得诣怀忠。怀忠问招折与谋者复有何人，招折曰："五院节度使耶律朗亦是也。"怀忠旧与朗有隙，而招折尝上挞懒变事，怀忠疑招折反覆，因执招折，收朗系狱，遣使上变。

遥设亦与笔砚令史白荅书，使白荅助裕以取富贵，白荅奏其书。海陵信裕不疑，谓白荅构诬之，命杀白荅于市。执白荅出宣华门，点检徒单贞得萧怀忠上变事入奏，遇见白荅，问其故，因止之。徒单贞已奏变事，以白荅为请，海陵遽使释之。

海陵使宰相问裕，裕即款伏。海陵甚惊愕，犹未能尽信，引见裕，亲问之。裕曰："大丈夫所为，事至此又岂可讳。"海陵复问曰："汝何怨于朕而作此事？"裕曰："陛下凡事皆与臣议，及除祚等乃不令臣知之。领省国王每事谓臣专权，颇有堤防，恐是得陛下旨意。陛下与唐括辩及臣约同生死，辩以强忍果敢致之死地，臣皆知之，恐不得死所，以此谋反幸苟免耳。太宗子孙无罪皆死臣手，臣之死亦晚矣。"海陵复谓裕曰："朕为天子，若于汝有疑，虽汝弟辈在朝，岂不能施行？以此疑我，汝实错误。太宗诸子岂独在汝，朕为国家计也。"又谓之曰："自来与汝相好，虽有此罪，贷汝性命，惟不得作宰相，令汝终身守汝祖先坟垅。"裕曰："臣子既犯如此罪逆，何面目见天下人，但愿绞死，以戒其余不忠者。"海陵遂以刀刺左臂，取血涂裕面，谓之曰："汝死之后，当知朕本无疑汝心。"裕曰："久蒙陛下非常眷遇，仰恋徒切，自知错缪，虽悔何及！"海陵哭送裕出门，杀之，并诛遥设及冯家奴。冯家奴妻，豫王女也，与其子穀皆与反谋，并杀之。遣护卫庞葛往西北路招讨司诛朗及招折，而屯纳、遇剌补皆出走，捕得屯纳弃市，遇剌补自缢死。

屯纳出走，过河间少尹萧之详，之详初不知裕事，留之三日。屯纳往之详茶扎家，茶扎遣人诣之详告公引，得之，付屯纳遣之他所。茶扎家奴发其事，吏部侍郎宬产鞫之，之详曰："屯纳宿二日而去。"法家以之详隐其间，欺尚书省，罪当赎。海陵怒，命杀之，杖宬产及议法者。茶扎杖四百死。

庞葛杀招折等，并杀无罪四人，海陵不问，杖之五十而已。以裕等罪诏天下。赏上变功，怀忠迁枢密副使，以白荅为牌印云。高药师迁起居注，进阶显武将军。药师尝奏裕有怨望，至此赏之云。

【译文】

萧裕，本名遥折，奚族人。最初以猛安的身份居住在中京，海陵王完颜亮任中京留守，与萧裕相结交，每每与他评论天下事。萧裕揣测海陵王有希图篡位的心意，暗中对海陵王说："留守先太师，乃是太祖长子，德行名望如此，人心天意应该有所归属，如果你有志发动大事，我愿意竭力相随。"海陵王高兴地接受了这一提议，于是同他谋划商议。海陵王最终所以能够成就弑君篡位的阴谋，就是萧裕诱导他的。

海陵王担任左丞时，任命萧裕为兵部侍郎，改官同知南京留守事，又改官北京。海陵王统领行台尚书省事，途中路过北京，对萧裕说："我想凭借河南军队建立爵位名号，首先平定两河流域，然后发兵北上，您替我联络众多猛安以响应我。"互相约定以后离去。海陵王从良乡被召回，不能如约行动，便杀掉熙宗夺权自立，任用萧裕为秘书监。

海陵王心中顾忌太宗的各个儿子，想要除掉他们，就与萧裕暗中谋划。萧裕险诈狡猾，于是捏造太傅宗本、秉德等造反的罪状，海陵王杀了宗本，唐括辩派人杀了秉德、宗懿以及太宗子孙七十多人、秦王宗翰的子孙三十多人。宗本已死,萧裕就让宗本门下的食客萧玉,一一开列宗本谋反的罪状,命令他署名向朝廷揭发。海陵王便把这件事诏告天下,天下以为冤枉。海陵王嘉赏诛杀宗本之功,任命萧裕为尚书左丞,加仪同三司,授猛安,赐钱二千万、马四百匹、牛四百头、羊四千口。经过一个月,又升为平章政事、监修国史。按以前的制度首相监修国史,海陵王以此职任命萧裕,对他说:"太祖以神明威武受命于天,丰功盛业光照四海,恐怕史官有遗漏逸失,故而把这件事委任给你。"许久以后,萧裕被任为右丞相、兼中书令。萧裕身居相位,任职行事专断恣纵,作威作福,势力倾动朝廷。海陵王依靠信任他,其他丞相则是仰视其成而已。

萧裕和高药师友善,曾经把海陵王的私房话告诉药师,高药师把他的话上奏海陵王,而且说:"萧裕怀有不满之心。"海陵王召萧裕告诫他,但并不因此而治罪。有人称萧裕擅权,海陵王认为忌妒萧裕的人多,不肯相信这类话。又以为别人见到萧裕的兄弟萧祚任左副点检,妹夫耶律辟离剌任左卫将军,以权势地位互相依靠,于是产生忌恨,所以就外放祚为益都尹,辟离剌为宁昌军节度使,以断绝众人的疑心。

萧裕不了解海陵王的意图,突然看见将其内亲姻表委派外职,而又事先不让自己知道此事,从此深恐海陵王怀疑自己。海陵王的兄弟太师完颜衮领三省事,和萧裕一起处在宰相的地位上,由于萧裕常常自以为是,就颇为防备他,萧裕就认为这是海陵王让完颜衮在防备自己。而海陵王又残暴无情、杀人成性,萧裕恐怕遭祸,于是同前真定尹萧冯家奴、前御史中丞萧招折、博州同知遥设、自己的女婿剌补谋划另立已经逃到的辽朝的豫王耶律延禧之孙。

萧裕派亲信萧屯纳前往联络西北路招讨使萧好胡。萧好胡就是萧怀忠。萧怀忠犹豫不决,对萧屯纳说:"这是大事,你先回去,再派一个权要人物来。"萧裕于是派招折前往。招折以前担任过中丞,因为犯罪免官,由此而能前往萧怀忠处。萧怀忠问招折参与谋划的还有什么人,招折说:"五院部节度使耶律朗。"萧怀忠以往和耶律朗有矛盾,而招折曾经告发挞懒谋反,萧怀忠疑心招折反复无常,因而逮捕招折,又逮捕耶律朗囚禁于牢狱,派人向朝廷揭发这件事。

遥设也给笔砚令史白苔写了信,使白苔协助萧裕以博取富贵,白苔向朝廷交出了这封信。海陵王信任萧裕毫不怀疑,认为白苔陷害萧裕,命令把白苔在市朝斩首。绑缚白苔出宣华门,点检徒单贞得到萧怀忠向朝廷告发一事而入奏,遇见白苔,问明缘故,就制止行刑。徒单贞上奏萧裕谋反一事以后,请求赦免白苔,海陵王马上命令释放他。

海陵王让宰相询问萧裕,萧裕立即服罪。海陵王十分惊愕,还不完全相信,召见萧裕,萧裕说:"大丈夫所作所为,事情到了这一地步又哪里能隐讳。"海陵王又问:"你对朕有什么怨恨而要做出这样的事?"萧裕说:"陛下凡事都同臣商议,但对萧祚等的任命却不让臣知道,领省国王常常认为臣专权,颇有防范,恐怕是得到陛下的旨意。陛下与唐括辩及臣相约同生死,唐括辩以坚忍果敢而被置之死地,对此臣都知道,恐怕以后死无葬身之地,因此谋反,想以此侥幸免于一死罢了。太宗的子孙无罪而都死在臣的手里,臣的一死也为时已晚了。"海陵王又对萧裕说:"朕作为天子,如果对你有怀疑,即使你的兄弟们在朝中，难道不能采取行动？因此而怀疑我，你实在是错了。太宗的子孙们被杀，原因岂独在你，朕是从国家利益打算的。"又对他说："朕从来与你彼此友好，虽有如此罪过，饶恕你的性命，只是不能再作宰相，命你终身守护你祖先的坟茔。"萧裕说："臣既犯下如此叛逆大罪，有何面目见天下人，但愿领罪绞死，以警戒其余不忠于陛下的人。"海陵王于是用刀刺破左臂，取血涂在萧裕的脸上，对他说："你死之后，当会知道朕本无疑你之心。"萧裕说："久蒙陛下给予超过一般的恩惠，只能敬仰眷恋，自己知道错了，虽然后悔，哪里来得及！"海陵哭着将萧裕送出门外，杀掉了他，并杀了遥设及冯家奴。冯家奴的妻子是豫王的女儿，和他的儿子都参与了反叛的阴谋，海陵王一起杀掉了他们。派遣护卫庞葛前往西北路招讨司杀了耶律朗和招折，而屯纳、遏刺补都出逃。后来捉到屯纳，在街头行刑示众；遏刺补则自缢身亡。

屯纳出逃，访河间少尹萧之详，萧之详起初不知道萧裕的事，留他住了三日。屯纳前往萧之详亲属茶扎家，茶扎派人到萧之详处求索通行路条，得到以后，交给屯纳，把他打发到其他地方。茶扎家奴揭发这件事，吏部侍郎宷产讯问，萧之详说："屯纳住了两天就离开了。"执法者认为萧之详隐瞒其中内情，欺骗尚书省，当以财物赎罪。海陵王发怒，命令杀掉他，笞杖宷产和做出判处的人。茶扎杖击四百而死。

庞葛杀了招折等人，并一起杀掉无罪者四人，海陵王不加追究，杖击五十而已。把萧裕等人的罪状诏告天下。赏赐向朝廷揭发反叛之功，萧怀忠升为枢密副使，以白荅为牌印官。高药师升为起居注，晋升为显武将军。高药师曾上奏萧裕怀不满之心，这次升迁是对他的奖赏。

列女传

【题解】

金朝的历史充满了内忧外患，内有张觉、崔立等人的起兵造反，外有元朝军队的大举进攻。这就使得不少妇女身罹战乱，其中有些人临危时自杀守节，出现了一批烈女。除此之外，《金史·列女传》似乎还是"二十五史"中最早较多记载妇女在被迫改嫁时杀身的事迹的史书。另外，在后来元明清三代史书《列女传》中较多出现的割体疗亲故事，在《金史》中已经有了两例：雷姓人的妻子师氏和聂孝女舜英。

汉成帝时，刘向开始记述三代的贤妃淑女，以及骄奢淫逸、兴亡盛衰的根源，汇集起来进行分类，名为《列女传》，借以暗示规劝帝王。范晔才开始把她们记载在《后汉书》中。古代女子十岁的时候有女师，逐渐长大后又有粗细麻线丝茧的事情，有祭祀时帮助祭奠的事务，出嫁后的职责又只是在厨房做饭，因此以无非无仪为贤惠。至于过着守寡生活，患难颠沛，这都是妇女的不幸。一旦遇到不幸，自己能够卓然有所建树，有烈士丈夫的道德风尚，因此君子为她们而感到惊奇。

汉成帝时，刘向始述三代贤妃淑女，及淫泆奢僭、兴亡盛衰之所由，汇分类别，号《列女传》，因以讽谏。范晔始载之汉史。古者女子生十年有女师，渐长有麻丝茧之事，有祭祀助奠之事，既嫁职在中馈而已，故以无非无仪为贤。若乃嫠居寡处，患难颠沛，是皆妇人之不幸也。一遇不幸，卓然能自树立，有烈丈夫之风，是以君子异之。

阿邻妻沙里质者，金源郡王银术可之妹。天辅六年，黄龙府叛卒攻钞旁近部族。是时，阿邻从军，沙里质纠集附近居民得男女五百人，树营栅为保守计。贼千馀来攻，沙里质以毯为甲，以裳为旗，男夫授甲，妇女鼓噪，沙里质仗剑督战，凡三日贼去。皇统二年，论功封金源郡夫人。大定间，以其孙药师为谋克。

李宝信妻王氏。宝信为义丰县令，张觉以平州叛，王氏陷贼中。贼欲逼室之，王氏骂贼，贼怒遂肢解之。大定十二年，赠"贞烈县君"。

韩庆民妻者，不知何许人，亦不知其姓氏。庆民事辽为宜州节度使。天会中，攻破宜州，庆民不屈而死，以其妻配将士，其妻誓死不从，遂自杀。世宗读《太宗实录》，见庆民夫妇事，叹曰："如此节操，可谓难矣。"

雷妇师氏，夫亡，孝养舅姑。姑病，刲臂肉饲之，姑即愈。舅姑既殁，兄师逵与夫侄规其财产，乃伪立媒证致之官，欲必嫁之。县官不能辨曲直，师氏畏逼，乃投县署井中死。诏有司祭其墓，赐谥曰"节"。

康住住，鄜州人。夫早亡，服阕，父取之归家，许严沂为妻。康氏誓死弗听，欲还夫家不可得，乃投崖而死。诏有司致祭其墓。

李文妻史氏，同州白水人。夫亡，服阕，誓死弗嫁。父强取之归，许邑人姚乙为妻。史氏不听，姚诉之官，被逮，遂自缢死。诏有司致祭其墓。

李英妻张氏。英初为监察御史，在中都，张居潍州。贞祐元年冬，大元兵取潍州，入其家，张氏尽以所有财物与之。既而，令张氏上马，张曰："我尽以物与汝，犹不见赎邪？"答曰："汝品官妻，当复为夫人。"张曰："我死则为李氏鬼。"顿坐不起，遂见杀。追封陇西郡夫人，谥"庄洁"。英仕至御史中丞，有传。

相琪妻栾氏，有姿色。琪为莱州掖县司吏。贞祐三年八月，红袄贼陷掖县，琪与栾氏及子俱为所得。贼见栾悦之，杀琪及其子而诱栾。栾奋起以头触贼而仆，骂曰："我岂为犬彘所汗者哉。"贼怒，杀之。追封西河县君，谥"庄洁"。

阿鲁真，宗室承充之女，胡里改猛安夹谷胡山之妻。夫亡寡居，有众千馀。兴定元年，承充为上京元帅，上京行省太平执承充应蒲鲜万奴。阿鲁真治废垒，修器械，积刍粮以自守。万奴遣人招之，不从，乃射承充书入城，阿鲁真得而碎之，曰："此诈也。"万奴兵急攻之，阿鲁真衣男子服，与其子蒲带督众力战，杀数百人，生擒十馀人，万奴兵乃解去。后复遣将击万奴兵，获其将一人。诏封郡公夫人，子蒲带视功迁赏。

承充已被执，乘间谓其二子女胡、蒲速乃曰："吾起身宿卫，致位一品，死无恨矣。若辈亦皆通显，未尝一日报国家，当思自处，以为后图。"二子乃冒险自拔南走，是年四月至南京。

独吉氏，平章政事千家奴之女，护卫银术可妹也。自幼动有礼法，及适内族撒合辇，闺门肃如。撒合辇为中京留守，大兵围之，撒合辇疽发背不能军，独吉氏度城必破，谓撒合辇曰："公本无功能，徒以宗室故尝在禁近，以至提点近侍局，同判睦亲府，今又为留守外路第一等官，受国家恩最厚。今大兵临城，公不幸病不能战御。设若城破，公当率精锐夺门而出，携一子走师。不能则独赴京师，又不能，战而死犹可报国，幸无以我为虑。"撒合辇出巡城，独吉氏乃取平日衣服妆具玩好布之卧榻，资货悉散之家人，艳妆盛服过于平日，且戒女使曰："我死则扶置榻上，以衾覆面，四围举火焚之，无使兵见吾面。"言讫，闭门自经而死。家人如言，卧尸榻上，以衾覆之。撒合辇从外至，家人告以夫人之死，撒合辇拊榻曰："夫人不辱我，我肯辱朝廷乎。"因命焚之。年三十有六。少顷，城破，撒合辇率死士欲夺门出，不果，投壕水死，有传。

许古妻刘氏，定海军节度使仲洙之女也。贞祐初，古挈家侨居蒲城，后留刘氏母子于蒲，仕于朝。既而，兵围蒲，刘谓二女曰："汝父在朝，而兵势如此，事不可保。若城破被驱，一为所污奈何？不若俱死以自全。"已而，攻城益急，于是刘氏与二女相继自尽。有司以闻于朝，四年五月，追封刘氏为郡君，谥曰"贞洁"，其长女谥曰"定姜"，次"肃姜"，以其事付史馆。

冯妙真，刑部尚书延登之女也。生十有八年，适进士张愗，兴定五年，愗为洛川主簿。大元兵破葭州、绥德，遂入鄜延。鄜人震恐具守备，守臣以西路输刍粟不时至，檄愗诣平凉督之。时延登为平凉行省员外郎，愗欲偕妙真以往，妙真辞曰："舅姑老矣，虽有叔姒，妾能安乎。子行，妾留奉养。"十一月，洛川破，妙真从舅姑匿窟室，兵索得之。妙真泣与舅姑诀曰："妇生不辰，不得终执箕帚，义不从辱。"即携三子赴井死。县人从而死者数十人。明年春，愗发井得尸，殡于县之东郭外。死时年二十四。

蒲察氏字明秀，鄜州帅讷申之女，完颜长乐之妻也。哀宗迁归德，以长乐为总领，将兵扈从。将行，属蒲察氏曰："无他言，夫人慎毋辱此身。"明秀曰："君第致身事上，无以妾为念。妾必不辱。"长乐一子在幼，出妻柴氏所生也，明秀抚育如己出。崔立之变，驱从官妻子于省中，人自阅之。蒲察氏闻，以幼子付婢仆，且与之金币，亲具衣棺祭物，与家人诀曰："崔立不道，强人妻女，兵在城下，吾何所逃，惟一死不负吾夫耳。汝等惟善养幼子。"遂自缢而死。欣然若不以死为难者。时年二十七。

乌古论氏，伯祥之妹，临洮总管陀满胡土门之妻也。伯祥朝贵中声誉藉甚，胡土门死王事。崔立之变，衣冠家妇女多为所污，乌古论氏谓家人曰："吾夫不辱朝廷，我敢辱吾兄及吾夫乎。"即自缢。一婢从死。

参政完颜素兰妻，亡其姓氏。当崔立之变，谓所亲曰："吾夫有天下重名，吾岂肯随众陷身以辱吾夫乎。今日一死固当，但不可无名而死，亦不可离吾家而死。"即自缢于室。

温特罕氏，夫完颜忙哥，五朵山宣差提控回里不之子也，系出萧王。忙哥叔父益都，即度秦州，为大元兵所攻，适病不能军，忙哥为提控，独当一面。兵退而益都死，忙哥以城守功世袭谋克，收充奉御。及崔立之变，忙哥义不受辱，与其妻诀。妻曰："君能为国家死，我不能为君死乎？"一婢曰："主死，婢将安归。"是日，夫妇以一绳同缢，婢从之。

尹氏，完颜猪儿之妻也。猪儿系出萧王，天兴二年正月从哀宗为南面元帅，战死黄陵冈。其妻金源郡夫人闻猪儿死，聚家资焚之，遂自缢。年三十一。猪儿赠官，弟长住即日诏补护卫。

白氏，苏嗣之之母，许州人，宋尚书右丞子由五世孙妇也。初，东坡、颍滨、叔党俱葬郏城之小峨嵋山，故五世皆居许昌。白氏年二十馀即寡居，服除，外家迎归，兄嫂窃党改醮。白氏微闻之，牵车径归，曰："我为苏学士家妇，又有子，乃欲使我失身乎。"自是，外家非有大故不往也。尝于宅东北为祭室，画两先生像，图黄州、龙川故事壁间，香火严洁，躬自洒扫，士大夫求瞻拜者往往过其家奠之。天兴元年正月庚戌，许州被兵，嗣之为汴京厢官，白拜辞两先生前曰："儿子往京师，老妇死无恨矣，敢以告。"即自缢于室侧。家人并屋焚之。年七十馀。嗣之本名宗之，避讳改焉。

聂孝女字舜英，尚书左右司员外郎天骥之长女也。年二十三，适进士张伯豪。伯豪卒，归父母家。及哀宗迁归德，天骥留汴。崔立劫杀宰相，天骥被创甚，日夜悲泣，恨不即死。舜英谒医救疗百方，至刲其股杂他肉以进。而天骥竟死。

时京城围久食尽，闾巷间有嫁妻易一饱者，重以崔立之变，剽夺暴凌，无复人理。舜英颇读书知义理，自以年尚少艾，夫既亡，父又死非命，比为兵所污，何若从吾父于地下乎。葬其父之明日，绝脰而死。一时士女贤之，有为泣下者。其家以舜英合葬张伯豪之墓。

完颜仲德妻，不知其族氏。崔立之变，妻自毁其容服，携妾及二子绐以采蔬，自汴走蔡。蔡被围，丁男皆乘城拒守，谓仲德曰："事势若此，丈夫能为国出力，妇人独不能耶。"率诸命妇自作一军，亲运矢石于城下，城中妇女争出继之。城破自尽。

哀宗宝符李氏，国亡从后妃北迁，至宣德州，居摩诃院，日夕寝处佛殿中，作幡旗。会当赴龙庭，将发，即于佛像前自缢死，且自书门纸曰："宝符御侍此处身故。"后人至其处，见其遗迹，怜而哀之。

天兴元年，北兵攻城，矢石之际忽见一女子呼于城下曰："我倡女张凤奴也，许州破被俘至此。彼军不日去矣，诸君努力为国坚守，无为所欺也。"言竟，投濠而死。朝廷遣使驰祭于西门。

正大、天兴之际，妇人节义可知者特数人耳。凤奴之事别史录之，盖亦有所激云。

【译文】

阿邻的妻子沙里质，是金源郡王银术可的妹妹。天辅六年，黄龙府叛兵进攻掠夺附近部族。当时，阿邻存外从军，沙里质聚集了五百名附近居民的男女，建造营帐栅栏作为防守的打算。贼众一千多人来进攻，沙里质把毯子作成铠甲，用衣裳制成旗子，年轻男子穿上毡甲，妇女呐喊助威，沙里质拿着剑督战，前后共三天，贼众离去。皇统二年，论功封为金源郡夫人。大定年间，任命她的孙子药师出任谋克。

李宝信的妻子王氏。李宝信任义丰县令时，张觉在平州叛乱，王氏陷落在贼人手中。

贼人想强迫她嫁给他,王氏骂贼人,贼人愤怒,就肢解了她。大定十二年,赠"贞烈县君"。

韩庆民的妻子,不知道是哪里人,也不知道她的姓名。韩庆民在辽朝任宜州节度使。天会年间,攻破宜州,韩庆民不屈而死,敌兵把他的妻子许配给将士,他妻子誓死不服从,于是自杀了。世宗读《太宗实录》,看到韩庆民夫妻的事迹,叹息说:"这样的节操,可以说是难得了。"

雷姓人的妻子师氏,丈夫亡故,孝顺地赡养公婆。婆婆病了,她割下手臂上的肉给婆婆吃,婆婆病马上好了。公婆去世后,她哥哥跟她丈夫的侄子谋求她的财产,于是伪造了媒妁证据把她交给官府,想一定要把她嫁出去。县官辨别不清其中是非曲直,师氏害怕被逼迫,就跳进县衙门的井里死了。朝廷下令有关官员祭奠她的坟墓,赐谥为"节"。

康住住,鄜州人。丈夫早死,服丧期满后,她父亲把她接回家里,许配给严沂做妻子。康氏誓死不从,想回丈夫家又做不到,就跳崖死了。朝廷下令有关官员去祭奠她的坟墓。

李文的妻子史氏,同州白水人。丈夫死了,服丧期满后,誓死不再嫁人。父亲强接她回家,许配给同乡人姚乙为妻子。史氏不服从,姚乙告到官府,她被逮捕,就上吊死了。朝廷下令有关官员去她坟墓上祭奠。

李英的妻子张氏。李英开始时做监察御史,在中都,张氏住在潍州。贞祐元年冬天,大元兵攻取潍州,进了她的家,张氏把所有的财物都给了他们,不久,他们命令张氏上马,张氏说:"我把财物都给你们了,还不能放过我吗?"回答说:"你是有品位的官员的妻子,应该再做夫人。"张氏说:"我死了也是李氏的鬼。"坐在地上不起来,就被杀掉了。追封为陇西郡夫人,谥"庄洁"。李英官做到御史中丞,有他的传。

相琪的妻子栾氏,姿色漂亮。相琪任莱州掖县司吏。贞祐三年八月,红袄贼人攻破掖县,相琪与栾氏及孩子都被抓住。贼人见到栾氏就喜欢她,杀了相琪和她的儿子来逼诱栾氏。栾氏跳起来用头把贼人撞倒在地上,骂道:"我岂能被猪狗污辱。"贼人愤怒,杀了她。追封为西河县君,谥"庄洁"。

阿鲁真,是皇家亲戚承充的女儿,胡里改猛安夹谷胡山的妻子。丈夫死了过着守寡生活的,有一千多人。兴定元年,承充任上京元帅,上京行省官太平捉了承充响应蒲鲜万奴。阿鲁真整治废弃的堡垒,修复器械,积聚粮草准备自卫。万奴派人招安她,不同意,就把承充的书信射到城里,阿鲁真得到后就把它撕碎了,说:"这是假的。"万奴的士兵猛烈地攻城,阿鲁真穿着男子的衣服,跟她儿子蒲带督促众人奋力作战,杀死数百人,活捉了十多人,万奴兵才解围离去。后来她又派遣将领进攻万奴军队,俘获了一员将领。朝廷下令封她为郡公夫人,儿子蒲带也因功劳受到升迁奖赏。

承充被捉住后,找个机会对他两个儿子女胡、蒲速乃说:"我从宿卫开始做官,做到一品,即使死了也没有遗憾了。你们都地位显贵,但没一天报效过国家,应当想办法活下去,准备以后报答。"两个儿子于是冒着危险向南方逃跑,这年四月到了南京。

独吉氏是平章故事千家奴的女儿,护卫银术可的妹妹。她从小一举一动都合于礼制法度,等到嫁给皇族撒合辇,闺门风气严肃。撒合辇任中京留守,大兵包围了他,撒合辇背脊上长疮不能领兵作战,独吉氏估计城市必定要被攻破,对撒合辇说:"您本来没有功劳和能力，只是因为是皇帝亲戚所以能在禁宫任禁卫，以至官做到近侍局提点，同判睦亲府，现在又任留守外路第一等官，受国家的恩惠最多。现在大兵临城，您不幸生病了，不能去作战抵御。如果城被攻破，您应当率领精锐部队夺门出去，带一个儿子逃到京师。做不到就一个人去京师，还不能做到，战死了还可以报效国家，希望不要为我考虑。"撒合辇出去巡视城防，独吉氏就把平时衣服化妆用具玩好物品都排在床上，资财物品都分给家人，比平时还要艳妆盛服，并且告诫女仆说："我死后就把我放置在床上，用被子盖住脸，四面点火焚烧，不要让士兵看见我的脸。"说完，关上门上吊死了。家里人象她所说的，把尸体卧放在床上，用被子覆盖了。撒合辇从外面进来，家人告诉他夫人死了，撒合辇手扶着床说："夫人不玷污我，我能玷污朝廷吗?"就下令烧了她。她死时三十六岁。不久，城被攻破，撒合辇率领不怕死的士兵想夺门出去，没有成功，跳进护城河中淹死了。《金史》中有他的传。

许古的妻子刘氏，是定海军节度使刘仲洙的女儿。贞祐初年，许古带全家侨居蒲城，后来把刘氏母女留在蒲城，自己去朝廷做官。不久，军队包围了蒲城，刘氏对两个女儿说："你们的父亲在朝廷，而形势这样危急，事情不好办。如果城破被驱赶，一旦被污辱怎么办? 不如都死了以保全自己。"过后，攻城更加猛烈，于是刘氏跟两个女儿相继自杀。有关官吏把这事报告朝廷，四年五月，追封刘氏为郡君，谥"贞洁"，她的长女谥"定姜"，次女谥"肃姜"，把她们的事迹告诉史馆(让他们记载下来)。

冯妙真，是刑部尚书冯延登的女儿。十八岁时嫁给进士张愭。兴定五年，张愭任洛川主簿。大元军队攻破葭州、绥德，于是进入鄜延。鄜延人震动恐惧，准备防守器具，防守的大臣因为西路运输的粮草没有按时赶到，征召张愭去平凉监督粮草运输。当时冯延登是平凉行省员外郎，张愭想跟妙真一同去，妙真推辞说："公婆老了，虽然有叔叔妹妹，我能安心吗? 你去，我留下来负责赡养。"十一月，洛川被攻破，妙真跟公婆藏在地下室里，士兵找到了他们。妙真哭着跟公婆诀别说："媳妇生不逢时，不能始终服侍你们，为了道义，我不会让人污辱。"就拉了三个孩子跳井死了。县里人跟着她去死的有几十个人。第二年春天，张愭挖井找到尸骨，埋葬在县城东郊外。她死时二十四岁。

蒲察氏字明秀，是鄜州元帅蒲察讷申的女儿，完颜长乐的妻子。哀宗迁到归德，任完颜长乐为总领，领兵保驾跟从。快出发时，嘱咐蒲察氏说："没有别的话，夫人小心不要污辱了自己的身体。"明秀说："您只要把心思用在大事上，不要担心我。我一定不会被污辱。"长乐一个儿子年幼，是被遗弃的妻子柴氏生的，明秀抚养教育他好像自己亲生的。崔立变乱，驱赶朝廷官员的妻子儿女到省衙门，由各人自己挑选。蒲察氏听说后，把小儿子托给仆人，并且给她们金币，自己准备了衣服棺材祭祀物品，跟家里人诀别说："崔立没有人道，强迫别人的妻子女儿，兵在城下，我逃到哪里去，只有一死才不辜负我的丈夫啊。你们只有好好抚养小儿子。"就上吊自杀了，她赴死时高兴的样子好像不把死看作一件难事一样。当时二十七岁。

乌古论氏，是伯祥的妹妹，临洮总管陀满胡土门的妻子。伯祥在朝廷贵族中名声很显赫，胡土门为了朝廷事业死了。崔立变乱时，做官人家的妻女大多被污辱过，乌古论氏对家里人说："我丈夫没有玷污朝廷，我怎么敢玷污我的哥哥与丈夫呢。"就上吊死了。一女仆也跟着她死了。

参政完颜素兰的妻子，不知道她的姓名。在崔立变乱时，她对亲近的人说："我丈夫有天下大名，我怎么能跟着大家也陷身敌手玷污我丈夫呢。今天死掉是合适的，只是不能没名气地去死，也不能离开我家去死。"就在室内上吊死了。

温特罕氏，丈夫是完颜忙哥，是五朵山宣差提控回里不的儿子，系出自萧王。忙哥叔父益都，在秦州任节度使，被大元兵所围攻，正好生病不能领兵作战，忙哥任提控，独当一面。元兵退去而益都去世了，忙哥因为守城有功世袭谋克，收充奉御。到了崔立变乱时，忙哥为了道义不受污辱，跟他妻子诀别。妻子说："您能为国家去死，我不能为您去死吗？"一个女仆说："主人死了，女仆将去哪里？"当天，夫妻用同一根绳子上吊，女仆也跟着这样做。

尹氏是完颜猪儿的妻子。猪儿系自出萧王一族，天兴二年正月跟从哀帝任南面元帅，战死在黄陵冈。他妻子金源郡夫人听说猪儿死了，聚集了家里的资财把它们烧掉后，就上吊自杀了，当时三十一岁。猪儿赠官，弟长住当日就被朝廷诏令补护卫。

白氏，是苏嗣之的母亲，许州人，是宋代尚书右丞苏子由五世孙的媳妇。当初，东坡、颍滨、叔党都埋葬在郏城的小峨嵋山，因此五代都住在许昌。白氏二十多岁就寡居了，服丧期满后，由娘家人接回家，哥哥与嫂子暗中商议把她改嫁。白氏稍微有些耳闻，牵着车子直接回去，说："我是苏学士家的媳妇，又有儿子，你们想使我失身吗？"从此，娘家没有大的变故她是不去的。曾经在住宅的东北设立祭室，画了两位先生的像，把黄州、龙川的故事在墙壁上画成图，香火整齐清洁，亲自洒扫，士大夫想瞻仰拜谒的，常常到她家祭奠。天兴元年正月庚戌日，许州遭兵变，苏嗣之做汴京厢官，白氏拜辞两先生面前说："儿子已去京师，老妇人即使死了也没有遗憾了，才胆敢告诉你们。"说完在旁边上吊死了。家里人把她连同房屋都烧了。当时她七十多岁。嗣之本名宗之，为避讳才改成这名字的。

聂孝女字舜英，是尚书左右司员外郎天骥的长女。二十三岁时，嫁给进士张伯豪。张伯豪死后，回父母亲家。哀宗迁到归德时，聂天骥留在汴。崔立劫持并杀了宰相，聂天骥受了很严重的创伤，日夜悲痛哭泣，恨不能立即死去。舜英千方百计找医生救治，甚至割下大腿肉杂在别的肉里给他吃，而聂天骥最终还是死了。

当时京城被包围久了，粮食已经没有了，里巷间有把妻子嫁给别人以换得一顿饱饭的，又加上崔立的变乱，抢夺暴凌，更加没有人理。舜英读了不少书也明白义理，自己以为年轻美好，丈夫已经死了，父亲又死得很惨，与其被士兵所污辱，不如跟父亲去地下呢。埋葬了她父亲的第二天，便割断脖子死了。一时间仕女们都认为她很贤惠，有人还为她哭泣流泪。她家把她合葬在张伯豪的坟墓里。

完颜仲德的妻子，不知道她的姓名。崔立变乱，妻子自毁容貌服饰，带着妾及两个儿子哄骗说去摘野菜，从汴逃到蔡。蔡被围，男子都到城上去防守，她对完颜仲德说："事态到这一步，丈夫能够为国家出力，妻子独独不能吗？"她率领各位朝廷命妇自己组织一支军队，亲自运送弓箭石头到城下，城中妇女争着出来接替。城破后自杀。

哀宗的印玺侍者李氏，国家破亡后跟后妃北迁，到宣德州，住在摩诃院，日夜睡在佛殿里，制作旗子。到了该去龙庭，快出发时，就在佛像前上吊死了，并且在门纸上自己写道："印玺御侍在这里身死。"后人到了这个地方，见到遗迹，同情并且替她悲哀。

天兴元年，北方军队攻城，箭石满天飞时忽然见一女子在城下喊叫说："我是妓女张凤奴，许州破后被俘到这里。他们的军队过几天就要离开了，诸君努力为国坚守，不要被他们欺侮了。"说完，跳入护城河淹死了。朝廷派使者到西门祭奠她。

正大、天兴之间，妇女中节操义气能知道的就只有几个人，凤奴的事迹别的史书也记录了，大概也能够起到激励的作用。

刘完素传

【题解】

刘完素(1120~1200)，字守真，金代著名医学家，河北河间人，又名刘河间，金元四大家之一，因母病失治死亡，而立志学医。自二十五岁开始研读《内经》，常手不释卷，废寝忘食，经三十余年的理论研究与临床实践，成为一名既具渊博学识，又有丰富临诊经验，著述颇多的医学家。刘完素曾三次谢绝金章宗之征召，专心致力于医学。他触类旁通，学术见解颇多独创。其立论依据多本于《内经》，尤其对运气学说及"亢则害、承乃制"等阴阳五行学说有精辟见解，临床上宗张仲景及各家理论而有所发明。

刘完素著述颇多，计有：《素问玄机原病式》一卷、《宣明论方》三卷。《素问病机气宜命集》《素问要旨论》等。

【原文】

刘完素，字守真，河间人。尝遇异人陈先生，以酒饮守真，大醉，及寤洞达医术，若有授之者。乃撰《运气要旨论》《精要宣明论》，虑庸医或出妄说，又著《素问玄机原病式》，特举二百八十八字，注二万余言。然好用凉剂，以降心火、益肾水为主。自号"通元处士"云。

【译文】

刘完素，字守真，河北河间人。他曾经遇一奇异之人，名陈先生，陈氏给刘完素进酒，完素酒后大醉，酒醒之后顿觉洞晓医术，好似有人传授一般，随后撰写《运气要旨论》《精要宣明论》，他又担心庸医乱谈医理，而著《素问玄机原病氏》，从《素问》中摘取二百八十八字作纲领，全书达二万余言。然而刘完素喜好用寒凉药物，其方剂以降心火、益肾水为主。自号"通元处士"。

张从正传

【题解】

张从正(1156~1228),金著名医学家,字子和,号戴人,河南睢州考城(今河南兰考)人,为金元四大家之一。他出身于医学世家,久居宛丘,因此又有人把他称作张宛丘。张氏从年轻时代起就好读《内经》,学术上私淑刘完素。他精于医术,名擅中州,金廷曾召入太医院供职,由于过不惯官府生活,不久便谢官还乡。

张从正的主要学术观点集中在《儒门事亲》一书中。他以张景汗、下、吐三法为宗,结合刘河间所谈之风、寒、暑、湿、燥、火六气,称为"三法六门",即用三法六门囊括了疾病分类及治疗总则,并分别归纳为九类适用的方剂。以六气加内伤、外伤、内积、外积,称为"十形",分别归纳为十类病征。他所掌握的汗、下、吐三法,立病"凡在上者皆可吐,凡在表者皆可汗,凡在下者皆可下"三式,以此三法包括一切治法。另外,汗、下、吐法各有禁忌,宜辨证施治。《儒门事亲》除阐述汗、下、吐三法外,对儿科斑疹伤寒的症状有较详细的描述,对妇女病与口眼㖞邪的诊断方面,亦有新的见解,在临床上有参考价值。

张从正

张从正在医学界独树一帜,用汗、下、吐法极精,号称"张子和汗、下、吐法。"他用药多寒凉,然起疾救死多获效,后人将宗其学者统称为"攻下派"。其著述除《儒门事亲》之外,还有《三复指迷》《子和心法》《张氏经验方》《三法六门》等。

【原文】

张从正,字子和,睢州考城人。精于医,贯穿《难》《素》之学,其法宗刘守真,用药多寒凉,然起疾救死多取效。古医书有《汗、下、吐法》,亦有不当汗者汗之则死,不当下者下之则死,不当吐者吐之则死。各有经络脉理,世传黄帝、岐伯所为书也。从正用之最精,号"张子和汗、下、吐法"。妄庸浅术习其方剂,不知察脉原病,往往杀人,此庸医所以失其传之过也。其所著有《六门、二法》之目,存于世云。

【译文】

张从正,字子和,河南睢州考城人。他精于医术,通晓《难经》《素问》的理论,治疗效法刘守真,多采用寒凉药物,治病救人每多获起死回生之效。古代医书有汗、下、吐法,然而有不应用发汗剂发汗而死的,有不应用攻下、泻下剂妄下而亡的,亦有不应用催吐剂吐后毙命的,汗、下、吐法各有其理论,世人相传为黄帝、岐伯所著。张从正准确使用汗、下、吐三法,人们称之为"张子和汗、下、吐法"。那些庸医只知沿用张子和的方剂,而不知细察其脉、推求病原,往往将病人置于死地,此为庸医没有真正掌握汗、下、吐法造成的。张子和有《六门、二法》之书刊行于世。

李庆嗣、纪天锡传

【题解】

李庆嗣,金代医家,洺(今河北永年、肥乡间)人。少习举子业,后学医。读《素问》诸书,洞晓其义。天德年间河北广平大疫,他携药与米分送群众,救活许多人。其著作有《伤寒纂类》四卷、《考证活人书》三卷、《伤寒论》三卷、《针经》一卷、《医学启原》等,均流传于世。卒年八十余。

纪天锡,金代医家,字齐卿,山东泰安人。生活于十二世纪。早年弃儒学医,精其技,遂以医名。集注《难经》五卷。大定十五年(1175)进献该书,授医学博士。

【原文】

李庆嗣,洺人。少举进士不第,弃而学医。读《素问》诸书,洞晓其义。天德间,岁大疫,广平尤甚,贫者往往阖门卧病,庆嗣携药与米分遗之,全活者众。庆嗣年八十余无疾而终。所著《伤寒纂类》四卷、《改证活人书》三卷、《伤寒论》三卷、《针经》一卷,传于世。

纪天锡,字齐卿,泰安人。早弃进士业,学医,精于其技,遂以医名世。集注《难经》五卷,大定十五年上其书,授医学博士。

【译文】

李庆嗣,洺人。他少年考进士没被录取,故放弃仕途转而学医,研读《素问》等医学书籍,深明其意。天德年间,瘟疫流行,尤以河北为重,穷人往往全家卧病不起,李庆嗣将药和粮食分赠给他们,使许多人起死回生。李氏享年八十余岁无病而亡。著有《伤寒纂类》四卷、《考证活人书》三卷、《伤寒论》三卷、《针经》一卷,均流传于世。

纪天锡,字齐卿,泰安人。他早年放弃仕途之道,学习医学,精于医术,故以医为业,且有医名,他集注《难经》五卷,金大定十五年(1176)将其集注的《难经》进献朝廷,朝廷授予他医学博士(掌教授生员)。

【二十五史】

元史

〔明〕宋濂 等 ⊙ 原著

导　读

　　《元史》成书于明朝初年，是系统记载元朝兴亡过程的一部纪传体断代史。全书共二百一十卷，包括本纪四十七卷，志五十八卷，表八卷，列传九十七卷。主要记载了太祖成吉思汗元年(1206年)至顺帝至正二十八年(1368年)，约一百六十余年的历史。

　　声势浩大的元末农民大起义推翻了元朝地主阶级政权，朱元璋亲身经历了这场战争风暴。在他做皇帝的当年，就下诏修元史，总结元朝封建统治的经验教训，作为明朝地主阶级的"鉴戒"。第二年，以李善长为监修，宋濂、王祎为总裁，二月开局编写，八月便写完了除顺帝以外的本纪、志、表、列传共一百五十九卷。接着命欧阳佑采集史料，洪武三年(1370年)二月重开史局，到七月续写了未完成的部分。

　　《元史》各帝纪记事详略悬殊，太祖、太宗和定宗、宪宗三卷本纪，叙事非常简单，从世祖开始，便大大加详。《世祖纪》多达十四卷，《宁宗纪》也有十卷。这可能与原始材料的多寡有关。

　　《元史》的志写得较好，收录了不少宝贵材料，反映了元代社会的许多重要内容。通过《百官志》《选举志》《刑法志》《兵志》《食货志》，不但可以看到元代社会的阶级和阶级斗争，而且也能够了解蒙古贵族统治下的民族矛盾和民族压迫。作者企图用列传来网罗《艺文志》的内容，所以取消了《艺文志》。这样，当时的著作就无处存目了。

　　列传部分写得最差，问题较多。有的人物，由于译名不一，作者竟然分撰两传。另外，记事歧异，重复疏漏，史实讹误的，也不是个别现象。过去人们对《元史》提出许多批评，主要说它没有广泛地搜集材料，文字芜杂，错误较多，编纂方法也有不妥当的地方。《元史》的这些弊病是不可否认的。

　　但《元史》仍有可取之处，本纪部分除顺帝一朝外，都采自元十三朝实录。这部实录今已失传，这就使《元史》本纪具有不可忽视的史料价值。顺帝一朝没有实录，然而作者都是从顺帝时过来的人，耳闻目接，自然了解当时的历史情况，因此《顺帝纪》也足资参考。书中的志，史料价值更高一些，它大部分根据元文宗时撰修的《经世大典》写成，此书今已残缺，许多内容只能从《元史》中找到。

元太祖纪

【题解】

　　元太祖铁木真(1162~1227)，蒙古开国君主，杰出的军事家、政治家。铁木真出生于蒙古贵族世家，少年时代父亲被害，家道中落。但他努力奋斗，不屈不挠，终于崛起，接连战胜强大敌手，统一草原各部，建立蒙古国，号成吉思汗。接着又攻金、夏，移师西征，灭花剌子模等国，直至印度河而返。回军后，他又发动灭夏的战争。西夏灭亡之日，也正是他病死之时。临死前还对灭金的军事活动做做了部署。元朝建立后，尊他为太祖。成吉思汗铁木真的活动，在中国和世界历史上产生过很大的影响。对于他的功过，有过很多争论。《元史·太祖本纪》是关于他生平的最重要资料之一，此外重要的还有《元朝秘史》和波斯文史籍《史集》第一卷一、二分册和《世界征服者史》，可以互相参看。

【原文】

　　太祖法天启运圣武皇帝，讳铁木真，姓奇渥温氏，蒙古部人。

　　其十世祖孛端叉儿，母曰阿兰果火，嫁脱奔咩哩犍，生二子，长曰博寒葛答黑，次曰博合睹撒里直。既而夫亡，阿兰寡居，夜寝帐中，梦白光自天窗中入，化为金色神人，来趋卧榻。阿兰惊觉，遂有娠，产一子，即孛端叉儿也。孛端叉儿状貌奇异，沉默寡言，家人谓之痴。独阿兰语人曰："此儿非痴，后世子孙必有大贵者。"阿兰没，诸兄分家赀不及之。孛端叉儿曰："贫贱富贵，命也，赞财何足道。"独乘青白马，至八里屯阿懒之地居焉。食饮无所得，适有苍鹰搏野兽而食，孛端叉儿以缗设机取之，鹰即驯狎。乃臂鹰猎兔禽以为膳，或阙即继，似有天相之。居数月，有民数十家自统急里忽鲁之野逐水草来迁，孛端叉儿结茅与之居，出入相资，自此生理稍足。一日，仲兄忽思之，曰："孛端叉儿独出而无赏，近者得无冻馁乎？"即自来访，邀与俱归。孛端叉儿中路谓其兄曰："统急里忽鲁之民无所属附，若临之以兵，可服也。"兄以为然。至家，即选壮士，令孛端叉儿帅之前行，果尽降之。

成吉思汗

　　孛端叉儿殁，子八林昔黑剌秃合必畜嗣，生子曰咩撚笃敦。咩撚笃敦妻曰莫挐伦，生七子而寡。莫挐伦性刚急。时押剌伊而部有群小儿掘田间草根以为食，莫挐伦乘车出，适见之，怒曰：“此田乃我子驰马之所，群儿辄敢坏之耶。”驱车径出，辗伤诸儿，有至死者。押刺伊而忿怒，尽驱莫挈伦马群以去，莫挈伦诸子闻之，不及被甲，往追之。莫挈伦私忧曰：“吾儿不甲以往，恐不能胜敌。”令子妇载甲赴之，已无及矣。既而果为所败，六子皆死。押刺伊而乘胜杀莫挈伦，灭其家。唯一长孙海都尚幼，乳母匿诸积木中，得免。先是，莫挈伦第七子纳真，于八刺忽民家为赘婿，故不及难。闻其家被祸，来视之，见病妪十数与海都尚在，其计无所出。幸驱马时，兄之黄马三次掣套竿逸归，纳真至是得乘之。乃伪为牧马者，诣押刺伊而。路逢父子二骑先后行，臂鹰而猎。纳真识其鹰，曰：“此吾兄所掣者也。”趋前绐其少者曰：“有赤马引群马而东。汝见之乎？”曰：“否。”少者乃问曰：“尔所经过有凫雁乎？”曰：“有。”曰：“汝可为吾前导乎？”曰：“可。”遂同行。转一河隈，度后骑相去稍远，刺杀之。縶马与鹰，趋迎后骑，绐之如初。后骑问曰：“前射凫雁者吾子也，何为久卧不起耶？”纳真以鼻衄对。骑者方怒，纳真乘隙刺杀之。复前行至一山下，有马数百，牧者唯童子数人，方击髀石为戏。纳真敦视之，亦兄家物也。绐问童子，亦如之。于是登山四顾，悄无来人，尽杀童子，驱马臂鹰而还，取海都并病妪，归八刺忽之地止焉。海都既立，以兵攻押刺伊而，臣属之，形势寝大。列营帐于八刺合黑河上，跨河为梁，以便往来。由是四傍部族归之者渐众。

海都殁，子拜姓忽儿嗣。拜姓忽儿殁，子敦必乃嗣。敦必乃殁，子葛不律寒嗣。葛不律寒殁，子八哩丹嗣。八哩丹殁，子也速该嗣，并吞诸部落，势愈盛大。也速该崩，至元三年十月，追谥烈祖神元皇帝。

初，烈祖征塔塔儿部，获其部长铁木真。宣懿太后月伦适生帝，手握凝血如赤石。烈祖异之，因以所获铁木真名之，志武功也。

族人泰赤乌部旧与烈祖相善，后因塔儿不台用事，遂生嫌隙，绝不与通。及烈祖崩，帝方幼冲，部众多归泰赤乌。近侍有脱端火儿真者亦将叛，帝自泣留之。脱端曰：“深池已干矣，坚石已碎矣，留复何为！”竟帅众驰去。宣懿太后怒其弱己也，麾旗将兵，躬自追叛者，驱其太半而还。

时帝麾下搠只别居萨里河。札木合部人秃台察儿居玉律哥泉，时欲相侵凌，掠萨里河牧马以去。搠只麾左右匿群马中，射杀之。札木合以为怨，遂与泰赤乌诸部合谋，以众三万来战。帝时驻军答兰版朱思之野，闻变，大集诸部兵，分十有三翼以俟。已而札木合至，帝与大战，破走之。

当是时，诸部之中，唯泰赤乌地广民众，号为最强。其族照烈部，与帝所居相近。帝尝出猎，偶与照烈猎骑相属，帝谓之曰：“今夕可同宿乎？”照烈曰：“同宿固所顾，但从者四百，因粮粮不具，已遣半还矣，今将奈何？”帝固邀与宿，凡其留者，悉饮食之。明日再合围，帝使左右驱兽向照烈，照烈得多获以归。其众感之，私相语曰：“泰赤乌与我虽兄弟，常攘我车马，夺我饮食，无人君之度。有人君之度者，其惟铁木真太子乎？”照烈之长玉律，时为泰赤乌所虐，不能堪，遂与塔海答鲁领所部来归，将杀泰赤乌以自效。帝曰：“我方熟寐，幸汝觉我，自今车辙人迹之涂，当尽夺以与汝矣。”已而二人不能践其言，复叛去。塔海答鲁至中路，为泰赤乌部人所杀，照烈部遂亡。

时帝功德日盛。泰赤乌诸部多苦其主非法，见帝宽仁，时赐人以裘马，心悦之。若赤老温、若哲别、若失力哥也不干诸人，若朵郎吉、若札剌儿、若忙兀诸部，皆慕义来降。

帝会诸族薛彻、大丑等，各以旃车载湩酪，宴于斡难河上。帝与诸族及薛彻别吉之母忽儿真之前，共置马湩一革囊；薛彻别吉次母野别该之前，独置一革囊。忽儿真怒曰："今不尊我，而贵野别该乎？"疑帝之主膳者失丘儿所为，遂笞之。于是颇有隙。时皇弟别里古台掌帝乞列思事，（乞列思，华言禁外系马所也）。播里掌薛彻别吉乞列思事。播里从者因盗去马鞙，别里古台执之。播里怒斫别里古台，伤其背。左右欲斗，别里古台止之曰："汝等欲即复仇乎？我伤幸未甚，姑待之。"不听。各持马乳橦疾斗，夺忽儿真、火里真二哈敦以归。薛彻别吉遣使请和，因令二哈敦还。会塔塔儿部长蔑兀真笑里徒背金约，金主遣丞相完颜襄帅兵逐之北走。帝闻之，发近兵自斡难河迎击，仍谕薛彻别吉帅部人来助。候六日不至，帝自与战，杀蔑兀真笑里徒，尽虏其辎重。

帝之麾下有为乃蛮部人所掠者，帝欲讨之，复遣六十人征兵于薛彻别吉。薛彻别吉以旧怨之故，杀其十人，去五十人衣而归之。帝怒曰："薛彻别吉曩笞我失丘儿，斫伤我别里古台，今又敢乘敌势以陵我耶！"因帅兵逾沙碛攻之。杀虏其部众，唯薛彻、大丑仅以妻孥免。越数月，帝复伐薛彻、大丑，追至帖烈徒之隘，灭之。

克烈部札阿绀孛来归。札阿绀孛者，部长汪罕之弟也。汪罕名脱里，受金封爵为王，番言音重，故称王为汪罕。

初，汪罕之父忽儿札胡思杯禄既卒，汪罕嗣位，多杀戮昆弟。其叔父菊儿罕帅兵与汪罕战，逼于哈剌温隘败之；仅以百余骑脱走，奔于烈祖。烈祖亲将兵逐菊儿罕走西夏，复夺部众归汪罕。汪罕德之，遂相与盟，称为按答（按答，华言交物之友也）。烈祖崩，汪罕之弟也力可哈剌，怨汪罕多杀之故，复叛归乃蛮部。乃蛮部长亦难赤为发兵伐汪罕，尽夺其部众与之。汪罕走河西、回鹘、回回三国，奔契丹。既而复叛归，中道粮绝，挏羊乳为饮，刺橐驼血为食，困乏之甚。帝以其与烈祖交好，遣近侍往招之。帝亲迎抚劳，安置军中振给之。遂会于土兀剌河上，尊汪罕为父。

未几，帝伐蔑里乞部，与其部长脱脱战于莫那察山，遂掠其资财。田禾，以遗汪罕。汪罕因此部众稍集。

居亡何，汪罕自以其势足以有为，不告于帝，独率兵复攻蔑里乞部。部人败走，脱脱奔八儿忽真之隘。汪罕大掠而还，于帝一无所遗，帝不以屑意。

会乃蛮部长不欲鲁罕不服，帝复与汪罕征之，至黑辛八石之野，遇其前锋也的脱孛鲁者，领百骑来战，见军势渐逼，走据高山，其马鞍转坠，擒之。曾未几何，帝复与乃蛮骁将曲薛吾撒八剌二人遇，会日暮，各还营垒，约明日战。是夜，汪罕多燃火营中，示人不疑，潜移部众于别所。及旦，帝始知之，因颇疑其有异志，退师萨里河。既而汪罕亦还至土兀剌河，汪罕子亦剌合及札阿绀孛来会。曲薛吾等察知之，乘其不备，袭虏其部众于道。亦剌合奔告汪罕，汪罕命亦剌合与卜鲁忽歹共追之，且遣使来曰："乃蛮不道，掠我人民，太子有四良将，能假我以雪耻乎？"帝顿释前憾，遂遣博尔术、木华黎、博罗浑、赤老温四人，帅师以往。师未至，亦剌合已追及曲薛吾，与之战，大败，卜鲁忽歹成擒。流矢中亦剌合马膀，几为所获。须臾四将至，击乃蛮走，尽夺所掠归汪罕。已而与皇弟哈撒儿再伐乃蛮，拒斗于忽阑盏侧山，大败之，尽杀其诸将族众，积尸以为京观。乃蛮之势遂弱。

时泰赤乌犹强，帝会汪罕于萨里河，与泰赤乌部长沆忽等大战斡难河上，败走之，斩获无算。

哈答斤部、散只兀部、朵鲁班部、弘吉剌部闻乃蛮、泰赤乌败，皆畏威不自安，会于阿雷泉，斩白马为誓，欲袭帝及汪罕。弘吉剌部长迭夷恐事不成，潜遣人告变。帝与汪罕自虎图泽逆战于杯亦烈川，又大败之。

汪罕遂分兵，自由怯绿怜河而行。札阿绀孛谋于按敦阿述、燕火脱儿等曰："我兄性行不常，既屠绝我昆弟，我辈又岂得独全乎？"按敦阿述泄其言，汪罕令执燕火脱儿等至帐下，解其缚，且谓燕火脱儿曰："吾辈由西夏而来，道路饥困，其相誓之语，遽忘之乎？"因唾其面。坐上之人皆起而唾之。汪罕又屡责札阿绀孛，至于不能堪。札阿绀孛与燕火脱儿等俱奔乃蛮。

帝驻军于彻彻儿山，起兵伐塔塔儿部。部长阿剌兀都儿等来逆战，大败之。

时弘吉剌部欲来附，哈撒儿不知其意，往掠之。于是弘吉剌归札木合部，与朵鲁班、亦乞剌思、哈答斤、火鲁剌思、塔塔儿、散只兀诸部，会于犍河，共立札木合为局儿罕，盟于秃律别儿河岸，为誓曰："凡我同盟。有泄此谋者，如岸之摧，如林之伐。"誓毕，共举足蹋岸，挥刀斫林，驱士卒来侵。塔海哈时在众中，与帝麾下抄吾儿连姻，抄吾儿偶往视之，具知其谋，即还至帝所，悉以其谋告之。帝即起兵，逆战于海剌儿、帖尼火鲁罕之地，破之。札木合脱走，弘吉剌部来降。

岁壬戌，帝发兵于兀鲁回失连真河，伐按赤塔塔儿、察罕塔塔儿二部。先誓师曰："苟破敌逐北，见弃遗物，慎无获，俟军事毕散之。"既而果胜，族人按弹、火察儿、答力台三人背约，帝怒，尽夺其所获，分之军中。

初，脱脱败走八儿忽真隘，既而复出为患，帝帅兵讨走之。至是，又会乃蛮部不欲鲁罕约朵鲁班、塔塔儿、哈答斤、散只兀诸部来侵。帝遣骑乘高四望，知乃蛮兵渐至，帝与汪罕移军入塞。亦剌合自北边来据高山结营，乃蛮军冲之不动，遂还。亦剌合寻亦入塞。将战，帝迁辎重于他所，与汪罕倚阿兰塞为壁，大战于阙奕坛之野。乃蛮使神巫祭风雪，欲因其势进攻。既而反风，逆击其阵。乃蛮军不能战，欲引还。雪满沟涧，帝勒兵乘之，乃蛮大败。是时札木合部起兵援乃蛮，见其败，即还。道经诸部之立己者，大纵掠而去。

帝欲为长子木赤求昏于汪罕女抄儿伯姬，汪罕之孙秃撒合亦欲尚帝女火阿真伯姬，俱不谐。自是颇有违言。初，帝与汪罕合军攻乃蛮，约明日战。札木合言于汪罕曰："我于君是白翎雀，他人是鸿雁耳。白翎雀寒暑常在北方，鸿雁遇寒则南飞就暖耳。"意谓帝心不可保也。汪罕闻之疑，遂移部众于别所。及议昏不成，札木合复乘隙谓亦剌合曰："太子虽言是汪罕之子，尝通信于乃蛮，将不利于君父子。君若能加兵，我当从傍助君也。"亦剌合信之。会答力台、火察儿、按弹等叛归亦剌合，亦说之曰："我等愿佐君讨宣懿太后诸子也。"亦剌合大喜，遣使言于汪罕。汪罕曰："札木合，巧言寡信人也，不足听。"亦剌合力言之，使者往返者数四。汪罕曰："吾身之存，实太子是赖。髭须已白，遗骸冀得安寝,汝乃喋喋不已耶？汝善自为之,毋贻吾忧可也。"札木合遂纵火焚帝牧地而去。

岁癸亥,汪罕父子谋欲害帝,乃遣使者来曰："向者所议姻事,今当相从,请来饮布浑察儿。"(布浑察儿,华言行亲酒也)。帝以为然,率十骑赴之。至中道,心有所疑,命一骑往谢,帝遂还。汪罕谋既不成,即议举兵来侵。圉人乞失力闻其事,密与弟把带告帝。帝即驰军阿兰塞,悉移辎重于他所,遣折里麦为前锋,俟汪罕至即整兵出战。先与朱力斤部遇,次与董哀部遇,又次与火力失烈门部,皆败之;最后与汪罕亲兵遇,又败之。亦剌合见势急,突来冲阵,射之中颊,即敛兵而退。怯里亦部人遂弃汪罕来降。

汪罕既败而归,帝亦将兵还至董哥泽驻军,遣阿里海致责于汪罕曰："君为叔父菊儿罕所逐,困迫来归,我父即攻菊儿罕,败之于河西,其土地人民尽收与君。此大有功于君一也。君为乃蛮所攻,西奔日没处。君弟札阿绀孛在金境,我亟遣人召还。比至,又为蔑里乞部人所逼,我请我兄薛彻别及及我弟大丑往杀之。此大有功于君二也。君困迫来归时,我过哈丁里,历掠诸部羊、马、资财,尽以奉君,不半月间,令君饥者饱、瘠者肥。此大有功于君三也。君不告我往掠蔑里乞部,大获而还,未尝以毫发分我,我不以为意。及君为乃蛮所倾覆,我遣四将夺还尔民人,重立尔国家。此大有功于君四也。我征朵鲁班、塔塔儿、哈答斤、散只兀、弘吉剌五部,如海东鸷禽之于鹅雁,见无不获,获则必致于君。此大有功于君五也。是五者皆有明验,君不报我则已,今乃易恩为仇,而遽加兵于我哉。"汪罕闻之,语亦剌合曰："我向者之言何如？吾儿宜识之。"亦剌合曰："事势至今日,必不可已,唯有竭力战斗。我胜则并彼,彼胜则并我耳。多言何为。"

时帝诸族按弹、火察儿皆在汪罕左右。帝因遣阿里海消责汪罕,就令告之曰："昔者吾国无主,以薛彻、大丑二人实我伯祖八剌合之裔,欲立之。二人既已固辞,乃以汝火察儿为伯父聂坤之子,又欲立之,汝又因辞。然事不可中辍,复以汝按弹为我祖忽都剌之子,又欲立之,汝又固辞。于是汝等推戴吾为之主,初岂我之本心哉,不自意相迫至于如此也。三河,祖宗肇基之地,毋为他人所有。汝善事汪罕,汪罕性无常,遇我尚如此,况汝辈乎。我今去矣,我今去矣。"按弹等无一言。

帝既遣使于汪罕,遂进兵虏弘吉剌别部溺八斤以行。至班朱尼河,河水方浑,帝饮之以誓众。有亦乞烈部人孛徒者,为火鲁剌部所败,因遇帝,与之同盟。哈撒儿别居哈剌浑山,妻子为汪罕所虏,扶幼子脱虎走,粮绝,探鸟卵为食,来会于河上。时汪罕形势盛强,帝微弱,胜败未可知,众颇危惧。凡与饮河水者,谓之饮浑水,言其曾同艰难也。汪罕兵至,帝与战于哈阑真沙陀之地,汪罕大败。其臣按弹、火察儿、札木合等谋弑汪罕,弗克,往奔乃蛮。答力台、把怜等部稽颡来降。

帝移军斡难河源,谋攻汪罕,复遣二使往汪罕,伪为哈撒儿之言曰："我兄太子今既不知所在,我之妻孥又在王所,纵我欲往,将安所之耶？王傥弃我前愆,念我旧好,即束手来归矣。"汪罕信之,因遣人随二使来,以皮囊盛血与之盟。及至,即以二使为向导,令军士衔枚夜趋折折运都山,出其不意,袭汪罕,败之。尽降克烈部众。汪罕与亦剌合挺身遁去。汪罕叹曰："我为吾儿所误,今日之祸悔将何及！"汪罕出走,路逢乃蛮部将,遂为其所杀。亦剌哈走西夏,日剽掠以自资。既而亦为西夏所攻走,至龟兹国,龟兹国主以兵讨杀之。

帝既灭汪罕，大猎于帖麦该川，宣布号令，振凯而归。时乃蛮部长太阳罕心忌帝能，遣使谋于白达达部主阿剌忽思曰："吾闻东方有称帝者。天无二日，民岂有二王邪？君能益吾右翼，吾将夺其弧矢也。"阿剌忽思即以是谋报帝，居无何，举部来归。

岁甲子，帝大会于帖麦该川，议伐乃蛮。群臣以方春马瘦，宜俟秋高为言。皇弟斡赤斤曰："事所当为，断之在早，何可以马瘦为辞。"别里古台亦曰："乃蛮欲夺我弧矢，是小我也，我辈义当同死。彼恃其国大而言诨，苟乘其不备而攻之，功当可成也。"帝悦，曰："以此众战，何忧不胜。"遂进兵伐乃蛮。驻兵于建忒该山，先遣虎必来、哲别二人为前锋。太阳罕至自按台，营于沆海山，与蔑里乞部长脱

蒙古骑兵

脱、克烈部长阿怜太石、猥剌部长忽都花别吉，暨秃鲁班、塔塔儿、哈答斤、散只兀诸部合，兵势颇盛。时我队中羸马有惊入乃蛮营中者，太阳罕见之，与众谋曰："蒙古之马瘦弱如此，今当诱其深入，然后战而擒之。"其将火力速八赤对曰："先王战伐，勇进不回，马尾人背，不使敌人见之。今为此迁延之计，得非心中有所惧乎？苟惧之，何不令后妃来统军也。"太阳罕怒，即跃马索战。帝以哈撒儿主中军。时札木合从太阳罕来，见帝军容整肃，谓左右曰："乃蛮初举兵，视蒙古军若鞑靼羔儿，意谓蹄皮亦不留。今吾观其气势，殆非往时矣。"遂引所部兵遁去。是日，帝与乃蛮军大战至晡，禽杀太阳罕。诸部军一时皆溃，夜走绝险，坠崖死者不可胜计。明日，余众悉降。于是朵鲁班、塔塔儿、哈答斤、散只兀四部亦来降。

已而复征蔑里乞部。其长脱脱奔太阳罕之兄卜欲鲁罕；其属带儿兀孙献女迎降，俄复叛去。帝至泰寒寨，遣孛罗欢、沈白二人领右军往平之。

岁乙丑，帝征西夏，拔力吉里寨，经落思城，大掠人民及其橐驼而还。

元年丙寅，帝大会诸王群臣，建九游白旗，即皇帝位于斡难河之源。诸王群臣共上尊号曰成吉思皇帝。是岁实金泰和之六年也。

帝既即位，遂发兵复征乃蛮。时卜欲鲁罕猎于兀鲁塔山，擒之以归。太阳罕子屈出律罕与脱脱奔也儿的石河上。

帝始议伐金。初，金杀帝宗亲咸补海罕，帝欲复仇。会金降俘等具言金主璟肆行暴

虐,帝乃定议致讨,然未敢轻动也。

二年丁卯秋,再征西夏,克斡罗孩城。

是岁,遣按弹、不兀剌二人使乞力吉思。既而野牒亦纳里部、阿里替也儿部,皆遣使来献名鹰。

三年戊辰春,帝至自西夏。

夏,避暑龙庭。

冬,再征脱脱及屈出律罕。时斡亦剌部等遇我前锋,不战而降,因用为向导。至也儿的石河,讨蔑里乞部,灭之。脱脱中流矢死。屈出律奔契丹。

四年己巳春,畏吾儿国来归。帝入河西。夏主李安全遣其世子率师来战,败之,获其副元帅高令公。克兀剌海城,俘其太傅西壁氏。进至克夷门,复败夏师,获其将嵬名令公。薄中兴府,引河水灌之。堤决,水外溃,遂撤围还。遣太傅讹答入中兴,招谕夏主,夏主纳女请和。

五年庚午春,金谋来伐,筑乌沙堡。帝命遮别袭杀其众,遂略地而东。

初,帝贡岁币于金,金主使卫王允济受贡于净州。帝见允济不为礼。允济归,欲请兵攻之。会金主璟殂,允济嗣位,有诏至国,传言当拜受。帝问金使曰:"新君为谁?"金使曰:"卫王也。"帝遽南面唾曰:"我谓中原皇帝是天上人做,此等庸懦亦为之耶,何以拜为!"即乘马北去。金使还言,允济益怒,欲俟帝再入贡,就进场害之。帝知之,遂与金绝,益严兵为备。

六年辛未春,帝居怯绿连河。西域哈剌鲁部主阿昔兰罕来降。畏吾儿国主亦都护来觐。

二月,帝自将南伐,败金将定薛于野狐岭,取大水泺、丰利等县。金复筑乌沙堡。

秋七月,命遮别攻马沙堡及乌月营,拔之。

八月,帝及金师战于宣平之会河川,败之。

九月,拔德兴府,居庸关守将遁去。遮别遂入关,抵中都。

冬十月,袭金群牧监,驱其马而还。耶律阿海降,入见帝于行在所。皇子术赤、察合台、窝阔台分徇云内、东胜、武、朔等州,下之。

是冬,驻跸金之北境。刘伯林、夹谷长哥等来降。

七年壬申春正月,耶律留哥聚众于隆安,自为都元帅,遣使来附。帝破昌、桓、抚等州。金将纥石烈九斤等率兵三十万来援,帝与战于獾儿觜,大败之。

秋,围西京。金元帅左都监奥屯襄率师来援,帝遣兵诱至密谷口逆击之,尽殪。复攻西京,帝中流矢,遂撤围。

九月,察罕克奉圣州。

冬十二月甲申,遮别攻东京不拔,即引去,夜驰还,袭克之。

八年癸酉春,耶律留哥自立为辽王,改元元统。

秋七月,克宣德府,遂攻德兴府。皇子拖雷、驸马赤驹先登,拔之。帝进至怀来。及金行省完颜纲、元帅高琪战,败之,追至北口。金兵保居庸,诏可忒、薄刹守之。遂趋涿

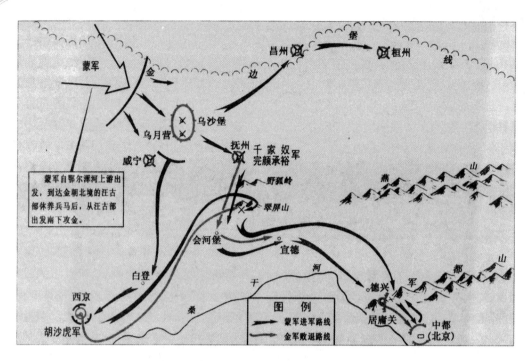

乌沙堡、会河堡作战示意图

鹿。金西京留守忽沙虎遁去。帝出紫荆关，败金师于五回岭，拔涿、易二州。契丹讹鲁不儿等献北口，遮别遂取居庸，与可忒、薄刹会。

八月，金忽沙虎弑其主允济，迎丰王珣立之。

是秋，分兵三道：命皇子术赤、察合台、窝阔台为右军，循太行而南，取保、遂、安肃、安、定、邢、洺、磁、相、卫、辉、怀、孟、掠泽、潞、辽、沁、平阳、太原、吉、隰、拔汾、石、岚、忻、代、武等州而还；皇弟哈撒儿及斡陈那颜、拙赤歹、薄刹为左军，遵海而东，取蓟州、平、滦、辽西诸郡而还；帝与皇子拖雷为中军，取雄霸、莫、安、河间、沧、景、献、深、祁、蠡、冀、恩、濮、开、滑、博、济、泰安、济南、滨、棣、益都、淄、潍、登、莱、沂等郡。复命木华黎攻密州，屠之。史天倪、萧勃迭率众来降，木华黎承制并以为万户。帝至中都，三道兵还，合屯大口。

是岁，河北郡县尽拔，唯中都、通、顺、真定、清、沃、大名、东平、德、邳、海州十一城不下。

九年甲戌春三月，驻跸中都北郊。诸将请乘胜破燕，帝不从。乃遣使谕金主曰："汝山东、河北郡县悉为我有，汝所守惟燕京耳。天既弱汝，我复迫汝于险，天其谓我何。我今还军，汝不能犒师以弭我诸将之怒耶？"金主遂遣使求和，奉卫绍王女岐国公主及金帛、童男女五百、马三千以献，仍遣其丞相完颜福兴送帝出居庸。

夏五月，金主迁汴，以完颜福兴及参政抹捻尽忠辅其太子守忠，留守中都。

六月，金纠军斫答等杀其主帅，率众来降。诏三摸合、石抹明安与斫答等围中都。帝避暑鱼儿泺。

秋七月，金太子守忠走汴。

冬十月，木华黎征辽东，高州卢琮、金朴等降。锦州张鲸杀其节度使，自立为临海王，遣使来降。

十年乙亥春正月，金右副元帅蒲察七斤以通州降，以七斤为元帅。

二月，木华黎攻北京，金元帅寅答虎、乌古伦以城降，以寅答虎为留守，吾也而权兵马都元帅镇之。兴中府元帅石天应来降，以天应为兴中府尹。

三月，金御史中丞李英等率师援中都，战于霸州，败之。

夏四月，克清、顺二州。诏张鲸总北京十提控兵从南征。鲸谋叛伏诛。鲸弟致遂据锦州，号汉兴皇帝，改元兴龙。

五月庚甲，金中都留守完颜福兴仰药死，抹捻尽忠弃城走，明安入守之。是月，避暑桓州凉泾。遣忽都忽等籍中都帑藏。

秋七月，红罗山寨主杜秀降，以秀为锦州节度使。遣乙职里往谕金主以河北、山东未下诸城来献，及去帝号为河南王，当为罢兵。不从。诏史天倪南征，援右副都元帅，赐金虎符。

八月，天倪取平州，金经略使乞住降。木华黎遣史进道等攻广宁府，降之。

是秋，取城邑凡八百六十有二。

冬十月，金宣抚蒲鲜万奴据辽东，僭称天王，国号大真，改元天泰。

十一月，耶律留哥来朝，以其子斜阖入侍。史天祥讨兴州，擒其节度使赵守玉。

十一年丙子春，还庐朐河行宫。张致陷兴中府，木华黎讨平之。

秋，撒里知兀歹、三摸合拔都鲁率师由西夏趋关中，遂越潼关，获金西安军节度使尼庞古蒲鲁虎，拔汝州等郡，抵汴京而还。

冬十月，蒲鲜万奴降，以其子帖哥入侍。既而复叛，僭称东夏。

十二年丁丑夏，盗祁和尚据武平，史天祥讨平之，遂擒金将巢元帅以献。察罕破金监军夹谷于霸州，金求和，察罕乃还。

秋八月，以木华黎为太师，封国王，将蒙古、尽汉诸军南征，拔遂城、蠡州。冬，克大名府，遂东定益都、淄、登、莱、潍、密等州。

是岁，秃满部民叛，命钵鲁完、朵鲁伯讨平之。

十三年戊寅秋八月，兵出紫荆口，获金行元帅事张柔，命还其旧职。木华黎自西京入河东，克太原、平阳及忻、代、泽、潞、汾、霍等州。金将武仙攻满城，张柔击败之。

是年，伐西夏，围其王城，夏主李遵顼出走西凉。契丹六哥据高丽江东城，命哈真、札剌率师平之；高丽王瞰遂降，请岁贡方物。

十四年己卯春，张柔败武仙，降祁阳、曲阳、中山等城。

夏六月，西域杀使者，帝率师亲征，取讹答剌城，擒其酋哈只儿只兰秃。

秋木华黎克岢、岚、吉、隰等州，进攻绛州，拔其城，屠之。

十五年庚辰春三月，帝克蒲华城。

夏五月，克寻思干城，驻跸也儿的石河。

秋,攻斡脱罗儿城,克之。木华黎徇地至真定,武仙出降。以史天倪为河北西路兵马都元帅、行府事,仙副之。东平严实籍彰德、大名、磁、洺、恩、博、滑、浚等州户三十万来归,木华黎承制授实金紫光禄大夫、行尚书省事。

冬,金邢州节度使武贵降。木华黎攻东平不克,留严实守之,撤围趋洺州,分兵徇河北诸郡。

是岁,授董俊龙虎卫上将军、右副都元帅。

十六年辛巳春,帝攻卜哈儿、薛迷思干等城,皇子术赤攻养吉干、八儿真等城,并下之。

夏四月,驻跸铁门关,金主遣乌古孙仲端奉国书请和,称帝为兄。不允。金东平行省事忙古弃城遁,严实入守之。宋遣苟梦玉来请和。

夏六月,宋涟水忠义统辖石珪率众来降,以珪为济、兖、单三州总管。

秋,帝攻班勒纥等城,皇子术赤、察合台、窝阔台分攻玉龙杰赤等城,下之。

冬十月,皇子拖雷克马鲁察叶可、马鲁、昔剌思等城。木华黎出河西,克葭、绥德、保安、鄜、坊、丹等州,进攻延安,不下。

十一月,宋京东安抚使张琳以京东诸郡来降,以琳为沧、景、滨、棣等州行都元帅。

是岁,诏谕德顺州。

十七年壬午春,皇子拖雷克徒思、匿察兀儿等城。还经木剌夷国,大掠之。渡搠搠阑河,克也里等城。遂与帝会,合兵攻塔里寒寨,拔之。木华黎军克乾、泾、邠、原等州,攻凤翔不下。

夏,避暑塔里寒寨。西域主札阑丁出奔,与灭里可汗合,忽都忽与战不利。帝自将击之,擒灭里可汗,札阑丁遁去,遣八剌追之,不获。

秋,金复遣乌古孙仲端来请和,见帝于回鹘国。帝谓曰:"我向欲汝主授我河朔地,令汝主为河南王,彼此罢兵,汝主不从。今木华黎已尽取之,乃始来请耶?"仲端乞哀,帝曰:"念汝远来,河朔既为我有,关西数域未下者,其割付我。令汝主为河南王,勿复违也。"仲端乃归。金平阳公胡天作以青龙堡降。

冬十月,金河中府来附,以石天应为兵马都元帅守之。

十八年癸未春三月,太师国王木华黎薨。

夏,避暑八鲁弯川。皇子术赤、察合台、窝阔台及八剌之兵来会,遂定西域诸城,置达鲁花赤监治之。

冬十月,金主珣殂,子守绪立。

是岁,宋复遣苟梦玉来。

十九年甲申夏,宋大名总管彭义斌侵河北。史天倪与战于恩州,败之。

是岁,帝至东印度国,角端见,班师。

二十年乙酉春正月,还行宫。

二月,武仙以真定叛,杀史天倪。董俊判官李全亦以中山叛。

三月,史天泽击仙走之,复真定。

夏六月,彭义斌以兵应仙,天泽御于赞皇,擒斩之。

二十一年丙戌春正月,帝以西夏纳仇人亦腊喝翔昆及不遣质子,自将伐之。

二月,取黑水等城。

夏,避暑于浑垂山。取甘、肃等州。

秋,取西凉府搠罗、河罗等县,遂逾沙陀,至黄河九渡,取应里等县。

九月,李全执张琳,郡王带孙进兵围全于益都。

冬十一月庚申,帝攻灵州,夏遣嵬名令公来援。丙寅,帝渡河击夏师,败之。丁丑,五星聚见于西南。驻跸盐州川。

十二月,李全降。授张柔行军千户、保州等处都元帅。

是岁,皇子窝阔台及察罕之师围金南京。遣唐庆责岁币于金。

二十二年丁亥春,帝留兵攻夏王城,自率师渡河攻积石州。

二月,破临洮府。

三月,破洮、河、西宁二州。遣斡陈那颜攻信都府,拔之。

夏四月,帝次龙德,拔德顺等州,德顺节度使爱申、进士马肩龙死焉。

五月,遣唐庆等使金。

闰月,避暑六盘山。

六月,金遣完颜合周,奥屯阿虎来请和。帝谓群臣曰:"朕自去冬五星聚时,已尝许不杀掠,遽忘下诏耶?今可布告中外,令彼行人亦知朕意。"是月,夏主李睍降。帝次清水县西江。

秋七月壬午,不豫。己丑,崩于萨里川哈老徒之行宫。临崩谓左右曰:"金精兵在潼关,南据连山,北限大河,难以遽破。若假道于宋,宋、金世仇,必能许我,则下兵唐、邓,直捣大梁。金急,必征兵潼关。然以数万之众,千里赴援,人马疲弊,虽至弗能战,破之必矣。"言讫而崩,寿六十六。葬起辇谷。至元三年冬十月,追谥圣武皇帝。至大二年冬十一月庚辰,加谥法天启运圣武皇帝。庙号太祖。在位二十二年。

帝深沉有大略,用兵如神,故能灭国四十,遂平西夏。其奇勋伟迹甚众,惜乎当时史官不备,或多失于纪载云。

戊子年。是岁,皇子拖雷监国。

【译文】

太祖法天启运圣武皇帝,名铁木真,姓奇渥温氏,蒙古部人。

太祖的十世祖名叫孛端叉儿。他的母亲阿兰果火,嫁给脱奔咩哩犍,生两个儿子,长子名博寒葛答黑,次子名博合睹撒里直。丈夫去世之后,阿兰成为寡妇独自居住,晚上在账房中睡,梦见白光从账房的天窗中进来,变成金色的神人,来到她躺着的床边。阿兰惊醒过来,便怀孕了,生下一个儿子,就是孛端叉儿。孛端叉儿的相貌很奇怪,沉默寡言,家中人都说他笨。只有阿兰跟其他人说:"这个孩子不笨,他的后代子孙一定有大贵人。"阿兰去世,兄长们把财产分了,没有分给孛端叉儿。孛端叉儿说:"人的贫贱富贵,都是命里

注定的,财产算得了什么。"独自骑着一匹青白马,到名叫八里屯阿懒的地方住了下来。得不到饮食,正好有鹰抓取野兽在吃,孛端叉儿便用绳子做成机关擒住了它,这头鹰很快便驯服了。于是便臂上架鹰猎取兔子和鸟类作为食物,有时食物缺少但立即又有所获,似乎天在保佑他。这样过了几个月,有数十家百姓从统急里忽鲁的旷野追随水草迁到当地,孛端叉儿盖造简陋的茅屋给他们住,进出互相帮助,因此生活还算过得去。有一天,二哥忽然想起他,说:"孛端叉儿独自出去没有带什么东西,近来会不会挨冻受饥呢?"立即前来访问,要他一起回去。半路上孛端叉儿对他的哥哥说:"统急里忽鲁的百姓没有隶属于他人,如果用武力加以威胁,是会屈服的。"哥哥以为有道理。回家以后,立即选派强壮的战士,命令孛端叉儿带领前去,果真把他们都降服了。

孛端叉儿死,其子八林昔黑剌秃合必畜继承家世,生下儿子名叫咩捻笃敦。咩捻笃敦的妻子叫作莫挐伦,生下七个儿子后成为寡妇。莫挐伦的脾气刚强而急躁,当时押剌伊而部有一群孩子挖掘田间的草根作为食物,莫挐伦乘车出门,正好看见,发怒说:"这块土地是我儿子跑马的地方,这群孩子胆敢破坏吗!"赶车前去,将这群孩子碾伤,有的因此而死。押剌伊而人愤怒怨恨,将莫挐伦的马群全都赶走。莫挐伦的儿子们听到这一消息,来不及穿上铠甲,便追上去。莫挐伦内心深感到忧虑地说:"我的儿子不穿铠甲前去,恐怕不能战胜敌人。"便叫儿媳妇载着铠甲前去,已经来不及了。果然吃了败仗,六个儿子全都战死。押剌伊而人乘胜杀死莫挐伦,把全家都杀光。只有长孙海都年纪还小,奶妈将他藏在一堆木头中,才得免于难。在此以前莫挐伦第七个儿子纳真在八剌忽的百姓家中当上门女婿,因此灾难发生时与他无关,他听说家中遭遇大祸,前来察看,只见十几位有病的老年妇女与海都还在,他不知怎么办才好。幸亏押剌伊而人驱赶马群时,纳真哥哥的黄马三次摆脱套杆逃了回来,纳真才得到马骑。于是便伪装成牧马人,前往押剌伊而人住处。路上碰到父子二人先后骑马行驰,臂上架着鹰打猎。纳真看见鹰,心中说:"这正是我哥哥常常托着的鹰。"赶上去哄骗年少的儿子说:"有一匹红马带领一群马往东去了,你看见了吗?"少年回答说:"没有。"接着少年问:"你经过的地方有水鸟吗?"纳真说:"有。"少年说:"你能当向导吗?"纳真说:"可以。"于是便同行。转过一处河湾,纳真估计后面骑马人距离稍远,便将少年刺死。他将马疋与鹰用绳捆住,然后前去迎接后面的骑手,同样加以哄骗。后面的骑手问道:"前面射水鸟的是我的儿子,为什么老躺着不起来呢?"纳真回答说因为鼻子出血。骑手正发怒,纳真利用这一空子将他刺死,又向前去到一座山下,有几百匹马,放牧的只有几个孩子,正在拿动物的骨关节做游戏。纳真仔细看,也是哥哥家中的东西。用话向孩子们套问,也像先前一样。于是爬上山顶四面张望,到处静悄悄没有人影,他便将孩子们全都杀死,驱赶马群架着鹰回来,带上海都和有病的老年妇女,一起回到八剌忽地方住下。海都长大了,纳真率领八剌忽怯谷的百姓们拥立他为首领。海都当上首领后,攻打押剌伊而,使之成为自己的属民,势力逐渐壮大。他的营帐排列在八剌合黑河边,在河上造起了桥梁,便于往来。由此周围的部族前来归附的日益增多。

海都死,儿子拜姓忽儿继位。拜姓忽儿死,儿子敦必乃继位。敦必乃死,儿子葛不律寒继位。葛不律寒死，儿子八哩丹继位。八哩丹死，儿子也速该继位，并吞各部落，势力愈来愈大。也速该死。至元三年十月，追谥烈祖神元皇帝。

当初，也速该出征塔塔儿部，捉住了塔塔儿部的首领铁木真。这时正好宣懿太后月伦生下太祖，手中握着凝固的血块如同红色石头一般。也速该很奇怪，便以抓住的俘虏铁木真为之命名，用来纪念自己的军事胜利。

同族的泰赤乌部原来和也速该关系很好，后来因为塔儿不台管事，便产生了隔阂，互不往来。也速该死时，太祖年纪还小，部众大多归附泰赤乌部。侍从脱端火儿真也要叛变，太祖哭着挽留他。脱端说："深深的池水已经干涸了，坚硬的石头已经碎裂了，留下干什么！"竟然带着众人骑马离去。太后月伦对于他看不起自己感到愤怒，亲自打着旗带着兵追上前去，将大部分企图叛变的部众追了回来。

当时太祖的部下搠只另外居住在萨里河。札木合部的秃台察儿居住在玉律哥泉，时常想要加以欺侮，终于将萨里河放牧的马群抢走。搠只指挥身边的人藏在马群中，将秃台察儿射死。札木合因此怨恨，便和泰赤乌各部共同商议，发动三万人前来打仗。太祖这时屯驻在答阑版朱思草原上，听到消息，大规模征集各部的军队，分成十三翼等待对方的到来。后来札木合的军队果然前来，太祖和他们激烈交锋，终于将对方打败。

蒙古骑兵攻战图

在那个时候，各部之中只有泰赤乌土地广大，人口众多，号称最强大。泰赤乌部中的照烈部，住处与太祖相接近。太祖有一次出去打猎，偶然和照烈部的打猎队伍相遇。太祖对照烈部人说："今天晚上可以在一起宿营吗？"照烈部人说："一起宿营当然是我的愿望，但是跟从出来打猎的有四百人，因为带的食物不够，已经让一半回去了，现在将怎么办才好？"太祖坚持邀请他们一同宿营，凡是留下的，一概供应饮食。第二天一起打猎，太祖让身边的人将野兽都赶到照烈部人一方，照烈部人得到许多猎物回去。照烈部众都感激太祖，私下相互说："泰赤乌和我们虽是兄弟，却常常抢我们的车马，夺我们的饮食，没有君主度量。有君主度量的，看来只有铁木真太子了。"照烈部的首领玉律这时正遭到泰

赤乌部的虐待，难以忍受，便和塔海答鲁带领部众来归，愿意以杀泰赤乌人来表示自己的诚心。太祖说："我正在熟睡，幸亏你们使我醒过来。自今以后凡是有车辙和人行痕迹的道路，我将全部夺过来给你们。"没有多久二人不能实践自己的诺言，又叛变离去。塔海答鲁行至中途被泰赤乌部众所杀，照烈部就此灭亡了。

这时太祖的功业与德行愈来愈盛，而泰赤乌各部对于他们首领的暴虐行为深感痛苦，看到太祖待人宽厚仁爱，经常拿皮衣和马匹赏赐给别人，心中都很向往。像赤老温、哲别、失力哥也不干等人，以及朵郎吉、札剌儿、忙兀诸部，都仰慕太祖的恩义，前来投降。

太祖约会同族首领薛彻别吉、大丑等，各自用牛车载着马奶和奶酪，在斡难河边举行宴会。在太祖和同族首领以及薛彻别吉的母亲忽儿真面前，共同放着一皮囊马奶，而在薛彻别吉的次母野别该面前，却单独放着一个皮囊。忽儿真发怒说："现在不尊敬我，却要抬高野别该吗？"怀疑是太祖手下管理饮食的失丘儿干的事，就揍他，这样便产生了隔阂。这时太祖兄弟别里古台负责管理太祖的乞列思（乞列思，用汉语来说就是君主营帐外面系马的场所），播里管理薛彻别吉的乞列思。播里手下人偷盗马车用的革带，被别里古台抓住。播里发怒，用刀砍伤别里古台的背。手下人要打架，别里古台制止他们说："你们要报仇吗？我伤得不重，姑且等一等再说。"手下人不听，各自拿着撞马奶的木棒大打出手，将忽儿真、火里真两位夫人抢了回来。薛彻别吉派遣使者请求和好，太祖便让两位夫人回去。恰好塔塔儿部首领蔑兀真笑里徒违背与金朝之间的盟约，金朝皇帝派丞相完颜襄带领军队将他们驱赶到北方。太祖听说此事，便派遣近处的军队从斡难河迎头痛击塔塔儿部，又通知薛彻别吉带部众前来相助。等了六天不来，太祖独自与塔塔儿部作战，杀死蔑兀真笑里徒，将他们的全部辎重都缴获了。

太祖的部下有人遭到乃蛮部人抢劫，太祖准备加以讨伐，又派六十人到薛彻别吉处去征兵。薛彻别吉因为过去的怨仇，将其中十人杀死，剥去其余五十人的衣服让他们回来。太祖发怒说："薛彻别吉过去揍我的失丘儿，砍伤我的别里古台，现在又敢利用敌人的势力来欺侮我。"于是便统率军队越过沙漠发起进攻，杀死和俘虏了他的部众，只有薛彻别吉和大丑带着妻儿得免此难。过了几个月，太祖又发兵讨伐薛彻别吉和大丑，追到帖烈徒隘口，将他们歼灭。

克烈部的札阿绀孛前来归附。札阿绀孛是克烈部首领汪罕的弟弟。汪罕原名脱里，金朝封他为王，北方民族语音重，所以称王为汪罕。

起初，汪罕的父亲忽儿札胡思杯禄去世，汪罕嗣位，杀死不少自己的兄弟。他的叔父菊儿罕带着军队与他作战，追逼到哈剌温隘口将他打败，汪罕只剩下一百多名骑兵逃脱，投奔于烈祖也速该。也速该亲自带兵将菊儿罕赶走，菊儿罕逃往西夏，也速该夺回部众还给汪罕。汪罕感恩戴德，就与也速该结盟，称为按答（按答，汉语是交换物品的朋友）。也速该死，汪罕的弟弟也力可哈剌怨恨汪罕杀人太多，又叛离了他，投向乃蛮部。乃蛮部首领亦难赤为之发兵讨伐汪罕，将他的部众都夺过来给了也力可哈剌。汪罕经过河西、回鹘、回回三国，投奔契丹。接着又叛变逃回，途中粮食没有了，挤羊奶为饮料，刺出骆驼血来吃，困乏到了极点。太祖因为汪罕与烈祖也速该之间交情很好，派遣侍从去招他。

太祖亲自迎接慰劳，安置于军中，给他资助。于是在土兀剌河边聚会，太祖遵汪罕为父。

没有多久，太祖讨伐蔑里乞部，与蔑里乞部的首领脱脱在莫那察山交战，夺得他们的资财、粮食，送给汪罕。汪罕因此逐步将部众收集了起来。

又过了一些日子，汪罕以为自己势力壮大，足以有所作为，没有告诉太祖，独自领兵又去攻打蔑里乞部，对方败走，脱脱逃往八儿忽真的险要之地。汪罕大肆抢掠然后回来，没有给太祖一点东西，太祖根本不在意。

这时乃蛮部首领不欲鲁罕不服，太祖与汪罕又发兵讨伐。到黑辛八石的旷野，遇到乃蛮部的前锋也的脱孛鲁带领一百骑兵前来作战。看到太祖的军队逐渐逼近，也的脱孛鲁退到高山上据守，途中马鞍脱落掉了下来，太祖抓住了他。没有多久，太祖又与乃蛮部的猛将曲薛吾撒八刺相遇，正好这一天时间已晚，于是约定明日交战，各回自己的营垒。当天晚上，汪罕在营垒中到处点火，使人不怀疑他有什么动作，实际上偷偷将部众转移到其他地方。等到天亮，太祖才发现，因而怀疑他打有别的主意，也带着军队退到萨里河。接着汪罕也回到土兀剌河，汪罕的儿子亦剌合和札阿绀孛都来会合。曲薛吾等侦察到这种情况，乘其不备，在半路上加以袭击，俘虏了不少人。亦剌合逃走告诉汪罕，汪罕命令亦剌合和卜鲁忽斛一起追上前去，一面派人来说："乃蛮部不讲信义，抢掠我的百姓，太子您有四名优秀将领，能借给我洗雪这番耻辱吗？"太祖立即消除了以前的不满，派遣博尔术、木华黎、博罗浑、赤老温四人带军队前去。军队还没有到，亦剌合已经追上曲薛吾，与他交锋，结果大败，卜鲁忽斛也被俘。飞箭射中了亦剌合的马股，差一点也成了俘虏。一会儿四将来到，打败乃蛮部，将他们抢掠的百姓全部夺回还给汪罕。接着太祖与兄弟哈撒儿再次讨伐乃蛮部，在忽阑盏侧山交战，大败对方，将对方的将领和部众全都杀光，将尸首堆积起来封土成为冢丘。乃蛮部的势力因此削弱了。

这时泰赤乌还相当强大，太祖和汪罕在萨里河会合，一起与泰赤乌首领沆忽等在斡难河边大战，将对方击败，杀死的和俘获的不可计数。

哈答斤部、散只兀部、朵鲁班部、塔塔儿部、弘吉刺部听说乃蛮部、泰赤乌部已战败，都感到不安，在阿雷泉相会，杀白马作祭祀品立下誓言，要对太祖和汪罕发动突然袭击。弘吉刺部首领迭夷害怕此事难以成功，偷偷派人前来告密，太祖和汪罕从虎图泽出发，迎战于杯亦烈川，又将对方打得大败。

汪罕于是分兵，自己沿怯绿连河行动。札阿绀孛和按敦阿述、燕火脱儿等商议说："我的哥哥性格做事都很古怪，他既能将我的兄弟都杀光，我们又怎么能单单活命呢？"按敦阿述将这些话泄漏了，汪罕下令将燕火脱儿等抓到自己的营帐前，将燕火脱儿解绑，对他说："我们从西夏回来，在道路上饥饿困乏，一起立有誓言，你难道忘记了吗？"便向他脸上吐唾沫。边上坐着的人也都起来向他吐唾沫。汪罕又多次责备札阿绀孛，使他深感无地自容。札阿绀孛与燕火脱儿等一起逃往乃蛮部。

太祖在彻彻儿山驻军，发兵讨伐塔塔儿部。塔塔儿部首领阿剌兀都儿等前来迎战，将他们打得大败。

这时弘吉刺部想要前来归附，哈撒儿不知道他们的意图，前去抢劫了他们的东西。

于是弘吉剌部归附了札木合，和朵鲁班、亦乞剌思、哈答斤、火鲁剌思、塔塔儿、散只兀诸部在犍河会合，共同推举札木合为局儿罕。众人在秃律别儿河岸盟誓，誓言是："凡是我们同盟中人，如有泄露商议内容的，其下场如同河岸被摧毁，森林被砍伐。"说完誓言以后，大家一起举足蹬塌河岸，挥刀砍伐森林，随后驱赶士兵前来进攻。塔海哈当时在众人中间，他与太祖部下抄吾儿是亲家。抄吾儿偶然前去看他，了解到他们的密谋，赶紧回到太祖居住的地方，将这些情况报告了。太祖立即起兵，迎战于海剌儿、帖尼火鲁罕之地，打败了他们。札木合逃走，弘吉剌部前来投降。

壬戌年，太祖在兀鲁回失连真河发兵，讨伐按赤塔塔儿、察罕塔塔儿两部。出发以前誓师说："如果打败敌人，追赶他们时，见到他们丢下的东西，注意不要拾取，等战争结束后再分配。"后来果然取得胜利，太祖同族按弹、火察儿、答力台三人违背了誓师时的言语，太祖发怒，将他们俘获的东西都加以没收，在军中分配。

原来，脱脱逃往八儿忽真隘口之后，又出来骚扰，太祖带领军队将他赶走。到此时，他又与乃蛮部的不欲鲁罕会合，联合朵鲁班、塔塔儿、哈答斤、散只兀诸部一起来进攻。太祖派骑兵登高四望，知道乃蛮部军队快要到了，便与汪罕一起将军队移入险要之处。汪罕的儿子亦剌合从北边过来占领高山立下阵势，乃蛮部军前来冲击，阵势不动，退了回去。亦剌合接着也进入险要之处。将要交战以前，太祖将辎重转移到其他地方，和汪罕一起，背靠阿兰塞，与乃蛮部军队在名叫阙奕坛的旷野上大战。乃蛮人让神巫祈祷风雪，想要利用风雪之势进攻，后来风向逆转，反过来刮向乃蛮人的兵阵。乃蛮人不能作战，想退兵。这时大雪塞满了沟涧，太祖指挥军队利用有利形势进攻，乃蛮部大败。此时札木合起兵支援乃蛮部，看见乃蛮部已经失败，立即退还。路上遇见拥立自己的各部，大肆抢劫而是归。

太祖求婚于汪罕，希望自己的长子术赤娶汪罕女儿抄儿伯姬，汪罕的孙子秃撒合想娶太祖女儿火阿真伯姬，都没有成功，此后互相颇有隔阂。起初，太祖与汪罕合兵攻乃蛮部，约定明日作战。札木合对汪罕说："我对你就像白翎雀一样，别人则像鸿雁。白翎雀无论冷热都在北方，鸿雁每逢天气寒冷就飞到南方暖和地方去了。"意思是说太祖的心是靠不住的。汪罕听了这番话果然生疑，就将部众迁移到其他地方。等到议婚不成，札木合又利用这一机会对亦剌合说："铁木真太子虽然自己说是汪罕的儿子，实际上曾和乃蛮部有来往，这对您父子是不利的。您如果对铁木真采取军事行动的话，我一定在旁边帮助您。"亦剌合相信他的话。正好答力台、火察儿、按弹等都背叛了太祖前来归附，他又对亦剌合说："我们愿意帮助您去攻打月伦的儿子们。"亦剌合非常高兴，派遣使者去告诉汪罕。汪罕说："札术合是一个嘴上说得好听但没有信用的人，他的话不能听。"亦剌合坚持自己的意见，使者来回了好几次。汪罕说："我之所以能生存下来，靠的是铁木真太子。我现在胡子已经白了，死后希望有一个安葬的地方，你怎么说个没有完呢？你好自为之，不要给我添麻烦就行了。"札木合于是焚烧了太祖的牧地扬长而去。

癸亥年，汪罕父子策划要谋害太祖，派遣使者来说："以前商量的婚事，现在愿意听从您的意见，请您前来喝布浑察儿(布浑察儿，汉语即订婚酒)。"太祖以为是真的，带着十名骑兵前去。在途中产生了疑心，派一名骑兵前去表示谢意，自己回来。汪罕的阴谋不曾得逞，便商量发兵来攻。养马人乞失力听说这件事，偷偷和他的弟弟把带前来告诉太祖。太祖立即带着军队驰奔阿兰塞，将辎重全部转移到其他地方，派折里麦为前锋，等汪罕一到立即整好队伍出战。先遇到的是朱力斤部，接着是董哀部，后面是火力失烈门部，都击败了他们，最后与汪罕贴身亲兵交锋，也打败了他们。亦剌合看见形势危急，亲自前来冲阵，被箭射中脸颊，立即收兵退走。怯里亦部人离开汪罕前来投降。

汪罕战败回去，太祖也带着军队回到董哥泽屯驻。派遣阿里海前去责备汪罕说："您过去遭到您的叔父菊儿罕驱逐，困难交加前来投奔，我父亲立即发兵攻打菊儿罕，在河西将他打败，他的土地、百姓都拿了过来给您。这是有大功于您的第一件事。您遭到乃蛮人的攻击，逃往西边太阳降落的地方。您的兄弟札阿绀孛在金朝国境，我立即派人召他回来。等他回来时，又遭到蔑里乞部的威胁，我请我的同族哥哥薛彻别吉和兄弟大丑去杀掉他们。这是有大功于您的第二件事。您为困难所迫前来投奔时，我经过哈丁里，将各部的羊、马和财产都夺了给您，不到半月的时间，使您饥饿的部众吃得饱饱的，瘦子都长胖了。这是有大功于您的第三件事。您不告诉我就去抢劫蔑里乞部，收获很大，回来以后，没有分给我一点点，我不计较。等到您被乃蛮人颠覆，我派四将夺回你的百姓，重立你的国家。这是有大功于您的第四件事。我征伐朵鲁班、塔塔儿、哈答斤、散只兀、弘吉剌五部，如同凶猛的海东青对付鹅雁一样，看见必有收获，有收获必定送给您。这是有大功于您的第五件事。这五件事都是有明白证据的，您对我不报恩也就罢了，现在怎么能变恩为仇，突然对我发动战争呢！"汪罕听到这些话，对亦剌合说："我以前说的话怎么样？我的儿子你应知道。"亦剌合说："事情已发展到今天这样，没有法子了结，只有尽力去战斗。我们打赢了就将他们合并过来。他们赢了就吞并我们，多说干什么。"

当时和太祖同族的按弹、火察儿都在汪罕身边。太祖派遣阿里海去挖苦责备汪罕时，命令阿里海告诉他们说："过去我国没有君主，以为薛彻别吉、太丑二人是我伯祖八剌哈的后代，准备立他们为主。因为二人坚决推辞，又以你火察儿是伯父聂坤之子，准备立为主，你又坚决推辞。但是此事不能这样中途而废，又以你按弹是我祖父忽都剌的儿子，想立为主，你又坚决推辞。于是你们推戴我为君主，这并非我的本来想法，是形势所逼造成的。三河是我们祖先创业的地方，不要被他人所据有。你们要好好为汪罕服务，汪罕的本性反复无常，待我尚且这样，何况是你们呢？我现在走了，我现在走了。"按弹等人一句话也没说。

太祖既已派遣使者去汪罕哪里，便进兵俘虏弘吉剌的别部溺儿斤，队伍行进到班朱尼河，河水正浑，太祖带着部众共饮河水立下誓言。亦乞烈部的孛徒被火鲁剌部打败，遇到太祖，双方建立同盟。太祖的兄弟哈撒儿另外居住在哈剌浑山，妻子被汪罕俘虏，自己带着小儿子脱虎逃走，粮食断绝，找寻鸟蛋充饥，前来河边相会。这时汪罕的势力强大，太祖的势力微弱，胜败还不可知，部众颇为担心害怕。凡是一起饮过河水的，称为"饮浑水"，意思是曾经同患难。汪罕的军队前来，太祖在哈阑真沙陀与他们交战，汪罕大败。属臣按弹、火察儿、札木合等密谋杀害汪罕，没有成功，便逃往乃蛮部。答力台、把怜等部也前来叩头投降。

太祖将军队移到斡难河的源头，策划攻打汪罕，又派二名使者前往汪罕哪里，假装传达哈撒儿的话，说："我的哥哥铁木真太子现在不知下落，我的妻子老小又在大王您哪里，即使我想走，能走到哪里去呢！大王如果能够宽恕我以前的错误，想念我过去的好处，我立即就来投奔您。"汪罕相信这番话，就派人跟着二名使者前来，用皮囊盛血准备与哈撒儿订立盟约。到了以后，太祖立即以二名使者为向导，下令兵士衔枚禁止说话，连夜赶往折折运都山，出其不意，袭击汪罕，将他打得大败。克烈部百姓都投降了。汪罕和亦剌合脱身逃走。汪罕叹气说："我被儿子害了，今天的祸事后悔也来不及了。"汪罕在逃走的路上，遇到乃蛮部的将领，被杀。亦剌合逃到西夏，靠抢劫维持生活，很快便为西夏打败，逃到龟兹国。龟兹国君主发兵讨伐，将他杀死。

太祖灭汪罕以后，在帖麦该川举行盛大的狩猎活动，发布各种命令，凯旋而归。这时乃蛮部君主太阳罕心里妒忌太祖的才能，派人去和白达达部首领阿剌忽思商量说："我听说东方有称帝的人。天上没有两个太阳，百姓难道能有两个君主吗？您能增加我右翼的力量，我将夺过敢于称帝者的弓箭。"阿剌忽思立即将这个情况报告太祖，没有多久，他带着全部百姓前来归附。

甲子年，太祖在帖麦该川举行大聚会，商议讨伐乃蛮部。许多人都认为现在是春天马正瘦，应该等待秋高气爽马长膘再出兵。皇弟斡赤斤说："应该做的事，要早下决心，怎么能用马瘦作理由呢？"别里古台也说："乃蛮部要夺我们的弓箭，是看不起我们，我等理当共生死。他倚仗国大而吹牛，如果乘其不备发起攻势，可以成功。"太祖很高兴，说："以这样的人去作战，还愁打不赢吗！"便出动军队讨伐乃蛮部，驻军于建忒该山，先派虎必来、哲别二人为前锋。太阳罕从按台来，驻军于沆海山，和蔑里乞部首领脱脱、克烈部首领阿怜太石、猥剌部首领忽都花别吉，以及秃鲁班、塔塔儿、哈答斤、散只兀等部会合，兵势相当盛大。这时我方队伍中的瘦马因受惊跑到乃蛮部营中，太阳罕看见，与大家商议说："蒙古的马如此瘦弱，现在成该引诱他们深入，然后和他们交战将他们俘虏。"将领火力速八赤对他说："先前的国王作战。一往直前，不让敌人看见自己的背和马的尾巴。现在您提出这样拖延的方针，是不是心中害怕呢？如果害怕，为什么不让后妃来统领军队！"太阳罕很生气，立即拍马往前要与太祖交战。太祖让哈撒儿负责中军。这时札木合跟随太阳罕前来，看见太祖的军队整齐肃静，对身边的人说："乃蛮部刚出兵时，看待蒙古军如同羊羔，意思是说连蹄皮也留不下。现在我观察他们的气势，恐怕已不同于过去了。"就带自己部下军队逃走了。这一天，太祖与乃蛮部大战直到日落，擒杀太阳罕。各部军一时都溃散，夜间在非常危险的地方奔走，从山崖掉下去死掉的不可计数。第二天，剩余下来的都投降了。于是朵鲁班、塔塔儿、哈答斤、散只兀四部也都前来投降。

接着又出征篾里乞部，该部首领脱脱逃往太阳罕的哥哥卜欲鲁罕哪里，他的部下带儿兀孙献上自己的女儿求降，很快又叛变了。太祖到泰寒寨，派孛罗欢、沈白二人带着右军前去将带儿兀孙平定了。

乙丑年，太祖出征西夏，攻克力吉里寨，经过落思城，掠取了大量百姓和骆驼回来。

蒙古骑兵押送战俘图

元年丙寅，太祖大会诸王和群臣，竖起九游的白旗，在斡难河头登上了皇帝的位置。诸王、群臣一起尊称之为成吉思皇帝。这一年正是金朝泰和六年。

太祖即帝位后，就发兵再去打乃蛮部。这时卜欲鲁罕正在兀鲁塔山打猎，将他捉住带了回来。太阳罕的儿子屈出律和脱脱一起逃到也儿的石河边。

太祖开始谈论讨伐金朝之事。以前金朝杀害太祖同族咸补海罕，太祖想报仇。恰巧金朝投降的俘虏陈述金朝皇帝完颜璟任意施行暴虐的统治，太祖于是决定加以讨伐，但是没有敢轻举妄动。

二年丁卯的秋天，太祖再征西夏，攻克斡罗孩城。

这一年，派遣按弹、不兀剌二人出使乞力吉思。不久野牒亦纳里部、阿里替也儿部都派使者来贡献名贵的鹰。

三年戊辰的春天，太祖从西夏回来。

夏天，在龙庭避暑。

冬天，再次讨伐脱脱和屈出律罕。斡亦剌部等和我军前锋遭遇，没有交战就投降了，便以他们做向导。到也儿的石河，讨伐蔑里乞部，将它消灭了。脱脱被飞箭射死。屈出律罕逃往契丹。

四年己巳的春天，畏吾儿国前来归附。太祖进军河西。西夏国王李安全派长子率领军队来作战，被我军击败，副元帅高令公成了俘虏。攻克兀剌海城，俘虏西夏的太傅西壁氏。进至克夷门，又击败西夏军队，俘获其将领嵬名令公。包围中兴府，引黄河水来冲灌这座城。但是水堤决口，水往外流，只好撤围还师。太祖派太傅讹答进入中兴府，向西夏国王招降，西夏国王献女儿请求和好。

五年庚午的春天，金朝打算来进攻，建造乌沙堡。太祖命遮别进行突然袭击，杀死筑堡的人，接着向东略取土地。

原来，太祖向金朝进献每年固定的贡品，金朝皇帝派卫王允济到净州接受。太祖见到允济，不行礼。允济回去，准备请求发兵讨伐。正好金朝皇帝完颜璟死了，允济嗣位，

即位的诏书送到蒙古,派人传话要太祖跪拜接受。太祖问金朝使节说:"新皇帝是谁?"金使说:"是卫王。"太祖立即向南方吐了一口唾沫,说:"我以为中原的皇帝是天上的神做,这等无用胆小之人也能做吗!拜他干什么!"便骑马往北走了。金使回来报告,允济更加恼怒,想乘太祖下一次进贡时,在边境贸易的场所将他杀害。太祖知道这一情况,便与金朝断绝关系,进一步整顿军队做好准备。

六年辛未的春天,太祖居住在怯绿连河。西域哈剌鲁部首领阿昔兰罕来投降。畏吾儿国君主亦都护前来觐见。

二月,太祖亲自带兵南征,在野狐岭打败金朝将领定薛,攻取大水泺、丰利等县。金朝又建造乌沙堡。

秋七月,太祖命遮别攻乌沙堡和乌月营,占领了二地。

八月,太祖和金军在宣平的会河川交战,取得胜利。

九月,攻占德兴府,居庸关的守将逃跑。遮别接着入关,直抵中都。

冬十月,袭击金朝的群牧监,将群牧监管理的马匹都赶了回来。耶律阿海投降,到太祖临时屯驻的地方来谒见。皇子术赤、察合台、窝阔台分别夺取云内、东胜、武、朔等州,都占领了。

这一年冬天。太祖屯驻在金朝的北部边境。刘伯林、夹谷长哥等前来投降。

七年壬申,春正月,耶律留哥在隆安聚合人众,自称都元帅,派遣使者前来归附。太祖攻破昌、桓、抚等州。金朝将领纥石烈九斤等带领三十万军队前来援救,太祖与他们在獳儿觜交战,金兵大败。

秋天,包围西京。金朝元帅左都监奥屯襄率领军队前来援救,太祖派兵把金军引诱到密谷口,在哪里迎击并全部消灭了他们。再攻西京,太祖为飞箭所伤。便撤围而去。

九月,察罕攻克奉圣州。

冬十二月甲申,遮别攻东京,没有成功,立即退去。夜间驰还,突然袭击,占领了东京。

八年癸酉的春天,耶律留哥自封为辽王,改元元统。

秋七月,攻占宣德府,接着攻德兴府,皇子拖雷、驸马赤驹先登城,攻克了它。太祖前进到怀来,和金朝行省完颜纲、元帅高琪交战,金军败,追到居庸关北口。金兵占据居庸关自保,太祖命可忒、薄刹守在北口前,自己前往涿鹿。金朝西京留守忽沙虎逃走。太祖出紫荆关,在五回岭击败金军,攻占涿、易二州。契丹人讹鲁不儿献北口,遮别于是占领居庸关,与可忒、薄刹会师。

八月,金朝忽沙虎杀害他的君主完颜允济,迎接丰王完颜珣立为皇帝。

这一年秋天,太祖分兵三路。命皇子术赤、察合台、窝阔台为右军,沿着太行山往南,攻取保、遂、安肃、安、定、邢、洺、磁、相、卫、辉、怀、孟,抢掠了泽、潞、辽、沁、平阳、太原、吉、隰,占领汾、石、岚、忻、代、武等地,然后回军。皇弟哈撒儿和斡陈那颜、拙赤歹、薄刹为左军,沿海向东去,攻取蓟州、平、滦、辽西等地然后回军。太祖与皇子拖雷为中军,攻取雄、霸、莫、安、河间、沧、景、献、深、祁、蠡、冀、恩、濮、开、滑、博、济、泰安、济南、滨、棣、益都、淄、潍、登、莱、沂等地。又命木华黎攻密州,城下后进行大屠杀,史天倪、萧勃迭率领队伍来降,木华黎以皇帝的名义授他们以万户之职。太祖到中都,三路军都回来会合在一起,屯驻在大口。

这一年,河北郡县都被蒙古军攻克,坚守不下的只有中都、通、顺、真定、清、沃、大名、东平、德、邳、海州等十一城。

九年甲戌,春三月,太祖屯驻在中都的北郊。将领们请求乘胜攻破燕京,太祖没有同意。于是派遣使节告知金朝皇帝说:"你的山东、河北郡县都已被我占有,你剩下的只有燕京城。天既然已使你衰弱,我又逼迫你走上绝路,天将说我什么!我的军队现在要回去,你难道不能来犒劳我的军队,借此消除我手下将领的愤怒么!"金帝于是遣使求和,献上卫绍王的女儿岐国公主,以及金帛、五百名童男女、三千匹马,还派丞相完颜福兴送太祖出居庸关。

夏五月,金帝迁都于汴,命完颜福兴和参政抹捻尽忠辅助太子守忠,留守中都。

六月,金朝纠军的斫答等杀死统帅,率领队伍前来投降。太祖命三摸合、石抹明安和斫答等包围中都。太祖自己在鱼儿泺避暑。

秋七月,金朝太子守忠逃往汴京。

冬十月,木华黎征辽东,高州卢琮、金朴等投降。锦州张鲸杀死节度使,自号临海王,派遣使者前来投降。

十年乙亥春正月,守通州的金右副元帅蒲察七斤投降,授七斤以元帅之职。

二月,木华黎攻北京,金军元帅寅答虎、乌古伦开城投降。便以寅答虎为留守,吾也而代理兵马都元帅,镇守该地。兴中府元帅石天应来降,以天应为兴中府尹。

三月,金朝御史中丞李英等率领军队前来援救中都,在霸州发生战斗,金军失败。

夏四月,攻克清、顺二州。太祖命张鲸统帅北京十提控的军队跟随南征,张鲸谋反被处死。他的兄弟张致便占据锦州,自称汉兴皇帝,改元兴龙。

五月庚申,金朝中都留守完颜福兴服毒自杀,抹捻尽忠丢下中都城逃走,石抹明安便进入中都镇守。这一月,太祖在桓州凉泾避暑,派忽都忽等前往中都查收金朝国库的收藏物品。

秋七月,红罗山寨主杜秀投降,授杜秀以锦州节度使之职。太祖派遣使者前去通知金朝皇帝,要他献出河北、山东没有被攻下的各城,去掉帝号改称河南王,这样的话可以停战。金帝不同意。太祖下令命史天倪向南进军,授以右副都元帅之职,赐给他金虎符。

八月,史天倪攻取平州,金朝经略使乞住投降。木华黎派遣史进道等攻广宁府,守城者投降。

这一年秋天,攻取的城市共八百六十二处。

冬十月,金朝宣抚蒲鲜万奴占据辽东自称天王,国号大真,改元天泰。

十一月,耶律留哥来朝觐,留下他的儿子斜阇充当太祖的侍从。史天祥讨伐兴州,俘获兴州节度使赵守玉。

十一年丙子的春天,太祖回到庐朐河边的行宫。张致攻陷兴中府,木华黎将他消灭。

秋天，撒里知兀歹、三摸合拔都鲁带领军队由西夏前往关中，越过潼关，俘获金朝西安军节度使尼庞古浦鲁虎，攻克汝州等地，抵达汴京然后还师。

冬十月，蒲鲜万奴投降，送他的儿子帖哥入朝充当侍从。不久又叛，自称东夏。

十二年丁丑的夏天，强盗祁和尚占据武平，史天祥平定了这起叛乱，并擒获金朝将领巢元帅献给太祖。察罕在霸州击败金朝监军夹谷，金方求和，察罕才回军。

秋八月，太祖授木华黎以太师之职，封他为国王，统领蒙古、纠、汉各路军马南征。木华黎攻克遂城、蠡州。

冬天，攻克大名府，接着向东攻取了益都、淄、登、莱、潍、密等州。

这一年，秃满部百姓叛乱，派钵鲁完、朵鲁伯前去平定。

十三年戊寅，秋八月，军队出紫荆口，俘获金朝行元帅事张柔，命他继续保持原来的职务。木华黎从西京进入河东，攻克太原、平阳以及忻、代、泽、潞、汾、霍等州。金朝将领武仙向满城进攻，张柔将他打败。

这一年，讨伐西夏，包围西夏的王城。西夏国王李遵顼逃往西凉。契丹人六哥占据高丽江东城，太祖命哈真、札剌带军队将他消灭，高丽王皞于是投降，请求每年进贡本地特产。

十四年己卯的春天，张柔击败武仙，祁阳、曲阳、中山等城投降。

夏六月，西域杀害使者，太祖带领军队亲自出征，攻克讹答剌城，活捉城中首脑哈只儿只兰秃。

秋天，木华黎攻克苛、岚、吉、隰等州，又向绛州进攻，占领以后将城中百姓全部屠杀。

十五年庚辰，春三月，太祖攻克蒲华城。

夏五月，攻克寻思干城，太祖的营帐屯驻在也儿的石河。

秋天，攻克斡脱罗儿城。木华黎攻取土地，来到真定，武仙投降。木华黎便以史天倪为河北西路兵马都元帅，管理真定府的事务，以武仙做他的副手。东平严实带着彰德、大名、磁、洺、恩、博、滑、浚等州三十万户前来投降，木华黎以太祖的名义授予严实金紫光禄大夫、行尚书省事。

冬天，金朝邢州节度使武贵投降。木华黎攻打东平城，未能攻下，便留下严实看守，撤出围城军队前往洺州，分兵攻取河北诸郡。

这一年，授予董俊龙虎卫上将军、右副都元帅之职。

十六年辛巳，春天，太祖进攻卜哈儿、薛迷思干等城，皇子术赤进攻养吉干、八儿真等城，都占领了。

夏季四月，太祖屯驻在铁门关，金朝皇帝派遣乌古孙仲端带着国书来请求和好，称太祖为兄，太祖没有答应。金东平行省事忙古丢掉城池逃跑，严实入城镇守。宋朝派遣苟梦玉前来请求和好。

六月，宋朝涟水忠义统辖石珪率领部众投降，以石珪为济、兖、单三州总管。

秋天，太祖进攻班勒纥等城，皇子术赤、察合台、窝阔台分兵攻打玉龙杰赤等城，都占领了。

冬季十月，皇子拖雷攻克马鲁察叶可、马鲁、昔剌思等城。木华黎出河西，攻克葭、绥德、保安、鄜、坊、丹等州，进攻延安，未能占领。

十一月，宋朝京东安抚使张琳以京东诸郡前来投降，被授予张琳沧、景、滨、棣等州行都元帅之职。

这一年，太祖下诏告谕德顺州。

十七年壬午，春天，皇子拖雷攻克徒思、匿察兀儿等城。还军途中经过木剌夷国，进行大规模掳掠。渡过搠搠阑河，攻克也里等城。随即与太祖相会，合兵攻打塔里寒寨，攻下了。木华黎的军队连克乾、泾、邠、原等州，进攻凤翔，没有成功。

夏天，太祖在塔里寒寨避暑。西域君主札阑丁出逃，与灭里可汗会合，忽都忽与他们交战，失败。太祖自己带兵进攻，捉住灭里可汗，札阑丁逃走。太祖派八剌追捕，没有抓住。

秋天，金朝又派乌古孙仲端前来请和，在回鹘国觐见太祖。太祖对他说："我过去要你的君主将河朔地区都给我，让你的君主当河南王，彼此罢兵停战，你的君主不肯。现在木华黎已经夺取了全部河朔地区，你这时才来请求不太晚了吗？"仲端苦苦哀求，太祖说："念你远来不易，河朔既然都已为我所有，关西还有几座没有攻下的城，都割付给我，这样可以让你的君主当河南王。不要再违背我的意思。"仲端于是回去。金朝平阳公胡天作以青龙堡来降。

冬季十月，金朝河中府归附，授石天应为兵马都元帅镇守该地。

十八年癸未，春三月，太师国王木华黎去世。

夏天，在八鲁弯川避暑。皇子术赤、察合台、窝阔台和八剌的军队都来会合，遂即平定西域各处城市，设置达鲁花赤进行监督治理。

冬季十月，金朝皇帝完颜珣死，其子完颜守绪嗣位。

这一年，宋朝又派苟梦玉前来。

十九年甲申的夏天，宋朝大名总管彭义斌侵犯河北，史天倪与他在恩州交战，打败了他。

这一年，太祖到东印度国，角端出现，于是班师。

二十年乙酉，春正月，回到行宫。

二月，武仙在真定叛变，杀死史天倪。董俊手下的判官李全也在中山叛变。

三月，史天泽向武仙发起攻击，武仙逃走，收复真定。

夏季六月，彭义斌以军队响应武仙，史天泽在赞皇防御，将他捉住杀死。

二十一年丙戌，春正月，太祖因为西夏收留仇人亦腊喝翔昆以及不送质子，亲自带领军队去讨伐。

二月，攻取黑水等城。

夏天，在浑垂山避暑。攻取甘、肃等州。

秋天，攻取西凉府搠罗、河罗等县，于是越过沙漠，到黄河九渡，攻取应里等县。

九月，李全捉住张琳，带孙郡王指挥军队将李全围困于益都。

冬季十一月庚申,太祖攻灵州,西夏派嵬名令公前来援救。丙寅,太祖渡过黄河攻击西夏军,取得胜利。丁丑,五星相聚,出现在西南,太祖屯驻在盐州川。

十二月,李全投降。授予张柔行军千户、保州等处都元帅之职。

这一年,皇子窝阔台和察罕的军队包围金南京,派遣唐庆前往金朝责问为什么不交纳每年进贡的钱物。

二十二年丁亥,春天,太祖留下一部分部队攻打西夏王城,自己带领军队渡过黄河攻打积石州。

二月,破临洮府。

三月,破洮、河、西宁三州。派遣斡陈那颜攻打信都府,占领了。

夏季四月,太祖到龙德,攻取德顺等州,德顺节度使爱申、进士马肩龙战死。

五月,派唐庆等出使金朝。

闰五月,太祖在六盘山避暑。

六月,金朝派遣完颜合周、奥屯阿虎前来请求和好。太祖对群臣说:"我在去年冬天五星聚会时,已经许愿不再杀掠,急促中忘记下诏书了。现在可以向中外发布告示,让他们的使者也了解我的意思。"这个月,夏国王李晛投降。太祖到清水县西江。

秋季七月壬午,太祖身体不适。己丑,在萨里川哈老徒的行宫去世。临死前对身边的人说:"金朝精锐部队都在潼关,南边有连绵的山脉可以据守,北边有广阔的黄河为界,很难迅速攻破。如果向宋朝借路,宋金是世代的仇敌,一定能答应我们的要求,于是我军攻占唐、邓,直捣金朝都城汴梁。金朝着急,必然从潼关征调军队。然而他们数万军队,从千里外前来援救,人马疲乏,即使到了也不能打仗,我们一定能取得胜利。"说完就死了。年六十六岁。葬于起辇谷。至元三年冬十月,追谥圣武皇帝。至大二年冬十一月庚辰,加谥法天启运圣武皇帝。庙号太祖。在位二十二年。

成吉思汗圣旨碑

太祖为人深沉,有伟大的志向,用兵如神,所以能灭四十国,并且平定西夏。他的奇勋伟绩很多,可惜的是当时没有设置史官,可能不少事迹没有记载下来。

戊子年。这一年,由皇子拖雷监守国政。

世祖后察必传

【题解】

元世祖昭睿顺圣皇后弘吉剌氏(?~1281年),名察必,弘吉剌部首领按陈之女。世祖在藩邸,迎娶为妃。宪宗末年世祖伐宋,留居爪忽都之地。宪宗卒,辅佐世祖夺取汗位,被册为正后,掌大斡耳朵(宫帐)。性情明敏节俭。生子真金,世祖时立为皇太子。

【原文】

世祖昭睿顺圣皇后,名察必,弘吉剌氏,济宁忠武王按陈之女也。生裕宗。中统初,立为皇后。至元十年三月,授册宝,上尊号贞懿昭圣顺天睿文光应皇后。

一日,四怯薛官奏割京城外近地牧马,帝既允,方以图进,后至帝前,将谏,先阳责太保刘秉忠曰:"汝汉人聪明者,言则帝听,汝何为不谏。向初到定都时,若以地牧马则可,今军薅俱分业已定,夺之可乎?"帝默然,命寝其事。

后尝于太府监支缯帛表里各一,帝谓后曰:"此军国所需,非私家物,后何可得支?"后自是率宫人亲执女工,拘诸旧弓弦练之,缉为绸,以为衣,其韧密比绫绮。宣徽院羊臑皮置不用,后取之合缝为地毯。其勤俭有节而无弃物,类如此。

十三年,平宋,幼主朝于上都。大宴,众皆欢甚,唯后不乐。帝曰:"我今平江南,自此不用兵甲,众人皆喜,尔独不乐,何耶?"后跪奏曰:"妾闻自古无千岁之国,毋使吾子孙及此则幸矣。"帝以宋府库故物各聚置殿庭上,召后视之,后遍视即去。帝遣宦者追问后,欲何所取。后曰:"宋人贮蓄以遗其子孙,子孙不能守,而归于我,我何忍取一物耶!"时宋太后全氏至京,不习北方风土,后为奏令回江南,帝不允,至三奏,帝乃答曰:"尔妇人无远虑,若使之南还,或浮言一动,即废其家,非所以爱之也。苟能爱之,时加存恤,使之便安可也。"后退,益厚待之。

胡帽旧无前檐,帝因射日色炫目,以语后,后即益前檐。帝大喜,遂命为式。又制一衣,前有裳无衽,后长倍于前,亦无领袖,缀以两襻,名曰比甲,以便弓马,时皆仿之。后性明敏,达于事机,国家初政,左右匡正,当时与有力焉。

十八年二月崩。三十一年,成宗即位,五月,追谥昭睿顺圣皇后,其册文曰:"奉先思孝,臣子之至情;节惠勿名,古今之大典。惟殷娥有明德之号,而周任著思齐之称:爰考旧章,式崇尊谥。恭惟先皇后,厚德载物,正位承天。隆内治于公宫,纲大伦于天下。曩事龙潜之邸,及乘虎变之秋。鄂渚班师,洞识事机之会;上都践祚,居多辅佐之谋。先物之明,独断于衷;进贤之志,允叶于上。左右我圣祖,建帝王之极功;抚育我前人,嗣社稷之重托。臣下之勤劳灼见,生民之疾苦周知。俪宸极二十年,垂慈范千万世。惟全美圣而益圣,宜显册书而屡书。不胜惓惓恳恳之诚,敬展尊尊亲亲之义,以扬盛烈,以对耿光。谨遣某官某奉玉册玉宝,上尊谥曰昭睿顺圣皇后。钦惟淑灵在天,明鉴逮下。增辉炜管,茂扬徽懿之音;合响太宫,益衍寿昌之福。"升祔世祖庙。

【译文】

世祖昭睿顺圣皇后,名字叫察必,姓弘吉剌氏。是济宁忠武王按陈的女儿。生裕宗真金。中统初年,立为皇后。至元十年三月,授以册宝,上尊号贞懿昭圣顺天睿文光应皇后。

一天,四怯薛官员奏请分割京城外面较近的土地用来放马,世祖已经批准,于是把地图呈献上来。察必皇后走到世祖面前,打算谏阻。先假装责备太保刘秉忠说:"你是汉人里面的聪明人,说话皇帝都听从,你为什么不进谏呢? 以前刚来到这里定都的时候,用四周的土地放马还可以。现在军户、站户都分别占有了一块土地作为产业,怎么能夺走他们的土地呢?"世祖沉默下来,命令停止这项计划。

察必皇后曾经在太府监支取丝帛制造的衣服表里各一件。世祖对她说:"这是军国所需物品,不是私家的东西。皇后怎么能够支取呢?"察必皇后从此率领宫女亲自进行纺织,收集旧的弓弦煮软之后,织成粗绸,做成衣服,坚韧细密,可以比得上绫罗绸缎。宣徽院有一些旧羊皮弃置不用,察必皇后将它们取来,拼在一起缝制成地毯。她勤俭又节制、不浪费东西,大都像这两件事一样。

至元十三年,平定南宋,南宋小皇帝前来上都朝觐。于是举行大宴会,大家都非常高兴,只有察必皇后郁郁不乐。世祖说:"我现在平定了江南,从此不再有战事,大家都很高兴,只有你不快乐,为什么呢?"察必皇后跪下来上奏说:"我听说自古以来没有延续一千年的国家。不要让我们的子孙落到这步田地就算幸运了。"世祖把南宋府库中的物品各自聚集起来,放在殿庭之上,叫察必皇后来观看。察必皇后一一看了一遍,就离开了。世祖派宦官追上去,问她想要什么东西。察必皇后说:"宋人蓄积贮藏这些东西,传给子孙,而他们的子孙却没有守住,以致被我们得到。我怎么忍心取一件东西呢?"当时南宋太后全氏到了上都,不习惯北方的水土。察必皇后替她奏请返回江南,世祖不答应。到第三次进奏,世祖才答复说:"你们妇道人家考虑问题不够长远。如果让她返回江南,一旦有造反的流言蜚语,她们全家就会受到牵连。这不是爱护她的办法。如果真的爱护她,就应该时常加以体贴照顾,让她慢慢适应这里的生活。"察必皇后退下来,对全太后更加关心照顾。

蒙古族的帽子原来没有前面的帽沿。世祖在射箭时感到太阳光刺眼,告诉了察必皇后,察必皇后就在帽子前面加上了帽沿。世祖大为高兴,下令帽子都按这种式样制作。察必皇后又缝制了一种衣服,前面有下摆而没有遮掩的衣襟,后摆比前摆长一倍,没有领子和衣袖,两侧用带子系起来,名字叫作比甲,穿上它便于骑马射箭。当时人纷纷仿效制作。察必皇后性情聪明敏锐,通晓政事机务,在元初的政治中左右匡正,在当时发挥了很大作用。

至元十八年二月,察必皇后去世。三十一年,成宗即位。五月,追谥察必为昭睿顺圣皇后。册文写道:"崇奉祖先、竭尽孝思,是臣下子孙的基本感情;调节恩惠、勉励美名,是古往今来的盛大典礼。从前殷代的有娀有明德的称号,周代的太任有思齐的美称。稽考过去的典章制度,应该奉上尊崇的美好谥号。已经去世的先朝皇后,德量弘厚,包载万物;位号端正,上承天命。使后宫得到了良好的治理,又在天下发扬了伦常纲纪。世祖即位之前就在身边侍奉,共同度过了动荡变乱的时刻。世祖从鄂州班师北撤,她先看出了事态的发展趋势;世祖在上都建元登极,她又起到了重要的辅助作用。观察问题的先见之明,由内心独自决断;选用贤能的杰出眼光,与世祖完全相符。在世祖身边辅佐,帮助完成了古代帝玉的宏大事业;抚养、教导裕宗,使他能够承担国家社稷的重大寄托。既了解臣下的勤劳,也明白百姓的疾苦。居皇后之位近二十年,留下的模范榜样流传千万代。正因为人格完善,就显得更加圣明;应该明白记载下来,并且大书而特书。写不尽悱恻怀念的诚心,体现出尊老爱亲的原则,来褒扬她的盛德,表述她的荣耀。恭敬地派遣某官某人捧着玉册玉宝,上尊谥为昭睿顺圣皇后。愿她贤淑的灵魂永驻天堂,圣明的识见普照群下。演奏起嘹亮的管乐,发出美好悦耳的声音;配享在宽阔的宫殿,繁衍出绵延无穷的福祉。"将察必皇后的灵位升入世祖庙,共同受祭。

成宗后卜鲁罕传

【题解】

元成宗皇后伯岳吾氏,名卜鲁罕,驸马脱里思之女。成宗即位初,立为皇后。成宗多病,得居中用事。尝谋贬成宗兄答剌麻八剌妻、子于怀州(今河南沁阳)。成宗卒,与左丞相阿忽台等谋立安西王阿难答为帝,自己临朝称制。右丞相哈剌哈孙迎答剌麻八剌子爱育黎拔力八达(仁宗)至京,发动政变,她被贬于东安州(今河北安次西)。后被杀。

【原文】

卜鲁罕皇后,伯岳吾氏,驸马脱里思之女。元贞初,立为皇后。大德三年十月,授册宝。成宗多疾,后居中用事,信任相臣哈剌哈孙,大德之政,人称平允,皆后处决。京师创建万宁寺,中塑秘密佛像,其形丑怪,后以手帕蒙覆其面,寻传旨毁之。省院台臣奏上尊号,帝不允。车驾幸上都,后方自奏请。帝曰:"我病日久,国家大事多废不举,尚宁理此等事耶!"事遂寝。大德十年,后尝谋贬顺宗妃答吉与其子仁宗往怀州。明年,成宗崩。时武宗在北边,恐其归,必报前怨。后乃命取安西王阿难答失里来京师,谋立之。仁宗自怀州入清宫禁,既诛安西王,并构后以私通事,出居东安州。

【译文】

成宗皇后名叫卜鲁罕,伯岳吾氏,是驸马脱里思的女儿。成宗元贞初年,立为皇后。

大德三年十月，授以册宝。成宗身体多病，卜鲁罕皇后居于宫中，掌握大权，信任宰相哈剌哈孙。大德年间的朝政，人们都说公平合理，全是出自卜鲁罕皇后的决断。京城创建万宁寺，其中塑造了秘密佛像，形状丑恶怪诞。卜鲁罕皇后用手帕把它们的脸蒙起来，不久又传旨将它们销毁。中书省、枢密院、御史台大臣奏上尊号，成宗不予批准。成宗到了上都，卜鲁罕皇后也亲自奏请。成宗说："我病了很长时间，国家大事有很多都废弃没有举行，哪还能再管这样的小事呢？"这件事就这样搁置下来。大德十年，卜鲁罕皇后曾经密谋贬黜成宗次兄答剌麻八剌的妃子答己和次子爱育黎拔力八达前往怀州。第二年，成宗驾崩。当时答剌麻八剌的长子海山在北边统兵，卜鲁罕皇后害怕他如果回来，一定会报复原来的仇怨，就下命令征召安西王阿难答失里前来京城，打算立他为帝。爱育黎拔力八达从怀州进京，发动政变清除宫禁，杀掉了安西王以后，给卜鲁罕皇后捏造了私通罪名，将她外迁到东安州居住。

顺帝后完者忽都传

【题解】

元顺帝皇后奇氏，名完者忽都，高丽人。家世寒微，入宫，以颖黠得幸于顺帝，册为第二皇后。生皇太子爱猷识理达腊。干预朝政，屡与皇太子策划内禅，未成。至正二十五年（1365），正式立为皇后。明军入大都（今北京），随顺帝北逃，不知所终。

【原文】

完者忽都皇后奇氏，高丽人，生皇太子爱猷识理达腊。家微，用后贵，三世皆追封王爵。初，徽政院使秃满迭儿进为宫女，主供茗饮，以事顺帝。后性颖黠，日见宠幸。后答纳失里皇后方骄妒，数答辱之。答纳失里既遇害，帝欲立之，丞相伯颜争不可。伯颜罢相，沙剌班遂请立为第二皇后，居兴圣宫，改徽政院为资正院。

后无事，则取《女孝经》、史书，访问历代皇后之有贤行者为法。四方贡献，或有珍味，辄先遣使荐太庙，然后敢食。至正十八年，京城大饥，后命官为粥食之。又出金银粟帛命资正院使朴不花于京都十一门置冢，葬死者遗骸十余万，复命僧建水陆大会度之。时帝颇怠于政治，后与皇太子爱猷识理达腊遂谋内禅，遣朴不花谕意丞相太平，太平不答。复召太平至宫，举酒赐之，自申前请，太平依违而已，由是后与太子衔之。而帝亦知后意，怒而疏之，两月不见。朴不花因后而宠幸，既被劾黜，后讽御史大夫佛家奴为之辩明。佛家奴乃谋再劾朴不花，后知之，反嗾御史劾佛家奴，谪居潮河。

初，奇氏之族在高丽者，怙势骄横，高丽王怒，尽杀之。二十三年，后谓皇太子曰："汝何不为我复仇耶？"遂立高丽王族人留京师者为王，以奇族之子三宝奴为元子。遣同知枢密院事崔帖木儿为丞相，用兵一万，并招倭兵，共往纳之。过鸭绿水，伏兵四起，乃大败，余十七骑而还,后大惭。

二十四年七月,孛罗帖木儿称兵犯阙,皇太子出奔冀宁,下令讨孛罗帖木儿。孛罗帖木儿怒,嗾监察御史武起宗言后外挠国政,奏帝宜迁后出于外,帝不答。二十五年三月,遂矫制幽于诸色总管府,令其党姚伯颜不花守之。四月庚寅,孛罗帖木儿逼后还宫,取印章,伪为后书召太子。后仍回幽所,后又数纳美女于孛罗帖木儿,至百日,始还宫。及孛罗帖木儿死,召皇太子还京师,后传旨令扩廓帖木儿以兵拥皇太子入城,欲胁帝祥位。扩廓帖木儿知其意,至京城三十里外,即遣军还营,皇太子复衔之。事见扩廓帖木儿传。

会伯颜忽都皇后崩,十二月,中书省臣奏言,后宜正位中宫,帝不答。又奏改资正院为崇政院,而中政院亦兼主之,帝乃授之册宝,其册文曰:"坤以承乾元,人道莫先于夫妇;后以母天下,王化实始于家邦。典礼之常,古今攸重。咨尔肃良合氏,笃生名族,来事朕躬。徽戒相成,每勤于夙夜;恭俭率下,多历于岁年。既发祥元子于储闱,复流庆孙枝于甲观。眷若中宫之位,允宜淑配之贤。宗戚大臣,况金言而敷请;掖庭诸御,咸倾望以推尊。乃屡逊辞,尤可嘉尚。今遣摄太尉某持节授以玉册玉宝,命尔为皇后。于戏!慎修壸政,益勉尔辅佐之心;昭嗣徽音,同保我延洪之福。其钦宠命,以衍寿祺。"二十八年,从帝北奔。

【译文】

顺帝皇后奇氏,名叫完者忽都,高丽人,生皇太子爱猷识理达腊。家庭出身寒微,由于奇氏的地位才贵盛起来,祖先三代都被追封为王爵。起初,徽政院使秃满迭儿将奇氏作为宫女进献上来,负责供给茶水,服侍顺帝。奇氏性情聪颖机灵,逐渐得到顺帝的宠信。后来皇后答纳失里骄横妒忌,屡次责打、羞辱奇氏。答纳失里被杀害后,顺帝打算立奇氏为皇后,丞相伯颜力争,表示不同意。伯颜罢相以后,沙剌班于是奏请立奇氏为第二皇后,住在兴圣宫,改徽政院的名称为资正院。

奇皇后闲居无事的时候,就取来《女孝经》和各种史书,谘访询问历代皇后中品行贤淑的人,作为自己的效法对象。全国各地进贡的物品中,遇有珍馐美味,都要派使臣先拿去奉献给太庙,然后才敢食用。至正十八年,京城发生大饥荒,奇皇后下令由官方煮粥,供饥民取食。又拿出金银、粮食、丝绸,委派资正院使朴不花在京城十一门外面修建坟墓,掩埋死者遗骸十多万具。并让僧人筹办水陆大会,超度亡魂。当时顺帝颇为荒废政务,奇皇后与皇太子爱猷识理达腊于是策划进行内禅,派朴不花把这一意图告诉丞相太平,太平没有表态。又把太平召到宫中,奇皇后亲手端酒赏赐给他,再次提出上述请求,太平仍然模棱两可。由此奇皇后和太子对太平怀恨在心。而顺帝也知道了奇皇后的意图,一怒之下疏远了她,两个月没有同她见面。朴不花因为奇皇后的缘故得到宠幸,后来遭到弹劾罢黜。奇皇后暗示御史大夫佛家奴,为他辩护平反。佛家奴又打算再次劾奏朴不花,奇皇后得知,反过来唆使御史弹劾佛家奴,把他贬谪到潮河居住。

起初,奇氏族人留在高丽的,倚仗奇皇后的权势,骄横不法。高丽王大怒,把他们全杀掉了。至正二十三年,奇皇后对皇太子说:"你为什么不为我报仇呢?"于是立高丽王族中留在京城的一个人为高丽国王,以奇氏家族的儿子三宝奴为世子。派遣同知枢密院事崔帖木儿为丞相,调集一万兵马,并招引日本倭兵,共同前往高丽扶立新王。军队渡过鸭绿江,遇到四周埋伏的高丽士兵,一败涂地,只剩下十七个人骑马逃回来。奇皇后非常羞惭。

至正二十四年七月,孛罗帖木儿举兵进犯京城,皇太子出逃到冀宁,下令讨伐孛罗帖木儿。孛罗帖木儿发怒,唆使监察御史武起宗弹劾奇皇后干预外朝国政,奏请顺帝把奇皇后迁出宫外,顺帝没有答复。二十五年三月,孛罗帖木儿假传圣旨,将奇皇后软禁在诸色总管府,命令他的党羽姚伯颜不花在外看守。四月庚寅日,孛罗帖木儿威逼奇皇后回到宫中,取出印章,然后伪造奇皇后的书信征召皇太子。奇皇后仍旧回到软禁的处所,后来又几次向孛罗帖木儿进献美女,过了一百天,才返回宫中。到孛罗帖木儿死后,顺帝征召皇太子回京城。奇皇后传旨,命令扩廓帖木儿率兵随从皇太子进城,打算胁迫顺帝禅位。扩廓帖木儿明白她的意图,率军走到离京城三十里的地方,就把军队遣回军营。皇太子于是又对他心怀不满。这件事又见于《扩廓帖木儿传》。

适逢皇后伯颜忽都去世,十二月,中书省奏言:奇皇后应该进为正式皇后,顺帝没有答复。又奏请改资正院为崇政院,同时负责中政院的事务。于是顺帝正式把皇后册宝颁授给奇皇后。册文写道:"坤在乾之下,人间联系以夫妇最重要;皇后为天下母,帝王风化要从家庭开始。这方面的常规典礼,古往今来都很重视。你、肃良合氏,出生在有名的家族,前来在朕身边侍奉。勉励警戒,相辅相成,从早到晚都很辛苦;恭敬节俭、督率下人,已经经历了许多年。先前生的皇子已成为国家储嗣,现在皇孙也已在宫中降生。中宫皇后的重要位置,正应授予这样贤淑的原配。宗戚大臣,都异口同声加以请求;后宫嫔妃,也都翘首盼望进行拥戴。而能一再谦让推辞,尤其值得嘉奖崇尚。现在派遣摄太尉某人秉持节杖,授给你玉册玉宝,立你为皇后。唉! 要谨慎地修治后宫事务,更加发扬你辅佐的忠心;显著地延续美好名声,共同保持我们长久的福祉。接受这项光荣的诏命,使我们的福寿繁衍无穷。"至正二十八年,奇皇后随从顺帝北逃。

木华黎传

【题解】

木华黎(1170～1223),蒙古军大将。足智多谋,精于骑射。早年辅佐成吉思汗统一蒙古诸部,誉称"四杰"之一。后率军攻取金辽东、辽西地区,战功卓著。1217 年被成吉思汗封为太师、国王,全权指挥攻金,连破河北、山西、山东省大部分重要城市。后病故于山西闻喜。

【原文】

木华黎,札剌儿氏,世居阿难水东。父孔温窟哇,以戚里故在太祖麾下,从平篾里吉,征乃蛮部，数立功。后乃蛮又叛，太祖与六骑走，中道乏食，擒水际橐驼杀之，燔以啖太祖。追骑垂及，而太祖马毙，五骑相顾骇愕，孔温窟哇以所乘马济太祖，身当追骑，死之。太祖获免。

有子五人，木华黎其第三子也。生时有白气出帐中。神巫异之，曰："此非常儿也。"及长，沉毅多智略，猿臂善射，挽弓二石强。与博尔术、博尔忽、赤老温事太祖，俱以忠勇称，号掇里班曲律，犹华言四杰也。

太祖军尝失利，会大雪，失牙帐所在，夜卧草泽中。木华黎与博尔术张裘毡，立雪中，障蔽太祖，达旦竟不移足。一日，太祖从三十余骑行溪谷间，顾谓曰："此中或遇寇，当奈何？"对曰："请以身当之。"既而，寇果自林间突出，矢下如雨，木华黎引弓射之，三发中三人。其酋呼曰："尔为谁？"曰："木华黎也。"徐解马鞍持之，捍卫太祖以出，寇遂引去。

克烈王可汗与乃蛮部仇战，求援于太祖。太祖遣木华黎及博尔术己等救之，尽杀乃蛮之众于按台之下，获甲仗、马牛而还。既而，王可汗谋袭太祖，其下拔台知之，密告太祖。太祖遣木华黎选精骑夜斫其营，王可汗走死，诸部大人闻风款附。

木华黎

岁丙寅，太祖即皇帝位，首命木华黎、博尔术为左右万户。从容谓曰："国内平定，汝等之力居多。我与汝犹车之有辕，身之有臂也。汝等切宜体此，勿替初心。"

金之降者，皆言其主璟杀戮宗亲，荒淫日恣。帝曰："朕出师有名矣。"辛未，从伐金，薄宣德，遂克德兴。壬申，攻云中、九原诸郡，拔之，进围抚州。金兵号四十万，阵野狐岭北。木华黎曰："彼众我寡，弗致死力战，未易破也。"率敢死士，策马横戈，大呼陷阵，帝麾诸军并进，大败金兵，追至浍河，僵尸百里。癸酉，攻居庸关，壁坚，不得入，遣别将阇别统兵趋紫荆口，金左监军高琪引兵来拒，不战而溃，遂拔涿州。因分兵攻下益都、滨、棣诸城，遂次霸州，史天倪、萧勃迭率众来降，并奏为万户。

甲戌，从围燕，金主请和，北还。命统诸军征辽东，次高州，卢琮、金朴以城降。乙亥，神将萧也先以计平定东京。进攻北京，金守将银青率众二十万拒花道逆战，败之，斩首八万余级。城中食尽，契丹军斩关来降，进军逼之，其下杀银青，推寅答虎为帅，遂举城降，木华黎怒其降缓欲坑之，萧也先曰："北京为辽西重镇，既降而坑之，后岂有降者乎？"从之。奏寅答虎留守北京，以吾也而权兵马都元帅镇之。遣高德玉、刘浦速窝儿招谕兴中府，同知兀里卜不从，杀蒲速窝儿，德玉走免。未几，吏民杀兀里卜，推土豪石天应为帅，举城降，奏为兴中尹、兵马都提控。

锦州张鲸聚众十余万，杀节度使，称临海郡王，至是来降。诏木华黎以鲸总北京十提控兵，从掇忽阑南征未附州郡。木华黎密察鲸有反侧意，请以萧也先监其军。至平州，鲸称疾逗留，复谋遁去，监军萧也先执送行在，诛之。鲸弟致愤其兄被诛，据锦州叛，略平、滦、瑞、利、义、懿、广宁等州。木华黎率蒙古不花等军数万讨之，州郡多杀致所署长吏降。进逼红罗山，主将杜秀降，奏为锦州节度使。

丙子，致陷兴中府。七月，进兵临兴中。先遣吾也而等攻溜石山，谕之曰："今若急攻，贼必遣兵来援，我断其归路，致可擒也。"又遣蒙古不花屯永德县东候之。致果遣鲸子东平将骑兵八千，步卒三万，援溜石。蒙古不花引兵趋之，驰报，木华黎夜半引兵疾驰，遇于神水县东，夹击之。分麾下兵之半，下马步战。选善射者数千，令曰："贼步兵无甲，疾射之！"乃麾骑兵齐进，大败之，斩东平及士卒万二千八百余级。拔开义县，进围锦州。致遣张太平、高益出战，又败之，斩首三千余级，溺死者不可胜数。围守月余，致愤将校不戮力，杀败将二十余人。高益惧，缚致出降，伏诛。广宁刘琰、懿州田和尚降，木华黎曰："此叛寇，存之无以惩后。"除工匠优伶外，悉屠之。拔苏、复、海三州，斩完颜众家奴。咸平宣抚蒲鲜等率众十余万，遁入海岛。

丁丑八月，诏封太师、国王、都行省承制行事，赐誓券、黄金印曰："子孙传国，世世不绝。"分弘吉剌、亦乞烈思、兀鲁兀、忙兀等十军，及吾也而契丹、蕃、汉等军，并属麾下。且谕曰："太行之北，朕自经略，太行以南，卿其勉之。"赐大驾所建九旒大旗，仍谕诸将曰："木华黎建此旗以出号令，如朕亲临也。"乃建行省于云、燕，以图中原。遂自燕南攻遂城及蠡州诸城，拔之。冬，破大名府，遂东定益都、淄、登、莱、潍、密等州。戊寅，自西京由太和岭入河东，攻太原、忻、代、泽、潞、汾、霍等州，悉降之。遂徇平阳，金守臣弃城遁，以前锋拓跋按察儿统蒙古军镇之拒金兵，以义州监军李廷植之弟守忠权河东南路帅府事。己卯，以萧特末儿等出云、朔，攻降岢岚火山军。以谷里夹打为元帅达鲁花赤，攻拔石、隰州，击绛州，克之。

庚辰，复由燕徇赵，至满城。武仙举真定来降。权知河北西路兵马事史天倪进言曰："今中原粗定，而所过犹纵兵抄掠，非王者吊民之意也。"木华黎曰："善。"下令禁无剽掠，所获老稚，悉遣还田里，军中肃然，吏民大悦。兵至滏阳，金邢州节度使武贵迎降，进攻天平寨，破之。遣蒙古不花分兵略定河北卫、怀、孟州，入济南。严实籍所隶相、魏、磁、洺、恩、博、滑、濬等州户三十万，诣军门降。

时金兵屯黄陵冈，号二十万，遣步兵二万袭济南。木华黎以轻兵五百击走之。遂会大军，薄黄陵冈。金兵阵河南岸，示以死战。木华黎曰："此不可用长兵，当以短兵取胜。"令骑下马，引满齐发，亦下马督战，果大败之，溺死者众。进攻楚丘。楚丘城小而固，四面皆水，令诸军以草木填堑，直抵城下。严实率所部先登，拔之。攻下单州，围东平，以实权山东西路行省，戒之曰："东平粮尽，必弃城走，汝伺其去，即入城安辑之，勿苦郡县，以败事也。"留梭鲁忽秃以蒙古军三千屯守之。辛巳四月，东平粮尽，金行省忙古奔汴，梭鲁忽秃邀击之，斩七千余级，忙古引数百骑遁去。实入城，建行省，抚其民。

先是，郡王带孙攻洺不下，至是遣石天应拔之。五月，还军野狐岭。宋涟水忠义统辖石珪来降，以为济、兖、单三州都总管，予绣衣玉带，劳之曰：“汝不惮跋涉数千里，慕义而来，寻当列奏，赐汝高爵，尔其勉之。”京东安抚使张琳皆来降，以琳行山东东路益都沧景滨棣等州都元帅府事。郑遵亦以枣乡、蕲县降，升为元州，以遵为节度使，行元帅府事。

秋八月，从驻青冢，监国公主遣使来劳，大飨将士，由东胜渡河西。夏国李王请以兵五万属焉。冬十月，复由云中历太和寨，入葭州，金将王公佐遁，以石天应权行台兵马都元帅。进取绥德，破马蹄寨，距延安三十里止舍。金行省完颜合达出兵三万阵于城东，蒙古不花以骑三千觇之，驰报曰：“彼见吾兵少，有轻敌心，明日合战，当佯败可以伏兵取胜也。”从之。夜半以大军衔枚齐进，伏于城东十五里两谷间。明日，蒙古不花进兵，望见金兵，即弃鼓旗走。金兵果追之，伏发，鼓声震天地，万矢齐下，金兵大败，斩七千级，获马八百。合达走保延安，围之旬日，不下，乃南徇洛川，克鄜州。

北京权帅石天应擒送金骁将张铁枪，木华黎责其不降，厉声答曰：“我受金朝厚恩二十余年，今事至此，有死而已！”木华黎义之，欲解其缚，诸将怒其不屈，竟杀之。遂降坊州，大飨士卒。闻金复取隰州，以轩成为经略使，于是复由丹州渡河围隰，克之。留合丑统蒙古军镇石、隰间，以田雄权元帅府事。

壬午秋七月，令蒙古不花引兵出秦陇，以张声势。视山川险夷，大兵道云中，攻下孟州四蹄寨，迁其民于州。拔晋阳义和寨，进克三清岩，入霍邑山堡，迁其人于赵城县。薄青龙堡，金平阳公胡天作拒守，裨将蒲察定住、监军王和开壁降，迁天作于平阳。

八月，有星昼见，隐士乔静真曰：“今观天象，未可征进。”木华黎曰：“主上命我平定中原，今河北虽平，而河南、秦、巩未下，若因天象而不进兵，天下何时而定耶？且违君命，得为忠乎！”

冬十月，过晋至绛，拔荣州胡瓶堡，所至望风归附，河中久为金有，至是复来归。木华黎召石天应谓曰：“蒲为河东要害，我择守者，非君不可。”乃以天应权河东南北路陕右关西行台，平阳李守忠、太原攸哈剌拔都、隰州田雄，并受节制。命天应造浮梁，以济归师。乃渡河拔同州，下蒲城，径趋长安。金京兆行省完颜合达拥兵二十万固守，不下。乃分麾下兀胡乃、太不花兵六千屯守之。遣按赤将兵三千断潼关，遂西击凤翔，月余不下，谓诸将曰：“吾奉命专征，不数年取辽西、辽东、山东、河北，不劳余力；前攻天平、延安，今攻凤翔皆不下，岂吾命将尽耶！”乃驻兵渭水南，遣蒙古不花南越牛岭关，徇宋凤州而还。

时中条山贼侯七等聚众十余万，伺大兵既西，谋袭河中。石天应遣别将吴权府引兵五百夜出东门，伏两谷间，戒之曰：“候贼过半，急击之，我出其前，尔攻其后，可克也。”吴权府醉酒失期，天应战死。城陷，贼烧毁庐舍，杀掠人民，还走中条。先锋元帅按察儿邀击，败之，斩数万级，侯七复遁去。木华黎以天应子斡可袭领其众。

癸未春，师还，浮梁未成，顾诸将曰：“桥未毕工，安可坐待乎！”复攻下河西堡寨十余。三月，渡河还闻喜县，疾笃，召其弟带孙曰：“我为国家助成大业，擐甲执锐垂四十年，东征西讨，无复遗恨，第恨汴京未下耳！汝其勉之。”薨，年五十四。厥后太祖亲攻凤翔，谓诸将曰：“使木华黎在，朕不亲至此矣！”至治元年，诏封孔温窟哇推忠效节保大佐运功臣、太师、开府仪同三司、上柱国、鲁国王，谥忠宣；木华黎体仁开国辅世佐命功臣、太师、开府仪同三司、上柱国、鲁国王,谥忠武。子孛鲁嗣。

【译文】

木华黎,姓札剌儿氏,他的家族世代居住在阿难河水的东岸。父亲孔温窟哇,以邻里亲戚的缘故供职于太祖麾下。跟从平定篾里吉,征讨乃蛮部,屡立战功。后来乃蛮部再次叛乱,太祖与手下六个骑士逃走,半路上没有东西吃,孔温窟哇抓来一只正在水边的骆驼杀了,烧烤后给太祖吃。追兵眼看就到了,而太祖的坐骑倒毙,其余五个骑士面面相觑,惊愕不已,孔温窟哇把自己的坐骑让给太祖,只身抵挡追兵,战死。太祖幸免于难。

孔温窟哇有五个儿子,木华黎是他第三个儿子。出生时有白色的气弥漫于帐中,神巫非常惊异说:"这是一个非同寻常的孩子。"等他长大以后,性格沉稳坚毅,足智多谋,长了一双猿猴般的长臂,擅长射箭,力挽二石的强弓。与博尔术、博尔忽、赤老温侍奉太祖,都以忠诚勇敢被人们所称道,号称"掇里班曲律",就是汉语"四杰"的意思。

太祖曾经作战失利,正赶上天降大雪,迷失了军帐所在地,夜里躺在草丛中。木华黎与博尔术张开毛毡,站立在雪地中,为太祖遮蔽风雪,一直到天亮始终一动不动。一天,太祖率三十余个骑兵行走于山谷之间,回头对木华黎说:"此地如果遇到强盗,应当怎么办?"回答道:"请让我用身体来挡住他们。"一会儿,强盗果然从树林中突然杀出,箭如雨下,木华黎弯弓搭箭,三箭射中三个人。强盗头高声叫道:"你是谁?"回答道:"木华黎。"慢慢地解下马鞍持在手中,护卫着太祖的身体冲出树林,强盗们也退去。

克烈王可汗与乃蛮部相互仇杀交战,向太祖求援。太祖派木华黎和博尔术等人去援救他,在按台之下全部杀死了乃蛮的人马,缴获了甲仗、马牛而返回。不久,王可汗阴谋袭击太祖,他的部下拔台得知此事,秘密地报告了太祖。太祖派木华黎挑选精锐的骑兵夜里冲进王可汗的营地大砍大杀,王可汗逃走后死亡,各部落的头领们闻风而降。

是年丙寅,太祖即皇帝位,第一件事就是任命木华黎、博尔术为左右万户。从容安详地对他们说:"国内得以平定,你们出力最多。我同你们就好像车有辕,身体有胳膊一样。你们一定要深切体会这一点,不要改变当初的心念。"

金国投降过来的人,都说他们的皇帝完颜璟杀戮宗室亲属,荒淫无道且日甚一日。皇帝说:"我出兵有了正当的名义了。"辛未,木华黎跟从皇帝讨伐金国,直逼宣德,于是攻克德兴。壬申,进攻云中、九原诸郡,攻克了它们。进军包围抚州。金兵号称四十万人马,在野狐岭北面摆好阵势。木华黎说:"他们人多我军人少,不拼力死战,就不会轻易地击败他们。"率领敢死队员,跃马横枪,大声呼叫着冲入敌阵,皇帝指挥各军一起进攻,大败金兵,追杀至浍河,长达一百里的道路上布满了僵硬的敌尸。癸酉,木华黎率军攻打居庸关,该关城墙坚固,无法攻入,派遣别将阇别率领兵马直奔紫荆口,金国左监军高琪领兵前来拒战,不战而逃,于是拔下涿州。因此又分兵攻克了益都、滨、棣等城,于是部队进驻霸州,史天倪、萧勃迭率部下前来投降,木华黎上奏皇帝,一起任命他们为万户。

甲戌,跟从皇帝包围燕州,金国皇帝请和,返回北方。皇帝命令木华黎统帅各军出征辽东,进抵高州、卢琮、金朴率城投降。乙亥,部将萧也先献计平定了东京。进攻北京,金国守将银青率人马二十万拒守花道迎战,打败了他,斩首八万余级。城中粮尽,契丹族士兵杀出关来投降,木华黎率军进逼城下,银青的部下杀死了他,推举寅答虎担任主帅,于是率全城投降。木华黎认为他投降慢了并十分生气,想活埋了他们,萧也先说:"北京是辽西的重镇,人家已经投降却要活埋他们,以后还会再有投降的人吗?"木华黎听从了这个意见。上奏皇帝,让寅答虎留守北京,任命吾也而代理兵马都元帅在此镇守。派遣高德玉、刘蒲速窝儿去招降兴中府,同知兀里卜拒绝投降,杀了蒲速窝儿,高德玉逃走免于一死。没过多久,兴中府的官吏和人民杀了兀里卜,推举当地土豪石天应为主帅,率全城投降,木华黎又进奏皇帝,任命他为兴中尹、兵马都提控。

锦州的张鲸聚集人马十余万,杀死节度使,自封为临海郡王,于此时前来归降。皇帝诏令木华黎,委任张鲸统帅北京十提控的部队,跟随掇忽阑南下征服尚未归附的州郡。木华黎暗中察知到张鲸有谋反的意图,请求皇帝派萧也先监视他的部队。进至平州,张鲸声称有病,滞留不前,又计划逃走,监军萧也先把他绑送到皇帝所在的地方,处死了他。张鲸的弟弟张致对他哥哥被杀十分愤恨,便占据锦州反叛,攻略平、滦、瑞、义、懿、广宁等州。木华黎率领蒙古不花等部数万人马进讨张致,各州郡多杀死张致所任命的官吏而出降。木华黎率军进逼红罗山,主持杜秀投降,木华黎上奏皇帝,任命杜秀为锦州节度使。

丙子,张致攻陷兴中府。七月,木华黎率军兵临兴中。先派吾也而等人攻打溜石山,告诉他说:"现在如果急攻,贼必派兵来增援,我截断他的归路,这样就可以捉住他啦。"又派蒙古不花屯守永德县东边等候敌军。张致果然派张鲸的儿子张东平率骑兵八千、步兵三万人增援溜石。蒙古不花领兵直奔敌军,派人飞马来报告,木华黎半夜率兵急速前进,在神水县东边与敌兵相遇,夹击敌人。把手下士兵分出一半下马步战。又挑选了数千名擅长射箭的人,对他们下令说:"贼军的步兵没穿铠甲,赶快射他们!"又指挥骑兵一起出击,大败敌军,杀死张东平及士兵一万二千八百余人。攻下了开义县,进兵围困锦州。张致派张太平、高益出城迎战,又被击败,斩首三千余级,淹死的人无法计算。困守了一个多月,张致对手下将校不努力作战恼羞成怒,杀死了战败失利的将领二十余人。高益十分恐惧,于是捆绑了张致出城投降,张致被处以死刑。广宁的刘琰、懿州的田和尚投降,木华黎说:"这些叛乱的强盗,让他们活着就无法惩示后人。"除工匠和唱戏的人以外,全部杀了他们。攻克了苏、复、海三州,斩杀完颜众家奴。咸平宣抚蒲鲜等人率部众十余万,逃入海岛。

丁丑八月,皇帝下诏封他为太师、国王、都行省承制行事,赐予他誓券、黄金印说:"你的封国由子孙相传,世世代代永不断绝。"又把弘吉剌、亦乞烈思、兀鲁兀、忙兀等十支部队以及吾也而的契丹、蕃、汉等部队,一并归他指挥。并且告诉他说:"太行山北面,我自己筹划治理,太行山以南,你好自为之吧。"又把自己出行时车驾所用的九旒大旗赐给木华黎,并告知诸将说:"木华黎设置此旗发出的号令,就像我亲临到场时发出的号令一样。"于是在云、燕建立行省,以图进取中原。随后从燕州南端进攻遂城及蠡州诸城,攻克了它们。冬天,攻克大名府,于是在东面平定了益都、淄、登、莱、潍、密等州。戊寅,从西京出发经由太和岭进入河东,攻打太原、忻、代、泽、潞、汾、霍等州,全部降服了它们。于是攻占平阳，金国守臣弃城逃走，木华黎任命前锋拓跋按察儿统领蒙古军镇守该城以抵御金兵，任命义州监军李廷植的弟弟李守忠代理河东南路帅府事。己卯，命令萧特末儿等人率部出云州、朔州，进攻并降服了苛岚火山军。任命谷里夹打为元帅达鲁花赤，攻打并拔除了石、隰州，进击绛州，攻克了它。

庚辰，再次从燕州进军攻取赵州，进驻满城。武仙率真定府投降。代理河北西路兵马事的史天倪进言说："目前中原已经大致上得到平定，但是我军所过之处，无不纵兵抢掠，这不是君王抚慰人民的本意。"木华黎说："讲得太好了。"下令严禁抢劫掠夺，所俘获的男女老少，一律遣还家园故里，军中从此肃然有序，各地的官吏和百姓非常欢喜。进军至滏阳，金国邢州节度使武贵前来投降，进兵攻打天平寨，攻破了它。派遣蒙古不花分兵攻略平定河北的卫、怀、孟州，进入济南。严实带着所属的相、魏、磁、洺、恩、博、滑、濬等州三十万户，前来军营投降。

当时，金兵屯守在黄陵冈，号称二十万人马，派遣步兵二万人袭击济南。木华黎率轻装士兵五百击退了他们。于是会合大部队，迫近黄陵冈，金兵在黄河南岸布下阵势，以示决一死战。木华黎说："这次战斗不能使用长武器，应当用短小的武器才会取胜。"下令骑兵下马，把弓拉满一齐放箭，自己也下马督战，果然大败敌军，淹死了许多人。进攻楚丘。楚丘城池虽小却十分坚固，四面都是水，木华黎命令各军用草木填塞壕沟，直抵城下。严实率所部将士首先登上城墙，攻克了该城。攻下单州，包围东平，任命严实代理山东西路行省，告诫他说："东平城中的粮食吃尽，敌军一定弃城逃走，你等待他们离去，立即进城安抚百姓，千万不要使郡县受苦，以免坏了大事。"同时留下梭鲁忽秃率蒙古军三千人屯守。辛巳四月，东平的粮食吃尽，金国行省长官忙古逃奔汴京，梭鲁忽秃半路狙击他，斩首七千余级，忙古仅率数百名骑兵逃去。严实进入东平城，建置行省，安抚当地人民。

在此之前，郡王带孙攻打洺州，没有攻克，到此时木华黎派石天应拔下了洺州。五月，率军返回野狐岭。宋朝涟水忠义统辖石珪前来投降，木华黎任命他为济、兖、单三州都总管，赐予他绣衣玉带，慰问他说："你不畏艰难，跋涉数千里，仰慕正义而来，一会儿我当上奏皇帝，赐给你高官显爵，你好好地干吧。"宋朝京东安抚使张琳都来投降，授予张琳山东东路益都、沧、景、滨、棣等州都元帅之职。郑遵也率枣乡、蒨县投降，把这两县升格为元州，任命郑遵为节度使，行元帅府事。

秋八月，木华黎跟随皇帝进驻青冢，监国的公主派使者前来慰问，大宴将士，从东胜渡到黄河西岸。夏国的李王请求率五万部众归附。冬十月，再次由云中经过太和寨，进入葭州，金朝守将王公佐逃走，任命石天应代理行台兵马都元帅。进兵攻取绥德，击破马蹄寨，距延安三十里处安营住宿。金朝行省长官完颜合达出兵三万在城东布下阵势，蒙古不花率三千名骑兵侦察敌情，飞骑来报说："敌军看我军人少，有轻敌之心，明日会战，应当开始假装失败再用伏兵取胜。"木华黎采纳了这个建议。半夜率领大部队悄无声息地齐头并进，埋伏在距城东十五里的两条山谷之间。第二天，蒙古不花进兵出击，远远地望见金兵就丢下战鼓、旗帜逃走，金兵果然赶来，这时伏兵杀出，战鼓声声震天动地，万箭齐发，金兵大败，被斩杀七千人，被缴去战马八百匹。完颜合达逃走退保延安，木华黎率军包围延安半个月,没有攻下,就南下攻取了洛川,攻克了鄜州。

北京代帅石天应活捉并押送来金国勇将张铁枪,木华黎责问他为什么不投降,张铁枪厉声答道:"我受金朝的深厚恩德二十余年,现在事已至此,只有一死罢了!"木华黎认为他十分仗义,想解开绳索饶他一命,手下众将对他不肯屈服都十分恼怒,终于杀了他。于是降服了坊州,大宴士兵。得知金军又重新夺取了隰州,便任命轩成为经略使,于是再次由丹州渡过黄河围攻隰州,攻克了它。留下合丑统帅蒙古军镇守于石、隰之间,授予田雄代理元帅之职。

壬午年秋七月,木华黎命令蒙古不花率军越过秦陇,以扩大声势。视察山川的险峻与平坦,大军取道云中,攻下孟州四蹄寨,把这里的百姓迁移到孟州。拔除了晋阳义和寨,进兵攻克三清岩,进入霍邑山堡,把这里的人迁到赵城县。逼近青龙堡,金朝的平阳公胡天作据守抵抗,部将蒲察定住、监军王和打开山堡大门出降,把胡天作迁到平阳。

八月,有星星白天出现,隐士乔静真说:"现在观察天象,不可出兵征战。"木华黎说:"皇帝命令我平定中原,眼下河北虽然平定,但河南、秦、巩之地还没有攻克,如果因为天象的原因而不进军,天下什么时候才能平定呢?而且违反君王的命令,难道这能算是忠臣吗!'

冬十月,经过晋到了绛州,拔除了荣州胡瓶堡,他的部队所到之处无不望风归附,河中地区长期以来被金国占据,到此时才重新回归。木华黎召见石天应说:"蒲城是河东的要害之处,我选择守将,非你不可。"于是任命石天应代理河东南北路陕右关西行台,平阳李守忠部、太原攸哈剌拔都部、隰州田雄部,一并受其节制。木华黎命令石天应修建浮桥,等大军回师时使用。于是渡过黄河拔除了同州,攻克蒲城,直奔长安。金朝京兆行省完颜合达拥兵二十万坚持固守,未能攻克。就拨出部下兀胡乃、太不花所部六千人屯守于此。派遣按赤率三千名士兵截断潼关,于是向西进击凤翔,一个多月也没有攻下,对各位将领说:"我奉命专事征伐,不过几年时间就攻取了辽西、辽东、山东、河北,没费多余的力气;前些天攻打天平、延安,现在攻打凤翔都没有拿下,难道是我的生命要走到尽头了吗?"于是就把部队驻扎在渭水南岸,派蒙古不花向南越过牛岭关,攻占了宋朝的凤州而返回。

当时中条山的盗贼侯七等人聚众十余万,探知木华黎的大部队已经西进,便阴谋袭击河中。石天应派别将吴权府率五百名士兵夜里出东门,埋伏在两条山谷之间,告诫他说:"等贼军过去一半,赶紧出击,我在他们的前面,你攻打他们的后面,这样就可以打败他们。"吴权府喝醉了酒没有按时到达,石天应战死。城被攻陷,贼军烧毁屋舍,杀戮抢掠人民,退回中条山。先锋元帅按察儿在途中阻击,打败了贼军,斩首数万级,侯七再次逃去。木华黎下令石天应的儿子斡可继续统领他的部下。

癸未春,部队返回,但浮桥尚未建成,木华黎回头对众将领说:"桥还没有完工,难道能坐着等待吗?"又攻下了十余个河西一带的堡寨。三月,渡过黄河回到闻喜县,病情加重,招呼他的弟弟带孙说:"我为国家建立了伟大的功业,穿着铠甲,手执武器将近四十年,东征西讨,没有什么可遗憾的,只恨汴京还未攻下!你要努力啊。"去世,终年五十四岁。后来太祖亲自攻打凤翔，对诸将说："要是木华黎在世，我就用不着亲临此地了！"至治元年，皇帝下诏封孔温窟哇为推忠效节保大佐运功臣、太师、开府仪同三司、上柱国、鲁国王，谥号是忠宣；木华黎为体仁开国辅世佐命功臣、太师、开府仪同三司、上柱国、鲁国王，谥号是忠武。他的儿子孛鲁继承了他的爵位。

速不台传

【题解】

速不台（1176～1248），蒙古军大将。早年跟随成吉思汗统一蒙古诸部，勇猛善战，誉称"四狗"之一。1211年至1215年，参与攻金战役。1219年，从成吉思汗西征，曾大败斡罗斯、钦察联军。1231年跟从拖雷攻金，参与三峰山之战，歼灭了金军主力。1235年，又随拔都西征，扫灭钦察汗国，攻陷斡罗思许多城池。1241年，率军攻入马札儿（今匈牙利），进抵秃纳河（今多瑙河），攻取马茶城（今布达佩斯）。他是蒙古国的开国功臣之一。

【原文】

速不台，蒙古兀良合人。其先世猎于斡难河上，遇敦必乃皇帝，因相结纳，至太祖时，已五世矣。捏里必者生孛忽都，众目为折里麻。折里麻者，汉言有谋略人也。三世孙合赤温，生哈班。哈班二子，长忽鲁浑，次速不台，俱骁勇善骑射。太祖在班朱尼河时，哈班尝驱群羊以进，遇盗，被执。忽鲁浑与速不台继至，以枪刺之，人马皆倒，余党逸去，遂免父难，羊得达于行在所。忽鲁浑以百户从帝与乃蛮部主战于长城之南，忽鲁浑射却之，其众奔阔赤檀山而溃。

速不台以质子事帝，为百户。岁壬申，攻金桓州，先登，拔其城。帝命赐金帛一车。灭里吉部强盛不附。丙子，帝会诸将于秃兀剌河之黑林，问："谁能为我征灭里吉者？"速不台请行，帝壮而许之。乃选神将阿里出领百人先行，觇其虚实。速不台继进。速不台戒阿里出曰："汝止宿必载婴儿具以行，去则遗之，使若挈家而逃者。"灭里吉见之，果以为逃者，遂不为备。己卯，大军至蟾河，与灭里吉遇，一战而获其二将，尽降其众。其部主霍都奔钦察，速不台追之，与钦察战于玉峪，败之。

壬午，帝征回回国，其主灭里委国而去。命速不台与只别追之，及于灰里河，只别战不利，速不台驻军河东，戒其众人爇三炬以张军势，其王夜遁。复命统兵万人由不罕川必里罕城追之，凡所经历皆无水之地。既度川，先发千人为游骑，继以大军昼夜兼行。比至，灭里逃入海，不月余，病死，尽获其所弃珍宝以献。帝曰："速不台枕干血战，为我家宣劳，朕甚嘉之。"赐以大珠、银罂。

癸未，速不台上奏，请讨钦察。许之。遂引兵绕宽定吉思海，展转至太和岭，凿石开道，出其不意。至则遇其酋长玉里吉及塔塔哈儿方聚于不租河，纵兵奋击，其众溃走。矢

蒙古人猎归图

及玉里吉之子,逃于林间,其奴来告而执之,余众悉降,遂收其境。又至阿里吉河,与斡罗思部大、小密赤思老遇,一战降之,略阿速部而还。钦察之奴来告其主者,速不台纵为民。还,以闻。帝曰:"奴不忠其主,肯忠他人乎?"遂戮之。又奏以灭里吉、乃蛮、怯烈、杭斤、钦察诸部千户,通立一军,从之。略也迷里霍只部,获马万匹以献。

帝欲征河西,以速不台比年在外,恐父母思之,遣令归省。速不台奏,愿从西征。帝命度大碛以往。丙戌,攻下撒里畏吾特勤、赤闵等部,及德顺、镇戎、兰、会、洮、河诸州,得牝马五千匹,悉献于朝。丁亥,闻太祖崩,乃还。

己丑,太宗即位,以秃灭干公主妻之。从攻潼关,军失利,帝责之。睿宗时在藩邸,言兵家胜负不常,请令立功自效。遂命引兵从睿宗经理河南,道出牛头关,遇金将合达帅步骑数十万待战。睿宗问以方略,速不台曰:"城居之人不耐劳苦,数挑以劳之,战乃可胜也。"师集三峰山,金兵围之数匝。会风雪大作,其士卒僵仆,师乘之,杀戮殆尽。自是金军不能复振。壬辰夏,睿宗还驻官山,留速不台统诸道兵围汴。癸已,金主渡河北走,追败之于黄龙冈,斩首万余级。金主复南走归德府,未几,复走蔡州。汴降,俘其后妃及宝器以献,进围蔡州。甲午,蔡州破,金主自焚死。时汴梁受兵日久,岁饥人相食,速不台下令纵其民北渡以就食。

乙未,太宗命诸王拔都西征八赤蛮,且曰:"闻八赤蛮有胆勇,速不台亦有胆勇,可以胜之。"遂命为先锋,与八赤蛮战,继又令统大军,遂虏八赤蛮妻子于宽田吉思海。八赤蛮闻速不台至,大惧,逃入海中。

辛丑,太宗命诸王拔都等讨兀鲁思部主也烈班,为其所败;围秃里思哥城,不克。拔都奏遣速不台督战,速不台选哈必赤军怯怜口等五十人赴之,一战获也烈班。进攻秃里思哥城,三日克之,尽取兀鲁思所部而还。经哈咂里山,攻马札儿部主怯怜。速不台为先锋,与诸王拔都、吁里兀、昔班、哈丹五道分进。众曰:"怯怜军势盛,未可轻进。"速不台出奇计,诱其军至潲宁河。诸王军于上流,水浅,马可涉,中复有桥。下流水深,速不台欲结筏潜渡,绕出敌后。未渡,诸王先涉河与战。拔都军争桥,反为所乘,没甲士三十人,并亡其麾下将八哈秃。既渡,诸王以敌尚众,欲要速不台还,徐图之。速不台曰:"王欲归自归,我不至秃纳河马茶城,不还也。"及驰至马茶城,诸王亦至,遂攻拔之而还。诸王来会,拔都曰:"潲宁河战时,速不台救迟,杀我八哈秃。"速不台曰:"诸王惟知上流水浅,且有桥,遂渡而与战,不知我于下流,结筏未成,今但言我迟,当思其故。"于是拔都亦悟。后大会,饮以马乳及葡萄酒。言征怯怜时事,曰:"当时所获皆速不台功也。"壬寅,太宗崩。癸卯,诸王大会,拔都欲不往,速不台曰:"大王于族属为兄,安得不往?"甲辰,遂会于也只里河。

丙午,定宗即位,既朝会,还家于秃剌河上。戊申卒,年七十三。赠效忠宣力佐命功臣、开府仪同三司、上柱国,追封河南王,谥忠定。子兀良合台。

【译文】

速不台,蒙古兀良合部人。他的祖先在斡难河边打猎,遇见敦必乃皇帝,因而相互结交建立了良好的友谊,到太祖铁木真时,已经交往了五代了。他的祖先有一人名叫捏里必的,生子孛忽都,大家视他为折里麻。折里麻就是汉语有谋略的人的意思。三世孙名叫合赤温,生子哈班。哈班生有两个儿子,长子忽鲁浑,次子速不台,两人都骁勇擅长骑射。太祖在班朱尼河时,哈班曾驱赶一群羊来献,途中遇上强盗,被捉拿住。忽鲁浑与速不台随即赶到,用枪刺向强盗,人马都被刺倒,其余同党逃窜而去,于是免除了父亲的灾难,那群羊也得以送到了太祖住的地方。忽鲁浑以百户的身份跟从太祖与乃蛮部首领在长城以南作战,忽鲁浑用箭射退了敌人,乃蛮部众逃奔到阔赤檀山就溃散了。

速不台以质子的身份侍奉太祖,担任百户。壬申年,攻打金国的桓州,速不台率先登上城墙,拔下了该城。太祖下令赏赐给他一车金帛。灭里吉部势力强盛不肯归附。丙子,太祖在秃兀剌河的黑林召集众将开会,问道:"谁能替我去征伐灭里吉部?"速不台请求前往,太祖认为他非常壮勇就答应了他。于是挑选了部将阿里出率一百人先行出发,侦察灭里吉部的虚实。速不台跟着前进。速不台叮嘱阿里出说:"你在宿营时一定要带着婴儿的用具,离开时就留在哪里,使人觉得像是携着家小逃亡的样子。"灭里吉人看到后,果然认为是逃亡的人,于是毫不戒备。己卯,大军进至蟾河,与灭里吉部相遇,一仗就擒获了对方的两名将领,全部降服了其部众。灭里吉部头领霍都逃往钦察,速不台追赶他,在玉峪同钦察人交战,打败了他们。

壬午,太祖征讨回回国,其国王灭里弃国逃亡。太祖命令速不台与只别追赶,在灰里河赶上了,只别作战失利,速不台把部队驻扎在河东岸,下令部下每人点燃三支火炬以壮军威,回回国国王连夜逃走。太祖又命令他统率一万人从不罕川、必里罕城追赶,所经之处都是没有水的地方。度过不罕川以后,先派出一千人为前哨,接着率大军昼夜兼程。等到赶上,灭里逃入海中,一个多月后病死了,全部缴获了灭里所丢弃的珍宝并献给太祖。太祖说："速不台枕戈待旦，日夜血战，为我王家效劳，我非常赞美他的功绩。"赐给他大珠、银瓶。

癸未，速不台上奏，请求讨伐钦察。太祖批准了这个建议。于是率领部队绕过宽定吉思海，辗转到太和岭，凿石开道，出乎敌人的意料。部队到达时正遇上钦察人首领玉里吉和塔塔哈尔在不租河聚会，速不台纵兵奋勇冲杀，其部众溃散逃去。玉里吉的儿子被箭射中，逃到林子里，他的奴仆前来报告而抓获了他，其余众人全部投降。于是收服了钦察国土。又来到阿里吉河，与斡罗思部的大、小密赤思老相遇，一战便降服了他们，略取阿速部而还。钦察的那个举告他的主人的奴仆，速不台释放他成为平民。回师后，把此事告知太祖，太祖说："奴仆不忠于他的主人，难道能忠于他人吗？"于是杀了他。又上奏将灭里吉、乃蛮、怯烈、杭斤、钦察诸部的千户，统一编为一军，太祖同意。攻略也迷里霍只部，缴获一万匹马进献给太祖。

太祖准备亲征河西，因为速不台连年在外，恐怕父母思念，便让他回家省亲。速不台上奏，愿意跟随西征。太祖命令他度过大沙漠前往。丙戌，攻克撒里畏吾特勤、赤闵等部，以及德顺、镇戎、兰、会、洮、河等州，获得母马五千匹，全部献给朝廷。丁亥，得到太祖去世的消息，就返回来了。

己丑，太宗即位，把秃灭干公主嫁给速不台为妻。随从太宗进攻潼关，部队失利，太宗责备他。睿宗当时在藩王官邸，说兵家胜败不常，请让他立功自效。太宗于是命令速不台跟随睿宗攻略河南。经过牛头关，正遇到金国将领合达率领步兵、骑兵数十万严阵以待。睿宗向速不台问制敌的方略，速不台说："居住在城中的人不能忍受劳苦，我们用接连不断的挑战来使他们疲劳，战斗就可以获胜了。"部队集中于三峰山，金兵把他们包围了数层，正赶上风雪大作，金军士兵冻僵倒在地上，部队乘机进攻，几乎全部歼灭了金军。从此以后金军无法再次振作。壬辰夏，睿宗还师驻守官山，留下速不台统领各道兵马包围汴京。癸已，金朝皇帝渡过黄河北逃，速不台率军追上以后在黄龙冈击败他们，杀死一万多人。金朝皇帝又向南逃到归德府，没过多久，又逃到蔡州。汴京投降，俘获金朝的后妃及各种宝器献给太宗，进兵包围蔡州。甲午，蔡州城被攻下，金朝皇帝自焚而死。当时汴梁遭受战祸时间太久，这年闹饥荒发生人吃人的现象，速不台下令，允许汴梁的老百姓渡河北上就食。

乙未年，太宗命令诸王拔都等西征八赤蛮，并说："听说八赤蛮胆勇过人，速不台也是胆勇过人，我想可以战胜他。"于是命速不台担任先锋，与八赤蛮作战，继而又令他统帅大军，于是在宽田吉思海俘虏了八赤蛮的妻子和儿女。八赤蛮听到速不台前来，十分害怕，逃到海中。

辛丑，太宗命诸王拔都等讨伐兀鲁思部头领也烈班，被也烈班打败；围攻秃里思哥城，又未攻克。拔都奏请太宗派速不台前来督战，速不台挑选哈必赤军怯怜口等五十人前往，仅打了一仗就俘获了也烈班。进兵攻打秃里思哥城，三天就打了下来，全部获取了兀鲁思所部后回军。途经哈咂里山，进攻马札儿部首领怯怜。速不台担任先锋，与诸王拔都、吁里兀、昔班、哈丹兵分五路进击。众人说："怯怜军势强盛，不可轻易进兵。"速不台献奇计,将怯怜军引诱到潳宁河。诸王的部队在上游,河水浅,战马可以过去,中间又有桥。下游水深,速不台准备编造木筏偷渡过河,绕到敌军的后面。没等渡河,诸王的部队抢先过河与敌交战。拔都所部争着过桥,反被敌军钻了空子,甲士三十人阵亡,部将八哈秃也战死。渡河以后,诸王以为敌兵还很多,想要速不台撤军,慢慢地回去再作打算。速不台说:"诸位大王想回去就自己回去吧,我不到秃纳河的马茶城就决不回去。"等到他率军急速赶到马茶城,诸王也都随后跟到,于是攻克了该城才回师。诸王前来聚会,拔都说:"潳宁河作战时,速不台救援来迟,以至我的八哈秃被杀。"速不台说:"诸位大王只知道上游水浅,而且有桥,于是抢先渡河与敌交战,却不知我在下游造木筏未完工,现在只说我行动迟缓,应当考虑其中的原因。"于是拔都也省悟过来。后来举行大会,赐速不台马奶和葡萄酒喝。言及征战怯怜时的事情,拔都说:"当时的所获一切都是速不台的功劳啊。"壬寅,太宗去世。癸卯,诸王大会,拔都打算不去,速不台说:"大王在皇族中是长兄,怎么能不去呢?"甲辰,于是拔都与诸王相会于也只里河。

丙午,定宗即位,速不台参加朝会后,回到秃剌河边的家中。戊申年去世,终年七十三岁。朝廷追赠他为效忠宣力佐命功臣、开府仪同三司、上柱国,追封为河南王,谥号忠定。儿子兀良合台。

巎巎列传

【题解】

巎巎(1295～1345),字子山,号恕叟,康里(今属新疆维吾尔自治区)人。因他是色目人,在元代,比汉人和南人有着优越的社会地位,他的父祖又是元朝的开国功臣,这对于巎巎的入仕,自然有举足轻重的影响。在蒙古人和色目人中,巎巎自幼受儒家文化的熏陶,又成为他政治生涯中的有利条件。因此,他宦途得意,自承直郎直至礼部尚书、翰林学士承旨,大都在皇帝身边任职,颇受宠幸。巎巎本人,又多才艺,未沾染贵胄公子恃势傲物的习气。喜欢读书人,加上自己的优越条件,自然成为读书人的宗主。

巎巎是元代著名书法家,以行书、草书见长,他的行草书,出规入矩,圆润流畅,如行云流水,线条优美,令人赏心悦目。传世书迹有《渔父辞》《颜鲁公论书帖》等。

【原文】

巎巎字子山,康里氏。父不忽木自有传。祖燕真,事世祖,从征有功。巎巎幼肄业国学,博通群书,其正心修身之要得诸许衡及父兄家传。长袭宿卫,风神凝远,制行峻洁,望而知其为贵介公子。其遇事英发,掀髯论辩,法家拂士不能过之。

始授承直郎、集贤待制,迁兵部郎中,转秘书监丞。奉命往覆泉舶,芥视珠犀,不少留目。改同金太常礼仪院事,拜监察御史,升河东廉访副使。未上,迁秘书太监,升侍仪使。

寻擢中书左司郎中,迁集贤直学士,转江南行台治书侍御史。拜礼部尚书,监群玉内司。

嵲嵲正色率下。国制,大乐诸坊咸隶本部,遇公宴,众伎毕陈。嵲嵲视之泊如,僚佐以下皆肃然。迁领会同馆事、尚书,监群玉内司如故。寻兼经筵官,复除江南行台治书侍御史。未行,留为奎章阁学士院承制学士,仍兼经筵官。升侍书学士、同知经筵事,复升奎章阁学士院大学士、知经筵事。除浙西廉访使,复留为大学士,知经筵事。寻拜翰林学士承旨、知制诰兼修国史、知经筵事,提调宣文阁崇文监。

先是,文宗励精图治,嵲嵲尝以圣贤格言讲诵帝侧,裨益良多。顺帝即位之后,剪除权奸,思更治化。嵲嵲侍经筵,日劝帝务学,帝辄就之习授,欲宠以师礼,嵲嵲力辞不可。凡《四书》《六经》所载治道,为帝绅绎而言,必使辞达感动帝衷敷畅旨意而后已。若柳宗元《梓人传》、张商英《七臣论》,尤善诵说。尝于经筵力陈商英所言七臣之状,左右错愕,有嫉之之色,然素知其贤,不复肆愠。帝暇日欲观古名画,嵲嵲即取郭忠恕《比干图》以进,因言商王受不听忠臣之谏,遂亡其国。帝一日览宋徽宗画称善。嵲嵲进言,徽宗多能,惟一事不能。帝问何谓一事,对曰:“独不能为君尔。身辱国破,皆由不能为君所致。人君贵能为君,它非所尚也。”或遇天变民灾,必忧见于色,乘间则进言于帝曰:“天心仁,爱人君,故以变示儆。譬如慈父于子,爱则教之戒之。子能起敬起孝,则父怒必释。人君侧身修行,则天意必回。”帝察其真诚,虚己以听。特赐只孙燕服九袭及玉带楮币,以旌其言。

嵲嵲尝谓人曰:“天下事在宰相当言,宰相不得言则台谏言之,台谏不敢言则经筵言之。备位经筵,得言人所不敢言于天子之前,志愿足矣。”故于时政得失有当匡救者,未尝缄默。大臣议罢先朝所置奎章阁学士院及艺文监诸属官。嵲嵲进曰:“民有千金之户,犹设家塾,延馆客,岂有堂堂天朝,富有四海,一学房乃不能容耶!”帝闻而深然之。即日改奎章阁为宣文阁,艺文监为崇文监,存设如初,就令嵲嵲董治。又请置检讨等职十六员以备进讲。帝皆俞允。时科举既辍,嵲嵲从容为帝言:“古昔取人材以济世用,必由科举,何可废也。”帝采其伦,寻复旧制。一日进读司马光《资治通鉴》,因言国家当及斯时修辽、宋、金三史,岁久恐致阙逸。后置局纂修,实由嵲嵲发其端。又请行乡饮酒于国学,使民知逊悌,及请褒赠唐刘蕡、宋邵雍以旌道德正直。帝从其请,为之下诏。

嵲嵲以重望居高位,而雅爱儒士甚于饥渴,以故四方士大夫翕然宗之,萃于其门。达官有怙势者,言曰:“儒有何好,君酷爱之。”嵲嵲曰:“世祖以儒足以致治,命裕宗学于赞善王恂。今秘书所藏裕宗仿书,当时御笔于学生之下亲署御名习书谨呈,其敬慎若此。世祖尝暮召我先人坐寝榻下,陈说《四书》及古书治乱,至丙夜不寐。世祖言曰:‘朕所以令卿从许仲平学,正欲卿以嘉言入告朕耳,卿益加懋敬以副朕志。’今汝言不爱儒,宁不念圣祖神宗笃好之意乎?且儒者之道,从之则君仁、臣忠、父慈、子孝,人伦咸得,国家咸治;违之则人伦咸失,家国咸乱。汝欲乱而家,吾弗能御,汝慎勿以斯言乱我国也。儒者或身若不胜衣,言若不出口,然腹中贮储有过人者,何可易视也。”达官色惭。

既而出拜江浙行省平章政事。明年,复以翰林学士承旨召还。时中书平章阙员,近臣欲有所荐用,以言觇帝意。帝曰:“平章已有其人,今行半途矣。”近臣知帝意在嵲嵲,不复荐人。至京七日，感热疾卒，实至正五年五月辛卯也，年五十一，家贫，几无以为敛。帝闻为震悼，赐赙银五锭。其所负官中营运钱，台臣奏以罚布为之代偿。巙巙善真行草书，识者谓得晋人笔意，单牍片纸，人争宝之，不翅金玉。谥文忠。

【译文】

巙巙字子山，姓康里氏。他的父亲不忽木，本书另有传记。他的祖父叫燕真，在元世祖手下任职，跟随世祖南征北战，建立战功。巙巙自幼在国立学校读书，他博览群书，通晓各书的精义，关于修身养性学说，他从许衡哪里学来或得自父兄的家传。他长大成人以后，袭封了宿卫之职。他神情凝重高迈，品行高洁，人们从他的外表就可以看出他是贵家子弟。他议论政事，英气勃发，手捻胡须，侃侃论辩，即使是净谏名臣也超不过他。

起初任官为承直郎、集贤殿待制，升为兵部郎中，转任秘书监丞。他曾奉命去泉州稽查舟舶，对于珍珠、犀角之类的物品，看作草木一样，不肯正眼看一下。后改任为金太常礼仪院事，升任监察御史，又开河东廉访副使。还未赴任，又改为秘书太监，升任侍仪使。不久又提升为中书右司郎中，又升集贤殿直学士，转任江南行台治书侍御史。升任礼部尚书，监察群玉内司。

巙巙能以身作则率领部下。元朝的制度，音乐舞蹈等机构属礼部管辖，遇上礼部公共宴集，各种歌舞艺人来演奏助兴。巙巙面对这种场面，无动于衷，他的下属各官，也都正襟危坐，不敢有轻浮举动。升任领会同馆事，尚书、监群玉内司仍旧兼任。不久，又兼任经筵官，再任江南行台治书侍御史。还没有上任，仍留在京城。又升任奎章阁学士院承制学士，仍然兼任经筵官。升为侍书学士，同知经筵事，又升任奎章阁学士、院大学士，知经筵事。任命他为浙西廉访使，又留在京城，仍任大学士、知经筵事。不久，又任他为翰林学士承旨、知制诰兼修国史、知经筵事，提调宣文阁崇文监。

起初，元文宗励精图治，想把国家治理得更好，巙巙曾选取圣贤的格言在皇帝身边讲解，收效很大。元顺帝即位之后，除掉专权的奸臣，想重新整顿社会的风气。巙巙担任给皇帝讲解经书的经筵官，经常劝皇帝致力于经学，皇帝经常亲自去巙巙哪里听取讲述，并且想以师礼相待，巙巙认为万万不行。凡是《四书》《六经》中所记载的治国方略，他为皇帝条分缕析地进行讲解，一定要使皇帝内心省悟、完全理解了经书的内容后，才肯罢手。象柳宗元的《梓人传》、张商英的《七臣论》，他尤其喜欢讲说。他曾在皇帝面前极力陈述张商英所说的七位臣子的事迹，左右在场的人，都为之吃惊，继而表现出嫉妒的神色，但这些人一向了解巙巙为人正派，就不再怪罪他了。皇帝在闲暇之日想浏览一下古代的名画，巙巙就拿出郭史恕画的《比干图》请皇帝看，并说商王不爱听忠臣的劝诫，因此才亡国。有一天皇帝看宋徽宗的画，并连连说好。巙巙乘机说道，宋徽宗多才多艺，只有一件事他不会，皇帝问他是哪一件事，巙巙回答说："他只是不会当君主罢了。自身受到侮辱，国家灭亡，都是因他不会当君主的结果。君主重要的是要学会当君主，其他的事情都不必去追求。"如遇上自然灾变，必面带忧愁的脸色，便乘机对皇帝说："上天仁慈，爱护君主，所以才用灾变进行警告。好比慈爱的父亲对待他的儿子，出于爱护他，才对他进行教育劝诫。儿子如能敬重孝顺父亲,那么父亲的满腔愤怒,必然烟消云散。君主如能谨慎地约束自己的行为,那么上天必然会转怒为喜。"皇帝觉得他的态度诚恳,虚心听取。特别赏给他宴会服装九套以及玉带、钱币等,以表彰他的忠直。

曾对人说:"天下的政事,宰相应该向皇帝陈述,宰相如没有机会陈述,则由谏官向皇帝陈述,如谏官不敢陈述,则由经筵官向皇帝陈述。我身为经筵讲官,能够在皇帝面前说出别人不敢说的话,我就心满意足了。"因此当时行政的得失利害,应该提出纠正的,他从来不保持沉默。有的大臣提出,想把前朝设置的奎章阁学士院和艺文监等机构撤销,巙巙上书说:"平民如果有了价值千金的产业,还设立家学,聘请老师,哪有富有四海的堂堂天朝,连一所学校也答不下的道理呢!"皇帝听了以后,深深认为他的话是对的。当天就把奎章阁改为宣文阁、艺文监改为崇文监,机构设置如旧,任命巙巙进行管理。他又请求设置检讨等官十六个名额,以备经筵进讲,皇帝都同意了。当时科举取士已经中止,巙巙从容地对皇帝说:"古代选取人才治理国家,必通过科举的道路,怎么能废除呢?"皇帝采纳了他的意见,恢复了科举制度。有一天他向皇帝讲解司马光的《资治通鉴》,趁机陈述国家应及时撰修宋、辽、金三朝史书,时间长了,恐怕史料散失。后来设局纂修三朝史书,实际上是巙巙提议的。他又请求在国立学校里推行乡饮酒礼,让百姓懂得礼让谦逊,又请求给唐朝的刘蕡、宋朝的邵雍封赠荣誉官衔,以表彰他们的道学和忠直品行。皇帝接受了他的请求,专门传下圣旨。

巙巙声望很高,又官居高位,但他仍如饥似渴地喜欢读书人,因此四面八方的读书人一致以他为领袖,聚集在他的门下。有位凭借权势的蒙古大官说道:"读书人有什么好?你这样爱重他们!"巙巙说道:"世祖认为读书人可以使国家得到治理,他让裕宗向赞善王恂学习。现在内府藏书中收藏裕宗临书样张,当时裕宗亲笔在学生的名字中,写上自己的名字,并写上'习书谨呈'字样,对读书人是这样敬重。世祖曾在夜间召我的祖先来到他的床边,让我祖先讲说《四书》以及古今治乱的史实,到半夜还不想睡。世祖高兴地说:'我之所以让你向许衡求教,是想让你把那些有益于国家的言论告诉我,你应更加敬重谨慎,不辜负我的期望。'现在你说不喜欢读书人,难道你不考虑神圣的祖宗的用意所在吗?再者,读书人所讲的道理,如果采纳实行,君主就会推行仁政,臣子就会尽忠,做父亲的就会慈爱子女,子女就会孝敬父母,这样人际关系和谐,国家也得到治理;如果违背了它,人际关系不能维持,国家就陷于混乱。如果你想把你的家庭关系搞乱,我管不着,但你千万不要用这种话弄乱我们的国家。有的读书人看来弱不禁风,说话也好像有东西倒不出来,但他们的肚子里的学问却有过人的地方,怎么可以轻视他们呢!"说得那位蒙古高官面有愧色。

后来他出任江浙行省平章政事。第二年,又任他为翰林学士承旨,召还入京。当时中书平章一职空缺,皇帝的亲近大臣想推荐人,用言语试探皇帝的意向。皇帝说:"平章一职,已经有了人选,现正在赴任的路上。"近臣就知道皇帝选中的目标是巙巙,不再推荐别人。巙巙到京城七天,患热病去世,时在至正五年五月初八,年五十一岁。因为他家境贫寒,几乎没有衣物入殓。皇帝听说这种情况,深深地悲悼,赏给他家白银五锭。他家所欠公家的埋葬费用，大臣们请求用罚布款代为偿还。嶷嶷擅长行书、草书，行家认为他的书法颇得晋人的笔意，他的片纸只字，人们竞相珍藏，不下金银宝物。朝廷给他加谥号为"文忠"。

耶律楚材传

【题解】

耶律楚材（1190～1244），金元之际契丹族人，辽皇族子孙。字晋卿，号湛然居士，世居中都（今北京）。楚材年轻时博览群书，旁通天文、地理、律历、术数及佛、道、医、卜等学问，因父荫在金朝做官。元太祖十年（1215），归降蒙古。随太祖成吉思汗西征中亚，占卜星象，兼行医术。在拖雷监国和太宗窝阔台当政时期，他是掌握汉文的必阇赤（书记）长，汉人称为中书令，受到重用，参与一些重大问题的决策。奏请军民分治；反对以汉地为牧场，设立燕京等十路征收课税使，推行赋税制；置编修所于燕京，经籍所于平阳，编印儒家典籍，渐兴文教；施用儒术，开科取士；废止屠城旧制，等等。对于"汉地"（指原金朝管辖的北方农业地区）经济和文化的恢复起到了有益的作用，元代立国规模多由其奠定。窝阔台汗死，乃马真皇后称制，宠信回回人奥都剌合蛮等，耶律楚材受到排挤，抑郁而死。崇信佛教，多与僧人往来。著有《湛然居士集》《西游录》《庚午元历》《皇极经世义》《五星秘语》《先知大数》等书。耶律楚材在封建时代的著作中一直被视为"名臣"。清朝乾隆皇帝曾下令在北京西郊瓮山脚下（今颐和园内）为耶律楚材立祠。以示纪念，至今该祠尚存。

【原文】

耶律楚材

耶律楚材，字晋卿，辽东丹王突欲八世孙。父履，以学行事金世宗，特见亲任，终尚书右丞。

楚材生三岁而孤，母杨氏教之学。及长，博览群书，旁通天文、地理、律历、术数及释老、医卜之说，下笔为文，若宿构者。金制，宰相子例试补省掾。楚材欲试进士科，章宗诏如旧制。问以疑狱数事，时同试者十七人，楚材所对独优，遂辟为掾。后仕为开州同知。

贞祐二年，宣宗迁汴，完颜福兴行尚书事，留守燕，辟为左右司员外郎。太祖定燕，闻其名，召见之。楚材身长八尺，美髯宏声。帝伟之，曰："辽、金世仇，朕为汝雪之。"对曰："臣父祖曾委质事之，既为之臣，敢仇君耶？"帝重其言，处之左右，遂呼楚材曰"吾图撒合里"而不名。

"吾图撒合里",盖国语长髯人也。

己卯夏六月,帝西讨回回国。祃旗之日,雨雪三尺,帝疑之,楚材曰:"玄冥之气,见于盛夏,克敌之征也。"庚辰冬,大雷,复问之,对曰:"回回国主当死于野。"后皆验。夏人常八斤,以善造弓,见知于帝,因每自矜曰:"国家方用武,耶律儒者何用?"楚材曰:"治弓尚须用弓匠,为天下者岂可不用治天下匠耶?"帝闻之甚喜,日见亲用。西域历人奏五月望夜月当蚀。楚材曰:"否。"卒不蚀。明年十月,楚材言月当蚀,西域人曰不蚀,至期果蚀八分。壬年八月,长星见西方,楚材曰:"女真将易主矣。"明年,金宣宗果死。帝每征讨,必命楚材卜,帝亦自灼羊胛,以相符应。指楚材谓太宗曰:"此人,天赐我家。尔后军国庶政,当悉委之。"甲申,帝至东印度,驻铁门关,有一角兽,形如鹿而马尾,其色绿,作人言,谓侍卫者曰:"汝主宜早还。"帝以问楚材,对曰:"此瑞兽也,其名'角端',能言四方语,好生恶杀,此天降符以告陛下。陛下天之元子,天下之人,皆陛下之子,愿承天心,以全民命。"帝即日班师。

丙戌冬,从下灵武,诸将争取子女金帛,楚材独收遗书及大黄药材。既而士卒病疫,得大黄辄愈。帝自经营西土,未暇定制,州郡长吏,生杀任情,至孥人妻子,取货财,兼土田。燕蓟留后长官石抹咸得卜尤贪暴,杀人盈市。楚材闻之泣下,即入奏,请禁州郡,非奉玺书,不得擅征发,囚当大辟者必待报,违者罪死,于是贪暴之风稍戢。燕多剧贼,未夕,辄曳牛车指富豪,取其财物,不与则杀之。时睿宗以皇子监国,事闻,遣中使偕楚材往穷治之。楚材询察得其姓名,皆留后亲属及势家子,尽捕下狱。其家赂中使,将缓之,楚材示以祸福,中使惧,从其言,狱具,戮十六人于市,燕民始安。

己丑秋,太宗将即位,宗亲咸会,议犹未决。时睿宗为太宗亲弟,故楚材言于睿宗曰:"此宗社大计,宜早定。"睿宗曰:"事犹未集,别择日可乎?"楚材曰:"过是无吉日矣。"遂定策,立仪制,乃告亲王察合台曰:"王虽兄,位则臣也,礼当拜。王拜,则莫敢不拜。"王深然之。及即位,王率皇族及臣僚拜帐下,既退,王抚楚材曰:"真社稷臣也。"国朝尊属有拜礼自此始。时朝集后期应死者众,楚材奏曰:"陛下新即位,宜宥之。"太宗从之。

中原甫定,民多误触禁纲,而国法无赦令。楚材议请肆宥,众以之迂,楚材独从容为帝言。诏自庚寅正月朔日前事勿治。且条便宜一十八事颁天下,其略言:"郡宜置长吏牧民,设万户总军,使势均力敌,以遏骄横。中原之地,财用所出,宜存恤其民,州县非奉上命,敢擅行科差者罪之。贸易借贷官物者罪之。蒙古、回鹘、河西诸人,种地不纳税者死。监主自盗官物者死。应犯死罪者,具由申奏待报,然后行刑。贡献礼物,为害非轻,深宜禁断。"帝悉从之,唯贡献一事不允,曰:"彼自愿馈献者,宜听之。"楚材曰:"蠹害之端,必由于此。"帝曰:"凡卿所奏,无不从者,卿不能从朕一事耶?"

太祖之世,岁有事西域,未暇经理中原,官吏多聚敛自私,财至钜万,而官无储偫。近臣别迭等言:"汉人无补于国,可悉空其人以为牧地。"楚材曰:"陛下将南伐,军需宜有所资,诚均定中原地税、商税、盐、酒、铁冶、山泽之利,岁可得银五十万两、帛八万匹、粟四十余万石,足以供给,何谓无补哉?"帝曰:"卿试为朕行之。"乃奏立燕京等十路征收课税使,凡长贰悉用士人,如陈时可、赵昉等皆宽厚长者,极天下之选,参佐皆用省部旧人。辛卯秋,帝至云中,十路咸进廪籍及金帛陈于庭中,帝笑谓楚材曰:"汝不去朕左右,而能使国用充足,南国之臣,复有如卿者乎?"对曰:"在彼者皆贤于臣,臣不才,故留燕,为陛下用。"帝嘉其谦,赐之酒。即日拜中书令,事无巨细,皆先白之。

楚材奏:"凡州郡宜令长吏专理民事,万户总军政,凡所掌课税,权贵不得侵之。"又举镇海、粘合,均与之同事,权贵不能平。咸得卜以旧怨,尤嫉之,潜于宗王曰:"耶律中书令率用亲旧,必有二心,宜奏杀之。"宗王遣使以闻,帝察其诬,责使者,罢遣之。属有讼咸得卜不法者,帝命楚材鞫之,奏曰:"此人倨傲,故易招谤。今将有事南方,他日治之未晚也。"帝私谓侍臣曰:"楚材不较私仇,真宽厚长者,汝曹当效之。"中贵可思不花奏采金银役夫及种田西域与栽葡萄户,帝令于西京宣德徙万余户充之。楚材曰:"先帝遗诏,山后民质朴,无异国人,缓急可用,不宜轻动。今将征河南,请无残民以给此役。"帝可其奏。

壬辰春,帝南征,将涉河,诏逃难之民,来降者免死。或曰:"此辈急则降,缓则走,徒以资敌,不可宥。"楚材请制旗数百,以给降民,使归田里,全活甚众。旧制,凡攻城邑,敌以矢石相加者,即为拒命,既克,必杀之。汴梁将下,大将速不台遣使来言:"金人抗拒持久,师多死伤,城下之日,宜屠之。"楚材驰入奏曰:"将士暴露数十年,所欲者土地人民耳。得地无民,将焉用之?"帝犹豫未决,楚材曰:"奇巧之工,厚藏之家,皆萃于此,若尽杀之,将无所获。"帝然之,诏罪止完颜氏,余皆勿问。时避兵居汴者得百四十七万人。

楚材又请遣人入城,求孔子后,得五十一代孙元措,奏袭封衍圣公,付以林庙地。命收太常礼乐生,及召名儒梁陟、王万庆、赵著等,使直释九经,进讲东宫。又率大臣子孙,执经解义,俾知圣人之道。置编修所于燕京、经籍所于平阳,由是文治兴焉。

时河南初破,俘获甚众,军还,逃者十七八。有旨:居停逃民及资给者,灭其家,乡社亦连坐。由是逃者莫敢舍,多殍死道路。楚材从容进曰:"河南既平,民皆陛下赤子,走复何之!奈何因一俘囚,连死数十百人乎?"帝悟,命除其禁。金之亡也,唯秦、巩二十余州久未下,楚材奏曰:"往年吾民逃罪,或萃于此,故以死拒战。若许以不杀,将不攻自下矣。"诏下,诸城皆降。

甲午,议籍中原民,大臣忽都虎等议,以丁为户。楚材曰:"不可。丁逃,则赋无所出,当以户定之。"争之再三,卒以户定。时将相大臣有所驱获,往往寄留诸郡,楚材因括户口,并令为民,匿占者死。

乙未,朝议将四征不廷,若遣回回人征江南,汉人征西域,深得制御之术,楚材曰:"不可。中原、西域,相去辽远,未至敌境,人马疲乏,兼水土异宜,疾疫将生,宜各从其便。"从之。

丙申春,诸王大集,帝亲执觞赐楚材曰:"朕之所以推诚任卿者,先帝之命也。非卿,则中原无今日。朕所以得安枕者,卿之力也。"西域诸国及宋、高丽使者来朝,语多不实,帝指楚材示之曰:"汝国有如此人乎?"皆谢曰:"无有,殆神人也!"帝曰:"汝等唯此言不妄,朕亦度必无此人。"有于元者,奏行交钞,楚材曰:"金章宗时初行交钞,与钱通行,有司以出钞为利,收钞为讳,谓之'老钞',至以万贯唯易一饼。民力困竭,国用匮乏,当为鉴戒。今印造交钞,宜不过万锭。"从之。

秋七月，忽都虎以民籍至，帝议裂州县赐亲王功臣。楚材曰："裂土分民，易生嫌隙。不如多以金帛与之。"帝曰："已许奈何？"楚材曰："若朝廷置吏，收其贡赋，岁终颁之，使毋擅科征，可也。"帝然其计，遂定天下赋税，每二户出丝一斤，以给国用；五户出丝一斤，以给诸王功臣汤沐之资。地税，中田每亩二升又半，上田三升，下田二升，水田每亩五升；商税，三十分而一；盐价，银一两四十斤。既定常赋，朝议以为太轻，楚材曰："作法于凉，其弊犹贪，后将有以利进者，则今已重矣。"

时工匠制造，糜费官物，十私八九，楚材皆考覆之，以为定制。时侍臣脱欢奏简天下室女，诏下，楚材泥之不行，帝怒。楚材进曰："向择美女二十有八人，足备使令。今复选拔，臣恐扰民，欲覆奏耳。"帝良久曰："可罢之。"又欲收民牝马，楚材曰："田蚕之地，非马所产，今若行之，后必为人害。"又从之。

丁酉，楚材奏曰："制器者必用良工，守成者必用儒臣。儒臣之事业，非积数十年，殆未易成也。"帝曰："果尔，可官其人。"楚材曰："请校试之。"乃命宣德州宣课使刘中随郡考试，以经义、辞赋、论分为三科，儒人被俘为奴者，亦令就试，其主匿弗遣者死。得士凡四千三十人，免为奴者四之一。

先是，州郡长吏，多借贾人银以偿官，息累数倍，曰"羊羔儿利"，至奴其妻子，犹不足偿。楚材奏令本利相侔而止，永为定制，民间所负者，官为代偿之。至一衡量，给符印，立钞法，定均输，布递传，明驿券，庶政略备，民稍苏息焉。

有二道士争长，互立党与，其一诬其仇之党二人为逃军，结中贵及通事杨惟忠，执而虐杀之。楚材按收惟忠。中贵复诉楚材违制，帝怒，系楚材，既而自悔，命释之。楚材不肯解缚，进曰："臣备位公辅，国政所属。陛下初令系臣，以有罪也，当明示百官，罪在不赦。今释臣，是无罪也，岂宜轻易反复，如戏小儿。国有大事，何以行为？"众皆失色。帝曰："朕虽为帝，宁无过举耶？"乃温言以慰。楚材因陈时务十策，曰：信赏罚，正名分，给俸禄，官功臣，考殿最，均科差，选工匠，务农桑，定土贡，制漕运。皆切于时务，悉施行之。

太原路转运使吕振、副使刘子振以赃抵罪，帝责楚材曰："卿言孔子之教可行，儒者为好人，何故乃有此辈？"对曰："君父教臣子，亦不欲令陷不义。三纲五常，圣人之名教，有国家者莫不由之，如天之有日月也。岂得缘一夫之失，使万世常行之道独见废于我朝乎！"帝意乃解。

富人刘忽笃马、涉猎发丁、刘廷玉等以银一百四十万两扑买天下课税，楚材曰："此贪利之徒，罔上虐下，为害甚大。"奏罢之。常曰："兴一利不如除一害，生一事不如省一事。任尚以班超之言为平平耳，千古之下，自有定论。后之负遣者，方知吾言之不妄也。"帝素嗜酒，日与大臣酣饮，楚材屡谏，不听，乃持酒槽铁口进："麹糵能腐物，铁尚如此，况五脏乎！"帝悟，语近臣曰："汝曹爱君忧国之心，岂有如吾图撒合里者耶？"赏以金帛，敕近臣日进酒三钟而止。

自庚寅定课税格，至甲午平河南，岁有增羡，至戊戌课银增至一百一十万两。译史安天合者，谄事镇海，首引奥都剌合蛮扑买课税，又增至二百二十万两。楚材极力辩谏，至声色俱厉，言与涕俱。帝曰："尔欲搏斗耶？"又曰："尔欲为百姓哭耶？姑令试行之。"楚材力不能止，乃叹息曰："民之困穷，将自此始矣！"

楚材曾与诸王宴，醉卧车中，帝临平野见之，直幸其营，登车手撼之。楚材熟睡未醒，方怒其扰己，忽开目视，始知帝至，惊起谢，帝曰："有酒独醉，不与朕同乐耶？"笑而去。楚材不及冠带，驰诣行宫，帝为置酒，极欢而罢。

楚材当国日久，得禄分其亲族，未尝私以官。行省刘敏从容言之，楚材曰："睦亲之义，但当资以金帛。若使从政而违法，吾不能徇私恩也。"

岁辛丑二月三日，帝疾笃，医言脉已绝。皇后不知所为，召楚材问之，对曰："今任使非人，卖官鬻狱，囚系非辜者多。古人一言而善，荧惑退舍，请赦天下囚徒。"后即欲行之，楚材曰："非君命不可。"俄顷，帝少苏，因入奏，请肆赦，帝已不能言，首肯之。是夜，医者候脉复生，适宜读赦书时也，翌日而瘳。冬十一月四日，帝将出猎，楚材以太乙数推之，亟言其不可，左右皆曰："不骑射，无以为乐。"猎五日，帝崩于行在所。皇后乃马真氏称制，崇信奸回，庶事多紊。奥都剌合蛮以货得政柄，廷中悉畏附之。楚材面折廷争，言人所难言，人皆危之。

癸卯五月，荧惑犯房，楚材奏曰："当有惊扰，然讫无事。"居无何，朝廷用兵，事起仓卒，后遂令授甲选腹心，至或西迁以避之。楚材进曰："朝廷天下根本，根本一摇，天下将乱。臣观天道，必无患也。"后数日乃定。后以御宝空纸，付奥都剌合蛮，使自书填行之。楚材曰："天下者，先帝之天下。朝廷自有宪章，今欲紊之，臣不敢奉诏。"事遂止。又有旨："凡奥都剌合蛮听建白，令史不为书者，断其手。"楚材曰："国之典故，先帝悉委老臣，令史何与焉。事若合理，自当奉行，如不可行，死且不避，况截手乎！"后不悦。楚材辩论不已，因大声曰："老臣事太祖、太宗三十余年，无负于国，皇后亦岂能无罪杀臣也。"后虽憾之，亦以先朝旧勋，深敬惮焉。

甲辰夏五月，薨于位，年五十五。皇后哀悼，赙赠甚厚。后有谮楚材者，言其在相位日久，天下贡赋，半入其家。后命近臣麻里扎覆视之，唯琴阮十余，及古今书画、金石、遗文数千卷。至顺元年，赠经国议制寅亮佐运功臣、太师、上柱国，追封广宁王，谥"文正"。子铉、铸。

【译文】

耶律楚材，字晋卿，辽朝东丹王耶律突欲的八世孙。父亲耶律履，因学问品行出众得以侍奉金世宗，特别受到亲近和信任，去世时官至尚书右丞。

楚材三岁时父亲去世，母亲杨氏教他读书。长大后，博览群书，兼通天文、地理、律历、术数以及佛、道、医、卜等学问，下笔写文章，好像早就做好似的。金朝制度，宰相之子可以按惯例通过考试担任尚书省属官。耶律楚材想参加进士科考试，章宗诏令按原有的制度办。考官用几个疑难案件进行提问，当时一起参加考试的有十七个人，唯独楚材的回答特别好，于是被征召为尚书省属官。此后又担任过开州同知。

贞祐二年，金宣宗迁都汴梁，完颜福兴为行尚书省事，留守燕京，征召耶律楚材为左右司员外郎。太祖成吉思汗攻取燕京，听说楚材的名字，于是召见他。耶律楚材身高八尺，胡须漂亮，声音洪亮，太祖很看重他，说："辽和金是世代的仇敌，我为你报仇雪恨。"楚材回答说:"我的父亲和祖父都曾委身侍奉金朝,既然做了金朝的臣民,怎敢仇恨自己的君主呢?"太祖很敬重他这番话,把他安排在自己身边,于是称呼楚材为"吾图撒合里"而不叫他的名字,"吾图撒合里",在蒙语中意思是胡须很长的人。

已卯年夏六月,太祖向西讨伐回回国。祭旗的那一天,雪下了有三尺厚,太祖心中疑惑,耶律楚材说:"盛夏季节出现水气,这是战胜敌人的预兆。"庚辰年冬天,雷声很大,太祖又问他,他回答说:"回回国王将死在野外。"以后这些话都灵验了。西夏人常八斤,因为善于制造弓箭,得到太祖的赏识,所以经常自夸道:"国家正在兴兵打仗,耶律楚材这个书生有什么用!"楚材说:"造弓尚且要用弓匠,取天下的人怎能不用治理天下的工匠呢?"太祖听到后十分高兴,越来越信任和重用他。西域懂得历法的人上奏说五月十五日晚将出现月蚀。楚材说:"不对。"果然没有出现月蚀。第二年十月,耶律楚材说将有月蚀,西域人说没有,到时间果然月蚀八分。壬午年八月,彗星出现在西方,楚材说:"女真将改换皇帝了。"第二年,金宣宗果然去世。太祖每次出师征讨,必定要让耶律楚材占卜吉凶,太祖自己也炙烧羊胛骨,判断天意和人事是否相符。指着楚材对太宗说:"这个人是上天赐给我家的。以后军国大事都要交给他处理。"甲申年,太祖到达东印度,驻扎在铁门关,有一只头上长角的野兽,形状像鹿却长着马的尾巴,绿颜色,会讲人话,对侍卫说:"你的主人应早点回去。"太祖向耶律楚材询问这件事,楚材回答说:"这是吉祥的动物,名叫角端,能说各个地方的语言,喜欢生灵而厌恶杀戮,这是上天降下符瑞以告诫陛下。陛下是上天的大儿子,天下的人都是陛下的子女,希望陛下顺应上天的心意,保全百姓的生命。"太祖当天就班师回去了。

丙戌年冬天,跟随太祖攻克灵武,将领们都争着掠取子女金帛,唯独耶律楚材专门收集失落的书籍和大黄等药材。不久士兵们染上疫病,用大黄一治就好了。太祖亲自经营西方的疆土,来不及制定有关制度,州郡长官,任意生杀,甚至把老百姓的妻子强迫变为奴隶,掠夺财物,兼并土地。燕蓟留后长官石抹咸得卜尤其贪婪暴虐,杀人满市。楚材听说后流下眼泪,随即向太祖上奏,请求向各州郡发布禁令,如果没有皇帝的圣旨,不得随便向百姓征税调役,因犯应处死刑的必须上报,违反者处以死罪,于是贪暴的风气有所收敛。燕京一带有许多厉害的盗贼,光天化日之下就拉着牛车到富人家索取财物,不给就杀人。当时睿宗拖雷以皇子的身份监理国事,听说这些情况,便派遣宫中使臣和耶律楚材一起前去严厉查办。楚材查问到盗贼的姓名,都是留后长官的亲属和有权势人家的子弟,将他们全部逮捕入狱。盗贼的家里贿赂宫中使臣,使臣企图拖延处理,楚材向他讲明这样做将带来的后果,使臣惧怕,听从了耶律楚材的意见,定案后,在集市上处死十六人,燕京的百姓才安定下来。

己丑年秋天,太宗将要即位,宗室皇亲都聚集在一起,讨论还没有做出决定。当时睿宗拖雷是太宗窝阔台的亲弟弟,所以耶律楚材对睿宗说:"这是宗庙社稷的大事,应该尽早确定。"睿宗说:"事情还没有完结,另外选个日子怎么样?"楚材说:"过了今天就没有吉日了。"于是确定下来,耶律楚材建立礼仪制度,进而对亲王察合台说:"亲王虽然是兄长,但地位则是臣子,按礼节应当跪拜皇帝。您跪拜了,那么就没人敢不拜了。"察合台很赞同他的意见。等到太宗即位,察合台率领全体皇族成员和大臣们在宫帐下跪拜。礼毕退下，察合台手抚着耶律楚材说："您真是安邦定国的大臣啊！"蒙古国君臣间有跪拜之礼从这时候开始。当时朝会迟到应处死刑的人很多，楚材上奏道："陛下刚刚即位，应该赦免他们。"太宗听从了他的意见。

中原刚刚平定，老百姓误犯法律的人很多，而国家法令中没有赦免的说法。耶律楚材请求对他们宽大处理，众人都认为不切实际，唯独楚材严肃地向皇帝建议。皇帝发布诏令，凡是庚寅年正月初一以前犯的事情都不予追究。他还拟订了十八项应办的事情，建议颁行天下。大致是说："州郡要设置长官以管理百姓，设置万户以统率军队，使文、武双方势均力敌，以防止骄横的作风。中原地区，是国家财赋的来源，应该保存和照顾这里的百姓，州县如果没有上司的命令，胆敢擅自科征赋税的要判罪。借贷官府财物做买卖的，也要判罪。蒙古、回鹘、河西等地的人，种地不交税的处以死刑。负责管理的官员自己盗窃官府财物的也要处死。凡是犯死罪的，要将理由上奏朝廷等待批复，然后行刑。各地上贡和进献礼物，为害不小，必须严禁。"太宗全部同意，只有禁止贡献礼物这件事不答应，说："那些自愿贡献的，应该允许。"楚材说："腐败的祸端，必然从这里开始。"太宗说："凡是你奏请的事情，我没有一件不答应，你难道不能顺从我一件事吗？"

太祖在世的时候，每年都要用兵西域，没有时间来经营治理中原，很多官吏都聚敛财物为自己打算，家中财物多得不得了，而官府却没有什么储备。近臣别迭等人说："汉人对国家没什么用处，可以把他们的土地全部空出来做牧场。"耶律楚材说："陛下即将向南征伐，军需物资要有来源，如果能均衡地确定中原地区的田税、商税以及盐、酒、铁冶和山林河湖等业的赋税，每年可以得到五十万两白银、八万匹绢帛和四十多万石粟子，足以供给军队需要，怎能说没什么用处呢？"太宗说："你为我试着办。"于是奏请设立燕京等十路征收课税使，凡正、副长官都任用读书人，如陈时可、赵昉等都是宽厚长者、天下第一流的人物，属官都用金朝尚书省六部的原班人员。辛卯年秋天，太宗来到云中，十路都送来储存粮食的簿册和黄金、绢帛，陈列在庭院中，太宗笑着对楚材说："你没有离开过我的身边，却能使国家经费充裕，南方金国还有像你这样的大臣吗？"楚材回答说："在哪里的人都比我贤明能干，我没什么本事，所以才留在燕京，为陛下所用。"太宗赞赏他的谦虚，赐酒给他。当即任命他为中书令，事无大小，都要先跟他通报商议。

耶律楚材上奏："凡是地方州郡应该让行政长官专门管理民事，万户统管军政，凡是地方所掌管的征收赋税的事务，权贵不能干预。"又推荐镇海、粘合二人，与他共同工作，权贵都不服气。咸得卜因为过去跟耶律楚材有仇，尤其忌恨他，在宗王面前诬陷道："耶律中书令专门任用自己的亲信故旧，必定怀有叛逆之心，应该奏请皇帝杀掉他。"宗王派人告诉皇帝，太宗觉察到这是诬陷，就斥责了来人，把他打发回去。接着有人控告咸得卜有犯法行为，太宗命楚材审理此事，耶律楚材上奏说："此人骄傲自大，因而容易招来别人的攻击。现在正要对南方用兵，以后再作处理也不晚。"太宗私下对侍臣说："楚材不计较私仇，真是宽厚长者，你们应当效法他。"宫中显贵可思不花奏请招募采金银的役夫以及到西域种田、栽葡萄的人户，太宗下令在西京宣德迁移一万多户来充当。楚材说："先帝遗诏中说，山后的百姓质朴，和蒙古人没有区别，遇到危难时可以利用，不应轻易迁移他们。如今即将征讨河南，请不要分散山后百姓，以便在这次军事行动中使用他们。"太宗同意了他的请求。

壬辰年春天，太宗南下征讨，将要渡黄河，诏令逃难的百姓，前来投降的可以免死。有人说："这些人危急的时候就投降，没事的时候就逃走，只对敌人有好处，不能宽大处理。"耶律楚材请求制作几百面旗子，发给投降的难民，让他们返回乡里，很多人因此得以保全性命。按照蒙古传统的制度，凡是攻打城池，敌人用弓箭和石块袭击的，就是违抗命令，攻克之后，必定将城中军民全部杀死。汴梁将要攻下，大将速不台派人来说："金人抗拒了很长时间，我军死伤很多，汴梁攻克之日，应该屠城。"耶律楚材急忙进去上奏道："将士们辛苦了几十年，想要得到的不过是土地和人民。得到了土地而失去了人民，又有什么用呢？"太宗犹豫不决，楚材又说："能工巧匠，富裕人家，都集中在这里，如果将他们全部杀死，将会一无所获。"太宗接受了他的意见，下诏只处罚完颜氏一族，其余都不追究。当时躲避打仗而住在汴梁的有一百四十七万人。

耶律楚材又请求派人进城，寻求孔子的后代，找到孔子的五十一代孙孔元措，奏请由他继承"衍圣公"的封号，将孔林、孔庙的土地交付给他，命令他收集金朝的太常礼乐生。又征召著名的儒生梁陟、王万庆、赵著等人，让他们将《九经》译成口语，讲给太子听。又率领大臣们的子孙，拿着经书讲解其中的含义，使他们知道圣人的学说。在燕京设置编修所，在平阳设置经籍所，从此文明教化开始兴盛。

当时河南地区刚刚攻下，俘虏很多，蒙军返回，俘虏逃跑的有十分之七、八。皇帝下令：凡是收留和资助逃亡者的，处死全家，同村邻里也要连坐。因此，逃亡者没有人敢收留，大多饿死在路上。耶律楚材平心静气地对太宗说："河南已经平定，这里的百姓都是陛下的儿女，还会走到哪里去呢！何必因为一个俘虏，而使几十个上百个人牵连受死呢？"太宗醒悟，下诏解除了这个禁令。金朝灭亡后，只有秦、巩等二十多个州很久没有投降，楚材上奏道："过去我们的百姓逃避罪罚，有的集中在这些地方，所以拼死抵抗，如果答应不杀他们，将不攻自破。"赦免死罪的诏令一下，这些城池都投降了。

甲午年，讨论将中原百姓登记编户，大臣忽都虎等人建议以成年男子为征税对象。耶律楚材说："不行。成年男子逃走，那么赋税就征收不到了，应当以户为征收对象。"争论多次，终于确定以户为征收对象。当时将相大臣获得的俘虏，往往寄存在地方州郡，楚材利用登记户口的机会，下令将俘虏全部登记为平民，凡是隐藏私占的处以死刑。

乙未年，朝廷讨论将四处征伐没有归附的地方，假如派遣回回人征讨江南，汉人征讨西域，那么就能有效地控制他们，耶律楚材说："不行。中原和西域相距遥远，还没有到达敌人的边境，就已经人马疲乏了，加上水土不服，容易生传染病，应该各从其便。"皇帝接受了他的意见。

丙申年春天，宗王们大聚会，太宗亲自拿起酒杯赐给耶律楚材说："我之所以推心置腹地任用你，是因为先帝的命令。没有你，中原地区就没有今天。我之所以能够高枕无忧，都是因为你的努力。"西域各国以及宋朝、高丽的使者前来朝见，说的话大多不可信，太宗指着耶律楚材对他们说："你们国家有这样的人才吗？"使者们都老实地说道："没有。他简直是神人啊！"太宗说："你们只有这句话不假，我也觉得你们国中一定没有这样的人才。"有个叫于元的人奏请发行纸币，耶律楚材说："金章宗时开始推行纸币，与铜钱同时使用,官府以发行纸币来谋利,不愿意回收,称为'老钞',甚至一万贯纸币只能买一张饼。百姓穷困,国家经费短缺,应该引以为戒。现在印制纸币,不能超过一万锭。"朝廷接受了他的意见。

秋七月,忽都虎送来了户口簿,太宗打算分割州县赏赐给亲王、功臣。耶律楚材说:"分割土地和人民,容易发生冲突和纠纷。不如多赐给他们金帛财物。"太宗说:"已经答应了,怎么办呢?"楚材说:"如果朝廷设置官吏,征收上交给诸王功臣的赋税,到年底分给他们,不让他们自行征收,这样就可以了。"太宗同意他的想法,于是确定全国的赋税,每两户出丝一斤,以供国家使用;五户合出丝一斤,作为诸王和功臣封地的收入。地税:中等田每亩交二升半,上等田交三升,下等田交二升,水田每亩交五升;商税征收三十分之一;盐价,白银一两可买四十斤。正常的赋税额确定后,朝廷讨论认为太轻,楚材说:"赋税从轻,仍会产生贪污的弊端,以后将会有人以增加国家收入为升官的途径,那样的话现在的赋税额就已经够重的了。"

金代交钞铜钞版

当时工匠制造物品,随意浪费官府的物资,十之八、九被他们私自占有,耶律楚材请求全部加以考核,建立起固定的制度。当时侍臣脱欢奏请在天下没有出嫁的女子中挑选美女,诏令已经颁发,耶律楚材拦住不执行,太宗发怒。楚材进谏道:"以前挑选了二十八个美女,已经足够用来使唤。现在又要挑选,我担心骚扰百姓,正想再向陛下汇报。"太宗过了好一会儿才说:"可以取消这件事。"又打算征收民间的母马,楚材说:"耕种养蚕的地方,不出产马,现在如果推行收马之法,以后必定成为百姓的祸害。"太宗又接受了他的意见。

丁酉年,耶律楚材上奏说:"制造器具必须用好的工匠,要保持国家已取得的成就必须任用儒臣。儒臣的事业,不进行几十年的积累,是难以成功的。"太宗说:"果真是这样的话,可以让这些人做官。"楚材说:"请加以考试选拔。"于是命令宣德州宣课使刘中到各郡去主持考试,分为经义、辞赋、论三个科目,被俘为奴的读书人,也让他们参加考试,主人隐藏不让他们应试的处以死刑。共选拔了四千三百名读书人,免去奴隶身份的占四分之一。

以前，州郡官吏中有很多人借商人的银钱来偿还欠官府的债务，利息累计为本钱的好几倍，称为"羊羔儿利"，甚至妻子儿女都被变卖为奴隶，还是还不清。耶律楚材上奏，下令利息与本钱相等后不许再增加，永远成为固定的制度，民间所欠的债务，由官府代为偿还。直至统一度量衡、颁发符印、建立钞法、制定统一的贸易法规、设置邮政系统、明确驿站的使用凭证，各种政务大致齐备，百姓稍微能够休养生息。

有两个道士争当道长，彼此都聚集了一批党羽，其中一个道士诬陷对手党羽中的两个人是逃兵，勾结宫中侍从和通事杨惟忠，将那两人抓起来残酷杀死。耶律楚材将杨惟忠拘留审问，宫中侍从却说楚材违反朝廷制度，太宗发怒，逮捕楚材。随即又很后悔，下令释放他。楚材不肯松绑，对太宗说："我身为宰相，关系到国家大政。陛下开始时下令逮捕我，是因为我有罪，应当在百官面前公开宣布我的罪行不可饶恕。现在释放我，是因为我无罪，怎么能这样随便翻来覆去，像戏弄小孩一样呢？如果国家有大事，也能这样干吗？"众人吓得脸色都变了。太宗说："我虽然是皇帝，难道就没有错误的举动吗？"于是好言安慰了他一番。楚材乘机陈述了十条处理当今时务的措施，这十条措施是：信赏罚，正名分，给俸禄，官功臣，考殿最，均科差，选工匠，务农桑，定土贡，制漕运。都切合当今时务，太宗全部同意施行。

太原路转运使吕振、副使刘子振，因为贪污而获罪。太宗责备耶律楚材说："你讲过孔子的教导可行，读书人是好人，为什么还有这种人？"楚材答道："君主、父亲教导臣属、子女，也不想让他们去做不讲道义的事情。三纲五常是圣人的教导，管理国家的人没有不遵循的，好比是天上有太阳和月亮一样。怎能因为一个人的过失，而使得万世经常奉行的学说单单在我们这个朝代被废止呢？"太宗的恼怒这才缓解。

富人刘忽笃马、涉猎发丁和刘廷玉等人用银一百四十万两承包天下赋税，楚材说："这些都是贪图财利的家伙，欺骗朝廷坑害百姓，为害很大。"奏请皇帝取消这种做法。他经常说："兴一利不如除一弊，多一事不如少一事。任尚以为班超的话平淡无奇，但是千年之后，自有定论。以后遭到谴责的人，才知道我的话不假。"太宗素来喜欢喝酒，每天与大臣们开怀畅饮，楚材多次劝阻，太宗不听，于是就拿着酒槽的铁口对太宗说："酒能够使东西腐烂，铁尚且如此，何况是人的五脏呢？"太宗醒悟，对近臣说道："你们这些人爱护君王，为国忧虑的心意，难道能比得上吾图撒合里吗？"于是赐给他金帛财物，下令侍从们每天进酒以三盅为限。

自从庚寅年确定征税规则，到甲午年平定河南，税额每年都有增加，到戊戌年征收的白银达一百一十万两。有个翻译名叫安天合，讨好镇海，率先招引奥都剌合蛮包买赋税，又增加到二百二十万两白银。耶律楚材极力争辩劝阻，以至于声色俱厉，一边说一边哭。太宗说："你想打架呀？"又说："你想为百姓哭泣吗？姑且让他们试着做做再说。"楚材无法阻止，于是叹息道："百姓困穷，将从此开始了！"

耶律楚材曾与宗王一起吃饭，喝醉后躺在车中，太宗在原野上看见了，直接来到他的营盘里，登上车用手推他。楚材睡得正香，正为别人打扰自己而恼怒，忽然睁开眼睛一看，才知道是皇帝来了，慌忙起身谢罪，太宗说："有酒一个人喝醉，不想跟我一起快活快活吗？"笑着走了。楚材来不及穿戴好衣冠，赶紧骑马前往皇帝的行宫，太宗为他摆开酒耶律楚材主持政务很长时间,把得到的俸禄分给自己的亲族,从来没有徇私情让他们做官。行省刘敏严肃认真地向他提起此事,楚材说:"使亲族和睦的道理,只应是用财物资助他们。我不能为了照顾私人感情而让他们去做官违法。"

辛丑年二月三日,太宗病危,医生说脉搏已经不动了。皇后不知所措,把耶律楚材招来询问,楚材回答说:"现在任用的官员不合适,出卖官职,打官司要贿赂,囚禁无辜的人很多。古人一句好话就可以使火星退到原来的位置,我请求赦免天下的囚徒。"皇后想立即去做,楚材说:"没有皇帝的命令不行。"过了一会,太宗稍微苏醒过来,于是上奏请求赦免囚犯,太宗已不能说话,点头表示同意。当天夜里,医生测到脉搏重新跳动,正好是宣读赦免令的时候,第二天病就好了。冬十一月四日,太宗将出去打猎,楚材用太乙数来推算,赶紧说不能打猎,左右侍从们都说:"不骑马射箭,就谈不上快乐。"打猎五天,太宗在行营中去世。皇后乃马真氏行使皇帝权力,重用和信任奸邪之人,政务都被搞乱。奥都剌合蛮因为包买赋税而执掌大权,朝廷里的人都害怕他、依附他。楚材当面斥责,在朝廷中争辩,说别人不敢说的话,人们都为他担心。

癸卯年五月,火星侵犯房星的区域,耶律楚材上奏说:"将有惊扰发生,但最后会没事的。"没过多久,朝廷用兵,事情仓促发生,群情纷扰,皇后于是下令将靠得住的人武装起来,甚至想向西迁移以躲避面临的危机。楚材说:"朝廷是天下的根本,根本一旦动摇,天下将会动乱。我观察天象,肯定没有灾难。"过了几天就安定下来。皇后将盖有皇帝大印的空白纸张交给奥都剌合蛮,让他自行填写办事。楚材说:"天下是先皇帝的天下。朝廷自有法律规章,现在要搅乱,我不敢遵从命令。"这件事因而中止。又有旨令说:"凡是奥都剌合蛮提出的建议,令史如果不记录下来,就砍断他的手。"楚材说:"国家的典章制度,先帝都托付给老臣我来维护,跟令史有什么关系呢?事情如果合理,自然应当奉命执行,如果不能照办的,死都不怕,何况是断手呢!"皇后很不高兴。楚材仍然争辩不已,并大声说:"老臣我侍奉太祖、太宗三十多年,没有辜负国家,皇后又怎么能没有罪名而处死我呢!"皇后虽然恨他,也因为他是先朝的有功旧臣,对他既尊敬又畏惧。

甲辰年夏五月,耶律楚材死在官位上,终年五十五岁。皇后哀悼,赠赐非常丰厚。后来有人诬陷楚材,说他当宰相时间很长,天下进贡的赋税有一半都落到他的家中。皇后命令侍从大臣麻里扎前去查看,只有十几张琴、阮以及几千卷古今书画、金石和遗文。至顺元年,赠官号为经国议制寅亮佐运功臣、太师、上柱国,追封为广宁王,谥号"文正"。

刘秉忠传

【题解】

刘秉忠,字仲晦,早年隐居武安山,从僧学道,后因其师海云禅师被召入京而出佳,多次上书仁宗,倡言为政致治之术,颇多创益。又创定典章官制,为元代曲则。堪称元代重臣，但以散人自居，所以世多目为隐士。

【原文】

刘秉忠字仲晦，初名侃，因从释氏，又名子聪，拜官后始更今名。其先瑞州人也，世仕辽，为官族。曾大父仕金，为邢州节度副使，因家焉，故自大父泽而下，遂为邢人。庚辰岁，木华黎取邢州，立都元帅府，以其父润为都统。事定，改署州录事，历钜鹿、内丘两县提领，所至皆有惠爱。

秉忠生而风骨秀异，志气英爽不羁。八岁入学，日诵数百言。年十三，为质子于帅府。十七，为邢台节度使府令史，以养其亲。居常郁郁不乐，一日投笔叹曰："吾家累世衣冠，乃汩没为刀笔吏乎！丈夫不遇于世，当隐居以求志耳。"即弃去，隐武安山中。久之，天宁虚照禅师遣徒招致为僧，以其能文辞，使掌书记。后游云中，留居南堂寺。

刘秉忠

世祖在潜邸，海云祥师被召，过云中，闻其博学多才艺，邀与俱行。既入见，应对称旨，屡承顾问。秉忠于书无所不读，尤邃于易及邵氏经世书，至于天文、地理、律历、三式六壬遁甲之属，无不精通。论天下事如指诸掌。世祖大爱之，海云南还，秉忠遂留藩邸。后数岁，奔父丧，赐金百两为葬具，仍遣使送至邢州。服除，复被召，奉旨还和林。上书数千百言，其略曰：

典章、礼乐、法度、三纲五常之教，备于尧、舜，三王因之，五霸败之。汉兴以来，至于五代，一千三百余年，由此道者，汉文、景、光武、唐太宗、玄宗五君，而玄宗不无疵也。然治乱之道，系乎天而由乎人。天生成吉思皇帝，起一旅，降诸国，不数年而取天下。勤劳忧苦，遗大宝于子孙，庶传万祀，永保无疆之福。

愚闻之曰"以马上取天下，不可以马上治"。昔武王，兄也；周公，弟也。周公思天下善事，夜以继日，每得一事，坐以待旦，以匡周室，以保天下八百余年，周公之力也。君上，兄也；大王，弟也。思周公之故事而行之，在乎今日。千载一时，不可失也。

君之所任，在内莫大乎相，相以领百官，化万民；在外莫大乎将，将以统三军，安四域。内外相济，国之急务，必先之也。然天下之大，非一人之可及；万事之细，非一心之可察。当择开国功臣之子孙，分为京府州郡监守，督责旧官，以遵王法；仍差按察官守，治者升，否者黜。天下不劳力而定也。

天下户过百万，自忽都那演断事之后，差徭甚大，加以军马调发，使臣烦扰，官吏乞取，民不能当，是以逃窜。宜比旧减半，或三分去一，就是在之民以定差税，招逃者复业，再行定夺。官无定次,清洁者无以迁,污滥者无以降。可比附古例,定百官爵禄仪仗,使家足身贵。有犯于民,设条定罪。威福者君之权,奉命者臣之职。今百官自行威福,进退生杀惟意之从,宜从禁治。

天下之民未闻教化,见在囚人宜从赦免,明施教令,使之知畏,则犯者自少也。教令既设,则不宜繁,因大朝旧例,增益民间所宜设者十数条足矣。教令既施,罪不至死者皆提察然后决,犯死刑者覆奏然后听断,不致刑及无辜。

天子以天下为家,兆民为子,国不足,取于民,民不足,取于国,相须如鱼水。有国家者,置府库,设仓廪,亦为助民;民有身者,营产业,辟田野,亦为资国用也。今宜打算官民所欠债负,若实为应当差发所借,宜依合罕皇帝圣旨,一本一利,官司归还。凡陪偿无名,虚契所负,及还过元本者,并行赦免。

纳粮就远仓,有一废十者,宜从近仓以输为便。当驿路州城,饮食祇待偏重,宜计所费以准差发。关市津梁正税十五分取一,宜从旧制。禁横取,减税法,以利百姓。仓库加耗甚重,宜令权量度均为一法,使锱铢圭撮尺寸皆平,以存信去诈。珍贝金银之所出,淘沙炼石,实不易为。一旦以缠丝缕,饰皮革,涂木石,妆器仗,取一时之华丽,废为尘而无济,甚可惜也。宜从禁治。除帝胄功臣大官以下章服有制外,无职之人不得僭越。今地广民微,赋敛繁重,民不聊生,何力耕耨以厚产业?宜差劝农官一员,率天下百姓务农桑,营产业,实国之大益。

古者庠序学校未尝废,今郡县虽有学,并非官置。宜从旧制,修建三学,设教授,开选择才,以经义为上,词赋论策次之,兼科举之设,已奉合罕皇帝圣旨,因而言之,易行也。开设学校,宜择开国功臣子孙受教,选达才任用之。

天下莫大于朝省,亲民莫近于县宰。虽朝省有法,县宰宜择,县宰正,民自安矣。关西、河南地广土沃,以军马之所出入,治而未丰。宜设官招抚,不数年民归土辟,以资军马之用,实国之大事。移剌中丞拘榷监铁诸产、商贾酒醋货殖诸事,以定宣课,虽使从实恢办,不足亦取于民,拖兑不办,已不为轻。奥鲁合蛮奏请干旧额加倍榷之,往往科取民间。科榷并行,民无所措手足。宜从旧例办榷,更或减轻,罢繁碎,止科征,无从献利之徒削民害国。鳏寡孤独废疾者,宜设孤老院,给衣粮以为养。使臣到州郡,宜设馆,不得于官衙民家安下。

孔子为百王师,立万世法,今庙堂虽废,存者尚多,宜令州郡祭祀,释奠如旧仪。近代礼乐器具靡散,宜令刷会,征太常旧人教引后学,使器备人存,渐以修之,实太平之基,王道之本。今天下广远,虽成吉思皇帝威福之致,亦天地神明阴所祐也。宜访名儒,循旧礼,尊祭上下神旨,和天地之气,顺时序之行,使神享民依,德极于幽明,天下赖一人之庆。

见行辽历,日月交食颇差,闻司天台改成新历,未见施行。宜因新君即位,颁历改元。令京府州郡置更漏,使民知时。国灭史存,古之常道,宜撰修金史,令一代君臣事业不坠于后世,甚有励也。

国家广大如天,万中取一,以养天下名士宿儒之无营运产业者,使不致困穷。或有营运产业者,会前圣旨,种养应输差税,其余大小杂泛并行蠲免,使自给养,实国家养才励人之大也。明君用人,如大匠用材,随其巨细长短,以施规矩绳墨。孔子曰:"君子不可小知而可大受,小人不可大受而可小知。"盖君子所存者大,不能尽小人之事,或有一短;小人所拘者狭,不能同君子之量,或有一长。尽其才而用之,成功之道也。

君子不以言废人,不以人废言,大开言路,所以成天下、安兆民也。天地之大,日月之明,而或有所蔽。且蔽天之明者,云雾也;蔽人之明者,私欲佞说也。常人有之,蔽一心也;人君有之,蔽天下也。常选左右谏臣,使讽谕于未形,忖画于至密也。君子之心,一于理义,怀于忠良;小人之心,一于利欲,怀于谗佞。君子得位,有容于小人;小人得势,必排于君子。明君在上,不可不辨也。孔子曰:"远佞人",又曰"恶利口之覆邦家者",此之谓也。

今言利者众,非图以利国害民,实欲残民而自利也。宜将国中人民必用场冶,付各路课税所,以定权办,其余言利者并行罢去。古者明王不宝远物,所宝惟贤,如使贤者在位,能者在职,此皆一人之睿知,贤王之辅成也。古者治世均民产业,自废井田为阡陌,后世因之不能复。今穷乏者益损,富盛者增加。宜禁行利之人勿恃官势,居官在位者勿侵民利,商贾与民和好交易,不生擅夺欺罔之害,真国家之利也。

笞棰之制,宜会古酌今,均为一法,使无敢过越。禁私置牢狱,淫民无辜,鞭背之刑宜禁治,以彰爱生之德。立朝省以统百官,分有司以御众事,以至京府州郡亲民之职无不备,纪纲正于上,法度行于下,是故天下不劳而治也。今新君即位之后,可立朝省,以为政本。其余百官,不在员多,惟在得人焉耳。

世祖嘉纳焉。又言:"邢州旧万余户,兵兴以来不满数百,凋坏日甚,得良牧守如真定张耕、洺水刘肃者治之,犹可完复。"朝廷即以耕为邢州安抚使,肃为副使。由是流民复业,升邢为顺德府。

癸丑,从世祖征大理。明年,征云南。每赞以天地之好生,王者之神武不杀,故克城之日,不妄戮一人。己未,从伐宋,复以云南所言力赞于上,所至全活不可胜计。

中统元年,世祖即位,问以治天下之大经、养民之良法,秉忠采祖宗旧典,参以古制之宜于今者,条列以闻。于是下诏建元纪岁,立中书省、宣抚司。朝廷旧臣、山林遗逸之士,咸见录用,文物灿然一新。

秉忠虽居左右,而犹不改旧服,时人称之为聪书记。至元元年,翰林学士承旨王鹗奏言:"秉忠久侍藩邸,积有岁年,参帷幄之密谋,定社稷之大计,忠勤劳绩,宜被褒崇。圣明御极,万物惟新,而秉忠犹仍其野服散号,深所未安,宜正其衣冠,崇以显秩。"帝览奏,即日拜光禄大夫,位太保,参领中书省事。诏以翰林侍读学士窦默之女妻之,赐第奉先坊,且以少府宫籍监户给之。秉忠既受命,以天下为己任,事无巨细,凡有关于国家大体者,知无不言,言无不听,帝宠任愈隆。燕闲顾问,辄推荐人物可备器使者,凡所甄拔,后悉为名臣。

初,帝命秉忠相地于桓州东滦水北,建城郭于龙冈,三年而毕,名曰开平。继升为上都,而以燕为中都。四年,又命秉忠筑中都城,始建宗庙宫室。八年,奏建国号曰大元,而以中都为大都。他如颁章服,举朝仪,给俸禄,定官制,皆自秉忠发之,为一代成宪。

十一年,扈从至上都,其地有南屏山,尝筑精舍居之。秋八月,秉忠无疾端坐而卒,年五十九。帝闻惊悼,谓群臣曰:"秉忠事朕三十余年,小心慎密,不避艰险,言无隐情,其阴阳术数之精,占事知来,若合符契,惟朕知之,他人莫得闻也。"出内府钱具棺敛,遣礼部侍郎赵秉温护其丧还葬大都。十二年,赠太傅,封赵国公,谥文贞。成宗时,赠太师,谥文正。仁宗时,又进封常山王。

秉忠自幼好学,至老不衰,虽位极人臣,而斋居蔬食,终日澹然,不异平昔。自号藏春散人。每以吟咏自适,其诗萧散闲淡,类其为人。有文集十卷。无子,以弟秉恕子兰璋后。

【译文】

刘秉忠,字仲晦,原名叫刘侃,因为信奉佛教,又改名叫子聪,当官后才改成现在的名字。他的祖上是瑞州人,世世代代在辽代当官,是官族。曾祖父在金当官,是邢州节度副使,因而住在邢州。所以从祖父刘泽往下,便成了邢州人。庚辰那一年,木华黎夺取了邢州,建立都元帅府,任命他的父亲刘润做都统。战事安定下来后,改称州录事,又当过巨鹿、内丘两县的提领,所到之处对百姓都有好处。

刘秉忠天生风骨隽秀,不同一般,志气英发飒爽,不受羁绊。八岁上学,每天念读几百字。十三岁,在帅府作为人质。十七岁,做邢台节度使府的令史,以此赡养父母。平时常常抑郁不高兴,有一天扔笔叹息道:"我家几代都是做官的,现在却能够堕落成耍笔杆子的吗?大丈夫不逢盛世,应该隐居以求得志向罢了。"便辞掉职务,隐居到武安山中。时间长了,天宁虚照禅师派弟子把他招来当了僧人,因为他能够写文章,让他当书记。后来游历云中,留住在南堂寺。

元世祖即位以前,海云禅师被召到住地,经过云中,听说刘秉忠博学多艺,邀请他同行。晋见到元世祖后,回答问题,很符合旨意,多次被世祖询问。秉忠没有什么书不读,尤其精通《周易》和邵氏的《经世书》,至于天文、地理、律历、三式六壬遁甲之类,没有不精通的。谈论天下的事就像谈论手掌中的事。元世祖很喜欢他,海云南还以后,他就留在哪里。几年以后,回去奔父亲的丧事,元世祖赐给他百两黄金作为葬费,并派人送他到邢州。守丧完后,又被召回,遵旨回到和林,上书几千言,大略是:

典章、礼乐、法度、三纲五常的教条,从尧、舜起开始齐备,三王承袭这些,五霸毁坏了它们。汉代兴起以来,到了五代,一千三百多年,遵循这些的,汉文帝、景帝、光武帝、唐太宗、玄宗五个皇帝,而唐玄宗不是没有缺点。然而天下大治和大乱的规律,关键在天,却由人来操纵。天生成吉思皇帝,带一支军队,打败了许多国家。没用几年便夺取了天下。勤劳辛苦,把皇位留给了子孙,可以留传一万代,永远保持没有尽头的幸福。

我听说"在马上打下天下的,不能在马上治天下"。古时的周武王是哥哥,周公是弟弟。周公考虑天下的善事,夜以继日,每想到一件事,性急地坐着等到天亮赶紧去做,因此帮助周王朝,保持周王朝八百多年拥有天下,这是周公的功劳啊。皇帝,是哥哥,大王,是弟弟。想一想周公的往事而照着去做,这是今天应该做的事。千载难逢的一个时机,不可以失去。

君王所任命的人,从朝廷内部说最大的无过于宰相。宰相统领百官,教育万民;从朝廷外部说莫过于将军,将军统帅三军,安定四方。内外相助,国家的当务之急,必须先去做。然而天下之大，不是一人可以照顾得完的。万种事的琐细，不是一条心可以鉴察的。应该选择开国功臣的子孙，让他们分担京府、州郡的监守，督促领导以前的官吏，来遵循皇上的法令。并让他们检察官吏，有政绩的提升，没有成绩的贬职。这样天下不用费劲就可以安定了。

社会上人口多到百万人以上，自从忽都那演施政之后，劳役很重，加上军马调拨，使臣僚烦扰，官吏搜刮，老百姓承受不了，因而逃窜。应该比原来减少一半，或者是三分之一，按照现在的人口规定差税，招募逃走的人回来定居生产，再作决定，官职没有法度，清廉的不提拔，贪污的不贬职，可以按照古代的办法，规定各种官吏的职位、俸禄和待遇，使他们家庭丰足，地位显贵。有侵犯百姓的，设置法律定罪。享受威福是君王的权利，遵奉命令是臣下的职责。现在百官各自享受威福，按照自己的意愿提升或贬斥人，应该加以禁止和严惩。

天下的老百姓没有得到教化，现在被关押的人应该放掉，明确地发布教令，使他们知道害怕，这样违法的人就自然会少了。教令既然设立，则不应该太繁琐。根据朝廷以往的惯例，增加社会上应该设置的十几条就够了。教令施行之后，犯罪不够死刑的都要先审查然后判处，犯了死罪的多次审定然后决断，这样就不至于殃及没有罪的人。

元人在永定河运筏图

天子把天下当成家，把老百姓当成自己的子女。国家财力不够，取之于老百姓，老百姓财力不够，取之于国家，相互帮助就像鱼同水一样。统治国家的人，设置国库，建造仓库，也是为了帮助老百姓。老百姓作为个人来说，经营产业，开田种地，也是为了给国家提供财富。现在应当计算官吏和百姓所欠的债务，如果确实是应当归还的，可以根据合罕皇帝的圣旨，一本一利，加以归还。如果没有理由偿还，虚的契约负担的，或已还的超过原来借债的，都应加以赦免。

从远处的粮仓进粮，进一成浪费十成，应该从近处的粮仓进粮为好。沿路花费，吃喝招待过分，应根据需要调配。关卡渡口正常的关税是十五分取一分，应遵从以前的制度。禁止滥收税，减免税法，以利于老百姓。仓库损耗很大，应命令统一度量标准，使度量尺寸公平，以取信于人，拒绝欺诈。珍宝贝壳金银等，都是从淘沙炼石当中获得，实在不容易。一旦用来缠在丝线上，装饰在皮革上，涂在木头石头上，嵌在器物上，只图一时的华丽，把这些东西都浪费了，而无补于事，非常可惜。应该严加惩治。除了皇帝皇族功臣达官以下衣服有制度外，没有官职的人不得越份。现在土地广阔，人口稀少，赋税繁重，百姓无法生活，有什么力量来耕种，从而增加产业？应该派一个劝农官，率领天下的老百姓从事农业和养蚕，经营产业，这实在是对国家大有好处的。

古时候学校不曾废弃，现在郡县虽然有学校，并不是政府建置的。应该依照原来的制度，修建学校，设立教师，选拔人才，以经义为第一，辞赋论策为第二，兼设科举，遵循合罕皇帝的圣旨，从而发表意见，这样就容易实行了。开设学校，应该选择开国功臣的子孙来接受教育，选择有才的人加以任用。

天下没有大于朝省的，亲近百姓没有近于县官的，虽然朝省有法规，县官应经过选择，县官正直，百姓就自然安定了。关西、河南土地广阔肥沃，因为是军马在哪里活动频繁，治理却没有富饶。应该设置官职加以抚养，用不了几年百姓归回家园，开垦土地，提供军费开支，实在是国家的大事。移剌中丞监督盐铁等产业、买卖酒醋等货物，确定课税，从实照办，不足亦取之于民，拖欠不办的已为数不少。奥鲁合蛮奏请加倍征收赋税，往往导致苛取民间，制定赋税，不应太重，使民手足无措。应根据老办法减轻赋税，罢免繁琐的手续，制止科税，不跟着牟取私利的人剥削百姓，妨害国家。鳏寡孤独和残废之人，应设立孤老院，供给他们衣服粮食来养护他们。因公出差的官吏到了州郡，应开办旅店，不得在官府或百姓家居住。

孔子是所有皇帝的老师，他确立了万代都要遵循的政策。现在庙堂虽然废弃了，存留的还很多，应该让州郡如同旧的仪式一般祭祀纪念。近代礼乐器物都散失了，应该命令重新设置起来，征集太常旧人教导后来的年轻人，使器件具备，人才存在，逐渐学习。这实在是太平的基础，王道的根本。如今天下广大，虽然是成吉思汗皇帝的威福带来的，也是天地神明暗中保佑的结果。应该访问有名的儒士，遵循传统的礼仪，尊奉、祭祀上下的神灵，调和天地之气，顺从时节之行，使神灵得到共享，百姓有了依靠，德行惠及神灵，天下的百姓都依靠皇帝一人的福分。

现在通行的辽代的历书，日月运行差得较远。听说司天台改成新历，未见实行。应该趁新的皇帝即位的时候，颁布新历，改换纪元。令京府、州郡设置更漏，使老百姓知道时间。国家灭亡了，历史要保存下来，这是古代的常理。应该撰写《金史》，让一代君臣的事业在后世不被废弃，这是很有帮助的。

国家就像天那般广大，从一万份中取一份，来养护天下名士、老儒中没有经营产业者，使他们不至于穷困。或者有经营产业的人，根据以前皇上的圣旨，交纳该交的赋税，其余大小杂碎的赋税全部免去，使他们自己赡养自己，这实在是国家培养人才鼓励人民的重大问题。圣明的君主使用人，就像技术高超的木匠使用木材，根据它粗细长短的不同，加以不同的处理。孔子说："君子不拘小节而能注意大的方面。小人不注意大的方面而可以解决小问题。"这大概是君子心中注意的是大问题，不能全部顾及小人能做到的事，这样就可能有一短处；小人的眼光狭隘，不能等同于君子的气量，也可能有一长处。使他们各自都能发挥出他们全部的才能而加以任用，这就是成功的道路。

君子不因为别人说了不妥当的话就否定了他那个人，不因为不喜欢那个人就不采纳他的建议。广开言路，就能够夺取天下，安定百姓。天地广大，日月光明，也会有所蒙蔽。而蒙蔽天的光明的是云雾，蒙蔽人的聪明的，则是私心和诡言。一般人被蒙蔽，只蒙蔽一个人；君王被蒙蔽，就蒙蔽了天下。经常选择左右的进谏之臣，使他们在错误未形成之前就加以劝阻，周密地加以策划。君子的心思，统一在理义，胸怀着忠良；小人的心思，统一在利欲，胸怀着谄媚。君子当了官，可以容纳小人；小人得了势，必然要排挤君子，明君在上，不可以不加以辨察。孔子说："远远地避开谄媚的小人"，又说："最讨厌花言巧语把国家弄灭亡了的人。"都是说的这一点。

如今谈利的人很多，不是企图对国家和人民有利，其实是想残害百姓而使自己获利。应该将国家中人们必须用的东西，付给各路课税所，以决定赋税标准，其他谈利的全部免去。古时候圣明的君王不看重远方的财物，所看重的只是贤人。如果使贤良的人有职务，有才能的人有职务，这都是一个人的聪明才智，贤明的君王辅助而成。古时候天下大治的时候百姓的产业都是均等的，自从废除井田制改成阡陌之后，后代因袭不能恢复。如今穷困的人愈加被剥夺，富裕的人更加富裕。应该禁止追求私利的人不要依仗官的势力，当官有职位的人不要侵犯百姓的利益，商人与老百姓和好地做买卖，不产生欺骗抢夺的念头，这才是对国家有益的事。

刑罚的制度，应该参照古代的和今天的做法，合成统一的刑法，使人们不敢违反。禁止私自设置监牢，滥捕无罪之人，用鞭抽打背的刑法应该禁止，以表现爱护生命的品德。建立朝省以统治百官，分设机构以办理众事，乃至京府、州郡爱护百姓的职能无不具备，纲纪正于上，法度行于下，因此天下不用辛劳而可获得治理。如今新君王即位之后，可以建立朝省，作为从政的根本。其余众官，不在人多，只在得到合适的人罢了。

元世祖很夸奖他，并采纳了他的建议。刘秉忠又说："邢州以前有一万多户人口，战争兴起以来不满几百岁，凋零一天甚过一天，得到一个像真定的张耕、洺水刘肃这样的好的领导来统治，还可以恢复。"朝廷便以张耕为邢州安抚使，刘肃为副使。从此流亡的百姓又恢复生产，提升邢州为顺德府。

癸丑年，跟着元世祖征讨大理。第二年，征服了云南。常常称赞天地是爱好生的，做皇帝的人不杀人，所以攻克城的时候，不要杀一个人。己未年，跟着皇帝讨伐宋，又用在云南说的话劝说皇上，所到之处保全的生命数也数不清。

中统元年，元世祖即位，询问治理天下的关键、养育百姓的好办法，刘秉忠采纳祖宗的旧典，参照古代制度适合于今天的内容，一条条地列出来上报给皇帝听。于是皇帝下诏重设纪元纪录年岁，建立中书省、宣抚司。朝廷的旧臣、山林的隐逸之士，都被录用，人才济济，粲然一新。

刘秉忠虽然常在皇帝左右，却仍然不敢换旧日的服装。当时人称他为聪书记。至元元年，翰林学士承旨王鹗上奏说："刘秉忠长期侍奉在皇上身边，有很多年头了，参与国家的机密，制定国家的大方针，忠心勤恳，应加以奖励。皇上圣明，掌权之后，万物气象一新，而秉忠还仍然穿着朴素的散装，我非常不安。应该端正他的衣帽，加给他显赫的官职。"皇帝看了他的奏书，当天就拜刘秉忠为光禄大夫，位居太保，参与领中书省事。下诏让翰林侍读学士窦默的女儿嫁给他，赐给他奉先坊居住，并且将少府宫籍监户给他。秉忠接受命令之后，以天下为己任，事无大小，凡是有关于国家大事的，知道的就没有不说的，说的就没有不听的，皇帝对他越来越信任。空闲时帮着皇上参谋，推荐可以供使用的人才。凡是他所提拔的，后来都成了名臣。

当初，皇帝命令刘秉忠去考察桓州东滦水北的土地，在龙冈建设城市，三年完工，名叫开平。随即升为上都，而以燕为中都。至元四年，又命令刘秉忠建筑中都城，开始建宗庙宫室。至元八年，上奏建国号叫大元，而以中都为大都。其他像颁布章服，举行朝廷仪式，供给俸禄，制定官制，都是听从秉忠的建议，成为一代固定的宪章。

至元十一年，跟从皇上到上都，哪里有南屏山，曾经建了精舍居住在哪里。秋天八月的时候，刘秉忠没有病端直地坐着就去世了，时年五十九。皇帝听说后惊叹哀悼，对群臣说："秉忠服务于我三十多年，小心谨慎，不避艰险，发表意见毫不隐饰，他精通阴阳术数，占卜事情预知未来，非常应验。只有我知道这些，其他人不可能听说啊。"拿出国库的钱具办了棺殓，派礼部侍郎赵秉温护送他的灵柩回到大都安葬。至元十二年，赠太傅，封赵国公，谥号文贞。元成宗时，赠太师，谥文正。元仁宗时，又进封常山王。

秉忠自幼好学，到老不松懈，虽然地位达到了臣子最高的地步，却斋戒居住，粗茶淡饭，整天淡然，与平时没有不同，自号藏春散人，常常咏诵诗词自娱，他的诗歌萧散闲淡，正像他的为人。有文集十卷。没有子女，把弟弟刘秉恕的儿子兰璋当作自己的儿子。

张文谦传

【题解】

张文谦（1215～1283），邢州沙河人（今河北邢台）。元世祖忽必烈即位以前，张文谦任其王府书记并随之出征，深受信任。世祖即位后，张文谦先后任左丞，大司农卿，御史中丞，枢密副使等职。张文谦早年与刘秉忠同学，学习研究历法计算。至元十三年，因《大明历》使用日久，误差累积，决定改制亲历。于是任命张文谦为昭文馆大学士领太史院,负责改历。在许衡、王恂、郭守敬等人努力下,完成了《授时历》。

【原文】

张文谦,字仲谦,邢州沙河人。幼聪敏,善记诵,与太保刘秉忠同学。世祖居潜邸,受邢州分地,秉忠荐文谦可用。岁丁未,召见,应对称旨,命掌王府书记,日见信任。邢州当要冲,初分二千户为勋臣食邑,岁遣人监领,皆不知抚治,征求百出,民弗堪命。或诉于王府,文谦与秉忠言于世祖曰:"今民生困弊,莫邢为甚。盍择人往治之,责其成效,使四方取法,则天下均受赐矣。"于是乃选近侍脱兀脱、尚书刘肃、侍郎李简往。三人至邢,协心为治,洗涤蠹敝,革去贪暴,流亡复归,不期月,户增十倍。由是世祖益重儒士,任之以政,皆自文谦发之。

岁辛亥,宪宗即位。文谦与秉忠数以时务所当先者言于世祖,悉施行之。世祖征大理,国主高祥拒命,杀信使遁去。世祖怒,将屠其城。文谦与秉忠、姚枢谏曰:"杀使拒命者高祥尔,非民之罪,请宥之。"由是大理之民赖以全活。己未,世祖帅伐宋,文谦与秉忠言:"王者之师,有征无战。当一视同仁,不可嗜杀。"世祖曰:"期与卿等守此言。"既入宋境,分命诸将毋妄杀,毋焚人室庐,所获生口悉纵之。

中统元年,世祖即位,立中书省,首命王文统为平章政事,文谦为左丞。建立纲纪,讲明利病,以安国便民为务,诏令一出,天下有太平之望。而文统素忌克,谟谋之际屡相可否,积不能平,文谦遽求出,诏以本官行大名等路宣抚司事。临发,语文统曰:"民困日久,况当大旱,不量减税赋,何以慰来苏之望?"文统曰:"上新即位,国家经费止仰税赋,苟复减损,何以供给?"文谦曰:"百姓足,君孰与不足!俟时和岁丰,取之未晚也。"于是蠲常赋什之四,商酒税什之二。

二年春,来朝,复留居政府。如立左右部,讲行庶务,巨细毕举,文谦之力为多。三年,阿合马领左右部,总司财用,欲专奏请,不关白中书。诏廷臣议之,文谦曰:"分制财用,古有是理,中书不预,无是理也。若中书弗问,天子将亲莅之乎?"帝曰:"仲谦言是也。"

至元元年,诏文谦以中书左丞行省西夏中兴等路。羌俗素鄙野,事元统纪,文谦得蜀士陷于俘虏者五、六人,理而出之,使习吏事,旬月间簿书有品式,子弟亦知读书,俗为一变。浚唐来、汉延二渠,溉田十数万顷,人蒙其利。

三年,还朝。诸势家言有户数千,当役属为私奴者,议久不决。文谦谓以乙未岁账户为断,奴之未占籍者,归之势家可也。其余良民无为奴之理。议遂定,守以为法。五年,淄州妖人胡王惑众,事觉,逮捕百余人。丞相安童以文谦言奏曰:"愚民无知,为所诳诱,诛其首恶足矣。"诏即命文谦往决其狱,惟三人坐弃市,余皆释之。

七年,拜大司农卿,奏立诸道劝农司,巡行劝课,请开籍田,行祭先农先蚕等礼。复与窦默请立国子学。诏以许衡为国子祭酒,选贵胄子弟教育之。时阿合马议拘民间铁,官铸农品,高其价以配民,创立行户部于东平、大名以造钞,及诸路转运司,干政害民,文谦悉于帝前极论罢之。十三年,迁御史中丞。阿合马虑宪台发其奸,乃奏罢诸道按察司以撼之,文谦奏复其旧。然自知为奸臣所忌,力求去。会世祖以大明历岁久寖差,命许衡等造新历，乃授文谦昭文馆大学士，领太史院，以总其事。十九年，拜枢密副使，岁余，以疾薨于位，年六十八。

文谦蚤从刘秉忠，洞究术数；晚交许衡，尤粹于义礼之学。为人刚明简重，凡所陈于上前，莫非尧、舜仁义之道。数忤权倖，而是非得丧，一不以经意。家惟藏书万卷。尤以引荐人材为己任，时论益以是多之。累赠推诚同德佐运功臣、太师、开府仪同三司、上柱国，追封魏国公，谥忠宣。

长子晏，仕至御史中丞，赠陕西地省平章政事，封魏国公，谥文靖。

【译文】

张文谦，字仲谦，邢州沙河人。小时聪明，善于记忆、背诵。和太保刘秉忠同学。元世祖忽必烈即位以前受封于邢州，刘秉忠向他推荐张文谦。丁未年（1247），张文谦受到召见，对答合意，被任命为王府的书记，逐渐得到信任。邢州地处交通要道，当初分二千户为功臣的食邑。这些人只知每年派人来征索，全不管治理。租税沉重，老百姓苦不堪言。有人向王府诉苦，张文谦和刘秉忠对世祖说："如今老百姓困苦，以邢州为甚。应当选派人员去治理，考察政绩，让四方效仿，这样全天下都受益不浅。"于是选派近侍脱兀脱、尚书刘肃、侍郎李简前往。三人到了邢州，同心协力，惩治贪暴，革除弊政，逃亡的人民纷纷归来。没几个月，户口增加了十倍。从此世祖更加重视儒士，委以重任，这都是从张文谦开始的。

辛亥年（1251），宪宗即位。张文谦、刘秉忠多次向世祖建议应当优先施行的政策，都得到采纳。世祖征大理国，国主高祥拒不从命，杀了使者后逃走。世祖大怒，将要屠城。张文谦与刘秉忠、姚枢劝道："杀使拒命的是高祥，并非老百姓的罪过，请宽恕他们。"因此大理百姓得以存活。已未年（1259），世祖率领大军伐宋。张文谦、刘秉忠说："王者之师，有征无战。对老百姓应当一视同仁，不可杀害无辜。"世祖说："我们共同遵守这一诺言。"攻入宋境，分头命令诸将不可妄杀无辜，不烧毁房屋，捉到的俘虏都放掉。

中统元年（1260），元世祖即位，立中书省，任命王文统为平章政事，张文谦为左丞。建立法纪，讲明利弊，以安定国家，便利人民为宗旨。诏令一出，天下可望获得太平。但王文统素来心胸狭窄，工作之间常有意见不合，久积成犯。张文谦要求外任，被委以本官行大名等路宣抚司事。临行前对王文统说："百姓长期遭受战乱之苦，又遇上大旱。若不适当减少税赋，百姓如何喘得过气来？"王文统说："皇上刚刚即位，国家的费用全指望赋税。若再减免，如何供给国家的需用？"张文谦说："百姓富足了，皇帝还能不富？等到天下太平，风调雨顺时再索取也不晚。"于是蠲免一般赋税十分之四，免商酒税十分之二。

中统二年（1261）春，张文谦回到朝廷。建立左右部，各种大小事务，出力最多。中统三年（1262），阿合马负责左右部，主管财务，想独立主张，不经过中书省。命令廷臣会议，张文谦说："专管财政机构，古代有这样的道理。不让中书管理，没有这样的道理。中书不管，难道要皇上亲自管吗？"皇帝说："仲谦说得对。"

至元元年（1264），张文谦受命以中书左丞的身份巡视西夏中兴等路。羌地民俗粗野，办事缺乏规矩。张文谦找到五六个沦为俘虏的四川士人，让他们学习书吏的公事。

没多久，他们写的公文已经很有规矩了。青年人也知道读书，风气为之一变。还疏浚了唐来、汉延两条水渠，灌溉了农田十几万顷。百姓得到许多好处。

至元三年(1266)，回到朝廷。有权有势者声称有几千户人家应当属于他们的私权，朝廷久议不决。张文谦主张以乙未年(1235)的户口为准。当时为奴，没报户口的，归富家为奴，其余良民不应该为奴。于是作为法律定了下来。至元五年(1268)，淄州妖人胡王煽动惑众，案发后逮捕百余人。丞相安童转达张文谦的意见："愚民无知，受骗上当，诛杀首恶就行了。"皇上命令张文谦审理此案，结果只有三个判处弃市，其余的都释放了。

至元七年(1270)，任大司农卿。奏请在各道设立劝农司，巡行各地督促农业生产。又请求建立籍田制度，行祭祀先农、先蚕的礼仪。又和窦默一起请求建立国子学。皇帝任命许衡为国子祭酒，选贵族子弟加以教育。当时阿合马提议收缴民间铁器，官方铸为农具，再高价卖给农民；在东平、大名创立行户部印制钞票；还有各路转运司，扰乱地方政府，祸害人民。张文谦都在皇帝面前极为反对，加以纠正。至元十三年(1276)，升任御史中丞。阿合马害怕宪台(御史台)发现他干的坏事，劝皇帝取消诸道按察司以便削弱御史台的力量。张文谦劝皇帝恢复，但知道自己得罪了奸臣，坚决要求辞职。正好元世祖认为大明历年久误差，命令许衡等人造新历，于是任命张文谦为昭文馆大学士，领导太史院。至元十九年(1282)，任枢密副使。因病死于任上，享年六十八岁。

张文谦早年跟随刘秉忠，深入研究历法数学；晚年与许衡交往，特别精通理学。为人刚直稳重，在皇帝面前提倡的，全是尧舜的仁义之道。多次得罪权贵，但个人得失全不在意。家中只有藏书万卷。尤其以引荐人才为己任，受到当时舆论的赞许。历赠官推诚同德佐运功臣、太师、开府仪同三司、上柱国，追封魏国公，谥号忠宣。张文谦长子张宴，官至御史中丞，赠官陕西行省平章政事，封魏国公，谥号文靖。

赵璧传

【题解】

《元史》210卷，明初官修，纂修时间前后不到一年，其马虎仓促可想而知。这部史书错误很多，体例也不完善，在元朝一代中应该是多得不可胜数的。之所以不列，主要原因是成书过快，把前代史料抄撮成书就算了事，而"元之旧史，往往详于记善，略于惩恶，是盖当时史臣者所忌讳而不敢直书之尔"(《奸臣传序》)。这种情况自然是可以理解的。在蒙古贵族的统治下，汉族史臣稍一不慎就可能酿成身死族灭的大祸，"实录"就未必能尽实。不过尽管如此，《元史》中还是有不少关于酷吏的零星记载，例如《廉希宪》传记载元世祖没有即位以前，在河南关右"用酷吏分领其事，大开告讦"；《耶律楚材传》记载"州郡长吏，生杀任情，至孥人妻女，取货财，兼土田，燕蓟留后长官石抹咸得卜尤贪暴，杀人盈市"，如此等。这里选录的《赵璧传》，其实是可以入"良吏"一类的。酷吏中有一类是个人品德很好的执法严厉的官员，从赵璧的事迹来看，可以符合这一标准。

【原文】

赵璧,字宝臣,云中怀仁人。世祖为亲王,闻其名,召见,呼"秀才"而不名。赐三僮,给薪水,命后亲制衣赐之,视其试服不称,辄为损益,宠遇无与为比。命驰驿四方,聘名士王鹗等;又令蒙古生十人从璧受儒书。敕璧习国语,译《大学衍义》,时从马上听璧陈说,辞旨明贯,世祖嘉之。

宪宗即位,召璧,问曰:"天下何如而治?"对曰:"请先诛近侍之尤不善者。"宪宗不悦。璧退,世祖曰:"秀才,汝浑身是胆耶?吾亦为汝握两手汗也。"一日,断事官牙老瓦赤持其印,请于帝曰:"此先朝赐臣印也。今陛下登极,将仍用此旧印,抑易以新者也?"时璧侍旁,质之曰:"用汝与否,取自圣裁,汝乃敢以印为请邪?"夺其印置帝前。帝为默然久之,既而曰:"朕亦不能为此也。"自是牙老瓦赤不复用。

壬子,为河南经略使。河南刘万户贪淫暴戾,郡中婚嫁,必先略之,得所请而后行,咸呼之为翁。其党董主簿,尤恃势为虐,强取民女有色者三十余人。璧至,按其罪,立斩之,尽还民女。刘大惊,时天大雪,因诣璧相劳苦,且酌酒贺曰:"经略下车,诛锄强猾,故雪为瑞应。"璧曰:"如董主簿比者,尚有其人。俟尽诛之,瑞应将大至矣。"刘屏气不敢复出语,归卧病而死,时人以为惧死。

己未,伐宋,为江淮荆湖经略使。兵围鄂州,宋贾似道遣使来,愿以行人请和。璧请行,世祖曰:"汝登城,必谨视吾旗。旗动,速归可也。"璧登城,宋将宋京曰:"北兵若旋师,愿割江为界,且岁奉银绢匹两各二十万。"璧曰:"大军至濮州时,诚有是请,犹或见从;今已渡江,是言何益!贾制置今焉在耶?"璧适见世祖旗动,乃曰:"俟他日复议之。"遂还。

宪宗崩,世祖即位。中统元年,拜燕京宣慰使。时供给蜀军,府库已竭,及用兵北边,璧经画馈运,相继不绝。中书省立,授平章政事,议加答剌罕之号,力辞不受。二年,从北征。命还燕,以平章政事兼大都督领诸军。是年,始制太庙雅乐。乐工党仲和、郭伯达以知音律在选中,为造伪钞者连坐,系狱。璧曰:"太庙雅乐,大飨用之,圣上所以昭孝报本也,岂可系及无辜,而废雅乐之成哉!"奏请原之。三年,李璮反益都,从亲王合必赤讨之。璮已据济南,诸军乏食,璧从济河得粟及羊豕以馈军,军复大振。

至元元年,官制行,加荣禄大夫。帝欲作文檄宋,执笔者数人,不称旨,乃台璧为之。文成,帝大喜,曰:"惟秀才曲尽我意。"改枢密副使。六年,宋守臣有遣间使约降者,帝命璧诣鹿门山都元帅阿术营密议。命璧同行汉军都元帅府事。宋将夏贵率兵五万,馈粮三千艘,自武昌泝流入援襄阳。时汉水暴涨,璧据险设伏待之。贵果中夜潜上,璧策马出鹿门,行二十余里,发伏兵,夺其五舟,大呼曰:"南船已败,我水军宜速进。"贵慑不敢动。明旦,阿术至,领诸将渡江,西追贵骑兵,璧率水军万户解汝楫等追贵舟师,遂合战于虎尾洲,贵大败走,士卒溺死甚众。夺战舰五十,擒将士三百余人。

高丽禃值为其臣林衍所逐。帝召璧还,改中书左丞,同国王头辇哥行东京等路中书省事,聚兵平壤,时衍已死,璧与王议曰:"高丽迁居江华岛有年矣,外虽卑辞臣贡,内恃其险,故使权臣无所畏忌,擅逐其主。今衍虽死,王实无罪。若朝廷遣兵护归,使复国于古京,可以安兵息民,策之上者也。"因遣使以闻,帝从之。时同行者分高丽美人,璧得三人,皆还之。

师还，迁中书右丞。冬，祀太庙，有司失黄幭，索得于神庖灶下，已甚污弊。帝闻，大怒曰："大不敬，当斩。"璧曰："法止杖断流远。"其人得不死。十年，复拜平章政事。十三年，卒，年五十七。大德三年，赠大司徒，谥忠亮。子二人：仁荣，同知归德府事；仁恭，集资殿直学士。孙二人：崇，郊祀署令；弘，左库藏提点。

【译文】

赵璧，字宝臣，云中怀仁人。元世祖还是亲王的时候，听到他的声名，召见他，称他为"秀才"而不叫他的名字。赐给他三个僮仆，给予日常生活费用，让王后亲自缝制衣服赏赐给他，看他试穿不合体，就加以修改，宠信恩遇没有人能比上。下令让他坐驿车到各地，礼聘名士王鹗等人；又命令蒙古学生十个人跟从赵璧学习儒家经典。敕命赵璧学习蒙文，翻译《大学衍义》，经常在马背上听赵璧讲解，陈璧的讲解言辞明白，大旨贯通，元世祖很称赞他。

元宪宗蒙哥即位，召见赵璧，问他说："天下怎么样才能达到治理？"赵璧回答说："请先诛杀近侍中最不好的人。"宪宗听了不高兴。赵璧退下以后，世祖说："秀才，你浑身是胆吗？我也为你捏着两把汗呢。"有一天，断事官牙老瓦赤拿着自己的官印，向宪宗请求说："这是先朝赐给臣的官印。现在陛下登位，是准备还照旧用这颗官印呢，还是换成新的呢？"当时赵璧随侍在宪宗旁边，质问牙老瓦赤说："任用你还是不任用你，决定于圣上的裁断，你竟敢把官印为借口请求任用吗？"就从他手里把印夺过来，放在宪宗面前。宪宗为此而久久不说话，最后说："朕也不能这么办。"从此牙老瓦赤就不再被任用。

元世祖忽必烈

宪宗二年，赵璧担任河南经略使。河南的刘万户贪婪淫欲并且凶暴，郡里的百姓结婚嫁娶，一定要先贿赂他，得到他的允许才能办事，都尊称他为"翁"。他的党徒董主簿，尤其仗势欺压百姓，强抢民间美丽的女子三十多人。赵璧到任，查明他的罪行，立刻把他斩了，让民女回家。刘万户大为惊恐，当时天下大雪，就到赵璧哪里表示慰问，并且斟酒祝贺说："经略您一下车，就诛杀了豪强奸恶的人，所以天下大雪以为祥瑞。"赵璧说："像董主簿一类的，还大有其人。等到全部诛杀以后，祥瑞还会大大地出现。"刘万户屏住气不敢再说话，回家就生病死了，当时人认为他是害怕而死的。

宪宗九年，讨伐宋朝，赵璧任江淮荆湖经略使。大军包围鄂州，宋朝贾似道派遣使者前来，希望派一位使臣去和谈。赵璧请求前去，世祖说："你登上城墙，一定要注意看我的旗帜。旗帜要是挥动，就可以马上回来。"赵璧登上鄂州城，宋朝将领宋京说："北方军队如果回军北返，我们愿意划长江为界，而且每年奉上银二十万两、绢二十万匹。"赵璧说：

"我国大军到达濮州的时候,如果确实有这样的请求,还可以同意;现在已经渡过长江,这样的话还有什么用!贾制置现在在哪里?"赵璧正好看到世祖的旗帜挥动,就说:"等过些日子再商议这件事。"就回去了。

宪宗驾崩,世祖即位。中统元年,任命赵璧为燕京宣慰使。当时要供应四川的部队,府库已经空竭,等到向北方边境用兵,赵璧又尽力经营筹划,运送物资,接连不断。中书省建立,任命赵璧为平章政事,还讨论要为赵璧加上答剌罕的名号,赵璧竭力推辞不接受。中统二年,跟随世祖北征。奉命回到燕地,以平章政事兼大都督的身份统领各路部队。这一年,开始制作祭祀太庙的雅乐。乐工党仲和、郭伯达由于通晓音律而在入选的人员之中,但被伪造纸币的人攀扯连坐,关在监狱里。赵璧说:"祭祀太庙的雅乐,大祭的时候要使用,这是圣上用来表明孝道报答根本的,哪里可以把无辜的人关进监狱,因而使雅乐不能完成呢?"奏请世祖赦免了这两个乐工。中统三年,李璮在益都造反,赵璧跟随亲王合必赤讨伐李璮。李璮已经占据了济南,朝廷的各路讨伐军缺乏粮食,赵璧从济河得到粟米和猪羊送到军中,军队的士气重新大振。

至元元年,制定颁行新官制,加封赵璧荣禄大夫。世祖要让人写檄文声讨宋朝,执笔起草的有几个人,写成了都不合世祖的意,就召来赵璧起草。檄文写成,世祖大为高兴,说:"只有秀才能够完全表达我的意思。"改任赵璧为枢察副使。至元六年,宋朝的守将有人派使者偷偷前来约定投降,世祖命令赵璧到鹿门山都元帅阿术的军营中秘密商议。任命赵璧为同行汉军都元帅府事。宋朝的将领夏贵领兵五万人,押送粮食的船只三千艘,从武昌逆流而上援救襄阳。当时汉水暴涨,赵璧占据险要设下伏兵等待宋军。夏贵果然在半夜时分偷偷经过,赵璧策马驰出鹿门,走了二十多里,号令伏兵一齐出动,夺取了赵复贵的五艘船只,大喊说:"南方人的船已经大败,我们的水军应该快速前进。"夏贵被他的气势压服而不敢行动。第二天早晨,阿术到达,率领各位将领渡江,向西追赶夏贵的骑兵,赵璧率领水军万户解汝揖等追赶夏贵的水军,两军就在虎尾洲交战。夏贵大败,逃走,士兵溺死的人很多。赵璧夺取了宋军的战船五十艘,俘获将士三百多人。

高丽王王值被他的臣下林衍所赶走。世祖把赵璧从前线召回,改任为中书左丞,同国王头辇哥行东京等路中书省事,把军队聚集于平壤。当时林衍已经死去,赵璧和头辇哥商量说:"高丽迁居到江华岛已经有年头了,外表虽然低声下气每年进贡,内部却依仗地势险要,所以才使得权臣没有什么害怕忌避,随意赶走他们的君主。现在林衍虽然死了,他们的国王确实没有罪过。如果朝廷派兵护送他回国,让他在原来的京城复国,这样可以安兵息民,是各种计策中的上策。"因此就派使者奏报世祖,世祖同意了。当时一起到高丽的人分配高丽美人,赵璧分得三个人,都把她们遣放了。

军队回来,迁升赵璧为中书右丞。冬季,祭祀太庙,有关部门丢失了黄色帐幕,后在厨房里的灶下找到了,但已经十分肮脏破旧。世祖听到以后,十分生气说:"这是大不敬,应当斩首。"赵璧说:"按法律只是杖责流放到远处。"这个人才得以不死。至元十年,又任命为平章政事。十三年,去世,年五十七岁。成宗大德三年,追赠大司徒,谥号为忠亮。有儿子二人:赵仁荣,官至同知归德府事;赵仁恭,官至集贤殿直学士。孙子二人:赵崇,官至郊祀署令;赵弘,官至左库藏提点。

李谦传

【题解】

李谦(1233～1312),郓州东阿人(今山东东阿),教书为业,生徒甚众,以学识著称于世。后被征召,先后任应奉翰林文字、翰林待制、直学士、学士、承旨、集贤大学士、荣禄大夫等职,多次担任储君的教师,很受器重。至元二十年(1273),任翰林直学士,太子左谕德的李谦为《授时历》写了《历议》。《历议》详细阐明了《授时历》的各项改进及其原理,对历史上各种历法进行了对比,以客观事实说明该历的精度远胜于其他各历。《历议》中列出了《授时历》编制过程中所做的许多天文观测记录,如至元十五至十六年的冬、夏至观测数据及折算方法,二十八宿距度,冬至点位置等,这些都是十分宝贵的资料。《历议》中列出了49条冬至时刻的历史记录以及历史上各种历法的部分数据,其中许多信息和数据赖此得以流传至今。李谦《授时历历议》是中国天文学史的重要文献。尽管《元史·李谦传》没有提到他的天文工作,但现存于《无史·历志》的《历议》表明了李谦对中国天文学的重大贡献。

【原文】

李谦字受益,郓之东阿人。祖元,以医著名。父唐佐,性恬退,不喜仁进。

谦幼有成人风,始就学,日记数千言。为赋有声,与徐世隆、孟祺、阎复齐名,而谦为首。为东平府教授,生徒四集,累官万户府经历,复教授东平。先时,教授无俸,郡敛儒户银百两备束修,谦辞曰:"家幸非甚贫者,岂可聚货以自殖乎!"

翰林学士王磐以谦名闻,召为应奉翰林文字,一时制诰,多出其手。至元十五年,升待制,扈驾至上都,赐以银壶、藤枕。十八年,升直学士,为太子左谕德,侍裕宗于东宫。陈十事:曰正心,曰睦亲,曰崇俭,曰几谏,曰戢兵,曰亲贤,曰尚文,曰定律,曰正名,曰革弊。裕宗崩,世祖又命傅成宗于潜邸,所至以谦自随。转侍读学士。世祖深加器重,尝赐坐便殿,饮群臣酒,世祖曰:"闻卿不饮,然能为朕强饮乎?"因赐葡萄酒一钟,曰:"此极醉人,恐汝不胜。"即令三近侍扶掖使出。二十六年,以足疾辞归。

三十一年,成宗即位,驿召至上都。既见,劳曰:"朕知卿有疾,然京师去家不远,且多良医,能愈疾。卿当与谋国政,余不以劳卿也。"升学士。元贞初,引疾还家。大德六年,召为翰林承旨,以年七十一,乞致仁。九年,又召,至大元年,给半俸。仁宗为皇太子,征为太子少傅,谦皆力辞。

仁宗即位,召十六人,谦居其首。乃力疾见帝于行在,疏言九事,其略曰:"正心术以正百官,崇孝治以先天下,选贤能以居辅相之位,广视听以通上下之情,恤贫乏以重邦家之本,课农桑以丰衣食之源,兴学校以广人才之路,颁律令使民不犯,练士卒居安思危。至于振肃纪纲、纠察风外,台宪之官尤当选素著清望、深明治理、不事苛细者为之。"帝嘉纳焉。迁集贤大学士、荣禄大夫、致仕，加赐银一百五十两，金织币及帛各三匹。归，卒于家，年七十九。

谦文章醇厚有古风，不尚浮巧，学者宗之，号野斋先生。子偘，官至大名路总管。

【译文】

李谦，字受益，郓州东阿元人。祖父李元，以医术著名。父亲李唐佐，性情恬淡，不喜欢做官。

李谦小时就有成人的风格。刚开始进学，每天写上千字的文章，写的赋很有名声，与徐世隆、孟祺、阎复齐名而以李谦为首。做过东平府教授，四方学生云集。官做到万户府经历，又任东平府教授。当时，教授没有俸禄，地方官让儒生集资白银百两作为学费。李谦不肯接受，说："幸好我家还不是很贫穷，哪能给自己谋利呢？"

翰林学士王磐以李谦的名声上奏，皇上召他做应奉翰林文字。这一期间，皇帝的文书多是出自他的手。至元十五年（1278），升为侍制。随驾到上都，受赐银壶、藤枕。至元十八（1281），升为直学士，太子左谕德，在东宫跟随裕宗（当时的太子）。给裕宗讲十件事：正心、睦亲、崇俭、几谏（纳谏）、戢兵（停止战争）、亲贤、尚文、定律、正名、革弊。裕宗死后，世祖又让他辅佐成宗（太子），走到哪里都要李谦跟随。又任侍读学士。世祖十分器重。有一次在偏殿与群臣饮酒聚会。世祖说："听说您不喝酒，但是能为我勉强喝一杯吗？"赐葡萄酒一杯，说："这酒极醉人，恐怕您经不起。"于是让三个侍从扶他退下。至元二十六年（1289），因为脚有病而辞职回家。

至元三十一年（1294），成宗即位。召李谦到上都，见面慰问说："我知道先生有病，但京师离家不远，又有许多良医，能为您治病。您为我谋划国家大事，别的事就不麻烦您了。"升为翰林学士。元贞初年，因病辞职回家。大德六年（1302），召见任命为翰林承旨。以年纪七十一岁为由请求退休。大德九年（1305），又征召，至大元年（1308），发给半俸。仁宗做太子时，请他做太子少傅，李谦极力推辞。

元仁宗即位，召见十六人，以李谦为首。李谦勉强支撑去行宫拜见皇帝，上书说了九件事，大意："以正心术要求百官，以崇孝道鼓励天下，选拔贤能的人做辅佐大臣，调查研究掌握上下全面的情况，爱护百姓把他们当作国家的根本，督促鼓励农业生产保证衣食，兴办学校以培养选拔人才，颁布法令并教育百姓宗法，操练军队做到居安思危。至于整顿风纪，征治违法行为的台宪官员，更应当选用名声好，有经验，不纠缠细节的人来当。"皇帝很赞赏他的意见，任命为集贤大学士，荣禄大夫，退休，加赐银一百五十两，金织币和帛各三匹。回家后去世，享年七十九岁。

李谦文章醇厚有古风，不崇尚浮巧，许多读书人学习他的文风，号称野斋先生。儿子李偘，官至大名路总管。

杨恭懿传

【题解】

杨恭懿(1225~1294 年),他一生好学,甘于淡泊,不求名利。五十岁时,太子真金以礼聘为相当于现今顾问性质的人员,他入京才一年就回去了。这时,由于金代遗留下来的《大明历》预报天象不准确。忽必烈于至元十三年命王恂、郭守敬与许衡等共同编制新的历法,杨恭懿再度被邀到燕京,参与订立新历的工作。下一年,新历告成,四人曾共同进奏忽必烈,详细做了汇报。杨恭懿对学术有很深的造诣,改历完成后他的奏言指出,必须每年进行实测,做出修改,要积三十年方能趋于完美,是道出了古代制订历法的关键性的要点,表明他精通天文历法,不仅是谙熟经书的儒士,也是一位优秀的科学家,对中国最精良的古历《授时历》的制订,有相当重要的贡献。

【原文】

杨恭懿字元甫,奉元人。力学强记,日数千言。虽从亲逃乱,未尝废业。年十七,西还,家贫,服劳为养。暇则就学,书无不读,尤深于《易》《礼》《春秋》,后得朱熹集注《四书》,欢曰:"人伦日用之常,天道性命之妙,皆萃此书矣。"父没,水浆不入口者五日,居丧尽礼。宣抚司、行省以掌书记辟,不就。

至元七年,与许衡俱被召,恭懿不至。衡拜中书左丞,日于右相安童前称誉恭懿之贤,丞相以闻。十年,诏遣使召之,以疾不起。十一年,太子下教中书,俾如汉惠聘四皓者以聘恭懿,丞相遣郎中张元智为书致命,乃至京师。既入见,世祖遣国王和童劳其远来,继又亲询其乡里、族氏、师承、子姓,无不周悉。十二年正月二日,帝御香殿,以大军南征,使久不至,命筮之,其言秘。侍读学士街单公履请设取士科,诏与恭懿议之。恭懿言:"明诏有谓:士不治经学孔孟之道,日为赋诗空文。斯言诚万世治安之本。今欲取士,宜敕有司,举有行检、通经史之士,使无牒自售,试以经义、论策。夫既从事实学,则士风还淳,民俗趋厚,国家得才矣。"奏入,帝善之。会北征,恭懿遂归田里。

十六年,诏安西王相敦遣赴阙。入见,诏于太史院改历。十七年二月,进奏曰:"臣等编考自汉以来历书四十余家,精思推算,旧仪难用,而新者未备,故日行盈缩,月行迟疾,五行周天,其详皆未精察。今权以新仪木表,与旧仪所测相较,得今岁冬至暑景及日躔所在,与列含分度之差,大都北极之高下,书夜刻长短,参以古制,创立新法,推算成辛已历。虽或未精,然比之前改历者,附会历元,更立日法,全踵故习,顾亦无愧。然必每岁测验修改,积三十年,庶尽其法。可使如三代日官,世专其职,测验良久,无改岁之事矣。"又《合朔议》曰:

"日行历四时一周,谓之一岁;月逾一周,复与日合,谓之一月;言一月之始,日月相合,故谓合朔。自秦废历纪,汉太初止用平朔法,大小相间,或有二大者,故日食多在晦日或二日，测验时刻亦鲜中。宋何承天测验四十余年，进《元嘉历》，始以月行迟速定小余以正朔望，使食必在朔，名定朔法，有三大二小，时以异旧法，罢之。梁虞刂造《大同历》，隋刘焯造《皇极历》，定朔始得行。贞观十九年，四月频大，人皆异之，竟改人平朔。李淳风造《麟德历》，虽不用平朔，遇四大则避人言，以平朔间之。又希合当世，为进朔法，使无元日之食。至一行造《大衍历》，谓"天事诚密，四大三小何份。"诚为确论，然亦循常不改。"

"臣等更造新历，一依前贤定论，推算皆改从实。今十九年历，自八月后，四月并大，实日月合朔之数也。"

详见《郭守敬传》。是日，方列跪，未读奏，帝命许衡及恭懿起，曰："卿二老，毋自劳也。"授集贤学士，兼太史院事。

十八年，辞归。二十年，以太子宾客召；二十二年，以昭文馆学士、领太史院事召；二十九年，以议中书省事召。皆不行。三十一年，卒，年七十。

【译文】

杨恭懿字元甫，陕西奉元人。他读书勤奋，记性很好，每天能背几千字。即使是随家人躲避战乱，但也未曾荒废学业。十七岁时，从西部归来，由于贫穷，从事劳动养家。一有空他就学习，见书就读。对》《礼记》《春秋》，领会特别深刻，后来得到了朱熹集注的《四书》赞赏说："日常的人际关系，天理人性的奇妙，都包含在这些书中了。"父亲去世，他一连五天不进汤水，完全按礼节办丧事。当地宣抚司和陕西行省征召他去当书记官，他都推辞了。

至元七年，朝廷召用杨恭懿与许衡二人，他没有去。许衡被任命为中书左丞，经常在右相安童面前称颂杨恭懿，安童亦奏报给皇帝忽必烈。至元十年朝廷派人带诏书去召用他，他以生病而未应召。十一年，太子真金命中书省，仿照历史上汉惠帝聘请四位贤德老翁的事例去聘请他。丞相还派郎中张元智写信致意，他方同意到京城去。入朝后，皇帝先派国王和童慰劳他的远道而来，又亲自详细面谈，问他的家乡、家族情况和学术渊源等。下一年正月初二，皇帝因大军南征，一直没有消息，在香殿上让杨恭懿占卜，结果秘不告人。这时有侍读学士徒单公履申请设立录用士人的科目，皇帝让他跟杨恭懿商量。杨恭懿道："皇帝说过，有些读书人不研习经书和孔孟之道，老是作诗和空文，这话确实点出了国家长治久安的道理。现在要录用士人，可以通令有关部门，要保举品行好并且通达经史的人。不要让他们自己来投请。然后以经书和论议作考试，大家从事实际的学问，风气和习俗就会清纯，国家就会得人才。上报后，皇帝认为很不错。但不久又北征，杨恭懿回家去了。

至元十六年，朝廷又派安西王的相把杨恭懿请到京师去。进见后请他去太史院共改历法。十七年二月，他们上奏时，恭懿说："我们查核了汉朝以来的四十多种历法，仔细做了研究和计算。现今旧的天文仪器难以运用，新的又未全部制成，所以太阳、月亮的运行快慢，还有五星的运动等，未能作精密的测定。现姑且应用新仪器的木表，与用旧仪器所测作比照，得到该年冬至日的日影长度和太阳在天上的位置，二十八宿恒星宿度的改正数，京师大都北极的出地高度以及昼夜的时刻数等，同时参阅前人的方法，用以创立了新的历法，已推算得了辛巳年的新历。虽然也许还不够精密，但是比起以前的改历者，他们拉扯一个历日的起点，改变一下一年长度，做法仍跟过去一般，那么我们的历法亦可告无愧。但每年一定要做实测加以修正，总要达三十年，方法才能够趋于完善。可以像夏、商、周三代掌天文的官员那样，世代专职承继，长期测验，就可不至于经常改历了。"在《合朔议》内，他道："四个季节中太阳在众星间走动一圈，称为一年。月亮则每走了一圈，又与太阳相遇，称为一月。因而每一个月的开始，日月两相会合，称为合朔。自从废除秦历后，汉代的《太初历》只用平朔法，大月与小月间隔出现，亦有两个大月相连的。日食常在月末晦日或初二日出现，其时刻的测量也很难准确。刘宋的何承天作了四十多年实测，上报了《元嘉历》，方才依月球运行的快慢定出以十二个月为一年后多出的余分，以此来订定每个月初一与十五的日子，使日食须在朔日发生，叫作定朔法。这种安排会有连续三个大月接两个小月。当时认为跟旧法相异而未采用。梁代虞𠚤作《大同历》，隋代刘焯作《皇极历》，都采用定朔，也都受到阻挠。至唐代傅仁钧作《戊寅历》，开始实行了定朔。贞观十五年，一连四个大月，大家都觉得奇怪，竟又改用以前的平朔法。李淳风作的《麟德历》，虽然不用平朔，然而遇到接连四个大月时，为了避免闲言碎语，就用平朔隔开。又为了符合世俗，做出进朔法，使正月初一无日食。到一行作《大衍历》时，他说过：'天上的事理是周密的，四个大月与三个小月相连有什么妨碍呢。'确实说得很对，然而他亦照往常一样，并没有改过来。

我们改作新历，都依照前代贤德学者是的论点，遵照实际计算所得。现在的至元十九年新历，从八月以后，连续四个大月，是太阳与月亮在天上相合的实际现象。"

以上详细的有关记载见《郭守敬传》。那天，正排了队跪见忽必烈皇帝。奏章还未吟读，皇帝就叫许衡与杨恭懿起来。他说："你二人年纪大，别太累了。"于是任命杨恭懿为集贤学士，兼任太史院事。

至元十八年，杨恭懿辞职还乡。以后，朝廷在二十年以太子宾客名义召他进京，二十二年以昭文馆学士、领太史院事召他，二十九年又曾以议中书省事召请他，他都没有去。至元三十一年，杨恭懿于七十岁高龄时去世了。

王恂传

【题解】

王恂（1235～1281），字敬甫，中山唐县（今河北）人。少时聪颖过人，被路过中山的刘秉忠赏识，将其带到磁州紫金山学习。1253年，刘秉忠将王恂推荐给元世祖，世祖命他为太子伴读，中统二年（1261）升做太子赞善。至元十三年（1276），因元初行用的金《大明历》不准，世祖任命王恂、郭守敬等进行改历。并设立太史局，"官属悉听恂辟置。"至元十六（1279），太史局改为太史院，王恂为太史令，郭守敬为同知太史院事。至元十七（1280），《授时历》颁行天下。《授时历》是中国历法史上水平最高的一部传统历法，这部

历法本身以及为编历而进行的天文观测，为观测而制造的天文仪器等，均有许多创新和进步。由于王恂精于算术，《授时历》中计算方面的工作应与王恂有很大关系。王恂故世后，皇室因其在制历等方面的功绩，给予了他很高的荣誉。

【原文】

王恂，字敬甫，中山唐县人。父良，金末为中山府掾，时民遭乱后，多以讹误系狱，良前后所活数百人。已而弃去吏业，潜心伊洛之学，及天文律历，无不精究，年九十二卒。

恂性颖悟，生三岁，家人示以书帙，辄识风、丁二字。母刘氏授以《千字文》，再过目，即成诵。六岁就学，十三学九数，辄造其极。岁己酉，太保刘秉忠北上，途经中山，见而奇之，及南还，从秉忠学于磁之紫金山。

癸丑，秉忠荐之世祖，召见于六盘山，命辅导裕宗，为太子伴读。中统二年，擢太子赞善，时年二十八。三年，裕宗封燕王，守中书令，兼判枢密院事，敕两府大臣：凡有咨禀，必令王恂与闻。初，中书左丞许衡，集唐、虞以来嘉言善政，为书以进。世祖尝令恂讲解，且命太子受业焉。又诏恂于太子起居饮食，慎为调护，非所宜接之人，勿令得侍左右。恂言："太子，天下本，嘱咐至重，当延名德与之居处。况兼领中书、枢密之政，诏条所当遍览，庶务亦当屡省，官吏以罪免者毋使更进，军官害人，改用之际尤不可非其人。民至愚而神，变乱之余，吾不之疑，则反复化为忠厚。"帝深然之。

恂早以算术名，裕宗尝问焉。恂曰："算术，六艺之一；定国家，安人民，乃大事也。"每侍左右，必发明三纲五常，为学之道，及历代治忽兴亡之所以然。又以辽、金之事近接耳目者，区别其善恶，论著其得失，上之。裕宗问以心之所守，恂曰："许衡尝言：人心如印板，惟版本不差，则虽摹千万纸皆不差；本既差，则摹之于纸，无不差者。"裕宗深然之。诏择勋戚子弟，使学于恂，师道卓然。及恂从裕宗抚军称海，乃以诸生属之许衡，及衡告老而去，复命恂领国子祭酒。国学之制，实始于此。

帝以国朝承用金大明历，岁久浸疏，欲厘正之，知恂精于算术，遂以命之。恂荐许衡能明历之理，诏驿召赴阙，命领改历事，官属悉听恂辟置。恂与衡及杨恭懿、郭守敬等，遍考历书四十余家，昼夜测验，创立新法，参以古制，推算极为精密，详在守敬传。十六年，授嘉议大夫、太史令。十七年，历成，赐名授时历，以其年冬，颁行天下。

十八年，居父丧，哀毁，日饮勺水。帝遣内侍慰谕之。未几，卒，年四十七。初，恂病，裕宗屡遣医诊治，及葬，赙钞二千贯。后帝思定历之功，以钞五千贯赐其家。延祐二年，赠推忠守正功臣、光禄大夫、司徒、上柱国、定国公，谥文肃。

子宽、宾，并从许衡游，得星历之传于家学。裕宗尝召见，语之曰："汝父起于书生，贫无赀蓄，今赐汝钞五千贯，用尽可复以闻。"恩恤之厚如此。宽由保章正，历兵部郎中，知蠡州。宾由保章副，累迁秘书监。

【译文】

王恂，字敬甫，中山唐县人。他的父亲王良，金末任中山府掾，当时老百姓遭战乱后，很多人因受连累被捕入狱，王良前后救活数百人，随后又放弃官职，潜心研究伊洛之学及天文律历，年九十二卒。

王恂生性聪颖，三岁时，家人拿书给他看，就能识风、丁二字。母亲刘氏教他《千字文》，他再看一次，就能诵读。王恂六岁上学，十三岁学九教，立即理解得非常透彻。己酉年(1249)，太保刘秉忠北上，途经中山，见了王恂，认为是个奇才，等他返回南方时，王恂即随秉忠到磁州紫金山学习。

癸丑年(1253)，秉忠将王恂推荐给元世祖，世祖在六盘山召见了王恂，指派他辅导裕宗，为太子伴读。中统二年，王恂升为太子赞善，时年二十八岁。中统三年(1261)，裕宗被封为燕王，担任中书令，并兼管枢密院，世祖嘱咐两府大臣，凡有公文禀告，一定要让王恂知道。开始，中书左丞许衡，搜集唐、虞以来的嘉言善政，装订成册，呈给世祖，世祖曾让王恂给他讲解，并命太子随王恂学习。又诏令王恂仔细地调养护理太子的起居饮食，不适宜接近的人，不要让其在太子左右侍候。王恂说："太子是国家的根本，责任极重，应当延请名德高尚的人与他在一起，况且他还兼管中书、枢密院的政务，应当遍览各种诏令，也应经常检查各项杂务。官吏因犯罪被罢免的不能再用。有的军官害人，所以改换官吏的时候尤其不可以用不适当的人，老百姓没有文化，力量很大，对战乱之后生存下来的百姓，我们不要怀疑。这样他们慢慢就会变得忠厚。"世祖认为很对。

王恂很早就以算术方面的才能闻名。裕宗曾经问及此事。王恂说："算术，六艺之一；它可以使国家稳定，使人民生活安乐，是件大事啊。"王恂每当陪伴裕宗时，一定要阐发三纲五常和做学问的道理，以及历代统治迅速兴亡的原因。又以辽代、金代的一些重要事件，分别其善恶，论述其得失，呈给裕宗。裕宗问王恂，人的思想应当遵守什么，王恂说："许衡曾经说过：人的思想如同印，只要版本不错，那么印千万张纸都不会错；如果版本错了，那么印在纸上，没有不错的。"裕宗认为说得很对。于是命令挑选文武官员、王亲贵戚的子弟，向王恂学习。王恂传授学问，取得了卓越的成绩，在王恂跟随裕宗到称海抚慰军队时，诸生就被交与许衡管辖，许衡告老还乡后，又命王恂兼任国子祭酒。国学的制度，实际上是从这时候开始的。

世祖因本朝承用金大明历，年代久了而不准确，想进行改历。知道王恂对算术很精通，就把这件事交给他。王恂推荐许衡，说他能够明了治历的原理，于是世祖令驿使召他赴任，负责领导改历，官员们都听王恂的征召安排。王恂与许衡及杨恭懿、郭守敬等，查考历书四十余种，昼夜测验，参考古制，创立新法，推算极为精密。其详情记在郭守敬传中。(至元)十六年(1279)，授予王恂嘉议大夫、太史令。十七年，新历修成，皇上赐名《授时历》，年终，颁行天下。

十八年，王恂为父亲守孝，由于过度悲伤而毁坏自己的身体，每日只喝一勺水。皇上派内侍安慰劝慰他。不久，王恂故世，年四十七岁。开始，王恂病了，裕宗多次派遣医生为他诊治，等埋葬时，又送钱二千贯为其办丧事。后帝念王恂制定历书的功劳，拿钱五千贯赐给他的家人。延祐二年(1315)，追赠推忠守正功臣、光禄大夫、司徒、上柱国、定国公，谥号文肃。

王恂有二子：王宽、王宾，兄弟俩同时跟随许衡学习，有关星历的知识得于家学。裕宗曾经召见他们俩，对他们说："你们的父亲书生出身，很贫穷，没有积蓄，现在我赐你们五千贯,用完可以再告诉我。"由此可见裕宗对王恂恩恤之深厚。王宽由保章正,历任兵部郎中,蠡州知府。王宾由保章副,累迁至秘书监。

郭守敬传

【题解】

郭守敬(1231~1316),字若思。他从小好学不倦,受祖父郭荣熏陶,致力于水利、机械、天文、数学等多种学术的钻研。青年时期曾就学于磁州紫金山著名学者、后出仕元廷为重臣的刘秉忠、张文谦等人。他对科学技术有着很深的造诣。他出仕稍晚,三十岁时方随张文谦在家乡附近治理河道,发展生产,从而开始了他一生的科技生涯。其中最突出的是:在地形测量上高程概念的创立早于国外。仪器制造上简仪为世界上最早的赤道仪;数学方法上三次差内插法比欧洲早四个世纪。法国的拉普拉斯(P.S.Laplace)曾高度评价郭守敬测定的黄赤交角值并以此为他的黄赤交角值逐渐变小的理论作证明。他参加编订的《授时历》是中国古历中最优良的历法,行用时间也最长,历三百六十四年之久;还东传朝鲜和日本,影响深远。所开浚的通惠河,接通了直达北京的京杭大运河。他完成通惠河后晚年作为较少。他是中国科学技术发展历史上最杰出的人物之一,在世界科学史上也占有重要的地位。

【原文】

郭守敬字若思,顺德邢台人。生有异操,不为嬉戏事。大父荣,通五经,精于算数、水利。时刘秉忠、张文谦、张易、王恂,同学于州西紫金山,荣使守敬从秉忠学。

中统三年,文谦荐守敬习水得,巧思绝人。世祖召见,面陈水利六事:其一,中都旧漕河,东至通州,引玉泉水以通舟,岁可省雇车钱六万缗。通州以南,于蔺榆河口径直开引,由蒙村跳梁务至杨村还河,以避浮鸡淘盘浅风浪远转之患。其二,顺德达泉引入城中,分为三渠,灌城东地。其三,顺德沣河东至古任城,失其故道,没民田千三百余顷。此水开修成河,其田即可耕种,自小王村经漳沱,合入御河,通行舟楫。其四,磁州东北滏、漳二水合流处,引水由滏阳、邯郸、洺州、永年下经鸡泽,合入澧河,可灌田三千余顷。其五,怀、孟沁河,虽浇灌,犹有漏堰余水,东与丹河余水相合。引东流,至琥陟县北,合入御河,可灌田二千余顷。其六,黄河自孟州西开引,少

郭守敬

分一渠,经由新、旧孟州中间,顺河古岸下,至温县南复入大河,其间亦可灌田二千余顷。每奏一事,世祖欢曰:"任事者如此,人不为素餐矣。"授提举诸路河渠。四年,加授银符、副河渠使。

至元元年,从张文谦行省西夏。先是,古渠在中兴者,一名唐来,其长四百里,一名汉延,长二百五十里,它州正渠十,皆长二百里,支渠大小六十八,灌田九万余顷。兵乱以来,废坏淤浅。守敬更立插堰,皆复其旧。

二年,授都水少监。守敬言:"舟自中兴沿河四昼夜至东胜,可通漕运,及见查泊、兀郎海古渠甚多,宜加修理。"又言:"金时,自燕京之西麻峪村,分引庐沟一支东流,穿西山而出,是谓金口。其水自金口以东,燕京以北,灌田若干顷,其利不可腾计。兵兴以来,典守者惧有所失,因以大石塞之。今若按视故积,使水得通流,上可以致西山之利,下可以广京畿之漕。"又言:"当于金口西预开减水口,西南还大河,令其深广,以防涨水突入之患。"帝善之。十二年,丞相伯颜南征,议立水站,命守敬行视河北、山东可通舟者,为图奏之。

初,秉忠以《大明历》自辽、金承用二百余年,浸以后天,议欲修正而卒。十三年,江左既平,帝思用其言。遂以守敬与王恂,率南北日官,分掌测验推步于下,而命文谦与枢密张易为之主领裁奏于上,左丞许衡参预其事。守敬首言:"历之本在于测验,而测验之器莫先仪表。今司天浑仪,宋皇祐中汴京所造,不与此处天度相符,比量南北二极,约差四度;表石年深,亦复欹侧。"守敬乃尽考其失而移置之。既又别图高爽地,以木为重棚,创作简仪、高表,用相比覆。又以为天枢附极而动,昔人尝展管望之,未得其的,作候极仪。极辰既位,天体斯正,作浑天象。象虽形似,莫适所用,作玲珑仪。以表之矩方,测天之正圆,莫若以圜求圜,作仰仪。古有经纬,结而不动,守敬易之,作立运仪。日有中道,月有九行,守敬一之,作证理仪。表高景虚,罔象非真,作景符。月虽有明,察景则难,作阑几。历法之验,在于交会,作日月食仪。天有赤道,轮以当之,两极低昂,标以指之,作星晷定时仪。又作正方案、丸表、悬正仪、座正仪,为四方行测者所用。又作《仰规覆矩图》《异方浑盖图》《日出入永短图》,与上诸仪互相参考。

十六年,改局为太史院,以恂为太史令,守敬为同知太史院事,给印章,立官府。及奏进仪表,郭守敬当帝前指陈理致,至于日晏,帝不为倦。守敬因奏:"唐一行开元间令南宫说天下测,书中见者凡十三处。今疆宇比唐尤大,若不远方测验,日月交食分数时刻不同,昼夜长短不同,日月星辰去天高下不同,即目测验人少,可先南北立表,取直测景。"帝可其奏。遂设监侯官一十四员,分道而出,东至高丽,西极滇池,南逾朱崖,北尽铁勒,四海测验,凡二十七所。

十七年,新历告成,守敬与诸臣同上奏曰:

臣等窃闻帝王之事,莫重于历。自黄帝迎日推策,帝尧以闰月定四时成岁,舜在璇玑玉衡以齐七政。爰及三代,历无定法,周、秦之间,闰余乖次。西汉造《三统历》,百三十年而后是非始定。东汉造《四分历》,七十余年而仪式方备。又百八十年,姜岌造《三纪甲子历》,始悟以月食动检日宿度所在。又五十七年,何承天造《元嘉历》,始悟以朔望及弦皆定大小余。又六十五年,祖冲之造《大明历》,始悟太阳有岁差之数,极星去不动处一度余。又五十二年，张子信始悟日月交道有表里，五星有迟疾留逆。又三十三年，刘焯造《皇极历》，始悟日行有盈缩。又三十五年，傅仁均造《戊寅元历》，颇采旧仪，始用定朔。又四十六年，李淳风造《麟德历》，以古历章蔀元首分度不齐，始为总法，用进朔以避晦晨月见。又六十三年，一行造《大衍历》始以朔有四大三小，定九服交食之异。又九十四年，徐昂造《宣明历》，始悟日食有气、刻、时三差。又二百三十六年，姚舜辅造《纪元历》，始悟食甚泛余差数。以上计千一百八十二年，历经七十改，其创法者十有三家。

自是又百七十四年，圣朝专命臣等改治新历，臣等用创造简仪、高表，冯其测实数，所考正者凡七事：

一曰冬至。自丙子年立冬后，依每日测到晷景，逐日取对，冬至前后日差同者为准。得丁丑年冬至在戊戌日夜半后八刻半，又定丁丑夏至在庚子日夜半后七十刻；又定戊寅冬至在癸卯日夜半后三十三刻；己卯冬至在戊申日夜半后五十七刻；庚辰冬至在癸丑日夜半后八十一刻。各减《大明历》十八刻，远近相符，前后应准。

二曰岁余。自《大明历》以来，凡测景、验气，得冬至时刻真数者有六，用以相距，各得其时合用岁余。今考验四年，相符不差，仍自宋大明壬寅年距至今日八百一十年，每岁合得三百六十五日二十四刻二十五分，其二十五分为今历岁余合用之数。

三曰日躔。用至元丁丑四月癸酉望月食既，推求日躔，得冬至日躔赤道箕宿十度，黄道箕九度有奇。仍冯每日测到太阳躔，或恁星测月，或恁月测日，或径恁星度测日，立术推算，起自丁丑正月至己卯十二月，凡三年，共得一百三十四事，皆躔于箕，与月食相符。

四曰月离。自丁丑以来至今，冯每日测到逐时太阴行度推算，变从黄道求入转极迟、疾并平行处，前后凡十三挗，计五十一事。内除去不真的外，有三十事，得《大明历》入挗后天。又因考验交食，加《大明历》三十刻，与天道合。

五曰入交。自丁丑五月以来，凭凭借每日测到太阴去极度数，比按黄道去极度，得月道交于黄道，共得八事。仍依日食法度推求，皆有食分，得入交时刻，与《大明历》所差不多。

六曰二十八宿距度。自《汉太初历》以来，距度不同，互有损益。《大明历》则于度下余分，附以太半少，皆私意牵就，未尝实测其数。今新仪皆细刻天度分，每度为三十六分，以距线代管窥，宿度余分并依实测，不以私意牵就。

七曰日出入昼夜刻。《大明历》日出入昼夜刻，皆据汴京为准，其刻数与大都不同。今更以本方北极出地高下，黄道出入内外度，立术推求每日日出入昼夜刻，得夏至极长，日出寅正二刻，日入戌初二刻，昼六十二刻，夜三十八刻。冬至极短，日出辰初二刻，日入申正二刻，昼三十八刻，夜六十二刻。永为定式。

所创法凡五事：一曰太阳盈缩。用四正定气立为升降限，依立招差求得每日行分初末极差积度，比古为密。二曰月行迟疾。古历皆用二十八限，今以万分日之八百二十分之一限，凡析为三百三十六限，依垛叠招差求得转分进退，其迟疾度数逐时不同，盖前所未有。三曰黄赤道差。旧法以一百一度相减相乘，今依算术勾股弧矢方圜斜直所容，求到度率积差，差率与天道实吻合。四曰黄赤道内外度。据累年实测，内外极度二十三度九十分，以圆容方直矢接勾股为法，求每日去极，与所测相符。五曰白道交周。旧法黄道变推白道以斜求斜,今用立浑比量,得月与赤道正交,距春秋二正黄赤道正交一十四度六十六分,按以为法。推逐月每交二十八宿度分,于理为尽。

十九年,恂卒。时历虽颁,然其推步之式,与夫立成之数,尚皆未有定藁。守敬于是比次篇类,正齐分秒,裁为《推步》七卷,《立成》二卷,《历议按藁》三卷,《转神选择》二卷,《上中下三历注式》十二卷。二十三年,迹为太史令,遂上表奏进。又有《时候笺注》二卷,《修改源流》一卷。其测验书,有《仪象法式》二卷,《二至晷景考》二十卷,《五星细行考》五十卷,《古今交食考》一卷,《新测无名诸星》一卷,《月离考》一卷,并藏之官。

二十八年,有言栾河自永平挽舟逾山而上,可至开平;有言泸沟自麻峪可至寻麻林。朝廷遣守敬相视,栾河既不可行,泸沟舟亦不通,守敬因陈水利十有一事。其一,大都运粮河,不用一亩泉旧原,别引北山白浮泉水,西折而南,经瓮山泊,自西水门入城,环区于积水潭,复东折而南,出南水门,合入旧运粮河。每十里置一亩,比至通州,凡为牌七,距牌里许,上重置斗门,互炎提淤,以过舟止水。帝览奏,喜曰:"当速行之。"于是复置都水监,俾守敬领之。帝命丞相以下皆亲操畚锸倡工,待守敬指授而后行事。

先是,通州至大都,陆运官粮,岁若干万石,方秋霖雨,驴畜死者不可腾计,至是皆罢之。三十年,帝还自上都,过积水潭,见舳舫敝水,大悦,名曰通惠河,赐守敬钞万二千五百贯,仍以旧职兼提调通惠河漕运事。守敬又言:于澄清牌稍东,引水与北坝河接,且立牌的正门西,令舟楫得环城往来。志不就而罢。三十一年,拜昭文馆大学士、知太史院事。

大德二年,召守敬至上都,议开铁幡竿渠。守敬奏:"山水频年暴下,非大为渠堰,广五七十步不可。"执政吝于工费,以其言为过,缩其广三之一。明年大雨,山水注下,渠不能容,漂没人畜庐帐,几犯行殿。成宗谓宰臣曰:"郭太史神人也,惜其言不用耳。"七年,诏内外官年及七十,并听致仕,独守敬不许其请。自是翰林太史司天官不致仕,定著为令。延祐三年卒,年八十六。

【译文】

郭守敬,字若思,是顺德路邢台人。他的志趣从小就跟别人不同,不喜欢耍玩游戏。他祖父郭荣熟悉五经,精通数学与水利。当时正好有刘秉忠、张文谦、张易与王恂等人,一起在滋州西部紫金山学习,郭荣就让郭守敬去跟刘秉忠学习。

中统三年时,张文谦向朝廷推荐郭守敬是位擅长水利工程的人才,并且思想灵巧,胜过平常人。元世祖忽必烈命他进见时,他当面陈述了应该兴办的六项水利事业如下:

第一,金代中都原有的水运河道,东面可到通州。如果引西郊玉泉山的水流入,使舟船能通行,每年可节省雇车的运输费六万缗。通州南面,在蔺榆河口直向开引河道,从蒙村跳梁务至杨村回到原有河道,可以避开浮鸡淘一段河浅湾多路长有风浪的害处。

第二,将顺德府达活泉的水引进到城里,分为三支,可用以灌溉城东的土地。

第三,顺德府的沣河,本来向东通往古任城。现在原有河道已淤没,水流漂淹百姓土地一千三百余顷。如果将它开通,这些田就可以耕种。从小王村经溏沱河会合入御河,还可通行船舶。

第四，从磁州东北滏河与潼河会合处，引水由滏阳、邯郸、洺州、永年，往下经鸡泽而流入沣河，可以灌溉土地三千余顷。

第五，怀孟路的沁河，虽然灌溉了农田，但还有穿过土堰的余水，向东与丹河的余水相会合。如果引此水向东流送至琥陟县北，合流入御河，可以灌溉土地两千余顷。

第六，从孟州西部开渠引黄河的水，穿过新旧孟州之间，再沿黄河的古岸边东下到温县南面重新进入典河。这一段亦可灌溉良田二千余顷。

每奏报一项，皇帝总是赞赏道："像这样去办事的人，方才不是白吃饭的。"于是派他担任提举诸路河渠的官职。中统四年，升任佩银符副河渠使。

至元元年，郭守敬随从张文谦去到已改为行省的前代西夏国地方去任职。哪里的中兴州本来有两处古代的河渠。一条名唐来渠，长四百里；另一条名汉延渠，长二百五十里。其他各州还有正渠十条，都长二百里；大大小小的支渠有六十八条。一共灌溉着九万余顷的土地。发生战乱以来，渠道废坏，河也淤积了。郭守敬修复了水坝水闸，整治了河身，恢复了原状。

至元二年，郭守敬升任都水监。他上奏说："从中兴州乘船沿黄河而行，四昼夜可抵达东胜。这一段能够开辟水运，应该加以修治。"又说："金朝时，从燕京西面的麻峪村，引卢沟河一条支流穿过西山向西，叫作金口河。它灌溉着金口以东、燕京以北的一大片土地，利益是极大的。自从进军燕京以来，守卫人员惧怕发生失误，用大石块将它填塞了。现在如查察原有河道，仍使水道畅流，上游段可把西山的货物运出来，下游段可以沟通燕京的水运。"他又道："还应该在金口西面预先开挖一条分水渠，从西南方回归到主流道，要深一些和宽一些，以防涨水时洪水冲入京师。"皇帝认为都是很好的意见。至元十二年，伯颜丞相进军南宋，需要设立水路驿站，派郭守敬去视察河北、山东一带可以行船的河道，绘图上报。

早年，刘秉忠鉴于从辽、金两代沿用到元初的《大明历》，已经二百多年了。历法上的天象渐渐地落后于实际上的天象，曾计议修改历法。随即他去世了。至元十三年时，江东的南宋已攻灭，皇帝想到了刘的改历意见。于是就委派郭守敬与王恂，率领原有的以及来自亡宋的天文官员，进行具体的天文测量并作计算；又委派张文谦和枢密张易为主管，裁夺奏报，左丞许衡共同参与工作。郭守敬首先指出道："治历的根本在于作测量，作测量的工具首先在于仪器。现在司天台上的浑仪，是故宋皇祐年间制作于汴京开封府，跟这里的天文度数并不相合。测量天球上南北二极，相差约四度多。圭表的基石，因年久亦已倾斜。"郭守敬于是考查缺点，重新作了安顿。接着，又另外选找高爽的地段，搭设并列的木棚，创制简仪和高表，用以测量校比。他又认为，天枢星在北极旁边转动，以前有人用窥管观测，未能测定北极位置，于是制作了候极仪。北极位置测定了，其余天体的位置就能正确标定，又制作了浑天象。浑天象形状虽很像，但还不太适用，再制作玲珑仪。圭表象矩尺，是方的，要测圆形的天，不如以圆求圆，他又创制了仰仪。古代有经纬制度，结合成固定的网格形，不能转动，郭守敬变更一下制作了立运仪。太阳和月亮的运行，分别有黄道和九行道，他合起来作了证理仪。高表虽然高，但所得表影端部模糊不够真切，他制作了景符。月虽然明亮，观测它照射出的影子时则较困难，他作了窥儿。检验历法的正确性在于日月食观测，又做了日月食仪。天球上的赤道，可用圆轮置于相当的位置来表示，南北极方向的高低可用标杆指明，按此而制作了星晷定时仪。另又作正方案、丸表、悬正仪和座正仪，都是为到外地去做测量时使用的。此外还制作了《仰规覆矩图》《异方浑盖图》《日出入永短图》，可以同以上各种仪器测量互相参照使用。

至元十六年，太史局改为正式机构太史院，发给公章，设立官署。王恂当太史令，郭守敬任副职为知太史院事。在上呈并汇报各种仪器式样时，郭守敬在皇帝面前解释使用方法及其原理，一直到天晚，皇帝并不厌倦。郭宗敬随而奏报："唐代一行在开元年间命南宫说到各地去测量日影，书上记载有十三处地方。现在疆土比唐代还要广大，如果不到远方去做测量，怎知日月食时刻与食分的不同、昼夜长短的不同以及日月星辰在天上位置高低的不同？现今作测量的人员较少，可以先在南北若干地方立表杆，测定准确的日影长度。"皇帝同意他的意见，设置了十四个监候官，分路到各地去。东方去到高丽，西方直至滇池，南方超越朱崖，北方达到铁勒，作四海测验场的总共有二十七个地方。

至元十七年，新历完成了。郭守敬同其他负责人一起上奏说："我们知道帝王最重要的事情要算治历。自从黄帝观测太阳，记录并作推算，帝尧设立闰月定四季作为一年，帝舜用仪器窥管测量日月五星以来，到夏、商、周三代，治历还没有固定的方法。周、秦之间，以闰月调整一年长度，仍有差错。西汉制订《三统历》，三十年之后方才是非分明，确认其正确。东汉作《四分历》，经七十多年方才比较完整。又过一百二十年，刘洪造《乾象历》，方领悟月亮的运行有快有慢。又一百八十年，姜岌作《三纪甲子历》，方懂得以月食时对冲的星宿来推定太阳的位置。又过五十七年，何承天作《元嘉历》，方知晓朔日、望日及上、下弦的月亮位置，时间上还有余分。六十五年后，祖冲之作《大明历》，方发现太阳运动中冬至点有岁差，北极星离天球北极还有一度多。又隔五十二年，张子信方了解日月食同它们在黄道与白道交点附近的位置有关，五个行星的速度有快慢变化，并有留和逆行现象。又三十三年，刘焯作《皇极历》，方明了太阳的运动也有快慢。又三十五年，傅仁钧作《戊寅元历》，较多采用旧的仪制，方才采用定朔。又过四十六年，李淳风作《麟德历》，鉴于古历中的章、蔀和元起首日期取数不同，改用总法一个数据，用进朔法避开月末晦日早晨出现月亮。又六十三年，一行作《大衍历》，应用定朔，得连续四个大月和三个小月，定出不同地区日月食时刻和食分的差别。又九十四年，徐昂作《宣明历》，方知道日食有气差、刻差和时差这三种差数。以上共计一千一百八十二年，历法改了七十次，有创造的计十三家。

此后又一百七十四年，本朝命我们专门改制新历。我们用新创制的简仪和高表实测所得的数据，考证了七项内容：

一为冬至。自丙子年冬至日之后，每天测得的太阳表得的太阳表影长度，依冬至前后日子相差数前后相同者，每日取以对比。得丁丑年冬至时刻在戊戌日夜半后八刻半，定夏至在庚子日夜半后七十刻；己卯年冬至在戊申日夜半后五十七刻半；庚辰年冬至在癸丑日夜半后八十一刻半。都比《大明历》减少十八刻，远近相合，前后应该是准确的。

二为岁余。自《大明历》以来，经测表影和验节气，得到冬至时刻确数的共有六次。按照它们的时间差数，分别可得到那时合用的一年长度所余的尾数。现经过四年校验，其数值是符合的。从刘宋大明壬寅年到今八百十年，每年得三百六十五日二十四刻二十五分。这二十五分是现今新历法内通称为岁余的数值。

三为日躔。应用至元丁丑年四月癸酉日望月食食既时的位置，推求太阳的位置；得到冬至日太阳位置依赤道宿度计算是箕宿十度，按黄道宿度计算为箕宿九度余。再按恒星测月，恒月测日或直接恒星度测日等方式，每日测量太阳位置，依法作了计算。从丁丑年正月到己卯年十二月，三年内共得一百三十四项数据，都跟按月食所得结果一样，冬至日太阳位于箕宿。

四为月离。自丁丑年以来至今日，从每天所测得的月亮连续的经行度数，计算出月亮运行中速度最快、最慢位置以及相对于恒星的月平行度，前后共十三个周期，五十一项。除去其中不太真切的以外，共有三十项，得知《大明历》落后于天象。又据考验日月交食所得，对《大明历》数据加上三十刻，就与天象相合。

五为入交。从丁丑年五月以来，依每日所测月亮距北极的度数，比照黄道上的去极度数，求得了白道与黄道的相交点，共得八项数据。依日食法式推算，可算得食分，并可算得月亮过白道与黄道交点的时刻。这同按《大明历》所算相差不多。

六为二十八宿距度。自从汉代《太初历》以来，二十八宿的二十八距度，曾有所增减，并不完全相同。《大明历》在度的单位以下附有尾数，分为太、半、少三种。但这并非经过实测而得，是以个人意见牵强附会的。现在的新仪器都详细地飤刻有全天度、分的刻度。每度分为三十六分；采用结线作瞄准来代替原有的窥管。宿度下的分数都是实测结果，不是牵强地配合上去的。

七为日出入昼夜时刻。《大明历》按太阳出没时刻而定的昼夜时间，都根据汴京开封府地理位置所定，它的刻数跟大都不相同。现另依本地北极出现高度，黄道距赤道内外的度数，计算出每天太阳出没及昼夜时间长短的刻数。得知夏至日最长，日出于寅正二刻，日入于戌初二刻，昼长六十二刻，夜长三十八刻。冬至日最短，日出于辰初二刻，日没于申正二刻，昼长三十八刻，夜长六十二刻。这是永远可取以为依据的。

所创制的方法有五项内容：

一是太阳盈缩。按定气的冬、夏至和春、秋这四正日期。立出加速和减速的区段，依照差术方法求得太阳在黄道上运行时，每天的快慢情况及经行距离，比古代要精确。

二是月行迟疾。古历以"限"作为时间区分单位，都采用二十八个限。现在改以一日的一万分之八百二十作为一限，一个月分为三百三十六限。依垛叠招差法求得月亮运行速度的变化，得到逐时不同的快慢速度，这是以前所没有的。

三是黄赤道差。以前是以一百零一度相减相乘而得。现在依勾股弧矢方圆斜直关系的计算方法，求出黄道与增道上两种度数的差数和积差，它的差额跟天上的实际情况都相符合。

四是黄赤道内外度。根据数年实际测量，黄道内外距赤道二十三度九十分。用以圆容方直矢接勾股的计算方法，求得太阳每日的去极度，跟实测所得均相符合。

五是白道交周。旧法从黄道推求白道位置的方法是以斜求斜；现在用立浑法计算，得月亮白道与赤道的交点，距黄、赤两道交点即春分点和秋分点为十四度六十六分，作为定法,再按月推算月亮距二十八宿的度分,在理论上这是正确的。

至元一五年,王恂去世了。这时,新历虽然已经颁发,可是计算的方式方法以及有关的数据表,都还没有正式的定稿。于是,郭守敬就整理各种数据和资料,分门别类,加经编纂。共编成《推步》七卷,《立成》二卷,《历议拟稿》三卷,《转神选择》二卷,《上中下三历注式》十二卷。至元二十三年,他正式继任太史令,于是上表章呈进历法资料。上述以外,又有《时候笺注》二卷,《修改源流》一卷;测验用书有《仪象法式》二卷,《二至晷影考》二十卷,《五星细行考》五十卷,《古今交食考》一卷,《新测二十八舍入宿去极》一卷,《新测无名诸星》一卷,《月离考》一卷,都收藏在官府中。

至元二十八年,有人向朝廷上方说,滦河河道上,如从永平行船,拉牵越山而上可抵开平。另有人说,泸沟河如经麻峪村通船,可至寻麻林。朝廷派郭守敬去视察。他回来汇报道,滦河不能通行,沪沟河亦不能通舟。他就此陈报关于水利的十一项工作。其中之一为,大都城的运粮河,可不再采用一亩泉原有的水源,另外开引北山白浮泉的水,先向西行,再折而向南,通过瓮山泊,从西水门流入城内,汇集于积水潭。然后再往东,转向南面出南水门,使它流入原有的运粮河。每隔一里设置一道水闸,通往通州共设水闸七道。离闸一里余,再加设斗门,配合作开闭,以便调整河水而通船。皇帝看了奏章,高兴地说,应该赶快就办。就此又重新设立了都水监机构,使郭守敬为主管。皇帝命令,开工时自丞相以下百官,都亲自拿起畚插等工具,等待郭守敬安排,带头参加劳作。

原先,运河只到通州,通州到大都是改从陆路运送官粮的。每年运来几万石正值秋天霖雨时节,拉车的驴子等牲畜不知要累死多少。这时都可免除了。至元三十年,皇帝从上都回朝,路过积水潭,只见船头接连船尾,把水面都遮没了。他大为高兴,把它起名为通惠河,赐给郭守敬钱钞一万二千五百贯,仍任太史令,兼任提调通惠河漕运事。郭守敬又上言,在通惠河澄清闸稍东处,引水跟北坝河相接,在丽正门西边设立闸门,则舟船可环绕大都城护城河通行。这件事并没有实现。至元三十一年,他被任命为昭文馆大学士,知太史院事。

大德二年,朝廷召郭守敬到上都,商议有关开控铁幡竿渠的工作。郭守敬汇报道:"山洪常年暴发,渠道一定要宽广,并加设土坝,宽度非五十步到七十步不可。"办事人员不愿多化工资费用,认为郭守敬所说太过头了,缩小了三分之一。第二年大雨,山水暴发,渠不能容,浸没了人畜及庐帐差点危及行宫。元成宗对负责官员说:"郭太史真是个神奇的人物!可惜没有听从他的话。"大德七年,朝廷下诏书,内外官员年纪到了七十岁的,都可退休,唯独没有同意郭守敬的请求。从此以后,翰林、太史、司天官员都不退休,成为一项规定。延祐三年,郭守敬八十六岁时去世了。

刘因传

【题解】

刘因(1247~1293),字梦吉,元代保定容城人,元初著名学者,与许衡并称北方两大儒。他的祖先是金朝人，世代业儒，所以他一生也与元朝格格不入，屏迹心野，超然物外。他的学问主要师法程朱理学，但又杂有陆氏心学。主要著作除《文集》外，其他均已失传。

【原文】

刘因字梦吉，保定容城人。世为儒家，五世祖琼生敦武校尉、临洮府录事判官昉，昉生奉议大夫、中山府录事俣，俣生秉善，金贞祐中南徙。其弟国实，登兴定进士第，终奉直大夫、枢密院经历。秉善生述，述，因之父也。岁壬辰，述始北归，刻意问学，邃性理之说，好长啸。中统初，左三部尚书刘肃宣抚真定，辟武邑令，以疾辞归。年四十未有子，叹曰："天果使我无子则已，有子必令读书。"因生之夕。述梦神人为载一儿至其家，曰："善养之。"既觉而生，乃名曰骃，字梦骥，后改今名及字。

因天资绝人，三岁识书，日记千百言，过目即成诵，六岁能诗，七岁能属文，落笔惊人。甫弱冠，才器超迈，日阅方册，思得如古人者友之，作希圣解。国子司业砚弥坚教授真定，因从之游，同舍生皆莫能及。初为经学，究训诂疏释之说，辄叹曰："圣人精义，殆不止此。"及得周、程、张、邵、朱、吕之书，一见以发其微，曰："我固谓当有是也。"及评其学之所长，而曰："邵，至大也；周，至精也；程，至正也；朱子，极其大，尽其精，而贯之以正也。"其高见远识率类此。

因蚤丧父，事继母孝，有父、祖丧未葬，投书先友翰林待制杨恕，怜而助之，如克襄事。因性不苟合，不妄交接，家虽甚贫，非其义，一介不取。家居教授，师道尊严，弟子造其门者，随材器教之，皆有成就。公卿过保定者众，闻因名，往往来谒，因多逊避，不与相见，不知者或以为傲，弗恤也。尝爱诸葛孔明静以修身之语，表所居曰静修。

不忽木以因学行荐于朝，至元十九年，有诏徵因，擢承德郎、右赞善大夫。初，裕皇建学宫中，命赞善王恂教近侍子弟，恂卒，乃命因继之。未几，以母疾辞归。明年，丁内艰。二十八年，诏复遣使者，以集贤学士、嘉议大夫徵因，以疾固辞，且上书宰相曰：

因自幼读书，接闻大人君子之余论，虽他无所得，至如君臣之义，自谓见之甚明。如以日用近事言之，凡吾人之所以得安居而暇食，以遂其气聚之乐者，是谁之力与？皆君上之赐也。是以凡我有生之民，或给力役，或出知能，亦必各有以自效焉。此理势之必然，亘万古而不可易，而庄周氏所谓无所逃于天地之间者。

因生四十三年，未尝效尺寸之力，以报国家养育生成之德，而恩命连至，因尚敢偃蹇不出，贪高尚之名以自媚，以负我国家知遇之恩，而得罪于圣门中庸之教也哉！且因之立心，自幼及长，未尝一日敢为崖岸卓绝、甚高难继之行，平昔交友，苟有一日之雅者，皆知因之此心也，但或者得之传闻不求其实，止于纵迹之近似者观之，是以有高人隐士之目，惟阁下亦知因之未尝以此自居也。

向者，先储皇以赞善之命来召，即与使者俱行，再奉旨令教学，亦即时应命。后以老母中风，请还家省视，不幸弥留，竟遭忧制，遂不复出，初岂有意于不仕邪。今圣天子选用贤良，一新时政，虽前日隐晦之人，亦将出而仕矣，况因平昔非隐晦者邪。况加以不次宠，处之以优崇之地邪。是以形留意往，命与心远，病卧空榻，惶恐待罪。

因素有羸疾，自去年丧子，忧患之余，继以痁虐，历夏及秋，后虽平复，然精神气血，已非旧矣,不意今岁五月二十八日,疟疾复作,至七月初二日,蒸发旧积,腹痛如刺,下血不已。至八月初,偶起一念,自叹旁无期功之亲,家无纪纲之仆,恐一旦身先朝露,必至累人,遂遣人于容城先人墓侧,修营一舍,倘病势不退,当居处其中以待尽。遣人之际,未免感伤,由是病势益增,饮食极减。至二十一日,使者持恩命至,因初闻之,惶怖无地,不知所措,徐而思之,窃谓供职虽未能扶病而行,而恩命则不敢不扶病而拜。因又虑,若稍涉迟疑,则不惟臣子之心有所不安,而纵迹高峻,已不近于人情矣。是以即日拜受,留使者,候病势稍退,与之俱行,迁延至今,服疗百至,略无一效,乃请使者先行,仍令学生李道恒,纳上铺马圣旨,待病退,自备气力以行。望阁下俯加矜悯,曲为保全,因实疏远微贱之臣,与帷幄诸公不同,其进与退,苦非难处之事,惟阁下始终成就之。

书上,朝廷不强致,帝闻之,亦曰:"古有所谓不召之臣,其斯人之徒欤!"三十年夏四月十有六日卒,年四十五。无子,闻者嗟悼。延祐中,赠翰林学士,资善大夫,护军,追封容城郡公,谥文靖。

欧阳玄尝赞因画像曰:"微点之狂,而有沂上风雩之乐;资由之勇,而无北鄙鼓瑟之声。于裕皇之仁,而见不可留之四皓;以世祖之略,而遇不能致之两生。乌乎!麒麟凤凰,固宇内之不常有也。然而一鸣而六典作,一出而《春秋》成。则其志不欲遗世而独往也明矣,亦将从周公、孔子之后,为往圣继绝学,为来世开太平者邪!"论者以为知言。

因所著有《四书精要》三十卷;诗五卷,号《丁亥集》,因所自选。又有文集十余卷,及小学四书语录,皆门生故友所录,惟《易系辞说》,乃因病中亲笔云。

【译文】

刘因字梦吉,保定容城人。世代为儒学家,五世祖刘琮生了敦武校尉、临洮府录事判官刘昉,刘昉生了奉议大夫、中心府录事刘俣,刘俣生刘秉善,金代贞祐年中迁到南方。他的弟弟刘国宝,中了兴定年间进士,官至奉直大夫、枢密院经历,刘秉善生下了刘述,刘述是刘因的父亲,壬辰年,刘述开始回到北方,刻意学向,精于性理学说,喜欢长啸。中统元年,左三部尚书刘肃宣抚真定,征辟刘述为武邑令,因为生病而辞职回家。四十岁了没有孩子,叹息说:"上天真的让我没有儿子就算了,有儿子一定让他读书。"生刘因的晚上,刘述梦见神人用马载着一个小孩到家里,说:"好好养育他。"醒来以后就生了他。于是取名为骃,字梦骥,后来改现在的名和字。

刘因天资绝人,三岁识字,每天写数百字,过目即能朗诵,六岁能写诗,七岁能作文,下笔很惊人,才二十岁,才华器识十分超迈,每天读书,心里想与像古人那样的人交朋友,写下了《希圣解》一书,国子司业砚弥坚在真定教书,刘因跟从学习,同住的太学生都赶不上。开始学经学,研究训诂疏释之学,往往叹息说:"圣人的精义,大概不止这些。"等到得到周敦颐、二程、张载、邵雍、朱熹、吕柟的著作,一看到就能阐发其中的微言大义,说:"我本来说应当有这样的书,"等到评述他们学问的长处,就说:"邵雍,学问最大的人;周敦熙,是学术最精者;程颐,道义最端正的;朱子,把他们的学问发展到最大,做到了最精,并且用正道去贯彻。"他的高见远识大都像这样。

刘因早年丧父,侍奉继母很孝顺,祖父、父亲去世后没有安葬,致书以前的朋友翰林侍制杨恕,杨恕可怜而帮助他,才得以完成丧事。刘因性格不合众,不随便和人来往,家里虽然很贫困,不合道义的,一点也不索取。住在家里教授学生,很重师道,进他门的弟子,按才华和器宇教育他们,都很有成绩造诣。公卿经过保定的很多,听到刘因的名声,往往来拜见,刘因大多谦逊地回避,不和他们相见,不知道的认为是他孤傲,不体贴。喜欢诸葛孔明静以修身的话,把他所住的地方叫"静修"。

不忽木因为刘因学问品行向朝廷推荐,至元十九年,有诏书征刘因,提拔为承德郎、右赞善大夫。开始,裕皇在宫中建造学校之时,命令赞善官王恂教育近臣侍从的子弟,王恂死后,于是让刘因继承他。不久,因为母亲生病而辞职回家。第二年,碰上家庭难事。二十八年,下诏并派使者,用集贤学士、嘉议大夫征召刘因,因为疾病而坚决拒绝,并且给宰相上书说:

"刘因从小读书,听到大人君子的一些议论,虽然其他没有得到什么,至如君和臣之间的义理,自认为理解得很清楚。如果按平常日用及相近的事情来讲,凡是我们这些人所以能够安心地住下来并且悠闲地生活,用来满足生命的快乐,这是靠谁的力量?都是皇上君王的恩赐。"因此凡是我们有生命的民众,有的服役,有的贡献智能,也一定各自都有自己的贡献了。这是事理的必然,万古都不会改变的,即是庄周所说的无法从天地之间逃出去。

刘因生下来四十三年了,没有贡献一点点力量,用来报效国家养育生成的大德,却恩命不断地来到。刘因怎么敢伏家不出?贪图高尚之名来自我讨欢,有愧于国家知遇的恩德,却得罪圣门中庸之教啊!况且刘因的本心,从小到大,从没有一天敢去坐在崖岸卓绝,非常高而又艰难的行为,平时交朋友,即使有一天的雅好,都知道刘因这片心,但是有的从传闻那儿听说,不求真实,只在行动踪迹相近之处去看,因此有地把我看成高人隐士,只有阁下您也知道刘因从来没有以高人隐士来自居。

从前,皇太子用赞善之官来征召我,就和使者一块去了,又奉旨令教授学生,也是按时应命。后来因为老母中风,请求回家探望,不幸多留了时日,竟然赶上了丧事之忧,于是不再出仕,开始难道不想出仕为官吗?现在圣明天子选用贤能良臣,是一时的新政策,即使以前隐晦不仕的人也将出来为官了,何况刘因以前就不是隐逸之人?又更何况加上不按次提拔的宠幸,用非常优厚的待遇对我,因此身体留下来了但心里已经很向往,命运和内心相违背,病倒了躺在空房之中,惊慌地等待着遣责。

刘因本来有风痹之病,自从去年死了儿子,忧心之余,又得了疟疾,从夏天到秋天,后来虽然恢复了一些,但是精神血气,已不再像从前了。没想到今年五月二十八日,疟疾又发作,至七月初二,又引发旧有的毛病,肚子痛得如针刺,流血不止。八月初,偶然产生一个想法,自己叹息身边没有什么亲近的亲人,家里也没有什么有规矩的奴仆,假若一天突然逝去,一定会害累别人,已经派人在容城的祖先坟墓旁边,建造了一所坟墓,倘若病情减不下去,就住在中间等待生命结束。派人的时候,不免有些伤感。因此病情更加增重,饮食急剧下降。至二十一日,使者带着皇帝恩命来,刘因刚听到,惊慌恐怖无地自容,不知道怎么办为好,慢慢一想,私下里说担任职务虽然不能带病而行,但是皇帝恩命则不敢不带病回拜。刘因又考虑,假若稍有滞留,那么不仅愚臣之心中有所不安,而且形迹太高，又太不近人情了。于是当天就拜命接受，留下使者，等到病势稍退一点，和他一起出发。一直耽误到现在，服药治疗都用尽了，没有一点效果，于是请求使者先出发，仍让学生李道恒，交纳马匹和圣旨，等到病稍退，自己准备据力出发。希望阁下加以体贴照顾、并多方保全。刘因实在是疏远低微卑贱的人，和朝廷中那些大臣很不相同，是进还是退，本来不是什么太难处置的事情，希望阁下您从头到尾成全我的心愿。

书信送上去，朝廷没有强迫他来，皇帝听说了，他说："古代听说有不听从征召的人，大概就是这样的人吧！"三十年夏四月十六日逝去，年四十五，没有孩子，听到死讯的人都叹息。延祐年中，赠封为翰林学士、资善大夫、护军，追封为容城郡公，谥号为文靖。

欧阳玄曾经赘述刘因画像说："没有曾点的狂大，却有沂上风乎舞雩的快乐；取法了子由的勇敢，却没有北方边地鼓瑟的声音。以裕皇的仁义，却与商山四皓一样不可挽留；以世祖的谋略，却不能使他获得两次生命。可叹啊！麒麟和凤凰，本来是天下不可常有的东西，但是一叫唤而《六典》产生，一出现《春秋》便写成。那么他们的志向是不留在世上而愿独来独往也很明显了，也将跟着周公、孔子的后面为过去的圣人继承绝学，为以后的事业打开太平之道啊！"评论的人认为这是了解刘因的话。

刘因所撰的著作有《四书精要》三十卷，诗五卷，名叫《丁亥集》，是刘因自己选定的。还有文集十多卷，以及以《小学四书语录》，都是他的学生及朋友记录的，《易系辞说》，是刘因病中亲笔所写。

吴澄传

【题解】

吴澄（1249～1333 年），元代理学家，饶鲁的再传弟子，与许衡为同代名儒，号称"南吴北许"，元代理学从朱子过渡到王阳明的主要人物。《元史》本传的主要价值在于不仅简要介绍了他的生平，而且精要摘录了他论述道德的文字。他的著作后人编有《草庐吴文正公全集》。

【原文】

吴澄字幼清，抚州崇仁人。高祖晔，初居咸口里，当华盖、临川二山间，望气者徐觉言其地当出异人。澄生前一夕，乡父老见异气降其家，邻媪复梦有物蜿蜒降其舍旁池中，且以告于人，而澄生。三岁，颖悟日发，教之古诗，随口成诵。五岁，日受千余言，夜读书至旦。母忧其过勤。节膏火，不多兴，澄候母寝，燃火复诵习。九岁，从群子弟试乡校，每中前列。既长，于《经》《传》皆通之，知用力圣贤之学，尝举进士不中。

至元十三年，民初附，盗贼所在蜂起，乐安郑松，招澄居布水谷，乃著孝经章句，校定《易》《书》《诗》《春秋》《仪礼》《大、小戴礼记》。侍御史程钜夫，奉诏求贤江南，起澄至京师。未几，以母老辞归。钜夫请置澄所著书于国子监，以资学者，朝廷命有司即其家录

《周礼》书影

上。元贞初，游龙兴，按察司经历郝文迎至郡学，日听讲论，录其问答，凡数千言。行省掾元明善以文学自负，尝问澄《易》《诗》《书》《春秋》奥义，叹曰："与吴先生言，如探渊海。"遂执子弟礼，终其身。左丞董士选延之于家，亲执馈食，曰："吴先生，天下士也。"既入朝，荐澄有道，擢应奉翰林文字。有司敦劝，久之乃至，而代者已到官，澄即日南归。未几，除江西儒学副提举，居三月，以疾去官。

至大元年，召为国子监丞。先是，许文正公衡为祭酒，始以朱子小学等书授弟子，久之，渐失其旧。澄至，旦燃烛堂上，诸生以次受业，日昃，退燕居之室，执经问难者，接踵而至。澄各因其材质，反覆训诱之，每至夜分，虽寒暑不易也。

皇庆元年，升司业，用程纯公《学校奏疏》、胡文定公《六学教法》、朱文公《学校贡举私议》，约之为教法四条：一曰经学，二曰行实，三曰文艺，四曰治事，未及行。又尝为学者言："朱子于道问学之功居多，而陆子静以尊德性为主，问学不本于德性，则其敝必偏于言语训释之末，故学必以德性为本，庶几得之。"议者遂以澄为陆氏之学，非许氏尊信朱子本意，然亦莫知朱陆之为何如也。澄一夕谢去，诸生有不谒告而从之南者。俄拜集贤直学士，特授奉议大夫，俾乘驿至京师，次真州，疾作，不果行。

英宗即位，超迁翰林学士，进阶太中大夫。先是，有旨集善书者，粉黄金为泥，写浮屠藏经。帝在上都，使左丞速速，诏澄为序，澄曰："主上写经，为民祈福，甚盛举也。若用以追荐，臣所未知。盖福田利益，虽人所乐闻，而轮回之事，彼习其学者，犹或不言。不过谓为善之人，死则上通高明，其极品则与日月齐光；为恶之人，死则下沦污秽，其极下则与沙虫同类。其徒遂为荐拔之说，以惑世人。今列圣之神，上同日月，何庸荐拔！且国初以来，凡写经追荐，不知几举。若未效，是无佛法矣；若已效，是诬其祖矣。撰为文辞，不可以示后世，请俟驾还奏之。"会帝崩而止。

泰定元年，初开经筵，首命澄与平章政事张珪国子祭酒邓文原为讲官。在至治末，诏作太庙，议者习见同堂异室之制，乃作十三室，未及迁奉，而国有大故，有司疑于昭穆之次，命集议之。澄议曰："世祖混一天下，悉考古制而行之。古者，天子七庙，庙各有宫，太祖居中，左三庙为昭，右三庙为穆，昭穆神主，各以次递迁，其庙之宫，颇如今之中书六部。夫省部之设，亦仿金、宋，岂于宗庙叙次，而不考古乎！"有司急于行事，竟如旧次云。时澄已有去志，会修《英宗实录》，命总其事，居数月，实录成，未上，即移疾不出。中书左丞许师敬奉旨赐宴国史院，仍致朝廷勉留之意，宴罢，即出城登舟去。中书闻之，遣官驿追，不及而还，言于帝曰："吴澄，国之名儒，朝之旧德，今请老而归，不忍重劳之，宜有所褒异。"诏加资善大夫。仍以金织文绮二及钞五千贯赐之。

澄身若不胜衣，正坐拱手，气融神迈，答问亹亹，使人涣若冰释。弱冠时，尝著说曰："道之大原出于天，神圣继之，尧、舜而上，道之元也；尧、舜而下，其亨也；洙、泗、邹、鲁，其利也；濂、洛、关、闽，其贞也。分而言之，上古则羲、黄其元，尧、舜其亨，禹、汤其利，文、武、周公其贞乎！中古之统：仲尼其元，颜、曾其亨乎，子思其利，孟其贞乎！近古之统：周子其元，程、张其亨也，朱子其利也，孰为今日之贞乎？未之有也。然则，可以终无所归哉！其旻以斯文自任如此。故出登朝署，退归于家，与郡邑之所经由，士大夫皆迎请执业，而四方之士不惮数千里，蹑屦负笈来学山中者，常不下千数百人。少暇，即著书，至将终，犹不置也。于《易》《春秋》《礼记》各有纂言，尽破传注穿凿，以发其蕴，条归纪叙，精明简洁，卓然成一家言。作《学基》《学统》二篇，使人知学之本，与为学之序，尤有得于邵子之学。校定《皇极经世书》，又校正《老子》《庄子》《太玄经》《乐律》及《八阵图》、郭璞《葬书》。

初，澄所居草屋数间，程钜夫题曰"草庐"，故学者称之为草庐先生。天历三年，朝廷以澄耆老，特命次子京为抚州教授，以便奉养。明年六月，得疾，有大星坠其舍东北，澄卒，年八十五。赠江西行省左丞、上护军，追封临川郡公，谥文正。

长子文，终同知柳州路总管府事；京，终翰林国史院典籍官。孙当，自有传。

【译文】

吴澄字幼清，抚州崇仁人。高祖吴晔，开始住在咸口里，在华盖、临川两山之间，望气者徐觉说那个地方会出一个异人。吴澄生下来的前一天晚上，同乡父老看见异气降到他家，邻居老太婆又梦见有一东西蜿蜒地降在他房子旁边的池塘里，早晨把这事告诉别人，而正巧吴澄诞生了。三岁，一天比一天聪明颖悟，教他古诗，跟着即能背诵。五岁，每天读千余字，晚上读书读到早上。母亲担心他过于勤奋，节下来油灯，不多给他，吴澄等到母亲睡了，又再点灯读书学习。九岁，跟着许多学子参加乡试，总得最前面的名次。等到长大以后，对经书、传记都熟悉背诵了，并懂得在圣贤之学上用功，曾经考进士没有考中。

至元十三年，宋民开始依附元朝，到处都是强盗，乐安郑松招呼吴澄住在布水谷，于是写下了《孝经章句》，校定《易》《书》《诗》《春秋》《仪礼》以及《大、小戴礼记》。侍御史程钜夫奉诏书到江南求贤才，举荐吴澄到京城。不久，因为母亲年老而回家。程钜夫请求把吴澄所写的书放在国子监，用来培养教育学习的人，朝廷派人到他家写录交上来。元贞初年，游龙兴，按察司经历郝文迎接他到郡学中，每天听他讲学论述，记下他的问答，一共数千言。行省掾元明善对文学很自负，曾经询问吴澄《易》《诗》《书》《春秋》的深奥义理，叹息说："和吴先生谈话，像深海一样。"于是对吴澄行弟子礼，一直到死。左丞董士选请到家里，亲自送上饭食，说："吴先生，天下的人才。"等到进了朝廷，推荐吴澄有道识，提拔为应奉翰林文字。管事的人敦促劝勉，很久才去。但代替的已经到任。吴澄当天即回到南方。不久，拜江西儒学副提举，过了三个月，因为疾病而弃官。

至大元年，召做国子监丞。以前，许文正公衡做祭酒，开始用《朱子小学》等书传授弟子，过了许久，慢慢地失去了旧有的东西。吴澄来了，早晨即点灯在讲堂上，学生们按次序授课，到下午，退到住的屋子里，拿着经书来提问的，接踵而至。吴澄按他们的才华器质，反反复复地教训诱导，每天都到半夜，即使冬天暑日也不变。

皇庆元年，升为司业，用程纯公《学校奏疏》、胡文定公《六学教法》、朱文公《学校贡举私议》，立约作为教法四条：一是经学，二是行实，三是文艺、四是治事。没有能够实行。

又曾经对学习的人说:"朱子对于道学讲学方面的功绩较多,但陆九渊则专门以尊重道德品性为根本,讲学不以道德品质为根本,那么他的弊端一定在于偏废在言语和训释等末节上,所以学习必须以道德品性为根本,大概可以得到。"评论的人于是认为吴澄承袭的是陆氏之学,并不是许氏尊信朱子的本意,然而也不知道朱子、陆子是为什么? 吴澄一天晚上辞谢而去,学生有的没有请求就跟随他南归的,不久拜官集贤直学士,特别授予奉议大夫,派人乘驿车送到京师,到了真州,疾病发作了,没有走成功。

英宗即位后,越位升至翰林学士,又晋升为太中大夫。以前,皇帝有命令召集会书写的,用黄金捣粉成泥,书写佛教大藏经。皇帝在上都,派左丞杨速速,下诏吴澄写序。吴澄说:"皇帝写经,是为民众求福,是一件很大的事情。假若靠此来追荐,愚臣从来不知道。大概福田利益,虽然是人人所乐于知道的,但是轮回之事,那些诵习佛学的人,犹且有的不想说,不过说做善事的人,死了上通高明,那些最好的则和日月一样光辉,为恶的人,死了以后下降到污秽之地,其中最低下的就会与沙和虫为伍,佛徒于是就用荐拔的说法,用来迷惑世人。现在列圣的神灵,上面与日月相同,哪里用得着荐拔! 况且国初以来,凡是写经来追荐的人,不知道有多少。假若没有效应,那是没有佛法了;假若有所效验,那是诬妄他的先祖了。写下这些文辞,不可以告诉后世。请求等到皇帝回京时奏上。"赶上皇帝去世中止了此事。

泰定元年,刚开始设经筵。第一个命吴澄和平章政事张珪、国子祭酒邓文原为讲官。在至治末年,下诏建造太庙,议论的人习惯见到了同堂异室的制度,于是建十三室。还没来得及搬迁供奉,国家就发生大的变故,官吏们怀疑昭穆的次序,下令共同讨论此事。吴澄说:"世祖统一天下,都是考察万代的制度而实行的,从前,天子七庙,每座庙都有宫室,太祖居于中正,左三庙是昭、右三庙是穆,昭和穆的神主牌,都各按照次序变化。庙中的宫室,很类似现在朝廷的中书六部。省部的设立,也是仿效金、宋两朝,难道宗庙的次序、位置可以不考诸古代吗?"有司着急办事,竟然像旧次。当时吴澄已经有离开朝廷的打算,正赶上修纂《英宗实录》,命令他主持此事,过了几个月,实录写成,没有奏上,就居疾不出门。中书左丞许师敬按皇帝旨意在国史院设宴招待,仍然表达朝廷劝勉挽留的意思,宴会结束,就离开城坐上船离开了。中书听说了,派官方驿马追赶,没有赶上回来了,对皇帝说:"吴澄,国家的名儒,朝廷的旧德,现在请求告老回家,不忍心过分劳累他,但应该有所表彰褒扬。"下诏加资善大夫,并用金织的文绮两个及钞五千贯赏赐他。

吴澄身体像不能穿衣一样,端坐拱手,气质融融,神情超迈,回答提问都很儒雅,能让人象冰释一样。二十岁时,曾写下论说:"道的广大是从天那儿来的,神圣者继承天道,尧舜以上,是道的开始,尧舜以下,道的亨也,洙、泗、邹、鲁,亦道之利,廉、洛、关、闽,道之贞也。分别地说,上古则伏羲、黄帝是道原,尧舜是道亨,禹汤是道利,文武周公是道贞。中古的道统则是,仲尼是道元,颜渊、曾子是道亨,子思是道利,孟子是道贞! 近古的道统,周敦颐是元,程、张是亨,朱子得利,谁是现在之贞? 还没有,然而,可以能够没有什么归化吗?"他早年用道术自任也是这样的人,所以他出仕登朝,辞退回家,所经郡邑之地,士大夫都迎接请求跟他学习,而四面八方的人士不远数千里,穿着草鞋、背着行李来到山中学习的,经常不止千数百人。稍有一点空暇就写书,直到快死了,仍不放下。对于《易》,

《春秋》《礼记》，都有所纂言，全部破除了传注的穿凿附会，来求得底蕴，按条归纳加以纪录叙述，精明简洁，卓然成一家之言。著有《学基》《学统》二篇，让人知道学习的根本，和做学问的次序，尤其对邵雍的学问有所收获。校定《皇极经世书》，又校正《老子》《庄子》《太玄经》《乐律》以及《八阵图》和郭璞的《葬书》。

开始，吴澄所住数间草屋，程矩夫题名叫草庐，所以学者称他为草庐先生。天历三年，朝廷因为吴澄年老，特别命令第二个儿子吴京做抚州教授，以便于奉养。第二年六月，染病，有大星落在房屋的东北，吴澄逝去，卒年八十五岁。赠江西行省左丞、上护军，追封为临川郡公，谥号为文正。长子吴文当上了柳州路总管府知事。次子吴京，当了翰林国史院典籍官。孙吴当，别有传。

赵孟頫传

【题解】

赵孟頫（公元 1254～1322 年），字子昂，号松雪道人，水精宫道人，湖州（今浙江吴兴）人，赵宋宗室。他在南宋作过小官，宋亡后在家闲居。入元，世祖忽必烈派人去江南搜访遗贤，经程钜夫荐举，历任兵部郎中、集贤直学士，直至翰林学士承旨，因此后世称之为"赵承旨"，死后封为魏国公，因此又称之为"赵魏公"。赵孟頫是南人，南人在元代地位最为卑下，而且他又是宗室，虽然官阶较高，只不过是文学侍从，在政治上难有作为。

赵孟頫是元代著名艺术家，他在书法、绘画以及篆刻方面都有很高的成就，尤其以书法见长。他精于楷书行书，远学王羲之、王献之，近学唐代的李邕，形成自己的独特风格，世称"赵体"，与唐代的颜真卿、柳公权、欧阳询齐名，对后世影响很大。他的楷书端庄清秀，行书圆润流畅，遒劲中多有媚趣。因其以宋代宗室而仕元，后世对其节行颇有訾议，因而对他的书法成就亦颇多微词，这是不恰当的，应实事求是地做出评价。他存世书迹很多，如《洛神赋》《道德经》《玄妙观重修三门记》《四体千字文》《急就章》《襄阳歌》等。他的绘画，山水取法董源或李成，人物，鞍马师李

赵孟頫

公麟或唐人。他主张变革南宋画院格调，在继承前人的基础上有所发展，开创了元代画风。存世画迹有《重江叠嶂》《东洞庭》《鹊华秋色》《秋郊饮马》等。诗文有《松雪斋集》。

赵孟頫的妻子管道升，人称"管夫人"，亦工书法绘画，她的书法作品酷肖赵孟頫，几可乱真。他的儿子赵雍，亦擅书画，尤以绘画见长。

【原文】

赵孟頫字子昂，宋太祖子秦王德芳之后也。五世祖秀安僖王子伟，四世祖崇宪靖王伯圭。高宗无子，立子伟之子，是为孝宗，伯圭，其兄也，赐第于湖州，故孟頫为湖州人。曾祖师垂，祖希永，父与𬸚，仕宋，皆至大官；入国朝，以孟頫贵，累赠师垂集贤侍读学士，希永太常礼仪院使，并封吴兴郡公，与𬸚集贤大学士，封魏国公。

孟頫幼聪敏，读书过目辄成诵，为文操笔立就。年十四，用父荫补官，试中吏部铨法，调真州司户参军。宋亡，家居，益自力于学。

至元二十三年，行台侍御史程钜夫，奉诏搜访遗逸于江南，得孟頫，以之入见。孟頫才气英迈，神采焕发，如神仙中人，世祖顾之喜，使坐右丞叶李上，或言孟頫宋宗室子，不宜使近左右，帝不听。时与立尚书省，命孟頫草诏颁天下，帝览之，喜曰："得朕心之所欲言者矣。"诏集百官于刑部议法，众欲计至元钞二百贯赃满者死，孟頫曰："始造钞时，以银为本，虚实相权，今二十余年间，轻重相去至数十倍，故改中统为至元，又二十年后，至元必复如中统，使民计钞抵法，疑于太重。古者，以米、绢民生所须，谓之二实，银、钱与二物相权，谓之二虚。四者为直，虽升降有时，终不大相远也，以绢计赃，最为适中。况钞，乃宋时所创，施于边郡，金人袭而用之，皆出于不得已。乃欲以此断人死命，似不足深取也。"或以孟頫年少，初自南方来，讥国法不便，意颇不平，责孟頫曰："今朝廷行至元钞，故犯法者以是计赃论罪，汝以为非，岂欲诅格至元钞耶？"孟頫曰："法者，人命所系，议有轻重，则人不得其死矣。孟頫奉诏与议，不敢不言。今中统钞虚，故改至元钞，谓至元钞终无虚时，岂有是理！公不揆于理，欲以势相陵，可乎？"其人有愧色。帝初欲大用孟頫，议者难之。

二十四年六月，授兵部郎中，兵部总天下诸驿。时使客饮食之费，几十倍于前，吏无以供给，强取于民，不胜其扰，遂请于中书，增钞给之。至元钞法滞涩不能行，诏遣尚书刘宣与孟頫驰驿至江南，问行省丞相慢令之罪，凡左右司官及诸路官，则径笞之。孟頫受命而行，比还，不笞一人，丞相桑哥大以为谴。

时有王虎臣者，言平江路总管赵全不法，即命虎臣往按之，叶李执奏不宜遣虎臣，帝不听，孟頫进曰："赵全固当问，然虎臣前守此郡，多强买人田，纵宾客为奸利，全数与争，虎臣怨之。虎臣往，必将陷全，事纵得实，人亦不能无疑。"帝悟，乃遣他使。桑哥钟初鸣时即坐省中，六曹官后至者，则笞之，孟頫偶后至，断事官遽引孟頫受笞，孟頫入诉于都堂，右丞叶李曰："古者，刑不上大夫，所以养其廉耻，教之节义，且辱士大夫，是辱朝廷也。"桑哥亟慰孟頫使出，自是所笞，唯曹史以下。他日，行东御墙外，道险，孟頫马跌堕于河。桑哥闻之，言于帝，移筑御墙稍西二丈许。帝闻孟頫素贫，赐钞五十锭。

二十七年，迁集贤直学士。是岁地震，北京尤甚，地陷，黑沙水涌出，人死伤数十万，帝深忧之。时驻跸龙虎台，遣阿剌浑撒里驰还，召集贤、翰林两院官，询致灾之由。议者畏忌桑哥，但泛引《经》《传》，及五行灾异之言，以修人事、应天变为对，莫敢语及时政。先是，桑哥遣忻都及王济等理算天下钱粮，已征入数百万，未征者尚数千万，害民特甚，民不聊生，自杀者相属，进山林者，则发兵捕之，皆莫敢诅其事。孟頫与阿剌浑撒里甚善，劝令奏帝赦天下，尽与蠲除，庶几天变可弭。阿剌浑撒里入奏，如孟頫所言，帝从之，诏草已具，桑哥怒谓必非帝意。孟頫曰："凡钱粮未征者，其人死亡已尽，何所从取？非及是时除免之，他日言事者，倘以失陷钱粮数千万归咎尚书省，岂不为丞相深累耶！"桑哥悟，民始获苏。

帝尝问叶李、留梦炎优劣，孟頫对曰："梦炎，臣之父执，其人重厚，笃于自信，好谋而能断，有大臣器；叶李所读之书，臣皆读之，其所知所能，臣皆知之能之。"帝曰："汝以梦炎贤于李耶？梦炎在宋为状元，位至丞相，当贾似道误国罔上，梦炎依阿取容；李布衣，乃伏阙上书，是贤于梦炎也。汝以梦炎父友，不敢斥言其非，可赋诗讥之。"孟頫所赋诗，有"往事已非那可说，且将忠直报皇元"之语，帝叹赏焉。

孟頫退谓奉御彻里曰："帝论贾似道误国，责留梦炎不言，桑哥罪甚于似道，而我等不言，他日何以辞其责？然我疏远之臣，言必不听，侍臣中读书知义理、慷慨有大节、又为上所亲信，无逾公者。夫捐一旦之命，为百姓除残贼，仁者之事也。公必勉之！"既而彻里至帝前，数桑哥罪恶，帝怒，命卫士批其颊，血涌口鼻。委顿地上。少间，复呼而问之，对如初。时大臣亦有继言者，帝遂按诛桑哥，罢尚书省，大臣多以罪去。

帝欲使孟頫与闻中书政事，孟頫固辞，有旨令出入宫门无禁。每见，必从容语及治道，多所裨益。帝问："汝赵太祖孙耶？太宗孙耶？"对曰："臣太祖十一世孙。"帝曰："太祖行事，汝知之乎？"孟頫谢不知，帝曰："太祖行事，多可取者，朕皆知之。"孟頫自念，久在上侧，必为人所忌，力请补外。二十九年，出同知济南路总管府事。时总管阙，孟頫独署府事，官事清简。有元掀儿者，役于盐场，不胜艰苦，因逃去。其父求得他人尸，遂诬告同役者杀掀儿，既诬服。孟頫疑其冤，留弗决，逾月，掀儿自归，郡中称为神明。金廉访司事哈剌哈孙，素苛虐，以孟頫不能承顺其意，以事中之，会修《世祖实录》，召孟頫还京师，乃解。久之，迁知汾州，未上，有旨书金字《藏经》，既成，除集贤直学士、江浙等处儒学提举，迁泰州尹，未上。

至大三年，召至京师，以翰林侍读学士，与他学士撰定祀南郊祝文，及拟进殿名，议不合，谒告去。仁宗在东宫，素知其名，及即位，召除集贤侍讲学士、中奉大夫。延祐元年，改翰林侍讲学士，迁集贤侍讲学士、资德大夫。三年，拜翰林学士承旨、荣禄大夫。又尝称孟頫操履纯正，博学多闻，书画绝伦，旁通佛、老之旨，皆人所不及。有不悦者问之，帝初若不闻者。又有上书言国史所载，不宜使孟頫与闻者，帝乃曰："赵子昂，世祖皇帝所简拔，朕特优以礼貌，置于馆阁，典司述作，传之后世，此属呶呶何也！"俄赐钞五百锭，谓侍臣曰："中书每称国用不足，必持而不与，其以普庆寺别贮钞给之。"孟頫尝累月不至宫中，帝以问左右，皆谓其年老畏寒，敕御府赐貂鼠裘。

初，孟頫以程钜夫荐，起家为郎，及钜夫为翰林学士承旨，求致仕去，孟兆頁代之，先往拜其门，而后入院，时人以为衣冠盛事。六年，得请南归。帝遣使赐衣币，趣之还朝，以疾，不果行。至治元年，英宗遣使即其家，俾书《孝经》。二年，赐上尊及衣二袭。是岁六月卒，年六十九。追封魏国公，谥文敏。

孟頫所著，有《尚书注》，有《琴原》《乐原》，得律吕不传之妙；诗文清邃奇逸，读之，使人有飘飘出尘之想。篆、籀、分、隶、真、行、草书，无不冠绝古今，遂以书名天下。天竺有僧,数万里来求其书归,国中宝之。其画山水、木石、花竹、人马,尤精缜。前史官杨载称孟读之才颇为书画所掩,知其书画者,不知其文章,知其文章者,不知其经世之学。人以为知言云。

子雍、奕,并以书画知名。

【译文】

赵孟頫字子昂,他是宋太祖儿子秦王赵德芳的后代。他的五世祖是秀安僖王赵子偁,四世祖是崇宪靖王赵伯圭。宋高宗没有儿子,立赵子偁的儿子为太子,这就是宋孝宗,赵伯圭是孝宗的哥哥,皇帝赐给伯圭的宅第在湖州,因而赵孟頫就成为湖州人。他的曾祖父赵师垂、祖父赵希永、父亲赵与訔,都在宋朝当过大官。到了元朝,因赵孟頫为贵官,累次追赠赵师垂为集贤侍读学士,赵希永为太常礼仪院使,二人都被追封为吴兴郡公,赵与訔被追赠为集贤大学士,追封为魏国公。

赵孟頫自幼就很聪明,看过的书就能背诵,写文章拿起笔来就能成篇。他十四岁时,因父亲的恩荫,得以补官,经吏部考试合格,调任真州司户参军。宋朝灭亡后,在家闲住,更加致力于学问。

至元二十三年,行台御史程钜夫奉皇帝之命去江南搜访隐居的人才,找到赵孟頫,带他去晋见皇帝。赵孟頫才气横溢,神采焕发,像神仙中的人一样,元世祖看到他很高兴,让他坐在右丞叶李的上位。有人说赵孟頫是宋朝皇族的子弟,不应该把他放在皇帝身边,世祖不听。当时刚刚设立尚书省,世祖命赵孟頫起草诏书,颁布天下。世祖看了他起草的诏书,很满意,说道:"把我想说的话都写出来了。"世祖命群臣在刑部议定法律条款,很多人主张赃款达到中统钞二百贯者处死,赵孟頫说道:"起初制造纸币时,是以白银的价值为标准的,纸币是虚的,白银是实的,虚实价值相等,现在已经过去二十多年,纸币和白银的价值,轻重相差至数十倍之多,因此才改中统钞为至元钞,若再过二十年后,至元钞又会像中统钞一样贬值,如果让百姓按赃钞的面值抵罪,恐怕是太重了。古代因米和绢是民生所必须的物品,称之为'二实',白银、铜钱和米绢等值,称之为'二虚'。这四者的价值虽然因时有升有降,但终究不会相差太远,用绢来核算受赃的数额,最为合适。再说,纸币从宋代开始使用,只在边地郡县流通,金朝沿用,那是出于不得已而为之。若想用这种办法来判人的死罪,似乎是不足取的。"有人认为赵孟頫年纪轻,又刚从南方来,他敢于非难国法不便于民,心里愤愤不平,责备赵孟頫说:"现在朝廷发行至元纸币,因而犯法的人以至元钞计赃论罪,你认为不合适,难道你想破坏至元钞的发行吗?"赵孟頫回答说:"法律关系到人的身家性命,判决畸轻畸重,就会出现罚不当罪的情况。我奉皇帝之命参加讨论,不敢不说。现在中统钞贬值,因而改为至元钞,若认为至元钞永远不会贬值,哪有这样的道理!您不考虑事理之必然,却想以势压人,这样行吗?"那人面有愧色。世祖本来想重用赵孟頫,但参加讨论的人却提出非难。

二十四年六月,任他为兵部郎中,兵部统管天下的驿站。当时供应来往使臣的饮食花销,比以前多出几十倍,驿站官吏无法供应,便用强制手段向民间索取,百姓不胜其扰,于是赵孟頫向中书省申请,增加各驿的饮食用钞。至元纸钞的发行遇到困难,皇帝派尚书刘宣和赵孟頫乘驿马到江南,责问行省丞相怠慢政令的罪过,但凡是左右司官员以及各路官员,可以自行拷打。赵孟頫接受命令前去,到他回京时,没有拷打过一个人,丞相桑哥为此对赵孟頫大加谴责。

当时有一个叫王虎臣的人,他上书检举平江路总管赵全有不法行为,朝廷即派王虎臣去调查,叶李上书,认为不应派王虎臣,皇帝不听,赵孟頫进言说:"赵全的问题当然应该调查审问,但王虎臣以前曾任该地长官,他强行买下别人的很多田地,又怂恿他的门客获取不法利益,赵全多次和他争论,王虎臣怀恨在心。若王虎臣前去,必然陷害赵全,即使赵全的不法行为得以证实,人也不能没有疑问。"皇帝恍然大悟,于是派遣其他人前去。桑哥在晨钟初鸣时即坐在尚书省大堂上,六曹官员迟到后,则加以鞭

至元通行定钞图

打。有一次赵孟頫偶然迟到,断事官立刻拉孟頫去受刑,赵孟頫进入大堂申诉,右丞叶李说:"古时对士大夫不用刑,这是为了培养他们的廉耻观念,教育他们重视节义,再说侮辱士大夫,等于是侮辱朝廷。"桑哥马上多方安慰赵孟頫,让他回去。从此以后,所鞭打的只是曹史以下的吏员。有一天,赵孟頫行经东御墙外,因道路险狭,他的坐骑跌入河里。桑哥听说以后,报告给皇帝,于是把御墙西移了二丈多。皇帝听说赵孟頫一向清贫,便赏给他钞币五十锭。

二十七年,升任集贤殿学士。这一年发生地震,北京尤其严重,地面下陷,黑沙水喷涌而出,百姓死伤数十万,皇帝深为忧虑。当时皇帝在龙虎台,派阿剌浑撒里快马回京,合集贤、翰林两院的官员,询问发生灾害的原因。与会的人出于对桑哥畏惧,只不过泛泛地引证经典以及五行灾异等言论,笼统地提出应修人事、应天复来回答,没人敢于联系现实政治。在此之前,桑哥派忻都和王济等人统计天下的钱粮,已经征收了数百万,未征收的还有几千万,严重地损害了百姓,弄得民不聊生,自杀事件不断发生,逃往荒山野林的人,朝廷发兵追捕,谁也不敢阻止这件事。赵孟頫和阿剌浑撒里的关系本来很好,劝他奏明皇帝,赦免天下百姓,全部免除所征的钱粮,这样或许能消除天灾。阿剌浑撒里上奏,和赵孟頫所说的一致,皇帝听从了。诏书的草稿已经拟出,桑哥却大为恼火,认为这不是皇帝的本意。赵孟頫说:"凡是钱粮还没征收的民户,家里人非死即逃,空无一人,向谁去征收?如不趁这时免除,日后提意见的人如果把亏欠数千万钱粮归罪于尚书省,这对于丞相您不是个沉重的包袱吗?"桑哥恍然大悟,百姓因此才得以喘息。

皇帝曾问及叶李和留梦炎相比谁优谁劣,赵孟頫回答说:"留梦炎是我父亲的朋友,他为人忠厚重信义,而且非常自信,长于谋略而能决断,有大臣的气度;叶李读过的书,我都读过,他的知识能力,我都具备。"皇帝说:"那么你认为留梦炎比叶李好吗? 留梦炎是宋朝的状元,官至丞相,当贾似道欺骗君主贻误国事时,留梦炎则曲意逢迎讨好;叶李是个平民百姓,却能冒死进宫向皇帝上书,这样看来叶李要比留梦炎强。你因留梦炎是你父亲的朋友,不敢直斥他的错误,可以写诗进行讥讽。"赵孟頫所写的诗,有"往事已非那可说,且将忠直报皇元"的句子,受到皇帝的赞赏。

赵孟頫出殿之后对奉御彻里说:"皇帝评论贾似道贻误国事时,责备留梦炎默不作声,现在桑哥的罪过比贾似道还严重,而我们这些人如果不出来说话,日后怎么能推卸责任! 但我是个被疏远的臣子,我说话皇帝必然不听从,在皇帝身边的大臣之中,读书知理、慷慨有大节而又得到皇帝信任的,没人超过您。不顾个人身家性命,替百姓除去残国害民的贼臣,这是仁人君子的义不容辞的任务。大人您一定要勉力去做!"然后彻里来到皇帝面前,历数桑哥的种种罪恶,皇帝大发雷霆,命卫士打彻里的耳光,彻里被打得口鼻流血,瘫在地上。过了一会儿,皇帝又把他叫到跟前询问,彻里的回答和原先一样。当时大臣们也有继彻里之后揭发桑哥罪恶的,于是皇帝下令将桑哥论罪处死,撤销尚书省这一机构,许多大臣因罪被罢免。

皇帝想让赵孟頫参与中书省的政务,赵孟頫坚决推辞,皇帝下令,赵孟頫出入宫门不要阻拦。他每次进见,总是不厌其详地和皇帝谈论治国之道,他的意见对处理国家政事很有帮助。皇帝问他:"你是宋太祖的后代,还是宋太宗的后代呢?"赵孟頫回答:"我是太祖的十一代孙。"皇帝说:"太祖的所作所为,你了解吗?"赵孟頫回答不了解,皇帝说:"太祖的所作所为,有很多可取之处,我都了解。"赵孟頫心想,自己如在皇帝身边太久,一定会遭到猜忌,便坚决请求外任。二十九年,他被外任为同知济南路总管府事。当时总管缺员,他独自主持总管府政事,政务也比较清简。有个叫元掀儿的人,在盐场服劳役,因不堪忍受盐场的艰苦生活,乘机逃走。他的父亲找到他人一具尸体,竟然诬告一起服役的人杀害了元掀儿,被诬告的人屈打成招。赵孟頫怀疑这是一起冤案,压下来没有判决,过了一个月,元掀儿回来了,当地人都称颂赵孟頫断案如神。廉访司佥事韦哈剌哈孙为人一向苛毒暴虐,只因赵孟頫不肯顺从他的意志,便借机陷害,正逢朝廷撰修《世祖实录》,召赵孟頫回京城,才得以解脱。过了很久,迁知汾州,没有赴任,皇帝传旨要他书写金字《藏经》,写完以后,升任为集贤院直学士、江浙等处儒学提举,又迁任泰州尹,没有赴任。

至大三年,赵孟頫被召进京,他以翰林学士的身份,和其他学士撰写南郊祭天的祝文,以及拟进宫殿的名称,因与其他人意见不同,便请假回家。仁宗在东宫做太子的时候,就知道赵孟頫的名字,仁宗即位以后,升任他为集贤侍讲学士、中奉大夫,延祐元年,改任翰林侍讲学士,迁任集贤侍讲学士、资政大夫。延祐三年,升为翰林学士承旨、荣禄大夫。皇帝对他很爱重,称他的字号,而不直呼其名。皇帝曾和身边的大臣评论文学侍臣,认为赵孟頫可以和唐朝的李白、宋朝的苏轼相比。又曾称赞赵孟頫品行端正、博学多闻,书法和绘画超过时辈,并旁通佛、道二教的学说,别人都不可企及。有不喜欢他的人

浴马图

在皇帝面前说长道短，皇帝只装听不见。又有人上书说，国史所记载的内容，不应让赵孟頫这样的人了解和参与其事，皇帝说："赵子昂这个人，是世祖皇帝选拔的，我特别尊重优待他，把他安排在馆阁中任职，主管著述，修史流传后代，这些人喋喋不休，干什么呢！"接着赏给赵孟頫钞五百锭，对身边的大臣说："中书省常说国家经费不足，必定不肯给他，就从普庆寺另藏的钱钞支付给他。"赵孟頫曾几个月不到宫中，皇帝问身边的人，都说他年岁大了又怕寒冷，皇帝下令，让内府赐给他貂鼠皮衣。

当初，赵孟頫因程钜夫的推荐，初入仕途，被任为兵部郎中，后来程钜夫官至翰林学士承旨，请求退休，赵孟頫代替他的职务，先去程钜夫家拜望，然后才进入翰林院，当时人认为此举是士大夫中间的一段佳话。延祐六年，请假回南方。皇帝派使者赏给他衣料，催他回京，因生病，未能成行。至治元年，英宗派使者去他家，让他书写《孝经》。二年，皇帝赐给他上等美酒和二套衣服。这年六月去世，终年六十九岁。追封他为魏国公，赠谥号为"文敏。"

赵孟頫的著作，有《尚书注》，还有《琴原》《乐原》，这两篇著作道出了乐律的奥妙；他的诗文清新含义深远，表现出一种超世的风致，读了以后，使人产生飘飘欲仙的感觉。他的篆书、籀书、八分书、隶书、楷书、行书、草书，没有一种书体不是古今之冠，因而以书法名闻天下。天竺国有一位僧人，远涉数万里来求赵孟頫的书法作品，带回去以后，天竺国视为宝物。他画的山水、木石、花竹、人物、骏马，特别精妙。以前曾任史官的杨载认为，赵孟頫的才能在很大程度上被书画名声所掩盖，了解他在书画方面成就的人，不了解他在文章上的成就，了解他在文章方面成就的人，不了解他在经世致用的学问。人们认为杨载的说法是很中肯的。

他的儿子赵雍、赵奕，都因长于书画而知名。

邓文原传

【题解】

邓文原(公元 1259～1329 年),字善之,一字匪石,绵州(今四川绵阳)人。至元年间入仕,历任杭州路儒学正、崇德州教授、应奉翰林文字、翰林修撰、江浙儒学提举、国子司业,后出任江南浙西道肃政廉访司佥事,在任期间,屡屡昭雪冤案,辨明疑案。后官至集贤直学士,国子祭酒。邓文原还是元代的书法家和书画鉴赏家。他的书作,明显受赵孟頫的影响。明刻《停云馆帖》等丛帖中收有他的书法作品,许多书画名迹都有他颇见工力的题跋。

【原文】

邓文原字善之,一字匪石,绵州人,父漳,徙钱塘。文原年十五,通《春秋》。在宋时,以流寓试浙西转运司,魁四川士。至元二十七年,行中书省辟为杭州路儒学正。大德二年,调崇德州教授。五年,擢应奉翰林文字。九年,升修撰,谒告还江南。至大元年,复为修撰,预修《成宗实录》。三年,授江浙儒学提举。

皇庆元年,召为国子司业。至官,首建白更学校之政,当路因循,重于改作,论不合,移病去。科举制行,文原校文江浙,虑士守旧习,大书朱熹《贡举私议》,揭于门。廷祐四年,升翰林待制。五年,出佥江南浙西道肃政廉访司事,平江僧有憾其府判官理熙者,赂其徒,告熙赃,熙诬服。文原行部,按问得实,杖僧而释熙。吴兴民夜归,巡逻者执之,系亭下。其人遁去,有追及之者,刺其胁,仆地。明旦,家人得之以归,比死,其兄问:"杀汝者何如人?"曰:"白帽、青衣、长身者也。"其兄诉于官,有司向直初更者曰张福儿,执之,使服焉。械系三年,文原录之曰:"福儿身不满六尺,未见其长也;刃伤右肋,而福儿素用左手,伤宜在左,何右伤也!"鞫之,果得真杀人者,而释福儿。桐庐人戴汝惟家被盗,有司得盗,狱成送郡;夜有焚戴氏庐者,而不知汝惟所之。文原曰:"此必有故也。"乃得其妻叶氏与其弟谋杀汝惟状,而于水涯树下得尸。

六年,移江东道。徽、宁国、广德三郡,岁入茶课钞三千锭,后增至十八万锭,竭山谷产,不能充其半,余皆凿空取之民间,岁以为常。时转运司官听用乡里哗狡,动以犯法诬民,而转运司得专制有司,凡五品官以下皆杖决,州县莫敢如何。文原请罢其专司,俾郡县领之,不报。徽民谢兰家僮汪姓者死,兰侄回赂汪族人诬兰杀之,兰诬服。文原录之,得其情,释兰而坐回。时久旱不雨,决狱乃雨。

至治二年,召为集贤直学士,地震,诏议弭灾之道,文原请决滞囚,置仓廪河北,储羡粟以赈饥;复申前议,请罢榷茶转运司,又不报。明年,兼国子祭酒,江浙省臣赵简请开经筵。泰定元年,文原兼经筵官,以疾乞致士归。二年,召拜翰林侍讲学士,以疾辞。四年,拜岭北湖南道肃政廉访使,以疾不赴。天历元年卒,年七十一。

文原内严而外恕，家贫而行廉。初客京师，有一书生病笃，取囊中金，嘱文原以归其亲；既死，而同舍生窃金去，文原买金偿死者家，终身不以语人。有文集若干卷，内制集若干卷，藏于家。子衍，荫授江浙等处儒学副提举，未任，卒。至顺五年，制赠文原江浙行省参知政事，谥文肃。

【译文】

邓文原字善之，一字匪石，绵州人。他的父亲邓漳，移家浙江钱塘。邓文原十五岁时，就能通晓《春秋》大义。在宋朝时，以客居的身份参加浙西转运司考试，名列四川举子第一名。至元二十七年，浙江行中书省任他为杭州路儒学正。大德二年，调任崇德州教授。五年，提拔他为应奉翰林文字。九年，升任翰林修撰，请假回到江南。至大元年，又任翰林修撰，参加《成宗实录》的修撰。三年，外任为江浙儒学提举。

皇庆元年，朝廷征召他为国子监司业。他到任之后，首先建议修改学校的办学方针，当权的人因循守旧，对改革持慎重态度，因意见不合，邓文原称病去职。科举制实行以后，邓文原任江浙行省的考试官，他担心考生墨守成规，他用大字书写朱熹的《贡举私议》一文，贴在试院门口。延祐四年，升任翰林院待制。五年，外任为江南浙西道肃政廉访司佥事，平江地方的僧人中有对平江府判官理熙存个人恩怨的人，贿赂僧徒，诬告理熙贪赃，理熙被屈打成招。邓文原巡视到平江，审问出真相，鞭打僧徒，释放了理熙。吴兴地方有百姓夜里回家，被巡逻兵抓获，捆绑在乡亭上。被抓的百姓逃走，有人追上他，刺伤了他的肋部，那人扑倒在地。第二天早上，家属找到他，抬回家去，那人快死的时候，他的哥哥问他刺伤你的是个什么样的人，那人说："他戴着白帽，穿着青色的衣服，身材比较高大。"他的哥哥告到官府，主管官员问那天担任初更巡逻任务的是谁，有人说是张福儿，于是逮捕了张福儿，迫使他承认杀了人。张福儿被扣押了三年，邓文原审阅案卷，说道："张福儿身高不到六尺，不能说是身材高大；死者刀伤在右肋部位，但是张福儿是左撇子，一向用左手，伤口应在左部，为什么死者的刀伤在右肋呢？"经过审讯，果然抓获真正的杀人凶手，释放了张福儿。桐庐人戴汝惟家被盗，有关方面抓获了盗贼，审理结案，送郡审核；而案发当夜，有人放火烧了戴家的房子，但找不到戴汝惟的下落。邓文原审批道："其中必有文章。"后来才审讯出戴汝惟的妻子和戴的弟弟谋杀的事实，在水边树下，找到戴汝惟的尸体和带血渍的斧子与尸体在一起。人们称邓文原断案如神。

延祐六年，邓文原移官江东道。徽州、宁国、广德三郡，每年征收茶税钞三千锭，后来增至十八万锭，即使把山上所产的茶都用来交税，也不到茶税的一半，其余的税款则巧立名目向民间搜刮，年年如此。当时转运司的官员任用乡间的流氓无赖，动不动就诬告百姓犯了法，而转运司又有专权处治的权力，凡是五品以下的官员，它都可以用刑处治，州县衙门不敢过问。邓文原请求朝廷罢去转运司的专治权力，交郡县衙门行使，朝廷不加理睬。徽州百姓谢兰有一个汪姓的家奴死去，谢兰的侄儿谢四贿赂汪家的本族人诬告谢兰杀死了家奴，谢兰被逼迫招认。邓文原复审此案，弄清了事实真相，释放了谢兰，判谢回有罪。当时久旱不雨，此案真相大白，天才下雨。

至治二年，朝廷征召邓文原为集贤直学士，因发生地震，皇帝令邓文原拟议消除灾变的措施。邓文原请求判决长期扣押没有审理清楚的囚犯,在河北地区设置仓库,储存多余的粟米以救济灾民;他又重申以前的主张,请求撤销榷茶转运司,朝廷仍不加理睬。第二年,邓文原兼任国子监祭酒,江浙行省官员赵简请求开设为皇帝讲解经史的经筵。泰定元年,邓文原兼经筵官,因病请求退休回乡。泰定二年,召任他为翰林侍讲学士,因病辞去。泰定四年,任岭北湖南道肃政廉访使,因病没有赴任。天历元年去世,终年七十一岁。

邓文原对自己要求很严,对人却很厚道,家里很穷,操行却十分清廉。他初次客居京师时,有一个读书人病重,病人从行囊中拿出黄金,拜托邓文原交给他的亲人。那个读书人死了以后,与邓文原同住一室的书生把黄金偷去,邓文原另外购买黄金,偿还给死者的家属,这件事他始终没有向别人说过。他著有文集若干卷,替皇帝起草的诏令集若干卷,收藏在家中。他的儿子邓衍,因邓文原的功劳,被任为江浙等处儒学副提举,没有上任就死去了。至顺五年,皇帝下令,追赠邓文原为江苏浙行省参知政事,赠谥号为"文肃"。

齐履谦传

【题解】

齐履谦(? ~1329),从小随父亲学习天文历法,并擅长经学,至元十六年(1279)以星历生进入太史局,先后任星历教授,保章正,授时郎秋官正兼冬官正,金院,太史院使。齐履谦一生从事天文,勤奋学习,努力工作。初入太史局时,太史王恂考察历算知识,其他同学都是司天台官员的子弟,竟一无所知,唯独齐履谦对答如流。在太史院的工作中,他对各种理论、实践问题往往有独到的见解,很受同事们的敬重。齐履谦早年曾参与制定《授时历》的工作,后来又主持改制铜漏,重建鼓楼,设立郊祀钟鼓更漏制度。他还用了两年时间观测暑影和五星宿度,发现《授时历》与实际天象的时间相差二刻,并有《二至暑景考》《经串演撰八法》等天文历法书传世。齐履谦还是一位有成就的教育家,曾任国子监承、国子司业等职,为国子监建立了一套行之有效的管理、考核、升级制度。此外,他对音乐理论也很有研究。

【原文】

齐履谦字伯恒,父义,善算术。履谦生六岁,从父至京师;七岁读书,一过即能记忆;年十一,教以推步星历,尽晓其法;十三,从师,闻圣贤之学。自是以穷理为务,非洙、泗、伊、洛之书不读。

至元十六年,初立太史局,改治新历,履谦补星历生。同辈皆司天台官子,太史王恂问以算数,莫能对,履谦独随问随答,恂大奇之。新历既成,复预修在经、历议。二十九年,授星历教授。都城刻漏,旧又要为之,其形如碑,故名碑漏,内设曲筒,铸铜为丸,自碑首转行而下,鸣饶以为节,其漏经久废坏,晨昏失度。大德元年,中书俾履谦视之,因见刻漏旁有宋旧铜壶四,于是按图考定莲花、宝山等漏制,命工改作;又请重建鼓楼,增置更鼓并守漏卒,当时遵用之。

二年,迁保章正,始专历官之政。三年八月朔,时加巳,依历日蚀二分有奇,至其时不蚀,众皆惧。履谦曰:"当蚀不蚀,在古有之,矧时近午,阳盛阴微,宜当蚀不蚀。"遂考唐开元以来当蚀不蚀者凡十事以闻。六年六月朔,时加戌,依历日蚀五十七秒。众以涉交既浅,且复近浊,欲匿不服。履谦曰:"吾所事掌者,常数也,其食与否,则系于天。"独以状闻,及其时,果蚀。众尝争没日不能决,履谦曰:"气本十五日,而间有十六日者,余分之积也。故历法以所积之日,命为没日,不出本气者为是。"众服其议。

七年八月戊申夜,地大震,诏问致实之由,及弭灾之道,履谦按春秋言:"地为阴而主静,妻道、臣道、子道也,三者失其道,则地为之弗宁。弭之之道,大臣当反躬责己,去专制之威以答天变,不可徒为禳祷也。"时成宗寝疾,宰臣有专威福者,故履谦言及之。九年冬,如立南郊。祀昊天上帝,履谦摄司天台官。旧制,享祀,司天虽掌时刻,无钟鼓更漏,往往至旦始行事。履谦白宰执,请用钟鼓更漏,俾早晏有节,从之。

至大二年,太常请修社稷坛,及浚太庙庭中井。或以岁君所直,欲止其役,履谦曰:"国家以四海为家,岁君岂专在是!"三年,升授时郎秋官正,兼领冬官正事。四年,仁宗即位,嘉尚儒术。台臣言履谦有学行,可教国学子弟,擢国子监丞。改授奉直大夫、国子司业、与吴澄并命,时号得人。每五鼓入学,风雨寒暑,未尝少怠,其教养有法,诸生皆畏服。未几,复以履谦金太史院事。

皇庆二年春,彗星出东井。履谦奏宜增修善政以答天意,因陈时务八事。仁宗为之动容,顾宰臣命速行之。自履谦去国学,吴澄亦移病归,学制稍为之废。延祐元年,诏择善教者,于是复以履谦为国子司业。履谦律己益严,教道益张,每斋置伴读一人为长,虽助教阙员,而诸生讲授不绝。当初命国子生岁贡六人,以入学先后为次第,履谦曰:"不考其业,何以兴善而得人!"乃酌旧制,立升斋、积分等法:"每季考其学生,以次第升,既升上斋,又必喻再岁,如与私试;孟月仲月试经疑经义,季月试古赋诏诰章表策,蒙古、色目试明经策问;辞理俱优者一分,辞平理优者为半分,岁终积至八分者充高等,以四十人为额;然后集贤、礼部定其艺业及格者六人,以充岁贡;三年不通一经,及在学不满一岁者,并黜之。帝从其议,自是人人励志,多文学之士。五年,出为滨州知州,丁母忧,不果行。

至治元年,拜太史院使。泰定二年九月,以本官奉使宣抚江西、福建,黜罢官吏之贪污者四百余人,蠲免括地虚加粮数万石,州县有以先贤子孙充房夫诸役者悉罢遣之。福建宪司职田,每亩岁输米三石,民不胜苦,履谦命准令输之,由是召怨,及还京,宪司果诬以他事。未几,诬履谦者皆坐事免。履谦始得直,复为太史院使。天历二年九月卒。

履谦笃学勤苦,家贫无书。及为星历生,在太史局,会秘书监辇亡宋故书,留置本院,因昼夜讽读,深究自得,故其学博洽精通,自六经、诸史、天文、地理、礼乐、律历,下至阴阳五行、医药、卜筮,无不淹贯,尤精经籍。著《大学四传小注》一卷,《中庸章句续解》一卷,《论语言仁通旨》二卷,《书传详说》一卷,《易系辞旨略》二卷,《易本论》四卷,《春秋诸围统纪》六卷。以皇极之名,见于洪范,皇极之数,始于邵氏《经世书》,数非极也,特寓其于极耳,著《经世书入式》一卷。《经世书》有内、外篇,内篇则因极而明数,外篇则由数而会极,著《外篇微旨》一卷,《授时历》行五十年,未尝推考,履谦日测晷景,并晨昏王星宿度,自至治三年冬至,至泰定二年夏至,天道加时真数,各减见行历书二刻,著《二至晷景考》二卷。《授时历》虽有经、串,而经以著定法,串以纪成数,然求其法之所以然,数之所从出,则略而不载,作《经串演撰八法》一卷。

元立国百有余年,而郊庙之乐,沿袭宋、金,未有能正之者。履谦谓乐本于律,律本于气,而气侯之法,具载前史。可择僻地为密室,取金门之竹,及河内葭莩,侯之,上可以正雅乐、荐郊庙、和神人,下可以同度量、平物货、厚风俗。列其事上之。又得黑石古律管一,长尺有八寸,外方,内为园空,中有隔,隔中有小窍,盖以通气;隔上九雨,其空均直,约径三分,以应黄钟之数;隔下九寸,其空自小窍迤逦杀至管底,约径二寸余,盖以聚其气而上之。其制与律家所说不同,盖古所谓玉律是也。适迁他官,事遂寝,有志者深惜之。至顺三年五月,赠翰林学士、资善大夫、上护军,追封汝南郡公,谥文懿。

【译文】

齐履谦,字伯恒。父亲齐义,擅长数学。齐履谦六岁随父亲到京师,七岁读书。看一遍就能记住。十一岁,父亲教他天文历法计算,学会了所有的方法。十三岁跟老师学习圣贤之学,从此后以精通儒学理论为目标,非孔子、孟子、程氏兄弟和陆九渊诸儒之书不读。

至元十六年(1279年),太史局刚刚成立,改编新历法,齐履谦成为星历生。同学都是司天台官吏的子弟,太史王恂考向算术,他们都答不上来。只有齐履谦有问必答,王恂大为惊奇。新历修成后,又参与编写《历经》《议》。至元二十九年(1292年),担任星历教授。都城的刻漏,过去用木制成,形状如碑,所以叫作碑漏。里面设有曲折的管道,用铜铸成球,以碑顶部辗转滚下,打击铜铙报时。这个漏刻年久失修,陈旧损坏,计时误差很大。大德元年(1297年),中书让齐履谦察看。他看到刻漏旁有四个宋朝的旧铜壶,于是按照图书考订莲花、宝山等漏刻制度,让工匠改制。又申请重建鼓楼,增加负责更鼓和守修漏刻的军卒,建立了一套制度。

大德二年(1298年),齐履谦升任保章正,开始专门负责历算。大德三年(1299年)八月朔日巳时,按历法计算应该有二分多的日食。到时候日食并未发生。众人都很害怕。齐履谦说:“当食不食的情况古代就有。这次日食时近中午,阳盛阴衰,所以当食不食。”于是考证唐朝开元以来当食不食的例子十条上报。大德六年(1302年)六月大朔戌时,按历法应当日食五十七秒。众人认为交食很浅,太阳又快要落山,接近尘雾,想要隐匿不报。齐履谦说:“我们所掌握的,是一般的规律。至于最终食与不食,则是天意。”于是独自上报。到时候果然发生了日食。众人曾为“没日”的事争论不休。齐履谦说:“一气本来是十五日。有时间有十六日,那是余数积累所致。历法把积累所致的日命名为没日,是不出本气的意思。”众人都信服他的说法。

大德七年(1303年)八月戊申夜里,发生大地震。皇帝问发生灾害的原因和弥补的办法。齐履谦引证《春秋》答道:“地代表阴,静止,是妻、臣、子的象征。这三者失道,因而地不得宁静。弥补的办法,大臣应反思检查自己的过失,收敛专断的作风,以回答天变所示的警告。光是祈祷是没有用的。"当时元成宗病重，执政大臣专权独断，因而齐履谦这样说。大德九年（1305 年）冬，在首都南郊建立了祭台，祭祀天帝，齐履谦代理司天台官。过去祭祀时，司天台虽掌管时刻，但没有钟鼓更漏。往往天亮了才开始行事。齐履谦报告宰相，请求用钟鼓更漏，以便时间早晚有规律，他的建议得到采纳。

至大二年（1309 年），太常寺请求修整社稷坛。清理太庙院中水井时，有人说这是岁君的驻地，不敢动土。齐履谦说："国家大至四海，岁君哪会专在这里！"至大三年（1310 年），升任授时郎秋官正。兼领冬官正事。至大四年（1311 年），仁宗即位，提倡儒学。御史大夫说齐履谦有学问，可以教国学学生。于是升任国子监丞。又改任奉直大夫、国子司业，与吴澄同时任职，当时号称用人得当。他每天五鼓去国学工作。风雨寒暑，从不松懈。他教育得法，学生都很信服。没多久，又以齐履谦金太史院事。

皇庆二年（1313 年）春，彗星出现于东井星宿。齐履谦报告皇上，应多做善事报答天意。并对国事提出八条意见。皇帝很感动，命令宰相赶快执行。自从齐履谦离开国学，吴澄也因病离开，国学的制度渐渐松弛。延祐元年（1314 年），皇上命令挑选善教的人，齐履谦又被任命为国子司业。他律己更加严格，规章制度更加严密。每个学斋置伴读一人为斋长，即使助教缺员，学生也不松懈学习。当初国学每年提拔六人，以入学先后为序。齐履谦说："不考察功课，如何能提倡好风气，培养出人才？"于是对旧制度进行改进，订立升斋、积分等方法；每季考察学习成绩和品行，作为升级的依据。升入上斋过一年再考试。每季度第一、二月考试经疑、经义，第三个考试古代各种文体，蒙古、色目人考试明经、策问。文章、道理都好的得一分，文章平常，道理好的得半分。年底累积到八分的为高等，各额四十人。然后集贤院、礼部考察其学生，取六人。三年通不过一门功课或在学不满一年的除名。皇帝批准了他的办法。于是人人努力，出了许多博学之士。延祐五年（1318 年），任命为滨州知州，因母亲去世，未能赴任。

至治元年（1312 年），任太史院使。泰定二年（1325 年）九月，奉使宣抚江西、福建、罢黜贪官污吏四百余人，免除虚加的粮赋数万石，州县有以先贤子孙充苦役的全都免除。福建宪司的职田（国家分给官吏，以租代俸的田地），每亩每年租米三石，百姓不堪其苦。齐履谦命令按照国家规定的数缴纳，因而招致怨恨。回京后，宪司以其他事诬陷。没多久，诬陷犯案被撤，齐履谦才得以申冤，复职为太史院使。天历二年（1329 年）去世。

齐履谦学习勤奋。家中贫，没有书。后来选为星历生，在太史局，正值秘书监运送宋朝灭亡之后缴获的图书，堆放在太史局院内。齐履谦昼夜阅读，深入研究，因而学问博大精深。自六经、诸史、天文、地理、礼乐、律历，直到阴阳五行、医药、卜筮，无所不通。尤其精通儒学经典。著作有《大学四传小注》一卷，《中唐章句续解》一卷，《论语言仁通旨》二卷，《书传详说》一卷，《易系辞旨略》二卷，《易本说》四卷，《春秋诸国统纪》六卷，他认为，"皇极"的说法如自《尚书·洪范》，"皇极"的数字如于邵雍的《经世书》。数并不是极，只是用数字的方法来表达极。于是著《经世书入式》一卷。引外，《经世书》有内、外篇，内篇由极的概念而推导出数字方法，外篇则由数字归纳出极的思想，于是著《外篇微旨》一卷。《授时历》行用五十年，没有认真验证过。齐履谦自至治三年（1323 年）冬至，到泰定二年（1325 年）夏至，天天测量太阳影长和晨昏时五星位置，发现按《授时历》计算的各种天象的时刻,应该减去二刻才能与实际天象相符。因而著《二至晷景考》二卷。《授时历》虽有"经","串",但经只讲编历的方法,串只记各种天文数据。然而其方法的道理怎样,数据又是如何得来,历中没有载出。齐履谦因而著《经串演撰八法》一卷。

元代立国一百余年,而皇帝祭祀天地祖宗时所用的音乐都是沿袭宋、金,没人能加以改正。齐履谦义以乐以律为本,律以气为本,而气候(历法)的方法,历代都有记载。可以找僻静的地方置密室,取金门的竹,河内的葭莩,进行测验。这样,上可以建立雅乐,用于祭祀天地,勾通神人,下可以统一度量,平准物价,端正民风。这些意见报告了上级。齐履谦又得到黑色石制古代律管一只,长一尺八寸,外方内园,空心。中间有隔,隔中有小孔,用来通气。隔上部九寸,直径约三分,园直匀称,应黄钟之数,隔上部九寸,直径约二寸多,自小孔至管底逐渐收缩,用来向上聚气。这个黑石律管的样式与律家所说不同,正是古代所谓的玉律。齐履廉正巧改任别处,建礼乐的事也没做起来。内行的人都很惋惜。至顺三年(1332年),五月,赠齐履谦为翰林学士,资善大夫、上护军,追封为汝南郡公,谥号文懿。

张养浩传

【题解】

张养浩(1270~1329),元代散曲作家。字希孟,号云庄,济南(今属山东)人。曾任监察御史、礼部尚书等职。天历二年,赴关中赈灾,积劳而卒。其散曲多写田园隐逸生活,有的流露出对官场的不满,文字显白流畅,感情真挚,格调高远。有《云庄休居自适小乐府》《云庄类稿》传世。

【原文】

张养浩字希孟,济南人。幼有行义,尝出,遇人有遗楮币于途者,其人已去,追而还之。年方十岁,读书不辍,父母忧其过勤而止之,养浩昼则默诵,夜则闭户,张灯窃读。山东按察使焦遂闻之,荐为东平学正。游京师,献书于平章不忽木,大奇之,辟为礼部令史,仍荐入御史台。一日病,不忽木亲至其家问疾,四顾壁立,叹曰:"此真台掾也。"及为丞相掾,选授堂邑县尹。人言官舍不利,居无免者,竟居之。首毁淫祠三十余所,罢旧盗之朔望参者,曰:"彼皆良民,饥寒所迫,不得已而为盗耳;既加之以刑,犹以盗目之,是绝其自新之路也。"众盗感泣,互相戒曰:"毋负张公。"有李虎者,尝杀人,其党暴戾为害,民不堪命,旧尹莫敢诘问。养浩至,尽置诸法,民甚快之。去官十年,犹为立碑颂德。

仁宗在东宫,召为司经,未至,改文学,拜监察御史。初,议立尚书省,养浩言其不便;既立,又言变法乱政,将祸天下。台臣抑而不闻,乃扬言曰:"昔桑哥用事,台臣不言,后几不免。今御史既言,又不以闻,台将安用!"时武宗将亲祀南郊,不豫,遣大臣代祀,风忽大起,人多冻死。养浩于祀所扬言曰:"代祀非人,故天示之变。"大违时相意。

时省臣奏用台臣,养浩叹曰:"尉专捕盗,纵不称职,使盗自选可乎?"遂疏时政万余言:一曰赏赐太侈,二曰刑禁太疏,三曰名爵太轻,四曰台纲太弱,五曰土木太盛,六曰号令太浮,七曰幸门太多,八曰风俗太靡,九曰异端太横,十曰取相之术太宽。言皆切直,当同者不能容。遂除翰林待制,复构以罪罢之,戒省台勿复用。养浩恐及祸,乃变姓名遁去。

尚书省罢,始召为右司都事。在堂邑时,其县达鲁花赤尝与之有隙,时方求选,养浩为白宰相,授以美职。迁翰林直学士,改秘书少监。延祐初,设进士科,遂以礼部侍郎知贡举,进士诣谒,皆不纳,但使人戒之曰:"诸君子但思报效,奚劳谢为!"擢陕西行台治书侍御史,改右司郎中,拜礼部尚书。

张养浩

英宗即位,命参议中书省事,会元夕,帝欲于内庭张灯为鳌山,即上疏于左丞相拜住。拜住袖其疏入谏,其略曰:"世祖临御三十余年,每值元夕,闾阎之间,灯火亦禁;况阙庭之严,宫掖之邃,尤当戒慎。今灯山之构,臣以为所玩者小,所系者大;所乐者浅,所患者深。伏愿以崇俭虑远为法,以喜奢乐近为戒。"帝大怒,既览而喜曰:"非张希孟不敢言。"即罢之,仍赐尚服金织币一、帛一,以旌其直。后以父老,弃官归养,召为吏部尚书,不拜。丁父忧,未终丧,复以吏部尚书召,力辞不起。泰定元年,以太子詹事丞兼经筵说书召,又辞;改淮东廉访使,进翰林学士,皆不赴。

天历二年,关中大旱,饥民相食,特拜陕西行台中丞。既闻命,即散其家之所有与乡里贫乏者,登车就道,遇饿者则赈之,死者则葬之。道经华山,祷雨于岳祠,泣拜不能起,天忽阴翳,一雨二日。及到官,复祷于社坛,大雨如注,水三尺乃止,禾黍自生,秦人大喜。时斗米直十三缗,民持钞出籴,稍昏即不用,诣库换易,则豪猾党蔽,易十与五,累日不可得,民大困。乃检库中未毁昏钞文可验者,得一千八十五万五千余缗,悉以印记其背,又刻十贯、伍贯为券,给散贫乏,命米商视印记出粜,诣库验数以易之,于是吏弊不敢行。又率富民出粟,因上章请行纳粟补官之令。闻民间有杀子以奉母者,为之大恸,出私钱以济之。

到官四月,未尝家居,止宿公署,夜则祷于天,昼则出赈饥民,终日无少怠。每一念至,即抚膺痛哭,遂得疾不起,卒年六十。关中之人,哀之如失父母。至顺二年,赠摅诚宣惠功臣、荣禄大夫、陕西等处行中书省平章政事、柱国,近封滨国公,谥文忠。

【译文】

张养浩,字希孟,济南(今属山东)人。年幼的时候就有侠义行为。有一次他出门,碰到一个人,那人不小心把钞票遗失在路上,当张养浩发现的时候。那个丢失钞票的人已走了,张养浩就追上去把钞票送还给了人家。年纪只有十岁,就一天到晚不停地读书,父亲母亲担心他过于用功而制止他,于是他白天就默默地背诵书卷上的诗文,到了夜晚,就把门户紧紧关闭起夹,点上灯,偷偷地读书。山东按察使焦遂听到这个情况,就推荐张养浩做东平(今属山东)地方的学正。后来,张养浩游学京师,把自己写的文章献给宰相不忽木,不忽木大为称奇,田此征拓张养浩为礼部令史,并且还推荐他进入御史台。一天,张养浩忽然生病了,不忽木亲自到他家里探问,当他看到张养浩的家里四壁空空,什么也没有时,慨然叹息说:"张养浩这种人才是真正的监察御史的好材料啊!"及至做了宰相属官,就被选授为堂邑(今属山东)县尹。人们都传说堂邑县县官住的房子不吉利,住进去的人没有一个能得到幸免的,但是张养浩还是住了进去。张养浩带头捣毁了滥设的神祠三十多所,免除了有强盗前科的人每月初一、十五例行到官府接受审讯检查的规定,张养浩说:"他们都是善良的百姓,因为生活困难,被饥寒所迫,不得已而去做了强盗;既然已经处分过了,现在仍旧把他们看成强盗,这是断绝他们走自新之路的做法啊!"强盗们感动得流了眼泪,他们相互劝诫说:"不能辜负张公。"有一个叫李虎的人,曾经杀过人,他的同党也都是暴虐残忍,为害百姓,百姓不堪忍受,从前有县尹不敢过问这件事情。张养浩到这里以后,按照国法严厉地惩处了他们,百姓们十分高兴。张养浩离开了堂邑十年,百姓们仍旧为他立了碑,歌颂他的功德。

仁宗还在东宫做太子的时候,就召张养浩为司经,还没有上任,又改为文学,授予监察御史的官职。当初,开始讨论成立尚书省时,张养浩发表意见说成立尚书省不妥当;尚书省成立以后,张养浩又说这是改变成法扰乱国政,将给天下带来灾难。御史台的大臣将张养浩的意见压制下来不报上去,因此张养浩就把这件事张扬出去,他说:"从前桑哥掌权,御史台的官员不敢说话,后来几乎不能改变,现在御史说话了,又不报上去,这样的御史台有什么作用呢!"当时武宗打算亲自去南郊祭祀,后来没有亲自参加,而是派了大臣代他祭祀,在祭祀时,忽然狂风大作,参加祭祀活动的人中不少人被冻死了。张养浩在祭祀地方扬言说:"代替仁宗参加祭祀的人选得不妥当,所以上天用灾变来表示不满。"张养浩的这些议论大大地违背了当时宰相的心意。

当时尚书省的大臣向皇帝启奏起用御史台大臣的人选,对于这件事情,张养浩极为不满,他慨叹道:"尉官是专管捕捉盗贼的,即使是不称职,难道可以让盗贼自己选择谁去担任尉官吗?"于是给仁宗皇帝上了一道一万多字长的议论当时政治的奏疏:第一件事情是议论当时的赏赐太过分;第二件事情是议论当时的刑禁漏洞太多;第三件事情是说功名爵位太轻;第四件事情说朝廷的纲纪太弱;第五件事情说朝廷兴建的工程太多;第六件事情说国家各个部分所发的号令太滥;第七件事情说宠幸太多;第八件事情说社会风俗太奢侈;第九件事情说社会上的异端思想太厉害;第十件事情说挑选宰相的标准太宽。他的议论直率,切中时弊,但是当权的人却不能容忍。于是,给了张养浩一个翰林待制的官职,不久又对他捏造了一套罪名把他罢免了,并且警告尚书省、御史台不能再用张养浩。张养浩担心给自己招来祸殃,因此改变了姓名逃走了。

后来尚书省的机构被罢黜了,张养浩才被召回担任右司都事。张养浩在做堂邑县尹时,那个县里的达鲁花赤和张养浩感情上曾有过裂痕,当时这个达鲁花赤正在要求选拔官职,张养浩为此向宰相作了推荐,结果给达鲁花赤授了一个好的官职。不久,张养浩自己升任为翰林学士,改秘书少监。延祐(1314~1320)初年,朝廷开进士科考试,张养浩以礼部侍郎的身份主持这次进士科考试,当进士们去拜见这位主考大人时,张养浩一概不接见,只是派了人去告诫那些新进士们说:"各位应该认真考虑的是如何报效国家,何劳诸位来谢我呢!"不久,张养浩被提升为陕西行台治书侍御史,后来又改为右司郎中,拜礼部尚书。

英宗即位,命令张养浩参议中书省事,恰巧碰到元宵佳节,皇帝想在宫中搭一座鳌山灯,为此张养浩立即上疏给左丞相拜住,拜住把张养浩的奏疏放在袖管中便入宫进谏,张养浩奏疏的大概意思是说:"元世祖在位三十多年,每到元宵佳节,连里巷之间都禁止点灯;何况宫廷本是禁地,而宫中的旁舍又是那么深远,尤其应该谨慎地警戒。现在却要搭造一座灯山,臣以为供观赏玩乐本是小事,但是它所关及的事体却极大;灯山给人带来的欢乐时间很短,但是给朝廷带来的祸患却很大。伏望圣上以崇尚节俭和考虑朝廷的长远利益为目标,以喜欢奢侈和只图眼前短暂的欢乐为警戒。"英宗听奏后非常恼怒,但是,当他读了奏疏以后,忽然又高兴起来,说:"不是张养浩不敢说这些话。"立即停止建造鳌山灯,而且赏赐给张养浩宫廷中服用的金线织造的帛一匹,丝帛一匹,以表彰他的忠直。后来因为父亲年老,张养浩便不做官,回家赡养老父,朝廷召他为吏部尚书,不接受。父亲去世,张养浩为父服丧,丧期还没有满,朝廷又召张养浩做吏部尚书,张养浩坚辞不出。泰定六年(1324),朝廷又召张养浩担任太子詹事丞兼经筵说书的官职,张养浩又坚辞;后改授淮东廉访使,进翰林学士,他都没有赴任。

天历二年(1329),关中(今陕西)大旱,饥民相食,朝廷特拜张养浩为陕西行台中丞。张养浩接到这个命令后,立即把自己家里的一切资财都分送给周围邻里中的困难户,自己便登上车子向陕西进发,碰到饥饿的灾民就赈济他们,看到饿死的灾民就埋葬他们。路过华山,就到西岳庙去求雨,哭拜在地上都爬不起来,天空忽然阴云密布,一连下了两天雨。及至到了官府,又到社坛去求雨,结果是大雨如注,下了三尺方才停止,庄稼由此得到了生长,秦地的百姓十分高兴。当时一斗米的价钱要十三缗,百姓拿着钞票出去买米,钞票稍有糊涂或破损就不能用,拿到府库中去调换,那些奸刁之徒营私舞弊,百姓来调换十只给五,而且往往排队等了一整天还是换不到,百姓被陷入非常困难的处境。于是张养浩发检府库中那些还没有被损毁而且图纹还可以看得清的钞票,得到一千八百五十万多缗,全部在它的背面盖上印记,又刻十贯和五贯的新券,散发给平民百姓,命令米商看钞票上的印记把米卖给他们,凡是百姓拿着钞票到府库调换的,完全按数目进行交换,于是那些奸刁之徒再也不敢营私舞弊。张养浩又率领富裕人家出卖粮食,为此又向朝廷上奏章请求实行纳粮补官的法令。张养浩听到民间有人杀了自己的儿子以奉养母亲的事,为此大哭了一场,并拿出自己的钱救济了这户人家。

张养浩到陕西做官四个月,从来没有回到自己家里去住过,一直住在官府,夜里则向上天祈祷,白天就到外面去救济灾民,一天到晚不敢有丝毫的懈怠。每想到一件难受的事,就拍着胸脯大哭,因此得病不起,去世的时候才六十岁。关中的百姓,听到张养浩去世的消息,悲哀痛哭像失去了自己的父母。至顺二年(1331)追赠张养浩摅诚宣惠功臣、荣禄大夫、陕西等处行中书省平章政事、柱国、追封滨国公,谥号"文忠"。他有两个儿子:张疆、张引,张疆先去世。

杨朵儿只传

【题解】

杨朵儿只,早年侍奉仁宗,为仁宗所重。仁宗即位后,为太中大夫,家令丞。后又拜为礼部尚书,为人敢谏因与权臣铁木迭儿相争而遭陷害被杀,后平反昭雪。

【原文】

杨朵儿只,河西宁夏人。少孤,与其兄皆幼,即知自立,语言仪度如成人。事仁宗于藩邸,甚见倚重。大德丁未,从迁怀孟。仁宗闻朝廷有变,将北还,命朵儿只与李孟先之京师与右丞相哈剌哈孙定议,迎武宗于北藩。仁宗还京师,朵儿只讥察禁卫,密致警备,仁宗嘉赖焉,亲解所服带以赐。既佐定内难,仁宗居东宫,论功以为太中大夫、家令丞。日夕侍侧,虽休沐,不至家,众敬惮之。会兄卒,涕泣不胜哀,仁宗怜之,存问优厚。事寡嫂有礼,待兄子不异己子,家人化之。进正奉大夫、延庆使。武宗闻其贤,召见之。仁宗曰:"此人诚可任大事,然刚直寡合。"武宗顾视之,曰:"然。"

仁宗始总大政,执误国者,将尽按诛之。朵儿只曰:"为政而尚杀,非帝王治也。"帝感其言,特诛其尤者,民大悦服。帝他日与中书平章李孟论元从人材,孟以朵儿只为第一,帝然之,拜礼部尚书。初,尚书省改作至大银钞,视中统一当其二十五,又铸铜为至大钱,至是议罢之。朵儿只曰:"法有便否,不当视立法之人为废置。银钞固当废,铜钱与楮币相权而用之,昔之道也。国无弃宝,民无失利,钱未可遽废也。"言虽不尽用,时论是之。迁宣徽副使,御史请迁为台官,帝以宣徽膳用,素不会计,特以委之,未之许也。

有言近臣受贿者,帝怒其非所当言,将诛之,时张珪为御史中丞,叩头谏,不听。朵儿只言于帝曰:"诛告者,失刑;违谏者,失谊。世无诤臣久矣,张珪,真中丞也!"帝喜,竟用珪言,拜朵儿只为侍御史。帝宴闲时,群臣侍坐者,或言笑逾度,帝见其正色,为之改容。有犯法者,虽贵幸无所容贷。怨者因共谮之,帝知之深,谮不得行。拜资德大夫、御史中丞。中书平章政事张闾以妻病,谒告归江南,夺民河渡地。朵儿只以失大体,劾罢之。江东、西奉使斡来不称职,权臣匿其奸,冀来问。朵儿只劾而杖之,斡来愧死。

御史纳璘言事忤旨,帝怒叵测,朵儿只救之,一日至八九奏,曰:"臣非爱纳璘,诚不愿陛下有杀御史之名。"帝曰:"为卿,宥之,可左迁为昌平令。"昌平,畿内剧县,欲以是困纳璘。朵儿只又言曰:"以御史宰京邑,无不可者。但以言事而得左迁,恐后之来者,用是为戒,不肯复言矣。"帝不充。后数日,帝读贞观政要,朵儿只待侧,帝顾谓曰:"魏征古之遗直也,朕安得而用之?"对曰:"直由太宗,太宗不听,征虽直,将焉用之!"帝笑曰:"卿意在纳璘耶?当赦之,以成尔直名也。"

有上书论朝政阙失，面触宰相，宰相怒，将取旨杀之。朵儿只曰："诏书云：言虽不当，无罪。今若此，何以示信天下！果诛之，臣亦负其职矣。"帝悟，释之。于是特加昭文馆大学士、荣禄大夫，以奖其直言。时位一品者，多乘间邀王爵、赠先世。或谓朵儿只："眷倚方重，苟言之，当可得也。"朵儿只曰："家世寒微，幸际遇至此，已惧弗称，尚敢求多乎！且我为之，何以风厉侥幸者！"迁中政院使。未几，复为中丞，迁集贤大学士，为权臣铁木迭儿所害而死，年四十二。

初，武宗崩，皇太后在兴圣宫，铁木迭儿为丞相，逾月，仁宗即位，因遂相之。居两岁，得罪斥罢，更自结徽政近臣，复再入相，恃势贪虐，凶秽愈甚，中外切齿，群臣不知所为。御史中丞萧拜住拜中书右丞，又拜平章政事，稍牵制之。

朵儿只自侍御史拜御史中丞，慨然以纠正其罪为己任。上都富民张弼杀人系狱，铁木迭儿使大奴胁留守贺伯颜出之，及强以他奸利事，不能得。一日，坐都堂，盛怒，以官事召留守，将罪之，留守昌言："大奴所干非法，不敢从，他实无罪。"铁木迭儿语诎，得解去。朵儿只廉得其所受弼赃钜万万，大奴犹数千，使御史徐元素按得实，入奏。而御史亦辇真，又发共私罪二十余事。帝震怒，有诏逮问。铁木迭儿逃匿，帝为不御酒数日，以待决狱。尽诛其大奴同恶数人，铁木迭儿终不能得。朵儿只持之急，徽政近臣以太后旨，召朵儿只至宫门，责以违旨意者，对曰："待罪御史，奉行祖宗法，必得罪人，非敢违太后旨也。"帝仁孝，恐诚出太后意，不忍重伤恸之，但罢其相位，而迁朵儿只为集贤学士。帝犹数以台事问之，对曰："非臣职事，臣不敢与闻。所念者，铁木迭儿虽去君侧，反得为东宫师傅，在太子左右，恐售其奸，则祸有不可胜言者。"

仁宗崩，英宗犹在东宫，铁木迭儿复相，乃宣太后旨，召萧拜住、朵儿只至徽政院，与徽政使失里门、御史大夫秃忒哈杂问之，责以前违太后旨之罪。朵儿只曰："中丞之职，恨不即斩汝，以谢天下。果违太后旨，汝岂有今日耳！"铁木迭儿又引同时为御史者二人，证成其狱。朵儿只顾二人唾之曰："汝等尝得备风宪，乃为是犬彘事耶！"坐者皆惭俯首，即起入奏。未几，称旨执朵儿只载诸国门之外，与萧拜住俱见杀。是日，风沙晦冥，都人汹惧，道路相视以目。

英宗即位，诏书遂加以诬罔大臣之罪，铁木迭儿权势既成，毫发之怨，无不报者，太后惊悔，而帝亦觉其所谮毁者皆先帝旧臣，未及论治，而铁木迭儿以病死。会有天灾，求直言，会议廷中。集贤大学士张珪、中书参议回回，皆称萧、杨等死甚冤，是致不雨。闻者失色，言终不得达。及珪拜平章，即告丞相拜住曰："赏罚不当，枉抑不伸，不可以为治。若萧、杨等冤，何可不亟昭雪也！"丞相善之，遂请于帝，诏昭雪其冤，特赠思顺佐理功臣、金紫光禄大夫、司徒、上柱国、夏国公，谥襄愍。朵儿只死时，权臣欲夺其妻刘氏与人，刘氏剪发毁容以自誓，乃免。子不花。

【译文】

杨朵儿只，河西宁夏人。他少年丧父，与自己的兄长都在年幼时就知道自立，语言举止如同成人。他侍奉仁宗于藩邸，很受倚重（当时元成宗在位，仁宗为成宗之侄）。元成宗大德丁未，随从仁宗迁徙到怀州（按丁未为大德十一年，据《元史·仁宗本纪》，仁宗至怀州为十年事)。仁宗闻知朝廷发生局势变化(十一年成宗死,皇后与左丞相阿忽台图谋立安西王阿难答为帝),准备北还大都,命令杨朵儿只与李孟先到大都,与右丞相哈剌哈孙定议,到北部边境迎回武宗(武宗海山为仁宗的兄长,当时为怀宁王)。仁宗回到京城,杨朵儿只督察禁卫,严密警戒,仁宗极为赞赏和依赖,亲自解下所佩的衣带赐给他。他辅助平定内乱以后,仁宗为皇太子,论功任命他为太中大夫、家令丞。他早晚侍奉于皇太子之侧,就是休假的日子也不肯回家,众人敬而惮之。正值他兄长去世,他涕泣不胜悲哀,皇太子很怜悯,很是优厚。他服侍寡嫂很有礼,对待侄子与自己的儿子无异,家中人俱为感化。进职为正奉大夫、延庆使。元武宗听说他贤能,予以召见。仁宗说:"这人诚笃,可任以大事,但是他刚直寡合。"武宗看着他说:"是的。"

仁宗开始总理朝政(此时武宗刚死,仁宗尚未即位),逮捕误国之臣,准备全部依法诛杀。杨朵儿只说:"为政而崇尚杀戮,这不是帝王之治。"仁宗接受了他的意见,只诛杀了罪恶尤其大的,百姓大为悦服。有一天,仁宗与中书平章李孟谈论起早年随从自己的臣子中的人才,李孟以杨朵儿只为第一,仁宗觉得不错,拜为礼部尚书。开初,尚书省改制至大银钞,与中统钞相比为一对二十五,又铸至大铜钱,到这时全部罢用。杨朵儿只说:"法令有便有不便,不应当以立法之人为废置。银钞固然应该罢废,但铜钱与纸币相权衡而参用,这是古昔之道。国家不废弃铜币,百姓不丧失利益,铜钱不能突然废除。"他的建议虽然没有全部被采用,但当时的舆论很以为然。迁为宣徽副使,御史要求把他任命为御史台官,仁宗以为宣徽院的膳食用度一向没有计划,所以特意委任他为宣徽副使,没有答应御史的请求。

有人上言揭发近臣接受贿赂,仁宗恼怒这不是他该说的,打算诛杀这人。当时张珪为御史中丞,叩头谏劝,仁宗不肯听。杨朵儿只对仁宗说:"诛杀上告的人,这是刑法不当;不听谏劝,这是不合礼谊。世上很久没有谏诤之臣了,象张珪,这才是真中丞呢!"仁宗听了很高兴,终于采纳了张硅的建议,而拜杨朵儿只为侍御史。仁宗宴罢休息的时候,有的臣子侍坐,谈笑超越了限度,仁宗见杨朵儿只满脸庄重之色,也为之改容。有忤犯法律者,就是贵幸之臣,他也不肯宽容。怨恨他的人便一起谮毁他,但仁宗很了解他,所以谮言也没能得逞。官拜资德大夫、御史中丞。中书平章政事张闾,因为妻子有病,请假回到江南,夺取百姓的河渡地。杨朵儿只认为他有失大体,弹劾罢免了他。出使江东、江西的斡来,不能称职,权臣隐匿了他的奸事,希冀不再追问。杨朵儿只罢免他并施以杖刑,斡来羞愧而死。

御史纳璘上言忤犯了仁宗,仁宗的恼怒难于预测,杨朵儿只为了救护纳璘,一天之内八九次上奏,说:"不是我喜爱纳璘,我确实不愿意陛下落下杀死御史的名声。"仁宗说:"我看你的面子,就饶恕了他,可把他降为昌平县令。"昌平,是京畿的繁剧之县,仁宗想以此使纳璘难堪。杨朵儿只又上言说:"用御史为京畿县令,没有什么不可以的。但由于上言而降职,恐怕后面的人要以此为戒,不肯再进言了。"仁宗不答应。过了几天,仁宗阅读《贞观政要》,杨朵儿只在旁侍奉。仁宗回头对杨朵儿只说:"魏征是古代少有的直臣呀,朕怎样才能用上这样的人?"杨朵儿只答道:"魏征的直,是由于有了唐太宗,太宗如果不听,魏征虽然直,又有什么用!"仁宗笑道:"你的意思是在纳璘吧?我一定赦免他,以成就你的直名。"

有人上书评论朝政的缺失，当面触犯了宰相，宰相恼怒，准备建议皇上杀死那人。杨朵儿只说："诏书说：上言虽然有不当之处，也没有罪。如今要是这样，何以取信于天下！果真要杀死他，我也辜负了自己的职责了。"仁宗省悟，就释放了那人。于是特别加官杨朵儿只为昭文馆大学士、荣禄大夫，以奖励他的直言。当时官居一品的，大多乘机会请求封王爵，追赠先人。有人对杨朵儿只说："你正受皇帝宠信，如果提出请求，一定会得到的。"杨朵儿只说："我的家世寒微，有幸际遇，得至于此，已经担心不能相称，还敢有更多的要求么！况且我要是干了这事，还怎么指责那些希图侥幸的人！"迁升为中政院使。没有多久，又担任御史中丞，迁集贤院大学士，被权臣铁木迭儿所陷害而死，年四十二岁。

开初，武宗去世，皇太后在兴圣宫，铁木迭儿为丞相，一月以后，仁宗即位，仍然以他为丞相。过了两年，铁木迭儿得罪被罢斥，但他极力勾结徽政院的近臣，得以再次入朝为相。他仗势贪贿暴虐，凶残赃秽更胜于往年，中外切齿痛恨，但群臣不知如何是好。御史中丞萧拜住，拜为御史右丞，又拜为平章政事，才稍稍对他有所牵制。

杨朵儿只由侍御史拜御史中丞，慨然以纠察处置铁木迭儿之罪为己任。上都富民张弼因杀人被捕入狱，铁木迭儿派亲信奴才胁迫大都留守贺伯颜把张弼释放，并强制他替自己干其他奸佞谋利之事，未能得逞。有一天，铁木迭儿坐于都堂，怒气冲冲，以公事召贺伯颜，准备治罪。贺伯颜声言："那奴才所干预的事是犯法的，我不敢相从，其他的罪我是没有的。"铁木迭儿理屈词穷，贺伯颜得以释免。杨朵儿只查明铁木迭儿接受张弼的贿赂达百万，那奴才所得尚有数千，派御史徐元素按察落实，入奏仁宗。而御史亦辇真又揭发了铁木迭儿的私罪二十余件。仁宗震怒，降诏逮捕审问。铁木迭儿逃匿起来，仁宗为此数日不饮酒，等待着结案。但只是把几个助纣为虐的亲信奴才处死，铁木迭儿还是不能逮捕归案。杨朵儿只追查得很急，徽政院近臣以太后旨意，召杨朵儿只到宫门，指责他违背太后旨意。杨朵儿只答道："我任职御史，奉行祖宗法制，一定要逮捕罪人，这不是我敢于违背太后的旨意。"仁宗仁孝，担心这确实是出于太后的意思，不忍心重惩铁木迭儿惹得太后不快，就仅仅罢免了他的相位，而迁杨朵儿只为集贤院学士。仁宗还屡次就御史台的事询问杨朵儿只，他答道："这不是我职责以内的事，我不敢参与。我所担心的，是铁木迭儿虽然离开君侧，却又得为东宫师傅，在太子左右，恐怕要行使其奸谋，则要产生不可胜言的祸患。"

仁宗去世，英宗还在东宫，铁木迭儿就又被任命为宰相。于是他宣布太后旨意，召萧拜住、杨朵儿只到徽政院，亲自与徽政使失里门、御史大夫秃忒哈一起审讯，指责他们过去违背太后旨意的罪。杨朵儿只说："我身为御史中丞，恨不能斩你以谢天下。如果真的违背了太后旨意，你岂能有今日呢！"铁木迭儿又拉拢当时和杨朵儿只一起担任御史的两个人，诬证其罪。杨朵儿只对着他两人唾道："你等也曾备位风宪之职，竟然能做出此等猪狗之事！"在座的都惭愧地低下头，于是起身入奏。没有多久，假借旨意押杨朵儿只到都门之外，与萧拜住一起被杀害。这一天，风沙昏暗，都城的人汹惧不安，路上行人相视以目。

英宗即位，诏书便加杨朵儿只以诬罔大臣之罪。铁木迭儿的权势已经巩固，毫发之怨,无不相报。太后终于悔悟,而英宗也觉得他所潜毁的都是先帝旧臣。还没有来得及论治其罪,铁木迭儿就因病而死了。正值有天灾,朝廷征求直言,会议于殿廷之中。集贤院大学士张珪、中书参议回回,都说萧拜住、杨朵儿只等人死得太冤枉,所以导致天旱不雨。听见这话的人都吓得面容失色,于是这话始终没有上达英宗。及至张珪拜为平章政事,便对丞相拜住说:"赏罚不当,冤屈不伸,不可以为治。象萧、杨等人的冤枉,为什么不赶快昭雪呢!"丞相很赞成,就请示英宗,降诏书昭雪其冤,特追赠他为思顺佐理功臣、金紫光禄大夫、司徒、上柱国、夏国公,谥为襄愍。杨朵儿只死的时候,权臣想抢夺他妻子刘氏给别人,刘氏剪去头发,毁坏容貌,以表示决心,这才得免。他儿子叫不花。

揭傒斯传

【题解】

揭傒斯(1274~1344),字曼硕,龙兴富州(今江西省丰城市)人。年轻时即有文名,后因程巨夫、卢挚荐举,历任翰林国史院编修官、应奉翰林文字、国子助教、授经郎等职,后至翰林待制、集贤学士、侍讲学士。揭傒斯长于文辞,当时朝廷大制作,多出其手,又任《辽史》《金史》《宋史》的总裁官。揭傒斯的文章叙事严整,诗也清新可喜,传世有《揭傒斯全集》。同时他还是元代著名书法家,擅长楷书、行书、草书。

【原文】

揭傒斯字曼硕,龙兴富州人。父来成,宋乡贡进士。傒斯幼贫,读书尤刻苦,昼夜不少懈,父子自为师友,由是贯通百氏,早有文名。大德间,稍出游湘、汉。湖南帅赵琪,雅号知人,见之惊曰:"他日翰苑名流也。"程巨夫、卢挚,先后为湖南宪长,成器重之,巨夫因妻以从妹。

延祐初,巨夫、挚列荐于朝,特授翰林国史院编修官。时平章李孟监修国史,读其所撰《功臣列传》,叹曰:"是方可名史笔,若他人,直誉吏牍尔。"升应奉翰林文字,仍兼编修,迁国子助教,复留为应奉。南归省母,旋复召还。傒斯凡三入翰林,朝廷之事、台阁之仪,靡不闲习。集贤学士王约谓:"与傒斯谈治通,大起人意,授之以政,当无施不可。"

天历初,开奎章阁,首擢为授经郎,以教勋戚大臣子孙。文宗时幸阁中,有所咨访,奏对称旨,恒以字呼之而不名。每中书奏用儒臣,必问曰:"其材何如揭曼硕?"间出所上《太平政要策》以示台臣,曰:"此朕授经郎揭曼硕所进也。"其见亲重如此。

富州地不产金,官府惑于奸民之言,为募淘金户三百,而以其人总之,散往他郡,采金以献,岁课自四两累增至四十九两。其人既死,而三百户所存无十一,又贫不聊生。有司遂责民之受役于官者代输,民多以是破产。中书因傒斯言,遂蠲其征,民赖以苏,富州人至今德之。

与修《经世大典》,文宗取其所撰《宪典》读之,顾谓近臣曰:"此岂非《唐律》乎!"特授艺文监丞，参检校书籍事，且屡称其纪实，欲进用之，会文宗崩而止。元统初，诏对便殿，慰谕良久，命赐以诸王所服表里各一，躬身辩识以授之，迁翰林待制，升集贤学士，阶中顺大夫。先是，儒学官赴吏部铨者，必移集贤，考校其所业，集贤下国子监，监子博士，吏文淹稽，动逾累日。偊斯请更其法，以事付本院属官，人甚便之。

奉旨祠北岳、济渎、南镇，便道西还。时秦王伯颜当国，屡促其还，偊斯引疾固辞。既而天子亲擢为奎章阁供奉学士，乃即日就道，未至，改翰林直学士，及开经筵，再升侍讲学士、同知经筵事，以对品进阶中奉大夫。时新格超升不越二等，独偊斯进四等，转九阶，盖异数也。经筵无专官，曰领曰知，多宰执大臣，故微辞奥义，必属偊斯订定而后进，其言往往寓献替之诚，务以裨益治道。天子嘉其忠恳，数出金织文锻以赐。

至正三年，年七十，致其事而去，诏遣使追及于潯南。寻复奉上尊谕旨，还撰《明宗神御殿碑》，文成，赐楮币万缗、白金五十两，中宫赐白金亦如之。求去，不许，命丞相脱脱及执政大臣面谕毋行。偊斯曰："使揭偊斯有一得之献，诸公用其言而天下蒙其利，虽死于此，何恨！不然，何益之有！"丞相因问："方今政治何先？"偊斯曰："储材为先，养之于位望未隆之时，而用之于周密庶务之后，则无失材废事之患矣。"一日，集议朝堂，偊斯抗言："当兼行新旧铜钱，以救钞法之弊。"执政言不可，偊斯持之益力，丞相虽称其不阿，而竟莫行其言也。

诏修辽、金、宋三史，偊斯与为总裁官。丞相问："修史以何为本？"曰："用人为本，有学问文章而不知史事者，不可与；有学问文章知史事而心术不正者，不可与。用人之道，又当以心术为本也。"且与僚属言："欲求作史之法，须求作史之意。古人作史，虽小善必录，小恶必记。不然，何以示惩劝！"由是毅然以笔削自任，凡政事得失，人材贤否，一律以是非之公；至于物论之不齐，必反复辨论，以求归于至当而后止。四年，《辽史》成，有旨奖谕，仍督早成金、宋二史。偊斯留宿史馆，朝夕不敢休，因得寒疾，七日卒。时方有使者至自上京，锡宴史局，以偊斯故，改宴日，使者以闻，帝为嗟悼，赐楮币万缗，仍给驿舟，护送其丧归江南。六年，制赠护军，追封豫章郡公，谥曰文安。有勋爵而无官阶者，有司之失也。

偊斯少处穷约，事亲菽水粗具而必得其欢心，既有禄入，衣食稍逾于前，辄愀然曰："吾亲未尝享是也。"故平生清俭，至老不渝。友于兄弟，终始无间言。立朝虽居散地，而急于荐士，扬人之善唯恐不及，而闻吏之贪墨病民者，则尤不曲为之掩复也。为文章，叙事严整，语简而当；诗尤清婉丽密；善楷书、行、草。朝廷大典册，及元勋茂德当得铭辞者，必以命焉。殊方绝域，咸慕其名，得其文者，莫不以为荣云。

【译文】

揭偊斯字曼硕，是龙兴路富州人。他的父亲揭来成，是宋朝时的乡贡进士。揭偊斯幼年时家里很贫穷，读书非常刻苦，白日黑夜，从不懈怠，父子互相为师友，因此他博通百家学说，很早就有文名。大德年间，曾到湖南、湖北一带游学，湖南经略安抚使赵淇素称有知人之明，他见到揭偊斯，惊喜地说："这人将来会成为文章名流。"程巨夫、卢挚先后任湖南廉访使，都对他很器重。程巨夫把堂妹嫁给他。

延祐初年,程巨夫、卢挚向朝廷荐举揭傒斯,特任他为翰林国史院编修官。当时平章政事李孟为国史监修官,他读了揭傒斯撰写的《功臣列传》,感叹地说:"这样的文章才能称为史家笔法,像其他人,只不过是誊录官方文书的抄手罢了。"升任他为应奉翰林文字,仍兼任编修,后迁任国子助教,又留任应奉翰林文字。他回南方去探望母亲,很快又被召回京。揭傒斯前后三次任职翰林,对朝廷的事务、台阁的制度,没有不熟悉的。集贤学士王约说:"和揭傒斯谈论治国之道,使人深受启发,如果让他办理政事,任何事都能办得好。"

天历初年,开设奎章阁,首先提拔揭傒斯为授经郎,让他教功勋大臣以及皇亲国戚的子孙读书。文宗经常驾临阁中,询问各种问题,揭傒斯的回答皇帝很满意,常叫他的字号,而不直呼其名。每当中书省上奏起用儒臣时,文宗必然问:"那人的才能比揭曼硕怎样?"有时拿出揭傒斯进呈的《太平政要策》给阁臣看,并说:"这是我的授经郎揭曼硕所进呈的。"他是这样受皇帝的亲重。

富州地方本不出产黄金,官府受奸民花言巧语的诱惑,为此招募了三百淘金户,而让奸民率领,散往外地,采金献给本地官府,每年征收四两,后来逐年加码,增至四十九两。奸民死去以后,三百淘金户留存下来的不到十分之一,而且贫穷无法生活,主管官员责令为官家服劳役的百姓代为交纳,很多民户因此而破产。中书省采用揭傒斯的建议,于是免去这项征调,百姓因此而得以休养生息,富州人至今对揭傒斯感恩戴德。

揭傒斯参与《经世大典》的修撰,文宗取来他撰写的《宪典》,读过以后,对身边的大臣说:"这难道不是《唐律》一样的高水平法典吗!"特任命他为艺文监丞,参与校勘书籍的事务,文宗常称赞他纯朴忠实,想提拔他,因文宗逝世作罢。元统初年,皇帝在便殿召见他,长时间和他谈话,多方安慰,下令赏给他诸王才能享用的衣料表里各一件,并且亲自鉴别以后才交给揭傒斯。迁任他为翰林待制,又升任集贤学士,官阶为中顺大夫。在此之前,儒学官到吏部考核的人,必须移交给集贤院,考核他们的学业,集贤院再下交给国子监,国子监下交给国子博士,因手续烦琐耽误时间,动不动需要几个月。揭傒斯奏请朝廷,改变这种做法,把此事直接交集贤院官员办理,这样人人都感到很方便。

揭傒斯奉皇帝之命,去祭祀北岳、济水、南镇,顺路西去回家探望。当时秦王伯颜当权,屡次催促他回京,揭傒斯称病坚辞。不久,皇帝亲自提拔他为奎章阁供奉学士,于是当天就启程回京,他还未到京城,又改任他为翰林直学士。及开始经筵讲书,又升他为侍讲学士、同知经筵事,因官品升高相应官阶晋升为中奉大夫。按照当时的新条例,破格提升不得超越二等,只有揭傒斯晋升了四等,迁了九级,受到特殊的礼遇。经筵不设专职官员,称为领经筵、知经筵,多由内阁大臣兼任,因此凡涉及经史中的深文奥义的阐释,必定由揭傒斯审定后才向皇帝进讲。他对经史的阐释,字里行间往往寓规谏之意,以有助于政事为出发点。皇帝很赞赏他的忠心诚恳,多次赏赐给他金织纹缎。

至正三年,他已七十岁,退休离京回原籍,皇帝派使者从郭县之南把他追回。不久,又奉皇帝之命撰写《明宗神御殿碑》,文章写成,赏给他纸币一万缗、白金五十两,中宫皇后也赏给白金五十两。他请求离京回乡,朝廷不批准,皇帝派丞相脱脱和执政大臣当面劝他不要离开,揭傒斯说:"如果我揭傒斯的建议有一点可取的话,诸位大人采纳了我的建议而天下百姓受益，即使我死在这里，又有什么可遗憾的呢！如果不是这样，我留下来有什么益处呢!"丞相趁机问他："现在的政事应以什么为当务之急呢?"揭傒斯回答说："以储备人才为当务之急，在他的地位和声望还不高时加以培养，在他对各种政务熟悉洞达之后再加以任用，这样就不会有埋没人才、荒废政事的忧虑了。"有一天，大臣们聚集朝堂议论政事，揭傒斯高声说道："应该使新旧铜钱同时流通，来补救现行钞法的弊端。"执政大臣认为不可行，揭傒斯更加坚持自己的主张，丞相虽然口头上称赞他刚正不阿，但实际上并没有把他的建议付诸实行。

皇帝下令纂修辽、金、宋三朝史书，揭傒斯参与其事并被任命为总裁官。丞相问他："修史的工作，什么最重要?"揭傒斯说："用人最重要，有学问又很会写文章但不熟悉史事的人，不可参与；有学问很会写文章而且又熟悉史事但心术不正的人，也不可参与。用人的标准，应以心术最为重要。"并且对他手下的官员说："要求得修史的方法，必须弄清楚修史的出发点，古人著史书，虽然是小小的善行，必加记载，虽然是小小的恶行，也必加记载。不然的话，怎么能达到劝善惩恶的目的呢?"因此他毅然担起增删修改的责任，凡是政事的得失，人物的贤明与否，是是非非，一律以公论为准；对于某些人和事，人们的意见并不一致，一定通过反复辩论，直到得出最恰当结论为止。至正四年，《辽史》修成，皇帝下旨对他进行嘉奖，并督促他及早修成金、宋二史。于是揭傒斯夜晚留宿在史馆内，日夜不停，不敢稍事休息，因此受凉生病，病了七天就去世了。当时皇帝派使者从上京来，奉命在史馆宴请修史官员，因揭傒斯去世，宴会改期。使者向皇帝回奏揭傒斯逝世，皇帝为之叹息悲悼，赏赐纸币一万缗，派驿船护送他的灵柩回江南。至正六年，皇帝下令，追赠他为护军，追封为豫章郡公，赠谥号为"文安"。他之所以得到勋位爵号而没有得到官阶封赠，是因主管官员疏失造成的。

揭傒斯少年时很贫穷，侍奉双亲，即使是粗茶淡饭也使老人高高兴兴。到他有了薪俸收入时，吃穿比以前稍好一些，就悲恸地说："我的父母没有享受到这样的生活啊!"因此他一生清廉节俭，至老不变。他重于兄弟手足之情，兄弟相处，始终没有产生任何隔阂。他在朝廷，虽然是无实权的散官，却不遗余力地推荐人才，对他人的长处大力表彰，唯恐人不知道，但听到官吏贪污糟害百姓，对这样的人，他决不想法替他掩盖。他写的文章，叙事严密，语言简练，持论稳妥；他的诗尤其清新婉转，格律严整；他还擅长楷书、行书、草书。朝廷的重要文书，以及功勋卓著、德高望重的大臣逝世后，应得到朝廷所赐碑铭的，必请揭傒斯撰写。远方外城的人，都仰慕他的名声，能得到他的文章，都认为是荣耀。

欧阳玄传

【题解】

欧阳玄(1272~1357)，字原功，浏阳(今湖南浏阳)人，著名的史学家、文学家。他参

加了宋、辽、金三史的修撰，以及《皇朝经世大典》的编写。宋、辽、金三史署名为脱脱撰，然而具体撰修三史的则是欧阳玄、张起岩、揭傒斯等人，这其中出力最多的又是欧阳玄。欧阳玄不仅发凡举例，而且笔削定稿，其中论、赞、表、奏多出欧阳玄之手。三史因记载对象不同，内容形式也有差异。《辽》《金》二史除纪、传以外，还设表，如《世表》《交聘表》《属国表》等都很有特色，二史书后还附有《国语解》等。三史当中，后人一致认为《金史》较好。三史分别修撰，使辽、金二朝在中国历史上得到了应有的地位，保存了丰富的史料，对全面了解十世纪至十三世纪的中国政治、军事、经济和对外关系全貌提供了基础。

圭斋文集十六卷（元）欧阳玄撰

【原文】

欧阳玄字原功，其先家庐陵，与文忠公修同所自出。至曾大父新，始迁居浏阳，故玄为浏阳人。幼岐嶷，母李氏，亲授《孝经》《论语》、小学诸书，八岁能成诵，始从乡先生张贯之学，日记数千言，即知属文。十岁，有黄冠师注目视玄，谓贯之曰："是儿神气凝远，目光射人，异日当以文章冠世，廊庙之器也。"言讫而去，亟追与语，已失所之。部使者行县，玄以诸生见，命赋梅花诗，立成十首，晚归，增至百首，见者骇异之。年十四，益从宋故老习为辞章，下笔辄成章，每试庠序，辄占高等。弱冠，下帷数年，人莫见其面，经史百家，靡不研究，伊、洛诸儒源委，尤为淹贯。

延祐元年，诏设科取士，玄以《尚书》与贡。明年，赐进士出身，授岳州路平江州同知。调太平路芜湖县尹。县多疑狱，久不决，玄察其情，皆为平翻。豪右不法，虐其驱奴，玄断之从良。贡赋征发及时，民乐趋事，教化大行，飞蝗独不入境。改武冈县尹。县控制溪洞，蛮獠杂居，抚字稍乖，辄弄兵犯顺。玄至逾月，赤水、太清两洞聚众相攻杀，官曹相顾失色，计无从出。玄即日单骑从二人，径抵其地谕之。至则死伤满道，战斗未已。獠人熟玄名，弃兵仗，罗拜马首曰："我曹非不畏法，缘诉某事于县，县官不为直，反以徭役横敛掊克之，情有弗堪，乃发愤就死耳。不意烦我渍廉官自来。"玄喻以祸福，归为理其讼，獠人遂安。

召为国子博士，升国子监丞。致和元年，迁翰林待制，兼国史院编修官。时当兵兴，玄领印摄院事，日直内廷，参决机务，凡远近调发，制诏书檄。既而改元天历，郊庙、建后、立储、肆赦之文，皆经撰述。复条时政数十事，实封以闻，多推行之。明年，初置奎章阁学士院，又置艺文监隶焉，皆选清望官居之。文宗亲署玄为艺文少监，奉诏纂修《经世大典》，升太监、检校书籍事。

元统元年，改金太常礼仪院事，拜翰林直学士，编修四朝实录，俄兼国子祭酒，召赴中都议事，升侍讲学士，复兼国子祭酒。重纪至元五年，足患风痹，乞南归以便医药，帝不允。拜翰林学士，未几，恳辞去位，帝复不允，免其行朝贺礼。至正改元，更张朝政，事有不便者，集议廷中，玄极言无隐，科目之复，沮者尤众，玄尤力争之。未几南归，复起为翰林学士，以疾未行。

诏修辽、金、宋三史，召为总裁官，发凡举例，俾论撰者有所据依；史官中有惇惇露才、论议不公者，玄不以口舌争，俟其呈稿，援笔窜定之，统系自正。至于论、赞、表、奏，皆玄属笔。五年，帝以玄历仕累朝，且有修三史功，谕旨丞相，超授爵秩，遂拟拜翰林学士承旨。及入奏，上称快者再三。已而乞致仕，帝复不允。御史台奏除福建廉访使，行次浙西，疾复作，乃上休致之请，作南山隐居，优游山水之间，有终焉之志。复拜翰林学士承旨，玄屡力辞，不获命。奉敕定国律，寻乞致仕，陈情恳切，乃特授湖广行中书省右丞致仕，赐白玉束带，给俸赐以终其身。将行，帝复降旨不允，仍前翰林学士承旨，进阶光禄大夫。

十四年，汝颍盗起，蔓延南北，州县几无完城。玄献招捕之策千余言，凿凿可行，当时不能用。十七年春，乞致仕，以中原道梗，欲由蜀还乡，帝复不允。时将大赦天下，宣赴内府。玄久病，不能步履，丞相传旨，肩舆至延春阁下，实异数也。是岁十二月戊戌，卒于崇教里之寓舍，年八十五。中书以闻，帝赐赙甚厚，赠崇仁昭德推忠守正功臣、大司徒、柱国，追封楚国公，谥曰文。

玄性度雍容，含弘缜密，处己俭约，为政廉平，因官四十余年，在朝之日，殆四之三。三任成均，而两为祭酒，六入翰林，而三拜承旨。修实录、《大典》、三史，皆大制作。屡主文衡，两知贡举及读卷官，凡宗庙朝廷雄文大册、播告万方制诰，多出玄手。金缯上尊之赐，几无虚岁。海内名山大川，释、老之宫，王公贵人墓隧之碑，得玄文辞以为荣。片言只字，流传人间，咸知宝重。文章道德，卓然名世。羽仪斯文，赞卫治具，与有功焉。玄无子，以从子达老后，卒，复先玄卒。有《圭斋文集》若干卷传于世。

【译文】

欧阳玄字原功，他的祖先居住在庐陵，与文忠公欧阳修出于同一宗。到他的曾祖父欧阳新时才迁居到浏阳，所以他是浏阳人。欧阳玄幼年聪慧，他的母亲李氏亲自教他《孝经》《论语》《小学》各书。八岁能背诵，才开始跟随乡学先生张贯之学习，一天能记下几千字，就知道如何写文章。十岁时，有一道士凝视欧阳玄，告诉张贯之说："这个孩子神气凝远，目光逼人，以后会以文章为天下之冠，有担负朝廷重任的才能。"说完就离开了，急忙追出与他讲话，已不知他的去向。朝廷派遣使者巡查各县，欧阳玄以学生身份拜见使者，使者命其作梅花诗，立刻作成十首，晚上回来时增加到上百首。看见的人对此都很惊讶。十四岁时，进一步跟随宋朝遗老学习作辞章。下笔成章，每次参加乡学考试总是位于高等。成年后，闭门读书几年，人们见不到他的面，经史百家，没有不研究的，对伊、洛学派的本末,尤其淹博贯通。

延祐元年,仁宗下诏设科举取士,欧阳玄以《尚书》参加贡试。第二年,赐予他进士出身,授予岳州路平江州同知之职。调任太平路芜湖县尹。县中多疑难官司,长期不能判决,欧阳玄考察了这些情况,都公正地进行了判决或平反。豪门大族不遵守法律,虐待他们的汉族奴隶,欧阳玄判决这些奴隶恢复自由。赋税征调及时,百姓乐意去做自己的工作,政教风化非常盛行,蝗虫唯独不入此县境界。改任武冈县尹。武冈县控制着溪洞,此处蛮獠杂居,对他们的抚育爱护稍有不协调,他们就拿起武器造反。欧阳玄到任一个月后,赤水、太清两洞聚集众人相互攻杀,官吏们互相对视,脸色大变,想不出解决的计谋。第二天,欧阳玄单人匹马带领两人直接到达獠人争斗的地方告谕他们。到达的时候死伤者充斥道路,战斗还没有停止。獠人熟知欧阳玄的名望,扔掉兵器,排着队拜倒在马前,说:"我们不是不惧怕法律,因为向县衙投诉某事,县官判决不公正,反而用徭役横征暴敛搜刮我们,感情上无法忍受,就发愤去死。没想到麻烦我们的清廉长官亲自前来。"欧阳玄告诉他们此事的祸福,回去为他们审理官司,獠人于是安抚下来。

召欧阳玄作国子博士,升任国子监丞。致和元年,改任翰林待制,兼任国史院编修官。当时正值战乱,欧阳玄领印代理国史院事务,每天在内廷值班,参与决策机要事务,包括远近的调拨发运,掌管制诏,撰写文书。不久改年号为天历,祭天地祖宗,册封皇后、立太子、大赦等文书,都经他撰写。又列举当时政务几十件,密封起来直奏朝廷,大多数被推行。第二年,开始设置奎章阁学士院,又在院内设置艺文监隶属它,都选择清廉、有名望的官吏任职。文宗亲自任命欧阳玄为艺文少监,奉旨编撰《经世大典》,升任太监、检校书籍事。

元统元年,改任金太常礼仪院事,官拜翰林直学士,编修四朝实录。不久,兼任国子祭酒,被朝廷召入中都参议国事,升任侍讲学士,又兼国子祭酒。后至元五年,脚部患风痹,请求回到南方以便于治病、用药,顺帝不答应。授予翰林学士,没多久,恳求辞去官职,顺帝又不答应,免去他行朝贺的礼节。改年号至正,改革朝政,凡不利的事情都在朝廷集中商议,欧阳玄尽言没有隐讳。科目复设,阻挠者非常多。他仍然竭力争取。不久,回到南方,又被提拔为翰林学士,因病没有赴任。

顺帝下诏修辽、金、宋三史,召欧阳玄为总裁官,发凡举例,使撰述者有所依据;史官中有愤怒地表露才华、议论不公正的人,欧阳玄不用口舌与他们争论,待他们交上稿件,用笔修改审定,都算作他们自己改正的。至于论、赞、表、奏,都由欧阳玄执笔。五年,顺帝因欧阳玄在几朝做官,并且有编修三史的功劳,命令丞相破格授予他爵位和俸禄,于是准备拜他为翰林学士承旨。等到奏请顺帝,顺帝再三称赞。不久,欧阳玄请求退休,顺帝又不同意。御史台上奏拜他为福建廉访使,走到浙西,病又发作。于是奏上退休的请求,作南山隐居,悠闲自得于山水之间,有在此了却余生的愿望。又被任命为翰林学士承旨,他多次坚决辞谢,不被批准。奉顺帝诏书制定国家法规,不久请求退休,陈述情况恳切,于是特别授予他以湖广行中书省右丞的职位退休,赐他白玉束带,给他俸赐养老。将要走时,顺帝又下诏不许他走,仍拜为以前的翰林学士承旨,晋升为光禄大夫。

十四年,汝颍强盗兴起,蔓延南北,州县中几乎没有完整的城池。欧阳玄呈献招捕的措施千余字,确实可行,当时不能采用。十七年春,请求退休,由于中原道路阻塞,打算经四川回乡,顺帝又不答应。当时将要大赦天下,宣他到内府。欧阳玄长期卧病,不能行走,丞相传旨,准他乘轿子到延春阁下,实际是顺帝给臣子的特殊优待。这年十二月戊戌日(二十九日),去世于崇教里的寓内,时年八十五岁。中书通知顺帝,顺帝赏赐办理丧事的财物很丰厚,赠他崇仁昭德推忠守正功臣、大司徒、柱国的称号,追封他为楚国公,赠谥号为文。

欧阳玄生性仪度大方,内含宏大缜密,对待自己节俭不奢华,为政清廉公正,做官四十多年,在朝廷的时间,将近四分之三。三次做成均,两次做祭酒,六次进入翰林,三次任承旨。编撰实录、《经世大典》、三史,都是大著作。多次做主考官,两次主持贡举和读卷官,凡宗庙朝廷重要文书册文,传达全国各地的制诏,大多出于欧阳玄之手。赏赐的金帛、丝绸、好酒,几乎每年都有。海内名山大川,寺院、道观,王公贵人墓道的碑铭,以得到欧阳玄的文辞为荣耀。只言片语,流传到民间,人们都知道它的珍贵。欧阳玄的文章和道德,以高超扬名于天下。在表率斯文,辅卫治国方面,都有功劳。欧阳玄没有儿子,以侄子达老为嗣,又先于欧阳玄去世。欧阳玄有《圭斋文集》若干卷流传于世。

李好文传

【题解】

李好文,字惟中,生卒年不详,元朝大名府东明县(今山东东明)人,至治元年进士及第,历翰林院编修、太常博士、国子博士、监察御史、阿东、湖北等道廉防使,翰林学士承旨等职。著作有《端本堂经训要义》《大宝录》《大宝锡鉴》等。

【原文】

李好文字惟中,大名之东明人。登至治元年进士第,授大名路濬州判官。入为翰国史院编修官、国子助教。泰定四年,除太常博士。会盗窃太庙神主,好文:"在礼,神主当以木为之,金玉祭器,宜贮之别室。"又言:"祖宗建国以来,七八十年,每遇大礼,皆临时取具,博士不过循故事应答而已。往年有诏为集礼,而乃令各省及各郡县置局纂修,宜其久不成也。礼乐自朝廷出,郡县何有载!"白长院者,选僚属数人,仍请出架阁文牍,以资采录,三年,书成,凡五十卷,名曰太常集礼。

迁国子博士。丁内忧,服阕,起为国子监丞,拜监察御史。时复以至元纪元,好文言:"年号袭旧,于古未闻,袭其名而不蹈其实,未见其益。"因言时弊不如至元者十余事。录囚河东,有李拜拜者,杀人,而行凶之仗不明,凡十四不决。好文曰:"岂有不决之狱如是其久乎!"立出之。王傅撒都刺,以足踢人而死,众皆曰:"杀人非刃,当杖之。"好文曰:"怙势杀人,甚于用刃,况因有所求而杀之,其情为尤重。"乃置之死,河东为之震肃。出佥河南、浙东两道廉访司事。

六年，帝亲享太室，召金太常礼仪院事。至正元年，除国子祭酒，改陕西行台治书侍御史。迁河东道谦访使。三年，郊祀，召为同知太常礼仪院事，帝之亲祀也。至宁宗室，遣阿鲁问曰："兄拜弟可乎？"好文与博士刘闻对曰："为人后者，为之子也。"帝遂拜。由是每亲祀，必命好文摄礼仪使。四年，除江南行台治书侍御史，未行，改礼部尚书。与修辽、金、宋史，除治书侍御史，仍与史事，俄除参议中书省事，亲事十日，以史敌。仍为治书。已而复除陕西行台地治书御史，时台臣皆缺，好文独署台事。西蜀奉使，以私憾摭拾廉访使曾文博、金事兀马儿、王武事，文博死，兀马儿诬服，武不屈，以轻侮抵罪。好文曰："奉使代天子行事，当问疾苦，黜陟邪正，今许者以下，至于郡县，未闻举劾一人，独风宪之司，无一免者，此岂正大之礼乎！"率御史史辨武等之枉，并言奉使不法者十余事。六年。除翰林侍讲学士，兼国子祭酒，又廷改集贤侍讲学士，仍兼祭酒。

九年，出参湖广行省正衙，改湖北道廉访使。寻召为太常礼仪院使。于是帝以皇太子年渐长，闻端本堂，命皇太子入学，以右丞相脱脱、大司徒雅不花知端本堂事，而命好文以翰林学士兼谕德。好文力辞，上书宰相曰："三代圣王，莫不以教世子为先务，盖帝王之治本于道，圣贤之道存于轻，而傅经期于明道，出治在于为学，关系至重，要在得人。自非德堪节模，则不足以辅成德性。自非学致阃奥，则不足以启迪聪明。宜求道德之鸿儒，仰成国家之盛事。而好文天下资本下。人望素轻，草野之习，而久与性成，章句之学，而寝以事废，骤应重托，负荷诚难。必别加选揄，庶几国家月得人之助，而好文免妨之议。"丞相以其书闻，帝嘉驻之，而不允其辞。好文言："俗求二帝三王之道，必由于孔氏，其书则孝经、大学、论语、孟子、中庸。"乃摘其要路。释以经义，又取史传，及先儒谕说，有关治体而协轻旨者，加以所见，仿真德秀大学衍义之例，为书十一卷，名曰端本堂轻训要义。奉表以进，诏付端本堂，令太子习焉。

好文又集历代帝王故事，总百有六篇：一曰圣慧，如汉孝昭、后汉明帝幼敏之类；二曰孝太，如舜、文王及唐玄宗友受之类；三曰恭俭，如汉文帝却千里马、罢露台之类；四曰圣学，如殷宗绌学，及陈、隋诸君不善学之类。以为太子问安馀暇之助。又取古史，自三皇迄金、宋，历代授受，国祚久速，治乱兴废为书，曰《大宝录》。又取代前帝王是非善恶之所当法当戒者为书，名曰《大宝龟鉴》。皆录以进焉。久之，陞翰林学士承旨，阶荣录大夫。

十六年，复上书皇太子，其言曰："臣之所言，即前日所进经典之大意也。殿下宜以所进诸书，参与贞观政要、大学衍义等篇，果能一一推而行之，则万几之政、太平之治，不难致矣。"皇太子深敬礼而嘉纳之。后屡引年乞至仕，辞至再三，遂拜光禄大夫、河南行省平章政事，仍以翰林学士承旨一品录终其身。

【译文】

李好文，字惟中，大名府东明县（今山东东明）人。至治元年（1321）进士及第，授为大名路浚州（今河南浚县）判官。后入朝为翰林国史院编修官，国子监助教。泰定四年（1327），被任为太常博士。一次，盗贼偷窃了元太祖成吉思汗庙中的神主（牌位），李好文上言说："按照古代的代礼制，神主应当用木头制作，用金银玉石制成的祭祀用具，应当别用一间屋保管起来，以免被盗。"又说："自我朝先祖建国以来，已有七八十年，每次遇到大的礼节,都是临时将祭祀用具取来用,太常博士不过是按照惯例应答用事而已。以前,诏令臣下纂修《集礼》一书,而令各省和地方各郡县设置专门部门进行纂修工作,这样做自然长久难以修成。礼乐之事应以朝廷所制订为标准,地主郡县哪里有什么礼乐!"李好文又告知掌管太常仪礼院的长官,请上级从部下属吏中选择了几个人,又请求调用书库中的各种有关文字材料,以采录选择。三年之后,该书纂集完成,共五十卷,起名为《太常集礼》。

后来,李好文被迁升为国子监博士。赶上父母去世,解职归家。守丧完毕之后,又被起用为国子监丞,升拜监察御史。当时。朝中又用"至元",年号纪年,和以前重复。李好文上书说:"年号袭用过去已经用过的,自古以来也未曾听说。袭用过去的名字,却没有当时的实际,不见得会有什么好处。"并且谈了现在比不上世祖忽必烈至元年间的情况十几条。到河东(今山西南部)去检录审验狱中的囚犯,有一个叫李拜拜的囚犯,犯的是杀人罪,却未找到凶器和足够的证据,押了十四年还没有决断。李好文说:"哪里有判决不了的案子拖延这么久的!"下令立即将其释放。诸侯王的师傅撒都剌用脚把别人踢死,许多人都说:"撒都剌不是用兵器杀人,以杖打处罚就行了。"李好文说:"依仗王爷的势力而杀人,比使用凶器还恶劣,况且是在向别人勒索时而杀了人家,其情节尤为严重。"下令将撒都剌处以死刑。消息传出,河东为之震动。之后,李好文又受命主持河南和浙东两道廉访司之事。

至元六年(1340),皇帝亲自在太庙中举行祭祀,召令李好文主管太常礼仪院之事。至正元年(1341),拜除为国子监祭酒,后改为陕西行台治书侍御史,迁为河东道廉访使。至正三年(1343),朝廷兴行郊祀之礼,又召李好文为同知太常礼仪院事。元顺帝亲自主持祭祀,到元宁宗的庙中时,派阿鲁问李好文说:"哥哥可以向弟弟行拜礼吗?"李好文和博士刘闻回答说:"即位在别人的后面,就应该行后代之礼。"元顺帝便行了拜礼。从此以后,元顺帝每次亲自主持祭祀,必定命李好文充任礼仪使之职以辅助祭祀。至正四年,除为江南行台治书侍御史,李好文还未出发,又改任为礼部尚书,参与编修《辽史》《金史》和《宋史》,除为治书侍御史后,仍然参与修史的工作。不久,命李好文参议中书省之事。工作十天后,因编修史书工作繁忙,仍回原职任治书。后来,又任命李好文为陕西行台治书侍御史。当时,行台之中官吏人员不够,李好文一人独自处理行台中的各种政务。朝廷派使者出巡西蜀(今四川成都),使者官报私仇,污蔑西蜀廉访使曾文博、金事兀马儿和王武等人犯罪。曾文博被迫害死;兀马儿忍受不了拷打而被迫承认有罪,王武不屈服,被处以轻君侮上之罪。李好文闻听后说:"奉使代替天子巡行四方,应当查问民间百姓的疾苦,处罚邪恶,伸张正气。而现在,从行者到各郡县,不曾听说举劾过一个人,唯独有关的官吏,却没一个能够幸免的,这怎么符合正大光明的原则呢?"李好文便率领御史极力辩解王武等人的冤枉之情,并谈了十几件奉使不法的事情。至正六年,任李好文为翰林侍讲学士,兼国子监祭酒,又迁改集贤侍讲学士,仍然兼任国子监祭酒的职务。

至正九年(1349),李好文出朝任参知湖广行省政事,改任湖北道廉防使,不久,又召任为太常礼仪院使。这时,元顺帝因为皇太子年龄逐渐长大,为加强教育,开设了端本堂,令皇太子入学其中,令右丞相脱脱、大司徒雅不花二人负责端本堂的事务,而命李好文以翰林学士的身份参与教育皇太子之事。李好文极力推辞，上书宰相说："古代三代的圣明君王，莫不把教育太子放在优先的位置上，盖帝王君主治理天下之术以道为根本，古代圣贤的道保存在经书之中，而传司经书是为了明习治天下之道，出京师治理民政事务是为了锻炼能力，关系重大，关键在于要选得合适的人。如果自身的品德行为不足为人模范，便不能胜任养育太子德行的重任。如果自身学问不是臻于高深的境界，便不足以启发太子的聪明才智。应该选求品学兼优的鸿儒，以辅助养育有关国家兴衰的盛事。而我李好文天资本来就低下，在别人心目中的地位素来就很轻，草野乡村的习气已积久成习，难以去除，章句学问的功夫又因忙于俗事而耽误已久。突然肩负这样的重托，实在是难以担当。请一定选择比我更好的人，这样国家可以因得人而兴盛，而我也免于被别人讥刺妨碍贤人进身之路。"丞相把李好文的书信呈献给了元顺帝，元顺帝赞叹了他，却不答应李好文的请求。李好文说："要想求得古代圣贤的二帝三王之道，必须由孔子的儒学入门，这些书有《孝经》《大学》《论语》《孟子》《中庸》等。"李好文又将这些书的要点摘出来，按照经书的意思加以注释。又博取历史传记和前代学者的论说中那些有关治理国家的纲领，并和经书的意旨相契合的，再加上自己的理解和观点，仿照真德秀《大学衍义》一书的体例，写成一本十一卷的书，书名为《端本堂经训要义》，写上奏章，奉献给元顺帝。元顺帝诏令将此书送到端本堂，命皇太子学习。

李好文又敢集历代帝王的故事。总共有一百零六篇，将其分成几类：一是圣慧，象西汉昭帝、东汉汉明帝从小就聪明过人之类；第二类是孝友，比如舜、周文王和唐玄宗等帝王孝敬亲长，友爱兄弟之类；第三类是恭俭，如汉文帝退千里马、停止修建露台之类的节俭故事；第四类是圣学，比如殷宗喜欢学术，而陈朝、隋朝的皇帝不喜欢学习之类。将这些故事收集在一起，以便皇太子在有空闲时阅读，消磨时光。李好文又广泛采集古史，从夏、商、周三代到金朝、宋代的几千年中，各个朝代的更替、统治时间的长短，以及国家的治乱兴废等。集成一方，起名为《大宝录》。又采取前代帝王的行为中是、非、善、恶之事，哪些应当学习，哪些应当借鉴等，集为一书，起名为《大宝龟鉴》。书成后，都抄录以进献给元顺帝。过了一段时间，李好文被升为翰林学士承旨，职阶为荣禄大夫。

至正十六年（公元1356年），李好文又上书皇太子说："臣所要说的，就是以前进献的经典中所讲的，殿下应以臣所进的各书，参考《贞观政要》《大学衍义》等书，如果真能够一一参悟前推广应用，则日理万机，以致天下太平，实在也并不是很难的事情。"皇太子非常肃敬地接纳了李好文的话和书。以后，李好文屡次以年老为由请求辞官退休，一而再，再而三，遂被拜为光禄大夫、河南行省平章政事，仍以翰林学士承旨一品的俸禄以终其身。

贾鲁传

【题解】

贾鲁（1297~1353），贾鲁的青少年时代，是在比较安定的社会环境中成长，在二十多岁时就以明晓儒家经义步入仕途,相继担任过行省掾、县尹、中书省检校、都漕运使、监察御史、工部郎中、工部尚书等官职,并以治理黄河有功擢升为荣禄大夫、集贤殿大学士。贾鲁在三十多年的为官生涯中,对时政多有建议,表现了兴利除弊的经国之志。

元顺帝至正四年,黄河多处决口酿成大灾,洪水波及今江苏、安徽、山东、河南、河北诸省,民不聊生,国计艰危。贾鲁在丞相脱脱的支持下,主持治河工程。他跋涉数千里,深入考察,绘制成河防图形,提出两个行之有效的治河方案,即一是修筑北堤,制止横溃,使水不再蔓延;二是疏塞并举,导使黄河东引,恢复旧日河道。并直接指挥黄河南北十三路的民工、军工十七万人,开展治理黄河的工作。仅用半年多的时间就使泛溢横流的黄河回归故道,舟船复通。后来欧阳元根据贾鲁的治河方略写成《至正河防记》,详细记载了这次治河的经过及其治河经验,成为世界第一本有系统有价值的水利工程著作。尽管这次大兴河工成了黄河两岸农民起义反元的导火线,并最后由起义军推翻了元王朝,但贾鲁作为我国封建时代的一位出色的水利工程专家,他的业绩仍是不可磨灭的。

贾鲁

【原文】

贾鲁字友恒,河东高平人。幼负志志,既长,谋略过人,延祐、至治间,两以明经领乡贡。泰定初,恩授东平路儒学教授,避宪史,历行省掾,除潞城县尹,选丞相东曹掾。擢户部主事,未上,一日觉心悸,寻得父书,笔势颤缩,即辞归。比至家,父已有风疾,未几卒。

鲁居丧服阕,起为太医院都事。会诏修辽、金、宋三史,召鲁为《宋史》局官。书成,选鲁燕南山东道奉使宣抚幕官,考绩居最,迁中书省检校官。上言:"十八河仓,近岁沦没官粮百三十万斛,其弊由富民兼并,贫民流亡,宜合先正经界。然事体重大,非处置尽善,不可轻发。"书累数万言,切中其弊。俄拜监察御史,首言御史有封事,宜专达圣,不宜台臣先有所可否。升台都事,迁山北廉访副使。复召为工部郎中,言考工一十九事。

至正四年,河决白茅堤,又决金堤,并河郡邑,民居昏垫,壮者流离。帝甚患之,遣使体验,仍督大臣访求治河立略,特命鲁为都水监。鲁循行河道,考察地形,往复数千里,备得要害。为图上进二策:其一,议修筑北堤,以制横溃,则用工省;其一,议疏塞并举,挽河东行,使复故道,其功数倍。会迁右司郎中,议未及竟。其在右司,言时政二十一事,皆见举行。调都漕运使,复以漕事二十事言之。朝中廷取八事:一曰京畿和籴;二曰优恤漕司旧领漕户;三曰接连委官;四曰通州总治豫定委官;五曰船户困于坝夫,海运坏于坝户;六曰疏浚运河;七曰临清运粮万户府当隶漕司;八曰宣忠船户付本司节制。事未尽行。既而河水北侵安山，沦入运河，延衰济南、河间、将隳两漕司盐场，实妨国计。

九年，太傅、右丞相脱脱复相。论及河决，思拯民艰，以塞诏旨，乃集迁臣郡议。言人人殊，鲁昌言：“河必当治。”复以前二策进。丞相取其后策，与鲁定议。且以其事属鲁。鲁固辞。丞相曰：“此事非子不可。”及入奏，大称帝旨。十一年四月，命鲁以工部尚书、总治河防使，进秩二品，授以银章，领河南、北诸路军民，发汴梁、大名十有三路民一十万，庐州等戍十有八翼军二万供役，一切从事大小军民官，咸禀节度，便宜兴缮。是月鸠工，七月凿河成，八月决水故河，九月舟楫通，十一月诸埽诸堤成，水土工毕，河复故道。帝遣使报祭河伯，召鲁还京师，鲁以河平图献。帝迁览台臣奏疏。请褒脱脱治河之绩，次论鲁功，超拜荣禄大夫、集贤大学士，赏赉金帛。敕翰林丞旨欧阳玄制河平碑，以旌脱脱劳绩，具载鲁功，且宣付史馆，并赠鲁先臣三世。

寻拜中书左丞，从脱脱平徐州。脱脱既旋师，命鲁追余党。分攻濠州，同总兵官平章月可察儿督战。鲁誓师曰：“吾奉旨统入卫汉军，顿兵于濠七月矣。尔诸将同心协力，必以今日巳、午时取城池，然后食。”鲁上马麾进，抵城下，忽头眩下马。且戒兵马弗散。病愈亟，却药不肯汗，竟卒于军中，年五十七。十三年五月壬午也。月可察儿躬为治丧，选士护柩还高平。有旨赐交钞五百锭以给葬事。子积。

【译文】

贾鲁，字友恒，河东高平（山西高平）人。幼年时代，贾鲁就胸怀远大的志向，追求高尚的节操；成年以后，更表现出超过常人的智谋和韬略。元仁宗延祐和英宗至治年间，他两次参加明经乡试被选为贡士。元泰定帝即位初，贾鲁被授东平路（治所在今山东省东平县）儒学教授；后任命为宪史，担任过行少掾，被委作为潞城县（今山西省潞城）县尹，又选拔充任丞相东曹掾。后来，元王朝提升他做户部主事，还没有正式上任，突然有一天觉得心跳，不久又得到他父亲的来信，信上的笔迹颤抖潦草，他立即辞官赶回家去。等他回到家中，父亲已经患了风瘫病，不久就去世了。

贾鲁按规定在家中服丧守灵后，被起用担任太医院都事。这时恰适元顺帝下令编修辽、金、宋三朝历史，他又被征召担任《宋史》局官。此书完成后，贾鲁被选拔出任燕南山东道宣抚使的幕僚官，经考核政绩他最为优秀，于是又升迁为中书省检校官。贾鲁上奏折建议说：“官府储运公粮的十八处河仓，近几年损失公粮达一百三十万斛，造成这种弊病是由于豪强富裕之家大肆兼并土地，贫苦百姓被迫流亡，应该采取先划定田地分界的办法来制止兼并。不过，这件事关系重大，如果不能使处置的办法周到完善，就不能轻率行动。”他的奏折共计好几万字，确切地打中了时弊的要害。不久，贾鲁被任命为监察御史。他首先就建议：御史有密封上呈给皇帝的奏章，应该专门送给皇帝本人审处，而不应由朝中台臣事先就拿出可行或不可行的意见。贾鲁被提升为御史台御事，转任山北廉防副使。不久，他又被召回朝中担任工部郎中，并有关考工的提出了十九条建议。

元顺帝至正四年（1344）五月，黄河先在白茅堤（在今江苏省境内）决口，随后又冲决了金堤（在今河南省滑县东），沿河的许多郡县城乡受灾惨重，老百姓的房屋都被洪水淹没，壮年人也被迫离乡背井四出流亡。元顺帝对此十分忧虑。专门派遣使臣去察看灾情,同时又督促朝中大臣商议提出整治黄河的方案,并特别指令贾鲁兼任都水监的职务。贾鲁沿黄河流经之地巡视,认真考察地理形势,来回行程几千里,详尽地掌握了整治黄河的关键所在。他绘出黄河形势图上呈给元顺帝,并同时提出了两种治河方案:一种方案,建议在黄河北岸修筑大堤,制止河水横向泛滥,这样做需用的人工财物能比较节省;另一种方案,建议疏浚河道和堵塞决口同时进行,引导黄河直向东流,使河水回到黄河故道之中,这样做效果能高几倍。这时,恰巧贾鲁被提升为左司郎中,他提出的建议没有能最后做出决策。贾鲁在司郎中任职期间,曾对当时的国家大政先后提出二十一条建议,都被采纳实行了。后来贾鲁高任都漕运使,他又对有关漕运的事务提出了二十条建议,其中的八条被朝廷采纳:一是在京城附近的地方实行由官府出钱收购民粮供给军饷的办法;二是对漕运司衙门原来管辖的漕运船户给予优厚的待遇;三是漕运司的官员应连续委派避免职事中断无人负责;四是应由通州(今河北省通县)漕运总管府事先确定委任漕运官员的人选。五是沿河管水坝的人员困扰运粮船户和破坏海运的情况应该改变;六是要疏浚从通州至杭州的大运河便利漕运;七是设在临清(今山东省临清县南)的运粮万户府应隶属漕运司统一管辖;八是临时征募参加漕运的宣忠船户应交给各地漕运司衙门统一调度管理。这些建议后来没能全部实现。不久,黄河又向北泛滥危及安山(今山东省东平西南),洪水灌入运河,一直蔓延到济南(今山东济南)、河间(今河北省河间)一带,将要毁坏两地漕运司所辖的盐场,确实严重损害于国家的经济状况。

至正九年(1349),一度被免去丞相官职的脱脱又由太傅重新出任丞相。在谈论到黄河决口成灾的情况时,脱脱想要解救百姓的艰难困苦,用这个行动来表示尽职尽责报告皇帝的信托,于是集朝中大臣一起商议对策。可是,议论中大臣们各持己见,莫衷一是。只有贾鲁坚决倡议说:"黄河一定要治好。"他又把原先提过的两种治河方案请脱脱考虑。脱脱采纳了他的后一种方案,同他一起研究做出最后决定,并把实施方案治河的任务交给他负责。贾鲁坚决推辞。脱脱说:"这件事不由你来负责绝对不行。"于是进宫向元顺帝报告了这个决定,结果完全符合皇帝的心意。至正十一年(1351)四月,朝廷颁布命令:委任贾鲁为工部尚书、总治河防使,晋升官阶为二品,授给银质的官印,让他享有统领黄河南、北路军民的权力。征调汴梁(今河南省开封)、大名(今河北省大名)等十三路的民夫十五万人和庐州(今安徽省合肥)等地十八处驻军二万人共同担负治河的差役,所有承担治河事务的兵士、百姓和大小文武官员,一律都要听从贾鲁的统一指挥,为兴工修缮黄河提供便利。就在这个月,治河工程正式动工;七月,挖掘疏通河床的工作完成;八月,开挖渠道引导泛滥横流的洪水回归黄河故道;九月,黄河上恢复了船运交通;十一月,沿河各处的护堤设施和堤坝相继修成,水、陆两部分的工程全部结束,黄河又重新按照原来的老路东流。治河完工后,元顺帝专门派遣使臣祭祀河伯,向河神报告治河成功的喜讯。并下令召贾鲁返回京城。贾鲁回京,绘制了河平图呈献给皇帝。这时,元顺帝正在审阅台臣的奏章,奏章中请求褒奖脱脱治理黄河的业绩,并随后评论了贾鲁的功劳。于是,顺帝越级提升贾鲁为荣禄大夫、集贤殿大学士,赏赐给他大量的金银,绸缎。顺帝又命令翰林院承旨欧阳玄撰写河平碑碑文,表彰脱脱的劳绩,全面记载贾鲁的功劳,并且下令将碑文交付国史馆永远保存,同时给贾鲁的祖先三代追赠了官爵。

不久，贾鲁被任命为中书左丞，跟从脱脱去征讨占据徐州（治所彭城，在今江苏省铜山县）的农民起义军。脱脱攻下徐州城，自己率领回京，命令贾鲁继续追击余部。贾鲁分兵前去攻打濠州（治所在今安徽省凤阳县东北），和总兵官、平章月可察儿一起指挥部队，贾鲁告诫壮士们说："我奉皇帝的命令统领八万汉军，在濠州城外已经驻扎了七个月。各位将士应该齐心合力，一定要在今天的巳、午（按：现在的上午十一点至下午两点之间）时刻攻下州城，等攻下州城后再进餐。"说完，贾鲁就率先上马指挥前进，部队到了城边，他却突然头晕被迫下马。当时，贾鲁还约束将士们不准队伍解散。可是，他的病越来越严重，吃药也不起作用，竟死在军营中，时年五十七岁。贾鲁病逝的时间，是元至正十三年（1353）五月的壬午日。月可察儿亲自为贾鲁操办丧事，然后挑选将士护送贾鲁的灵柩回到高平。元顺帝闻讯后，亲自下令赏赐了价值五百锭的纸币，用来供给安葬贾鲁的费用。贾鲁有一个儿子，名积。

赡思传

【题解】

赡思（1277～1351），字得之，赡思自幼聪颖，博览群书，曾为应奉翰林文字，任陕西行台监察御史，以及云南、浙江等地司法部门的官职。赡思为政清廉，一生平了许多冤案，为整顿吏制作了许多具体工作。赡思知识渊博，对于天文、地理、算术、水利等，无所不通，而尤擅长于经学，对《易》学有很深的研究。曾参加了《经世大典》的修撰工作，还著有《帝王心法》《四书阙疑》《五经思问》《重订河防通议》等著作十多种。

【原文】

赡思，字得之，其先大食国人。国既内附，大父鲁坤，乃东迁丰州。太宗时，以材授真定、济南等路监榷课税使，因家真定。父斡直，始从儒先生问学，轻材重义，不干仕进。

赡思生九岁，日记古经传至千言。比弱冠，以所业就正于翰林学士承旨王思廉之门，由是博极群籍，汪洋茂衍，见诸践履，皆笃实之学，故其年虽少，已为乡邦所推重。

延祐初，诏以科第取士，有劝其就试者，赡思笑而不应。既而侍御史郭思贞、翰林学士承旨刘赓、参知政事王士熙，交章论荐之。泰定三年，诏以遗逸征至上都，见帝于龙虎台，眷遇优渥。时倒剌沙柄国，西域人多附焉，赡思独不往见，倒剌沙屡使人招致之，即以养亲辞归。

天历三年，召入为应奉翰林文字，赐对奎章阁，文宗问曰："卿有所著述否？"明日，进所著《帝王心法》，文宗称善。诏预修《经世大典》，以论议不合求去，命奎章阁侍书学士虞集谕留之，赡思坚以母老辞，遂赐币遣之。复命集传旨曰："卿且暂还，行召卿矣。"至顺四年，除国子博士，丁内艰，不赴。

至元二年，拜陕西行台监察御史，即上封事十条，曰：法祖宗，揽权纲，敦宗室，礼勋旧,惜名器,开言路,复科举,罢数军,一刑章,宽禁纲。时奸臣变乱成宪,帝方虚己以听,赡思所言,皆一时群臣所不敢言者。侍御史赵承庆见之,叹曰:"御史言及此,天下福也。"戚里有执政陕西行省者,恣为非道,赡思发其罪而按之,辄弃职夜遁,会有诏勿逮问,然犹杖其私人。及分巡云南,按省臣之不法者,其人即解印以去,远藩为之震悚。

襄、汉流民,聚居宋之绍熙府故地,至数千户,私开盐井,自相部署,往往劫囚徒,杀巡卒,赡思乃擒其魁,而释其党。复上言,"绍熙土饶利厚。流户日增,若以其人散还本籍,恐为边患,宜设官府以抚定之。"诏即其地置绍熙宣抚司。

三年,除金浙西肃政廉访司事,即按问都转运盐使、海道都万户、行宣政院等官赃罪,浙右郡县,无敢为贪墨者。复以浙右诸僧寺,私蔽猾民,有所谓道人、道民、行童者,类皆渎常伦。隐徭役,使民力日耗,契勘嘉兴一路,为数已二千七百。乃建议请勒归本族,俾供王赋,庶以少宽民力。朝廷是之,即著以为令。四年,改金浙东肃政廉访司事,以病免归。

赡思历官台宪,所至以理冤泽物为己任,平反大辟之狱,先后甚众,然未尝故出人罪,以市私恩。尝与五府官决狱咸宁,有妇宋娥者,与邻人通,邻人谓娥曰:"我将杀而夫。"娥曰:"张子文行且杀之。"明日,夫果死,迹盗数日,娥始以张子文告其姑,五府官以为非共杀,且既经赦宥,宜释之。赡思曰:"张子文以为娥固许之矣。且娥夫死及旬,乃始言之,是娥与张同谋,度不能终隐,故发之也,岂赦可释哉?"枢密判官曰:"平反活人,阴德也。御史勿执常法。"赡思曰:"是谓故出人罪,非平反也。且公欲种阴德于生者,奈死者何!"乃独上议刑部,卒正娥罪。其审刑当罪多类此。

至正四年,除江东肃政廉访副使。十年,召为秘书少监,议治河,皆辞疾不赴。十一年,卒于家,年七十有四。二十五年,皇太子抚军冀宁,承制封拜,赠嘉议大夫、礼部尚书、上轻车都尉,追封恒山郡侯,谥曰文孝。

赡思邃于经,而《易》学尤深,至于天文、地理、钟律、算数、水利,旁及外国之书,皆究极之。家贫,饘粥或不继,其考订经传,常自乐也。所著述有《四书阙疑》《五经思问》《奇偶阴阳消息图》《老庄精诣》《镇阳风土记》《续东阳志》《重订河防通议》《西国图经》《西域异人传》《金哀宗记》《正大诸臣列传》《审听要诀》,及文集三十卷,藏于家。

【译文】

赡思字得之,他的祖先是大食国人。大食国内附后,赡思的祖父鲁坤,便东迁丰州。元太宗时,鲁坤以其才能被任命为真定、济南等路的监榷课税使,因此便定居真定。赡思的父亲斡直开始跟随汉族知识分子学习,他看轻钱财而重义气,不关心仕途上进。

赡思九岁时,已能每天记诵古代经典文章达千言。到二十岁左右时,他的学业得到翰林学士承旨王思廉的指导,由此得以阅读大量图书,学习众多学问思想,并付诸实践,这些全是扎实有用的学问。所以,他虽然还年轻,但已为大家所推崇器重。

延祐初年,皇帝下令通过考试录用人才,有人便劝赡思去应试,而赡思只是笑笑而已。不久,侍御史郭思贞、翰林学士承旨刘赓、参知政事王士熙同时推荐了他。泰定三年,皇帝因征问遗逸将他诏至上都,在龙虎台见了皇帝,皇帝对他礼遇极厚。当时由倒剌沙主持国务,许多西域人都依附于他,而独有赡思不去巴结他,倒刺沙多次让人去请赡思,赡思都以奉养父母而告归。

天历三年,皇帝诏赡思入京任应奉翰林文字,在奎章阁,文宗皇帝问他:"你有著作吗?"第二天,他向文宗进呈了自己写的《帝王心法》一书,文宗称赞他写得好。下令让他参与修撰《经世大典》,后因意见不合而要求离开,皇帝让奎章阁侍书学士虞集去挽留他,赡思却以母亲年老而坚决要求回家,于是,皇帝给他馈赠了金银而同意他离开。但又让虞集告诉他说:"你暂回去,不久皇帝将召见你。"至顺四年(1333),授予国子监博士,因母亲去世而没有去就职。

至元二年(1336),赡思被任为陕西行台监察御史,随即,他向皇帝上奏密章十条,内容为:效法祖宗、综揽权政、厚待宗室、优待功臣、珍重制度、广开言路、恢复科举、统一军队、统一法规、宽以待民。当时奸臣破坏国家制度,皇帝正在听取各方意见,赡思所说各条,都是大臣们不敢说的。侍御史赵承庆见到赡思,感叹地说:"你说到这些,是国家的福呀!"赡思的亲戚中,有人在陕西行省任职,恣意妄为,赡思揭发他的罪行并要追究责任,那人随即离职夜逃,刚巧皇帝有令,可以不追究此人,但赡思还是杖责了那人的亲信。到赡思巡察云南时,凡发现违法的省臣官吏,即令那人解职离去,这种做法,使周边藩属大为震惊。

襄阳、汉中地区的流民,会聚在宋代的绍熙府故地,达到数千户,他们私开盐井,自己管理自己,常常劫持囚徒,杀死巡逻士卒。赡思便逮捕他们的头领,而释放了其他人。又向皇帝上奏说:"绍熙地区土地肥沃物产丰厚,流民逐日骤增,若将他们遣返回乡,恐怕将为边境地区的隐患,应在此设立统治机关安抚管理他们。"皇帝即下令在哪里设置了绍熙宣抚司。

至元三年,赡思在浙西肃政廉访司任职,追究处理了都转运盐使、海道都万户、行宣政院等官吏的贪污罪,使浙西地区郡县官吏不敢再有贪赃枉法的人。浙西地区的寺庙私藏奸猾之人,所谓道人、道民、行童等,都是些违犯道德人伦的人。逃避徭役,使国家民力日损,查证嘉兴地区,即有二千七百多人。因此,赡思又建议将他们遣归回家,让他们供纳国家赋役,以减少其他民众负担。朝廷认为他的话很对,便将之作为命令执行。至元四年,赡思改在浙东肃政廉司任职。后因病而回。

赡思历任司法部门官职,所至各地以申冤昭雪为己任,先后平反纠正死罪案多起,但却从不故意轻判人罪以牟取别人对自己的感谢。他曾与五府官员在咸宁县办案,有一名叫宋娥的妇女,与邻居通奸,那位邻居告诉宋娥说:"我要杀了你丈夫。"宋娥说:"张子文将要杀我丈夫。"第二天,宋娥的丈夫果然死了。官府追查多日,宋娥才将张子文要杀她丈夫的事情告诉了她姑姑。五府官员认为这不是共同杀的,而且已经过大赦,应释放宋娥。赡思说:"张子文是以为宋娥同意他这么干的。而且,宋娥的丈夫已死了近十天,宋娥才说出这件事,这说明宋娥与张是同谋,宋娥估计不能隐瞒到底,所以才说了出来,这岂能释放?"枢密判官说:"为活人平反是积阴德,你不要违背常理。"赡思说:"这是故意使人逃脱罪责,不是平反。而且,您要给活人积阴德,那对死人将如何交代?!"便独自上书刑部,最终为宋娥定了罪。赡思处理刑狱大多类似处理宋娥这样的事。

至正四年(1344),赡思任江东肃政廉访副使。至正十年,召回京任秘书少监。命参与讨论治理黄河事都因病推辞未去。至正十一年,在家去世,享年七十四岁。至正二十五年,皇太子在冀宁治军,受皇帝命令前往封拜追赠赡思为嘉议大夫、礼部尚书、上轻车都尉,追封为恒山郡候,追谥为文孝。

赡思精通经学,对《易》学尤为熟悉,其他天文、地理、钟律、算术、水利,以及外国著作,他都认真学习研讨。赡思家庭贫寒,有时饭都吃不上,但却常以考订研究经传学问为乐趣。他所著著作有:《四书阙疑》《五经思问》《奇偶阴阳消息图》《老庄精诣》《镇阳风土记》《续东阳志》《重订河防通议》《西国图经》《西域异人传》《金哀宗记》《正大诸臣列传》《审听要诀》,以及文集三十卷,藏于家中。

谭澄传

【题解】

谭澄,字彦清,金末元初人。袭叔职任交城令,时年十九,压制豪强,扶救贫民。入忽必烈藩府,颇受信任。忽必烈即位后,被提升为怀孟路总管,教民种植,地无遗利。历河南、平滦两路总管,至元七年(1270),入为司农少卿。西南夷罗罗斯内附于元,元世祖以谭澄为副都元帅,同知宣尉使司事。刚到任,便因病去世。元世祖曾与谋臣刘秉忠论各处牧守,秉忠曰:“若邢之张耕,怀之谭澄,何忧不治哉!”

【原文】

谭澄,字彦清,德兴怀来人。父资荣,金末为交城令,国兵下河朔,乃以县来附,赐金符,为元帅左都监,仍兼交城令。未几,赐虎符,行元帅府事,从攻汴有功。年四十,移病,举弟资用自代。资用卒,澄袭职。澄幼颖敏,为交城令时年十九。有文谷水,分溉交城田,文阳郭帅专其利而堰之,讼者累岁,莫能直,澄折以理,令决水,均其利于民。豪民有持吏短长为奸者,察得其主名,皆以法治之。岁乙未,籍民户,有司多以浮客占籍,及征赋,逃窜殆尽,官为称贷,积息数倍,民无以偿。澄入觐,因中书耶律楚材,面陈其害,太宗恻然,为免其逋,其私负者,年虽多,息取倍而止;亡民能归者,复三年。诏下,公私便之。壬子,复大籍其民,澄尽削交城之不土著者,赋以时集。

甲寅,世祖还自大理,澄进见,留藩府。凡遣使,必以澄偕,而以其弟山阜为交城令。时世祖以皇弟开藩京兆,总天下兵;岁丁巳,有间之者,宪宗疑之,遂解兵柄,遣阿蓝答儿往京兆,大集官吏,置计局百四十二条以考核之,罪者甚众,世祖每遣左丞阔阔与澄周旋其间,以弥缝其缺,及亲入朝,事乃释。

中统元年,世祖即位,擢怀孟路总管,俄赐金符,换金虎符。岁旱,令民凿唐温渠,引沁水以溉田,民用不饥;教之种植,地无遗利。至元二年,迁河南路总管,改平滦路总管。七年,入为司农少卿,俄出为京兆总管;居一年,改陕西四川道提刑按察使,建言:“不孝有三，无后为大，宜令民年四十无子听取妾，以为宗祀计。"朝廷从之，遂著为令。四川金省严忠范守成都，为宋将昝万寿所败，退保子城。世祖命澄代之，至则葬暴骸，修焚室，赈饥贫，集逋亡，民心稍安。会西南夷罗罗斯内附，帝以抚新国宜择文武才，遂以澄为副都元帅，同知宣慰使司事。比至，以疾卒，年五十八。

世祖尝与太保刘秉忠论一时牧守，秉忠曰："若邢之张耕，怀之谭澄，何忧不治哉！"游显宣抚大名，尝为诸路总管求虎符宣麻，澄至中书辞曰："皇上不识谭澄耶？乃为显所举！"中书特为去之，其介如此。子克修，历湖北、河南、陕西三道提刑按察使。

【译文】

谭澄，字彦清，德兴府怀来县人。父亲谭资荣，金朝末年任交城令，蒙古军攻下河朔地区，谭资荣率全县归附，赐给金符，任命为元帅左都监，仍兼任交城县令。不久，又赐给虎符，为行元帅府事，随从攻打汴京有功。四十岁时生病，举荐弟弟谭资用代理自己的职务。谭资用去世，谭澄又承袭了叔叔的职务。谭澄自幼聪颖，任交城县令时，年仅十九岁。交城境内有一条文谷河，分流灌溉交城的田地，文谷水北岸的郭帅筑堰独揽水利，多年来，人们一直为此事告状，都未获得妥善处理。谭澄以理折服郭帅，令其把水堰决开，使交城百姓均受其利。强豪之民中有人掌握着官吏的短处，因而作奸犯科，谭澄查出他们的姓名，都依法予以治罪。乙未年登记户籍，官府多以客居的人户登记，及至征收赋税，居民逃散殆尽，官府又借贷给百姓，积下的利息有数倍之多，百姓无法偿还。谭澄至朝廷觐见，通过中书令耶律楚材，向太宗窝阔台面陈利害，太宗为之动情，于是下令免去拖欠的赋税，私人所欠的钱物，年月虽长，也只取一倍的利息；逃走的百姓能够归回者，免去三年的租税。诏令下达后，公私都称便。壬子年，又大规模登记户口，谭澄把不是常久居住在交城者的户口全部删去，赋税因此能够按时征收。

甲寅年，忽必烈从大理归来，谭澄前往晋见，被留在忽必烈王府。凡是派遣使臣，必定要由谭澄陪同，而以他的弟弟谭山阜为交城县令。当时忽必烈以皇帝之弟在京兆设立藩府，总领全国的军队。丁巳年，有人离间忽必烈与元宪宗蒙哥之间的关系，宪宗因此对忽必烈有了疑心，于是解除了忽必烈的兵权，派阿蓝答儿前往京兆，召集大批官吏，设立考察官吏的官署，以一百四十二条考核官员，获罪的人非常多，忽必烈常派遣左丞阔阔及谭澄与阿蓝答儿等周旋，以弥补缺漏，及至忽必烈亲自入朝，宪宗才下令停止考核。

中统元年，元世祖忽必烈即位，擢升谭澄为怀孟路总管，不久又赐给金符，可换用金虎符。这一年大旱，谭澄让百姓开凿唐温渠，引来沁水灌溉田地，百姓得以躲过饥荒；他又教导百姓种田植树，土地都得到充分利用。至元二年，迁升为河南路总管，改任平滦路总管。七年，入朝廷任司农少卿，不久又出朝任京北总管；居官一年，改任为陕西四川道提刑按察使，建议说："不孝敬有三个方面，没有后代是最大的不孝，应该下令，百姓年纪在四十岁以上仍没有儿子的，听凭其娶妾，以接续香火。"朝廷采纳了这个建议，于是颁布命令。四川金省严忠范守卫成都，被宋将昝万寿击败，退守成都内城。元世祖忽必烈命谭澄取代严忠范。谭澄赴任后，掩埋抛弃在外的将士遗骸，修缮好被烧毁的房屋，赈济饥饿贫困的百姓，召集逃亡的人众，百姓才稍稍安定。这时西南夷人罗罗斯族归附元朝，元世祖认为安定新归附者,应该选用文武全才的人,于是任命谭澄为罗罗斯副都元帅,同知宣慰使司事。他刚到任,便因病去世了,享年五十八岁。

元世祖曾与太保刘秉忠评论当时各地方长官,刘秉忠说:"如果都像邢州的张耕,怀来的谭澄,还忧虑不能治理好国家吗?"游显任大名宣抚使,曾经为各路的总管向朝廷请求虎符和委任状,谭澄到中书省辞谢说:"难道皇上不认识我谭澄吗?却要由游显举荐!"中书省因此特地把他的名字划掉了,他就是这样耿介。他的儿子谭克修,历任湖北、河南、陕西三道提刑按察使。

卜天璋传

【题解】

卜天璋(1250~1331),字君璋,元代洛阳(今属河南)人。其父曾仕金为孔目官,后归附蒙古,任真定路管民万户。卜天璋自幼聪颖,识大体。至元年间任河南府史,后为中书掾,大德四年(1300),被擢为工部主事。历任枢密院都事、刑部郎中。仁宗曾召天璋入宫,当时兴圣太后在座,问此人为谁,仁宗回答说:"此不贪贿卜天璋也。"并予以嘉奖。皇庆年间,任归德府知府,升浙西道廉访副使、饶州路总管,再升广东廉访使,山南廉访使,皆中时弊。致仕归乡,以余禄施予族人,家无余储,天璋却安然自得。至顺二年(1331)卒。赠通议大夫、礼部尚书、上轻车都尉、河南郡候,赐谥号为"正献"。

【原文】

卜天璋,字君璋,洛阳人。父世昌,仕金为孔目官。宪宗南征,率众款附,授镇抚,统民兵二千户,升真定路管民万户。宪宗六年,籍河北民徙河南者三千余人,俾专领之,遂家汴。

天璋幼颖悟,长负直气,读书史,识成败大体。至元中,为河南府史,时河北饥民数万人,集河上欲南徙,有诏,令民复业,勿渡,众汹汹不肯还。天璋虑其生变,劝总管张国宝听其渡,国宝从之,遂以无事。河南按察副使程思廉察其贤,辟为宪史,声闻益著。后为中台掾,有侍御史倚势贪财,御史发其赃,天璋主文牍,未及奏,顾为所潜,俱拘内廷,御史悲哽,天璋问故,御史曰:"吾老,唯一女,心怜之,闻吾系,不食数日矣,是以悲耳。"天璋曰:"死职,义也,奈何为儿女子泣耶!"御史惭谢,俄见原免。丞相顺德王当国,擢掾中书,为提控,事有可否必力辩,他相怒,天璋言不置,正竟从其议,且曰:"掾能如是,吾复何忧!"

大德四年,为工部主事。蔚州有刘帅者,豪夺民产,吏不敢决,省檄天璋往决之,帅服,田竟归民。

大德五年,以枢密大臣暗伯荐,授都事,赞其府;引见,赐锦衣、鞍辔、弓刀。后以扈从劳,加奉训大夫,赐侍燕服二袭。秩满当代,枢密臣奏留之,特以其代为增员。武宗时,迁宗正府郎中,尚书省立,迁刑部郎中。适盗贼充斥,时议犯者并家属咸服青衣巾,以别民伍。天璋曰:"赭衣塞路,秦弊也,尚足法耶,"相悟而止。有告诸侯之有谋不轨者,敕天璋讯正之,赏赉优渥。尚书省臣得罪,仁宗召天璋入见,时兴圣太后在座,帝指曰:"此不贪贿卜天璋也。"因问今何官,天璋对曰:"臣待罪刑部郎中。"复问谁所荐者,对曰:"臣不才,误蒙擢用。"帝曰:"先朝以谢仲和为尚书,卿为郎中,皆朕亲荐也。汝宜奉职勿怠!"即以中书刑部印章付之。既视事,入觐,赐酒隆福宫,及锦衣之袭。后被命治反狱,帝顾左右曰:"君璋,廉慎人也,必得其情。"天璋承命,狱赖不冤。

皇庆初,天璋为归德府知府,劝农兴学,复河渠,河患遂弥。时群盗据要津,商旅不通,天璋擒百数人,悉磔以徇,盗为止息。升浙江廉访副使,到任阅月,以更田制,改授饶州路总管,天璋既至,听民自实,事无苟扰,民大悦,版籍为清。时省臣董田事,妄作威福,郡县争赂之,觊免谴,饶独无有,省臣衔之,将中以危法,求其罪无所得;县以饥告,天璋即发廪赈之,僚佐持不可,天璋曰:"民饥如是,必俟得请而后赈,民且死矣。失申之责,吾独任之,不以累诸君也。"竟发藏以赈之,民赖全话,其临事无所顾虑若此。火延饶之东门,天璋具衣冠,向天拜,势遂息。鸣山有虎为暴,天璋移文山神,立捕获之。以治行第一闻,升任广东廉访使。先是,豪民濒海堰,专商舶以射利,累政以赂置不问;天璋至,发卒决去之。岭南地素无冰,天璋至,始有冰,人谓天璋政化所至云。寻乞致事。

天历二年,蜀兵起,荆楚大震,复拜山南廉访使。人谓公老,必不行矣。天璋曰:"国步方艰,吾年八十,恒惧弗获死所耳,敢避难乎!"遂行。至则励风纪,清吏治,州郡肃然。是时,谷价翔涌,乃下令勿损谷价;听民自便,于是舟车争集,米价顿减。复止宪司赃罚库缯钱不输于台,留用赈饥,御史至,民遮道称颂。会诏三品官言时政得失。因列上二十事,凡万余言,目之曰《中兴济治策》,皆中时病,因自引去。既归汴,以余禄施其族党,家无甔储,天璋处之,晏如也。至顺二年卒,赠通义大夫、礼部尚书、上轻车都尉、河南郡候,谥"正献"。

【译文】

卜天璋,字君璋,洛阳人。父亲卜世昌,在金朝任孔目官。宪宗蒙哥南征时,卜世昌率众归附,授官为镇抚,统领民兵二千户,升为真定路管民万户。宪宗六年,登录征调黄河以北的两千民户迁徙至黄河以南,命卜世昌专领,因而定居于汴梁。

卜天璋自幼聪颖,长大后以正直而自负,研读书史,懂得成败大体。至元年间,出任河南府府史,当时黄河以北有饥民数万人,聚集在黄河上准备向南迁徙,皇帝下诏,令百姓恢复旧业,不得南渡,众人喧哗不肯归家。卜天璋顾虑发生变乱,劝总管张国宝听凭这些人渡河,张国宝接受了他的意见,才没有生出事端。河南按察副使程思廉察知卜天璋的贤良,征辟他为宪史,他的声望更为瞩目。后任御史台掾,有位侍御史依仗权势贪污受贿,御史揭发了他贪赃。当时卜天璋主管文牍,还没来得及上奏,所以也被谗毁,他和御史都被拘押于内廷,御史悲伤哽咽,卜天璋问他为什么这样,御史说:"我已老了,只有一个女儿,心里觉得可怜;她听说我被拘押,已经数日没有吃饭,所以心中悲伤。"卜天璋说:"尽职而死,正合大义,为什么要为子女哭泣呢?"御史很惭愧,向卜天璋拜谢,不久便被赦免了。丞相顺德王主持国政，擢升卜天璋为中书掾，任提控，政事可否，他都竭力辨别，其他的宰相很生气，对卜天璋的话置之不理，但顺德王却听从卜天璋的意见，并且说："掾能这样做，我还有什么可担忧的！"

大德四年，任工部主事。蔚州有一名刘帅，强横地夺取他人产业，官吏不敢处理，中书省调卜天璋前去断决，刘帅屈服，所夺田地又归于民。

大德五年，因为枢密大臣暗伯的推荐，被授予都事，并领他到府上，引见给皇帝，赐锦衣、鞍辔、弓刀等物。后来又因扈从之劳，加官为奉训大夫，赐给侍宴服两套。任职期满后，应当有人替职，枢密院大臣上奏请求留任，特地以替职的人作为增设的员额。武宗时，迁升为宗正府郎中，尚书省设立后，又迁升为刑部郎中。当时盗贼很多，有人建议，让罪犯及家属都穿青色的衣帽，以区别于良民百姓。卜天璋说："穿着褐衣的犯人堵塞道路，这是秦代的弊政，何足效法！"丞相醒悟，制止了这种做法。有人报告诸侯王中有人图谋不轨，皇帝责令卜天璋审讯处理，为此得到了优厚的赏赐。尚书省臣获罪，元仁宗召卜天璋入宫晋见，当时兴圣太后也在座，仁宗指着他对太后说："这是不贪贿赂的卜天璋。"太后问他现任什么官职，卜天璋回答说："臣下任刑部郎中。"又问是谁推荐的，回答说："臣下无才，误被皇帝擢升任用。"仁宗说："先朝任命谢仲和为尚书，爱卿为郎中，都是朕亲自推荐的。你们应尽忠职守，不得怠懈！"当即把中书刑部的大印交给了他。走马上任时，他入宫觐见，皇帝赐酒在隆福宫款待，并赐锦衣三套。后受命处理谋反的案件，仁宗看着左右大臣说："卜天璋是个清廉谨慎的人，一定会得到实情。"卜天璋秉承旨意断案，才没有出现冤狱。

皇庆初年，卜天璋任归德府知府，鼓励农耕，劝导学业；修复河流渠道，河水泛滥之患得以免除。当时盗贼聚集，占据要道，商旅不通，卜天璋捉住盗贼数百人，全部处以磔刑示众，盗贼被平息。升任浙江廉访副使，到任数月，因为更改田制，改任饶州路总管，卜天璋到任后，任凭百姓自报田产，施政毫不扰民，百姓欢悦，境内清静肃然。当时行中书省大臣负责更改田制之事，他们作威作福，州县官员争着贿赂他们，希望以此免受谴责。只有饶州路不送，中书省臣因此衔恨，要以严格的法令中伤卜天璋，但追查其罪状却毫无所得；属县报告发生饥荒，卜天璋当即发放官粮赈济，僚佐们都认为不能这样做，卜天璋说："百姓如此饥饿，若是向上面请求后再赈灾，百姓定会饿死的。如果有事前未申报的责任，我独自承担，不会连累各位。"终于发放官府存粮赈济，百姓因此得以免于饿死。他遇事就是这样无所顾虑。大火烧到饶州的东门，卜天璋穿戴整齐，对火而拜，大火因此熄灭。鸣山有虎凶暴残恶，卜天璋发出檄文给山神，很快就将虎捕获。他以政绩和品行第一为朝廷所知，升任广东廉访使。先前，豪强濒海筑堰，垄断商船以取利，前任的多届长官都因收受了贿赂而置之不问；卜天璋到任后，便调发兵卒将堤堰决去。岭南地区历来无冰，卜天璋到后，开始有冰，人们都说这是卜天璋施政良好所致。不久，他便请求退休。

天历二年，蜀地发生叛乱事件，荆楚地区受到很大震动。朝廷又拜卜天璋为山南廉访使。人们都认为他已年老，一定不会上任。卜天璋说："国家正遇危难，我虽年已八十，常常害怕不能死得其所，岂敢逃避困难！"于是挺身赴任。到任后，他整饬风化，严肃吏治，州郡之中肃然安定。当时物价飞涨，卜天璋下令不要压低物价，听任民众自由买卖，引来商人的车船汇集贩运，米价很快就跌了下来。又留下御史台的赃罚库缗钱，不再输送到御史台，用来赈助饥民，御史到达后，百姓都聚集在道路上称赞颂扬他。正值朝廷下诏给三品官，令他们论说当时政策的得失，卜天璋因此列举二十件事上奏，共一万余言，列出条目名之为《中兴济治策》，都切中时弊，从此后便辞官归家了。回到汴梁后，他把自己余下的俸禄都施予族人，家中毫无储蓄，卜天璋却处之安然自得。至顺二年去世，赠官为通义大夫、礼部尚书、上轻车都尉、河南郡侯，谥号为"正献"。

杨景行传

【题解】

杨景行，字贤可，元代吉安太和州（今属江西省）人。元仁宗延祐二年（1315）进士及第，授官为赣州路会昌州判官，教民穿井、用陶瓦建屋，使百姓免于疾病、火灾之害。又捕豪猾绳之以法。调永新州判官，除去宿弊，奸欺不容。转抚州路宜黄县尹，理断冤狱数十事。升抚州路总管府推官，打击豪强，扶助小民。转湖州路归安县尹，理荒田租，民无欺弊。杨景行所历州县，皆有政声；所去，民皆立石刻碑颂之。

【原文】

杨景行，字贤可，吉安太和州人。登延祐二年进士第，授赣州路会昌州判官。会昌民素不知井饮，汲于河流，故多疾病；不知陶瓦，以茅覆屋，故多火灾。景行教民穿井以饮，陶瓦以代茅茨，民始免于疾病火灾。豪民十人，号"十虎"，干政害民，悉捕置之法。乃创学舍，礼师儒，劝民斥腴田以饍士，弦诵之声遂盛。调永新州判官，奉郡府命，核民田租，除划宿弊，奸欺不容，细民赖焉。改任江西行省照磨，转抚州路宜黄县尹，理白冤狱之不决者数十事。

升抚州路总管府推官，发擿奸伏，郡无冤狱。金溪县民陶甲，厚积而凶险，尝屡诬陷其县长吏罢去之，由是官吏畏其人，不敢诘治，陶遂暴横于一郡。景行至，以法痛绳之，徙五百里外。金溪豪僧云住，发人家墓取财物，事觉，官吏受贿，缓其狱。景行急按之，僧以贿动之，不听，乃赂当道者，以危语撼之，一不顾，卒治之如法。由是豪猾屏迹，良民获安。转湖州路归安县尹，奉行省命，理荒田租，民无欺弊。

景行所历州县，皆有惠政，所去，民皆立石颂之。以翰林待制、朝列大夫致仕，年七十四卒。

【译文】

杨景行，字贤可，吉安太和州人。延祐二年进士及第，授官为赣州路会昌州判官。会昌百姓历来不知凿井饮水，都汲河水食用，所以多患疾病；也不知道使用陶瓦，而是以茅草盖屋顶，因而多发生火灾。杨景行教当地百姓凿井饮水，以陶瓦代替茅草建屋，民众才免受疾病、火灾之害。当地有十个豪民，号称"十虎"，干扰政事，危害百姓，杨景行将他们全部拘捕，绳之以法。于是创办学舍，礼敬儒生并以他们为师，劝导百姓开拓肥沃的田地以缮养士人，管弦诵诗之声于是盛行起来。调任为永新州判官，奉郡府之命，核实百姓田地，铲除了多年的积弊，奸邪欺瞒之事都无地自容，贫穷孤弱的百姓得以仰赖。改任为江西行省照磨，转任抚州路宜黄县尹，处理解决了长久得不到解决的冤狱数十件。

升任为抚州路总管府推官，揭发惩治许多奸邪之事，郡中因而没有冤狱。金溪县刁民陶甲，财大而凶恶奸险，曾多次诬陷本县长官，使他们被罢官离职，从此官吏们都畏惧他，不敢将其治罪，陶甲因而在一郡横行不法。杨景行到任后，依法严惩陶甲，将其流徙五百里之外。金溪县豪猾僧侣云住，挖掘民家墓冢窃取财物，事情被发觉，官员受其贿赂，放宽不治。杨景行严格审理，云住也想以贿赂打动杨景行，杨景行却不为所动，云住又贿赂主持政务的官员，以强横的言辞相威胁，杨景行仍置之不理，终于将其绳之以法。从此豪强之民收敛劣迹，善良百姓得以安宁。转任为湖州路归安县尹，奉行省的命令，整顿荒田田租，百姓中没有一人对官府欺瞒。

杨景行所经州县，都有良好政绩，离去的时候，百姓立碑刻石颂扬他。在任翰林待制、朝列大夫时退休，七十四岁时去世。

观音奴传

【题解】

观音奴，字志能，唐兀人。元泰定四年（1327）进士及第，由户部主事转任归德知府，后升任都水监官。任官刚正清明，善理冤狱，深为百姓所信赖。

【原文】

观音奴，字志能，唐兀氏人。登泰定四年进士第，由户部主事，再转而知归德府。廉明刚断，发摘如神。民有衔冤不直者，虽数十年事，皆千里奔走来诉，观音奴立为剖决，旬日悉清。

彰德官商任甲，抵睢阳，驴死，令郐乙剖之，任以怒殴郐，经宿而死。郐有妻王氏、妾孙氏，孙诉于官，官吏纳任贿，谓郐非伤死，反抵孙罪，置之狱。王来诉冤，观音奴立破械出孙于狱，呼府胥语之曰："吾为文具香币，若为吾以郐事祷诸城隍神，令神显于吾。"有睢阳小史，亦预郐事，畏观音奴严明，且惧神显其事，乃以任所赂钞陈首曰："郐实伤死，任赂上下匿其实，吾亦得赂，敢以首。"于是罪任商而释孙妾。

宁陵豪民杨甲，夙嗜王乙田三顷，不能得。值王以饥携其妻就食淮南，而王得疾死，其妻还，则田为杨据矣。王妻诉之官，杨行贿，伪作文凭，曰："王在时已售我。"观音奴令王妻挽杨，同就崔府君神祠质之，杨惧神之灵，先期以羊酒浇巫嘱神勿泄其事，及王与杨诣祠质之果无所显明。观音奴疑之，召巫诘问，巫吐其实曰："杨以羊酒光浇我嘱神曰：

'我实据王田,幸神勿泄也。'"观音奴因讯得其实,坐杨罪,归其田王氏,责神而撤其祠。

亳州有蝗食民木。观音奴以事至亳,民以蝗诉,立取蝗向天祝之,以水研碎而饮,是岁蝗不为灾。后升为都水监官。

【译文】

观音奴,字志能,唐兀氏人。泰定四年进士及第,由户部主事经两次迁转为归德府知府。廉洁、清明、刚正,善断冤狱,审理案件如神。百姓有冤屈无处申诉者,虽然积压数十年,都从千里之外赶来投诉,观音奴当场分析判决,十天之内便处理清楚。

彰德县官商任甲,前往睢阳,驴子死了,命郐乙解剖,任甲又发怒殴打郐乙,将其折磨一夜之后死去。郐乙的妻子为王氏,有一妾姓孙。孙氏向官府诉冤,官吏收受了任甲的贿赂,说郐乙不是因伤而死,反诬孙氏有罪,将其拘押入狱。王氏又来观音奴处诉冤,观音奴当即打开枷锁,放孙氏出狱,叫来府中属吏说:"我准备好文具和香火、供物,你为我将郐乙这件事报告给城隍神,让神告诉我真情。"有一个睢阳的小吏,曾参与谋害郐乙之事,害怕观音奴的明断,又惧怕神仙暴露其事,于是把接受贿赂得来的钱拿给观音奴自首说:"郐乙确实因伤致死,任甲向上下官员行贿,以隐瞒事实,我也得到贿赂,前来自首。"于是将任甲治罪,把郐乙的妾孙氏无罪释放。

宁陵的豪民杨甲,很早看上了王乙家的三项田地,却无法得到。正巧王乙因为饥荒带着妻子到淮南讨饭,王乙得病死去,只有他的妻子回到家中,可田地却被杨甲霸占。王乙的妻子向官府告状,杨甲向官员们行贿,假做买卖土地的文契,说:"王乙活着时已把土地卖给我。"观音奴令王乙的妻子拉着杨甲,一同到崔府君神祠对质,杨甲害怕神灵,提前送羊和酒给巫师,让巫师求神不要泄露他做的事情,王妻和杨甲到神祠对质,果然没有显明其事。观音奴对此有怀疑,把巫师召来诘问,巫师只好说出实情:"杨甲先送来羊和酒,要我请求神祇说:'确实据有了王乙的田地,请神祇不要泄露。'"观音奴因此审讯出实情,将杨甲治罪,把田地归还给王家,并责备神祇,将神祠拆毁。

亳州闹蝗灾,蝗虫吃百姓树木。观音奴到亳州办事,百姓向他诉说蝗灾之苦,观音奴当即取来蝗虫向上天祈祷,并用水把蝗虫研碎喝了下去,这一年因而没有闹蝗灾。后来,他升任为都水监官。

杜瑛传

【题解】

杜瑛,金末元初人,祖籍霸州信安(今河北霸县),一生以教书为业,活动于山西、河南、河北一带。多次谢绝朝廷征诏,不愿为官。杜瑛学识渊博,取得了多方面的成就。其中对音律和历法有独到的研究,特别推崇邵雍的《皇极经世》历法。他的主要著作有《春秋地理原委》《语孟旁通》《皇极引用》《皇极疑事》《极学》《律吕律历礼乐杂志》等。

【原文】

杜瑛字文玉，其先霸州信安人。父时升，《金史》有传。瑛长七尺，美须髯，气貌魁伟。金将亡，士犹以文辞规进取，瑛独避地河南缑氏山中，时兵后，文物凋丧，瑛搜访诸书，尽读之，读辄不忘，而究其指趣，古今得失如指诸掌。间关转徙。教授汾、晋间。中书粘合珪开府于相，瑛赴其聘，遂家焉。与良田千亩，辞不受。术者言其所居下有藏金，家人欲发现，辄止之。后来后者果得黄金百金，其不苟取如此。

岁己未，世祖南伐至相，召见问计，瑛从容对曰：“汉、唐以还，人君所恃以为国者，法与兵、食三事而已。国无法不立，人无食不生，乱无兵不守。今守皆蔑之，殆将亡矣，兴之在圣主。若探襄樊之师，委戈下流，以揭其背，大业可定矣。”帝悦，曰：“儒者中乃有此人乎！”瑛复劝帝数事，以谓事不如此，后当可彼。帝纳之，心贤瑛，谓可大用，命从行，以疾弗果。

中统初，诏征瑛。时王文统方用事，辞不就。左丞张文谦宣抚河北，奏为怀孟、彰德、大名等路提举学样官，又辞，遗执政书，其略曰：“先王之道不明，异端雅说害之也，横流奔放，天理不绝如线。今天子神圣，俊义辐凑，言纳计用，先王之礼乐教化，兴明修复，维其时矣。基夫簿书期会，文法末节，汉、唐犹不屑也。执事者因陋就简，此焉是务，良可惜哉！夫善如者未必善终，今不能溯流求源，明法正俗，育才兴化，以拯数百千年之祸，仆恐后日之弊，将有不可胜言者矣。”人若勉之仕，则曰：“后世去古虽远，而先王之所设施，本末先后，犹可考见，故为政者莫先于复古。苟因习旧弊，以求合乎先王之意，不变难乎！吾又不能随时俛仰以赴机会，将焉用仕！”于是杜门著书，一不以穷通得丧动其志，优游道艺，以终其身。年七十，遗命其子处立、处愿曰：“吾即死，当表于墓曰缑山杜处士”。天历中，赠资德大夫、翰林学士、上护军，追封魏郡公，谥文献。

所著书曰《春秋地理原委》十卷、《语孟旁通》八卷、《皇极引用》八卷、《皇极疑事》四卷、《极学》十卷、《律吕律历礼乐杂志》三十卷，文集十卷。其中律，则究其始，研其义，长短清浊，周经积实，各以类分，取经史之说以实之，而折衷其是非，其于历，则谓造历者皆从十一月甲子朔夜半冬至为历元，独邵子以为天开于子，取日甲月子、星甲辰子，为元会运世之数。无朔虚，无闰余，率以三百六十为岁，而天地之盈虚，百物之消长，不能出乎其中矣。论闭物开闭，则曰开于己，闭于戌；王，天之中也；六，地之中也；戌己，月之中星也。又分赴配之纪年，金之大定庚寅，交小过之初六；国朝之甲寅三月二十三日寅时，交小过之九四。多先儒所未发，掇其要著于篇云。

【译文】

杜瑛，字文玉，祖先是霸州信安人。父亲杜时升，在《金史》中有传。杜瑛身高七尺，胡须美，相貌魁伟。金朝将要灭亡时，读书人还在按科举旧例求取功名，杜瑛独自躲到河南缑氏山中。大动乱之后，书籍散失。杜瑛尽力寻找各种书籍，尽力阅读，过目不忘，深入研究。从古至今的历史了如指掌。他到处流浪，在汾、晋一带教书为生。中书粘合珪在相州建立衙署，自选僚属。杜瑛应聘，在哪里安了家。给他良田千亩，他推辞不要。算命的说他所住的房下藏有财宝,家里人想要挖,他制止了。后来住的人果然挖得黄金百斤。杜瑛就是这样不取非分之物。

己未年(1259年),元世祖忽必烈南征经过相州,向杜瑛请教。杜瑛说:"汉唐以来,君王立国所依赖的支柱是法律、军队和粮食这三样。国无法不立,人无食不生,乱无兵不守。如今宋朝对这三样都轻视,当然该灭亡了。国家的兴旺全靠您。若进军襄樊,沿江而下,从背后猛击,大业可建立了。"皇帝很高兴,说:"书生中也有这样的人!"杜瑛又劝皇帝若干事,说如果不这样,后果会如何。皇帝都接受了,心里佩服杜瑛,准备重用他,让他随行,但因病未能成行。

中统初年,朝廷征召杜瑛。当时王文统正当权。杜瑛推辞不去。左丞张文谦宣抚河北,推荐他任怀孟、彰德、大名等路提举学校官,又推辞。写信给丞相,大意是:"古代贤明行先王的治国之道不能推行,是因为异端邪说为害。尽管邪恶横行,但天理不绝如线。如今皇上英明,贤良辈出,言听计从,正是恢复光大先王的礼乐教化的大好时机。至于登记簿籍、定期开会,及文法末节,汉唐君臣犹不屑为。而当今当政者,只知注意这些事情,真是可惜!善始者未必善终,如今虽然建立了政权,或不逆流求源,建立法制,端正风俗,教育人才,广施教化,从而拯救数百数千年来的灾祸,我恐怕将来的恶果,是一言难尽的。"有人劝他做官,他说:"如今距古代虽远,但先王的所作所为,还可以考察出来。当政者最重要的莫过于复古。如果因袭旧弊不求改革,怎么能合先王的道理呢?我又不会察言观色投机取巧,做官有什么用!"于是杜门谢客,专心著书,从不以贫富得失而动摇信念。悠闲自得,终其一生。七十岁对儿子杜处立、杜处愿立下遗言:"我快要死了。死后在墓碑上写上缑山杜处士。"天历年间,追赠为资德大夫、翰林学士、上护军,追封魏郡公,谥号文献。

杜瑛著的书有《春秋地理原委》十卷、《语孟旁通》八卷、《皇极引用》八卷、《皇极疑事》四卷、《极学》十卷、《律吕律历礼乐杂志》三十卷、文集十卷。对于律学,杜瑛研究其本质,探讨其含义。声音的长短清浊,律管的周经容积,都进行分类,引经据典地加以说明,并加入自己的评论。对于历学,他认为过去造历者都寻找十一月甲子朔夜半冬至作为历元,唯独邵雍认为天地起始于子,取日月为甲子,星辰为甲子,发明"元会运世"的方法,既无月的日余数,也无年的日余数,直接取三百六十天为一年。因而,每年每月的日数等天象的长短变化,一年中自然界百物的生灭循环,都包括在其中了。论及"闭物开物"(百物生灭循环),则以为开始于己(月),结束于戊(月)。五是天的中数,六是地的中数。戊月、己月,十个月的中间。又分配八卦来纪年。金朝的大定庚寅年,是小过初六卦;本朝的甲寅年三月二十三日寅时,是小过九四卦。这些观点,都是前代学者没有提过的。在书中记载了其主要论点。

张特立传

【题解】

张特立，字文举，元代清官和隐士。精通程氏易学，有《易集说》《历年系事记》传世。得时雨行，可隐而隐，彼有古君子之风。

【原文】

张特立字文举，东明人。初名录，避金术绍王讳，易今名。中泰和进士，为偃师主簿。改宣德州司候。州多金国戚，号难治，特立至官，俱往谒之。有五将军率家奴动民郡羊，特立命大索闾里，遂过将军家，温言诱之曰："将军宅宁有盗羊者邪，聊视之以杜众口。"潜使人索其后庭，得羊数十。遂缚其奴击狱，其子匿他舍，捕得之，以近族得减死谕。豪贵由是遵法，民赖以全。

正大初，迁洛阳令。时军旅数起，郡县窘迫，东帅纥石烈牙兀舷又侮慢儒士，会移镇陕右，道经洛阳，见特立淳古，不礼之，遽责令治糗具，其三日足，后期如军法。县民素贤特立，争输于庭，帅大奇之。既而拜监察御史，首言世宗诸孙不宜幽囚；尚书右丞颜盏石鲁与细民争田，参知政事徒单兀典谄事近习，当罢黜。执政者忌之。会平章政事白撒犒军陕西，特立又劾其掾不法。白撒诉于世宗，言特立所言事失实，世宗宥之，遂归田里。

特立通程氏易，晚教授诸生，东平严实每加礼焉。岁丙午，世宗在潜邸受王印首传旨谕特立曰："前监察御史张特立，养素兵围，易代如一，今年几七十，研究圣经，宜锡嘉名，以光潜德，可特赐号曰中庸先生。"又谕曰："先生年老目病，不有就道，入令赵宝臣谕意，且名其读书之堂曰丽泽。"壬子岁，复降玺书谕特立曰："白首穷经，诲人不倦，无过不及，学者宗之，昔已赐嘉名，今复谕意。"癸丑，特立卒，年七十五。中统二年，诏曰："中庸先生学有渊源，行无瑕玷，虽经丧乱，不改故常，未遂丘围之责，俄兴窀穸之悲。可复赐前号，以彰宠数。"特立所著书有《易集说》《历年系事记》。

【译文】

张特立，字文举，东明人。起初名叫张录，因避讳金朝中绍王的名字，改成张特立。泰和年间考中科举，出任偃师县主簿。后来又改任宣德州司候。宣德州内金朝皇帝国戚众多，号称难治之州。张特立上任后，都一家一户进行了拜访。其中有一国戚名叫五将军，带着家奴掠抢了百姓的一群羊，张特立下令在村里进行大规模搜查，搜查路过将军家时，心平气和地诱哄他说："将军家里难道还会出盗羊贼吗？不过随便看看，免得别人说闲话罢了。"暗地里，却叫人搜查后院，查获羊几十只。于是，将将军家的家奴捆绑起来投放到监狱。将军的儿子躲藏到别人家里，也派人将他抓获，以亲族连坐罪将其处死。这样一来，豪贵之家变得守法起来。百姓有安全感。

正大初年,改任洛阳令,当时战事频繁,军队来往很多,地方郡县穷于应付。东帅纥石烈牙兀觥又对读书人极不尊敬。刚好这支部队移防到陕右地区,途经洛阳,看见张特立一副读书人的儒雅模样,便起侮慢之意,不以礼待之。于是,责令他准备军粮器械。并且限令三天之内备足,逾期则依军法处置。洛阳全县百姓一向称道张特立的贤明,纷纷抢着将军需物品运送到县府。使得东帅万分惊奇,不得不刮目相待。等到后来晋升为监察御史时,第一个提出金世宗的诸孙不应关押;尚书右丞颜盏石鲁和百姓争夺田产,参加政事徒单兀典阿谀奉承,办事不公,都应当罢免。张特立的正直,为当权者所不容。当平章政事白撒在陕西慰劳部队时,张特立又揭露白撒的部属违法乱纪。白撒在金世宗哪里告状,说张特立所说的和事实不符。金世宗宽恕了他,他也因此解官回到了家乡。

张特立精通程氏易学,晚年教授学生,东平、严实时常对他以礼相敬。丙午年间,元世祖在王府接受王印,首先传旨告诉张特立说:"前监察御史张特立,隐居田园,朝代变换也始终如一,现在已年近七十,研究探索古代圣典,应当赏赐美名,以弘扬其潜在品德,可以特别赐号为'中唐先生'。又下诏说:"先生年事已高且有眼病,不能出任官职,所以叫赵宝臣转达我的意思,并且将他的读书之地称之为丽泽堂。"壬子年间,又再次下诏书说:"钻研经典一辈子,诲人不倦,无人能达到他这种地步,学习的人都景仰他。以前又赏赐了美名,今日再表达个意思。"癸丑年间,张特立去世,享年七十五岁。中统二年,下诏称"中庸先生学有渊源,品行端正,一生曾经历了动乱变化的多个时代,仍没有改变平素的志向,没能满足隐逸田园的愿望,却很快就有了走向天国的悲伤。可以再次赏赐以前的称号,以表达对他的爱戴。"张特立所著的书籍,有《易集说》《历年系事记》。

李杲传

【题解】

李杲(1180~1251),元代著名医学家。字明之,号东垣,真定(今河北正定)人。金元四大家之一,为"补土派"代表人物。李杲幼年爱好医学,曾拜当时名医张元素为师。张元素精通《内经》《难经》《伤寒杂病论》等经典,擅长脏腑寒热虚实标本辨证用药。不数年,尽得张氏之传,遂通医药,尤精伤寒、痈疽、眼病治疗。元壬辰(公元1232年),避兵东平(今属山东),甲辰(1244年)返回故里,将医术传授给元好问。撰有《内外伤辨惑论》《脾胃论》各三卷。李氏根据《内经》四时皆以养胃气为本的精神,强调土为万物之母,脾胃为生化之源,人以胃气为本。指出"内伤脾胃,百病由生",治疗重在调治脾胃,且以升发脾阳为主,故提出"甘温除热"法治疗内伤脾胃发热,自制补中益气、升阳益胃诸汤方。因此,后世誉李杲为"补土(脾胃)派"的开山祖,称宗李杲之学的后世医家为"补土派"。李杲还精于辨药制方,所制方剂味多而不杂,君臣佐使,相制相用,条理井然,撰有《用药法象》一卷、《东垣试效方》九卷。李杲脾胃学说对明清医学影响很大,受到多数医家的赞扬,但亦有加以批评和补充的。如明代张介宾曾批评李氏相火论,清代叶天士提出养胃阴之说,对李氏重治脾阳而忽略胃阴做了补充。

【原文】

李杲,字明之,镇人也。世以赀雄乡里。杲幼岁好医药,时易人张元素以医名燕赵间,杲捐千金从之学,不数年,尽传其业。家既富厚,无事于技,操有余以自重,人不敢以医名之。大夫士或病其资性高謇,少所降屈,非危急之疾,不敢谒也。其学于伤寒、痈疽、眼目病为尤长。

北京人王善甫,为京兆酒官,病小便不利,目睛凸出,腹胀如鼓,膝以上坚硬欲裂,饮食且不下,甘淡渗泄之药皆不效。杲谓众医曰:"疾深矣。《内经》有之,膀胱者,津液之府,必气化乃出焉。今用渗泄之剂而病益甚者,是气不化也。启玄子云'无阳者阴无以生,无阴者阳无以化',甘淡渗泄皆阳药,独阳无阴,其欲化得乎?"明日,以群阴之剂投,不再服而愈。

李杲

西台掾萧君瑞,二月中病伤寒发热,医以白虎汤投之,病者面黑如墨,本证不复见,脉沉细,小便不禁。杲初不知用何药,及诊之,曰:"此立夏前误用白虎汤之过。白虎汤大寒,非行经之药,止能寒腑藏,不善用之,则伤寒本病隐曲于经络之间。或更以大热之药救之,以苦阴邪,则他证必起,非所以救白虎也。有温药之升阳行经者,吾用之。"有难者曰:"白虎大寒,非大热何以救,君之治奈何?"杲曰:"病隐于经络间,阳不升则经不行,经行而本证见矣。本证又何难焉。"果如其言而愈。

魏邦彦之妻,目翳暴生,从下而上,其色绿,肿痛不可忍。杲云:"翳从下而上,病从阳明来也。绿非五色之正,殆肺与肾合而为病邪。"乃泻肺肾之邪,而以入阳明之药为之使。既效矣,而他日病复作者三,其所从来之经,与翳色各异。乃曰:"诸脉皆属于目,脉病则目从之。此必经络不调,经不调,则目病未已也。"问之果然,因如所论而治之,疾遂不作。

冯叔献之侄栎,年十五六,病伤寒,目赤而顿渴,脉七八至,医欲以承气汤下之,已煮药,而杲适从外来,冯告之故。杲切脉,大骇曰:"几杀此儿。《内经》有言'在脉,诸数为热,诸迟为寒'。今脉八九至,是热极也。而《会要大论》云'病有脉从而病反者何也?脉至而从,按之不鼓,诸阳皆然'。此传而为阴证矣。令持姜、附来,吾当以热因寒用法处之。"药未就,而病者爪甲变,顿服者八两,汗寻出而愈。

陕帅郭巨济病偏枯,二指着足底不能伸,杲以长针刺骨骱中,深至骨而不知痛,出血一二升,其色如墨,又且谬刺之。如此者六七,服药三月,病良已。

裴择之妻病寒热,月事不至者数年,已喘嗽矣。医者率以蛤蚧、桂、附之药投之,杲曰:"不然,夫病阴为阳所搏,温剂太过,故无益而反害。投以寒血之药,则经行矣。"已而果然。

杲之设施多类此。当时之人,皆以神医目之。所著书,今多传于世云。

李杲，字明之，真定人。世代都以资产富厚雄居乡里。李杲幼年爱好医药，当时易州人张元素医术名闻燕赵一带，李杲捐千金巨款跟他学习，没有几年，就学到张元素的全部医术。李氏家资富厚，无意专事医业，只不过持有一技以提高自己的价值，人们也不把他当作专职医生。为官者有的担心他生性高傲耿直，难以降志接诊，不是危急病症，不敢拜求他。李氏医术，尤长于伤寒、痈疽、眼目病的诊治。

北京人王善甫，任京城酒官，患小便不利，眼珠突出，腹胀如鼓，膝以上坚硬，疼痛欲裂，而且饮食不进，曾用甘淡渗泄药物治疗，都没有效果。李杲对那些医生说："病加重了。《内经》有这样的话，膀胱乃津液之府，必赖气化，才能排出尿液。现在使用渗泄之剂而疾病加重，这是由于气化不利。启玄子王冰曾说过：'无阳则阴无以生，无阴则阳无以化。'甘淡渗泄都是阳药，有阳无阴，它怎么能化得呢？"第二天，用许多阴药投服，一剂而愈。

西台掾萧君瑞，二月中旬患伤寒发热，前医配给白虎汤，病人服后面黑如墨，原来热证不再出现，脉沉细，小便不禁。李杲开始不知用了何药？等诊病后说："这是立夏前误用白虎汤的过失。白虎汤药性大寒，不是行经通化之药，只能使脏腑变寒，不善用它，则伤寒本病被冰伏隐曲于经络之间。如果用大热药去解救，以治阴邪，则其他病证必然会产生，不是解救误用白虎汤的良法。只有升阳行经的温药，我可以使用。"有人发难说："白虎汤是大寒之剂，不用大热药用什么来救治呢？您的疗救又有什么用呢？"李杲说："病邪隐伏在经络之间，阳气不升则经气不行，而经气运行则伤寒本病诸症就会表现出来。本症治疗又有什么难的呢？"果然像李杲所说的那样，服温药而愈。

魏邦彦的妻子，眼睛突然生翳，由下而上，呈绿色，肿痛难忍。李杲认为："目翳从下而上，这是病邪由阳明而来。绿不是五色（青、赤、白、黑、黄）之正色，大概是肺（白）与肾（黑）两脏合邪引起的疾病。"于是处方，以泻肺肾之邪药为主，配引诸药入阳明经的药味为使，治疗有效。后来，病又复发三次，根据传来病邪的经脉，与第一次"肾翳"的颜色都各不相同。李杲便说："诸脉都归属于目，脉有病则会影响目。这一定是经络不调，经络不调则眼病不愈。"询问病情，果然如此。按照上述论述而处方施治，眼病痊愈，才不再发作。

冯叔献的侄儿冯栎，十五六岁，患伤寒，目赤，突然口渴，呼吸一次，脉跳七八次，医生想用大承气汤峻下，已经煎好了药。这时，李杲正好从外进来，冯叔献把病孩情况告诉李杲。李杲切脉后，非常惊骇，说："这孩子差一点被药杀死。《内经》有言：'脉象，跳得快的多为热病，跳得慢的为寒病'。现在脉搏一呼吸间跳九次，这是热盛的表现。但《会要大论》说：'病证有脉与证看起来相吻合而实质上却正相反，这是为什么？阳病，见洪大浮滑的阳脉是脉证相从，但按之不鼓而无力，就不是真正的阳脉，各种阳证阳脉都是这样。'这病孩病邪转变已成阴证。叫拿干姜、附子等热药来，我要根据寒证用热药法来治疗他"。药未配好，病人指甲变色，令病人一次服姜附剂八两，旋即汗出而痊愈。

陕西军帅郭巨济患半身不遂，用二指触他的足底，无知觉，足不能伸。李杲用长针刺他委中穴,深至骨而病人仍不知痛,放出一二升瘀血,血色如墨,又用缪刺法,针刺对侧穴位。如此针刺六七次,服药三个月,偏瘫病果然痊愈。

裴择妻子患恶寒发热病,月经不来已有数年,后来气喘咳嗽。医生大多使用蛤蚧、肉桂、附子之类的药物。李杲说:"不对。患阴病又为阳邪所犯,温剂太过,所以不仅没有帮助,反而有害。而用凉血药则月经畅行。"后来,果然如此。

李杲治病设法施疗大多像上述所讲的。当时人们都把他看成神医。他撰著的医书,现在大部分流传于世。

阿尼哥、刘元传

【题解】

阿尼哥,尼波罗国(即今尼泊尔)人。中统元年(1260)曾率其国中匠人赴吐蕃(今西藏)监造黄金佛塔,受到元世祖忽必烈的帝师八合斯巴的赏识,并度他为僧,带他去见忽必烈,忽必烈也很赏识他。后来还俗,官至光禄大夫、大司徒,死在中国。阿尼哥自幼聪明好学,读佛经,习雕塑工艺,成为一名雕塑家。在他监造西藏的黄金佛塔时,年仅十七岁。他长于金属像的铸造,当时元朝两京寺庙的塑像,多出其手,又善于制作织锦像,都达到高度成就。

刘元,字秉元,宝坻县(今属天津市)人。他起初为道士,后向阿尼哥学艺。他长于泥塑、金属铸像和漆帛塑像,尤其是漆帛塑像,堪称一绝。元朝西京的寺庙佛像,大都出自刘元之手。他的作品,栩栩如生、神态生动,备受时人赞誉。因此,他很受元世祖和元仁宗的赏识,曾两度赐宫女为妻。官至昭文馆大学士。

【原文】

阿尼哥,尼波罗国人也,其国人称之曰八鲁布。幼敏悟异凡儿,稍长,诵习佛书,期年能晓其义。同学有为绘画妆塑业者,读《尺寸经》,阿尼一闻,即能记。长善画塑,及铸金为像。

中统元年,命帝师八合斯巴建黄金塔于吐蕃,尼波罗国选匠百人往成之,得八十人,求部送之人未得。阿尼哥年十七,请行,众以其幼,难之。对曰:"年幼心不幼也。"乃遣之。帝师一见奇之,命监其役。明年,塔成,请归,帝师勉以入朝,乃祝发受具为弟子,从帝师入见。帝视久之,问曰:"汝来大国,得无惧乎?"对曰:"圣人子育万方,子至父前,何惧之有。"又问:"汝来何为?"对曰:"臣家西域,奉命造塔吐蕃,二载而成。见彼土兵难,民不堪命,愿陛下安辑之,不远万里,为生灵向来耳。"又问:"汝何所能?"对曰:"臣以心为师,颇知画塑铸金之艺。"帝命取明堂针灸铜像示之曰:"此宣抚王檝使宋时所进,岁久阙坏,无能修完之者,汝能新之乎?"对曰:"臣虽未尝为此,请试之。"至元二年,新像成,关鬲脉络皆备,金工叹其天巧,莫不愧服。凡两京寺观之像,多出其手,为七宝镶铁法轮,车驾行幸,用以前导。原庙列圣御容,织锦为之,图画弗及也。

至元十年,始授人匠总管,银章虎符。十五年,有诏返初服,授光禄大夫、大司徒,领将作院事,宠遇赏赐,无与为比。卒,赠太师、开府仪同三司、凉国公、上柱国,谥敏慧。

子六人,曰阿僧哥,大司徒;阿述腊,诸色人匠总管府达鲁花赤。

有刘元者,尝从阿尼哥学西天梵相,亦称绝艺。元字秉元,蓟之宝坻人。始为黄冠,师事青州把道灵,传其艺非一。至元中,凡两都名刹,塑土、范金抟换为佛像,出元手者,神思妙合,天下称之。其上都三皇尤古粹,识者以为造意得三圣人之微者。由是两赐宫女为妻,命以官长其属,行幸必从。

仁宗尝敕元非有旨不许为人造他神像。后大都南城作东岳庙,元为造仁圣帝像,巍巍然朋帝王之度,其侍臣像,乃若忧深思远者。始元欲作侍臣像,久之未措手,适阅秘书图画,见唐魏征像,瞿然曰:“得之奚,非若此,莫称为相臣者。”遽走庙中为之,即日成,士大夫观者,咸叹异焉。其所为西番佛像多秘,人罕得见者。

元官为昭文馆大学士、正奉大夫、秘书卿,以寿终。抟换者,漫帛土偶上而髹之,已而去其土,髹帛俨然成像云。

【译文】

阿尼哥,是尼波罗国人,他国家的人称他为八鲁布。阿尼哥自少聪明敏捷,悟性很好,与一般的小孩不一样,稍稍长大以后,即诵读佛经,读了一年,就能掌握佛经的内容。和他一起学习的人中,有从事绘画雕塑的人正在读《尺寸经》,阿尼哥听了以后,就能背诵。长大以后,擅长绘画雕塑和铸造金属像。

中统元年,元世祖忽必烈命帝师八合斯巴在吐蕃建造黄金塔,尼波罗国要选择一百个工匠去建造,只找到了十个人,并且也没有找到护送匠人的人选。阿尼哥当时只有十七岁,他请求率领众工匠去吐蕃,众人认为他年岁太小,劝他不要去,他回答说:“我年幼心不幼。”于是派他前去。帝师八合斯巴一看到他,就认为他是一个奇才,让他当工程监造。第二年,黄金塔建成,他请求回国,帝师鼓励他进京朝见元世祖忽必烈,于是他剃去头发受戒成为帝师的徒弟,跟随帝师进京。世祖面对他注视了好大会儿,问道:“你来到我们的大国,难道不害怕吗?”他回答说:“圣明的君主,对待四邻小国就像父亲养育儿子一样,现在儿子来到父亲面前,有什么可怕的?”世祖又问:“你来这里干什么?”他回答说:“我的家乡在西域,奉皇帝的命令,去吐蕃建造佛塔,二年就完工了。我看到哪里正在发生战乱,老百姓活不下去,希望陛下您下令安定百姓,因此我不远万里,来为百姓请命。”世祖又问:“你有什么技能?”他回答说:“我以心为师,掌握了绘画、雕塑和铸造金属像的技艺。”世祖令左右的人拿来明堂针灸铜像给他看,并说:“这是宣抚使王檝出使宋朝时带回来的,时间久了,有些缺坏,没有人能把它修复完整,你能把它修复一新吗?”阿尼哥回答说:“我虽然没有铸造过这样的铜像,我来试试吧。”至元二年,新像铸成,铜像人体上各个关节、隔膜、脉络都完备无缺,铸造行家也赞叹他的高超技巧,没人不自叹不如而心悦诚服。凡是两京寺观的铜像,大都出自他的手中。他曾造了一架七宝镔铁法轮,皇帝外出巡行,用它作先导。宗庙里列祖列宗的造像,都是锦缎织成,绘画远不如它生动传神。

至元十年，任命他为人匠总管，授给他银质印章和虎符。至元十五年，皇帝传旨让他还俗，任他为光禄大夫、大司徒，主管将作院的事务，皇帝对他宠幸之深、赏赐之多，没人比得上。他逝世以后，赠衔太师、开府仪同三司、凉国公、上柱国，谥号为"敏慧"。

他有六个儿子，其中阿僧哥官至大司徒，阿述腊官至诸色人匠总管府达鲁花赤。

又有一个叫刘元的人，曾向阿尼哥学习铸造佛像的技术，被人称为绝艺。刘元字秉元，蓟州宝坻县人。他起初作道士，拜青州把道灵为师，学会了多种技艺。至元年间，两京著名寺庙里的佛像，不论是泥塑的或是金属铸造的，或是转换而成的，凡是出自刘元之手，都神色栩栩如生，符合人们心目中佛祖的神态，得到天下人的称赞。其中上都的三皇像尤其古色古香，行家认为，刘元的塑艺把三位圣人的神态表现得细微入微。因此，皇帝两次把宫女赏给他为妻，让他统领各种工匠，皇帝出外，必令他随从。

仁宗曾命令刘元，没有圣旨准许，不许替别人造其他的神像。后来大都的南城建造东岳庙，刘元为该庙创作仁圣帝塑像，塑像气宇轩昂，有帝王的气度，旁边侍候他的臣子像，表现出深思熟虑的神情。起初刘元想塑侍臣像，长时间没有动手，他在翻阅内府藏画时，看到唐朝魏征的画像，眼睛为之一亮说道："有办法了，若不似魏征这样神情，就与宰相的身份不相称。"马上去庙里动手制作，当天就完成了，看到塑像的官员和读书人，都赞叹不已。他所创作的西番佛像，大都秘不示人，人们很少能见到。

刘元官至昭文馆大学士、正奉大夫、秘书卿，长寿而死。所谓"转换"这种工艺，即在泥塑像上遍缠绢帛，每用漆涂，然后把泥塑像挖去，漆过的绢帛，就形成栩栩如生的塑像。

阿老瓦丁传

【题解】

阿老瓦丁，生年不详，卒于1312年(元皇庆元年)。回族。元代著名制炮专家。

元世祖忽必烈(1215～1294)在1271年(至元八年)定国号为元，随后发动对南宋的进攻。这年，忽必烈派遣使臣征募炮匠，阿老瓦丁和亦思马因应征到达京师，并在哪里造炮。在元灭南宋的战争中，他们作为制炮能手，所造的大炮为战争的胜利做出了贡献。平章阿里海牙率领元军攻打潭州、静江等地时，曾遭到有力的抵抗，而阿老瓦丁制造的大炮在这些战斗中发挥了重要作用。

阿老瓦丁因军功被授予宣武将军、管军总管。后元帅府改为回族炮手军匠上万户府(上万户府统兵七千以上)，阿老瓦丁任副万户职。

阿老瓦丁的儿子马哈马沙和亦思马因的弟弟亦不剌金也制造大炮。

【原文】

阿老瓦丁，回回氏，西域木发里人也。至元八年，世祖遣使征炮匠于宗王阿不哥，王以阿老瓦丁、亦思马因应诏，二人举家驰驿至京师，给以官舍，首造大炮竖于五门前，帝命试之,各赐衣缎。十一年。国兵渡江,平章阿里海牙遣使求炮手匠,命阿老瓦丁往,破潭州、静江等郡,悉赖其力。十五年,授宣武将军、管军总管。十七年,陛见,赐钞五千贯。十八年,命屯田于南京。二十二年,枢密院奉旨,改元帅府为回回炮手军匠上万户府,以阿老瓦丁为副万户。大德四年告老。子富谋只,袭副万户。皇庆元年卒,子马哈马沙袭。

【译文】

阿老瓦丁,回族,西域木发里人。至元八年(1271),元世祖(忽必烈)派遣使臣到宗王阿不哥哪里征募制炮的能工巧匠,宗王阿不哥响应皇帝的命令因而推荐了阿老瓦丁和亦思马因。他们两人带着各自的家眷乘了马车很快到达京师(元大都,即今北京),住进了政府提供的房舍。他们最先制造的大炮架设在五门前,皇帝命令试放,并赏赐给他们衣料。至元十一年(1274),元兵渡长江,平章阿里海牙派人恳请得到炮手工匠的支援,阿老瓦丁受命前往。在攻破潭州(今湖南长沙)、静江(今广西桂林)等郡的战斗中,都依赖了他制造的大炮的效能。至元十五年(1278),阿老瓦丁被授予宣武将军、管军总管。至元十七年(1280),皇帝召见阿老瓦丁,赐钱五千贯。至元十八年(1281),受命在南京驻军种地。至元二十二年(1285),枢密院奉皇帝的命令,将元帅府改为回回炮手军匠上万户府,阿老瓦丁任副万户。元成宗大德四年(1300),阿老瓦丁因年老告退,由他的儿子富谋只承袭副万户职。元仁宗皇庆元年(1312),阿老瓦丁去世,儿子马哈马沙承袭了他的官职。

亦思马因传

【题解】

亦思马因(? ~1274)回族。元代制炮能手。1271 年(至元八年)他和阿老瓦丁一同应征到达京师并在哪里造炮。后来他们随元军南下。在元军攻打襄阳的战斗中,亦思马因用他所造的大炮轰击,迫使镇守襄阳的南宋将领吕文焕在该城被攻破后投降。后来吕文焕为元军招降沿江州郡,又为向导引元军东下。亦思马因因有功被任命为回族炮手总管。

亦思马因的儿子布伯承袭了他的官职。在元军渡长江的战斗中,布伯使用大炮重创南宋的军队和舟船。因屡战有功,不断加官晋级。他的弟弟亦不剌金和阿老瓦丁的儿子马哈马沙也制造大炮。

【原文】

亦思马因,回回氏,西域旭烈人也。善造炮,至元八年与阿老瓦丁至京师。十年,从国兵攻襄阳未下,亦思马因相地势,置炮于城东南隅,重一百五十斤,机发,声震天地,所击无不摧陷,入地七尺。宋安抚吕文焕惧,以城降。既而以功赐银二百五十两,命为回回炮手总管,佩虎符。十一年,以疾卒。子布伯袭职。

时国兵渡江,宋兵陈于南岸,拥舟师迎战,布伯于北岸竖炮以击之,舟悉沉没。后每战用之,皆有功。十八年,佩三珠虎符,加镇国上将军、回回炮手都元帅。明年,改军匠万户府万户。迁刑部尚书,以弟亦不剌金为万户,佩元降虎符,官广威将军。布伯俄进通奉大夫、浙东道宣慰使,赐钞二万五千贯,俾养老焉。

【译文】

亦思马因,回族,西域旭烈人。擅长制造大炮。元世祖至元八年(1271)他和阿老瓦丁一起到京师(元大都,即今北京)。至元十年(1273),跟随元兵攻打襄阳,襄阳城没能攻打下来。亦思马因察看了地势,把大炮架设在城的东南角。大炮重一百五十斤,扣动机关,发射出炮弹,声音震天动地,轰击的目标没有不被摧毁破坏的,能深入地下七尺。南宋安抚吕文焕很惊恐,献城投降。亦思马因因为造炮有功而得到赐银二百五十两,被任命为回回炮手总管,佩戴虎符。至元十一年(1274),亦思马因病逝。儿子布伯承袭了他的官职。

当时元兵渡长江,南宋的军队在长江南岸列阵,围集着舟船迎战元兵。布伯在长江北岸架设大炮轰击它们,南宋的舟船都被击沉。以后每次战役均用大炮,都有战功。至元十八年(1281),佩戴三珠虎符,加授镇国上将军、回回炮手都元帅的职务。第二年,改授军匠万户府万户。又改任刑部尚书,他的弟弟亦不剌金为万户,佩戴元降虎符,官职为广威将军。布伯不久又晋升为通奉大夫、浙东道宣慰使,皇帝赐钱二万五千贯,给他用以养老。

李邦宁传

【题解】

李邦宁,字叔固,元钱塘人,初名李保宁。原宋朝宦官,入元事世祖、成宗、武宗、仁宗各朝,颇受亲重,跻身高官。曾劝武宗勿立仁宗,仁宗即位后亦未加罪。《元史》中名列宦者之首。

【原文】

李邦宁,字叔固,钱唐人,初名保宁,宋故小黄门也。宋亡,从瀛国公入见世祖,命给事内庭,警敏称上意。令学国书及诸蕃语,即通解,遂见亲任。授御带库提点,升章佩少监,迁礼部尚书、提点太医院事。成宗即位,进昭文馆大学士、太医院使。帝尝寝疾,邦宁不离左右者十余月。

武宗立,命为江浙行省平章政事,邦宁辞曰:"臣以阉腐余命,无望更生。先朝幸赦而用之,使得承乏中涓,高爵厚禄,荣宠过甚。陛下复欲置臣宰辅,臣何敢当! 宰辅者,佐天子共治天下者也,奈何辱以寺人! 陛下纵不臣惜,如天下后世何! 诚不敢奉诏。"帝大悦,使大臣白其言于太后及皇太子,以彰其善。

帝尝奉皇太后燕大安阁,阁中有故箧,问邦宁曰:"此保箧也?"对曰:"此世祖贮裒带者。臣闻有圣训曰:'藏此以遗子孙,使见吾朴俭,可为华侈之戒。'"帝命发箧视之,叹曰:"非卿言,朕安知之!"时有宗王左侧,遽曰:"世祖虽神圣,然啬于财。"邦宁曰:"不然。世祖一言,无为后世法;一予夺,无不当功罪。且天下所入虽富,苟用不节,必致匮乏。自先朝以来,岁赋已不足用,又数会宗藩,资费无算。且暮不给,必将横敛掊怨,岂美事耶!"太后及帝深然其言。俄加大司徒、尚服院使,遥授丞相、行大司农,领太医院事,阶金紫光禄大夫。

太庙旧尝遣官行事,至是复欲如之,邦宁谏曰:"先朝非不欲亲致飨祀,诚以疾废礼耳。今陛下继成之初,正宜开彰孝道,以率先天下,躬祀太室,以成一代之典。循习故弊,非臣所知也。"帝称善。即日备法驾,宿斋宫,且命邦宁为大礼使。礼成,加恩三代:曾祖颐赠银青光禄大夫、司徒,谥敬懿;祖德懋赠仪同三司、大司徒,谥忠献;父执赠太保、开府仪同三司,谥文穆。

仁宗即位,以邦宁旧臣,赐钞千锭,辞弗受。国学将释奠,敕邦宁致祭于文宣王。点视毕,至位立,殿户方辟,忽大风起,殿上及两庑烛尽灭,烛台底铁鐏入地尺,无不拔者。邦宁悚息伏地,诸执事者皆伏。良久风定,乃成礼,邦宁因惭悔累日。

初,仁宗为皇太子,丞相三宝奴等用事,畏仁宗英明,邦宁揣知其意,言于武宗曰:"陛下富于春秋,皇子渐长,父作子述,古之道也,未闻有子而立弟者。"武宗不悦曰:"朕志已定,汝自往东宫言之。"邦宁惭惧而退。仁宗即位,左右咸请诛之,仁宗曰:"帝王历数,自有天命,其言何足介怀!"加邦宁开府仪同三司,为集贤院大学士。以疾卒。

【译文】

李邦宁,字叔固,钱塘人,起初名李保宁,是先前宋朝的小黄门。宋朝灭亡,李邦宁跟随瀛国公进京去见世祖,世祖命他在内廷供职,他机警敏捷,使世祖称心如意。世祖让他学习蒙古文和各种蕃语,他一学就会,于是他受到亲近信任。他得任御带库提点,提升为章佩少监,升任礼部尚书、提点太医院。成宗即位,晋升为昭文馆大学士、太医院使。有一次,成宗卧床生病,李邦宁有十多个月没有从成宗身边离开过。

武宗即位后,任命为江浙行省平章政事,李邦宁推辞说:"臣已受腐刑,苟延残喘,没有再生的指望。有幸蒙先朝赦罪,加以任用,使我得以在亲近侍从中充数,爵位高,俸禄厚,蒙受的荣耀与恩宠已经太多了。陛下又想让臣当辅政大臣,臣怎敢当! 辅政大臣是辅佐天子共同治理天下的,怎能让宦官辱没这一职务! 陛下纵然不怜惜臣,对天下后世又怎么交代! 臣实在不敢受诏。"武宗大悦,让大臣把他的话禀告太后和皇太子,以表彰他的善行。

有一次,武宗陪皇太后在大安阁宴饮,阁中有一个旧日的小箱子,武宗问李邦宁说:"这是什么箱子?"李邦宁回答说:"这是世祖装衣带用的。臣记得世祖的圣训说:'收藏此带,留给子孙,让他们看看我俭朴的作风,告诫他们不要奢华。'"武宗打开箱子看了,感慨地说:"要不是你的话,朕怎知道!"当时身边有一位宗王贸然说:"世祖虽然神圣,对财物却流于吝啬了。"李邦宁说:"不然。世祖的每一句话无不为后世所效法,每一次给予和剥夺无不与功过相符,并且天下的资财虽然富足,如果不节约使用,必然会导致财用匮乏。从先朝以来,每年的赋税已不够用,加上几次会见分封在外的皇族,费用多得难以计算。早晚有一天财用难以接济,必将横征暴敛,招致怨恨,岂是好事!"太后和武宗对他的话深以为然,不久便加任他为大司徒、尚服院使,挂衔丞相、行大司农,兼管太医院事务,进阶金紫光禄大夫。

过去祭奠太庙时,曾经派官员代行其事。到这时,武宗又想照此办理。李邦宁进谏说:"先朝皇上并非不想亲自前去祭祀,实在是由于有病,致使典礼荒废。如今陛下刚刚继位,正应该彰明孝道,先做天下的表率,亲自去奠太庙,来完成一代的典礼。因循以往的弊病,臣不敢赞成。"武宗连连称善,当天就乘车前往,住进斋宫,并命李邦宁担任大礼使。祭典完成后,武宗对李邦宁前三代都施加恩典:曾祖李颐追赠为银青光禄大夫、司徒,谥号为敬懿;祖父李德懋追赠为开府仪同三司、大司徒,谥号为忠献;父亲李拠追赠为太保、开府仪同三司,谥号为文穆。

仁宗即位,因李邦宁是先朝老臣,赐给钞币一千锭,李邦宁推辞不受。国子学准备举行祭奠,仁宗派李邦宁去祭祀文宣王孔子。李邦宁视察过后,到神位前面站好,殿门刚开,忽然起了大风,大殿和两侧厢房的灯烛全被吹灭,烛台下的铁鐏入地盈尺,一切都被吹乱。李邦宁趴在地上,惶恐喘息,所有的办事人员也都匍匐在地。过了许久,大风停了,这才完成了祭典,李邦宁因此惭愧懊悔,历经多日。

起初,仁宗当了皇太子,丞相三宝奴等人当权,怕仁宗英明,李邦宁揣测到他们的用意,向武宗进言说:"陛下年富力强,皇子逐渐长大。子继父业,是古代的法则,没听说自己有儿子却立弟弟的。"武宗不高兴地说:"朕决心已定,你自己跟太子说去吧。"李邦宁羞惭恐惧地退出来。仁宗即位后,身边的人都请求杀死李邦宁。仁宗说:"帝王的运数,自有天命,他的话哪值得介意!"便加任李邦宁为开府仪同三司,担当集贤院大学士。李邦宁因病而死。

朴不花传

【题解】

朴不花,也叫王不花,高丽人。原与奇氏后同乡相依倚,后受阉入侍奇氏后,甚得爱幸,得掌奇氏后的财货贡赋。曾秉承奇氏后旨意谋使顺帝禅位未果,后与丞相搠思监、宣政院使脱欢等互相勾结,气焰逼人,凡劾其罪者皆遭贬斥。御史大夫雍王老的沙因坚决反对朴不花等,被遣返封国,老的沙中途留在孛罗帖木儿军中,朴不花遂诬孛罗帖木儿图谋不轨。孛罗帖木儿派兵进逼京师,顺帝交出朴不花,被孛罗帖木儿杀死。

【原文】

朴不花,高丽人,亦曰王不花。皇后奇氏微时,与不花同乡里,相为依倚。及选为宫人,有宠,遂为第二皇后,居兴圣宫,生皇太子爱猷识理达腊。于是不花以阉人入事皇后者有年,皇后爱幸之,情意甚胶固,累迁官至荣禄大夫、资正院使。资正院者,皇后之财赋悉隶焉。

至正十八年,京师大饥疫。时河南北、山东郡县皆被兵,民之老幼男女避居聚京师,以故死者相枕藉。不花欲要誉一时,请于帝,市地收瘗之。帝赐钞七千锭,中宫及兴圣、隆福两宫、皇太子、皇太子妃,赐金银及他物有差,省院施者无算。不花出玉带一、金带一、银二锭、米三十四斛、麦六斛、青貂银鼠裘一袭以为费。择地自南北两城抵卢沟桥,掘深及泉,男女异圹。人以一尸至者,随给以钞,异负相踵。既覆土,就万安寿庆寺建无遮大会。至二十年四月,前后瘗者二十万,用钞二十万七千九十余锭、米五百六十余石。又于大悲寺修水陆大会三昼夜,凡居民病者予之药,不能丧者给之棺。翰林学士承旨张翥为文颂其事,曰《善惠之碑》。

于是帝在位久,而皇太子春秋日盛,军国之事,皆其所临决。皇后乃谋内禅皇太子,而使不花喻意于丞相太平,太平不答。二十年,太平乃罢去,而独搠思监为丞相。时帝益厌政,不花乘间用事,与搠思监相为表里,四方警报、将臣功状,皆抑而不闻,内外解体。然根株盘固,气焰薰灼,内外百官趋附之者十九。又宣政院使脱欢之同恶相济,为国大蠹。

二十三年,监察御史也先帖木儿、孟也先不花、傅公让等乃劾奏朴不花、脱欢奸邪,当屏黜。御史大夫老的沙以其事闻,皇太子执不下,而皇后庇之尤固,御史乃皆坐左迁。治书侍御史陈祖仁连上皇太子书切谏之,而台臣大小皆辞职,皇太子乃为言于帝,令二人皆辞退。而祖仁言犹不已,又上皇帝书言:"二人乱阶祸本,今不芟除,后必不利。汉、唐季世,其祸皆起此辈,而权臣、藩镇乘之。故千寻之木,吞舟之鱼,其腐败必由于内,陛下诚思之,可为寒心。臣愿俯从台谏之言,将二人特加摈斥,不令以辞退为名,成其奸计。海内皆知陛下信赏必罚,自此二人始,将士孰不效力,寇贼亦皆丧胆,天下可全,而有以还祖宗之旧。若优柔不断,彼恶日盈,将不可制。臣宁饿死于家,誓不与同朝,牵联及祸。"语具《陈祖仁传》。

会侍御史李国凤亦上书皇太子言:"不花骄恣无上,招权纳赂,奔竞之徒,皆出其门,骎骎有赵高、张让、田令孜之风,渐不可长,众人所共知之,独主上与殿下未之知耳。自古宦者近君亲上,使少得志,未有不为国家祸者。望殿下思履霜坚冰之戒,早赐奏闻,投之西夷,以快众心,则纪纲可振。纪纲振,则天下之公论为可畏,法度为不可犯,政治修而百废举矣。"由是帝大怒,国凤、祖仁等亦皆左迁。

时老的沙执其事颇力,皇太子因恶之,而皇后又谮之于内。帝以老的沙母舅故,封为雍王,遣归国。已而复以不花为集贤大学士、崇正院使,皇后之力也。老的沙至大同,遂留孛罗帖木儿军中。是时,搠思监、朴不花方倚扩廓帖木儿为外援,怨孛罗帖木儿匿老的沙不遣,遂诬孛罗帖木儿与老的沙谋不轨。二十四年,诏削其官,使解兵柄归四川。孛罗帖木儿知不出帝意,皆搠思监、朴不花所为,怒不奉诏。宗王不颜帖木儿等为表言其诬枉,而朝廷亦畏其强不可制,复下诏数搠思监、朴不花互相壅蔽簧惑主听之罪,屏搠思监于岭北,窜朴不花于甘肃,以快众愤,而复孛罗帖木儿官爵。然搠思监、朴不花皆留京城,实未尝行。

未几，孛罗帖木儿遣秃坚帖木儿以兵向阙，声言清君侧之恶。四月十二日，驻于清河。帝遣达达国师问故，往复者数四，言必得搠思坚、朴不花乃退兵。帝度其势不可解，不得已执两人畀之，其兵乃退。朴不花遂为孛罗帖木儿所杀。

【译文】

朴不花，高丽人，也叫王不花。皇后奇氏微贱时，与朴不花同居一乡，互相依托。及至奇氏被选为宫女，得到宠爱，随即成了第二皇后，居在兴圣宫，生了皇太子爱猷识理达腊。这时，朴不花以宦官身份进宫侍奉皇后奇氏已经多年了。皇后喜爱宠信他，情意非常牢固，他历经升迁，官至荣禄大夫、资正院使。资正院是掌管皇后所有财货贡赋的部门。

至正十八年，京城发生严重的饥荒和瘟疫。当时河南、河北、山东各郡县都遭受战火，男女老少百姓移居他乡，聚集在京城，因故死去的人纵横交陈。朴不花打算邀求一时的声誉，向顺帝提出请求，要买地收葬死人。顺帝赐给钞币七千锭，中宫和兴圣、隆福两宫、皇太子、皇太子妃赐给金银和其他物品多少不等，省院官员施舍的多得无从计算。朴不花拿出玉带一条、金带一条、银子两锭、米三十四斛、麦六斛、青貂和银鼠皮衣各一套，作为费用。选择葬地由南北两城直抵卢沟桥，挖的坑深到见水而止，男女分坑而葬。只要有人送来一具尸体，随即付给钞币，因此招尸背尸的人前后相继。覆土掩埋后，在万安寿庆寺举办了无遮大会。到至正二十年四月，先后掩埋二十万人，用去钞币二万七千零九十余锭，米一百五六十余石。又在大悲寺举办为时三昼夜的水陆大会，对居民，凡是生病的，给予药品，无力办丧事的，给予棺材。翰林学士承旨张翥写文章称颂其事，名为《善惠之碑》。

这时，顺帝在位日久，皇太子的年纪越发大了，军队和国家的事务，都由皇太子亲自决断。皇后奇氏谋求把帝位让给皇太子，指使朴不花向丞相太平示意，太平不做答复。到至正二十年时，太平免被去丞相职务，只有搠思监担任丞相。当时顺帝愈发厌倦政事，朴不花乘机用事，与搠思监内外呼应，对各地的告急文书，将领的记功行状，都压下不报，朝廷内外人心涣散。然而，他们根基牢固，气焰逼人，朝廷内外百官趋炎附势，迎合他们的有十分之九。还有宣政院使脱欢与他们同恶相济，成为国家的大害。

至正二十三年，监察御史也先帖木儿、孟也先不花、傅公让等人上奏弹劾朴不花、脱欢奸邪，应当斥退贬黜。御史大夫老的沙将其事上报，皇太子坚持不肯批复，皇后奇氏对他们的庇护尤其尽力，于是御史一律获罪贬官。治书侍御史陈祖仁接连向皇太子上书直言劝谏，大小谏官一律辞职，皇太子这才把事情告诉顺帝，让二人都辞职引退。然而，陈祖仁仍然未停止进言，又向皇帝上书说："朴不花和脱欢二人是祸乱的本源，如今不加铲除，对将来必然不利。汉朝和唐朝本年，祸事都由这些人引起，而权臣和藩镇利用了这一时机。所以千寻高树的腐烂，大奸巨犯的漏网，一定是由于内部发生问题，如果陛下想一想，就会感到寒心。臣希望陛下依从谏官的意见，将二人一律抛弃，不让他们以辞职引退的名义，成全他们的奸计。全国都知道陛下赏必行，罚必果，是由这两个人做起的，将士怎会不肯效力,寇贼也都会为之丧胆,这样天下才可以保全,才有恢复祖宗旧业的可能。如果犹豫不决,他们为恶日多,就将难以制服。臣宁在家中饿死,誓死不与他们同居朝班,牵连受祸。"有关这事写在《陈祖仁传》中。

适值侍御史李国凤也向皇太子上书说:"朴不花骄横放纵,目无皇上,招权纳贿,追逐名利之徒都走他的门路,他很快就会形成赵高、张让、田令孜那样的作风,这一苗头不可助长。大家都知道这种情况,只有皇上与殿下还不晓得。自古以来,宦官有机会亲近君王,只要稍微得志,没有不给国家带来祸患的。希望殿下想一想在霜上行走,就应知道严寒冰冻将至的告诫,及早奏报皇上,将二人流放到西夷,使大家心情畅快,就可以重振法纪。法纪振举了,天下的公论才令人生畏,法度才不可侵犯,才能政治修明,百废毕举。"由此,顺帝大怒,李国凤、陈祖仁等人也都被贬官。

当时,老的沙极力坚持其事,皇太子因而憎恶他,皇后奇氏又在宫内诋毁他。顺帝因老的沙是自己的舅舅,便封他为雍王,让他返回封国。不久,顺帝又任命朴不花为集贤大学士、崇正院使,这是皇后奇氏出力的结果。老的沙抵达大同,这时,搠思监、朴不花正依靠扩廓帖木花为外援,怨恨孛罗帖木儿隐藏老的沙,不让他走,便诬陷孛罗帖木儿与老的沙图谋不轨。至正二十四年,顺宗下诏削去孛罗帖木儿的官职,让他解除兵权,返回四川。孛罗帖木儿知道这不是顺帝的本意,都是搠思监、朴不花干的,于是发怒,不肯受诏。宗王不颜帖木儿等人为此上表说他冤枉,朝廷也畏惧他力量强大,难以制服,便又下诏历数搠思监、朴不花互相蒙蔽、巧言迷惑主上视听的罪行,将搠思监斥逐到岭北,将朴不花流放到甘肃,以纾解大家的愤恨,同时恢复孛罗帖木儿的官爵。然而,搠思监和朴不花都留在京城,实际不曾前去。

没过多久,孛罗帖木儿派秃坚帖木儿率军奔向京城,声称清除君主身旁的恶人。四月十二日,秃坚帖木儿驻扎在清河,顺帝派达达国师来问其中的缘故,往返了四五次,秃坚帖木儿说必须得到搠思监、朴不花才退兵。顺帝估计这种形势难以缓解,不得已绑了两人交出,秃坚帖木儿这才撤退。朴不花随即被孛罗帖木儿杀死。

阿合马传

【题解】

在元朝前期,阿合马是一个相当重要的人物。从元太宗窝阔台开始,元王朝的财政主要就是依靠"色目人"来主持的。阿合马就是其中的一个代表人物。他为元世祖设计了种种搜刮民财的方案,例如清理户口、垄断专利、滥发钞票等。不消说,在为朝廷残酷搜刮的同时必然就是为自己残酷搜刮,因而阿合马也就是在这一意义上成为一名酷吏,引起了汉官和汉民的强烈反对。在《元史》本传并不全面的记载中,就有"益肆贪横""内通货贿,外示刑威"这些话,从他的家里还搜出两张人皮,加上其他史料的记载,就使这个人物完全具备了入选本书的条件。另外值得注意的是王著这个人物,传中对他的描写相当细致，显现出了古代烈士舍生取义的一脉传统。

【原文】

阿合马，回回人也。不知其所由进。世祖中统三年，始命领中书左右部，诸路都转运使，专以财赋之任委之。阿合马奏降条画，宣谕各路运使。明年，以河南钧、徐等州俱有铁冶，请给授宣牌，以兴鼓铸之利。世祖升开平府为上都，又以阿合马同知开平府事，领左右部如故。阿合马奏以礼部尚书马月合乃兼领已括户三千，兴煽铁冶，岁输铁一百三万七千斤，就铸农器二十万事，易粟输官者凡二十万石。

至元年正月，阿合马言："太原民煮小盐，越境贩卖。民贪其价廉，竞买食之，解盐以故不售，岁入课银止七千五百两。请自今岁增五千两，无问僧道军匠等衣，钧出其赋其民间通用小盐从便。"是年秋八月，罢领中书左右部，并入中书，超拜阿合马为中书平章政事，进阶荣禄大夫。

三年正月，立制国用使司，阿合马又以平章政事兼领使职。久之，制国用使司奏："以东京岁课布疏恶不堪用者，就以市羊于彼。真定、顺天金银不中程者，宜改铸。别怯赤山出石绒，织为布，火不能燃，请遣官采取。"又言："国家费用浩繁，今岁自车驾至都，已支钞四千锭，恐来岁度支不足，宜量经节用。"十一月，制国用使司奏："桓州峪所采银矿已十六万斤，百斤可得银三两，锡二十五斤。采矿所需，鬻锡以给之。"悉从其请。

七年正月，立尚书省，罢制国用使司，又以阿合马平章尚书省事。阿合马为人多智巧言，以功利成效自负，众咸称其能。世祖急于富国，试以行事，颇有成绩。又见其与丞相线真、史天泽等争辩，屡有以诎之，由是奇其才，授以政柄，言无不从，而不知其专复益甚矣。丞相安童含容久之，言于世祖曰："臣近言尚书省、枢密院、御史台宜各循常制奏事，其大者从臣等议定奏闻，已有旨俞允。今尚书有一切自闻，似违前奏。"世祖曰："汝所言是。岂阿合马朕颇信用，敢如是邪？其不与卿议非是，宜如卿所言。"又言："阿合马所用部官，左丞许衡以为多非其人，然已得旨咨请宣付，如不与，恐异日有辞。宜试其能否，久当自见。"世祖然之。五月，尚书省奏括天下户口，既而御史台言所在捕蝗，百姓劳扰，括户事宜少缓。遂止。

初立尚书省时，有旨："凡铨选各官，吏部拟定资品，呈尚书省，由尚书省中书闻奏。"至是，阿合马擢用私人。不由部拟，不咨中书。丞相安童以为言，世祖令问阿合马。阿合马言："事无大小，皆委之臣，所用之人，臣宜自择。"安童因请："自今唯重刑及迁上流总管，始属之臣，余事并付阿合马，庶事体明白。"世祖俱从之。

八年三月，尚书省再以阅实户口事奏条画诏谕天下。是岁，奏增太原盐课，以千锭为常额，仍令本路兼领。

九年，并为尚书省入中书省，又以阿合马为中书平章政事。明年，又以其子忽辛为大都路总管，兼大兴府尹。右丞相安童见阿合马擅权日昔，欲救其弊，乃奏大都路总管以次多不称职，乞选人代之。寻又奏阿合马、张惠，挟宰相权为商贾，以网罗天下大利，厚毒黎民，困无所诉。阿合马曰："谁为此言，臣等当与廷辩。"安童进曰："省左司都事周祥，中木取利，罪状明白。"世祖曰："若此者，征毕当显黜之。"既而枢密院奏以忽辛有金枢密院事，世祖不允,曰:"彼贾胡,事犹不知,况查责以机务邪?"

十二年,伯颜帅师伐宋。既渡江,捷报日至。世祖命阿合马与姚枢、徒单公履、张文谦、陈汉归、杨诚等,议行盐、钞法于江南及贸易药材事。阿合马奏:"枢云:'江南交会不行,必致小民失所。'公履云:'伯颜已尝榜谕交会不换,今亟行之,失信于民。'文谦谓:'可行与否,当询伯颜。'汉归及诚皆云:'以中统钞易其交会,何难之有。'"世祖曰:"枢与公履不识时。朕尝以此问陈岩,岩亦以宋交会速宜更换。今议已定,当依汝言行之。"又奏:"北盐药材,枢与公履皆言可使百姓从便贩鬻。臣等以为此事若小民为之,恐紊乱不一。拟于南京、卫辉等路籍括药材,蔡州发盐十二万斤,禁诸人私相贸易。"世祖曰:"善!其行之。"

十二年,阿合马又言:"比因军兴之后,减免编民征税,又罢转运司官,令各路总管府兼领课程,以致国用不足。臣以为莫若验户数多寡,远以就近,立都转运司,量增旧额,选廉干官分理其事。应公私铁鼓铸,官为局卖;仍禁诸人毋私营造铜器。如此,则民力不屈,而国用充矣。"乃奏之诸路转运司,以亦必烈金、札马剌丁、张晏、富珪、蔡德润、纥石烈亨、阿里和者、完颜迪、姜毅、阿老瓦丁、倒剌沙等为使。有亦马多丁者,以负官银得罪而罢,既死,而所负尚多。中书省奏议裁处,世祖曰:"此财谷事,其与阿合马议之。"

十五年正月,世祖以西京饥,发粟万石赈之。又谕阿合马宜广贮积,以备阙乏。阿合马奏:"自今御史台非白者,毋擅召仓库吏,亦毋究索钱谷数。及集议中书不至者,罪之。"其沮抑台察如此。四月,中书左丞崔斌奏曰:"行以江南官冗,委任非人,遂命阿里等澄汰之。今已显有征验,蔽不以闻,是为罔上。杭州地大,委寄非轻,阿合马滋于私爱,乃以不肖子抹速忽充达鲁花赤,佩虎符,此岂旺才授任之道?"又言:"阿合马先自陈免其子弟之任,乃今身平章,而子若侄或为行省参政,或为礼部尚书,将作院达鲁花赤,领会同馆,一门悉处要律,自背前言,有亏公道。"有旨并罢黜之。然终不以是为阿合马罪。世祖尝谓淮而宣慰使昂吉儿曰:"夫宰相者,明天道,察地理,尽人事,兼此三者,乃为称职。阿里海牙、麦术丁等亦未可为相;回回人中,阿合马才任宰相。"其为上所称道如此。

十六年四月,中书奏立江西榷茶运使及诸路转运盐运使、宣课提举司。未几,以忽辛为中书右丞。明年,中书省奏:"阿塔海、阿里言,今立宣课提举司,官吏至五百余员,左丞陈岩、范文虎等言其扰民,且侵盗官钱。乞罢之。"阿合马奏:"昨有旨籍江南粮数,屡移文取索,不以实上。遂与枢密院、御史台及廷臣诸老集议,谓设立运司,官多俸重,宜诸路立提举司,都省、行省各委一人任其事。今行省未尝委人,即请罢之,乃归咎臣等。然臣所委人,有至者仅两月,计其侵用凡千一百锭,以彼所管四年较之,又当几何?今立提举司,未及三月而罢,岂非恐彼奸弊呈露,故先自言以绝迹邪?宜令御史台遣能臣同往,凡有非法,具以实闻。"世祖曰:"阿合马所言是,其令台中选入以往。若己能自白,方可责人。"

阿合马尝奏宜立大过正府。世祖曰:"此事岂卿辈所宜言,乃朕卅也。然宗正之名,朕未之知,汝言良是,其思之。"阿合马欲理算江淮行省平章阿里伯、右丞燕帖木儿立省以来一切钱谷,奏遣不鲁合答儿、刘因愈等往检覆之,深其擅易命官八百员,自分左右司官及铸造铜印等事以闻。世祖曰:"阿里伯等何以为辞?"阿合马曰:"彼谓行省昔尝铸印矣。臣谓昔以江南未定,故便宜行之,今与昔时事异。又擅支粮四十七万石,奏罢宣课提举司。及中书遣官理算，征钞万二千锭者奇。"二人竟以是就戮。

时阿合马在位日久，益肆贪横，援引奸党郝祯、耿仁，骤升同列，阴谋交通，专事蒙蔽，逋赋不蠲，众庶流离，京兆等路岁办理至五万四千锭，犹以为未实。民有附郭美田，辄取为己有。内通货贿，外事刑威，廷中相视，无敢论列。有宿卫士秦长卿者，慨然上书告其奸，竟为阿合马所害，毙于狱。事见《长卿传》。

十九年三月，世祖在上都，皇太子从。有益都千户王著，素志疾恶，因人心怨愤，密铸大铜锤，自誓愿击阿合马首。会妖僧高和尚，以秘术行军中，无验而归，诈称死，杀其徒，以尸欺众，逃去，人亦莫知。著乃与合谋，以戊寅日诈称皇太子还都作佛事，结八十余人，夜入京城。旦遣二僧诣中书省，令市斋物。省中疑而讯之，不伏。及午，著又遣崔总管矫传令旨，俾枢密副使张易发兵若干，以是夜会东宫前。易莫察其伪，即令指挥使颜义领兵俱往。著自驰见阿合马，诡言太子将至，令省官悉候于宫前。阿合马遣右司郎中脱欢察儿等数骑出关，北行十余里，遇其众，伪太子者责以无礼，尽杀之。夺其马，南入健德门。夜二鼓，莫敢何问，至东宫前，其徒皆下马，独伪太子者立马指挥，呼省官至前，责阿合马数语，著即牵去，以所袖铜锤碎其脑，立毙。继呼左丞郝祯至，杀之；囚右丞张惠。枢密院、御史台、留守司官皆遥望，莫测其故。尚书张九思自宫中大呼，以为诈；留守司达鲁花赤张敦遂持梃前，击立马者坠地。弓矢乱发，众奔溃，多就擒。高和尚等逃去，著挺身请囚。

中丞也先帖木耳驰奏世祖。时方驻跸察罕脑儿，闻之震怒，即日于上都。命枢察副使孛罗、司徒和礼霍孙、参政阿里等地驰驿至大都，讨为乱者。庚辰，获高和尚于高梁河。辛巳，孛罗等至都。壬午，诛王著、高和尚于市，皆醢之，并杀张易。著临刑大呼曰："王著为天下除害，今死矣，异日必有为我书其事者！"

阿合马死，世祖犹不得知其奸，令中书毋问其妻子。及询孛罗，乃尽得其罪恶，始大怒曰："王著杀之，诚是也。"乃命发墓剖棺，戮尸于通玄门外，纵犬啗其肉。百官士庶，聚观称快。子侄皆伏诛，没入其家属财产。其妾有名引住者，籍其藏，得二熟人皮于柜中，两耳具存，一阉监专掌其局镝，讯问莫知为何人，但云："诅咒时，置神座其上，应验甚速。"又以绢二幅，画甲骑二重，围守一幄殿，兵皆张弦挺刃向内，如击刺之为者。画者陈其姓。又有曹震圭者，尝推算阿合马所生年月；王台判者，妄引图谶，皆言涉不轨。事闻，敕剥四人者皮以徇。

【译文】

阿合马，回回人。不知道他进入仕途的具体情况。元世祖中统三年，才任命他兼管中书左右部，兼任诸路都转运使，专门委任他处理财政赋税方面的事。阿合马上奏世祖下令分条规划，向各路运司宣布晓谕。下一年，因为河南钧州、徐州等州都有炼铁设备，请朝廷授予宣牌，以振兴冶炼的利益。世祖把开平府升格为上都，又任命阿合马为同知开平府事，兼管中书左右部照旧不变。阿合马上奏请求任命礼部尚书马月合乃兼管已经清查到的三千户没有户籍的百姓，加强炼铁行业，每年上缴铁一百零三万七千斤，用这些铁铸锻农具二十万件，换成粮食上缴给公家的一共有四万石。

至元元年正月，阿合马上奏说："太原的百姓熬煮私盐，越境到处贩卖。各地百姓贪图他们的盐价钱便宜，争相购买食用，解州的官盐因此而卖不出去，每年上缴的盐税银子只有七千五百两。请朝廷从今年开始增加太原的盐税银子五千两，不论和尚、道士、军士、匠人等各户，都要分摊缴纳盐税，民间通用私盐可以根据他们自己的方便。"这一年秋天十一月，裁撤领中书左右部，合并到中书省，越级任命阿合马为中书平章政事，进官阶为荣禄大夫。

至元三年正月，设立制国用使司，阿合马又以平章政事的身份兼任制国用使司的事务。过些时候，制国用使司上奏："把东京每年纳税所得的质地稀疏恶劣不能使用的布，就在当地用来买羊。真定、顺天的金银不合规格的，应当重新冶铸。别怯赤山生产石绒，把它织成布，用火不能烧着，请求派遣官员加以开采。"又上奏说："国家的费用支出名目多数量大，今年从皇上回京以后，已经支出了纸币四十万锭，恐怕明年会不够开支，应当酌量节约使用。"十一月，制国用使司又上奏说："桓州峪所开采的银矿，已经有十六万斤，每一百斤可以得到银三两、锡二十五斤。采矿所需要的支出，可以出售锡来支付。"世祖全都同意制国用使司的请求。

至元七年正月，设立尚书省，裁撤制国用使司，又任命阿合马为平章尚书省事。阿合马的为人，智谋多而善于言辞，以功利和取得的效益自负，人们都称赞他有能力。世祖急于使国家富起来，就试着让阿合马办事，很有成绩。又看到阿合马和丞相线真、史天泽等争辩，阿合马屡次有理由使他人屈服，由此而对阿合马的才能表示惊奇，授予他政治大权，对他的话无不听从，却不知道他的专权任性越来越厉害了。丞相安童容忍了很久，上奏世祖说："臣下我最近上奏说凡是尚书省、枢密院、御史台应当各按照通常的制度向皇上奏事，其中的大事要经过臣下等人议定再上奏，已经得到圣旨允准。现在尚书省所有的事情都直接上奏，似乎违背了臣下我以前向皇上的奏报。"世祖说："你所说的话的确很对。难道阿合马由于朕对他很信任，敢这样办吗？他不和你商议是不对的，应当像你所说的那么办。"安童又上奏说："阿合马所任用的部下各官，左丞许衡认为大多任用不当，但已经得到圣旨让他咨请中书省宣布，如果不给，恐怕将来会有别的话。应当试验他的任用的人是否有能力，时间一长就会自然明白。"世祖认为安童的话有道理。五月，尚书省上奏要求清查全国的户口，后来御史台认为现在到处在捕捉蝗虫，百姓劳苦，清查户口的事情应当稍稍缓办。于是就停止不办。

开始设立尚书省的时候，有圣旨说："凡是加以考核选举的大小官员，由吏部拟定他的资历，呈报尚书省，由尚书省咨送中书上奏。"到这时，阿合马提拔他自己的人，不经过吏部拟定，也不咨送中书省。丞相安童因此上奏，世祖命令去问阿合马。阿合马说："事情不论大小，统统委任给臣下，所任用的人员，臣下应当自己挑选。"安童因此请求："从今以后只有严重刑事以及调任上路总管，才归臣下管理，其余的事情一并交给阿合马，以便事情职责分明。"世祖都同意了。

至元八年三月，尚书省再次把清查核实户口的事情上奏请求分条规划下诏通告全国。这一年，上奏请求增加太原的盐税，以纸币一千锭为经常的数额，仍然让本路兼管。

至元九年，把尚书省合并于中书省，又任命阿合马为中书平章政事。第二年，又任命他的儿子忽辛为大都路总管，兼大兴府尹。右丞相安童看到阿合马专权一天比一天厉害，想补救这个弊病，就上奏说大都路总管以下的官员大多不称职，请求派人代替他们。不久又上奏说阿合马、张惠，仗着宰相的权势去经商，以此一网打尽了天下的最大利益，严重的毒害百姓，使他们走投无路而没有地方可以申诉。阿合马说："是谁编出了这些话，臣下等要和他在朝廷上辩论。"安童进奏说："尚书省的左司都事周祥，中木牟取暴利，罪状十分清楚。"世祖说："像这样的人，征收完毕以后应当公开罢免他。"后来枢密院上奏请求让忽辛同金枢密院事，世祖不答应，说："他是个胡商，一般的事情还不懂得，又哪能让他承担机要事务的责任呢？"

至元十二年，伯颜领兵攻打宋朝，渡江以后，捷报一天天传来。世祖命令阿合马和姚枢、徒单公履、张文谦、陈汉归、杨诚等人，商讨在江南推行盐法、钞法和贸易药材的事情。阿合马上奏说："姚枢说：'江南地区的交会如果不能通行，一定会使普通百姓失去安身之地。'徒单公履说：'伯颜已经张贴告示明白说明不兑换交会，现在急急忙忙推行，就是在百姓中失去信用。'张文谦说：'是不是可行，应当向伯颜询问。'陈汉归和杨诚都说：'把中统钞交换江南的交会，有什么困难的？'"世祖说："姚枢和徒单公履，不懂得掌握时机。朕曾经把这件事问过陈岩，陈岩也以为宋朝的交会应当尽快更换。现在商讨已经决定，就按你的话办。"阿合马又上奏说："北方的盐和药材，姚枢和徒单公履都说可以让百姓自由贩卖。臣等认为，这件事如果让普通百姓去干，恐怕会造成混乱不统一。准备在南京、卫辉等路统一征购药材，从蔡州运盐二十万斤，禁止各种人员私下互相贸易。"世祖说："好！就这么办。"

至元十二年，阿合马又说："近来由于征集财物以代价军用，减免在编百姓的征税，又裁撤转运司官，让各路总管兼管按额征税，以至于国家的用度不足。臣下以为不如查验户口数字的多少，远处的归到近处，设立都转运使，估计情况增加过去的税额，选择清廉有能力的官员分别办理这件事。应该由公家和私人冶炼铸造铁器，而由官方设局专卖；仍然禁止各种人员不得私造铜器。如果这样，就能使百姓的财力不会穷尽，而国家的用度也能充足了。"于是就上奏设立各路转运使，任命亦必烈金、札马剌丁、张暠、富珪、蔡德润、纥石烈亨、阿里和者、完颜迪、姜毅、阿老瓦丁、倒剌沙等人为转运使。有一个叫亦都马丁的人，由于亏欠公家的银钱得罪罢官，死了以后，亏欠的还有很多没有还清。中书省上奏商讨处理办法，世祖说："这是有关钱财粮食的事，去和阿合马商讨。"

十五年正月，世祖因为西京发生饥荒，发出粮食一万石加以赈济，又告诉阿合马应当广为贮藏积蓄，以准备缺乏。阿合马上奏说："从今以后，御史台如果没有禀告尚书省，不能随便召见管理仓库的官吏，也不能随便查究银钱谷物的数字。以及集议中书不到的，就要判罪。"他阻挠压抑监察部门就是这样。四月，中书左丞崔斌上奏说："起先由于江南官员人数过多，担任的人也多不能称职，就命令阿里等人区别淘汰他们。现在已经明显地有了证据，却蒙蔽不向朝廷上奏，这是欺君罔上。杭州地方广大，所负的责任不轻，阿合马为私自的感情所迷惑，竟把他没有出息的儿子抹速忽充当达鲁花赤，掌握虎符，这难道是衡量才干而授以责任之道？"又说："阿合马起先自己表示请求免去他子弟的官职，可现在身为平章政事，而他的儿子以至侄子有的担任行省参政，有的担任礼部尚书，将作院达鲁花赤,领会同馆,一门之中都处在重要地位上,自己违背过去说的话,于公道有亏。"世祖下旨全都加以罢免,但始终不把这当成阿合马的罪过。世祖曾经对淮西节度使昂吉儿说:"做宰相的人,要明白天道,察知地理,竭尽人事,兼有这三方面的人,这才是称职。阿里海牙、麦术丁等人也不能担任宰相;回回人中间,阿合马的才能足以胜任宰相。"他为皇帝所称道就是这样。

至元十六年四月,中书省上奏请求设立江西榷茶运司以及各路的转运盐运使、宣课提举司。没有多久,任命忽辛为中书右丞。第二年,中书省上奏说:"阿塔海、阿里说,现在设立宣课提举司,官吏数字达到五百人,左丞陈岩、范文虎等说他们搅扰百姓而且侵吞偷盗官府钱财。请求加以罢免。"阿合马上奏说:"过去有圣旨把江南粮食数字登记造册,屡屡发文索取,但不把实情报告上来,臣下于是就同枢密院、御史台和朝廷大臣各位元老一起商讨,认为设立运司,官员多而俸禄重,应当在各路设立提举司,都省、行省各委派一个人担任这一事务。现在行省还没有委派人,就请求裁撤,又把过错归于臣下等人。然而臣下所委派的人,有的到任才两个月,如果计算他们侵吞了共有一千一百锭,以他们管理的四年时间比较起来,又应该是多少呢?现在设立提举司,不到三月又加以裁撤,难道不是害怕他们非法的弊病败露,所以抢先自己奏请以消灭痕迹吗?应当下令让御史台派遣能干的人一起去,凡是有违法的行为,一条条据实奏报。"世祖说:"阿合马所说是对的,命令御史台选择人员前去查办。如果自己能够证明自己是清白的,这样才能责备别人。"

阿合马曾经上奏应当设立大宗正府。世祖说:"这件事难道是你们这些人所应当说的,这是朕的事情。然而宗正这个名称,朕还是有听说过,你的话很对,要想一想。"阿合马要清理计算江淮行省平章阿里伯、右丞帖木儿设立行省以来所有的钱粮数字,上奏派遣不鲁合答儿、刘思愈等前去清查,查到了他们擅自调换朝廷任命的官员八百人,擅自分设左右司官以及铸造铜印等等事情,上奏。世祖说:"阿里伯等人用什么理由来解释?"阿合马说:"他说行省过去就曾要铸造官印了。臣以为过去因为江南没有平定,所以能根据情况自己处置,现在和过去情况已经不同。他们又擅自支付粮食四十七万石,上奏裁撤宣课提举司。等到中书省派遣官员清理计算,征得纸币一万二千锭挂零。"阿里伯、燕帖木儿两个人最后竟因此被杀。

当时阿合马在位时间很久,更加肆意贪婪骄横,拉扯提拔奸党郝祯、耿仁,一下子迁升到和自己同在中书省任职,阴谋勾结,专门从事蒙蔽皇帝,积欠的赋税不加免除,百姓们逃亡迁移,京兆等路每年收入赋税达到五万四千锭,还是认为不是实际情况。百姓有近郊的良田,就抢夺据为己有。暗地里接受贿赂,表面上做得执法严明,朝中百官互相用眼神表示不满,但没有人敢于明白议论。有一个值宿禁卫的秦长卿,激昂慷慨地上书揭发他的种种邪恶,竟然被阿合马所谋害,在监狱里把他弄死。事情见于《秦长卿》传。

至元十九年三月,世祖在上都,皇太子随从。有个益都千户叫王著的人,一向疾恶如仇,由于人心对阿合马愤怒怨恨,就秘密铸造了一把大铜锤,自己发誓愿意击碎阿合马的脑袋。当时有一个妖僧高和尚,自称有秘密法术在军中行使,但毫无效果而逃走,假装身死,杀了一名徒弟,把尸首欺骗大众,自己又逃走,使人也不了解事情的真相。王著就和他一起谋划,在戊寅那一天假称皇太子回京师参加佛事,集结了八十多人,夜里进入京城。早晨派遣两个僧人到中书省去,让中书省购买供奉神佛的用品。中书省的人员怀疑,对他们加以讯问,他们不肯服罪。等到中午,王著又派遣崔总管假传皇太子的旨意,让枢密副使张易发兵若干人,在这天夜里汇集在东宫前面,张易没有察觉其中有假,就命令指挥使颜义领兵一起前去。王著自己骑马去见阿合马,诈称太子将要来到,命令中书省的官员全部都在东宫前等候。阿合马派遣右司郎中脱欢察儿等几个人骑马出关,往北走了十几里,碰上了王著的一伙人。伪装太子的人责备他们无礼,把他们全都杀了,夺取了他们的马匹,往南进入健德门。夜里二更,没有人敢问什么,到了东门前面,他们一伙都下了马,唯独伪装太子的人坐在马上指挥,呼喊中书省长官来到马前,责骂了阿合马几句话,王著就把阿合马牵去,用袖子里藏着的铜链砸碎他的脑袋,阿合马立刻毙命。接着喊中书左丞郝祯来到,杀了他;囚禁了右丞张惠。枢密院、御史台和留守司的官员都远远看着,没有人能推测究竟是什么缘故。尚书张九思在宫中大声喊叫,认为这是个骗局;留守司的达鲁花赤传敦就手持木棒冲向前面,把骑在马上的人击倒坠地。弓箭乱发,这伙人奔逃溃散,大多被逮住。高和尚逃走,王著挺身而出要求把自己囚禁。

御史中丞也先帖木儿飞马上奏世祖。世祖当时正驻在察罕脑儿,听到以后大为震怒,当天就起驾到上都。命令枢密副使孛罗、司徒和礼霍弥、参政阿里等按驿站飞驰到大都,讨伐作乱的人。庚辰日,在高粱河抓住了高和尚。辛巳日,孛罗等人到达大都。壬午日,把王著、高和尚在市上诛杀,剁成肉酱,同时又杀了张易。王著临刑前大喊说:"王著为天下除害,现在死了,将来一定有人为我写下这件事的!"

阿合马死后,世祖还不详细了解他的种种邪恶,命令中书省不要追查他的妻子儿子。等到询问孛罗,就全部知道了阿合马的罪恶,这才大怒说:"王著把他杀了,的确是对的。"于是下令掘墓开棺,在通玄门外斩戮尸体,听任狗去吃他的肉。朝廷百官和士人百姓,聚在一起观看拍手称快。阿合马的子侄都被诛杀,把他的家属和财产没收入官。他的小妾中有一个叫引住的,查抄她的物品,在柜子里得到两张熟的人皮,两只耳朵都保存完好,有一个阉人专门掌握这个柜子的钥匙,讯问他们也没有人知道究竟是什么人的人皮,只说:"诅咒的时候,把神座放在这上边,应验很快。"又用两幅绢,画上穿戴盔甲的骑兵好几层,包围守在一座有帷幕的殿前,兵士都拉开了弓弦挺着刃向里边,好像在向里进攻那样。画图画的人姓陈。又有一个叫曹震圭的,曾经推算过阿合马的生辰八字;有一个叫王台判的,胡乱引用图谶,所说的都涉及谋反的事。事情上奏,世祖下令剥这四个人的皮当众宣示。

桑哥传

【题解】

桑哥(? ~1291),又译作桑葛,元代畏吾儿人。国师胆巴之徒,通晓多国语言,曾做译使。好言财利事,为元世祖忽必烈所喜,至元年间,擢升为总制院使,领佛教及吐蕃之事。举荐过章闾及卢世荣。至元二十四年(1287),复置尚书省,任平章政事。十一月,升任右丞相,检核前中书省所欠财物,籍没官员家产甚多。置征理司,稽考、理算各级官署仓库,增加各级税额,官民皆怨。总制院改名宣政院,世祖命其以开府仪同三司、右丞相兼宣政使。世祖又命铨调内外官之宣敕,皆通过桑哥主管的尚书省。从此以刑爵作为货物贩卖,求官者皆走其门,以贵价以买其所欲。贵价入,当刑者免,求爵者得,纲纪大坏,人心惊骇。二十八年春,为人所劾,下狱处死。

【原文】

桑哥,胆巴国师之弟子也,能通诸国语,故尝为西蕃译史。为人狡黠豪横,好言财利事,世祖喜之。及后贵幸,乃讳言师事胆巴而背之。至元中,擢为总制院使。总制院者,掌浮屠氏之教,兼治吐蕃之事。御史台尝欲以章闾为按察使,世祖曰:"此人,桑哥尝言之。"及卢世荣见用,亦由桑哥之荐。中书省尝令李留判者市油,桑哥自请得其钱市之,司徒和礼霍孙谓非汝所宜为,桑哥不服,至与相殴,且谓之曰:"与其使汉人侵盗,曷若与僧寺及官府营利息乎?"乃以油万斤与之。桑哥后以所营息钱进,和礼霍孙曰:"我初不悟此也。"一日,桑哥在世祖前论和雇和买事,因语及此,世祖益喜,始有大任之意;尝有旨令桑哥俱省臣姓名以进,廷中有所建置,人才进退,桑哥咸与闻焉。

二十四年,闰二月,复置尚书省,遂以桑哥及铁木儿为平章政事,诏告天下。改行中书省为行尚书省,六部为尚书六部。三月,更定钞法,颁行至元宝钞于天下,中统钞通行如故。桑哥尝奉旨检核中书省事,凡校出亏欠钞四千七百七十锭、昏钞一千三百四十五锭,平章麦术丁即自伏,参政杨居宽微自辩,以为实掌铨选,钱谷非所专,桑哥令左右拳其面,因问曰:"既典选事,果无黜陟失当者乎?"寻亦引服。参议伯降以下,凡钩考违惰耗失等事,及参议王巨济尝言新钞不便忤旨,款伏。遣参政忻都奏闻,世祖令丞相安童与桑哥共议,且谕:"毋令麦术丁等他日得以胁问诬作为辞,此辈固狡狯人也。"数日,桑哥又奏:"鞫中书参政郭佑,多所逋负,尸位不言,以疾为何不告之蒙古大臣,故殴辱之,今已款服。"世祖命穷诘之。佑与居宽后皆弃市,人咸冤焉。台吏王良弼,尝与人议尚书省政事,又言:"尚书钩校中书,不遗余力,他日我曹得发尚书奸利,其诛籍无难。"桑哥闻之,捕良弼至,与中书台院札鲁忽赤鞫问,款服。谓此曹诽谤,不诛无以惩后,遂诛良弼,籍其家。有吴德者,尝为江宁县达鲁花赤,求仕不遂,私与人非议时政,又言:"尚书今日核正中书之弊,他日复为中书所核,汝独不死也耶。"或以告桑哥,亟捕德按问,杀之,没其妻子入官。

桑哥尝奏以少不丁遥授江淮行省左丞,乌马儿为参政,依前领泉府、市舶两司,拜降福建省平章;既得旨,乃言于世祖曰:"臣前言,凡任省臣与行省官,并与丞相安童共议。今奏用沙不丁、乌马儿等,适丞相还大都,不及通议,臣恐有以前奏为言者。"世祖曰:"安童不在,朕,若主也;朕已允行,有言者,其令朕前言之。"时江南行台与行省,并无文移,事无巨细,必咨内台呈省奏闻。桑哥以其往复稽留误事,宜如内台例,分呈行省。又言:"按察司文案,宜从各路民官检核,递相纠举。且自太祖时有旨,凡临事官者互相觉察,此故事也。"从之。

十月，乙酉，世祖遣谕旨翰林诸臣："以丞相领尚书省，汉、唐有此制否？"咸对曰："有之。"翌日，左丞叶李以翰林、集贤诸臣所对奏之，且言："前省官不能行者，平章桑哥能之，宜为右丞相。"制曰："可。"遂以桑哥为尚书右丞相，兼总制院使，领功德使司事，进阶金紫光禄大夫。于是桑哥奏以平章铁木儿代其位，右丞阿剌浑撒里升平章政事，叶李迁右丞，参政马绍升左丞。

十一月，桑哥言："臣前以诸道宣慰司及路府州县官吏，稽缓误事，奉旨遣人遍笞责之。今真定宣慰使速哥、南京宣慰使答失蛮，皆勋贤旧臣之子，宜取圣裁。"敕罢其任。明年，正月，以甘肃行尚书省参政铁木哥无心任事，又不与协力，奏乞牙带代之。未几，又以江西行尚书省平章政事忽都铁不儿不职，奏而罢之。兵部尚书忽都答儿不勤其职，桑哥殴罢之而后奏，世祖曰："若此等不罢，汝事何由得行也。"万亿库有旧牌条七千余条，桑哥言岁久则腐，宜析而他用。赐诸王出伯银两万五千两、帛帛万匹，载以官驴，至则并以为赐。桑哥言，不若以驴载玉而回，世祖甚然之，其欲以小利结知如此。

漕运司达鲁花赤怯来，未尝巡查沿河诸仓，致盗诈腐败者多，桑哥议以兵部侍郎塔察儿代之。自立尚书省，凡仓库诸司，无不钩考，先摘委六部官，复以为不专，乃置征理司，以治财谷之当追者。时桑哥以理算为事，毫分缕析，入仓库者无不破产，及当更代，人皆弃家而避之。十月，桑哥奏："湖广行省钱谷，已责平章要束木自首偿矣。外省欺盗必多，乞以参政忻都、户部尚书王巨济、参议尚书省事阿散、山东西道提刑按察使何荣祖、札鲁花赤秃忽鲁、泉府司卿李佑、奉御吉丁、监察御史戒益、金枢密院事崔彧、尚书省断事官燕真、刑部尚书安祐、监察御史伯颜等二十人，理算江淮、江西、福建、四川、甘肃、安西六省，每省各二人，特给印章与之。省部官既去，事不可废，拟选人为代，听食元俸。理算之间，宜给兵以备使令，且以为卫。"世祖皆从之。当时天下骚然，江淮尤甚，而谀佞之徒，方且讽都民史吉等为桑哥立石颂德，世祖闻之曰："民欲立则立之，仍以告桑哥、使其喜也。"于是翰林制文，题曰《王公辅政之碑》。桑哥又以统制院所统西蕃诸宣慰司军民财谷，事体甚重，宜有以崇异之，奏改为宣政院，秩从一品，用三台银印。世祖问所用何人，对曰："臣与脱因。"于是命桑哥以开府仪同三司，尚书右丞相，兼宣政使，领功德使司事，脱因同为使。

世祖尝召桑哥谓曰："朕以叶李言，更至元钞，所用者法，所贵者信，汝无以楮视之，其本不可失，汝宜识之。"二十六年，桑哥请钩考甘肃行尚书省，及益都淄莱淘金总管府，金省赵仁荣，总管明里等，皆以罪罢。世祖幸上都，桑哥言："去岁陛下幸上都，臣日视内帑诸库，今岁欲乘小舆以行，人必窃议。"世祖曰："听人议之，汝乘之可也。"桑哥又奏："近委省臣检责左、右司文簿，凡经监察御史稽照者，遗逸尚多。自今当令监察御史即省部稽照，书姓名于卷末，苟有遗逸，易于归罪。仍命侍御史竖童视之，失则连坐。"世祖从之。乃笞监察御史四人，是后监察御史赴省部者，掾令史与之抗礼，但遣小吏持文簿置案而去，监察御史遍阅之，而台纲废矣。

参政忻都既去，寻召赴阙，以户部尚书王巨济专任理算，江淮省左丞相忙兀带总之。闰十月，《桑哥辅政碑》成，树于省前，楼覆其上而丹艧之。桑哥言："国家经费既广，岁入恒不偿所出，以往岁计之，不足者余百万锭。自尚书省钩考天下财谷，赖陛下福，以所征补之，未尝敛及百姓，臣恐自今难用此法矣。何则？仓库所征者少，而盗者亦鲜矣，臣忧之。臣愚以为盐课每引直中统钞三十贯，宜增为一锭；茶每引今直五贯，宜增为十贯；酒醋税课，江南宜增额十万锭，内地一万锭。协济户十八万，自入籍至今十三年，止输半赋，闻其力已完，宜增为赋。如此，则国用庶可支，臣等免于罪矣。"世祖曰："如所议行之"。

桑哥既专政，凡铨调内外官，皆由于己，而其宣敕尚由中书，桑哥以为言，世祖乃命自今宣敕并付尚书省。由是以刑爵为货而贩之，咸走其门，入贵价以买所欲。贵价入，则当刑者脱，求爵者得，纲纪大坏，人心骇愕。二十八年春，世祖畋于滦北，也里审班及也先帖木儿、彻里等，劾桑哥专权黩货。时不忽木出使，三遣人趣召之至，觐于行殿，世祖以问，不忽木对曰："桑哥雍蔽聪明，紊乱政事，有言者既诬以他罪而杀之。今百姓失业，盗贼蜂起，召乱在旦夕，非亟诛之，恐为陛下忧？"留守贺伯颜亦尝为世祖陈其奸欺。久而言者益众，世祖始决意诛之。

二月，世祖谕大夫月儿鲁曰："屡闻桑哥沮抑台纲，杜言者之口；又尝垂挞御史，其所罪者何事，当与办之。"桑哥等持御史李渠等已刷文卷至，令侍御史杜思敬等勘验辨论，往复数四，桑哥等辞屈。明日，帝驻跸大口，复召御史台暨中书、尚书两官辨论。尚书省执卷奏曰："前浙西按察使只必，因监烧钞受赃至千锭，尝檄台征之，二年不报。"思敬曰："文之次策，尽在卷中，今尚书省拆卷持对，其弊可见。"速古儿赤阁里抱卷至前奏曰："用朱印以封纸缝者，防欺弊也。若辈为宰相，乃拆卷破印与人辨，是教吏为奸，当治其罪。"世祖是之，责御史台曰："桑哥为恶，始终四年，其奸赃暴著非一，汝台臣难云不知。"中丞赵国辅对曰："知之。"世祖曰："知而不劾，自当何罪？"思敬等对曰："夺官追俸，惟上所裁。"数日不决。大夫月儿鲁奏："台臣久任者当斥罢，新者存之。"乃仆《桑哥辅政碑》，下狱究问。至七月，乃伏诛。平章要束木者，桑哥之妻党，在湖广时，正月朔日，百官会行省，朝服以俟；要束木召至其家，受贺毕，方诣省望阙，贺如常仪；又阴召卜者有不轨言。至是，中书列其罪以闻，世祖命械致湖广，即其省戮之。

【译文】

桑哥，胆巴国师的弟子，能通晓多国语言，所以曾担任西部蕃的译使。为人狡猾强横，喜欢谈论财利之事，受到元世祖的喜爱。在贵显之后，便讳言曾以胆巴为师，并背叛了老师。至元年间，被擢升为总制院使。总制院主管佛教之事，兼管吐蕃事务，御史台曾准备任命章闾为按察使，世祖说："桑哥曾向我推荐过这个人。"卢世荣受到重用，也是由于桑哥的举荐。中书省曾命令一个名叫李留判的人购买油料，桑哥自己请求得到买油的钱去买，司徒和李霍孙说，此事你不应做，桑哥不服，与和李霍孙互打了起来，并且说："与其让汉人侵占偷盗，不如让僧寺及官府营些利息？"于是给了和李霍孙一万斤油。桑哥后来把这笔钱所得的利息进献给官府，和李霍孙说："我当初不懂这个道理。"一天，桑哥在世祖面前论说和雇和买之事，因而谈到这件事，世祖更加喜欢他了，始有委以重任之意；曾下诏旨令桑哥列具中书省臣的名字报上，朝廷上有新的建置，人才的任用、贬退，桑哥都参与讨论。

至元二十四年，闰二月，再次恢复尚书省，于是任命桑哥及铁木儿为平章政事，下诏布告全国。改行中书省为行尚书省,六部为尚书六部。三月,再改确定钞法,向全国发行至元宝钞,中统宝钞仍旧流通。桑哥曾奉圣旨检核行中书省的事务,共查出亏欠的钱钞四千七百七十锭、磨损破烂的钱钞一千三百四十五锭,平章麦术丁当即自己服罪,参知政事杨居宽自我辩解说自己实际上只负责铨选,钱谷之事非由他专管,桑哥令手下用拳头打他的脸说:"你既然负责铨选,难道就没有提拔、贬退失当的事吗?"不久也服罪了。参议伯降以下的官员,凡是检核有违反规定,损耗丢失等事,以及参议王巨济曾经说新钞不便而违背圣旨,都各自服罪。派参政忻都奏报世祖,世祖令丞相安童与桑哥共同商议,并且诏谕:"不要让麦术丁等人以后以因胁迫逼问而自诬作为口实,这些人本来就是狡猾之辈。"几天后,桑哥又奏报:"审问中书省参政郭佑,中书省欠员很多,他却失职不言,还以疾病作为理由,臣对他说:'中书省的政务,如此败坏,你力不能及,为什么不告诉蒙古大臣。'所以殴打屈辱了他一顿,如今他已服罪。"世祖令他对此事严加追查。后来,郭佑与杨居宽被处以弃市之刑,人们都认为他们冤屈。御史台官王良弼,曾和人谈论尚书省政务,又说:"尚书省查核中书省,不遗余力,以后我们若有机会揭发尚书省的奸邪、牟取私利之事,诛杀籍没他们也没有什么困难。"桑哥听说后,把王良弼抓了起来,与中书台院札鲁忽赤一起审问,王良弼服罪。桑哥说这些人诽谤朝政,不处死罪无法惩戒后人,于是处死王良弼,籍没其家财。有个名叫吴德的人,曾任江宁县达鲁花赤,请求升官未成功,私下与他人非议朝政,又说:"尚书省如今纠正中书省的弊端,以后再被中书省纠核,唯独你们这些人不死?"有人把这些话告诉了桑哥,立即把吴德拘捕来审问,处以死刑,将其老婆孩子没入官府。

桑哥曾上奏由沙不丁遥领江淮行省左丞,乌马儿为参政,依前例负责泉府、市舶两司之事,拜降为福建行省平章。桑哥取得圣旨后,又对世祖说:"臣下先辈曾说过,凡是任用中书、尚书两省臣属改行省官员,都要与丞相安童共同商议。这次上奏请任用沙不丁、乌马儿等人,正巧丞相回到大都,来不及商议,臣恐怕有人会以臣先前的上奏作口实议论此事。"世祖说:"安童不在,我是你的主人;朕已批准实行,有人议论,让他到我面前来说。"当时江南行御史台和行省,并没有文件往来,事无巨细,必须征求朝廷御史台的意见呈报中书省上奏。桑哥认为上呈文件稽留误事,应该按照朝廷御史台的例子,文件分别呈送到行省。又进言说:"按察司的案子,应允许各路的民官检查,互相纠核检举。况且自从太祖时便有圣旨,凡是事务性官员都要互相审察,这是先代的惯例。"意见被采纳。

十月,乙酉,世祖给翰林院诸臣发布谕旨:"以丞相负责尚书省政务,汉、唐两代有没有这种体制?"都回答说:"有过。"次日,左丞叶李把翰林、集贤院诸臣的回答上奏,并且说:"先前的中书省官不能推行的事,平章桑哥能够做到,应拜为右丞相。"世祖发布制书说:"可以。"于是任命桑哥为尚书省右丞相,兼任总制院使,领功德使司事,晋升官阶为金紫光禄大夫。桑哥又上奏,请求以平章铁木儿代替自己先前的位置,右丞阿剌浑撒里升为平章政事,叶李迁升为右丞,参知政事马绍迁升为左丞。

十一月,桑哥进言:"臣先前因各道宣慰司以及路、府、州、县官吏,行动迟缓误事,奉行圣旨派人遍加鞭笞斥责;现有真定宣慰使速哥、南京宣慰使答失蛮,都是有功勋的元老旧臣之子,应听凭圣上裁决。"敕令罢免二人的职务。次年正月,因甘肃行尚书省参知政事铁木哥无心处理政务，又不与桑哥同心，桑哥奏报由乞牙带代替。不久，又以江西行尚书省平章政事忽都铁木儿不称职，上奏请求罢免。兵部尚书忽都答儿不勤勉任职，桑哥令人殴打之后上奏，世祖说："这些人不被罢免，你的事怎么能推行。"万亿库中保存旧牌条七千余条，桑哥进言说，年代长了会腐坏，应破开他用。曾赐给诸王出伯两万五千两白银、绢帛一万匹，用官驴驮着送去，送到后把驴子也赐给了出伯。桑哥进言说：不如用驴子把玉石运回来，世祖深表同意，桑哥在小利方面就是这样讨好世祖。

漕运司达鲁花赤怯来，未曾巡查沿河的各处仓库，致使粮谷被盗、腐烂的很多，桑哥建议以兵部侍郎塔察儿取代他。自从设立尚书省，所有的仓库诸司，无不检查考核，先是委派六部负责，后又认为职责不专，于是设立征理司，以惩治应被追回财物、粮谷的人。当时桑哥以清理核算粮谷、钱财为主要任务，条分缕析，管理仓库的人无不破产；及至应该更换替代时，人们抛弃家小四处逃避。十月，桑哥上奏："湖广行省的钱谷，已责成平章要束木自己偿还，外省的欺骗盗取之事一定很多，请求派参知政事忻都、户部尚书王巨济、参议尚书省事阿散、山东西道提刑按察使何荣祖、札鲁花赤秃忽鲁、泉府司卿李佑、奉御吉丁、监察御史戎益、佥枢密院事崔彧、尚书省断事官燕真、刑部尚书安祐、监察御史伯颜等二十人，清理核算江淮、江西、福建、四川、甘肃、安西六省，每个省各二人，特别给予印章。尚书省及六部官员派下去后，政事不能荒废，拟请选派人员代替他们的职掌，听凭其领取原来的俸禄。在清理核算的时候，应派兵给他们，以便于行使权力，而且可以护卫。"世祖都予以采纳。当时全国都骚动起来，江淮地区尤为严重，而一些阿谀谄佞之徒，却暗示京城百姓史吉等人为桑哥立碑歌功颂德，世祖知道后说："百姓要立碑，就让他们立吧，可以告诉桑哥，让他高兴高兴。"于是由翰林书写碑文，题名为《王公辅政之碑》。桑哥又说统制院所属的西蕃各宣慰司军民、财物、粮谷，事务非常繁重，应该有所尊崇，上奏改为宣政院，官秩为从一品，使用三台银印。世祖问任用谁负责，回答说："臣下和脱因。"于是命令桑哥以开府仪同三司、尚书右丞相，兼任宣政使，领功德使司，脱因同为宣政使。

世祖曾召见桑哥说："朕由于叶李进言，更改至元的钞法，运用的是法令，所宝贵的是信誉，你不要看作废纸，事情的根本不可失掉，你应认识到这一点。"二十六年，桑哥请求考核甘肃行尚书省，以及益都淄莱陶金总管府，佥省赵仁荣、总管明里等，皆有罪罢职。世祖到上都，桑哥说："去年陛下临幸上都，臣每天巡视内帑的各库，今年想乘坐小轿巡查，人们一定会私下议论。"世祖说："听凭人们议论，你可以乘坐。"桑哥又上奏："近来委派尚书省的官员检查左、右司的文书、簿籍，所有经过监察御史查核过的，遗漏的还很多。从今后应当下令，监察御史到尚书省查核时，要把名字写在卷末，如果有遗漏，也好追究责任。仍然命令侍御史坚童巡视，有失误则要连坐。"世祖予以采纳。于是，鞭笞四名监察御史，此后凡是监察御史到尚书省各部查核，各部的掾史都可以与他们分庭抗礼，只是派低级的官吏把文簿放在案上离去，监察御史则要全部审阅，而御史台的纪纲也废弛了。

参知政事忻都被派下去之后，不久又召回京师，以户部尚书王巨济专门负责清查核算，江淮行省左丞相忙兀带总领其事。闰十月，《桑哥辅政碑》建成，立在尚书省前，碑外建楼覆盖，涂以油漆。桑哥进言："国家的经费支出广泛，每年都入不敷出，以往年的支出情况计算，不足部分还有一百余万锭钱钞。自从尚书省考核全国的钱财、粮谷，仰赖陛下洪福,只以所征收上来的财物补充,而没有赋敛百姓,臣下恐怕从今后很难用这种办法了。为什么?从仓库中所能清理的东西少了,而侵占盗取的人也不多,臣下为此忧虑。我认为盐税每一引只收中统钞三十贯,应增加至一锭;茶每引只收税五贯,应增至十贯;酒醋的税课,江南地区应增至十万锭,内地为五万锭。十八万协济户,自从入籍到现在已有十三年,只交纳半赋,听说力役已经完了,应该增为全赋。这样,国家的费用才可支持,臣下也可免于获罪。"世祖说:"依照你们的建议施行。"

桑哥专断权利之后,凡是调派朝廷内外的官员,都由他独自决定,而任命官员的文书仍由中书省发布,桑哥为此向世祖进言,世祖于是下令,从今后,任命文书都由尚书省发布。此后,他便把刑罚和爵位作为货物贩卖,求取官位的人都奔走于他的门下,以昂贵的价格来实现他们的欲望。价格高,则应受刑罚的人可以免罪,求取爵位的人便可得到,从而使政纲法纪极端腐败,人们惊骇愕然。二十八年春,世祖在滦北打猎,也里审班以及也先帖木儿、彻里等人,劾奏桑哥专断权利,滥用权利求取贿赂。当时不忽木出使,世祖三次派人把他召来,在行殿上接见,世祖向他询问桑哥的事,不忽木回答说:"桑哥阻塞聪明之士,紊乱朝政,谁反对他,他便以其他罪名诬陷处死。如今百姓失业,盗贼蜂拥而起,所招来的动乱旦夕既至,不立刻将其治罪,我们恐怕要为陛下担忧了。"留守贺伯颜也曾向世祖陈奏桑哥的奸恶欺瞒之事。时间长久,劾奏桑哥的人愈来愈多,世祖才开始下决心将其治罪。

二月,世祖诏谕大夫月儿鲁说:"屡屡听说桑哥破坏朝廷纲纪,杜塞进言者之口;还曾殴打御史,他有什么罪状,应该坚决审查处理。"桑哥等人拿着御史李渠等人已经审查的文卷前来,世祖令侍御史杜恩敬等人查验并与桑哥辩论,先后往返四次,桑哥等人理屈词穷。次日,世祖驻在大口,又召集御史台和中书省、尚书省的官员辩论。尚书省官员拿着文书上前进奏:"前任浙西按察使只必,因在监督焚烧钱钞时接受赃钱一千锭,曾发送檄文给御史台征召他,却二年没有得到结果。"杜思敬说:"文书发送的次序,都在卷宗里,如今尚书省却拆开卷宗应对,可见其有弊。"速古儿赤暗里抱着卷宗上前进奏说:"用红色印章封于纸缝,是为了防止欺瞒之弊,这些人身为宰相,却拆开卷宗破坏封印与人辩论,这是教唆属吏作奸犯科,应当将其治罪。"世祖表示同意,又责备御史台说:"桑哥作恶历时四年,暴露出来的奸邪贪赃之事不止一件,你们御史台之臣很难说不知道。"中丞赵国辅回答说:"知道。"世祖说:"知道而不加弹劾,该当何罪?"杜思敬等应对说:"夺去官位,追还俸禄,唯靠圣上裁决。"辩论多日没有结果。大夫月儿鲁上奏:"御史台的臣属任职长久的,应当斥责罢免,新任官者留下。"于是把《桑哥辅政碑》拉倒捣毁,将桑哥下狱审问。七月,处以死刑。平章要束木,是桑哥的妻族。他在湖广任官时,曾在一年正月初一,本应让百官聚集在行省衙门,身穿朝服等待他;要束木却把他们召到家里,受百官祝贺完毕,才到行省门前按常规礼仪拜贺;又曾暗中召见占卜的人,有过不轨之言。现在,中书省将其罪状列出上奏,世祖下令给他戴上刑具,送到湖广行省,在当地处死。

铁木迭儿传

【题解】

铁木迭儿，元代重臣，位至宰相，为人凶险，因包滋罪犯而遭免职，后再次入相，位倾人臣，杀害忠良，后被英宗发现，被疏病死。

【原文】

铁木迭儿者，木儿火赤之子也。尝逮事世祖。成宗大德间，同知宣徽院事，兼通政院使。武宗即位，为宣徽使。至大元年，由江西行省平章政事，拜云南行省左丞相。居二载，擅离职赴阙，尚书省奏，奉旨诘问，寻以皇太后旨，得贷罪还职。明年正月，武宗崩，仁宗在东宫，以丞相三宝奴等变乱旧章，诛之。用完泽及李孟为中书平章政事，锐欲更张庶务。而皇太后在兴圣宫，已有旨，召铁木迭儿为中书右丞相。逾月，仁宗即位，因遂相之。及幸上都，命铁木迭儿留守大都，平章完泽等奏："故事，丞相留治京师者，出入得张盖。今右丞相铁木迭儿大都居守，时方盛暑，请得张盖如故事。"许之。是年冬，制赠铁木迭儿曾祖唆海翊运宣力保大功臣、太尉，谥武烈；祖不怜吉带推诚保德定远功臣、太尉，谥忠武；父木儿火赤推忠佐理同德功臣、太师，谥忠贤；并开府仪同三司、上柱国，追封归德王。

皇庆元年三月，铁木迭儿奏："臣误蒙圣恩，擢任中书，年衰且病，虽未能深达政体，思竭忠力，以图报效。事有创行，敢不自勉，前省弊政，方与更新。钦惟列圣相承，混一区宇，日有万机，若非整饬，恐致解弛。继今朝夕视事，左右司六部官有不尽心者，当论决，再不悛者，黜勿叙；其有托故侥幸他职者，亦不叙。"仁宗是其言。既而以病去职。

延祐改元，丞相哈散奏："臣非世勋族姓，幸逢陛下为宰相。如丞相铁木迭儿，练达政体，且尝监修国史，乞授其印，俾领翰林国史院，军国重务，悉令议之。"仁宗曰："然。卿其启诸皇太后。与之印，大事必使预闻。"遂拜开府仪同三司、监修国史、录军国重事。居数月，复拜中书右丞相，哈散为左丞相。铁木迭儿奏："蒙陛下怜臣，复擢为首相，依阿不言，诚负圣眷。此闻内侍隔越奏旨者众，倘非禁止，致治实难。请敕诸司，自今中书政务，毋辄干预。又往时富民，往诸蕃商贩，率获厚利，商者益众，中国物轻，蕃货反重。今请以江浙右丞曹立领其事，发舟十纲，给牒以往，归则征税如制；私往者，没其货。又，经用不给，苟不预为规画，必至愆误。臣等集诸老议，皆谓动钞本，则钞法愈虚；加赋税，则毒流黎庶；增课额，则比国初已倍五十矣。惟预买山东、河间运使来岁盐引，及各冶铁货，庶可以足今岁之用。又，江南田粮，往岁虽尝经理，多未核实。可始自江浙，以及江东、西，宜先事严限格、信罪赏令田主手实顷亩状入官，诸王、驸马、学校、寺观亦令如之；仍禁私匿民田，贵戚势家，毋得阻挠。请敕台臣协力以成，则国用足矣。"仁宗皆从之。寻遣使者分行各省，括田增税，苛急烦扰江右为甚，致赣民蔡五九作乱宁都，南方骚动，远近惊惧，乃罢其事。

明年，铁木迭儿奏："天下庶务，虽统于中书，而旧制，省臣亦分领之。请以钱帛、钞法、刑名，委平章李孟、左丞阿卜海牙、参政赵世延等领之。其粮储、选法、造作、驿传，委平章张驴、右丞萧拜住、参政曹从革等领之。"得旨如所请。七月，诏谕中外，命右丞相铁木迭儿总宣政院事。十月，进立太师。十一月，大宗正府奏："累朝旧制，凡议重刑，必决于蒙古大臣，今宜听于太师右丞相。"从之。

铁木迭儿既再入中书，居首相，怙势贪虐，凶秽滋甚。于是萧拜住自御史中丞为中书右丞，寻拜平章政事，稍牵制之。而杨朵儿只自侍御史拜中丞，慨然以纠正其罪为己任。上都富人张弼杀人系狱，铁木迭儿使家奴胁留守贺伯颜，使出之，伯颜持正不可挠。而朵儿只已廉得丞相所受张弼赂有显徵，乃与拜住及伯颜奏之："内外监察御史凡四十余人，共劾铁木迭儿桀黠奸贪，阴贼险狠，蒙上罔下，蠹政害民，布置爪牙，威詟朝野，凡可以诬陷善人，要功利己者，靡所不至。取晋王田千余亩、兴教寺后上壖园地三十亩、卫兵牧地二十余亩。窃食郊庙供祀马。受诸王合儿班答使人钞十四万贯，宝珠玉带氍毹币帛又计钞十余万贯。受杭州永兴寺僧章自福赂金一百五十两。取杀人囚张弼五万贯。且既已位极人臣，又领宣政院事，以其子八里吉思为之使。诸子无功于国，尽居贵显。纵家奴陵虐官府，为害百端。以致阴阳不和，山移地震，灾异数见，百姓流亡，己乃恬然略无省悔。私家之富，又在阿合马、桑哥之上。四海疾怨已久，咸愿车裂斩首，以快其心。如蒙早加显戮，以示天下，庶使后之为臣者，知所警戒。"奏既上，仁宗震怒，有诏逮问。铁木迭儿匿兴圣近侍家，有司不得捕。仁宗不乐者数日，又恐诚出皇太后意，不忍重伤咈之，乃仅罢其相位而已。

铁木迭儿家居未逾年，又起为太子太师，中外闻之，莫不惊骇。参政赵世延为御史中丞，率诸御史论其不法数十事，而内外御史论其不可辅导东宫者，又四十余人。然以皇太后故，终不能明正其罪。

明年正月辛丑，仁宗崩。越四日，铁木迭儿以皇太后旨，复入中书为右丞相。又逾月，英宗犹在东宫，铁木迭儿宣太后旨，召萧拜住与朵儿只至徽政院，与徽政院使失里门、御史大夫秃忒哈杂问之，责以前违太后旨，令伏罪。即起入奏，遽称旨，执二人弃市。是日，白昼晦冥，都人汹惧。

英宗将行即位礼，铁木迭儿恒病足，中书省启："祖宗以来，皇帝登极，中书率百官称贺，班首惟上所命。"英宗曰："其以铁木迭儿为之。"既即位，铁木迭儿即奏委平章王毅、右丞高昉等征理在京仓库所贮粮，亏七十八万石，责偿于仓官及监临出内者。所贡币帛纰缪者，责偿于本处官吏之董其事者。仍立程严督，违者杖之。五月，英宗在上都，铁木迭儿嫉留守贺伯颜素不附己，乃奏其以便服迎诏为不敬，下五府杂治，竟杀之。都民为之流涕。

赵世延时为四川行省平章政事，铁木迭儿怒其昔尝论己，方入相时，即从东宫启英宗遣人逮捕之。世延未至，铁木迭儿使讽世延，啖以美官，令告引同时异己者，世延不肯从。至是，坐以违诏不敬，令法司穷治，请置极刑。英宗曰："彼罪在赦前，所宜释免。"铁木迭儿对曰："昔世延与省台诸人谋害老臣，请究其姓名。"英宗曰："事皆在赦前矣，又焉用问。"后数日，又奏世延当处死罪，又不允。有司承望风旨，锻炼欲使自裁，世延终无所屈，赖英宗素闻其忠良,得免于死。

铁木迭儿恃其权宠,乘间肆毒,睚眦之私,无有不报。英宗觉其所谮毁者,皆先帝旧人,滋不悦其所为,乃任拜住为左丞相,委以心腹。铁木迭儿渐见疏外,以疾死于家。御史盖继元、宋翼,言其上负国恩,下失民望,生逃显戮,死有余辜。乃命毁所立碑,追夺其官爵及封赠制书,籍没其家。

【译文】

铁木迭儿,是木儿火赤的儿子。他曾经赶上服事元世祖忽必烈。到元成宗大德年间,为同知宣徽院事,兼通政院使。元武宗即位,为宣徽使。至大元年,他由江西行省平章政事,拜为云南行省左丞相。居位二年,擅自离职赴往都下,尚书省劾奏,奉旨查问,不久以皇太后之旨,得以免罪复职。明年正月,武宗去世,仁宗还在东宫,因丞相三宝奴变乱旧章法,诛之。起用完泽和李孟为中书平章政事,锐意要改革政务。而皇太后在兴圣宫,已经降下旨意,召铁木迭儿为右丞相。过了一个月,仁宗即位,于是就用他为相。及至临幸上都,命铁木迭儿留守大都,平章完泽奏道:"旧例,丞相留守京师的,出入可以张伞盖。如今右丞相铁木迭儿留守大都,时当盛暑,建议允许他张用伞盖如旧例。"被应允。这年冬天,有旨追赠铁木迭儿的曾祖唆海为翊运宣力保大功臣、太尉,谥武烈;祖父不怜吉带为推诚保德定远功臣、太尉,谥忠武;父亲木儿火赤为推忠佐理同德功臣、太师,谥忠贤;俱为开府仪同三司、上柱国,追封归德王。

皇庆元年三月,铁木迭儿上奏:"臣错蒙圣恩,擢任中书,年老且有病,虽然未能深明政体,但总想尽心竭力,以图报效。政事有所创行,敢不自勉力;原来中书省的弊病,正在实行革新。皇上以列圣相承,统一宇内,日理万机,如果不加以整顿,恐怕会导致懈弛。从今以后朝夕办公,左右司、六部官有不尽力者,当论以决杖,再不改悔者,黜免不再叙用;其有假托缘由而侥幸于其他职务者,也不再叙用。"仁宗同意他的建议。接着,他就因病离职了。

改元延祐,丞相哈散奏道:"臣不是世代勋臣和名门望族,幸逢陛下委任为宰相。如丞相铁木迭儿,练达政事,并且曾监修国史,请授以印信,让他领翰林国史院,军国重事,都请他来商议。"仁宗说:"说的对。你去启禀皇太后。给他官印,大事一定让他参加议论。"于是拜为开府仪同三司、监修国史、录军国重事。过了几个月,又拜为中书右丞相,哈散为左丞相。铁木迭儿上奏:"蒙陛下怜悯,又擢臣为首相,如果依违阿顺而不言,实在有负圣恩。近来听说内侍隔越有司而上奏旨的很多,如果不加以禁止,实难达到治理。请敕命有司,从今中书的政务,不准辄加干预。又,旧日的富人,前往诸蕃国贸易,都能获得重利,经商的越来越多,中国的东西价贱,蕃国的货物反而价贵。今建议以江浙右丞曹立管领其事,发船十队,给以公文前往,回来则按制度征税;私自前往者,没收其货物。又,财用不足,假如不预先规划,一定会导致愆误。臣等召集众老臣商议,都说如果挪用钱钞本金,则钞法越加空虚;增加赋税,则流毒于百姓;增加课额,则现在的课额已经是国初的五十倍了。只有提前卖掉山东、河间运使明年的盐引以及各冶场的铁货,庶几可以满足今年的用项。又,江南的田粮,往年虽然曾经整顿,但大多没有核实。可由江浙开始,以及于江东、江西,应该首先严立限额,赏罚必信,让田主亲手实写他所有的田亩数目报官,诸王、驸马、学校、寺观也让他们照此办理;仍严禁私自隐匿民田,贵戚势族,不得阻挠。请敕令御史台协力实行,则国家的财用就充足了。"仁宗全应允了。不久就派遣使者分行各行省,清查田亩,增加田税,苛急烦扰,以江西为最甚,致使江西百姓蔡五九在宁都作乱,南方骚动,远近惊惧,只好停止此事。

第二年,铁木迭儿上奏:"天下的政务虽然统属于中书,但按照旧制,省臣也分领部分。建议把钱帛、钞法、刑名等事,委交给平章李孟、左丞阿卜海牙、参政赵世延等管领。其粮储、选法、制造、驿传,委交给平章张驴、右丞萧拜住、参政曹从革等管领。"仁宗按他的请求颁下诏旨。七月,诏告中外,命丞相铁木迭儿总理宣政院事。十月,进位为太师。十一月,大宗正府上奏:"历朝旧制,凡是议论重刑,一定取决于蒙古大臣,今应听于太师右丞相。"仁宗同意了。

铁木迭儿既已再次进入中书,位居首相,仗势贪虐,越来越凶残恶毒。于是萧拜住由御史中丞为中书右丞,很快又拜平章政事,对他略加牵制。而杨朵儿只从侍御史拜御史中丞,慨然以纠查他的罪过为己任。上都富人张弼因杀人被逮捕,铁木迭儿派他的家奴胁迫上都留守贺伯颜,让他释放,伯颜持正不敢。而杨朵儿只已经查访到铁木迭儿接受张弼贿赂的明确证据,便和萧拜住、贺伯颜上奏道:"内外监察御史共四十余人,共同劾奏铁木迭儿狡黠奸贪,阴贼险狠,欺上罔下,蠹政害民,布置爪牙,威慑朝野,凡是可以诬陷好人、邀功利己者,无所不为。他夺取晋王田地一千余亩,兴教寺后壖园地三十亩,卫兵牧地二十余亩。他偷食郊庙供祭祀所用的马。他接受诸王合儿班答的差人的钱十四万贯,宝珠玉带毛毯币帛又合计十余万贯钞票。他接受杭州永兴寺和尚章自福贿赂黄金一百五十两。收取杀人犯张弼钱钞五万贯。他既已位极人臣,又管领宣政院事,把他的儿子八里吉思安排为宣政院使。他的儿子们对国家没有任何功劳,全部位居贵显。他纵使家奴凌虐官府,为害百端。以致阴阳不和,山移地震,灾异屡见,百姓流亡,而他自己恬然处之,毫无省过改悔之意。他私家的财富,又在前朝奸相阿合马、桑哥之上。四海怨愤已久,都希望把他车裂斩首,以快人心。如蒙恩把他早加显戮,昭示天下,庶几使后来为人臣者,知所警戒。"奏章既上,仁宗震怒,降诏逮捕问罪。铁木迭儿隐藏在兴圣宫(太后所居)的内侍家中,有司不敢逮捕。仁宗好几天怏怏不乐,又担心这出于皇太后的意旨,不忍心过分伤她的心,便仅仅罢免了铁木迭儿的相位而已。

铁木迭儿在家居住了不到一年,又起用为太子太师,中外闻讯,无不惊骇。参政赵世延为御丞中丞,率领诸御史劾论其不法事数十件,而内外御史劾论其不可辅导太子的,又有四十余人。但是因为皇太后的缘故,始终不能明正其罪。

明年正月辛丑,仁宗去世。过了四天,铁木迭儿以皇太后之旨,又进入中书为右丞相。又过了一个月,英宗还在东宫,铁木迭儿宣布太后的诏旨,召萧拜住和杨朵儿只到徽政院,与徽政院使失里门、御史大夫秃忒哈间杂拷问,责以过去违背太后旨意,命他们服罪。当即起身入奏,随即称旨,捉二人斩首弃市。这一天,白昼晦冥,都城的人一片汹惧。

英宗准备行即位大礼,铁木迭儿总是腿有病,中书省启奏:"祖宗以来,皇帝登极,都由中书省率领百官朝贺,班首由皇帝安排。"英宗说:"班首让铁木迭儿担任。"即位以后,铁木迭儿就奏请委派平章王毅、右丞高昉等人清理在京仓库所存贮的粮食,计亏损七十八万石,要求仓官和监临出纳的人赔偿。所贡币制有纰缪的,责成该处官吏之负责者赔偿。还立下时限严厉督责,违期者加以杖罚。五月,英宗在上都,铁木迭儿嫉恨留守贺伯颜一向不依附自己,便劾奏他穿便服接诏为不敬,下到五府杂治,竟然杀害了他。都城百姓为之流泪。

赵世延当时为四川行省平章政事,铁木迭儿恼恨他过去曾经劾论过自己,刚刚入为宰相,就在东宫启奏英宗派人逮捕他。赵世延还没有到,铁木迭儿就派人示意赵世延,用美官引诱,让他告发当时反对自己的人,赵世延不肯答应。到此时,便坐以违诏不敬之罪,命法司穷究,要求处以极刑。英宗说:"他的罪都是大赦以前的事,理应赦免。"铁木迭儿答道:"过去赵世延与中书省、御史台诸人谋害老臣,请追究他们的姓名。"英宗说:"这都是赦前的事了,何必再问。"过了几天,他又奏赵世延应处以死罪,英宗还是不答应。有司迎合他的意旨,想锻炼成狱,让赵世延自杀,但赵世延始终不屈招,仰赖英宗一向听说他忠良,才得免一死。

铁木迭儿仗恃着权宠,乘机肆其虐毒,睚眦之怨,无不报复。英宗觉察到被他所谗毁的都是先帝旧臣,越发不满意他的所作所为,就任命拜住为左丞相,委以心腹。铁木迭儿渐渐被疏远,因病死于家中。御史盖继元、宋翼,上言说他上负国恩,下失民望,生逃显戮,死有余辜。便命令毁掉所立的石碑,追夺他的官爵以及封赠的诏书,抄没他的家产。

【二十五史】

明史

［清］张廷玉 等⊙原著

导　读

　　《明史》是清代官修的一部反映我国明朝历史情况的纪传体通史。全书共三百十二卷，包括本纪二十四卷，志七十五卷，表十三卷，列传二百二十卷。主要记载了明朝朱元璋洪武元年(1368 年)至朱由检崇祯十七年(1644 年)共二百多年的历史。

　　清朝在顺治二年(1645 年)设立明史馆。康熙十八年(1679 年)，以徐元文为监修，开始纂修明史，万斯同以"布衣"参加编写工作，用力最多。继徐元文之后，张玉书、王鸿绪等先后为总裁官，主要工作仍由万斯同负责。康熙四十一年(1702 年)万斯同去世后，花费精力最多的是王鸿绪。康熙五十三年(1714 年)，王鸿绪写成了列传，到雍正元年(1723 年)，写完了全稿，奏呈给皇帝，后来题名为《明史稿》。第二年，张廷玉受诏为总裁，在《明史稿》的基础上加以修订改编，于乾隆四年(1739 年)最后定稿，终于修成了《明史》。《二十四史》中的《明史》，就是张廷玉的定稿。

　　《明史》的志写得比较成功，内容充实，编次得体。《天文志》《历志》《河渠志》包含了不少科学技术方面的资料，并反映了明代的一些新成就。《艺文志》不同于先前各史，它不著录存世的前代人著作，只记载明朝人的撰述。

　　《明史》有五种表，四种是因袭前史，《七卿表》是新创立的。为了加强皇权，明朝皇帝决定废除左右丞相，把它的权力分给六部，于是六部权重。都察院职掌纠察百官，也有较大的权力。所以《七卿表》把六部尚书和都御史列为七卿。明朝虽有九卿之名，但通政使和大理寺卿的权力比不上七卿。《七卿表》把二者排除在外，也是考虑到了实际情况。

　　《明史》列传新立了三个传目，即《阉党传》《土司传》《流贼传》。《阉党传》是宦官党羽的传记，从中可以看出宦官集团的残暴和腐败。《土司传》记载湖广、四川、云南、贵州、广西等地少数民族的情况。在一定程度上揭露了明朝民族压迫的残酷性。所谓"流贼"，是指张献忠、李自成领导的明末农民大起义。《明史》把彪炳史册的明末农民大起义编在《流贼传》，反映了作者对农民阶级的敌视。在《史记》中，陈胜被列入世家，从《史记》到《明史》的这一变化，反映了地主阶级由兴盛走向没落的演变过程。

　　《明史》虽以《明史稿》为蓝本，但对历史的记述存在许多差别，两书可以相互补充。就编排来说，《明史》要整齐一些。《明实录》是《明史》的主要材料来源之一，它是编年体，按年记事；《明史》则为纪传体，经过了一番认真的加工，查检起来比较便利。有人认为，流传至今的有关明朝的史料种类繁多，修《明史》所依据的原始材料仍然存世，在史料价值上，似乎《明史》不及早出各史重要。这种看法似有道理，但并不全面。

明太祖本纪

明太祖,即朱元璋(1328~1398),明朝开国皇帝。幼名重八,又名兴宗,字国瑞,濠州钟离(今安徽凤阳)人。农民出身,自幼孤贫无依,被迫入当地皇觉寺为僧。元朝末年,政治败坏,社会黑暗,"群雄"并争天下。元顺帝至正十二年(1352年),朱元璋怀抱远图之志,到濠州投奔郭子兴,参加"红巾军"的反元斗争。他谋勇兼备,很快成为一位杰出的领导者。至正十六年,朱元璋率众渡长江,一举攻克江南重镇集庆(今南京)。然后以此为基地,顺应潮流,四出征战,严明纪律,不妄杀人,劝重农桑,减免赋税,招贤用能,虚心纳言,不急于称帝。至正二十四年,即吴王位,建百官,立制度,政权初具规模。同时审时度势,知己知彼,讲求策略,相继消灭劲敌陈友谅和张士诚。1368年,在南京即皇帝位,建国号明,年号洪武,是为明太祖。

建国以后,明太祖乘胜前进,命将南征北战,推翻元王朝,统一全中国。对外,实行和平友好的睦邻政策。对内,改革官制,废中书省,罢丞相制,分封诸王,集军政大权于一身。制礼作乐,确立典章制度。惩贪官,抑豪强,整理户口,核定田赋,均平赋役。移民垦荒,兴修水利,恢复生产。推行教化,广立学校,培养人才。置卫所,兴屯田,强兵足食。从而为明朝二百七十多年的统治奠定了基础,使其成为当时世界上最强大的国家之一。

明太祖为强化集权政治所推行的各种政策,在明初的特殊环境中;对于维护我国多民族国家的发展与巩固,对于保障社会经济的发展,都起到了一定的推动作用。而他实行的极端君主专制主义的政治模式,毋庸置疑也对明一代,乃至后来中国政治、经济、文化的发展,产生了严重的消极作用。但综观其一生的功过,仍不愧是中国历史上一位具有深远影响、很有作为的封建皇帝。

【原文】

太祖开天行道肇纪立极大圣至神仁文义武俊德成功高皇帝,讳元璋,字国瑞,姓朱氏。先世家沛,徙句容,再徙泗州。父世珍,始徙濠州之钟离。生四子,太祖其季也。母陈氏,方娠,梦神授药一丸,置掌中有光,吞之寤,口余香气。及产,红光满室。自是,夜数有光起。邻里望见,惊以为火,辄奔救,至则无有。比长,姿貌雄杰,奇骨贯顶。志意廓然,人莫能测。

至正四年,旱蝗,大饥疫。太祖时年十七,父、母、兄相继殁,贫不克葬。里人刘继祖与之地,乃克葬,即凤阳陵也。太祖孤无所依,乃入皇觉寺为僧,逾月,游食合肥。道病,二紫衣人与俱,护视甚至。病已,失所在。凡历光、固、汝、颍诸州三年,复还寺。当是时,元政不纲,盗贼四起。刘福通奉韩山童假宋后起颍,徐寿辉僭帝号起蕲,李二、彭大、赵均用起徐,众各数万,并置将帅,杀吏,侵略郡县,而方国珍已先起海上。他盗拥兵据地,寇掠甚众。天下大乱。

十二年春二月，定远人郭子兴与其党孙德崖等起兵濠州。元将撒里不花惮不敢攻，而日俘良民以邀赏。太祖时年二十五，谋避兵，卜于神，去留皆不吉。乃曰："得毋当举大事乎？"卜之吉，大喜，遂以闰三月甲戌朔入濠见子兴。子兴奇其状貌，留为亲兵。战辄胜。遂妻以所抚马公女，即高皇后也。子兴与德崖龃龉，太祖屡调护之。

朱元璋

秋九月，元兵复徐州，李二走死，彭大、赵钧用奔濠，德崖等纳之。子兴礼大而易均用，均用怨之。德崖遂与谋，伺子兴出，执而械诸孙氏，将杀之。太祖方在淮北，闻难驰至，诉于彭大。大怒，呼兵以行，太祖亦甲而拥盾，发屋出子兴，破械，使人负以归，遂免。

是冬，元将贾鲁围濠。太祖与子兴力拒之。

十三年春，贾鲁死，围解。太祖收里中兵得七百人。子兴喜，署为镇抚。时彭、赵所部暴横，子兴弱，太祖度无足与共事，乃以兵属他将，独与徐达、汤和、费聚等南略定远。计降驴牌寨民兵三千，与俱东。夜袭元将张知院于横涧山，收其卒二万。道遇定远人李善长，与语大悦，遂与俱攻滁州，下之。

是年，张士诚据高邮，自称诚王。

十四年冬十月，元丞相脱脱大败士诚于高邮，分兵围六合。太祖曰："六合破，滁且不免。"与耿再成军瓦梁垒，救之。力战，卫老弱还滁。元兵寻大至，攻滁，太祖设伏诱败之。然度元兵势盛且再至，乃还所获马，遣父老具牛酒谢元将曰："守城备他盗耳，奈何舍巨寇戮良民。"元兵引去，城赖以完。脱脱既破士诚，军声大振，会中谗，遽解兵柄，江、淮乱益炽。

十五年春正月，子兴用太祖计，遣张天佑等拨和州，檄太祖总其军。太祖虑诸将不相下，秘其檄，期旦日会厅事。时席尚右，诸将先入，皆踞右，太祖故后至就左。比视事，剖决如流，众瞠目不能发一语，始稍稍屈。议分工葺城，期三日。太祖工竣，诸将皆后。于是始出檄，南面坐曰："奉命总诸公兵，今葺城皆后期，如军法何。"诸将皆惶恐谢。乃搜军中所掠妇女纵还家，民大悦。元兵十万攻和，拒守三月，食且尽。而太子秃坚、枢密副使绊住马、民兵元帅陈野先分屯新塘、高望、鸡笼山，以绝饷道。太祖率众破之，元兵皆走渡江。三月，郭子兴卒。时刘福通迎立韩山童子林儿于亳，国号宋，建元龙凤。檄子兴子天叙为都元帅，张天祐、太祖为左右副元帅。太祖慨然曰："大丈夫宁能受制于人耶。"遂不受。然念林儿势盛可倚藉，乃用其年号以令军中。

夏四月，常遇春来归。五月，太祖谋渡江，无舟。会巢湖帅廖永安、俞通海以水军千艘来附，太祖大喜，往抚共众。而元中丞蛮子海牙扼铜城闸、马场河诸隘，巢湖舟帅不得出。忽大雨,太祖喜曰:"天助我也。"遂乘水涨纵舟还,因击海牙于峪溪口,大败之,遂定计渡江。诸将请直趋集庆,太祖曰:"取集庆必自采石始。采石重镇,守必固,牛渚前临大江,彼难为备,可必克也。"六月乙卯,乘风引帆,直达牛渚。常遇春先登,拔之。采石兵亦溃。缘江诸垒悉附。

诸将以和州饥,争取资粮谋归。太祖谓徐达曰:"渡江幸捷,若舍而归,江东非吾有也。"乃悉断舟缆,放急流中,谓诸将曰:"太平甚近,当与公等取之。"遂乘胜拔太平,执万户纳哈出。总管靳义赴水死,太祖曰,"义士也",礼葬之。揭榜禁剽掠,有卒违令,斩以徇,军中肃然。改路曰府。置太平兴国翼元帅府,自领元帅事,召陶安参幕府事,李习为知府。时太平四面皆元兵。右丞阿鲁灰、中丞蛮子海牙等严师截姑孰口,陈野先水军帅康茂才以数万众攻城。太祖遣徐达、邓愈、汤和逆战,别将潜出其后,夹击之,擒野先并降其众,阿鲁灰等引去。

秋九月,郭天叙、张天佑攻集庆,野先叛,二人皆战死,于是子兴部将尽归太祖矣。野先寻为民兵所杀,从子兆先收其众,屯方山,与海牙犄角以窥太平。

冬十二月壬子,释纳哈出北归。

十六年春二月丙子,大破海牙于采石。三月癸未,进攻集庆,擒兆先,降其众,皆疑惧不自保,太祖择骁健者五百人入卫,解甲酣寝达旦,众心始安。庚寅,再败元兵于蒋山。元御史大夫福寿力战死之,蛮子海牙遁归张士诚,康茂才降。太祖入城,悉召官吏、父老谕之曰:"元政溃扰,干戈蜂起,我来为民除乱耳,其各安堵如故。贤士,吾礼用之。旧政不便者,除之。吏毋贪暴殃吾民。"民乃大喜过望。改集庆路为应天府,辟夏煜、孙炎、杨宪等十余人。葬御史大夫福寿,以旌其忠。

当是时,元将定定扼镇江,别不华、杨仲英屯宁国,青衣军张明鉴据扬州,八思尔不花驻徽州,石抹宜孙守处州,其弟厚孙守婺州,宋伯颜不花守衢州,而池州已为徐寿辉将所据,张士诚自淮东陷平江,转掠浙西。太祖既定集庆,虑士诚、寿辉强、江左、浙右诸郡为所并,于是遣徐达攻镇江,拔之,定定战死。

夏六月,邓愈克广德。

秋七月己卯,诸将奉太祖为吴国公。置江南行中书省,自总省事,置僚佐。贻书张士诚,士诚不报,引兵攻镇江。徐达败之,进围常州,不下。九月戊寅,如镇江,谒孔子庙。遣儒士告谕父老,劝农桑。寻还应天。

十七年春二月,耿炳文克长兴。三月,徐达克常州。

夏四月丁卯,自将攻宁国,取之,别不华降。五月,上元、宁国、句容献瑞麦。六月,赵继祖克江阴。

秋七月,徐达克常熟。胡大海克徽州,八思尔不花遁。

冬十月,常遇春克池州,缪大亨克扬州,张明鉴降。十二月己丑,释囚。

是年,徐寿辉将明玉珍据重庆路。

十八年春二月乙亥,以康茂才为营田使。三月己酉,录囚。邓愈克建德路。

夏四月,徐寿辉将陈友谅遣赵普胜陷池州。是月,友掠据龙兴路。五月,刘福通破汴梁,迎韩林儿都之。初,福通遣将分道四出,破山东,寇秦、晋,掠幽、蓟,中原大乱。太冬十二月，胡大海攻婺州，久不下。太祖自将往击之。石抹宜孙遣将率车师由松溪来援，太祖曰："道狭，车战适取败耳。"命胡德济迎战于梅花门，大破之，婺州降，执厚孙。先一日，城中人望见城西五色云如车盖，以为异，及是乃知为太祖驻兵地。入城，发粟振贫民，改州为宁越府。辟范祖幹、叶仪、许元等十三人，分直讲经史。戊子，遣使招谕方国珍。

十九年春正月乙已，太祖牟取浙东未下诸路。戒诸将曰："克城以武，戡乱以仁。吾比入集庆，秋毫无犯，故一举而定。每闻诸将得一城不妄杀，辄喜不自胜。夫师行如火，不戢将燎原。为将能以不杀为武，岂惟国家之利，子孙实受其福。"庚申，胡大海克诸暨。是月，命宁越知府王宗显立郡学。三月甲午，赦大逆以下。丁巳，方国珍以温、台、庆元来献，遣其子关为质，不受。

夏四月，俞通海等复池州。时耿炳文守长兴，吴良守江阴，汤和守常州，皆数败士诚兵。太祖以留久宁越，徇浙东。六月壬戌，还应天。

秋八月，元察罕帖木儿复汴梁，福通以林儿退保安丰。九月，常遇春克衢州，擒宋伯颜不花。

冬十月，遣夏煜授方国珍行省平章，国珍以疾辞。十一月壬寅，胡大海克处州，石抹宜孙遁。时元守兵单弱，且闻中原乱，人心离散，以故江左、浙右诸郡，兵至皆下，遂西与友谅阽。

二十年春二月，元福建行省参政袁天禄以福宁降。三月戊子，征刘基、宋濂、章溢、叶琛至。

夏五月，徐达、常遇春败陈友谅于池州。闰月丙辰，友谅陷太平，守将朱文逊，院判花云、王鼎，知府许瑗死之。未几，友谅弑其主徐寿辉，自称皇帝，国号汉，尽有江西、湖广地。约士诚合攻应天，应天大震。诸将议先复太平以牵之，太祖曰："不可。彼居上游，舟师十倍于我，猝难复也。"或请自将迎击，太祖曰："不可。彼以偏师缀我，而全军趋金陵，顺流半日可达，吾步骑急难引还，百里趋战，兵法所忌，非策也。"乃驰谕胡大海捣信州，牵其后。而令康茂才以书给友谅，令速来。友谅果引兵东。于是常遇春伏石灰山，徐达阵南门外，杨璟屯大胜港，张德胜等以舟师出龙江关，太祖亲督军卢龙山。乙丑，友谅至龙湾，众欲战，太祖曰："天且雨，趣食，乘雨击之。"须臾，果大雨，士卒竞奋，雨止合战，水陆夹击，大破之。友谅乘别舸走。遂复太平，下安庆。而大海亦克信州。

初，太祖令茂才给友谅，李善良以为疑。太祖曰："二寇合，吾首尾受敌，惟速其来而先破之，则士诚胆落矣。"已而，士诚兵竟不出。丁卯，置儒学提举司，以宋濂为提举，遣子标受经学。六月，耿再成败石抹宜孙于庆元，宜孙战死，遣使祭之。

秋九月，徐寿辉旧将欧普祥以袁州降。

冬十二月，复遣夏煜以书谕方国珍。

二十一年春二月甲申，立盐、茶课。已亥，置宝源局。三月丁丑，改枢密院为大都督府。元将薛显以泗州降。戊寅，国珍遣使来谢，饰金玉马鞍以献。却之曰："今有事四方，所需者人材，所用者粟帛，宝玩非所好也。"

秋七月，友谅将张定边陷安庆。八月，遣使于元平章察罕帖木儿。时察罕平山东，降田丰，军声大振，故太祖与通好。会察罕方攻益都未下，太祖乃自将舟师征陈友谅。戊戌，克安庆，友谅将丁普郎、傅友德迎降。壬寅，次湖口，追败友谅于江州，克其城。友谅奔武昌。分徇南康、建昌、饶、蕲、黄、广济，皆下。

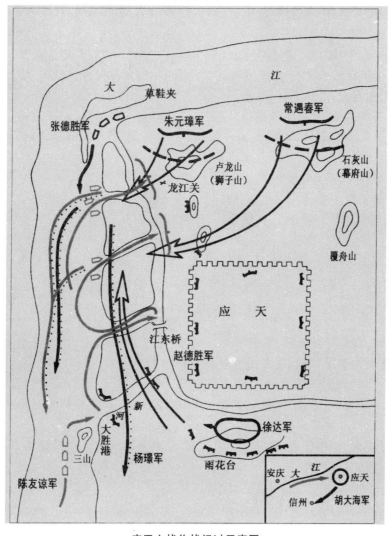

应天之战作战经过示意图

　　冬十一月己未，克抚州。
　　二十二年春正月，友谅江南行省丞相胡廷瑞以龙兴降。乙卯，如龙兴，改为洪都府。谒孔子庙。告谕父老，除陈氏苛政，罢诸军需，存恤贫无告者，民大悦。袁、瑞、临江、吉安相继下。二月，还应天。邓愈留守洪都。癸未，降人蒋英杀金华守将胡大海，郎中王恺死之，英叛降张士诚。处州降人李祐之闻变，亦杀行枢密院判耿再成反，都事孙炎、知府王道同、元帅朱文刚死之。三月癸亥，降人祝宗、康泰反，陷洪都，邓愈走应天，知府叶琛、都事万思诚死之。是月，明玉珍称帝于重庆，国号夏。

夏四月己卯，邵荣复处州。甲午，徐达复洪都。五月丙午，朱文正、赵德胜、邓愈镇洪都。六月戊寅，察罕以书来报，留我使人不遣。察罕，寻为田丰所杀。

秋七月丙辰，平章邵荣、参政赵继祖谋逆，伏诛。

冬十二月，元遣尚书张昶航海至庆元，授太祖江西行省平章政事，不受。察罕子扩廓帖木儿致书归使者。

二十三年春正月丙寅，遣汪河报之。二月壬申，命将士屯田积谷。是月，友谅将张定边陷饶州。士诚将吕珍破安丰，杀刘福通。三月辛丑，太祖自将救安丰，珍败走，以韩林儿归滁州，乃还应天。

夏四月壬戌，友谅大举兵围洪都。乙丑，诸全守将谢再兴叛，附于士诚。五月，筑礼贤馆。友谅分兵陷吉安，参政刘齐、知府朱叔华死之。陷临江，同知赵天麟死之。陷无为州，知州董曾死之。

秋七月癸酉，太祖自将救洪都。癸未，次湖口，先伏兵泾江口及南湖觜，遏友谅归路。檄信州兵守武阳渡。友谅闻太祖至，解围，逆战于鄱阳湖。友谅兵号六十万，联巨舟为阵，楼橹高十余丈，绵亘数十里，旌旗戈盾，望之如山。丁亥，遇于康郎山，太祖分军十一队以御之。戊子，合战，徐达击其前锋，俞通海以火炮焚其舟数十，杀伤略相当。友谅骁将张定边直犯太祖舟，舟胶于沙，不得退，危甚。常遇春从旁射中定边，通海复来援，舟骤进水涌，太祖舟乃得脱。己丑，友谅悉巨舰出战，诸将舟小，仰攻不利，有怖色。太祖亲麾之，不前。斩退缩者十余人，人皆殊死战。会日晡，大风起东北，乃命敢死士操七舟，实火药芦苇中，纵火焚友谅舟。风烈火炽，烟焰涨天，湖水尽赤。友谅兵大乱，诸将鼓噪乘之，斩首二千余级，焚溺死者无算，友谅气夺。辛卯，复战，友谅复大败，于是敛舟自守，不敢更战。壬辰，太祖移军扼左蠡，友谅亦退保渚矶。相持三日，其左、右二金吾将军皆降。友谅势益蹙，忿甚，尽杀所获将士。而太祖则悉还所俘，伤者傅以善药，且祭其亲戚诸将阵亡者。八月壬戌，友谅食尽，越南湖觜，为南湖军所遏，遂突湖口。太祖邀之，顺流搏战，及于泾江。泾江军复遮击之，友谅中流矢死。张定边以其子理奔武昌。

九月，还应天，论功行赏。先是，太祖救安丰，刘基谏不听。至是谓基曰："我不当有安丰之行，使友谅乘虚直捣应天，大事去矣。乃顿兵南昌，不亡何待。友谅亡，天下不难定也。"壬午，自将征陈理。是月，张士诚自称吴王。

冬十月壬寅，围武昌，分徇湖北诸路，皆下。十二月丙申，还应天。常遇春留督诸军。

二十四年春正月丙寅朔，李善长等率君臣劝进，不允。固请，乃即吴王位，建百官，以擅长为右相国，徐达为左相国，常遇春、俞通海为平章政事。谕之曰："立国之初，当先正纪纲。元氏阘弱，威福下移，驯至于乱，今宜鉴之。"立子标为世子。二月乙未，复自将征武昌，陈理降，汉、沔、荆、岳皆下。三月乙丑，还应天。丁卯，置起居注。庚午，罢诸翼元帅府，置十七卫亲军指挥使司，命中书省辟文武人材。

夏四月，建祠，祀死事丁普郎等于康郎山，赵德胜等于南昌。

秋七月丁丑，徐达克庐州。戊寅，常遇春徇江西。八月戊戌，复吉安，遂围赣州。达徇荆、湘诸路。九月甲申，下江陵，夷陵、潭、归皆降。

冬十二月庚寅,达克辰州,遣别将下衡州。

二十五年春正月己巳,徐达下宝庆,湖湘平。常遇春克赣州,熊天瑞降。遂趋南安,招谕岭南诸路,下韶州、南雄。甲申,如南昌,执大都督朱文正以归,数其罪,安置桐城。二月己丑,福建行省平章陈友定侵处州,参军胡深击败之,遂下浦城。丙午,士诚将李伯升攻诸全之新城,李文忠大败之。

夏四月庚寅,常遇春徇襄、汉诸路。五月乙亥,克安陆。己卯,下襄阳。六月壬子,朱亮祖、胡深攻建宁,战于城下,深被执,死之。

秋七月,令从渡江士卒被创废疾者养之,死者赡其妻子。九月丙辰,建国子学。

冬十月戊戌,下令讨张士诚。是时,士诚所据,南至绍兴,北有通、泰、高邮、淮安、濠、泗,又北至于济宁。乃命徐达、常遇春等先规取淮东。闰月,围泰州,克之。十一月,张士诚寇宜兴,徐达击败之,遂自宜兴还攻高邮。

二十六年春正月癸未,士诚窥江阴,太祖自将救之,士诚遁,康茂才追败之于浮子门。太祖还应天。二月,明玉珍死,子升自立。三月丙申,令中书严选举。徐达克高邮。

夏四月乙卯,袭破士诚将徐义水军于淮安,义遁,梅思祖以城降。濠、徐、宿三州相继下,淮东平。甲子,如濠州省墓,置守冢二十家,赐故人汪文、刘英粟帛。置酒召父老饮极欢,曰:"吾去乡十有余年,艰难百战,乃得归省坟墓,与父老子弟复相见。今苦不得久留欢聚为乐。父老幸教子弟孝弟力田,毋远贾。滨淮郡县尚苦寇掠,父老善自爱。"令有司除租赋,皆顿首谢。辛未,徐达克安丰,分兵败扩廓于徐州。夏五月壬午,至自濠。庚寅,求遗书。

秋八月庚戌,改筑应天城,作新宫钟山之阳。辛亥,命徐达为大将军,常遇春为副将军,师师二十万讨张士诚。御戟门誓师曰:"城下之日,毋杀掠,毋毁庐舍,毋发丘垄。士诚母葬平江城外,毋侵毁。"既而召问达、遇春,用兵当何先。遇春欲直捣平江。太祖曰:"湖州张天骐、杭州潘原明为士诚臂指,平江穷蹙,两人悉力赴援,难以取胜。不若先攻湖州,使疲于奔命,羽翼既披,平江势孤,立破矣。"甲戌,败张天骐于湖州,士诚亲率兵来援,复败之于皂林。九月乙未,李文忠攻杭州。

冬十月壬子,遇春败士诚兵于乌镇。十一月甲申,张天骐降。辛卯,李文忠下余杭,潘原明降,旁郡悉下。癸卯,围平江。十二月,韩林儿卒。以明年为吴元年,建庙社宫室,祭告山川。所司进宫殿图,命去雕琢奇丽者。

是岁,元扩廓帖木儿与李界齐、张良弼拘怨,屡相攻击,朝命不行,中原民益困。

二十七年春正月戊戌,谕中书省曰:"东南久罹兵革,民生凋敝,吾甚悯之。且太平、应于诸郡,吾渡江开创地,供亿烦劳久矣。今比户空虚,有司急催科,重困吾民,将何以堪。其赐太平田租二年,应天、镇江、宁国、广德各一年。"二月丁未,傅友德败扩廓将李二于徐州,执之。三月丁丑,始设文武科取士。

夏四月,方国珍阴遣人通扩廓及陈友定。移书责之。五月己亥,初置翰林院。是月,以旱减膳素食,复徐、宿、濠、泗、寿、邳、东海、安东、襄阳、安陆及新附地田租三年。六月戊辰,大雨,君臣请复膳。太祖曰:"虽雨,伤禾已多,其赐民今年田租。"癸酉,命朝贺罢女乐。

秋七月丙子，给府、州、县官之任费，赐绢帛及其父母、妻、长子有差，著为令。己丑，雷震宫门兽吻，赦罪囚。庚寅，遣使责方国珍贡粮。八月癸丑，圆丘、方丘、社稷坛成。九月甲戌，太庙成。朱亮祖帅师讨国珍。戊寅，诏曰："先王之政，罪不及孥。自今除大逆不道，毋连坐。"辛巳，徐达克平江，执士诚，吴地平。戊戌，遣使致书于元主，送其宗室神保大王等北还。辛丑，论平吴功，封李善长宣国公，徐达信国公，常遇春鄂国公，将士赐赉有差。朱亮祖克台州。癸卯，新宫成。

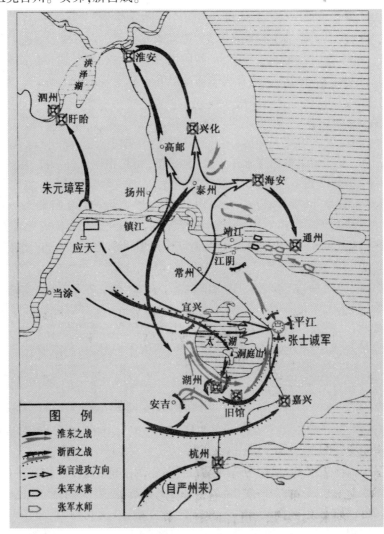

淮东、浙西之战作战经过示意图

冬十月甲辰，遣起居注吴琳、魏观以币求遗贤于四方。丙午，令百官礼仪尚左。改李善长左相国，徐达右相国。辛亥，祀元臣余阙于安庆，李黼于江州。壬子，置御史台。癸丑，汤和为征南将军，吴祯副之，讨国珍。甲寅，定律令。戊午，正郊社、太庙雅乐。

庚申，召诸将议北征，太祖曰："山东则王宣反侧，河南则扩廓跋扈，关、陇则李思齐、张思道枭张猜忌,元祚将亡,中原涂炭。今将北伐,拯生民于水火,何以决胜?"遇春对曰:"以我百战之师,敌彼久逸之卒,直捣元都,破竹之势也。"太祖曰:"元建国百年,守备必固,悬军深入,馈饷不前,援兵四集,危道也。吾欲先取山东,撤彼屏蔽,移兵两河,破其藩篱,拔潼关而守之,扼其户槛。天下形胜入我掌握,然后进兵,元都势孤援绝,不战自克。鼓行而西,云中、九原、关、陇可席卷也。"诸将皆曰:"善。"

甲子,徐达为征虏大将军,常遇春为副将军,帅师二十五万,由淮入河,北取中原。胡廷瑞为征南将军,何文辉为副将军,取福建。湖广行省平章杨璟、左丞周德兴、参政张彬取广西。己巳,朱亮祖克温州。十一月辛巳,汤和克庆元,方国珍遁入海。壬午,徐达克沂州,斩王宣。己丑,廖永忠为征南副将军,自海道会和讨国珍。乙未,颁大统历。辛丑,徐达克益都。十二月甲辰,颁律令。丁未,方国珍降,浙东平。张兴祖下东平,兖东州县相继降。己酉,徐达下济南。胡廷瑞下邵武。癸丑,李善长帅百官劝进,表三上,乃许。甲子,告于上帝。庚午,汤和、廖永忠由海道克福州。

洪武元年春正月乙亥,祀天地于南郊,即皇帝位。定有天下之号曰明,建元洪武。追尊高祖考曰玄皇帝,庙号德祖,曾祖考曰恒皇帝,庙号懿祖,祖考曰裕皇帝,庙号熙祖,皇考曰淳皇帝,庙号仁祖;妣皆皇后。立妃马氏为皇后,世子标为皇太子。以李善长、徐达为左、右丞相,诸功臣晋爵有差。丙子,颁即位诏于天下。追封皇伯考以下皆为王。辛巳,李善长、徐达等兼东宫官。甲申,遣使核浙西田赋。壬辰,胡廷瑞克建宁。庚子,邓愈为征戍将军,略南阳以北州郡。汤和克延平,执元平章陈友定,福建平。是月,天下府、州、县官来朝。谕曰:"天下始定,民财力俱困,要在休养安息,惟廉者能约己而利人,勉之。"二月壬寅,定郊社宗庙礼,岁必亲祀,以为常。癸卯,汤和提督海运。廖永忠为征南将军,朱亮祖副之,由海道取广东。丁未,以太牢祀先师孔子于国学。戊申,祀社稷。壬子,诏衣冠如唐制。癸丑,常遇春克东昌,山东平。甲寅,杨璟克宝庆。三月辛未,诏儒臣修女诫,戒后、妃毋预政。壬申,周德兴克全州。丁酉,邓愈克南阳。己亥,徐达徇汴梁,左君弼降。

夏四月辛丑,蕲州进竹簟,却之。命四方毋妄献。廖永忠师至广州,元守臣何真降,广东平。丁未,祫享太庙。戊申,徐达、常遇春大破元兵于洛水北,遂围河南。梁王阿鲁温降,河南平。丁巳,杨璟克永州。甲子,幸汴梁。丙寅,冯胜克潼关,李思齐、张思道遁。五月己卯,廖永忠下梧州,浔、贵、郁林诸州皆降。辛卯,改汴梁路为开封府。六月庚子,徐达朝行在。甲辰,海南、海北诸道降。壬戌,杨璟、朱亮祖克靖江。

秋七月戊子,廖永忠下象州,广西平。庚寅,振恤中原贫民。辛卯,将还应天,谕达等曰:"中原之民,久为群雄所苦,流离相望,故命将北征,拯民水火。元祖宗功德在人,其子孙罔恤民隐,天厌弃之。君则有罪,民复何辜。前代革命之际,肆行屠戮,违天虐民,朕实不忍。诸将克城,毋肆焚掠妄杀人,元之宗戚,咸俾保全。庶几上答天心,下慰人望,以副朕伐罪安民之意。不恭命者,罚无赦。"丙申,命冯胜留守开封。闰月丁末,至自开封。己酉,徐达会诸将兵于临清。壬子,常遇春克德州。丙寅,克通州,元帝趋上都。是月,征天下贤才为守令。免吴江、广德、太平、宁国、滁、和被灾田租。

八月己巳,以应天为南京,开封为北京。庚午,徐达入元都,封府库图籍,守宫门,禁士卒侵暴，遣将巡古北口诸隘。壬申，以京师火，四方水旱，诏中书省集议便民事。丁丑，定六部官制。御史中丞刘基致仕。己卯，赦殊死以下。将士从征者恤其家。逋逃许自首。新克州郡毋妄杀。输赋道远者，官为转运。灾荒以实闻。免镇江租税。避乱民复业者，听垦荒地，复三年。衍圣公袭封及授曲阜知县，并如前代制。有司以礼聘致贤士。学校毋事虚文。平刑，毋非时决囚。除书籍、田器税。民间逋负免征。蒙古、色目人有才能者，许擢用。鳏寡孤独废疾者，存恤之。民年七十以上，一子复。他利害当兴革，不在诏内者，有司具以闻。壬午，幸北京。改大都路曰北平府。征元故臣。癸未，诏徐达、常遇春取山西。甲午，放元宫人。九月癸亥，诏曰："天下之治，天下之贤共理之。今贤士多隐岩穴，岂有司失于敦劝欤，朝廷疏于礼待欤，抑朕寡昧不足致贤，将在位者壅蔽使不上达欤。不然，贤士大夫，幼学壮行，岂甘没世而已哉。天下甫定，朕愿与诸儒讲明治道。有能辅朕济民者，有司礼遣。"乙丑，常遇春下保定，遂下真定。

冬十月庚午，冯胜、汤和下怀庆、泽、潞相继下。丁丑，至自北京。戊寅，以元都平，诏天下。十一月己亥，遣使分行天下，访求贤才。庚子，始祀上帝于圜丘。癸亥，诏刘基还。十二月丁卯，徐达克太原，扩廓帖木儿走甘肃，山西平。己巳，置登闻鼓。壬辰，以书谕明升。

二年春正月乙巳，立功臣庙于鸡笼山。丁未，享太庙。庚戌，诏曰："朕淮右布衣，因天下乱，率众渡江，保民图治，今十有五年，荷天眷佑，悉皆戡定。用是命将北征，齐、鲁之民馈粮给军，不惮千里。朕轸厥劳，已免元年田租。遭旱民未苏，其更赐一年。顷者，大军平燕都，下晋、冀，民被兵燹，困征敛，北平、燕南、河东、山西今年田租亦与蠲免。河南诸郡归附，朕欲惠之，西北未平，师过其地，是以未遑。今晋、冀平矣，西抵潼关，北界大河，南至唐、邓、光、息，今年税粮悉除之。"又诏曰："应天、太平、镇江、宣城、广德供亿浩穰。去岁蠲租，遇旱惠不及下。其再免诸郡及无为州今年租税。"庚申，常遇春取大同。是月，倭寇山东滨海郡县。二月丙寅朔，诏修元史。壬午，耕籍田。三月庚子，徐达至奉元，张思道遁。

明军北上灭元作战经过示意图

振陕西饥，户米三石。丙午，常遇春至凤翔，李思齐奔临洮。

夏四月丙寅，遇春还师北平。己巳，诸王子受经于博士孔克仁。令功臣子弟入学。乙亥，编《祖训录》，定封建诸王之制。徐达下巩昌。丙子，赐秦、陇新附州县税粮。丁丑，冯胜至临洮，李思齐降。乙酉，徐达袭破元豫王于西安。五月甲午朔，日有食之。丁酉，徐达下平凉、延安。张良臣以庆阳降，寻叛。癸卯，始祀地于方丘。六月己卯，常遇春克开平，元帝北走。壬午，封陈日煃为安南国王。

秋七月己亥，鄂国公常遇春卒于军，诏李文忠领其众。辛亥，扩廓帖木儿遣将破原州、泾州。辛酉，冯胜击走之。丙辰，明升遣使来。八月丙寅，元兵攻大同，李文忠击败之。己巳，定内侍官制。谕吏部曰："内臣但备使令，毋多人。古来若辈擅权，可为鉴戒。驭之之道，常使之畏法，勿令有功，有功则骄恣矣。"癸酉，《元史》成。丙子，封王颛为高丽国王。癸未，徐达克庆阳，斩张良臣，陕西平。是月，命儒臣纂礼书。九月辛丑，召徐达、汤和还，冯胜留总军事。癸卯，以临濠为中都。戊午，征南师还。

冬十月壬戌，遣杨璟谕明升。甲戌，甘露降于钟山，群臣请告庙，不许。辛卯，诏天下郡县立学。是月，遣使贻元帝书。十一月乙巳，祀上帝于圜丘，以仁祖配。十二月甲戌，封阿答阿者为占城国王。甲申，振西安诸府饥，户米二石。己丑，大赉平定中原及征南将士。庚寅，护廓帖木儿攻兰州，指挥于光死之。

是年，占城、安南、高丽入贡。

三年春正月癸巳，徐达为征虏大将军，李文忠、冯胜、邓愈、汤和副之，分道北征。二月癸未，追封郭子兴滁阳王。戊子，诏求贤才可任六部者。是月，李文忠下兴和，进兵察罕瑙儿，执元平章竹贞。三月庚寅，免南畿、河南、山东、江西广信、饶州今年田租。

夏四月乙丑，封皇子樉为秦王，㭎晋王，棣燕王，橚吴王，桢楚王，榑齐王，杞赵王，檀鲁王，从孙守谦靖江王。徐达大破扩廓帖木儿于沈儿峪，尽降其众，扩廓走和林。丙戌，元帝崩于应昌，子爱猷识理达腊嗣。是月，慈利土官覃厚作乱。五月己丑，徐达取兴元。分遣邓愈招谕吐蕃。丁酉，诏守令举学识笃行之士。己亥，设科取士。甲辰，李文忠克应昌。元嗣君北走，获其子买的里八剌，降五万余人，穷追至北庆州，不及而还。丁未，诏行大射礼。戊申，祀地于方丘，以仁祖配。辛亥，徐达下兴元。邓愈克河州。丁巳，诏开国时将帅无嗣者禄其家。是月旱，后、妃亲执灶，皇太子、诸王馈于斋所。六月戊午朔，素服草履，步祷山川坛，露宿凡三日，还斋于西庑。辛酉，赉将士，省狱囚，命有司访求通经术、明治道者。壬戌，大雨。壬申，李文忠捷奏至，命仕元者勿贺。谥元主曰顺帝。癸酉，买的里八剌至京师，群臣请献俘。帝曰："武王伐殷用之乎？"省臣以唐太宗尝行之对。帝曰："太宗是待王世充耳。若遇隋之子孙，恐不尔也。"遂不许。又以捷奏多侈辞，谓宰相曰："元主中国百年，朕与卿等父母皆赖其生养，奈何为此浮薄之言。亟改之。"乙亥，封买的里八剌为崇礼侯。丙子，告捷于南郊。丁丑，告太庙，诏示天下。辛巳，徙苏州、松江、嘉兴、湖州、杭州民无业者田临濠，给资粮、牛、种，复三年。是月，倭寇山东、浙江、福建滨海州县。

秋七月丙辰，明升将吴友仁寇汉中，参政傅友德击却之。中书左丞相杨宪有罪诛。八月乙酉，遣使瘗中原遗骸。

冬十月丙辰，诏儒士更直午门，为武臣讲经史。癸亥，周德兴为征南将军，讨覃厚，厚遁。辛巳，贻元嗣君书。十一月壬辰，北征师还。甲午，告武成于郊庙。丙申，大封功臣。进李善长韩国公，徐达魏国公，封李文忠曹国公，冯胜宋国公，邓愈卫国公，常遇春子茂郑国公，汤和等侯者二十八人。己亥，设坛亲祭战没将士。庚戌，有事于圜丘。辛亥，诏户部置户籍、户帖，岁计登耗以闻，著为令。乙卯，封中书右丞汪广洋忠勤伯，御史中丞刘基诚意伯。十二月癸卯，复贻元嗣君书，并谕和林诸部。甲子，建奉先殿。庚午，遣使祭历代帝王陵寝，并加修葺。己卯，赐勋臣田。壬午，以正月至是月，日中屡有黑子，诏廷臣言得失。

是年，古城、爪哇、西洋入贡。

四年春正月丙戌，李善长罢，汪广洋为右丞相。丁亥，中山侯汤和为征西将军，江夏侯周德兴、德庆侯廖永忠副之，率舟师由瞿塘；颍川侯傅友德为征虏前将军，济宁侯顾时副之，率步骑由秦、陇，伐蜀。魏国公徐达练兵北平。戊子，卫国公邓愈督饷给征蜀军。庚寅，建郊庙于中都。丁未，诏设科取士连举三年，嗣后三年一举。戊申，免山西旱灾田租。二月甲戌，幸中都。壬午，至自中都。元平章刘益以辽东降。是月，蠲太平、镇江、宁国田租。三月乙酉朔，始策试天下贡士，赐吴伯宗等进士及第、出身有差。乙巳，徙山后民万七千户屯北平。丁未，诚意伯刘基致仕。

夏四月丙戌，傅友德克阶州，文、隆、绵三州相继下。五月，免江西、浙江秋粮。六月壬午，傅友德克汉州。辛卯，廖永忠克夔州。戊戌，明升将丁世贞破文州，守将朱显忠死之。癸卯，汤和至重庆，明升降。戊申，倭寇胶州。是月，徙山后民三万五千户于内地，又徙沙漠遗民三万二千户屯田北平。

秋七月辛亥，徐达练兵山西。辛酉，傅友德下成都，四川平。乙丑，明升至京师，封归义侯。八月甲午，免中都淮、扬及泰、滁、无为田租。己酉，振陕西饥。是月，高州海寇乱，通判王名善死之。九月庚戌朔，日有食之。

冬十月丙申，征蜀师还。十一月丙辰，有事于圜丘。庚申，命官吏犯赃者，罪勿贷。是月，免陕西、河南被灾田租。十二月，徐达还。

是年，安南、浡泥、高丽、三佛齐、暹罗、日本、真腊入贡。

五年春正月癸丑，待制王祎使云南，诏谕元梁王把匝剌瓦尔密。祎至，不屈死。乙丑，徙陈理、明升于高丽。甲戌，魏国公徐达为征虏大将军，出雁门，趋和林，曹国公李文忠为左副将军，出应昌，宋国公冯胜为征西将军，取甘肃，征扩廓帖木儿。靖海侯吴祯督海运，饷辽东。卫国公邓愈为征南将军，江夏侯周德兴、江阴侯吴良副之，分道讨湖南、广西洞蛮。二月丙戌，安南陈叔明弑其主日煊自立，遣使入贡，却之。三月丁卯，都督金事蓝玉败扩廓于土剌河。

夏四月己卯，振济南、莱州饥。戊戌，始行乡饮酒礼。庚子，邓愈平散毛诸洞蛮。五月壬子，徐达及元兵战于岭北，败绩。是月，诏曰："天下大定，礼仪风俗不可不正。诸遭乱为人奴隶者，复为民。冻馁者，里中富室假贷之；孤寡残疾者，官养之，毋失所。乡党论齿，相见揖拜，毋违礼。婚姻毋论财。丧事称家有无，毋惑阴阳拘忌，停柩暴露。流民复业者各就丁耕种，毋以旧田为限。僧道斋醮杂男女，恣饮食，有司严治之。闽、粤豪家毋阉人子为火者,犯者抵罪。"六月丙子,定宦官禁令。丁丑,定宫官女职之制。戊寅,冯胜克甘肃,追败元兵于瓜、沙州。癸巳,定六部职掌及岁终考绩法。壬寅,吴良平靖州蛮。甲辰,李文忠败元兵于阿鲁浑河,宣宁侯曹良臣战没。乙巳,作铁榜诫功臣。是月,振山东饥,免被灾郡县田租。

秋七月丙辰,汤和及元兵战于断头山,败绩。八月丙申,吴良平五开、古州诸蛮。甲辰,元兵犯云内,同知黄里死之。九月戊午,周德兴平婪凤、安田诸蛮。

冬十月丁酉,冯胜师还。是月,免应天、太平、镇江、宁国、广德田租。十一月辛酉,有事于圜丘。甲子,征南师还。壬申,纳哈出犯辽东。是月,召徐达、李文忠还。十二月甲戌,诏以农桑、学校课有司。辛巳,命百官奏事启皇太子。庚子,邓愈为征西将军,征吐番。壬寅,赐元嗣君书。

是年,琐里、占城、高丽、琉球、乌斯藏入贡。高丽贡使再至,谕自后三年一贡。

六年春正月甲寅,谪汪广洋为广东参政。二月乙未,谕暂罢科举,察举贤才。壬寅,命御史及按察使考察有司。三月癸卯朔,日有食之。颁《昭鉴录》,训诫诸王。戊申,大阅。壬子,徐达为征虏大将军,李文忠、冯胜、邓愈、汤和副之,备边山西、北平。甲子,指挥使於显为总兵官,备倭。

夏四月己丑,令有司上山川险易图。六月壬午,盱眙献瑞麦,荐宗庙。壬辰,扩廓帖木儿遣兵攻雁门,指挥吴均击却之。是月,免北平、河间、河南、开封、延安、汾州被灾田租。

秋七月壬寅,命户部稽渡江以来各省水旱灾伤分数,优恤之。壬子,胡惟庸为右丞相。八月乙亥,诏祀三皇及历代帝王。

冬十月辛巳,召徐达、冯胜还。十一月壬子,扩廓帖木儿犯大同,徐达遣将击败之,达仍留镇。甲子,遣兵部尚书刘仁振真定饥。丙寅,冬至,帝不豫,改卜郊。闰月乙亥,录故功臣子孙未嗣者二百九人。壬午,有事于圜丘。庚寅,颁定《大明律》。

是年,暹罗、高丽、占城、真腊、三佛齐入贡。命安南陈叔明权知国事。

七年春正月甲戌,都督金事王简、王诚,平章李伯升,屯田河南、山东、北平。靖海侯吴祯为总兵官,都督於显副之,巡海捕倭。二月丁酉朔,日有食之。戊午,修曲阜孔子庙,设孔、颜、孟三氏学。是月,平阳、太原、汾州、历域、汲县旱蝗,并免租税。

夏四月己亥,都督蓝玉败元兵于白酒泉,遂拔兴和。壬寅,金吾指挥陆龄讨永、道诸州蛮,平之。五月丙子,免真定等四十二府州县被灾田租。辛巳,振苏州饥民三十万户。癸巳,减苏、松、嘉、湖极重田租之半。六月,陕西平凉、延安、靖宁、鄜州雨雹,山西、山东、北平、河南蝗,并蠲田租。

秋七月甲子,李文忠破元兵于大宁、高州。壬申,倭寇登、莱。八月甲午朔,祀历代帝王庙。辛丑,诏军士阵殁,父母妻子不能自存者,官为存养。百姓避兵离散或客死,遗老幼,并资遣还。远宦卒官,妻子不能归者,有司给舟车资送。庚申,振河间、广平、顺德、真定饥,蠲租税。九月丁丑,遣崇礼侯买的里八剌归,遗元嗣君书。

冬十一月壬戌,纳哈出犯辽阳,千户吴寿击走之。辛未,有事于圜丘。十二月戊戌,召邓愈、汤和还。

是年，阿难功德国、暹罗、琉球、三佛齐、乌斯藏、撒里、畏兀儿入贡。

八年春正月辛未，增祀鸡笼山功臣庙一百八人。癸酉，命有司察穷民无告者，给屋舍衣食。辛巳，邓愈、汤和等十三人屯戍北平、陕西、河南。丁亥，诏天下立社学。是月，河决开封，发民夫塞之。二月甲午，宥杂犯死罪以下及官犯私罪者，谪凤阳输作屯种赎罪。癸丑，耕籍田。召徐达、李文忠、冯胜还，傅友德等留镇北平。三月辛酉，立钞法。辛巳，罢宝源局铸钱。

夏四月辛卯，幸中都。丁巳，至自中都。免彰德、大名、临洮、平凉、河州被灾田租。罢营中都。致仕诚意伯刘基卒。五月己巳，永嘉侯朱亮祖偕傅友德镇北平。六月壬寅，指挥同知胡汝平贵州蛮。

秋七月己未朔，日有食之。辛酉，改作太庙。壬戌，召傅友德、朱亮祖还，李文忠、顾时镇山西、北平。戊辰，诏百官奔父母丧，不俟报。京师地震。丁丑，免应天、太平、宁国、镇江及蕲、黄诸府被灾田租。八月己酉，元扩廓帖木儿卒。

龙凤通宝

冬十月丁亥，诏举富民素行端洁达时务者。壬子，命皇太子、诸王讲武中都。十一月丁丑，有事于圜丘。十二月戊子，京师地震。甲寅，遣使振苏州、湖州、嘉兴、松江、常州、太平、宁国、杭州水灾。是月，纳哈出犯辽东，指挥马云、叶旺大败之。

是年，撒里、高丽、占城、暹罗、日本、爪哇、三佛齐入贡。

九年春正月，中山侯汤和、颍川侯傅友德，都督金事蓝玉、王弼，中书右丞丁玉，备边延安。三月己卯，诏曰："比年西征敦煌，北伐沙漠，军需甲仗，皆资山、陕。又以秦、晋二府宫殿之役，重困吾民。平定以来，闾阎未息。国都始建，土木屡兴。畿辅既极烦劳，外郡疲于转运。今蓄储有余，其淮、扬、安、徽、池五府及山西、陕西、河南、福建、江西、浙江、北平、湖广今年租赋，悉免之。"

夏四月庚戌，京师自去年八月不雨，是日始雨。五月癸酉，自庚戌雨，至是日始霁。六月甲午，改行中书省为承宣布政使司。辛丑，李文忠还。

秋七月癸丑朔，日有食之。是月，蠲苏、松、嘉、湖水灾田租，振永平旱灾。元将伯颜帖木儿犯延安，傅友德败降之。八月己酉，遣官省历代帝王陵寝，禁刍牧，置守陵户，忠臣烈士祠，有司以时葺治。分遣国子生修岳镇海渎祠。西番朵儿只巴寇罕东，河州指挥甯正击走之。闰九月庚寅，以灾异诏求直言。

冬十月己未，太庙成，自是行合享礼。丙子，命秦、晋、燕、吴、楚、齐诸王治兵凤阳。十一月壬午，有事于圜丘。戊子，徙山西及真定民无产者田凤阳。十二月甲寅，振畿内、浙江、湖北水灾。己卯，遣都督同知沐英乘传诣陕西问民疾苦。

是年，览邦、琉球、安南、日本、乌斯藏、高丽入贡。

十年春正月辛卯,以羽林等卫军益秦、晋、燕三府护卫。是春,振苏、松、嘉、湖水灾。

夏四月己酉,邓愈为征西将军,沐英为副将军,率师讨吐番,大破之。是月,振太平、宁国及宜兴、钱塘诸县水灾。五月庚子,韩国公李善良、曹国公李文忠总中书省、大都督府、御史台,议军国重事。癸卯,振湖广水灾。丙午,户部主事赵乾振荆、蕲迟缓,伏诛。六月丁巳,诏臣民言事者,实封达御前。丙寅,命政事启皇太子裁决闻。

秋七月甲申,置通政司。是月,始遣御史巡按州县。八月庚戌,改建大殿于南郊。癸丑,选武臣子弟读书国子监。九月丙申,振绍兴、金华、衢州水灾。辛丑,胡惟庸为左丞相,汪广洋为右丞相。

冬十月戊午,封沐英西平侯。辛酉,赐百官公田。十一月癸未,卫国公邓愈卒。丁亥,合祀天地于奉天殿。是月,免河南、陕西、广东、湖广田租。威茂蛮叛,御史大夫丁玉为平羌将军,讨平之。十二月乙巳朔,日有食之。丁未,录故功臣子孙五百余人,授官有差。

是年,占城、三佛齐、暹罗、爪哇、真腊入贡。高丽使五至,以嗣王未立,却之。

十一年春正月甲戌,封皇子椿为蜀王,柏湘王,桂豫王,橞汉王,植卫王。改封吴王㭎为周王。己卯,进封汤和信国公。是月,征天下布政使及知府来朝。二月,指挥胡渊平茂州蛮。三月壬午,命奏事毋关白中书省。是月,第来朝官为三等。

夏四月,元嗣君爱猷识理达腊殂,子脱古思帖木儿嗣。五月丁酉,存问苏、松、嘉、湖被水灾民,户赐米一石,蠲逋赋六十五万有奇。六月壬子,遣使祭故元嗣君。己巳,五开蛮叛,杀靖州指挥过兴,以辰州指挥杨仲名为总兵官,讨之。

秋七月丁丑,振平阳饥。是月,苏、松、扬、台海溢,遣官存恤。八月,免应天、太平、镇江、宁国、广德诸府州秋粮。九月丙申,追封刘继祖为义惠侯。

冬十月甲子,大祀殿成。十一月庚午,征西将军西平侯沐英率都督蓝玉、王弼讨西番。是月,五开蛮平。

是年,暹罗、阇婆、高丽、琉球、占城、三佛齐、朵甘、马斯藏、彭亨、百花入贡。

十二年春正月己卯,始合祀天地于南郊。甲申,洮州十八族番叛,命沐英移兵讨之。丙申,丁玉平松州蛮。二月戊戌,李文忠督理河、岷、临、巩军事。乙巳,诏曰:“今春雨雪经旬,天下贫民困于饥寒者多有,其令有司给以钞。”丙寅,信国公汤和率列侯练兵临清。

夏五月癸未,蠲北平田租。六月丁卯,都督马云征大宁。

秋七月丙辰,丁玉回师讨眉县贼,平之。己未,李文忠还掌大都督府事。八月辛己,诏凡致仕官复其家,终身无所与。九月己亥,沐英大破西番,擒其部长三副使。

冬十一月甲午,沐英班师,封仇成、蓝玉等十二人为侯。庚申,大宁平。十二月,汪广洋贬广南,赐死。征天下博学老成之士至京师。

是年,占城、爪哇、暹罗、日本、安南、高丽入贡。高丽贡黄金百斤、白金万两,以不如约,却之。

十三年春正月戊戌,左丞相胡惟庸谋反,及其党御史大夫陈宁、中丞涂节等伏诛。癸卯,大祀天地于南郊。罢中书省,废丞相等官,更定六部官秩,改大都督府为中、左、右、前、后五军都督府。二月壬戌朔,诏举聪明正直、孝悌力田、贤良方正、文学术数之士。发丹符,验天下金谷之数。戊辰,文武官年六十以上者听致仕,给以诰敕。三月壬辰,减苏、松、嘉、湖重赋十之二。壬申,燕王棣之国北平。壬子,沐英袭元将脱火赤于亦集乃,擒之,尽降其众。

夏四月己丑,命群臣各举所知。五月甲午,雷震谨身殿。乙未,大赦。丙申,释在京及临濠屯田、输作者。己亥,免天下田租。吏以过误罢者,还其职。壬寅,都督濮英进兵赤斤站,获故元豳王亦怜真及其部曲而还。是月,罢御史台。命从征士卒老疾者,许以子代;老而无子及寡妇,有司资遣还。六月丙寅,雷震奉天门,避正殿省愆。丁卯,罢王府工役。丁丑,置谏院官。

秋八月,命天下学校师生,日给廪膳。九月辛卯,景川侯曹震、营阳侯杨璟、永城侯薛显屯田北平。乙巳,天寿节,始受群臣朝贺,赐宴于谨身殿,后以为常。丙午,置四辅官,告于太庙。以儒士王本、杜佑、龚敩、杜敩、赵民望、吴源为春、夏官。是月,诏陕西卫军以三分之二屯田。安置翰林学士承旨宋濂于茂州,道卒。

冬十一月乙未,徐达还。丙午,元平章完者不花,乃儿不花犯永平,指挥刘广战没,千户王辂击败之,擒完者不花。十二月,天下府州、县所举士至者八百六十余人,授官有差。南雄侯赵庸镇广东,讨阳春蛮。

是年,琉球、日本、安南、占城、真腊、爪哇入贡,日本以无表却之。

十四年春正戊子,徐达为征虏大将军,汤和、傅友德为左、右副将军,帅师讨乃儿不花。命新授官者各举所知。乙未,大祀天地于南郊。壬子,罢天下岁造兵器。癸丑,命公、侯子弟入国学。丙辰,诏求隐逸。二月庚辰,核天下官田。三月丙戌,大赦。辛丑,颁《五经》《四书》于北方学校。

夏四月庚午,徐达率诸将出塞,至北黄河,击破元兵,获全宁四部以归。五月,五溪蛮叛,江夏侯周德兴讨平之。

秋八月丙子,诏求明经老成之士,有司礼送京师。庚辰,河决原武、祥符、中牟。辛巳,徐达还。九月壬午朔,傅友德为征南将军,蓝玉、沐英为左、右副将军,帅师征云南。徐达镇北平。丙午,周德兴移师讨施州蛮,平之。

冬十月壬子朔,日有食之。癸丑,命法司录囚,会翰林院、给事中及春坊官会议平允以闻。甲寅,免应天、太平、广德、镇江、宁国田租。癸亥,分遣御史录囚。己卯,延安侯唐胜宗帅师讨浙东山寇,平之。十一月壬午,吉安侯陆仲亨镇成都。庚戌,赵庸讨广州海寇,大破之。十二月丁巳,命翰林春坊官考驳诸司章奏。戊辰,傅友德大败元兵于白石江,遂下曲靖。壬申,元梁王把匝剌瓦尔密走普宁自杀。

是年,暹罗、安南、爪哇、朵甘、乌斯藏入贡。以安南寇思明,不纳。

十五年春正月辛巳,宴群臣于谨身殿,始用九奏乐。景川侯曹震、定远侯王弼下威楚路。壬午,元曲靖宣慰司及中庆、澄江、武定诸路俱降,云南平。己丑,减大辟囚。乙未,大祀天地于南郊。庚戌,命天下朝觐官各举所知一人。二月壬子,河决河南,命驸马都尉李祺振之。甲寅,以云南平,诏天下。闰月癸卯,蓝玉、沐英克大理,分兵徇鹤庆、丽江、金齿,俱下。三月庚午,河决朝邑。

夏四月甲申,迁元梁王把匝剌瓦尔密及威顺王子伯伯等家属于耽罗。丙戌,诏天下

宫廷乐舞

通祀孔子。壬辰，免畿内、浙江、江西、河南、山东税粮。五月乙丑，太学成，释奠于先师孔子。丙子，广平府吏王允道请开磁州铁冶。帝曰："朕闻王者使天下无遗贤，不闻无遗利。今军器不乏，而民业已定，无益于国，且重扰民。"杖之，流岭南。丁丑，遣行人访经明行修之士。

秋七月乙卯，河决荥泽、阳武。辛酉，罢四辅官。乙亥，傅友德、沐英击乌撒蛮，大败之。八月丁丑，复设科取士，三年一行，为定制。丙戌，皇后崩。己丑，延安侯唐胜宗、长兴侯耿炳文屯田陕西。丁酉，擢秀才曾泰为户部尚书。辛丑，命征至秀才分六科试用。九月己酉，吏部以经明行修之士郑韬等三千七百余人入见，令举所知，复遣使征之。赐韬等钞，寻各授布政使、参政等官有差。庚午，葬孝慈皇后于孝陵。

冬十月丙子，置都察院。丙申，录囚。甲辰，徐达还。是月，广东群盗平，诏赵庸班师。十一月戊午，置殿阁大学士，以邵质、吴伯宗、宋讷、吴沉为之。十二月辛卯，振北平被灾屯田士卒。己亥，永城侯薛显理山西军务。

是年，爪哇、琉球、乌斯藏、占城入贡。

十六年春正月乙卯，大祀天地于南郊。戊午，徐达镇北平。二月丙申，初命天下学校岁贡士于京师。三月甲辰，召征南师还，沐英留镇云南。丙寅，复凤阳、临淮二县民徭赋，世世无所与。

夏五月庚申，免畿内各府田租。六月辛卯，免畿内十二州县养马户田租一年，滁州免二年。

秋七月，分遣御史录囚。八月壬申朔，日有食之。九月癸亥，申国公邓镇为征南将军，讨龙泉山寇，平之。

冬十月丁丑，召徐达等还。十二月甲午，刑部尚书开济有罪诛。

是年，琉球、占城、西番、打箭炉、暹罗、须文达那入贡。

十七年春正月丁未，大祀天地于南郊。戊申，徐达镇北平。壬戌，汤和巡视沿海诸城防倭。三月戊戌朔，颁科举取士式。曹国公李文忠卒。甲子，大赦天下。

夏四月壬午，论平云南功，进封傅友德颍国公，陈恒等侯者四人，大赉将士。庚寅，收阵亡遗骸。增筑国子学舍。五月丙寅，凉州指挥宋晟讨西番于亦集乃，败之。

秋七月戊戌，禁内官预外事，敕诸司毋通内官监文移。癸丑，诏百官迎养父母者，官给舟车。丁巳，免畿内今年田租之半。庚申，录囚。壬戌，盱眙人献天书，斩之。八月丙寅，河决开封。壬申，决杞县，遣官塞之。己丑，蠲河南诸省逋赋。

冬十月丙子，河南、北平大水，分遣驸马都尉李祺等振之。闰月癸丑，诏天下罪囚，刑部、都察院详议，大理寺覆谳后奏决。是月，召徐达还。十二月壬子，蠲云南逋赋。

是年，琉球、暹罗、安南、占城入贡。

十八年春正月辛未，大祀天地于南郊。癸酉，朝觐官分五等考绩，黜陟有差。二月甲辰，以久阴雨雷雹，诏臣民极言得失。己未，魏国公徐达卒。三月壬戌，赐丁显等进士及第、出身有差。诏中外官父母殁任所者，有司给舟车归其丧，著为令。乙亥，免畿内今年田租。命天下郡县瘗暴骨。丙子，初选进士为翰林院、承敕监、六科庶吉士。己丑，户部侍郎郭恒坐盗官粮诛。

夏四月丁酉，吏部尚书余炽以罪诛。丙辰，思州蛮叛，汤和为征虏将军，周德兴为副将军，帅师从楚王桢讨之。六月戊申，定外官三年一朝，著为令。

秋七月甲戌，封王颛为高丽国王。庚辰，五开蛮叛。八月庚戌，冯胜、傅友德、蓝玉备边北平。是月，赈河南水灾。

冬十月己丑，颁《大诰》于天下。癸卯，召冯胜还。甲辰，诏曰："孟子传道，有功名教。历年既久，子孙甚微。近有以罪输作者，岂礼先贤之意哉。其加意询访，凡圣贤后裔输作者，皆免之。"是月，楚王桢、信国公汤和讨平五开蛮。十一月乙亥，蠲河南、山东、北平田租。十二月丙午，诏有司举孝廉。癸丑，麓川平缅宣慰使思伦发反，都督冯诚败绩。千户王升死之。

是年，高丽、琉球、安南、暹罗入贡。

十九年春正月辛酉，振大名及江浦水灾。甲子，大祀天地于南郊。是月，征蛮师还。二月丙申，耕耤田。癸丑，赈河南饥。

夏四月甲辰，诏赎河南饥民所鬻子女。六月甲辰，诏有司存问高年。贫民年八十以上，月给米五斗，酒三斗，肉五斤；九十以上，岁加帛一匹，絮一斤；有田产者罢给米。应天、凤阳富民年八十以上赐爵社士，九十以上乡士；天下富民年八十以上里士，九十以上社士。皆与县官均礼，复其家。鳏寡孤独不能自存者，岁给米六石。士卒战伤除其籍，赐复三年。将校阵亡，其子世袭加一秩。岩穴之士，以礼聘遣。丁未，赈青州及郑州饥。

秋七月癸未，诏举经明行修练达时务之士。年六十以上者，置翰林备顾问；六十以下，于六部、布按二司用之。八月甲辰，命皇太子修泗州盱眙祖陵，葬德祖以下帝后冕服。九月庚申，屯田云南。

冬十月，命官军已亡子女幼或父母老者皆给全俸，著为令。十二月癸未朔，日有食之。是月，命宋国公冯胜分兵防边。发北平、山东、山西、河南民运粮于大宁。

是年，高丽、琉球、暹罗、占城、安南入贡。

二十年春正月癸丑，冯胜为征虏大将军，傅友德、蓝玉副之，率师征纳哈出。焚锦衣卫刑具，以系囚付刑部。甲子，大祀天地于南郊。礼成，天气清明。侍臣进曰："此陛下敬天之诚所致。"帝曰："所谓敬天者，不独严而有礼，当有其实。天以子民之任付于君，为君者欲求事天，必先恤民。恤民者，事天之实也。即如国家命人任守令之事，若不能福民，则是弃君之命，不敬孰大焉。"又曰："为人君者，父天母地子民，皆职分之所当尽，祀天地，非祈福于己，实为天下苍生也。"二月壬午，阅武。乙未，耕耤田。三月辛亥，冯胜率师出松亭关，城大宁、宽河、会州、富峪。

夏四月戊子，江夏侯周德兴筑福建濒海城，练兵防倭。六月庚子，临江侯陈镛从征失道，战没。癸卯，冯胜兵逾金山。丁未，纳哈出降。闰月庚申，师还次金山，都督濮英殿军，遇伏，死之。

秋八月癸酉，收冯胜将军印，召还。蓝玉摄军事。景川侯曹震屯田云南品甸。九月戊寅，封纳哈出海西侯。癸未，置大宁都指挥使司。丁酉，安置郑国公常茂于龙州。丁未，蓝玉为征虏大将军，延安侯唐胜宗、武定侯郭英副之，北征沙漠。是月，城西宁。

冬十月戊申，封朱寿为舳舻侯，张赫为航海侯。是月，冯胜罢归凤阳，奉朝请。十一月壬午，普定侯陈桓、靖宁侯叶升屯田定边、姚安、毕节诸卫。己丑，汤和还，凡筑宁海、临山等五十九城。十二月，赈登、莱饥。

是年，琉球、安南、高丽、占城、真腊、朵甘、乌斯藏入贡。

二十一年春正月辛巳，麓川蛮思伦发入寇马龙他郎甸，都督宁正击败之。辛卯，大祀天地于南郊。甲午；赈青州饥，逮治有司匿不以闻者。三月乙亥，赐任亨泰等进士及第、出身有差。丙戌，赈东昌饥。甲辰，沐英讨思伦发败之。

夏四月丙辰，蓝玉袭破元嗣君于捕鱼儿海，获其次子地保奴及妃主王公以下数万人而还。五月甲戌朔，日有食之。六月甲辰，信国公汤和归凤阳。甲子，傅友德为征南将军，沐英、陈桓为左、右副将军，帅师讨东川叛蛮。

秋七月戊寅，安置地保奴于琉球。八月癸丑，徙泽、潞民无业者垦河南、北田，赐钞备农具，复三年。丁卯，蓝玉师还，大赉北征将士。戊辰，封孙恪为全宁侯。是月，御制八谕饬武臣。九月丙戌，秦、晋、燕、周、楚、齐、湘、鲁、潭九王来朝。癸巳，越州蛮阿资叛，沐英会傅友德讨之。

冬十月丁未，东川蛮平。十二月壬戌，进封蓝玉凉国公。

是年，高丽、占城、琉球、暹罗、真腊、撒马儿罕、安南入贡。诏安南三岁一朝，象犀之属毋献。安南黎季犛弑其主炜。

二十二年春正月丙戌，改大宗正院曰宗人府，以秦王樉为宗人令，晋王棡、燕王棣为左、右宗正，周王橚、楚王桢为左、右宗人。丁亥，大祀天地于南郊。乙未，傅友德破阿资于普安。二月己未，蓝玉练兵四川。壬戌，禁武臣预民事。癸亥，湖广千户夏德忠结九溪蛮作乱，靖宁侯叶升讨平之，得忠伏诛。是月，阿资降。三月庚午，傅友德率诸将分屯四川、湖广，防西南蛮。

夏四月己亥，徙江南民田淮南，赐钞备农具，复三年。癸丑，魏国公徐允恭、开国公常升等练兵湖广。甲寅，徙元降王于眈罗。是月，遣御史按山东官匿灾不奏者。五月辛卯，置泰宁、朵颜、福余三卫于兀良哈。

秋七月，傅友德等还。八月乙卯，诏天下举高年有德识时务者。是月，更定《大明律》。九月丙寅朔，日有食之。

冬十一月丙寅，宣德侯金镇等练兵湖广。己卯，思伦发入贡谢罪，麓川平。十二月甲辰，周王橚有罪，迁云南。寻罢徙，留居京师。定远侯王弼等练兵山西、河南、陕西。

是年，高丽、安南、占城、暹罗、真腊入贡。元也速迭儿弑其主脱古思帖木儿而立坤帖木儿。高丽废其主禑，又废其主昌。安南黎季犛复弑其主日焜。

二十三年春正月丁卯，晋王㭎、燕王棣帅师征元丞相咬住、太尉乃儿不花，征虏前将军颍国公傅友德等皆听节制。己卯，大祀天地于南郊。庚辰，贵州蛮叛，延安侯唐胜宗讨平之。乙酉，齐王榑帅师从燕王棣北征。赣州贼为乱，东川侯胡海充总兵官，普定侯陈恒、靖宁侯叶升为副将，讨平之。唐胜宗督贵州各卫屯田。二月戊申，蓝玉讨平西番叛蛮。丙辰，耕耤田。癸亥，河决归德，发诸军民塞之。三月癸己，燕王棣师次迤都，咬住等降。

夏四月，吉安侯陆仲亨等坐胡惟庸党下狱。丙申，潭王梓自焚死。闰月丙子，蓝玉平施南、忠建叛蛮。五月甲午，遣诸公侯还里，赐金币有差。乙卯，赐太师韩国公李善长死，陆仲亨等皆坐诛。作《昭示奸党录》，布告天下。六月乙丑，蓝玉遣凤翔侯张龙平都匀、散毛诸蛮。庚寅，授耆民有才德者知典故者官。

秋七月壬辰，河决开封，赈之。癸巳，崇明、海门风雨海溢，遣官赈之，发民二十五万筑堤。八月壬申，诏毋以吏卒充选举。蓝玉还。是月，赈河南、北平、山东水灾。九月庚寅朔，日有食之。

冬十月己卯，赈湖广饥。十一月癸丑，免山东被灾田租。十二月癸亥，令殊死以下因输粟北边自赎。壬申，罢天下岁织文绢。

是年，墨剌、哈梅里、高丽、占城、真腊、琉球、暹罗入贡。

二十四年春正月癸卯，大祀天地于南郊。戊申，颍国公傅友德为征虏将军，定远侯王弼、武定侯郭英副之，备北平边。丁巳，免山东田租。二月壬申，耕耤田。三月戊子朔，日有食之。魏国公徐辉祖、曹国公李景隆、凉国公蓝玉等备边陕西。乙未，靖宁侯叶升练兵甘肃。丁酉，赐许观等进士及第、出身有差。

夏四月辛未，封皇子㭎为庆王、权宁王、楩岷王、橞谷王、松韩王、模沈王、楹安王、柽唐王、栋郢王、㰘伊王。癸未，燕王棣督傅友德诸将出塞，败敌而还。五月戊戌，汉、卫、谷、庆、宁、岷六王练兵临清。六月己未，诏廷臣参考历代礼制，更定冠服、居室、器用制度。甲子，久旱录囚。

秋七月庚子，徙富民实京师。辛丑，免畿内官田租之半。八月乙卯，秦王樉有罪，召还京师。乙丑，皇太子巡抚陕西。乙亥，都督佥事刘真、宋晟讨哈梅里，败之。九月乙酉，遣使谕西域。是月，倭寇雷州，百户李玉、镇抚陶鼎战死。

冬十月丁巳，免北平、河间被水田租。十一月甲午，五开蛮叛，都督佥事茅鼎讨平之。

庚戌,皇太子还京师,晋王㭎来朝。辛亥,赈河南水灾。十二月庚午,周王橚复国。辛巳,阿资复叛,都督佥事何福讨降之。

是年,天下郡县赋役黄册成,计户千六十八万四千四百三十五,丁五千六百七十七万四千五百六十一。琉球、暹罗、别失八里、撒马儿罕入贡。以占城有篡逆事,却之。

二十五年春正月戊子,周王橚来朝。庚寅,河决阳武,发军民塞之,免被水田租。乙未,大祀天地于南郊。何福讨都匀、毕节诸蛮,平之。辛丑,令死囚输粟塞下。壬寅,晋王㭎、燕王棣、楚王桢、湘王柏来朝。二月戊午,召曹国公李景隆等还京师。靖宁侯叶升等练兵于河南及临、巩、甘、凉、延庆。都督茅鼎等平五开蛮。丙寅,耕耤田。庚辰,诏天下卫所军以十之七屯田。三月癸未,冯胜等十四人分理陕西、山西、河南诸卫军务。庚寅,改封豫王桂为代王,汉王㮦为肃王,卫王植为辽王。

夏四月壬子,凉国公蓝玉征罕东。癸丑,建昌卫指挥月鲁帖木儿叛,指挥鲁毅败之。丙子,皇太子标薨。戊寅,都督聂纬、徐司马、瞿能讨月鲁帖木儿,俟蓝玉还,并听节制。五月辛巳,蓝玉至罕东,寇遁,遂趋建昌。己丑,振陈州原武水灾。六月丁卯,西平侯沐英卒于云南。

秋七月庚辰,秦王㭎复国。癸未,指挥瞿能败月鲁帖木儿于双狼寨。八月己未,江夏侯周德兴坐事诛。丁卯,冯胜、傅友德帅开国公常升等分行山西,籍民为军,屯田于大同、东胜,立十六卫。甲戌,给公、侯岁禄,归赐田于官。丙子,靖宁侯叶升坐胡惟庸党诛。九月庚寅,立皇孙允炆为皇太孙。高丽李成桂幽其主瑶而自立,以国人表来请命,诏听之,更其国号曰朝鲜。

冬十月乙亥,沐春袭封西平侯,镇云南。十一月甲午,蓝玉擒月鲁帖木儿,诛之,召玉还。十二月甲戌,宋国公冯胜、颍国公傅友德等兼东宫师保官。闰月戊戌,冯胜为总兵官,傅友德副之,练兵山西、河南,兼领屯卫。

是年,琉球中山、山南、高丽、哈梅里入贡。

二十六年春正月戊申,免天下耆民来朝。辛酉,大祀天地于南郊。二月丁丑,晋王㭎统山西、河南军出塞,召冯胜、傅友德、常升、王弼等还。乙酉,蜀王椿来朝。凉国公蓝玉以谋反,并鹤庆侯张翼、普定侯陈桓、景川侯曹震、舳舻侯朱寿、东莞伯何荣、吏部尚书詹徽等皆坐诛。己丑,颁《逆臣录》于天下。庚寅,耕田。三月辛亥,代王桂率护卫兵出塞,听晋王节制。长兴侯耿炳文练兵陕西。丙辰,冯胜、傅友德备边山西、北平,其属卫将校悉听晋王、燕王节制。庚申,诏二王军务大者始以闻。壬戌,会宁侯张温坐蓝玉党诛。

夏四月乙亥,孝感饥,遣使乘传发仓贷之。诏自今遇岁饥,先贷后闻,著为令。戊子,周王橚来朝。庚寅,旱,诏群臣直言得失,省狱囚。丙申,以安南擅废立,绝其朝贡。

秋七月甲辰朔,日有食之。戊申,选秀才张宗浚等随詹事府官分直文华殿,侍皇太孙。八月,秦、晋、燕、周、齐五王来朝。九月癸丑,代、肃、辽、庆、宁五王来朝。赦胡惟庸、蓝玉余党。

冬十月丙申,擢国子监生六十四人为布政使等官。十二月,颁《永鉴录》于诸王。

是年,琉球、爪哇、暹罗入贡。

二十七年春正月乙卯,大祀天地于南郊。辛酉,李景隆为平羌将军,镇甘肃。发天下仓谷贷贫民。三月庚子，赐张信等进士及第、出身有差。辛丑，魏国公徐辉祖、安陆侯吴杰备倭浙江。庚戌，课民树桑、枣、木棉。甲子，以四方底平，收藏甲兵，示不复用。

秋八月甲戌，吴杰及永定侯张铨率致仕武臣，备倭广东。乙亥，遣国子监生分行天下，督吏民修水利。丙戌，阶、文军乱，都督甯正为平羌将军讨之。九月，徐辉祖节制陕西沿边诸军。

冬十一月乙丑，颍国公傅友德坐事诛。阿资复叛，西平侯沐春击败之。十二月乙亥，定远侯王弼坐事诛。

是年，乌斯藏、琉球、缅、朵甘、爪哇、撒马儿罕、朝鲜入贡。安南来贡，却之。

二十八年春正月丙午，阶、文寇平，甯正以兵从秦王樉征洮州叛番。丁未，大祀天地于南郊。甲子，西平侯沐春擒斩阿资，越州平。是月，周王橚、晋王棡、率河南、山西诸卫军出塞，筑城屯田。燕王棣帅总兵官周兴出辽东塞。二月丁卯，宋国公冯胜坐事诛。己丑，谕户部编民百户为里。婚姻死丧疾病患难，里中富者助财，贫者助力。春秋耕获，通力合作，以教民睦。

夏六月壬申，诏诸土司皆立儒学。辛巳，周兴等自开原追敌至甫答迷城，不及而还。己丑，御奉天门，谕群臣曰："朕起兵至今四十余年，灼见情伪，惩创奸顽，或法外用刑，本非常典。后嗣止循《律》与《大诰》，不许用黥刺、剕、劓、阉割之刑。臣下敢以请者，置重典。"又曰："朕罢丞相，设府、部、都察院分理庶政，事权归于朝廷。嗣君不许复立丞相。臣下敢以请者置重典。皇亲惟谋逆不赦。余罪，宗亲会议取上裁。法司只许举奏，毋得擅逮。勒诸典章，永为遵守。"

秋八月丁卯，都督杨文为征南将军，指挥韩观、都督金事宋晟副之，讨龙州土官赵宗寿。戊辰，信国公汤和卒。辛巳，赵宗寿服罪来朝，杨文移兵讨奉议、南丹叛蛮。九月丁酉，免畿内、山东秋粮。庚戌，颁《皇明祖训条章》于中外，"后世有言更祖制者，以奸臣论"。十一月乙亥，奉议、南丹蛮悉平。十二月壬辰，诏河南、山东桑枣及二十七年后新垦田，毋征税。

是年，朝鲜、琉球、暹罗入贡。

二十九年春正月壬申，大祀天地于南郊。二月癸卯，征虏前将军胡冕讨郴、桂蛮，平之。辛亥，燕王棣率师巡大宁，周世子有燉率师巡北平关隘。三月辛酉，楚王桢、湘王柏来朝。甲子，燕王败敌于彻彻儿山，又追败之于兀良哈秃城而还。

秋八月丁未，免应天、太平五府田租。九月乙亥，招致仕武臣二千五百余人入朝，大赉之，各进秩一级。

是年，琉球、安南、朝鲜、乌斯藏入贡。

三十年春正月丙辰，耿炳文为征西将军，郭英副之，巡西北边。丙寅，大祀天地于南郊。丁卯，置行太仆寺于山西、北平、陕西、甘肃、辽东，掌马政。己巳，左都督杨文屯田辽东。是月，沔县盗起，诏耿炳文讨之。二月庚寅，水西蛮叛，都督金事顾成为征南将军，讨平之。三月癸丑，赐陈䢿等进士及第、出身有差。庚辰，古州蛮叛，龙里千户吴得、镇抚井孚战死。

夏四月己亥，都指挥齐让为平羌将军，讨之。壬寅，水西蛮平。五月壬子朔，日有食之。乙卯，楚王桢、湘王柏帅师讨古州蛮。六月辛巳，赐礼部覆试贡士韩克忠等进士及第、出身有差。己酉，驸马都尉欧阳伦有罪赐死。

秋八月丁亥，河决开封。甲午，李景隆为征虏大将军，练兵河南。九月庚戌，汉、沔寇平。戊辰，麓川平缅土酉刀幹孟逐其宣慰使思伦发以叛。乙亥，都督杨文为征虏将军，代齐让。

冬十月戊子，停辽东海运。辛卯，耿炳文练兵陕西。乙未，重建国子监先师庙成。十一月癸酉，沐春为征虏前将军，都督何福等副之，讨刀幹孟。

是年，琉球、占城、朝鲜、暹罗、乌斯藏、泥八剌入贡。

三十一年春正月壬戌，大祀天地于南郊。乙丑，遣使之山东、河南课耕。二月乙酉，倭寇宁海，指挥陶铎击败之。辛丑，古州蛮平，召杨文还。甲辰，都督金事徐凯讨平麽些蛮。

夏四月庚辰，廷臣以朝鲜屡生衅隙请讨，不许。五月丁未，沐春击刀幹孟，大败之。甲寅，帝不豫。戊午，都督杨文从燕王棣，武定侯郭英从辽王植，备御开平，俱听燕王节制。

闰月癸未，帝疾大渐。乙酉，崩于西宫，年七十有一。遗诏曰："朕膺天命三十有一年，忧危积心，日勤不怠，务有益于民。奈起自寒微，无古人之博知，好善恶恶，不及远矣。今得万物自然之理，其奚哀念之有。皇太孙允炆仁明孝友，天下归心，宜登大位。内外文武臣僚同心辅政，以安吾民。丧祭仪物，毋用金玉。孝陵山川因其故，毋改作。天下臣民，哭临三日，皆释服，毋妨嫁娶。诸王临国中，毋至京师。诸不在令中者，推此令从事。"辛卯，葬孝陵。谥曰高皇帝，庙号太祖。永乐元年，谥圣神文武钦明启运俊德成功统天大孝高皇帝。嘉靖十七年，增谥开天行道肇纪立极大圣至神仁文义武俊德成功高皇帝。

帝天授智勇，统一方夏，纬武经文，为汉、唐、宋诸君所未及。当其肇造之初，能沉几观变，次第经略，绰有成算。尝与诸臣论取天下之略，曰："朕遭时丧乱，初起乡土，本图自全。及渡江以来，观群雄所为，徒为生民之患，而张士诚、陈友谅尤为巨蠹。士诚恃富，友谅恃强，朕独无所恃。惟不嗜杀人，布信义，行节俭，与卿等同心共济。初与二寇相持，士诚尤逼近，或谓宜先击之。朕以友谅志骄，士诚器小，志骄则好生事，器小则无远图，故先攻友谅。鄱阳之役，士诚卒不能出姑苏一步，以为之援。向使先攻士诚，浙西负固坚守，友谅必空国而来，吾腹背受敌矣。二寇既除，北定中原，所以先山东、次河洛，止潼关之兵不遽取秦、陇者，盖扩廓帖木儿、李思齐、张思道皆百战之余，未肯遽下，急之则并力一隅，猝未易定，故出其不意，反旗而北。燕都既举，然后西征。张、李望绝势穷，不战而克，然扩廓犹力抗不屈。向令未下燕都，骤与角力，胜负未可知也。"帝之雄才大略，料敌制胜，率类此。故能勘定祸乱，以有天下。语云："天道后起者胜"，岂偶然哉。

【译文】

太祖开天行道肇纪立极大圣至神仁文义武俊德功成高皇帝，名元璋，字国瑞，姓朱。先世家在沛，后迁到句容，再迁到泗州。父亲朱世珍，开始迁居濠州的锺离。生了四个儿子，太祖为其第四子。母亲陈氏。她刚刚怀孕太祖的时候，梦见神送给她一丸药，放在手中闪闪发光,吞服以后睡醒,口中仍有香气。及生太祖时,红光满屋。从此,每夜多次有火光升起。邻里望见,害怕是发生火灾,总是奔往相救,到太祖家一看则见不到有火光。到他长大以后,姿容相貌一副英雄豪杰的气派,有块奇特的骨头贯穿到头顶。志意广大,人不能推测。

至正四年,旱灾蝗灾并发,大饥大疫同生。太祖时年十七,父母兄长相继死亡,家贫不能治葬。同村的刘继祖送给他一块坟地,才得以安葬,后来的凤阳皇陵即在此。太祖因为孤苦伶仃无依无靠,于是入皇觉寺为僧。过了一个月,游食到了合肥。在路上患病,有二位穿紫色衣服的人与他在一起,对他照护得甚为周到。病愈后,见此二人已不在哪里。于是游历光、固、汝、颍各州凡三年,再回到皇觉寺。当是时,元朝政治腐败,盗贼四起。刘福通崇奉韩山童假称宋朝的后代在颍州起兵,徐寿辉冒用帝号在蕲州起兵,李二、彭大、赵均用在徐州起兵,他们各拥有部众数万人,并且设将帅,杀污吏,攻打郡县,而方国珍已先在海上起事了。其他的盗贼也都拥有武装占据地盘,参与抢掠的人多得很。天下大乱。

至正十二年春二月,定远人郭子兴与其党羽孙德崖等人在濠州起兵。元将彻里不花因害怕不敢去攻打,天天抓良民为俘虏用以邀功请赏。太祖时年二十五,谋求逃避兵火,在神像前求签问卜,出去和留下都不吉利。于是说:"莫非当举大事不成?"问卜得吉利,大为欢喜,于是在闰三月初一日到濠州见郭子兴。子兴见他相貌非凡,当即留为亲兵。太祖每战必胜。郭子兴于是将他所抚养的马公的女儿嫁与太祖为妻,她就是后来的高皇后。每当子兴与德崖发生矛盾的时候,太祖总是一再从中调停和保护郭子兴。

秋九月,元兵收复徐州,李二兵败窜走身死,彭大、赵均用奔往濠州,孙德崖等人招纳了他们。子兴礼待彭大而轻视赵均用,均用因此怨恨他。德崖于是与赵均用合谋,乘子兴外出之机,把他抓起来并且上了刑具押到了孙德崖哪里,准备要杀死他。当时太祖正在淮北,得知郭子兴有难立即跃马扬鞭赶到,告知彭大。彭大一听怒不可遏,马上调兵出发,太祖也披甲持盾,撞开屋门救出郭子兴,解开刑具,叫人把他背回家,于是使郭子兴幸免于死。

这一年冬天,元将贾鲁围困濠州。太祖与子兴力战拒敌。

马皇后

至正十三年春,贾鲁死,濠州解围了。太祖回到村里募兵得七百人。子兴很高兴,命他代理镇抚。当时彭大、赵均用所属的部众恣暴横行,子兴软弱无能,太祖已估计到不能和他共事,于是将所募的士兵委托他人带领,自己与徐达、汤和、费聚等人南攻定远。用计降服了驴牌寨的民兵三千人,和他们一起东去。在横涧山夜袭元将张知院,接收了他的士兵二万人。在路上遇到定远人李善长,与他谈话甚投机非常高兴,于是和他一起攻打滁州,获得胜利。

这一年，张士诚占据高邮，自称诚王。

至正十四年冬十月，元朝丞相脱脱在高邮大败张士诚，分兵包围六合。太祖说："一旦六合城被攻破，滁州也不能避免。"即与耿再成进驻瓦梁堡，以救六合之危。经过一番奋战之后，将年老体弱的护兵送回滁州。元兵不久蜂拥而至，进攻滁州，太祖埋设伏兵诱使他们失败。然而也清醒地估计到元兵势力强盛必会再来，于是送还所缴获的马匹，并派遣父老带着牛和酒前去酬谢元将说："我们守护城是为了防备其他的盗贼，你们为何放去大盗而杀戮良民。"元兵于是解围他去，滁州得以完好无损。脱脱自从打败张士诚以后，军威大振，不料元顺帝中谗言，突然解除他的兵权，江、淮地区的混乱局面更为加剧。

至正十五年春正月，郭子兴采用太祖的计谋，派遣张天祐等人夺取和州，发文书令太祖总领他的军队。太祖考虑到各位将领会不服从，将文书秘而不宣，约定第二天到厅堂开会议事。当时座次以右面为上，第二天开会时各位将领先到会，都坐在右面，太祖故意晚到坐在左面。到办事时，太祖对各种问题的分析决断如同流水一般透彻清晰，而各位将领却瞠目结舌哑口无言，这时他们才开始稍稍屈从太祖。又决定用砖修筑城墙，期限三日。太祖如期完工，各位将领都不能按时完成。至此太祖才开始拿出郭子兴发给他的文书，面向南而坐说："我奉命总领各位的部队，而今筑城皆超过期限，当按军法治罪如何。"各位将领无不惶恐认错。于是下令把军队中所掠夺的妇女搜查出来，释放回家，百姓大为高兴。此时元兵十万人围攻和州，城内将士坚守三个月，粮食已尽，而元朝子秃坚、枢密副使绊住马、民兵元帅陈野先分别驻守在新塘、高望、鸡笼山，因此断绝了运粮饷入和州的道路。太祖率兵打败了他们，元兵皆逃走渡过长江。三月，郭子兴去世。是时刘福通在亳州迎立韩山童的儿子韩林儿为帝，国号宋，年号龙凤。发文书令郭子兴的儿子郭天叙为都元帅，张天和、太祖分别为左右副元帅。太祖很有感慨地说："大丈夫岂宁肯受别人的控制呀。"于是不接受任命。然而又想到韩林儿势力强盛可以作为倚仗，于是使用他的龙凤年号，用以号令军队。

夏四月，常遇春前来加入太祖的队伍。五月，太祖计划渡长江，没有船。恰巧遇到巢湖统帅廖永安、俞通海带领水军千艘前来归附，太祖大喜，立即去安抚慰问他们的部众。由于元朝中丞蛮子海牙控制着铜城闸、马场河各个险要关口，使巢湖水军不能出来。忽然降下大雨，太祖一见喜上心头说："老天助我呀。"于是乘水涨之机从小港纵身而过把船只驶出来，因而得以在峪溪口痛击蛮子海牙，大败其众，于是定计渡长江。各位将领请直接进军集庆。太祖说："攻取集庆必须从采石开始。采石是一个军事重镇，防守必然坚固，牛渚前面靠大江，敌人难以守备，攻其可以必胜的。"六月乙卯，渡江大军乘风扬帆，直达牛渚。常遇春捷足先登，夺取牛渚。在采石的元兵也纷纷溃败。长江沿岸的各个堡垒全部归附。

各位将领因和州无粮可食，争着筹集钱粮计划回和州。太祖对徐达说："渡江幸而得胜，若舍此而回兵和州，江东就不是我们所能占有了。"于是把系船的缆绳全部砍断，放入急流之中，对各位将领说："太平离这里很近，我当与各位一起去夺取它。"于是乘胜夺取太平，俘获元朝万户纳哈出。总管靳义投水而死，太祖说："他是一位义士呀。"命以礼安葬他。同时公开张贴榜文严禁抢掠。有一个士兵违反了命令，当众斩死以示警告，军中秩序井然。太祖还改路为府。设置太平兴国翼元帅府,自己负责总领元帅府的事务,召陶安参幕府事,李习为太平知府。当时太平四面都是元兵。元朝右丞阿鲁灰、中丞蛮子海牙等人严令其军堵截姑孰口,陈野先水军率领康茂才用数万人围攻太平城。太祖派徐达、邓愈、汤和督兵迎战,另外遣将暗中出其后,前后夹攻他们,活捉陈野先并降服其部众,阿鲁灰等人见势不利收兵而去。

秋九月,郭天叙、张天祐进攻集庆,陈野先叛变,郭、张二人皆战死,于是郭子兴的部将全都归了太祖。陈野先不久为民兵所杀,其从子陈兆先收其部众,驻守方山,与蛮子海牙互为犄角之势伺机夺回太平。

冬十二月壬子,释放纳哈出回到北方。

至正十六年春二月丙子,在采石大败蛮子海牙。三月癸未,进攻集庆,活捉陈兆先,降其众三万六千人,降者皆疑虑重重害怕不能保全自己。为此太祖专门选择骁勇健壮的五百人令入宿卫,他自己解除武器在此通宵达旦酣睡,那些人的心情才开始安定下来。庚寅,在蒋山再次挫败元兵。元朝御史大夫福寿力战身死,蛮子海牙逃归张士诚,康茂才投降。太祖进入集庆城,召集所有的官吏与父老告谕他们说:"元朝政治败坏所在纷扰,各处兵火蜂起,我来不过是为百姓消除战乱而已,你们当和以往一样安居稳定。贤能的人士我将以礼聘使用他们,旧政不方便百姓的一概予以废除,官吏不得贪暴残害我的百姓。"百姓于是大为高兴,喜出望外。改集庆路为应天府,召见夏煜、孙炎、杨宪等十余人,各授以官职,又令埋葬元朝御史大夫福寿以表彰他的忠义。

当是时,元将定定扼守镇江,别不华、杨仲英驻守宁国,青衣军张明鉴占据扬州,八思尔不花驻扎徽州,石抹宜孙守卫处州,石抹宜孙的弟弟石抹厚孙守卫婺州,宋伯颜不花守卫衢州,而池州已经为徐寿辉的部将所占据,张士诚从淮东攻陷平江,转而掠夺浙西。太祖既平定集庆,考虑到士诚、寿辉势力强大,江左、浙右各郡为其所吞并,于是派徐达进攻镇江,大获全胜,定定战死。

夏六月,邓愈攻克广德。

秋七月己卯,各位将领尊奉太祖为吴国公。设置江南行中书省,自己总理行省事务,又设置官属辅佐政务。送信给张士诚,士诚拒不回报,统兵进攻镇江。徐达将其打败,并进而围攻常州,未能攻下。九月戊寅,到镇江,拜谒孔子庙。派儒士告谕父老,劝他们重视农作种植桑麻,随后回到应天。

至正十七年春二月,耿炳文攻克长兴。三月,徐达攻克常州。

夏四月丁卯,亲自带兵攻打宁国,旗开得胜,别不华投降。五月,上元、宁国、句容进献象征丰收的麦穗。六月,赵继祖攻陷江阴。

秋七月,徐达攻克常熟。胡大海攻克徽州,八思尔不花逃走。

冬十月,常遇春攻克池州,缪大亨攻克扬州,张明鉴投降。十二月己丑,释放囚犯。这一年,徐寿辉的部将明玉珍占据重庆路。

至正十八年春二月乙亥,用康茂才为营田使。三月己酉,审核记录囚徒的罪状。邓愈攻克建德路。

夏四月,徐寿辉的部将陈友谅派赵普胜攻陷池州。这一月,陈友谅占据龙兴路。五月,刘福通攻下汴梁,迎韩林儿在此建都。起初,刘福通派遣将领分兵四出,攻入山东,骚扰秦、晋、掠夺幽、蓟、中原大乱,太祖因故得以先后平定江表。所过不杀人,招纳俊才,因此人心日益归附。

冬十二月,胡大海攻打婺州,久久不能攻下。太祖亲自统兵前去攻击。石抹宜孙遣将率领车战部队由松溪入援。太祖说:"道路狭窄,使用车战正是自取灭亡。"命令胡德济在梅花门迎战,大败敌人,婺州投降,活捉石抹宜孙。开战前一天,城中有人望见城西出现如同五色云彩那样的车盖,觉得很奇怪,至此才知道那是太祖驻兵的营地。入城以后,发放粮谷赈济贫民,改婺州为宁越府。召用范祖干、叶仪、许元等十三人,分别轮流讲解经史。戊子,派遣使者招谕方国珍。

至正十九年春正月乙巳,太祖计划夺取浙东尚未攻下的各路。告诫各位将领说:"攻城用武力,治乱用仁义。我及入集庆,秋毫无犯,所以能一举平定。每次听到各位将领攻得一城不妄行杀戮,总是喜不自胜。部队行军迅速如火,若不能稍加约束势必如火燎原。身为将领能以不杀人为勇猛,不仅是国家的利益,子孙后代也会深受其福。"庚申,胡大海攻克诸暨。同月,命令宁越知府王宗显建立府学。三月甲午,赦免犯大逆以下的罪犯。丁巳,方国珍将温、台、庆元进献给太祖,并派其子方关作为人质,不予接受。

夏四月,俞通海等人收复池州。当时耿炳文守卫长兴,吴良守卫江阴,汤和守卫常州,皆多次打败张士诚的部队。太祖因此久留宁越,攻打浙东。六月壬戌,回到应天。

秋八月,元朝察罕帖木儿收复汴梁,刘福通与韩林儿退保安丰。九月,常遇春攻克衢州,活捉宋伯颜不花。

冬十月,派遣夏煜任命方国珍为行省平章,国珍以病为由加以推辞。十一月壬寅,胡大海攻克处州,石抹宜孙逃走。是时元朝守卫各地的兵力单弱,而且闻知中原一片混乱,人心离散,因此江左、浙右诸郡,兵至皆战无不胜,于是西面与陈友谅相毗邻。

至正二十年春二月,元朝福建行省参政袁天禄在福宁投降。三月戊子,召用刘基、宋濂、章溢、叶琛到应天。

夏五月,徐达、常遇春在池州打败陈友谅。闰五月丙辰,陈友谅攻陷太平,守将朱文逊、院判花云、王鼎,知府许瑗被害。不久,友谅杀其主子徐寿辉,自称皇帝,国号汉,江西、湖广的地盘尽归其所有。同时相约张士诚联合攻打应天,应天为此大受震动。各位将领商议首先收复太平用以牵制他们,太祖说:"不可以。陈友谅居长江上游,水军比我们多出十倍,一下子难以收复太平。"有人请太祖亲自率兵迎击,太祖说:"不可以。陈友谅以非主力部队牵制我军,而全军直攻金陵,顺流而下半日即可到达,我军的步兵和骑兵难以紧急返回,百里催战,兵法所忌,不是良策呀。"于是迅速派人命胡大海直捣信州以牵制陈友谅的后方,同时命康茂才去信哄骗友谅,令其速来。友谅果然受骗引兵东下。于是常遇春设伏兵于石灰山,徐达布阵于南门外,杨璟驻守大胜巷,孙德胜等人率水军出龙江关,太祖亲自在卢龙山坐镇指挥。乙丑,陈友谅到龙湾时,众军欲开战,太祖说:"天快下雨了,赶快吃饭,乘雨攻击他。"不一会,果然倾盆大雨,士卒竞相奋勇争先,雨停止之后合力作战,水陆夹击,大败陈友谅。友谅乘坐别的大船逃走。于是收复太平,攻下安庆,过后胡大海也攻克信州。

起初，太祖令康茂才哄骗陈友谅，李善长对此表示疑惑不解。太祖说："陈、张二敌联合，我首尾受敌，只有令其速来先打败他，张士诚就必将丧胆落魄了。"后来张士诚的军队终究不敢出来。丁卯，设置儒学提举司，用宋濂为提举，派长子朱标学习经学。六月，耿再成在庆元打败石抹宜孙，宜孙战死，遣使祭奠他。

秋九月，原来徐寿辉的部将欧普祥在袁州投降。

冬十二月，再次派夏煜送信招谕方国珍。

至正二十一年春二月甲申，建立食盐课税法和茶叶课税法。己亥，置立宝源局。三月丁丑，改枢密院为大都督府。元将薛显在泗州投降。戊寅，方国珍遣使前来谢罪，进献用金玉装饰的马鞍，拒绝接受，说："今日四方多事，所需要的是人才，所急用的是粮食和布匹，珍宝玩物不是我所爱好的。"

秋七月，陈友谅的部将张定边攻陷安庆。八月，派遣使者到元朝平章察罕帖木儿哪里。当时察罕出兵平山东，招降田丰，军威大振，所以太祖要与他通好。刚好遇到察罕正在进攻益都而未能攻下，太祖于是亲自领水军出征陈友谅。戊戌，攻克安庆，陈友谅的部将丁普郎、傅友德出城迎降。壬寅，到达湖口，在江州追击陈友谅并将其打败，攻克江州城，陈友谅逃奔武昌。于是分兵攻打南康、建昌、饶、蕲、黄、广济，所向皆捷。

冬十一月己未，攻克抚州。

至正二十二年春正月，陈友谅的江西行省丞相胡廷瑞在龙兴投降。乙卯，到龙兴，改其为洪都府。拜谒孔子庙。指示父老，废除陈友谅的苛政，罢免各种军需供应，慰问抚恤贫苦百姓和鳏寡孤独，百姓大为高兴。袁、瑞、临江、吉安相继攻下。二月，回到应天。令邓愈留守洪都。癸未，降人蒋英杀死金华守将胡大海，郎中王恺遇难，蒋英叛降张士诚。处州降人李祐之听到蒋英叛变的消息，也起来造反杀死行枢密院判耿再成，都事孙炎、知府王道同、元帅朱文刚遇难。三月癸亥，降人祝宗、康泰起兵反叛，攻陷洪都，邓愈急走应天，洪都知府叶琛、都事万思诚遇难。这一月，明玉珍在重庆称帝，国号夏。

夏四月己卯，邵荣收复处州。甲午，徐达收复洪都。五月丙午，命朱文正、赵德胜、邓愈镇守洪都。六月戊寅，察罕帖禾儿命人送信来报，扣留太祖派去的使者不予遣还。不久察罕被田丰杀死。

秋七月丙辰，平章邵荣、参政赵继祖阴谋反对太祖，被杀死。

冬十二月，元朝派尚书张昶从海上到达庆元，任命太祖为江西行省平章政事，不接受。察罕帖木儿的儿子扩廓帖木儿致信将送回使者。

至正二十三年春正月丙寅，派汪河前去回报扩廓帖木儿。二月壬申，命将士屯田积谷。同月，陈友谅的部将张定边攻陷饶州。张士诚的部将吕珍攻破安丰，杀死刘福通。三月辛丑，太祖亲自督兵救安丰，吕珍兵败逃走。太祖与韩林儿一起回滁州，然后自己才回到应天。

夏四月壬戌，陈友谅调大军围攻洪都。乙丑，诸全守将谢再兴叛变，归附于张士诚。五月，建筑礼贤馆。陈友谅分兵攻陷吉安，参政刘齐、知府朱叔华被害，又攻陷临江，同知赵天麟被害。再陷无为州，知州董曾被害。

秋七月癸酉，太祖亲自统兵救洪都。癸未，到湖口，首先在泾江口以及南湖觜埋设伏兵,阻止陈友谅的归路,发文书命令信州的军队守住武阳渡。陈友谅得知太祖到洪都,撤兵解围,在鄱阳湖迎战太祖。陈友谅的军队号称六十万人,连接大船为战斗陈列,船楼高十余丈,长达数十里,各种旗帜和成堆的兵器,远远望去犹如一座山。丁亥,双方在康郎山遭遇,太祖把他的军队分为十一队以抗御陈友谅。戊子,太祖的军队合力作战,徐达出击陈友谅的前锋,俞通海用火炮焚毁陈友谅的战船数十艘,双方杀伤大略相当。陈友谅的猛将张定边直接进攻太祖所在的战船,使该战船搁浅在沙滩上,不能退却,处境非常危险。幸亏常遇春从旁边射中张定边,俞通海再统兵来援,由于船只骤然驶进使湖水随着涌过来,太祖的战船才得以脱离险境。己丑,陈友谅用所有的大船出战,太祖的各位将领船小,仰攻不利,脸有惧色。太祖亲自指挥,仍畏缩不前,当众斩死十余个畏敌退缩的人,这时才人人拼死力战。到午后,东北忽起大风,于是命令敢死的勇士驾驶七只战船,在芦苇中堆满火药,放火焚烧陈友谅的战船。风烈火猛,烟焰满天,把湖水照得一片赤红。陈友谅的军队一时大乱,各位将领摇旗呐喊乘胜前进,斩杀陈友谅军二千多人,烧死淹死的不计其数。陈友谅的气焰由此丧失。辛卯,双方再次交战,陈友谅再大败。于是收船自守,不敢再战。壬辰,太祖转移部队控制左蠡,陈友谅也退保渚矶。相持三天,陈友谅的左、右二金吾将军都投降了。陈友谅的势力日益穷蹙,愤怒异常,竟把所俘获的将士全部杀死。而太祖则将所有的俘虏释放遣还,受伤的用良药给予医治,并且祭奠他们阵亡的亲戚和将领。八月壬戌,陈友谅由于粮食已尽,转移到南湖觜,为南湖的驻军所阻挡,于是突入湖口。太祖进行阻击,顺流搏战,到达泾江。泾江的守军再拦击他,陈友谅中流箭身亡。张定边与其子陈理逃奔武昌。

九月,回到应天,论功行赏。当初,太祖亲自统兵救安丰,刘基进谏不听。至此他对刘基说:"我不应当有安丰之行,假使陈友谅乘虚直捣应天,建功立业的大事就会丧失殆尽了。但他却把自己的军队困顿在南昌,除了坐等灭亡之外还能得到什么。陈友谅灭亡,天下就不难平定了。"壬午,亲自领兵征讨陈理。同月,张士诚自称吴王。

冬十月壬寅,包围武昌,分兵攻打湖北各路,皆取得胜利。十二月丙申,回到应天,留常遇春总督各路兵马。

至正二十四年春正月丙寅初一,李善长等人率领群臣劝太祖即皇帝位,不允许。一再恳请,于是就吴王位。立文武百官。用李善长为右相国,徐达为左相国,常遇春、俞通海为平章政事,指示他们说:"立国之初,应当先正法度。元朝昏暗,权力下移,致使天下大乱,今日宜引以为鉴。"立长子朱标为嫡长子。二月乙未,再次亲自带兵出征武昌,陈理投降,汉、沔、荆、岳皆攻下。三月乙丑,回到应天。丁卯,设立起居注。庚午,罢去各翼元帅府,置立十七卫亲军指挥使司,命中书省召用文武人才。

夏四月,修建忠臣祠,在康郎山祭祀遇难的丁普郎等人,在南昌祭祀赵德胜等人。

秋七月丁丑,徐达攻克庐州。戊寅,常遇春攻江西。八月戊戌,收复吉安,于是进围赣州。徐达攻打荆、湘各路。九月甲申,攻下江陵,夷陵、潭、归都投降。

冬十二月庚寅,徐达攻克辰州,并派别的将领攻下衡州。

至正二十五年春正月己巳,徐达攻下宝庆,湖湘平定。常遇春攻克赣州,熊天瑞投降。于是进军南安,招谕岭南各路,攻下韶州、南雄。甲申,到南昌,逮捕大都督朱文正回

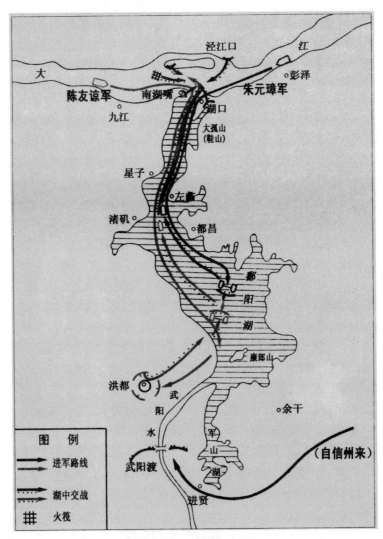

鄱阳湖之战作战经过示意图

应天,列其罪状,安置于桐城。二月己丑,福建行省平章陈友定侵扰处州,参军胡深击败他,于是攻下浦城。丙午,张士诚的部将李伯升进攻诸全的新城,李文忠将他打得大败。

夏四月庚寅,常遇春攻打襄、汉各路。五月乙亥,攻克安陆。己卯,攻下襄阳。六月壬子,朱亮祖、胡深攻打建宁,在城下激战,胡深被俘,遇害。

秋七月,命令抚养随从他渡江受伤残疾的士兵,死亡的赡养其妻子儿女。九月丙辰,建立国子学。

冬十月戊戌,下令讨伐张士诚。这时,张士诚所占据的地盘,南至绍兴,北拥有通、泰、高邮、淮安、濠、泗,再往北到达济宁。于是命徐达、常遇春等人首先牟取淮东。闰十月,进围泰州,攻下。十一月,张士诚侵扰宜兴,徐达击败他,于是自宜兴回师进攻高邮。

至正二十六年春正月癸未,张士诚伺机攻占江阴,太祖亲自统兵前往救援,张士诚逃走，康茂才在浮子门追击打败他。太祖回到应天。二月，明玉珍死，子明升自立为帝。三月丙申，令中书省严格选举人才。徐达攻克高邮。

夏四月乙卯，在淮安用计攻破张士诚部将徐义的水军，徐义逃走，梅思祖在城中投降。濠、徐、宿三州相继攻下，淮东平定。甲子，到濠州拜祭祖墓，设置守坟户二十家，赐给旧友汪文、刘英粮食和布匹。办酒席召乡亲父老开怀畅饮，说："我离开乡里十多年，经过艰难百战，才得以回乡祭坟墓，与父老子弟再次相见。今日苦于不得久留与各位欢聚同乐。希望父老好好教育子弟孝顺父母、尊敬兄长、努力种田，不要远出经商，临淮郡县尚在遭受劫掠之苦，各位父老珍重自爱。"令有关部门免除租赋，众皆叩头谢恩。辛末，徐达攻克安丰，在徐州分兵打败扩廓帖木儿。夏五月壬午，自濠州回到应天。庚寅，命访求古今各种书籍。

秋八月庚戌，改建应天城，在钟山的南面建造新的宫殿。辛亥，任命徐达为大将军，常遇春为副将军，统兵二十万讨伐张士诚。在宫门誓师说："攻下平江城之日，不要杀人抢掠，不要毁坏房舍，不要破坏田地。张士诚的母亲埋葬在平江城外，不要侵毁。"过后召问徐达、常遇春，此行用兵当先从何处入手。常遇春想直捣平江。太祖说："湖州张天骐、杭州潘原明为张士诚的手臂手指，一旦平江受到困逼，两人必会全力入援，我军就难以取胜。不如先攻湖州，使敌疲于奔命，一旦将张士诚的羽翼分开，平江的形势就必然是孤立无援，立即可以攻破。"甲戌，在湖州打败张天骐，张士诚亲自率兵赴援，又在皂林被打败。九月乙未，李文忠攻打杭州。

冬十月壬子，常遇春在乌镇挫败张士诚的部队。十一月甲申，张天骐投降。辛卯，李文忠攻下余杭，潘原明投降，余抗周边各地也都攻下了。癸卯，合围平江。十二月，韩林儿去世。以明年为吴元年，建筑庙社宫殿，祭告山川诸神。有关部门进献宫殿图式，命令删去雕琢华丽的部分。

该年，元朝扩廓帖木儿与李思齐、张良弼构恶交怨，一再互相攻击，朝廷的命令得不到实行，中原地区的百姓日益困苦。

至正二十七年春正月戊戌，指示中书省说："东南地区长久以来遭受战争，民生凋敝不堪，我非常怜悯他们。而且太平、应天各府，是我渡江开创功业的地方，供应劳累已经很久了。而今户户空虚，官府又急于催征赋税，使我的百姓更加困难，他们将如何能够忍受。当赐免太平的田租二年，应天、镇江、宁国、广德各免一年。"二月丁未，傅友德在徐州打败扩廓帖木儿的部将李二，活捉了他。三月丁丑，开始设立文武科举取士的制度。

夏四月，方国珍暗中派人交通扩廓帖木儿和陈友定，太祖致信谴责他。五月己亥，开始设立翰林院。同月，因旱情严重减少膳费只吃素食，免除徐、宿、濠、泗、寿、邳、东海、安东、襄阳、安陆以及新近归附地区的田租三年。六月戊辰，下大雨旱象解除，群臣请恢复膳食。太祖说："虽然下了雨，但庄稼已多受伤，当赐免百姓今年的田租。"癸酉，命令朝贺时撤去女乐。

秋七月丙子，赐给府州县官赴任时的道里费，并赐他们及其父母、妻子与长子不同等额的丝棉织品，从此立为一项法令。己丑，雷火震击宫门上的兽吻，赦免罪犯。庚寅，遣使责令方国珍进贡粮食。八月癸丑，建成圜丘、方丘、社稷坛。九月甲戌，太庙落成。朱亮祖统兵讨伐方国珍。戊寅,下诏说:"先王为政,治罪不连累妻子和儿女。自今开始除犯大逆不道的罪行之外,决不要连坐。"辛巳,徐达攻克平江,活捉张士诚,吴地平定。戊戌,遣使送信给元朝的君主,送元朝宗室神保大王等人回到北方。辛丑,论平定张士诚吴地的战功,封李善长为宣国公,徐达为信国公,常遇春为鄂国公,将士赏赐各有差别。朱亮祖攻克台州。癸卯,新宫殿落成。

冬十月甲辰,派遣起居注吴琳、魏观带着钱币到全国各地访求遗留在社会上贤能人士。丙午,令文武百官的礼仪以左为上。于是改李善长为左相国,徐达为右相国。辛亥,分别在安庆和江州祭祀元朝大臣余阙、李黼。壬子,置立御史台。癸丑,命汤和为征南将军,吴祯为副将军,兴师讨伐方国珍。甲寅,制定法令。戊午,端正郊社、太庙雅乐。

庚申,召集各位将领商议北伐。太祖说:"在山东王宣反叛,在河南扩廓帖木儿专横跋扈,在关、陇李思齐、张思道强横而猜忌,元朝的统治行将灭亡,中原生灵涂炭。今日我军即将北伐中原,拯救百姓于水深火热之中,如何才能决战决胜?"常遇春回答说:"用我们百战百胜的军队,去对付敌人长期闲逸的士兵,直捣元大都,必是势如破竹的形势。"太祖说:"元朝建国百年,守备必然坚固,若孤军深入,粮饷不能运到前方,而敌人则可援兵四集,那就是一条极为危险的道路。我想先取山东,撤其屏障,移师两河,破其藩篱,夺取潼关而坚守,控制敌人的门户。这样天下的山川地理就全都掌握在我们的手里,然后进兵,元朝大都势孤援绝,就可以不战而胜。再大张声势地向西进军,云中、九原、关、陇便可席卷而下了。"各位将领都称"善策"。

甲子,命徐达为征虏大将军,常遇春为副将军,统兵二十五万人,由淮河进入黄河,向北挺进夺取中原。命胡廷瑞为征南将军,何文辉为副将军,攻夺福建。命湖广行省平章杨璟、左丞周德兴、参政张彬挥师攻取广西。己巳,朱亮祖攻克温州。十一月辛巳,汤和攻克庆元,方国珍逃窜入海。壬午,徐达攻克沂州,斩杀王宣。己丑,命廖永忠为征南副将军,从海路会合汤和进讨方国珍。乙未,颁行《大统历》。辛丑,徐达攻克益都。十二月甲辰,颁布法令。丁未,方国珍投降,浙东平定。张兴祖攻下东平,兖州以东州县相继投降。己酉,徐达攻下济南。胡廷瑞攻下邵武。癸丑,李善长率领文武百官请登皇帝位,三次上劝进表,才同意。甲子,祈告上帝。庚午,廖永忠由海路攻克福州。

洪武元年春正月乙亥,在南郊祭祀天地,即皇帝位。定国号为明,年号洪武。追尊高祖父为玄皇帝,庙号德祖;曾祖父为恒皇帝,庙号懿祖;祖父为裕皇帝,庙号熙祖;皇父为淳皇帝,庙号仁祖;母均为皇后。册立妃马氏为皇后,长子朱标为皇太子。任命李善长、徐达分别为左、右丞相,各位功臣各按等级晋升爵位。丙子,在全国颁布即皇帝位的诏书。追封皇伯父以下的皆为王。辛巳,命李善长、徐达等人兼任东宫官。甲申,遣使核定浙西田赋。壬辰,胡廷瑞攻克建宁。庚子,命邓愈为征戍将军,攻取南阳以北各州郡。汤和攻克延平,活捉元朝平章陈友定,福建平定。同月,全国府州县官到京师朝见。指示他们说:"全国刚刚平定,民力财力都甚为困难,重要的在于与民休养安息,只有廉明的人才能约制自己而有利于别人,希望各位以此自勉。"二月壬寅,制定祭祀天地和宗庙的礼仪,每年必亲自祭祀以成为制度。癸卯,命汤和提督海运。廖永忠为征南将军,朱亮祖为副将军,由海路夺取广东。丁末,在国子学用牛、羊、猪三牲祭祀先师孔子。戊甲,祭祀社稷。壬子,诏令衣冠按照唐代的制度。癸未,常遇春攻克东昌,山东平定。甲寅,杨璟攻克宝庆。三月辛未,命儒臣编写有关于妇女的戒律,告诫皇后和嫔妃不要干预朝政。壬申,周德兴攻克全州。丁酉,邓愈攻克南阳。己亥,徐达攻取汴梁,左君弼投降。

夏四月辛丑,蕲州进献竹席,予以拒绝,命各地不要随意妄献。廖永忠的部队到达广州,元朝守臣何真投降,广东平定。丁未,在太庙合祭祖宗。戊申,徐达、常遇春在洛水以北大败元兵,于是进围河南。梁王阿鲁温投降,河南平定。丁巳,杨璟攻克永州。甲子,巡幸汴梁。丙寅,冯胜攻克潼关,李思齐、张思道逃走。五月己卯,廖永忠攻下梧州,浔、贵、容、郁林各州皆投降。辛卯,令改汴梁路为开封府。六月庚子,徐达在汴梁行在朝见。甲辰,海南、海北各道投降。壬戌,杨璟、朱亮祖攻克靖江。

秋七月戊子,廖永忠攻下象州,广西平定。庚寅,赈济抚恤中原贫民。辛卯,即将回应天,指示徐达等人说:"中原百姓,长久以来为群雄所害,流离失所死亡相枕,所以朕命将北征,以拯救百姓于水深火热之中。元朝祖宗的功德在于人心,他的子孙不顾百姓的困苦,因此引起上天的厌烦抛弃他们。元朝的君主是有罪的,而百姓却是无辜的。以往改朝换代的时候,肆行屠戮,违背天意,虐害百姓,朕实在不忍心。各位将领攻克城池,决不要恣行烧、抢和乱杀人,元朝的宗室皇亲,要全部予以保全。这样才能对上报答天心、对下安慰人民的愿望,以符合朕讨伐罪人、安抚百姓的心意。不遵命的必罚无赦。"丙申,命冯胜留守开封。闰七月丁未,自开封回到应天。己酉,徐达在临清会合各位将帅的部队。壬子,常遇春攻克德州。丙寅,攻克通州,元顺帝急走上都。同月,召集全国的贤德之人为府州县官。免去吴江、广德、太平、宁国、滁、和受灾地方的田租。

八月己巳,以应天为南京、开封为北京。庚午,徐达进入元大都,查封库府图册书籍,守卫宫门,禁止士兵侵害百姓,派将领巡视古北口的各个险要的关口。壬申,因为京师发生火灾、四方水旱,诏令中书省集议便民事宜。丁丑,制定吏、户、礼、兵、刑、工六部的官制。御史中丞刘基退休。己卯,赦免判处斩首以下的罪犯。将士入伍从征的抚恤其家,因拖欠赋税而逃亡的准许自首。对新攻克的州县不要非法杀戮。运送田赋路途遥远的,由官军中途转运,灾荒要如实奏报。免去镇江租税。避乱的百姓回家复业的,准许开垦荒地,三年免纳租税。衍圣公袭封以及任命曲阜知县,一律按照前代的旧制。有关部门应当以礼聘请贤能之人,学校不要从事毫无意义的礼节。刑罚要平恕宽大,不要在法定以外的时间处决囚犯,废除书籍和农具的税收。免去民间旧欠的赋税。蒙古人、色目人凡有才能的,准许提拔任用。鳏寡孤独残疾的,慰问救济他们。百姓年七十岁以上的,一个儿子免除徭役。其他的利与害当兴当除而没有写在即位诏书之内的,有关部门要如实具文禀报。壬午,巡幸北京。令改大都路为北平府。召集元朝的旧臣为新政府效劳。癸未,命徐达、常遇春攻取山西。甲午,释放元朝的宫女。九月癸亥,下诏说:"天下的长治久安,由天下的贤人共同治理。现今贤士多隐居于山林岩穴,究竟是有关部门失职没有诚恳聘请?还是朝廷礼待不周,抑或是朕寡闻愚昧不能招贤?将在位的壅蔽起来致使他们的情况不能为上面所了解?不然的话,贤士大夫,自幼勤学年壮力行,岂甘心埋没于世而后已。天下刚刚平定,朕愿与各位儒臣共同讲求为政清明的统治方法。凡是能够帮助朕为百姓谋利益的,有关部门一定要用礼调遣送来"。乙丑,常遇春攻下保定,于是进军真定。

冬十月庚午，冯胜、汤和攻下怀庆，泽、潞相继攻下。丁丑，自北京回到京师。戊寅，因元大都平定，下诏告知全国。十一月己亥，遣使分赴全国各地，访求贤才。庚子，开始在天坛圜丘祭祀上帝。癸亥，命令刘基回京师。十二月丁卯，徐达攻克太原，扩廓帖木儿逃走甘肃，山西平定。己巳，设置登闻鼓。壬辰，致信劝谕明升。

洪武二年春正月乙巳，在鸡笼山建立功臣庙。丁未，到太庙祭祀祖宗。庚戌，下诏说："朕本为淮右的普通百姓，因为天下大乱，率众渡长江，保民图治，至今已十有五年。承蒙上天眷顾保佑，均已平定。因此命将北征，齐、鲁的百姓不远千里送粮饷军。朕时刻惦念着他们的功苦，已免去他们洪武元年的田租。又因为遭受旱灾百姓的困苦仍未解除，当再赐免他们的田租一年。不久以前，大军平定燕都，进攻晋、冀，百姓遭受兵火，苦于征敛，北平、燕南、河东、山西今年的田租也准予免除。河南各地归附，早就想施恩惠于他们，因为西北尚未平定，军队要经过该地，所以没有空闲。现今晋、冀俱已平定，西抵达潼关，北以大河为界，南至唐、邓、光、息，今年的税粮全部予以免除。"又下诏说："应天、太平、镇江、宣城、广德供应了大量的粮食。去年免租，由于遇到干旱下面的百姓并没有得到实惠。应当再免以上各府州以及无为州今年的田租。"庚申，常遇春攻取大同。同月，倭寇侵扰山东沿海郡县。二月丙寅初一，下令纂修《元史》。壬午，耕耘糈田。三月庚子，徐达到达奉元，张思道逃走。救济陕西饥民，每户给米二石。丙午，常遇春到凤翔，李思齐逃奔临洮。

夏四月丙寅，常遇春回师北平。己巳，各位王子从博士孔克仁读经史。令功臣子弟入学。乙亥，编辑《祖训录》，确定分封诸王的制度。徐达攻下巩昌。丙子，赐免秦、陇新近归附州县的税粮。丁丑，冯胜到临洮，李思齐投降。乙酉，徐达在西安用计攻破元朝的豫王。五月甲午初一，日食。丁酉，徐达攻下平凉、延安。张良臣在庆阳投降，不久叛变。癸卯，在方丘祭祀地神。六月己卯，常遇春攻克开平，元顺帝向北出走。壬午，封陈日煓为安南国王。

秋七月己亥，鄂国公常遇春死于军队里，命李文忠统领他的部队。扩廓帖木儿遣将攻破原州、泾州。辛酉，冯胜把他打败赶走。丙辰，明升遣使到京师。八月丙寅，元兵进攻大同，李文忠将其击败。己巳，制定内侍官职制度。指示吏部说："内臣只用于备使唤，人不要多，自古以来他们擅权，可为鉴戒。驾驭他们的方法，当使其害怕法律，不要让其有功劳，有功劳就会骄横恣肆。"癸酉，《元史》修成。丙子，封王颛为高丽国王。癸未，徐达攻克庆阳，斩死张良臣，陕西平定。同月，命儒臣编纂礼书。九月辛丑，召徐达、汤和回京师，冯胜留下总督军事。癸卯，将临濠定为中都。戊午，征南部队班师回朝。

冬十月壬戌，派遣杨璟对明升进行警告劝诫。甲戌，钟山降甘露，群臣请祭告太庙，不准。辛卯，命令全国府州县建立学校。同月，遣使送信给元顺帝。十一月乙巳，在圜丘祭祀上帝，以仁祖为配祭。十二月甲戌，封阿答阿者为占城国王。甲申，救济西安各府的饥民，每户发给米二石。己丑，大赏平定中原以及南征的将士。庚寅，扩廓帖木儿攻打兰州，指挥于光遇难。

这一年，占城、安南、高丽到京师朝贡。

　　洪武三年春正月癸巳,命徐达为征虏大将军,李文忠、冯胜、邓愈、汤和为副将军,分道北征。二月癸未,追封郭子兴为滁阳王。戊子,下诏访求堪任六部官员的贤能才士。同月,李文忠攻下兴和,进军察罕脑儿,俘获元朝平章竹贞。三月庚寅,免征南畿、河南、山东、北平、浙东、江西广信、饶州今年的田租。

　　夏四月乙丑,封皇子朱樉为秦王,朱㭎为晋王,朱棣为燕王,朱橚为吴王,朱桢为楚王,朱榑为齐王,朱梓为潭王,朱杞为赵王,朱檀为鲁王,从孙朱守谦为靖江王。徐达在沈儿峪大败扩廓帖木儿,尽降其众,扩廓逃走和林。丙戌,元顺帝死于应昌,其子爱猷识理达腊嗣位。同月,慈利土官覃厚叛乱。五月己丑,徐达攻取兴元。分派邓愈招谕吐蕃。丁酉,命令府州县官推举学识渊博,德行良好,意志坚定的贤人。己亥,开设科举取士。甲辰,李文忠攻克应昌。元朝嗣君向北出走,俘获其子买的里八剌,降其众五万余人,穷追元朝嗣君到北庆州,不及而还。丁未,下诏实行大射礼。戊申,在方丘祭祀土地神,以仁祖为配祭。辛亥,徐达攻下兴元。邓愈攻克河州。诏令开国时的将帅凡无子继嗣的俸禄由家人享受。同月天旱,斋戒,皇后和嫔妃亲自烧火做饭,皇太子和各王由斋所馈送。六月戊午初一,穿素服草鞋,步行祈祷山川诸神,露宿了三天,回来在西庑吃素。辛酉,赏赐将士,减少狱囚,命有关部门访求精通经术明识治国之道的人士。壬戌,下大雨。壬申,李文忠进呈的捷报到达京师,命令过去曾在元朝政府做过官的不要参加庆贺。谥元王为元顺帝。癸酉,买的里八剌到京师,群臣请举行献俘礼。太祖高皇帝说:"周武王讨伐殷商时曾用过这种方式吗?"中书省的官员以唐太宗曾经举行过这种典礼回答太祖高皇帝。太祖高皇帝说:"唐太宗只是对待王世充而已。假如遇到隋朝的子孙,恐怕就不会这样了。"于是不允许。又因李文忠的捷报浮侈之辞过多,对宰相说:"元朝统治中国百年,朕与你等人的父母都依赖其生存,为何使用如此轻浮刻薄的语言,赶快改正它。"乙亥,封买的里八剌为崇礼侯。丙子,在南郊举行告捷典礼。丁丑,禀告太庙,下诏通告全国。辛巳,迁移苏州、松江、嘉兴、湖州、杭州无业的居民到临濠种田,官府供给粮食、耕牛和种子,并免纳三年的赋税。同月,倭寇侵犯山东、浙江、福建沿海州、县。

　　秋七月丙辰,明升的部将吴友仁进犯汉中,参政傅友德将其击退。中书省左丞杨宪犯罪被杀。八月乙酉,派遣使臣收埋中原地区的尸骨。

　　冬十月丙辰,命儒士轮流在午门值班,为武臣讲解经史。癸亥,命周德兴为征南将军,讨伐覃厚,覃厚逃走。辛巳,送信给元朝的嗣君。十一月壬辰,北征的部队班师回朝。甲午,在南郊和太庙宣告武事成功。丙申,大封功臣。晋升李善长为韩国公,徐达为魏国公,封李文忠为曹国公,冯胜为宋国公,邓愈为卫国公,常遇春的儿子常茂为郑国公,汤和等二十八人为侯。己亥,设坛亲自奠祭在战场上牺牲的将士。庚戌,在圜丘祭祀上帝。辛亥,令户部置立户籍、户帖,每年统计户口增减之数报告皇帝,从此成为一项法令。乙卯,封中书省右丞汪广洋为忠勤伯,御史中丞刘基为诚意伯。十二月癸亥,再次送信给元朝的嗣君,并招谕和林各部。甲子,修建奉先殿。庚午,遣使祭祀历代帝王的陵墓,并加以整修。己卯,赐给勋臣田土。壬午,由正月至本月,太阳屡次出现黑子,下诏求廷臣直言时政得失。

　　该年,占城、爪哇、西洋入京师朝贡。

洪武四年正月丙戌，李善长罢官，命汪广洋为右丞相。丁亥，令中山侯汤和为征西将军，江夏侯周德兴、德庆侯廖永忠为副将军，统率水军由瞿塘出发，颍川侯傅友德为征虏前将军，济宁侯顾时为副将军，率领步兵和骑兵由秦、陇启程共同讨伐蜀。魏国公徐达在北平练兵。戊子，命卫国公邓愈督运粮饷供应征蜀的部队。庚寅，在中都修建祭祀天地之坛和太庙。丁未，下诏开设科举取士连续举行三年，今后每三年举行一次。戊申，免征山西遭受旱灾地区的田租。二月甲戌，巡幸中都。壬午，自中都回到京师。元朝平章刘益在辽东投降。同月，免除太平、镇江、宁国的田租。三月乙酉初一，开始亲自考试全国的贡士，分别赐吴伯宗等人为进士及第、进士出身。乙巳，迁山后居民一万七千户到北平屯田。丁未，诚意伯刘基退休。

夏四月丙戌，傅友德攻克阶州，文、隆、绵三州相继攻下。五月，免去江西、浙江的秋粮。六月壬午，傅友德攻克汉州。辛卯，廖永忠攻克夔州。戊戌，明升的部将丁世贞攻破文州，守将朱显忠被害。癸卯，汤和到重庆，明升投降。戊申，倭寇侵犯胶州。同月；迁山后居民三万五千户入内地，又迁移沙漠遗民三万二千户到北平屯田。

秋七月辛亥，徐达在山西练兵。辛酉，傅友德攻下成都，四川平定。乙丑，明升到京师，封为归义侯。八月甲午，免去中都、淮、扬以及泰、滁、无为的田租。己酉，救济陕西饥民。同月，高州的海寇作乱，通判王名善遇难。九月庚戌初一，日食。

冬十月丙申，征蜀大军凯旋归来。十一月丙辰，在圜丘祭祀上帝。庚申，命令官吏犯贪污赃私罪的决不轻贷。这一月，赐免陕西、河南受灾地区的田租。十二月，召徐达回京师。

该年，安南、浡泥、高丽、三佛齐、暹罗、日本、真腊入京师朝贡。

洪武五年春正月癸丑，待制王祎奉命出使云南，诏谕元朝梁王把匝剌瓦尔密。王祎到云南后，不屈而死。乙丑，将陈理、明升迁居高丽。甲戌，命魏国公徐达为征虏将军，出雁门关，进军和林，曹国公李文忠为左副将军，出应昌，宋国公冯胜为征西将军，攻取甘肃，征讨扩廓帖木儿。命靖海侯吴祯总督海运，供应辽东军饷。令卫国公邓愈为征南将军，江夏侯周德兴、江阴侯吴良为副将军，分道讨伐湖南、广西洞蛮。二月丙戌，安南陈叔明杀其国王陈日熞而自立为王，遣使来京师朝贡，予以拒绝。三月丁卯，都督佥事蓝玉在土剌河打败扩廓帖木儿。

夏四月己卯，赈济济南、莱州的饥民。戊戌，开始实行乡饮酒礼。庚子，邓愈讨平散毛各洞蛮。五月壬子，徐达在岭北遇到元兵双方交战，失利。这一月，下诏说："天下已经平定，礼仪风俗不可不正。凡遭遇战乱而沦为他人奴隶的一律恢复为平民。饥寒交迫的由村里的富户借贷给他们，孤寡残疾的由官府予以抚养，不要使他们流离失所。乡里关系讲究年龄，相见时行揖拜礼，不要违背礼节。婚姻不要讲钱财。办理丧事要根据自家有无能力，不要迷惑和拘束于阴阳风水的忌讳，将棺材停放在外而不埋葬。流民复业为农的各依丁力多寡耕种田地，不要受到原有田土的限制。僧道打斋建醮做法事时男女混杂，恣行饮食的，有关部门要严加惩治。闽、粤势豪大户不得阉割他人的儿子为火者，犯者抵罪。"六月丙子，制定宦官禁令。丁丑，制定宫廷女职官的制度。戊寅，冯胜攻克甘肃，在瓜、沙州追击打败元兵。癸巳，制定六部的职权以及年终考核政绩的办法。壬寅，吴良平息靖州蛮。甲辰，李文忠在阿鲁浑河打败元兵，宣宁侯曹良臣战死。乙巳，制作铁榜告诫功臣。这一月，赈济山东饥民，免除受灾郡县的田租。

秋七月丙辰，汤和在断头山遇到元兵双方交战，失利。八月丙申，吴良讨平五开、古州各蛮。甲辰，元兵进犯云内，同知黄里被害。九月戊午，周德兴平息赘凤、安田各蛮。

冬十月丁酉，冯胜班师回朝。同月，免去应天、太平、镇江、宁国、广德的田租。十一月辛酉，在圜丘祭祀上帝。甲子，征南大军凯旋归来。壬申，纳哈出进犯辽东。这一月，召徐达、李文忠回京师。十二月甲戌，命令用重视农桑和学校考核有关部门的政绩。辛巳，命令文武官员奏事要先报告皇太子。庚子，命邓愈为征西将军，统兵征讨吐蕃。壬寅，送信给元朝嗣君。

这一年，琐里、占城、高丽、琉球、乌斯藏到京师朝贡。高丽贡使再来，令自此之后每三年朝贡一次。

洪武六年春正月甲寅，贬谪汪广洋为广东参政。二月乙未，令暂时停止科举考试，访察举荐贤能才士。壬寅，命御史及按察使考察有关部门的官员。三月癸卯初一，日食。颁布《昭鉴录》，训诫各位亲王。戊申，举行大规模的阅兵典礼。壬子，命徐达为征房大将军，李文忠、冯胜、邓愈、汤和为副将军，整顿山西、北平边备。甲子，命指挥使於显为总兵官，防备倭寇。

夏四月己丑，命令有关部门进呈有关山、河险易的形势图。六月壬午，盱眙进献象征祥和的麦穗，上供太庙。壬辰，扩廓帖木儿派兵攻打雁门关，指挥吴均将其击退。同月，免去北平、河间、河南、开封、延安、汾州受灾地区的田租。

秋七月己丑，命令户部稽查自从渡江以来各省水旱灾害的情况，给予优免和抚恤。壬子，命胡惟庸为右丞相。八月乙亥，下令祭祀三皇和历代帝王。

冬十月辛巳，召徐达、冯胜回京师。十一月壬子，扩廓帖木儿进犯大同，徐达命将打败他，徐达仍然留下镇守哪里。甲子，派遣兵部尚书刘仁救济真定的饥民。丙寅，冬至，太祖高皇帝身体不安适，更改卜郊的日期。闰十一月乙亥，录用已故功臣的子孙尚未嗣爵的计二百零九人。壬午，在圜丘祭祀上帝。庚寅，颁定《大明律》。

该年，暹罗、高丽、占城、真腊、三佛齐入京师朝贡。命令安南陈叔明暂时代理国事。

洪武七年春正月甲戌，都督金事王简、王诚，平章李伯升，分别到河南、山东、北平屯田。命靖海侯吴祯为总兵官，都督於显为副总兵官，巡视海防缉捕倭寇。二月丁酉初一，日食。戊午，整修曲阜孔子庙，开设孔学、颜学、孟学。同月，平阳、太原、汾州、历城、汲县发生旱灾和蝗灾，一并免予交纳租税。

夏四月己亥，都督蓝玉在白酒泉打败元兵，于是夺取兴和。壬寅，金吾指挥陆龄讨伐永、道各州蛮，平息了他们。五月丙子，免去真定等四十二个府州县受灾地区的田租。辛巳，赈济苏州饥民三十万户。癸巳，将苏、松、嘉、湖租额极重的田租减去一半。六月，陕西平凉、延安、靖宁、鄜州降大雨和冰雹，山西、山东、北平、河南发生蝗灾，一并免去田租。

秋七月甲子，李文忠在大宁、高州攻破元兵。壬申，倭寇侵犯登、莱。八月甲午初一，祭祀历代帝王庙。辛丑，下诏令军士阵亡，而其父母妻子儿女不能养活自己的，由官府予以抚养。百姓因逃避兵祸流离失散或者死于外乡，留下老幼，一概由官府帮助送回。在远处做官死于任上,妻子儿女不能回归的,由有关部门提供船、车送回。庚申,救济河间、广平、顺德、真定的饥民,减免租税。九月丁丑,遣送崇礼侯买的里八剌北归,送信给元朝嗣君。

冬十一月壬戌,纳哈出进犯辽阳,千户吴寿将其击退。在圜丘祭祀上帝。十二月戊戌,召邓愈、汤和回京师。

这年,阿难功德国、暹罗、琉球、三佛齐、乌斯藏、撒里、畏兀儿入京师朝贡。

洪武八年春正月辛未,在鸡笼山功臣庙里增加祭祀一百零八人;癸酉,命有关部门访察鳏寡孤独的贫困百姓,供给他们房舍和衣、食。辛巳,命邓愈、汤和等十三人在北平、陕西、河南屯田守边。丁亥,令全国建立社学。同月,黄河在开封决堤,征发民夫堵塞决口。二月甲午,宽待杂犯死罪以下和犯私罪的官吏,贬到凤阳从事运输、制作和屯种作为赎罪。癸丑,耕耘耤田。召徐达、李文忠、冯胜回京师,傅友德等人留下镇守北平。三月辛酉,建立钞法。辛巳,停止宝源局铸钱。

夏四月辛卯,巡幸中都。丁巳,自中都回到京师。免去彰德、大名、临洮、平凉、河州受灾地区的田租。停止营建中都。退休的诚意伯刘基去世。五月己巳,命永嘉侯朱亮祖同傅友德一起镇守北平。六月壬寅,指挥同知胡汝平息贵州蛮。

秋七月己未初一,日食。辛酉,改建太庙。壬戌,召傅友德、朱亮祖回京师,李文忠、顾时镇守山西、北平。戊辰,命令文武百官为父母奔丧的不必等待批准才动身。京师发生地震。丁丑,免去应天、太平、宁国、镇江以及蕲、黄各府受灾地区的田租。八月己酉,元朝扩廓帖木儿去世。

冬十月丁亥,令推举品行端正通达时务的富民。壬子,命皇太子和各位亲王到中都讲习军事。十一月丁丑,在圜丘祭祀上帝。十二月戊子,京师发生地震。甲寅,遣使救济苏州、湖州、嘉兴、松江、常州、太平、宁国、杭州水灾。同月,纳哈出进犯辽东,指挥马云、叶旺大败其众。

这年,撒里、高丽、占城、暹罗、日本、爪哇、三佛齐入京师朝贡。

洪武九年春正月,中山侯汤和,颍川侯傅友德,都督金事蓝玉、王弼,中书右丞丁玉,到延安整饬边防。三月己卯,下诏说:“近年西征敦煌,北伐沙漠,军需武器,皆取给于山西、陕西,又因修建秦王、晋王二府宫殿,使我的百姓负担更重。全国平定以来,平民百姓未得到休息。国都始建,土木屡兴。京师附近的地区已经极度劳累,外郡也因转运各种物资而疲乏不堪。现在积蓄储备尚有盈余,淮、扬、安、徽、池五府以及山西、陕西、河南、福建、江西、浙江、北平、湖广今年的田租,全部准予免纳。”

夏四月庚戌,京师自去年八月以来一直没有下雨,今日才下雨。五月癸酉,自庚戌下雨,至今日始为晴天。六月甲午,改行中书省为承宣布政使司。辛丑,李文忠回京师。

秋七月癸丑初一,日食。同月,免苏、松、嘉、湖水灾地区的田租,救济永平的旱灾。元将伯颜帖木儿进犯延安,傅友德将其打败并收降他。八月己酉,遣官视察历代帝王的陵墓,禁止放牧,并置立守陵户。命令对忠臣烈士祠,有关部门要经常进行修缮。分别派遣国子生到各处修建五岳、各方主山、大海、大川的祭祀。西番朵儿只巴进犯罕东,河州指挥甯正将其击退。闰九月庚寅,因发生灾害下诏要求臣民直言朝政得失。

冬十月己未,太庙建成,自此实行合祭祖宗。丙子,命令秦、晋、燕、吴、齐各王到凤阳带领军队。十一月壬午,在圜丘祭祀上帝。戊子,迁山西及真定没有产业的百姓到凤阳耕种田地。十二月甲寅,救济畿内、浙江、湖北水灾。己卯,派遣都督同知沐英乘驿站的车马到陕西慰问民间疾苦。

这一年,览邦、琉球、安南、日本、乌斯藏、高丽入京师朝贡。

洪武十年春正月辛卯,用羽林等卫的军队加强秦、晋、燕三王府的护卫力量。这个春季,救济苏、松、嘉、湖水灾。

夏四月己酉,命邓愈为征西将军,沐英为副将军,统兵征讨吐蕃,将其打得大败。这一月,救济太平、宁国以及宜兴、钱塘各县水灾。五月庚子,命韩国公李善长、曹国公李文忠总领中书省、大都督府、御史台,商议军国大事。癸卯,赈济湖广水灾。丙午,户部主事赵乾因救济荆、蕲行动迟缓,被处决。六月丁巳,下诏令臣民上书言事的可以密封直接送到皇帝面前。丙寅,命令政事先经皇太子裁决然后再奏闻。

秋七月甲申,设置通政司。同月,开始派遣御史巡按全国各州县。八月庚戌,在南郊改建大祀殿。癸丑,推选武臣的子弟入国子监读书。九月丙申,救济绍兴、金华、衢州水灾。辛丑,任命胡惟庸为左丞相,汪广洋为右丞相。

冬十月戊午,封沐英为西平侯。辛酉,赐给文武百官公田。十一月癸未,卫国公邓愈去世。丁亥,在奉天殿合祭天地。同月,免去河南、陕西、广东、湖广的田租。威茂蛮发动叛乱,命御史大夫丁玉为平羌将军,发兵讨平它。十二月乙巳初一,日食。丁未,录用已故功臣的子孙五百余人,各授以不同的官职。

这一年,占城、三佛齐、暹罗、爪哇、真腊到京师朝贡。高丽的使者先后五次到京师,因该国嗣王未立,拒绝了他们的要求。

洪武十一年正月春甲戌,封皇子朱椿为蜀王,朱柏为湘王,朱桂为豫王,朱楧为汉王,朱植为卫王。改封吴王朱橚为周王。己卯,进封汤和为信国公。这一月,征召全国布政使以及知府来京师朝见。二月,指挥胡渊平息茂州蛮。三月壬午,命令奏事不要报告中书省。这一月,将进京师朝见的官员按其政绩分为三等。

夏四月,元朝嗣君爱猷识理达腊死亡,其子脱古帖木儿嗣位。五月丁酉,遣使慰问苏、松、嘉、湖遭受水灾的百姓,每户赐给米一石,免去旧欠的赋税六十五万余石。六月壬子,遣使吊祭已故的元朝嗣君。己巳,五开蛮反叛,杀死靖州指挥过兴,以辰州指挥杨仲名为总兵官,兴师讨伐它。

秋七月丁丑,救济平阳饥民。同月,苏、松、扬、台海水涨溢,派遣官员前往慰问抚恤。八月,免征应天、太平、镇江、宁国、广德各府州的秋粮。九月丙申,追封刘继祖为义惠侯。

冬十月甲子,太祀殿落成。十一月庚午,征西将军西平侯沐英率领都督蓝玉、王弼讨伐西番。同月,五开蛮平定。

这一年,暹罗、阇婆、高丽、琉球、占城、三佛齐、朵甘、乌斯藏、彭亨、百花入京师朝贡。

洪武十二年春正月己卯,开始在南郊合祭天地。甲申,洮州十八族番发动叛乱,命沐英转移部队前去讨伐。丙申,丁玉平息松州蛮。二月戊戌,由李文忠督理河、岷、临、巩军事。乙巳,下诏说:"今春雨雪连绵数十日不止,全国有许多贫民饥寒交困,当令有关部门给钞救济。"丙寅，信国公汤和率领各侯赴临清练兵。

夏五月癸未，免征北平的田租。六月丁卯，都督马云出征大宁。

秋七月丙辰，丁玉回师讨伐眉县的妖贼，尽歼其众。己末，令李文忠回京师掌领大都督府的事务。八月辛巳，下诏令凡是退休的官员免去其家的徭役，终身不必负担。九月己亥，沐英大败西番，活捉其部长和三副使。

冬十一月甲午，沐英班师回朝，封仇成、蓝玉等十二人为侯。庚申，大宁平定。十二月，汪广洋被贬到广南，赐其自尽。召全国各地博学老成的人士到京师。

该年，占城、爪哇、暹罗、日本、安南、高丽入京师朝贡。高丽进贡黄金一百斤，白银一万两，因其不按照条约的规定，予以拒绝。

洪武十三年春正月戊戌，左丞相胡惟庸谋反，与其党羽御史大夫陈宁、中丞涂节等人皆被处死。癸卯，在南郊隆重祭祀天地。罢中书省，废除丞相等官。重新规定六部官的品级，改大都督府为中、左、右、前、后五军都督府。二月壬戌初一，下诏令推举聪明正直、孝顺父母、尊敬兄长、努力种田、德才兼备、精通文学和治国策略的人士。发放朱砂的凭证，检查全国金谷的数量。戊戌，令文武官年六十以上的准其自动退休，发给诰敕。三月壬辰，减免苏、松、嘉、湖重赋田租的十分之二。壬寅，燕王朱棣到达封国北平。壬子，沐英在亦集乃奇袭元将脱火赤，活捉他，尽降其众。

夏四月已丑，命令群臣各自举荐自己所了解的贤德才士。五月甲午，雷震谨身殿。乙末，大赦囚犯。丙申，释放在京师和临濠屯田以及输作的罪犯。己亥，下令免征全国各地的田租。胥史因犯错误而被罢官的准其恢复原职。壬寅，都督濮英进军赤斤站，俘获过去元朝的幽王亦怜真及其家奴，凯旋而归。同月，罢御史台。下诏令入伍从征的士兵年老有病的准许由子替代，年老而无子的以及寡妇，均由有关部门帮助遣送回家。六月丙寅，雷震奉天殿，离开正殿反省自己的过失。丁卯，下令罢去修建王府的工役。丁丑，设置谏院官。

秋八月，命令全国各地学校的师生，每日由国家供给膳食。九月辛卯，令景川侯曹震、营阳侯杨璟、永城侯薛显到北平屯田。乙巳，天寿节，开始接受群臣朝贺，并在谨身殿设宴招待他们，自此成为制度。丙午，设置四辅官，禀告太庙。以儒士王本、杜佑、龚敩、杜敩、赵民望、吴源分别为春、夏官。同月，命令在陕西的卫所军队以三分之二屯田。翰林院学士承旨宋濂被安置到茂州，在途中逝世。

冬十一月乙未，徐达回京师。丙午，元朝平章完者不花、乃儿不花进犯永平，指挥刘广战死，千户王轳把他们击败，擒获完者不花。十二月，全国府州县所推举的士人到达京师的计八百六十余人，各授以不同级别的官职。南雄侯赵庸镇守广东，进讨阳春蛮。

这一年，琉球、日本、安南、占城、真腊、爪哇到京师朝贡。其中日本因没有进贡表而被拒绝。

洪武十四年春正月戊子，命徐达为征虏大将军，汤和、傅友德分别为左、右副将军，统兵进讨乃儿不花。令新任命的官员各自举荐自己所了解的品学兼优的人士。乙未，在南郊隆重祭祀天地。壬子，停止全国每年制造兵器。癸丑，命令公、侯的子弟入国子学读书。丙辰，下诏访求隐居山林的贤人。二月庚辰，查核全国各地的官田。三月丙戌，大赦囚犯。辛丑,向北方地区的学校颁行《五经》《四书》。

夏四月庚午,命徐达统率各位将领出塞外,至北黄河,击败元兵,俘获全宁四部回到北平。五月,五溪蛮叛乱,江夏侯周德兴出兵讨伐,平息了他们。

秋八月丙子,下诏访求精通经术而又老成的人士,由有关部门礼送京师。庚辰,黄河在原武、祥符、中牟一带决口。辛巳,徐达回京师。九月壬午初一,命傅友德为征南将军,蓝玉、沐英分别为左、右副将军,统兵出征云南。徐达镇守北平。丙午,令周德兴转移部队讨伐施州蛮,一举平息。

冬十月壬子初一,日食。癸丑,命令司法部门审核记录囚犯的罪状,并会同翰林院、给事中以及春坊官共同商议公正合理的处理意见然后奏闻。甲寅,免去应天、太平、广德、镇江、宁国的田租。癸亥,分别派遣御史到全国各地检查记录囚犯的罪状。己卯,延安侯唐胜宗举兵讨伐浙东的山寇,平息其乱。十一月壬午,吉安侯陆仲亨镇守成都。庚戌,赵庸讨伐广州海寇,大败其众。十二月丁巳,命令翰林院和春坊官考核驳正各衙门的章奏。戊辰,傅友德在白石江大败元兵,于是进军曲靖。壬申,元朝梁王把匝剌瓦尔密逃到普宁自杀。

这一年,暹罗、安南、爪哇、朵甘、乌斯藏入京师朝贡。因安南侵犯思明,不予接纳。

洪武十五年春正月辛巳,在谨身殿宴请群臣,开始使用九奏乐。景川侯曹震、定远侯王弼攻下楚威路。壬午,元朝曲靖宣慰司以及中庆、澄江、武定各路皆投降,云南平定。己丑,令减少已被判为死刑的囚徒。乙未,在南郊隆重祭祀天地。庚戌,命令全国到京师朝见的官员各举荐一名自己所熟悉的贤能之士。二月壬子,黄河在河南决堤,命驸马都尉李祺前往救济。甲寅,为云南平定,下诏告知全国。闰二月癸卯,蓝玉、沐英攻克大理,分兵攻打鹤庆、丽江、金齿,均取得胜利。三月庚午,黄河在朝邑决堤。

夏四月甲申,把元朝梁王把匝剌瓦尔密以及威顺王的儿子伯伯等人的家属迁移到耽罗。丙戌,下诏令全国各地一律祭祀孔子。壬辰,免征畿内、浙江、江西、河南、山东的税粮。五月乙丑,国子学落成,陈设酒食祭奠先师孔子。丙子,广平府吏王允道上书请求开炼磁州铁矿。太祖高皇帝说:"朕听说过做帝王的人必须使全国没有被遗弃的贤人,从未听说要没有遗留下来的财利。现今兵器并不缺乏,而且百姓的本业已经稳定,开矿不但对国家毫无益处,且会重新扰乱百姓。"为此杖打王允道,并把他流放到岭南。丁丑,派遣行人访求精通经术、德行良好的才士。

秋七月乙卯,黄河在荥泽、阳武一带决堤。辛酉,罢免四辅官。乙亥,傅友德、沐英出击乌撒蛮,大败其众。八月丁丑,再次设科举取士,令每三年举行一次,由此成为制度。丙戌,高皇后马氏逝世。己丑,命延安侯唐胜宗、长兴侯耿炳文在陕西屯田。丁酉,提拔秀才曾泰为户部尚书。辛丑,命令召到京师的秀才分别到吏、户、礼、兵、刑、工六科试用。九月己酉,吏部将精通经术、德行良好的才士郑韬等三千七百余人召入京师拜见,太祖令其举荐自己所了解的贤人,然后派遣使者征召他们。赐给郑韬等人钞,过后各授以布政使、参政等不同级别的官职。庚午,安葬孝慈皇后于孝陵。

冬十月丙子,设置都察院。丙申,检察记录囚犯的罪状。甲辰,徐达回到京师。同月,广东群盗平定,命赵庸班师回朝。十一月戊午,设置殿阁大学士,由邵质、吴伯宗、宋纳、吴沉四人担任。十二月辛卯,救济北平受灾地区的屯田士兵。己亥,命永城侯薛显督理山西军务。

该年,爪哇、琉球、乌斯藏、占城入京师朝贡。

洪武十六年春正月乙卯,在南郊隆重祭祀天地。戊午,令徐达镇守北平。二月丙申,首次命令全国各地学校的岁贡士到京师。三月甲辰,召征南部队回京师,沐英留下镇守云南。丙寅,下令免除凤阳、临淮二县百姓的徭役和赋税,世世代代永不负担。

夏五月庚申,免征畿内各府的田租。六月辛卯,免征畿内十二个州县养马户的田租一年,其中滁州免征二年。

秋七月,分别派遣御史到各地检察记录囚犯的罪状。八月壬申初一,日食。九月癸亥,命申国公邓镇为征南将军,讨伐龙泉山的寇盗,荡平其众。

冬十月丁丑,召徐达等人回京师。十二月甲午,刑部尚书开济犯罪被杀。

这一年,琉球、占城、西番、打箭炉、暹罗、须文达那入京师朝贡。

洪武十七年春正月丁未,在南郊隆重祭祀天地。戊申,命徐达镇守北平。壬戌,汤和巡视沿海各城防备倭寇。三月戊戌初一,颁行科举取士的规则。曹国公李文忠逝世。甲子,大赦全国各地的囚犯。

夏四月壬午,论平定云南的战功,进封傅友德为颍国公、陈桓等四人为侯,大赏将士。庚寅,收埋阵亡将士的尸骨。增建国子监的学舍。五月丙寅,凉州指挥宋晟在亦集乃征讨西番,打败他们。

秋七月戊戌,严禁内官干预外廷的事务,敕令外廷各衙门不得和内官监互相往来公文。癸丑,下诏令文武百官回家迎接父母奉养于任所的,由官府供给船、车。丁巳,免征畿内今年田租的一半。庚申,检察记录囚犯的罪状。壬戌,盱眙县有人进献天书,令斩死他。八月丙寅,黄河在开封决口。壬申,黄河在杞县决口,派官员去堵塞它。己丑,下令免去河南等省旧欠的赋税。

冬十月丙子,河南、北平发生大水,分别派遣驸马都尉李祺等人前去救济。闰十月癸丑,诏令全国各地的罪囚,先由刑部、都察院审议,再由大理寺覆审定罪,然后报请皇帝裁决。同月,召徐达回京师。十二月壬子,免去云南旧欠的赋税。

这年,琉球、暹罗、安南、占城入京师朝贡。

洪武十八年春正月辛末,在南郊隆重祭祀天地。癸酉,令入京师朝见的官员分五等考核政绩,罢降晋升各有差别。二月甲辰,因长久以来出现阴雨雷电,下诏求官民尽言时政得失。己未,魏国公徐达逝世。三月壬戌,分别赐丁显等人为进士及第、进士出身。下诏令在朝中和外地官员的父母凡死于住所的,由有关部门供给船、车送其回家安葬,从此成为一项法令。乙亥,免征畿内今年的田租。命令全国各府县掩埋暴露在外的尸骨。丙子,首次选用进士为翰林院、承敕监、六科庶吉士。己丑,户部侍郎郭桓因犯侵盗官粮罪被杀。

夏四月丁酉,吏部尚书余炚因罪被杀。丙辰,思州蛮叛乱,命汤和为征虏将军,周德兴为副将军,统兵随从楚王朱桢前去进讨。六月戊申,规定在外地的官员每三年到京师朝见一次,由此定为法令。

秋七月甲戌,封王祦为高丽国王。庚辰,五开蛮发动叛乱。八月庚戌,令冯胜、傅友德、蓝玉在北平守备边境。同月,赈济河南水灾。

冬十月己丑,向全国各地颁发《大诰》。癸卯,召冯胜回京师。甲辰,下诏说:"孟子传播道义,有功于正名分的礼教。历今年久,子孙甚少。近来其子孙有因罪而被罚从事劳作的,这哪里是礼待先贤的意愿呀。应当尽心询访,凡是圣贤的后代被罚劳作的,一概予以免除。"同月,楚王朱桢、信国公汤和讨平五开蛮。十一月乙亥,免去河南、山东、北平的田租。十二月丙午,命有关部门推举孝廉之人。癸丑,麓川平缅宣慰使思伦发反叛,都督冯诚出征失败,千户王升遇难。

该年,高丽、琉球、安南、暹罗到京师朝贡。

洪武十九年春正月辛酉,救济大名及江浦水灾。甲子,在南郊隆重祭祀天地。同月,征蛮的部队回到京师。二月丙申,耕耘耤田。癸丑,赈济河南饥民。

流民图

夏四月甲辰,下诏令赎还河南饥民所卖的子女。六月甲辰,命有关部门慰问老年人。凡贫民年八十岁以上的,每月给米五斗,酒三斗,肉五斤;九十岁以上的,每年加布帛一匹,棉絮一斤;有田产的不给米。应天、凤阳富民年八十以上的赐爵社士,九十岁以上的赐乡士;全国其他地方的富民年八十以上的赐里士;九十岁以上的赐社士。皆与县官享有同等的礼遇,并免去其家的赋役。鳏寡孤独不能自存的,每年给米六石。士兵在战场上受伤的废除其军籍,赐免三年的赋役。将校阵亡的,其子孙世袭爵位增加一级俸禄。隐居山林岩穴的才士,用礼聘请送来京师。丁末,救济青州及郑州的饥民。

秋七月癸末,命令推举明识经学、德行良好、练达时务之士。年六十以上的,安置于翰林院备顾问;六十岁以下的,由六部和布,按二司安排使用。八月甲辰,命皇太子修建泗州盱眙祖陵,准备安葬德祖以下皇帝、皇后的礼帽和礼服。九月庚申,在云南实行屯田。

冬十月,命官军已经死亡而其子女幼小或者父母年老的,皆照旧给予全部俸禄,由此定为法令。十二月癸末初一,日食。同月,命宋国公冯胜分兵防守边境。征发北平、山东、山西、河南的民夫运粮到大宁。

这一年,高丽、琉球、暹罗、占城、安南入京师朝贡。

洪武二十年春正月癸丑,以冯胜为征虏大将军,傅友德、蓝玉为副将军,率师出征纳哈出。令焚毁锦衣卫的刑具,缘由锦衣卫监狱关押的囚犯移交给刑部的监狱。甲子,在南郊隆重祭祀天地。典礼完毕时,天气清明。侍臣进言说:"这是陛下敬天有诚心的结果。"太祖高皇帝说:"所谓敬天,不单要在形式上庄严而有礼,更应当有其实在的内容。上天将百姓当作儿子的重任托付给做君主的,做君主的想侍奉天,就必须首先体恤百姓。体恤百姓,就是侍奉天的实在内容。就像国家任命人担任府州县官的事一样,假若他们不能造福于百姓,就是背弃了君主的命令,哪有比这更大为不敬的呀。"又说:"做人君的,敬天为父,敬地为母,视百姓如儿子,都是职分所应当尽力而为的,祭祀天地,不是为自己祈祷幸福,实在是为了天下的百姓。"二月壬午,检阅军队。乙未,耕耘耤田。三月辛亥,冯胜率兵出松亭关,建筑大宁、宽河、会州、富峪四城。

夏四月戊子,江夏侯周德兴在福建沿海筑城,练兵防倭。六月庚子,临江侯陈镛从征走错道路,遇敌战死,癸卯,冯胜的部队越过金山。丁未,纳哈出投降。闰六月庚申,冯胜班师驻扎金山,都督濮英统率的部队走在最后面遇到敌人的伏兵,濮英遇难身死。

秋八月癸酉,下令收回冯胜的将军印,召回京师,由蓝玉代理军事。景川侯曹震在云南品甸屯田。九月戊寅,封纳哈出为海西侯。癸未,设置大宁都指挥使司。丁酉,郑国公常茂被安置到龙州。丁未,以蓝玉为征虏大将军,延安侯唐胜宗、武定侯郭英为副将军,北征沙漠。同月,筑西宁城。

冬十月戊申,封朱寿为舳舻侯,张赫为航海侯。同月,冯胜罢官回到凤阳,可按时入京朝见。十一月壬午,命普定侯陈桓、靖宁侯叶升在定边、姚安、毕节各卫屯田。己丑,汤和回京师,总计修筑宁海、临山等五十九座城。十二月,救济登、莱饥民。

该年,琉球、安南、高丽、占城、真腊、朵甘、乌斯藏入京师朝贡。

洪武二十一年春正月辛巳,麓川蛮思伦发入侵马龙他郎甸,都督甯正击败他。辛卯,在南郊隆重祭祀天地。甲午,救济青州饥民。逮捕法办隐匿灾情不报的有关部门的官员。三月乙亥,分别赐任亨泰等人为进士及第、进士出身。丙戌,赈济东昌饥民。甲辰,沐英进讨思伦发,一举打败他。

夏四月丙辰,蓝玉在捕鱼儿海用计打败元朝嗣君,俘获其次子地保奴以及嫔妃、公主、王公以下数万人回来。五月甲戌初一,日食。六月甲辰,信国公汤和回到凤阳。甲子,以傅友德为征南将军,沐英、陈桓分别为左、右副将军,统兵讨伐东川叛蛮。

秋七月戊寅,地保奴被安置到琉球。八月癸丑,迁移泽、潞无业的居民到黄河南、北开垦田地,赐给钞置农具,免其三年租税。丁卯,蓝玉班师回朝,大赏北征将士。戊辰,封孙恪为全宁侯。同月,御制八条指示训令武臣遵行。九月丙戌,秦、晋、燕、周、楚、齐、湘、鲁、潭九位藩王进京朝见。癸巳,越州蛮阿资发动叛乱,沐英会同傅友德讨伐他。

冬十月丁未,东川蛮平息。十二月壬戌,封蓝玉为凉国公。

这一年,高丽、占城、琉球、暹罗、真腊、撒马儿罕、安南入京师朝贡。命令安南自今以后每三年朝贡一次,不要进献象、犀一类的东西。安南黎季犛杀其国王陈炜。

洪武二十二年春正月,改大宗正院为宗人府,以秦王朱樉为宗人令,晋王朱㭎、燕王朱棣分别为左、右宗正，周王朱橚、楚王朱桢分别为左、右宗人。丁亥，在南郊隆重祭祀天地。乙未，傅友德在普安打败阿资。二月己未，蓝玉在四川练兵。壬戌，禁止武臣干预民事。癸亥，湖广千户夏得忠勾结九溪蛮发动叛乱，靖宁侯叶升讨平他，得忠被处死。同月，阿资投降。三月庚午，傅友德率各位将领分别屯守四川、湖广，以防御西南蛮。

夏四月己亥，移江南的居民到淮南屯田，赐给钞购置农具，免征三年租税。癸丑，令魏国公徐允恭、开国公常升等人在湖广练兵。甲寅，迁元朝降王到耽罗。同月，遣御史审察山东匿灾不报的官员。五月辛卯，在兀良哈设置泰宁、朵颜、福余三卫。

秋七月，召傅友德等人回京师。八月乙卯，下诏令全国推举年高德望明识时务之人。同月，重亲修订《大明律》。九月丙寅初一，日食。

冬十一月丙寅，宣德侯金镇等人在湖广练兵。己卯，思伦发入京进贡认罪，麓川平定。十二月甲辰，周王朱橚有罪，令迁往云南，不久罢迁，留居京师。命定远侯王弼等人在山西、河南、陕西练兵。

这一年，高丽、安南、占城、真腊到京师朝贡。元朝也速迭儿杀其君脱古思帖木儿而立坤帖木儿。高丽废其国王王禑，又废国王王昌。安南黎季犛再杀其国王陈日焜。

洪武二十三年春正月丁卯，晋王朱㭎、燕王朱棣统兵征元朝丞相咬住，太尉乃儿不花，征虏前将军颖国公傅友德等皆听从晋、燕二王的指挥。己卯，在南郊隆重祭祀天地。庚辰，贵州蛮发动叛乱，延安侯唐胜宗兴师讨平。乙酉，齐王朱榑统兵从燕王朱棣北征。赣州贼作乱，令东川侯胡海为总兵官，普定侯陈桓、靖宁侯叶升为副将，发兵予以平息。命唐胜宗督责贵州各卫屯田。二月戊申，蓝玉讨平西番叛蛮。丙辰，耕耘糟田。癸亥，黄河在归德决堤，征发各军和民夫堵塞它。三月癸巳，燕王朱棣的部队进驻迤都，咬住等人投降。

夏四月，吉安侯陆仲亨等因被定为胡惟庸的同党关入监狱。丙申，潭王朱梓自焚身亡。闰四月丙子，蓝玉平息施南、忠建叛蛮。五月甲午，遣送各位公、侯回归故里，各赐给不同数量的金币。乙卯，赐太师韩国公李善长自尽，陆仲亨等皆被杀死。作《昭示奸党录》，布告全国。六月乙丑，蓝玉派遣凤翔侯张龙平息都匀、散毛各蛮。庚寅，任命德才兼备而又熟悉典故、年六十以上的老人为官。

秋七月壬辰，黄河在开封决口，令予赈济。癸巳，崇明、海门暴风骤雨海水溢入田舍，遣官进行救济，并征发民夫二十五万修筑堤岸。八月壬申，下令不要用吏卒担任选举。蓝玉回京师。同月，救济河南、北平、山东水灾。九月庚寅初一，日食。

冬十月己卯，救济湖广饥民。十一月癸丑，免征山东受灾地区的田租。十二月癸亥，命令被判为死刑以下的囚犯运粮到北方边境以弥补自己的罪过。壬申，令停止全国各地每年织造丝织品。

这一年，墨刺、哈梅里、高丽、占城、真腊、琉球、暹罗入京朝贡。

洪武二十四年春正月癸卯，在南郊隆重祭祀天地。戊申，命颖国公傅友德为征虏将军，定远侯王弼、武定侯郭英为副将军，整治北平边防。三月戊子初一，日食。命魏国公徐辉祖、曹国公李景隆、凉国公蓝玉等人在陕西守备边境。乙未，靖宁侯叶升在甘肃练兵。丁酉，分别赐许观等人为进士及第、进士出身。

夏四月辛未,封皇子朱㮵庆王,朱权为宁王,朱楩为岷王,朱橞为谷王,朱松为韩王,朱模为沈王,朱楹为安王,朱桱为唐王,朱栋为郢王,朱㰘为伊王。癸未,燕王朱棣督领傅友德各将帅出塞外,打败敌人凯旋归来。五月戊戌,命汉、卫、谷、庆、宁、岷六位亲王到临清练兵。六月己未,命令廷臣参考历代礼仪制度,重新制定衣帽、居室、用具的制度。甲子,因久旱无雨,令审察记录囚徒的罪状。

秋七月庚子,迁移富民充实京师。辛丑,免征畿内官田的租税一半。八月乙卯,秦王朱樉有罪,被召回京师。乙丑,皇太子巡抚陕西。乙亥,都督佥事刘真、宋晟进讨哈梅里,打败他们。九月乙酉,遣使告谕西域。同月,倭寇侵犯雷州,百户李玉、镇抚陶鼎力战身死。

冬十月丁巳,免去北平、河间受灾地区的田租。十一月甲午,五开蛮叛乱,都督佥事茅鼎兴兵讨伐,平息他们。庚戌,皇太子回京师,晋王朱棡进京朝见。辛亥,赈济河南水灾。十二月庚午,周王朱橚恢复封国。辛巳,阿资再次反叛,都督佥事何福出兵讨伐降服了他。

这年,全国各郡县赋役黄册造成,总计有一千六十八万四千四百三十五户,五千六百七十七万四千五百六十一丁。琉球、暹罗、别失八里、撒马儿罕入京师朝贡。因占城发生篡位叛逆的严重事件,拒绝其朝贡。

洪武二十五年春正月戊子,周王朱橚入京朝见。庚寅,黄河在阳武决口,征发军民加以堵塞,并免去受水灾地区的田租。乙未,在南郊隆重祭祀天地。命何福进讨都匀、毕节各蛮,平定了他们。辛丑,命令被判为死罪的囚犯运粮到边塞。壬寅,晋王朱棡、燕王朱棣、楚王朱桢、湘王朱柏进京朝见。二月戊午,召曹国公李景隆等回京师。靖宁侯叶升等人在河南以及临、巩、甘、凉、延庆各地练兵。都督茅鼎等平息五开蛮。丙寅,耕耘耤田。庚辰,命令全国各卫所的军队用十分之七屯田。三月癸未,命冯胜等十四人分别督理陕西、山西、河南各卫的军务。庚寅,改封豫王朱桂为代王,汉王朱模为肃王、卫王朱植为辽王。

夏四月壬子,命凉国公蓝玉征讨罕东。癸丑,建昌卫指挥月鲁帖木儿叛变,指挥鲁毅出兵打败他。丙子,皇太子朱标逝世。戊寅,命都督聂纬、徐司马、瞿能进讨月鲁帖木儿,等蓝玉回来以后,均听从他的指挥。五月辛巳,蓝玉到罕东,贼寇逃走,于是进军建昌。己丑,救济陈州原武水灾。六月丁卯,西平侯沐英死于云南。

秋七月庚辰,秦王朱樉恢复封国。癸未,指挥瞿能在双狼塞打败月鲁帖木儿。八月己未,江夏侯周德兴因事被杀。丁卯,冯胜、傅友德率领开国公常升等分赴山西,征民为军,到大同、东胜屯田,建立十六个卫。甲戌,每年赐给公、侯俸禄,原来所赐给的田土归还官府。丙子,靖宁侯叶升因定为胡惟庸的党羽被杀。九月庚寅,立皇孙朱允炆为皇太孙。高丽李成桂囚禁其国王王瑶而自立为王,并拿着国人的劝进表来京师请求批准,下诏予以接受,更改国号号为朝鲜。

冬十月乙亥,沐英继承爵位封西平侯,镇守云南。十一月甲午,蓝玉擒获月鲁帖木儿,杀死他,召蓝玉回京师。十二月甲戌,宋国公冯胜、颍国公傅友德等兼任东宫师、保官。闰十二月戊戌,命冯胜为总兵官,傅友傅为副总兵,在山西、河南练兵,兼领屯卫的这一年，琉球的中山与山南，高丽、哈梅里入京师朝贡。

洪武二十六年春正月戊申，下令免全国六十岁以上的老年人来京师朝见。辛酉，在南郊隆重祭祀天地。二月丁丑，晋王朱棡统领山西、河南的军队出塞外，召冯胜、傅友德、常升、王弼等人回京师。乙酉，蜀王朱椿进京朝见。凉国公蓝玉因谋反，与并受其株连的鹤庆侯张翼、普定侯陈桓、景川侯曹震、舳舻侯朱寿、东莞伯何荣、吏部尚书詹徽等人皆因此被杀。己丑，向全国颁布《逆臣录》。庚寅，耕耘耤田。三月辛亥，代王朱桂率领护卫兵出塞，听从晋王的调遣。长兴侯耿炳文在陕西练兵。丙辰，命冯胜、傅友德整饬山西、北平边备，其所辖的卫所将校一律听从晋王、燕王的指挥。庚申，诏令晋、燕二王遇有重大的军务才奏报。壬戌，会宁侯张温因定为蓝玉的党羽被处死。

夏四月乙亥，孝感发生饥荒，派遣使者乘坐驿站的车马迅速前去发放仓粮借给饥民。命令自今开始凡遇到饥荒年，先贷粮给饥民然后再奏闻，立为法令。戊子，周王朱橚进京朝见。庚寅，旱灾，诏群臣上书直言朝政得失。减少狱囚。丙申，因安南擅自废君自立，绝其朝贡。

秋七月甲辰初一，日食。戊申，选秀才张宗浚等随从詹事府的官员在文华殿轮流值班，侍候皇太孙。八月，秦、晋、燕、周、齐五位藩王进京朝见。九月癸丑，代、肃、辽、庆、宁五位藩王进京朝见。令赦免胡惟庸、蓝玉的余党。

冬十月丙申，提拔国子监生六十四人为布政使等官。十二月，向各位藩王颁布《永鉴录》。

这一年，琉球、爪哇、暹罗入京朝贡。

洪武二十七年春正月乙卯，在南郊隆重祭祀天地。辛酉，命李景隆为平羌将军，镇守甘肃。发放全国的仓谷贷给贫民。三月庚子，分别赐张信等人为进士及第、进士出身。辛丑，魏国公徐辉祖、安陆侯吴杰在浙江防备倭寇。庚戌，令督促百姓种植桑枣、木棉。甲子，因为全国四方已经彻底平定，将兵器收藏起来，表示永不再用。

秋八月甲戌，吴杰及永定侯张铨率领退休的武臣，到广东防备倭寇。乙亥，遣国子监生分赴全国各地，督促官吏和百姓兴修水利。丙戌，在阶、文的军队发动叛乱，令都督甯正为平羌将军兴师讨伐。九月，令徐辉祖指挥陕西沿边各部队。

冬十一月乙丑，颖国公傅友德因事被处死。阿资再次叛变，西平侯沐春出兵击败他。十二月乙亥，定远侯王弼因事被杀。

这一年，乌斯藏、琉球、缅、朵甘、爪哇、撒马儿罕、朝鲜入京朝贡。安南来贡，拒绝之。

洪武二十八年春正月丙午，阶、文的寇乱被平息，甯正率所部随从秦王朱樉征讨洮州叛藩。丁未，在南郊隆重祭祀天地。甲子，西平侯沐春擒获并斩死阿资，越州平定。同月，命周王朱橚、晋王朱棡率领河南、山西各卫的军队出塞外，筑城、屯田。燕王朱棣带领总兵官周兴出辽东边塞。二月丁卯，宋国公冯胜因事被杀。己丑，命令户部编居民每一百户为一里。遇有婚姻、死丧、疾病各种患难，里中富的资助钱财，贫的资助劳力。春秋耕种收获，通力合作，这些都是为了使百姓和睦相处。

夏六月壬申，命令各土司都建立儒学。辛巳，周兴等人自开原追击敌人至甫答迷城，不及而还。己丑，到奉天门，指示群臣说："朕起兵至今四十年，十分了解事情的真假是非，为了惩治奸顽，有时法外用刑，这本不是常法。今后的嗣君只许遵循《律》和《大诰》，不许使用黥刺、刖、劓、阉割等各种刑罚。臣下有敢用这些奏请的，处以重刑。"又说："朕罢丞相，设五军都督府、六部、都察院分理各种繁多的政务，事权归于朝廷。今后的嗣君不许再立丞相，臣下有敢用这些奏请的处以重刑。皇亲只有犯谋逆的大罪才不能赦免。犯其他罪行的，由宗亲会议报请皇上裁决。司法部门只许检举奏报，不得擅自逮捕。这些都要刻于典章之上，永为遵守。"

秋八月丁卯，命都督杨文为征南将军，指挥韩观、都督金事宋晟为副将军，进讨龙州土官赵宗寿。戊辰，信国公汤和逝世。辛巳，赵宗寿认罪来京师朝见，杨文转而移兵讨伐奉议、南丹的叛蛮。九月丁酉，免征畿内、山东的秋粮。庚戌，向朝廷内外颁布《皇明祖训条章》，规定"后世有议论更改祖宗制度的，按奸臣论处"。十一月乙亥，奉议、南丹的叛蛮皆被平息。十二月壬辰，命令河南、山东种植桑、枣以及洪武二十七年以后新开垦的田地，不要进行征税。

这一年，朝鲜、琉球、暹罗入京师朝贡。

洪武二十九年春正月壬申，在南郊隆重祭祀天地。二月癸卯，征虏前将军胡冕督兵讨伐郴、桂蛮乱，平定了他们。辛亥，燕王朱棣率军队巡视大宁，周世子朱有燉率军队巡视北平关口。三月辛酉，楚王朱桢、湘王朱柏进京朝见。甲子，燕王在彻彻儿击败敌军，又追击敌军到兀良哈秃城并在哪里将其打败，然后胜利归来。

秋八月丁未，免征应天、太平五府的田租。九月乙亥，召退休的武臣二千五百余人到京师朝见，大赏他们，各晋升俸禄一级。

这一年，琉球、安南、朝鲜、乌斯藏入京师朝贡。

洪武三十年春正月丙辰，命耿炳文为征西将军，郭英为副将军，巡视西北边防。丙寅，在南郊隆重祭祀天地。丁卯，分别在山西、北平、陕西、甘肃、辽东设置行太仆寺，掌管马政。己巳，左都督杨文在辽东屯田。同月，沔县盗寇暴动，令耿炳文兴兵讨伐它。二月庚寅，水西蛮叛乱，命都督金事顾成为征南将军，讨平他们。三月癸丑，分别赐陈郯等人为进士及第、进士出身。庚辰，古州蛮叛乱，龙里千户吴得、镇抚井孚战死。

夏四月己亥，命都指挥齐让为平羌将军，讨伐古州蛮。壬寅，水西蛮平定。五月壬子初一，日食。乙卯，楚王朱桢、湘王朱柏率兵进讨古州蛮。六月辛巳，分别赐礼部覆试贡士韩克忠等人为进士及第、进士出身。己酉，驸马都尉欧阳伦有罪，令其自尽。

秋八月丁亥，黄河在开封决堤。甲午，命李景隆为征虏大将军，在河南练兵。九月庚戌，汉、沔贼寇平息。戊辰，麓川平缅土司酋长刀干孟赶走其宣慰使思伦发，由此发动叛乱。乙亥，命都督杨文为征虏将军，代替齐让。

冬十月戊子，停止辽东海运。辛卯，耿炳文在陕西练兵。乙未，重新修建的国子监先师庙落成。十一月癸酉，命沐春为征虏前将军，都督何福等人为副将军，进讨刀干孟。

这一年，琉球、占城、朝鲜、暹罗、乌斯藏、泥八剌入京师朝贡。

洪武三十一年春正月壬戌，在南郊隆重祭祀天地。乙丑，派遣使者到山东、河南督促百姓耕种田地。二月乙酉，倭寇侵犯宁海，指挥陶铎击败他们。辛丑，古州蛮平息，召杨文回京师。甲辰，都督金事徐凯讨平麽些蛮。

夏四月庚辰，廷臣因朝鲜一再生事挑衅，请出兵讨伐，不准。五月丁未，沐春攻击刀干孟，将他打得人仰马翻。太祖高皇帝身体不安适。戊午，都督杨文随从燕王朱棣，武定侯部英随从辽王朱植，到开平备边御敌，皆听燕王指挥。

闰五月癸未，太祖高皇帝的疾病大为加重。乙酉，死于西宫，年七十有一。遗诏说："朕承天命三十一年，心里总是忧虑着国家和百姓的安危，日日勤劳，不敢倦怠，致力于为百姓谋利益。无奈出身寒微，没有像古人那样博学多闻，好善疾恶，远不如他们。今日懂得了万物本身的客观规律，何有哀念之情。皇太孙允炆仁义明达孝顺友爱，天下归心，最适合于登皇帝位。内外文武百官要同心辅佐政事，以安定我的百姓。治丧祭奠仪式的物品，不要使用金玉。孝陵的山川仍照旧，不要改动。天下官民，哀悼仪式举行三日之后，皆免穿素服，不要妨碍嫁女娶亲。各位藩王只在封国哀悼，不要到京师。凡不在这个诏令之中的，根据这个诏令行事。"辛卯，葬于孝陵。谥号高皇帝，庙号太祖。永乐元年，再谥为圣神文武钦明启运俊德成功统天大孝高皇帝。嘉靖十七年，增谥为开天行道肇纪立极大圣至神仁文义武俊德成功高皇帝。

太祖高皇帝由上天授给他智慧和能力，统一了全中国，武功文治，为汉、唐、宋各位君主所未能及。当其开创功业之初，能够沉着镇定审时度势，循次经营，很有计划。经常与各位大臣议论夺取天下的策略，说："朕时逢死亡和战乱，当初起兵乡里，本为保全自己。及渡过长江以后，看到各处群雄的所作所为，只是祸害百姓，而张士诚、陈友谅尤其是大蛀虫。士诚倚仗富有，友谅倚仗兵强，朕独无所倚仗。只有不爱好杀人，布施信义，实行节俭，和你们同心共济。起初与张士诚、陈友谅二位敌人相对峙，士诚尤为逼近，有说应该先击败他。朕依据友谅志气骄傲，士诚器量狭小，志气骄傲必好生事端，器量狭小必没有远大的规划，所以首先攻打友谅。鄱阳湖之战，士诚终于不能走出姑苏一步去支援陈友谅。假使首先攻打士诚，他在浙西负固坚守，友谅必会倾国而来，我就会腹背受敌了。士诚、友谅两个敌人既消灭，北定中原，所以先取山东，次及河洛，而制止潼关的军队不急于夺取秦、陇，是因为扩廓帖木儿、李思齐、张思道都是身经百战之后，未必肯于匆忙甘拜下风，急于进攻，他们势必会联合在一起，一下子不容易平定，所以出其不意，将战旗转向北方。燕都既攻克，然后西征。张、李望绝势穷，不战而胜，然而扩廓仍在极力抗拒不肯屈服。假使那时未攻下燕都，骤然和他们斗力，谁胜谁负就未可知了。"太祖高皇帝的雄才大略，料敌如神，克敌制胜，都与此相类似。所以能够平定祸乱，直到得有天下。古语说"天道后起者胜"，这绝不是偶然的。

庄烈帝本纪

【题解】

庄烈帝（1611~1644），即朱由检，明朝末代皇帝，明光宗之子。曾受封为信王，于天

启七年(1627)十七岁时继其兄朱由校(明熹宗)之后继承皇位,定年号为崇祯。明朝末年,政治腐败,军事衰弱,皇室官僚广占民田,赋役繁重,民不聊生,加以灾害流行,农民起义不断。同时,东北(后金)势力日盛。对明廷构成威胁。朱由检继位之初,很想有一番作为,以挽救明朝灭亡。他在位十七年,不近声色,竭尽心力地治理朝政,曾采取了一系列措施,如罢黜阉党,抑制豪强,整肃政纪,提倡清廉,以及适当放宽言论,减轻赋役等等。但朱由检的努力,并未能挽救明朝的命运,另上他刚愎忌刻,冤杀重臣,信用宦官,又为镇压农民起义而拼命调集军队,增加赋税,加剧统治阶级与人民之间的矛盾,导致明王朝的迅速崩溃。崇祯十七年(1644)李自成率领起义军攻克北京,他在煤山(今北京景山)自杀,明亡。清兵入关后,将朱由检的灵柩改葬于思陵,并加谥号为庄烈愍皇帝;南明加其谥为思宗,后改为毅宗。

【原文】

庄烈愍皇帝,讳由检,光宗第五子也,万历三十八年十二月生。母贤妃刘氏,早薨。天启二年,封信王。六年十一月,出居信邸。

明年八月,熹宗疾大渐,召王入,受遗命。丁巳,即皇帝位。大赦天下,以明年为崇祯元年。九月甲申,追谥生母贤妃曰孝纯皇后。丁亥,停刑。庚寅,册妃周氏为皇后。

冬十一月甲午朔,享太庙。癸丑,南京地震。十一月甲子,安置魏忠贤于凤阳。戊辰,撤各边镇守内臣。己巳,魏忠贤缢死。癸酉,免天启时逮死诸臣赃,释其家属。癸巳,黄立极致仕。十二月,前南京吏部侍郎钱龙锡、礼都侍郎李标、礼部尚书来宗道、吏部侍郎杨景辰、礼部侍郎周道登、少詹事刘鸿训俱礼部尚书兼东阁大学士,预机务。魏良卿、客氏子侯国兴俱伏诛。

崇祯元年春正月辛巳,诏内臣非奉命不得出禁门。壬午,尊熹宗后为懿安皇后。丙戌,戮魏忠贤及其党崔呈秀尸。二月乙未,禁章奏冗蔓。癸丑,御经筵。丁巳,戒廷臣交结内侍。三月己巳,葬哲皇帝于德陵。癸未,施凤来、张瑞图致仕。乙酉,赠恤冤陷诸臣。

朱由检

夏四月癸巳,赐刘若宰等进士及第、出身有差。甲午,袁崇焕为兵部尚书,督师蓟、辽。庚戌,指挥卓铭请开矿,不许。五月己巳,李国楮致仕。庚午,《三朝要典》。甲戌,裁各部添注官。辛巳,祷雨。乙酉,复外吏久任及举保连坐之法,禁有司私派。六月,削魏忠贤党冯铨、魏广微籍。壬寅,许显纯伏诛。壬子,来宗道、杨景辰致仕。

秋七月酉,召对廷臣及袁崇焕于平台。壬午,浙江风雨,海溢,漂没数万人。癸未,海寇郑芝龙降。甲申,宁远兵变,巡抚都御史毕自肃自杀。八月乙未,诏非盛暑祁寒,日御文华殿与辅臣议政。九月丁卯，京师地震。

冬十月戊戌，刘鸿训罢，寻遣戍。十一月癸未，祀天于南郊。十二月丙申，韩爌复入阁。

是年，革广宁及蓟镇塞外诸部赏。诸部饥，告籴，不许。陕西饥民苦加派，流贼大起，分掠鄜州、延安。

二年春正月丙子，释奠于先师孔子。丁丑，定逆案，自崔呈秀以下凡六等。二月戊子，祀社稷。庚寅，皇长子慈烺生，赦天下。三月戊寅，蓟州兵变，有司抚定之。

夏四月甲午，裁驿站。闰月癸亥，流贼犯三水，游击高从龙战殁。癸未，祀地于北郊。五月乙酉朔，日有食之，庚子，议改历法。六月戊午，袁崇焕杀毛文龙于双岛。癸亥，以久旱，斋居文华殿，敕群臣修省。

秋八月甲子，总兵官侯良柱、兵备副使刘可训击斩奢崇明，安邦彦于红土川，水西贼平。甲戌，熹宗神主祔太庙。九月丁未，杨镐弃市。

冬十月戊寅，大清兵入大安口。十一月壬午朔，京师戒严。乙酉，山海关总兵官赵率教战殁于遵化。甲申，大清兵入遵化，巡抚都御史王元雅、推官何天球等死之。丁亥，总兵官满桂入援。己丑，吏部侍郎成基命为礼部尚书兼东阁大学士，预机务。召前大学士孙承宗为兵部尚书中、极殿大学士，视师通州。辛卯，袁崇焕入援，次蓟州。戊子，宣、大、保定兵相继入援。征天下镇巡官勤王。辛丑，大清兵薄德胜门。甲辰，召袁崇焕等于平台，崇焕请入城休兵，不许。下兵部尚书王洽于狱。十二月辛亥朔，再召袁崇焕于平台，下锦衣卫狱。甲寅，总兵官祖大寿兵溃，东出关。乙卯，孙承宗移驻山海关。庚申，谕廷臣进马。丁卯，遣中官趋满桂出战，桂及前总兵官孙祖寿俱战殁。总兵官马世龙总理援军。壬申，钱龙锡罢。癸酉，山西援兵溃于良乡。丁丑，礼部侍郎周延儒、尚书何如宠、侍郎钱象坤俱礼部尚书兼东阁大学士，预机务。

三年春正月甲申，大清兵克永平，副使郑国昌、知府张凤奇等死之。丙戌，瘗城外战士骸。戊子，大清兵克滦州。庚寅，逮总督蓟、辽都御史刘策下狱，论死。乙未，禁抄传边报。韩爌致仕。壬寅，兵部右侍郎刘之纶败没于遵化。是月，陕西诸路总兵官吴自勉等师师入卫，延绥、甘肃兵溃西去，与群寇合。二月庚申，立皇长子慈烺为皇太子，大赦。三月壬午，李标致仕。戊申，流贼犯山西。

夏四月乙卯，以久旱，斋居文华殿，谕百官修省。丁丑，流贼陷蒲县。五月辛卯，马世龙、祖大寿诸军入滦州。壬辰，大清兵东归，永平、迁安、遵化相继复。六月癸丑，流贼王嘉胤陷府谷，米脂贼张献忠聚众应之。己未，授宋儒邵雍后裔《五经》博士。辛酉，礼部尚书温体仁、吴宗达并兼东阁大学士，预机务。

秋八月癸亥，杀袁崇焕。九月己卯，逮钱龙锡下狱。

冬十月癸亥，停刑。丙寅，巡抚延绥副都御史洪承畴、总兵官杜文焕败贼张献忠于清涧。十一月壬辰，破贼于怀宁。甲午，山西总兵官王国梁追贼于河曲，败绩。十二月乙巳朔，增田赋充饷。戊午，流贼陷宁塞。

是年，乌斯藏入贡。

四年春正月己卯，流贼陷保安。丁酉，御史吴牲振延绥饥民。己亥，召对内阁、九卿、科道及入觐两司官于文华殿。命都察院严核巡按御史。二月壬子，流贼围庆阳，分兵陷合水。三月丁丑，副将张应昌等击败之，庆阳围解。癸未，总督陕西三边军务侍郎杨鹤招抚流贼于宁州，群贼伪降，寻复叛。己丑，赐陈于泰等进士及第、出身有差。

夏四月庚戌，祷雨。辛酉，诏廷臣条时政。是月，延绥副将曹文诏击贼于河曲，王嘉胤败死。五月甲戌朔，步祷于南郊。庚辰，戍钱龙锡。六月丁未，钱象坤致仕。

秋七月甲戌，总兵官王承恩败贼于郿州，降贼首上天龙。八癸卯，总兵官贺虎臣击斩贼刘六于庆阳。丁未，大清兵围祖大寿于大凌城。丙辰，何如宠致仕。九月庚辰，内臣王应朝、邓希诏等监视关、宁、蓟镇兵粮及各边抚赏。甲午，逮杨鹤下狱，论戍。洪承畴总督三边军务。丁酉，太监张彝宪总理户、工二部钱粮，给事中宋可久等相继谏，不听。戊戌，山海总兵官宋伟等援大凌，败于长山，监军太仆少卿张春被执。

冬十月辛丑朔，日有食之。戊辰，祖大寿杀副将何可纲。己巳，大寿自大凌脱归，入锦州。十一月丙戌，太监李奇茂监视陕西茶马，吕直监视登岛兵粮、海禁，群臣合疏谏，不听。壬辰，孙承宗致仕。癸巳，召对廷臣于文华殿，历询军国诸务，语及内臣，帝曰："诸臣若实心任事，朕亦何需此辈。"己亥，流贼罗汝才犯山西。闰月乙丑，陕西降贼复叛，陷甘泉，杀参政张允登。丁卯，登州游击孔有德率师援辽，次吴桥反，陷陵县，连陷临邑、商河、齐东，屠新城。十二月丙子，济南官军御贼于阮城店，败绩。丁丑，以大凌筑城招衅，夺孙承宗官。是冬，延安、庆阳大雪，民饥，盗贼益炽。

五年春正月辛丑，孔有德陷登州，游击陈良谟战死，总兵官张可大死之。巡抚都御史孙元化、副使宋光兰等被执，寻纵还。辛亥，孔有德陷黄县。丙寅，总兵官杨御蕃、王洪率师讨孔有德，败绩于新城镇。二月己巳朔，孔有德围莱州，巡抚都御史徐从治固守。辛巳，孔有德陷平度。三月壬寅，兵部侍郎刘宇烈督理山东军务，讨孔有德。

夏四月甲戌，刘宇烈败绩于沙河。癸未，徐从治中伤卒。是月，总兵官曹文诏、杨嘉谟连破贼于陇安、静宁，贼奔水落城，平凉、庄浪饥民附之，势复炽。五月丙午，参政朱大典为佥都御史，巡抚山东。辛亥，礼部尚书郑以伟、徐光启并兼东阁大学士，预机务。六月，京师大雨水。壬申，河决孟津。

秋七月辛丑，太监曹化淳提督京营戎政。癸卯，孔有德伪降，诱执登莱巡抚都御史谢琏、莱州知府朱万年死之。己未，孙元化弃市。逮刘宇烈下狱，论戍。八月甲戌，洪承畴败贼于甘泉，贼首白广恩降。甲申，朱大典督军救莱州，前锋参将祖宽败贼于沙河。乙酉，莱州围解。癸巳，官军大败孔有德于黄县，进围登州。九月丁酉，海贼刘香寇福建。是秋，陕西贼入山西，连陷大宁、泽州、寿阳，分部走河北，犯怀庆，陷修武。

冬十一月戊戌，刘香寇浙江。

六年春正月癸卯，曹文诏节制山、陕诸将讨贼。丁未，副将左良玉破贼于涉县，贼走林县山中，饥民争附之。庚申，遣使分督直省逋赋。是月，曹文诏击山西贼，屡败之。二月壬申，削左副都御史王志道籍。癸酉，流贼犯畿南。戊子，总兵官陈洪范等克登州水城。辛卯，孔有德遁入海，山东平。三月癸巳，敕曹文诏诸将限三月平贼。

夏四月己巳，免延安、庆阳、平凉新旧辽饷。壬申，总兵官邓玘、左良玉剿河南贼。五月乙巳，太监陈大金等分监曹文诏、张应昌、左良玉、邓玘军。壬子，孔有德及其党耿仲明等航海降于我大清。癸丑,河套部犯宁夏,总兵官贺虎臣战没。六月辛酉朔,太监高起潜监视宁、锦兵饷。乙丑,郑以伟卒。庚辰,周延儒致仕。甲申,延绥副将李卑援剿河南。庚寅,太监张彝宪请催逋赋一千七百万,给事中范淑泰谏,不听。

秋七月甲辰,大清兵取旅顺,总兵官黄龙死之。癸丑,改曹文诏镇大同,山西巡抚都御史许鼎臣请留文诏剿贼,不许。八月己巳,曹文诏败贼于济源,又败之于怀庆。九月庚戌,南京礼部侍郎钱士升为礼部尚书兼东阁大学士,预机务。

冬十月戊辰,徐光启卒。十一月癸巳,礼部侍郎王应熊、何吾驺俱礼部尚书兼东阁大学士,预机务。辛亥,诏保定、河南、山西会兵剿贼。壬子,贼渡河。乙卯,陷渑池。十二月,连陷伊阳、卢氏,分犯南阳、汝宁,遂逼湖广。

是年,安南入贡。

七年春正月己丑,广鹿岛副将尚可喜降于我大清。设河南、山、陕、川、湖五省总督,以延绥巡抚陈奇瑜兼兵部侍郎为之。庚寅,总兵官张应昌渡河,败贼于灵宝。壬辰,贼正郧阳渡汉。癸巳,犯襄阳,连陷紫阳、平利、白河,南入四川。二月戊寅,陷夔州,大宁诸县皆失守。甲申,耕籍田。乙酉,张献忠突商、雒,凡十三营流入汉南。是月,振登、莱饥,蠲逋赋。三月丁亥朔,日有食之。甲辰,赐刘理顺等进士及第、出身有差。乙巳,张应昌击贼于五岭山,败绩。庚戌,贼自四川走湖广,副将杨世恩追败之于石河口。山西自去年不雨至于是月,民大饥。

夏四月,贼自湖广走卢氏、灵宝。癸酉,发帑振陕西、山西饥。五月丙申,副将贺人龙等败贼于蓝田。六月辛未,总督侍郎陈奇瑜、郧阳抚治都御史卢象升会师于上津,剿湖广贼。甲戌,河决沛县。是夏,官军围高迎祥、李自成诸贼于兴安之车箱峡两月。贼食尽,伪降。陈奇瑜受之,纵出险。复叛,陷所过州县。张应昌自清水追贼,败绩。

秋七月壬辰,大清兵入上方堡,至宣府。乙来,诏总兵官陈洪范守居庸,巡抚保定都御史丁魁楚等守紫荆、雁门。辛丑,京师戒严。庚戌,大清兵克保安,沿边诸城堡多不守。八月,分遣总兵官尤世威等援边。戊辰,宣大总督侍郎张宗衡节制各镇援兵。闰月甲申,贼陷隆德、固原,参议陆梦龙赴援,败没。丁亥,大清兵克万全左卫。庚寅,旋师出塞。壬寅,李自成围贺人龙于陇州。九月庚申,盔甲厂灾。庚辰,洪承畴解陇州围。甲戌,以贼聚陕西,诏河南兵入潼、华,湖广兵入商雒,四川兵由兴、汉,山西兵出蒲州、韩城,合剿。

冬十月庚戌,湖广兵援汉中,副将杨正芳战死。十一月庚辰,逮陈奇瑜下狱,论戍。乙酉,洪承畴兼摄五省军务。是冬,陕西贼分犯湖广、河南,李自成陷陈州。

是年,暹罗入贡。

八年春正月乙卯,贼陷上蔡,连陷汜水、荥阳、固始。乙未,洪承畴出关讨贼。辛酉,张献忠陷颍州。丙寅,陷凤阳,焚皇陵楼殿,留守朱国相等战死。壬申,徐州援兵至凤阳。张献忠犯庐州,寻陷庐江、无为。李自成走归德,与罗汝才复入陕西。二月,张献忠陷潜山、罗田、太湖、新蔡,应天巡抚都御史张国维御却之。甲午,以皇陵失守,逮总督漕运尚书杨一鹏下狱,寻弃市。丁酉,总兵官邓玘败贼于罗山。是月,曹文诏败贼于随州。

夏四月,张献忠复走汉中,犯平凉、凤翔。丁亥,郑芝龙击败海贼刘香,香自杀,众悉降。辛卯,洪承畴会师于汝州,分部诸将防豫、楚要害。乙巳,川兵变于樊城,邓玘自杀。

丙午,洪承畴西还,驻师灵宝。五月乙亥,吴宗达致仕。六月己丑,官军遇贼于乱马川,败绩。壬辰,副将艾万年、柳国镇击李自成于宁州之襄乐,战没。丙午,曹文诏追贼至真宁之湫头镇,遇伏,力战死之。

秋七月甲戌,少詹事文震孟、刑部侍郎张至发俱礼部侍郎兼东阁大学士,预机务。是月,张献忠突朱阳关,总兵官尤世威败绩,贼复走河南。八月,李自成陷咸阳,贼将高杰降。壬辰,诏撤监视总理内臣,惟京营及关、宁如故。辛丑,卢象升总理直隶、河南、山东、湖广、四川军务。九月辛亥,洪承畴督副将曹变蛟等败贼于关山镇。李自成东走,与张献忠合。壬戌,官军败绩于沈丘之瓦店。总兵官张全昌被执。壬申,王应熊致仕。

冬十月庚辰,下诏罪己,辟居武英殿,减膳撤乐,示与将士同甘苦。丙戌,户部尚书侯恂请严征新旧逋赋,从之。辛卯,李自成陷陕州。十一月庚戌,何吾驺、文震孟罢。庚申,祀天于南郊。总兵官祖宽破贼于汝州。十二月戊寅,城凤阳。乙酉,卢象升、祖宽败李自成于确山。戊子,左良玉败贼于阌乡。癸巳,贼犯江北,围滁州。乙巳,老回回诸贼自河南犯陕西,洪承畴败之于临潼。

是年,安南,暹罗、琉球入贡。

九年春正月甲寅,总理侍郎卢象升、祖宽援滁。大败贼于朱龙桥。丁卯,前礼部侍郎林钎以原官兼东阁大学,预机务。二月,前副将汤九州及贼战嵩县,败没。山西大饥,人相食。乙酉,宁夏饥,兵变,杀巡抚都御史王楫,兵备副使丁启睿抚定之。辛卯,以武举陈起新为给事中。三月,卢象升,祖大乐剿河南贼。高迎祥、李自成分部入陕西,余贼自光化走湖广。振南阳饥,蠲山西被灾州县新旧二饷。

夏四月戊子,钱士升致仕。五月壬子,诏赦胁从诸贼。愿归者,护还乡,有司安置;愿随军自效者,有功一体叙录。丙辰,延绥总兵官俞冲霄击李自成于安定,败绩,死之。李自成犯榆林,贺人龙击败之。癸酉,免畿内五年以前逋赋。六月乙亥,林钎卒。甲申,吏部侍郎孔贞运,礼部尚书贺逢圣、黄士俊,俱礼部尚书兼东阁大学士,预机务。己亥,总兵官解进忠抚贼于淅川,被杀。

秋七月甲辰,内臣李国辅等分守紫荆、倒马诸关。庚戌,成国公朱纯臣巡视边关。癸丑诏诸镇星驰入援。己未,大清兵入昌平,巡关御史王肇坤等死之。壬戌,巡抚陕西都御史孙传庭击擒贼首高迎祥于盩厔送京师伏诛。癸亥,谕廷臣助饷。甲子,兵部尚书张凤翼督援军,高起潜为总监。是月,大清兵入宝坻,连下近畿州县。八月癸酉,括勋戚文武诸臣马。乙未,卢象升入援,次真定。丙申,唐王聿键起兵勤王,勒还国,寻废为庶人。是月,大清兵出塞。九月辛酉,改卢象总督宣大、山西军务。

冬十月乙亥,工部侍郎刘宗周以论内臣及大学士温体仁削籍。甲申,张献忠犯襄阳。丙申,命开银、铁、铜、铅诸矿。十一月丁未,蠲山东五年以前逋赋。十二月,大清兵征朝鲜。

是年,洪承畴败贼于陇州,贼走庆阳、凤翔。暹罗入贡。

十年春正月辛丑朔,日有食之。丙午,老回回诸贼趋江北,张献忠、罗汝才自襄阳犯安庆,南京大震。二月甲戌,遣使督直省逋赋。丁酉,贼犯潜山,总兵官左良玉、副使史可法败之于枫香驿。是月,朝鲜降于我大清。三月辛亥,振陕西灾。丁巳,赐刘同升等进士及第、出身有差。甲子,官军援安庆,败绩于鄞家店。

夏四月戊寅,大清兵克皮岛,副总兵金日观力战死之,总兵官沈冬魁走石城岛。癸巳,旱,清刑狱。是月,洪承畴剿贼于汉南。闰月壬寅,敕群臣洁己爱民,以回天意。江北贼分犯河南。总督两广都御史熊文灿为兵部尚书,总理南京、河南、山、陕、川、湖军务,驻鄞阳讨贼。五月戊寅,李自成自秦州犯四川。六月戊申,温体仁致仕。是夏,两畿、山西大旱。

秋七月,山东、河南蝗,民大饥。八月己酉,吏部侍郎刘宇亮、礼部侍郎傅冠俱礼部尚书,金都御史薛国观为礼部侍郎,并兼东阁大学士,预机务。庚申,阅城。九月丙子,左良玉败贼于虹县。辛卯。洪承畴败贼于汉中。癸巳,李自成陷宁羌。

冬十月丙申,自成自七盘关入西川。壬寅,陷昭化、剑州、梓潼,分兵趋潼川、江油、绵州,总兵官侯良柱战死,遂陷彰明、盐亭诸县。庚戌,逼成都。十一月庚辰,以星变修省,求直言。十二月癸卯,黄士俊致仕。癸亥,洪承畴、曹变蛟援四川,次广元。

是年,安南、琉球入贡。

十一年春正月丁丑,洪承畴败贼于梓潼,贼还走陕西。丁亥,裁南京冗官。二月甲辰,改河南巡按御史张任学为总兵官。三月戊寅,贺逢圣致仕。是月,李自成自洮州出番地,总兵官曹变蛟追破之,复入塞,走西和、礼县。

夏四月辛丑,张献忠伪降于谷城,熊文灿受之。戊甲,张至发致仕。己酉,荧惑逆行,谕廷臣修省。五月癸亥朔,策试考选官于中左门。六月癸巳,安民厂灾,坏城垣,伤万余人。壬寅,孔贞运致仕。乙卯,兵部尚书杨嗣昌、户部尚书程国祥、礼部侍郎方逢年、工部侍郎蔡国用俱礼部尚书,大理少卿范复粹为礼部侍郎,并兼东阁大学士,预机务。嗣昌仍掌兵部。是月,两畿、山东、河南大旱、蝗。

秋七月乙丑,少詹事黄道周以论杨嗣昌夺情,谪按察司照磨。八月戊戌,以灾异屡见,斋居永寿宫,谕廷臣修省。癸丑,傅冠致仕。戊午,停刑。流贼罗汝才等陕州犯襄阳。九月陕西、山西旱饥。辛巳,大清兵入墙子岭,总督蓟辽兵部侍郎吴阿衡死之。癸未,京师戒严。

冬十月癸巳,卢象升入援,召对于武英殿。甲午,括马。卢象升、高起潜分督援军。是月,洪承畴、曹变蛟大破贼于潼关南原,李自成以数骑遁。十一月戊辰,大清兵克高阳,致仕大学士孙承宗死之。戊子,罢卢象升,戴罪立功。刘宇亮自请视师,许之。是月,罗汝才降。十二月庚子,方逢年罢。卢象升兵败于钜鹿,死之。戊申,孙传庭为兵部侍郎督援军,征洪承畴入卫。

是年,土鲁番、琉球入贡。

十二年春正月己未朔,以时事多艰,却廷臣贺。庚申,大清兵入济南,德王由枢被执,布政使张秉文等死之。戊辰,刘宇亮、孙传庭会师十八万于晋州,不敢进。丁丑,改洪承畴总督蓟、辽,孙传庭总督保定、山东、河北。二月乙未,刘宇亮罢。大清兵北归。三月丙寅,出青山口。凡深入二千里,阅五月,下畿内、山东七十余城。丙子,加上孝纯皇太后谥,诏天下。

夏四月戊申,程国祥致仕。是月,左良玉击降贼首李万庆。五月甲子,礼部侍郎姚明恭、张四知，兵部侍郎魏照乘，俱礼部尚书兼东阁大学士，预机务。乙丑，张献忠叛于谷城，罗汝才等起应之，陷房县。乙亥，削孙传庭籍，寻逮下狱。六月，畿内、山东、河南、山西旱蝗。己酉，抽练各镇精兵，复加征练饷。

秋七月壬申，左良玉讨张献忠，败绩于罗猴山，总兵官罗岱被执死之。熊文灿削籍，寻逮下狱。八月癸巳，诏诛封疆失事巡抚都御史颜继祖，总兵官倪宠、祖宽，内臣邓希诏、孙茂霖等三十三人，俱弃市。己亥，免唐县等四十州县去年田租之半。壬子，大学士杨嗣昌督师讨贼，总督以下并听节制。

冬十月甲申朔，杨嗣昌誓师襄阳。甲午，左良玉为平贼将军。丙申，《钦定保民四事全书》成，颁布天下，十一月辛巳，祀天于南郊。十二月，罗汝才犯四川。丙午，下兵部尚书傅宗龙于狱。

是年，琉球入贡。

十三年春闰正月乙酉，振真定饥。戊子振京师饥民。癸卯，振山东饥。二月壬子朔，祀日于东郊。戊午，总督陕西三边侍郎郑崇俭，大破张献忠于太平县之玛瑙山，献忠走归州。戊寅，以久旱求直言。三月甲申，祷雨。丙戌，大风霾，诏清刑狱。戊子，罢各镇内臣。丙申，赐魏藻德等进士及第、出身有差。戊戌，振畿内饥。丁未，免河三府逋赋。

夏四月戊午，逮江西巡抚金都御史解学龙及所举黄道周。己卯，吏部尚书谢升为礼部尚书，礼部侍郎陈演以原官，并兼东阁大学士，预机务。五月罗汝才犯夔州，石砫女官秦良玉连战却之。甲申。祀地于北郊。庚戌，姚明恭致仕。六月辛亥朔，总兵官贺人龙等分道逐贼，败之，罗汝才走大宁。庚午，蔡国用卒。辛未，薛国观罢。

秋七月庚辰朔，畿内捕蝗。己丑，发帑振被蝗州县。辛卯，左良玉及京营总兵官孙应元等大破罗汝才于兴山。汝才走巫山，与张献忠合。八月甲戌，振江北饥。九月，陕西官军围李自成于巴西鱼腹山中，自成走免。癸巳，张献忠陷大昌，总兵官张令战死。寻陷剑州、绵州。

冬十月癸丑，熊文灿弃市。十一月，杨嗣昌进军重庆。丁亥，祀天于南郊。戊子，南京地震。十二月丁未朔，严军机抄传之禁。辛亥，张献忠陷泸州。乙卯，逮薛国观。是月，李自成自湖广走河南。饥民附之，连陷宜阳、永宁，杀万安王采𨧄，陷偃师，势大炽。

是年，两畿、山东、河南、山、陕旱、蝗，人相食。

十四年春正月辛巳，祈谷于南郊。己丑，总兵官猛如虎追张献忠及于开县之黄陵城，败绩，参将刘士杰等战死，贼遂东下。丙申，李自成陷河南，福王常洵遇害，前兵部尚书吕维祺等死之。二月己酉，诏以时事多艰，灾异迭见，痛自刻责，停今岁行刑，诸犯俱减等论。庚戌，张献忠陷襄阳，襄王翊铭、贵阳王常法并遇害，副使张克俭等死之。戊午，李自成攻开封，周王恭枵，巡按御史高名衡拒却之。乙丑，张献忠陷光州。己巳，召阁臣、九卿、科道于乾清宫左室。命驸马都尉冉兴让等赍帑金振恤河南被难宗室。三月丙子朔，杨嗣昌自四川还，至荆州卒。乙酉，祷雨。丙申，洪承畴会八镇兵于宁远。丁酉，逮郑崇俭下狱，寻弃布。

夏四月壬子，大清兵攻锦州，祖大寿拒守。己未，总督三边侍郎丁启睿为兵部尚书，督师讨贼。五月庚辰，范复粹致仕。释傅宗龙于狱，命为兵部侍郎，总督陕西三边军务，讨李自成。戊子，礼地于北郊。六月，两畿、山东、河南、浙江、湖广旱蝗，山东寇起。

秋七月己卯，李自成攻邓州，杨文岳、总兵官虎大威击败之。壬寅，洪承畴援锦州，驻师松山，是月，临清运河涸。京师大疫。八月乙巳，援兵战于松山，阳和总兵官杨国柱败没。辛亥，赐薛国观死。辛酉，重建太学成，释奠于先师孔子。甲子，总兵官吴三桂、王朴自松山遁，诸军夜溃。是月，左良玉大败张献忠于信阳。九月丁丑，傅宗龙帅师次新蔡，与总督保定侍郎杨文岳军会。己卯，遇贼，贺人龙师溃，宗龙被围，文岳走陈州。甲申，周延儒、贺逢圣复入阁。辛卯，封皇子慈炯为定王。壬辰，傅宗龙溃围出，趋项城，被执死之。贼屠项城及商水、扶沟。戊戌，李自成、罗汝才陷叶县，守将刘国能死之。是月，官军破张献忠于英山之望云寨。

冬十月癸卯朔，日有食之。十一月丙子，李自成陷南阳，唐王聿镆遇害，总兵官猛如虎等死之。十二月，李自成连陷洧川、许州、长葛、鄢陵。甲子，戍解学龙、黄道周。李自成、罗汝才合攻开封，周王恭枵、巡抚都御史高名衡拒守。

十五年春正月癸未，孙传庭为兵部侍郎，督京军救开封。乙酉，杨文岳援开封，贼解去，南陷西华。戊子，免天下十二年以前逋赋。是月，山东贼陷张秋、东平、劫漕艘。太监王裕民、刘元斌帅禁兵会兖东官军讨平之。二月戊申，振山东就抚乱民。癸丑，总督陕西都御史汪乔年次襄城，遇贼，贺人龙等奔入关，乔年被围。丁巳，城陷，被执死之。戊午，大清兵克松山，洪承畴降，巡抚都御史丘民仰、总兵官曹变蛟、王廷臣、副总兵江翥、饶勋等死之。是月，孙传庭总督三边军务。三月，李自成陷陈州。丁丑，魏照乘致仕。己卯，祖大寿以锦州降于大清。辛卯，李自成陷睢州、太康、宁陵、考城。壬辰，封皇子慈炤为永王。丙申，李自成陷归德。是春，江北贼陷含山、和州，南京戒严。

夏四月癸亥，李自成复围开封。乙丑，削谢升籍。五月己巳，孙传庭入关，诛贺人龙。甲戌，张献忠陷庐州。丁亥，王朴弃市。六月戊申，贺逢圣致仕。癸丑，张四知致仕。甲寅，诏天下停刑三年。己未，詹事蒋德璟、黄景昉、戎政侍郎吴甡，俱礼部尚书兼东阁大学士，预机务。庚申，诏孙传庭出关。兵部侍郎侯恂督左良玉军援开封。壬戌，以会推阁臣下吏部尚书李日宣六人于狱，谪戍有差。甲子，祀地于北郊。是月，筑坛亲祭死事文武大臣。山西总兵官许定国援开封，溃于沁水，宁武兵溃于覃怀。

秋七月己巳，左良玉、虎大威、杨德政、方国安四镇兵溃于朱仙镇。八月庚戌，安庆兵变，杀都指挥徐良宪，官军讨定之。乙丑，释黄道周于戍所，复其官。丁卯，兵部尚书陈新甲下狱，寻弃市。九月壬午，贼决河灌开封。癸未，城圮，士民溺死者数十万人。己丑，孙传庭帅师赴河南。辛卯，凤阳总兵官黄得功、刘良佐大败张献忠于潜山。

冬十月辛酉，孙传庭败绩于郏县，走入关。十一月丁卯，援汴总兵官刘超据永城反。庚午，发帑振开封被难宗室兵民。壬申，大清兵分道入塞，京师戒严。命勋臣分守九门，太监王承恩督察城守。诏举堪督师大将者。戊寅，征诸镇入援。庚辰，大清兵克蓟州。丁亥，蓟镇总督赵光汴提调援兵。戊子，张献忠陷无为。己丑，辽东督师侍郎范志完入援。闰月癸卯，下诏罪己，求直言。壬寅，大清兵南下，畿南郡邑多不守。丁巳，起废将。是月，李自成陷汝宁。前总督侍郎杨文岳、佥事王世琮不屈死。十二月，大清兵趋曹、濮，山东州县相继下，鲁王以派自杀。己巳，李自成陷襄阳，据之。左良玉奔承天，寻走武昌，贼分兵下德安、彝陵、荆门，遂陷荆州。癸巳，焚献陵。

十六年春正月丁酉，李自成陷承天，巡抚都御史宋一鹤、留守沈寿崇等死之。庚申，张献忠陷蕲州。二月乙丑朔，日有食之。己巳，范志完，赵光汴会师于平原。三月庚子，李自成杀罗汝才，并其众。壬寅，命大学士吴甡督师讨贼。丁未，贼陷武冈，杀岷王企丰。张献忠陷黄州。

夏四月丁卯，周延儒自请督师，许之。辛卯，大清兵北归，战于螺山，总兵官张登科、和应荐败没，八镇兵皆溃。是月，刘超平。五月癸巳朔，张献忠陷汉阳。壬寅，周延儒还京师。丙午，修撰魏藻德为少詹事兼东阁大学士，预机务。戊申，吴甡罢。丁巳，周延儒罢。壬戌，张献忠陷武昌，沈楚王华奎于江，在籍大学士贺逢圣等死之。六月癸亥，诏免直省残破州县三饷及一切常赋二年。己卯，逮范志完下狱。丙戌，雷震奉先殿兽吻，敕修省。

秋七月丁酉，亲鞫范志完于中左门。乙卯，亲鞫前文选郎中吴昌时于中左门，征周延儒听勘。己未，戒廷臣私谒阁臣。京师自二月至于是月大疫，诏释轻犯，发帑疗治，瘗五城暴骸。八月壬戌朔，左良玉复武昌、汉阳。丙寅，张献忠陷岳州。丙戌，陷长沙。庚寅，陷衡州。九月丙申，张献忠陷宝庆。己亥，黄景昉致仕。辛丑，孙传庭复宝丰，进次郏县，李自成迎战，击败之。庚戌，张献忠陷永州，巡按御史刘熙祚死之。辛亥，赐杨廷鉴等进士及第、出身有差。壬子，孙传庭兵以乏食引退，贼追及之，还战大败，传庭以余众退保潼关。是月，凤阳地屡震。

冬十月辛酉朔，享太庙。丙寅，李自成陷潼关，督师尚书孙传庭死之。贼连陷华州、渭南、临潼。命有司以赎锾充饷。戊辰，李自成屠商州。庚午，张献忠陷常德。壬申，李自成陷西安，秦王存枢降，巡抚都御史冯师孔、按察使黄炯等死之。丁丑，张献忠陷吉安。十一月甲午，李自成陷延安，寻屠凤翔。壬寅，祀天于南郊。辛亥，吏部侍郎李建泰、副都御史方岳贡并兼东阁大学士，预机务。癸丑，范志完、赵光汴弃市，戊吴甡于金齿。丁巳，李自成陷榆林，兵备副使都任、在籍总兵官尤世威等死之。宁夏、庆阳相继陷，韩王亶堵被执。十二月壬戌，张献忠陷建昌。乙丑，周延儒有罪赐死。丁卯，张献忠陷抚州。辛巳，贼渡河，陷平阳，山西州县相继溃降。甲申，贼陷甘州，巡抚都御史林日瑞、总兵官马等死之。丙戌，左良玉复长沙。

是年，暹罗、琉球、哈密入贡。

十七年春正月庚寅朔，大风霾，凤阳地震。庚子，李建泰自请措饷治兵讨贼，许之。乙卯，幸正阳门楼，饯李建泰出师。南京地震。丙辰，工部尚书范景文、礼部侍郎邱瑜并兼东阁大学士，预机务。是月，张献忠入四川。二月辛酉，李自成陷汾州，别贼陷怀庆。丙寅，陷大原，执晋王求桂，巡抚都御史蔡懋德等死之。壬申，下诏罪己。癸酉，潞安陷。乙亥，议京师城守。李自成攻代州，总兵官周遇吉力战，食尽，退守宁武关。丁丑，贼别将陷固关，犯畿南。己卯，遣内臣高起潜、杜勋等十人监视诸边及近畿要害。壬午，真定知府丘茂华杀总督侍郎徐标，檄所属降贼。甲申，贼至彰德，赵王常溲降。丁亥，诏天下勤王。命廷臣上战守事宜。左都御史李邦华、右庶子李明睿请南迁及太子抚军江南，皆不许。戊子，陈演致仕。李自成陷宁武，周遇吉力战死之。三月庚寅，贼至大同，总兵官姜瑰降贼,代王传烯遇害,巡抚都御史卫景瑗被执,自缢死。辛卯,李建泰疏请南迁。壬辰,召廷臣于平台,示建泰疏,曰:"国君死社稷,朕将焉往?"李邦华等复请太子抚军南京,不听。蒋德璟致仕。癸巳,封总兵官吴三桂、左良玉、唐通、黄得功俱为伯。甲午,征诸镇兵入援。乙未,总兵官唐通入卫,命偕内臣杜之秩守居庸关。戊戌,太监王承恩提督城守。己亥,李自成至宣府,监视太监杜勋降,巡抚都御史朱之冯等死之。癸卯,唐通、杜之秩降于自成,贼遂入关。甲辰,陷昌平。乙巳,贼犯京师,京营兵溃。丙午,日晡,外城陷。是夕,皇后周氏崩。丁未,昧爽,内城陷。帝崩于万岁山,王承恩从死。御书衣襟曰:"朕凉德藐躬,上干天咎,然皆诸臣误朕。朕死无面目见祖宗,自去冠冕,以发覆面。任贼分裂,无伤百姓一人。"自大学士范景文而下死者数十人。丙辰,贼迁帝,后梓宫于昌平。昌平人启田贵妃墓以葬。明亡。

是年夏四月,我大清兵破贼于山海关。五月,入京师,以帝礼改葬,令臣民为服丧三日,谥曰庄烈愍皇帝,陵曰思陵。

【译文】

庄烈帝愍皇帝,名朱由检,光宗的第五个儿子。万历三十八年十二月出生。母亲是贤妃刘氏,很早就去世了。天启二年时由检被封为信王。天启六年十一月,迁居信王官府。

天启七年八月,熹宗病势垂危,信王应召入宫,接受遗命。丁巳日,信王即皇帝位。他在全国实行大赦并定第二年为崇祯元年。九月甲申日,追封生母刘贤妃为孝纯皇后。丁亥日,下令停止刑罚。庚寅日,册封妃子周氏为皇后。

冬十月甲午初一,祭祀太庙。癸丑日,南京发生地震。十一月甲子日,将魏忠贤安置到凤阳。戊辰,撤去镇守备边地的内臣。己巳日,魏忠贤畏罪上吊自杀。癸酉日,免予追查天启时被逮捕处死诸臣的赃物,并释放了他们的家属。癸巳日,黄立极退休。十二月,提升前南京吏部侍郎钱龙锡、礼部侍郎李标、礼部尚书来宗道、吏部侍郎杨景辰、礼部侍郎周道登、少詹事刘鸿训为礼部尚书兼东阁大学士,参预处理国家军机要务。魏良卿、客氏的儿子侯国兴皆伏罪被杀。

崇祯元年春正月辛巳日,诏令规定内臣未经许可不得出禁门。壬午日,尊封熹宗的皇后为懿安皇后。丙戌日,斩戮魏忠贤及其党羽崔呈秀的尸体。二月乙未日,下令严禁大臣所上奏章冗长枝蔓。癸丑日,亲自到经筵听讲解经史。丁巳日,下令不准朝廷大臣与内侍勾结交往。三月己巳日,将哲皇帝葬于德陵。癸未日,施凤来、张瑞图退休。乙酉日,为受冤被陷害的诸臣平

魏忠贤

反，并加赠优厚抚恤。

夏四月癸巳日，分别赏赐刘若宰等进士及第、进士出身。甲午日，任命袁崇焕为兵部尚书，督领蓟、辽军务。庚戌日，指挥卓铭上奏请求开矿，没有批准。五月己巳日，李国𣚴退休。庚午日，下令烧毁《三朝要典》。甲戌日，裁汰各部添注官。辛巳日，设坛祈祷降雨。乙酉日，恢复外吏长久任职的制度及举保连坐的办法，禁止有关部门私自派遣。六月，削夺魏忠贤党羽冯铨、魏广微官籍。壬寅日，许显纯伏罪被杀。壬子日，来宗道、杨景辰退休。

秋七月癸酉日，在平台召见廷臣及袁崇焕讨论有关政务。壬午日，浙江连降风雨，海水溢涨，数万人被淹没。癸未日，海盗郑芝龙投降。甲申日，宁远发生兵变，巡抚都御史毕自肃自杀。八月乙未日，庄烈帝下诏申明：只要不是盛暑严寒，每天都要到文华殿与辅臣商议政事。九月丁卯日，京师发生地震。

冬十月戊戌日，刘鸿训被革职，不久被遣发戍边。十一月癸未日，在南郊举行祭天的仪式。十二月丙申日，韩𤏡恢复职位重新入阁。

这一年，革去对广宁及蓟镇塞外诸部原定的赏赐。诸部纷纷告饥，请求买进粮食，下诏不同意。陕西饥饿的人民苦于繁税和重派，许多人铤而走险，流贼大起，分头掠夺鄜州和延安。

崇祯二年春正月丙子日，对先师孔子进行释奠。丁丑日，定叛逆案罪，自崔呈秀以下分为六等。二月戊子日，祭祀社稷。庚寅日，皇长子慈烺出世，在全国实行大赦。三月戊寅日，蓟州发生兵变，派遣有关部门前往剿抚平定。

夏四月甲午日，裁减驿站。闰月癸亥日，流贼侵犯陕西的三水，游击高从龙在战斗中身亡。癸未日，在北郊行祭地的仪式。五月乙酉初一日，出现日食。庚子日，商议更改历法。六月戊午日，毛文龙在双岛被袁崇焕杀掉。癸亥日，因为久旱不雨，庄烈帝节衣素食斋居在文华殿，并命令群臣修身反省。

秋八月甲子日，总兵官侯良柱、兵备副使刘可训在红土川追击斩杀了奢崇明和安邦彦，水西一带的盗贼平服。甲戌日，将熹宗的神牌附祭于太庙。九月丁未日，杨镐被处死。

冬十月戊寅日，清兵攻入大安口。十一月壬午初一日，京师戒严。乙酉日，山海关总兵官赵率教在遵化战死。甲申日，清兵攻入遵化，巡抚都御史王元雅、推官何天球等人被害。丁亥日，总兵官满桂赴京师援。己丑日，任命吏部侍郎成基命为礼部尚书兼东阁大学士，参预处理军机要务。征召前大学士孙承宗任命为兵部尚书及中极殿大学士，前往通州视察军队。辛卯日，袁崇焕率师赶赴京师救援，驻扎蓟州。戊子日，宣、大、保定的军队相继赴京师救援，征召全国镇巡官前往救驾。辛丑日，清兵临近德胜门。甲辰日，在平台召见袁崇焕等人，崇焕要求将其军队调入城中休整，庄烈帝不同意。把兵部尚书王洽投入监狱。十二月辛亥初一日，再次在平台召见袁崇焕，将他逮捕下到锦衣卫的监狱。甲寅日，总兵官祖大寿溃败，向东撤离出关。乙卯日，调移孙承宗驻扎山海关。庚申日，下诏命廷臣进献马匹。丁卯日，派遣中官催促满桂出战，满桂及前总兵官孙祖寿都在战斗中身亡。总兵官马世龙奉命总理援军。壬申日，钱龙锡被革去官职。癸酉日，山西援

兵在良乡溃败。丁丑日，提升礼部侍郎周延儒、尚书何如龙、侍郎钱象坤为礼部尚书兼东阁大学士，参预处理军机要务。

崇祯三年春正月甲申日，清兵攻克永平，副使郑国昌，知府张凤奇等人被害。丙戌日，掩埋战死在城外荒郊中士兵的骨骸。戊子日，清兵攻克滦州。庚寅日，将总督蓟辽的都御史刘策逮捕下到监狱，判处死罪。乙未日，为稳定民心，禁止传抄有关边疆军事的报告。韩爌退休。壬寅日，兵部右侍郎刘之纶在遵化战死。这个月，陕西诸路总兵官吴勉等人率领军队前来保卫京师，延绥、甘肃军队溃改后向西撤离，加入了匪寇。二月庚申日，皇长子慈烺被正式立为皇太子，在全国实行大赦。三月壬午日，李标退休。戊申日，流贼进犯山西。

夏四月乙卯日，因为久旱不雨，庄烈帝在文华殿素食居住，命令文武百官修身自省。丁丑日，流贼攻陷蒲县。五月辛卯日，马世龙、祖大寿诸军进入滦州。壬辰日，清兵搬师东归，永平、迁安、遵化相继收复。六月癸丑日，流贼王嘉胤攻陷府谷，米脂贼张献忠召集部众与他接应。己未日，宋代儒臣邵雍的后裔被授予五经博士。辛酉日，礼部尚书温体仁、吴宗达并兼东阁大学士，参预处理军机要务。

秋八月癸亥日，袁崇焕被处死。九月己卯日，钱龙锡被逮捕入狱。

冬十月癸亥日，停止施用刑罚。丙寅日，巡抚延绥的副都御史洪承畴、总兵官杜文焕在清涧击败贼寇张献忠。十一月壬辰日，在怀宁击破贼寇。甲午日，山西总兵官王国栋追贼至河曲，战败。十二月乙巳初一，增加田地的赋税用来补充军饷。戊午，流贼攻陷了宁塞。

这一年，乌斯藏遣使入朝进贡。

崇祯四年春正月己卯日，流贼攻陷保安。丁酉日，御史吴牲赈济延绥饥民。己亥日，在文华殿召见内阁、九卿、科道及入朝觐见皇帝的两司官员，讨论时政。命令都察院严加核查巡按御史。二月壬子日，流贼包围庆阳，又分兵攻陷了合水。三月丁丑日，副将张应昌等将贼击败，庆阳解围。癸未日，总督陕西三边军务的侍郎杨鹤在宁州招抚流贼，群贼假装投降，不久又叛变。己丑日，分别赏赐陈于泰等人进士及第、进士出身。

夏四月庚戌日，设坛祈祷降雨。辛酉日，下诏命令廷臣分条陈述政见。这个月，驻守延绥的副将曹文诏在河曲击杀贼寇，王嘉胤战败身亡。五月甲戌初一日，在南郊步行祈祷。庚辰日，遣发钱龙锡戍边。六月丁未日，钱象坤退休。

秋七月甲戌日，总兵官王承恩在郦州击败流贼，贼首上天龙投降。八月癸卯日，总兵官贺虎臣在庆阳击败流贼，斩杀了贼首刘六。丁未日，清兵在大凌城围攻祖大寿。丙辰日，何如宠退休。九月庚辰日，派遣内臣王应朝，邓希诏等人监督核查关、宁、蓟镇军粮及各边抚赏的用派情况。甲午日，逮捕杨鹤下入监狱，定罪戍边。派洪承畴总督关、宁、蓟三边的军务。丁酉日，任命太监张彝宪总理户、工二部的钱粮，给事中宋可久等相继论谏，庄烈帝不听。戊戌日，山海总兵官宋伟等率兵救援大凌，在长山遭到失败，监军太仆少卿张春被俘。

冬十月辛丑初一，出现日食。戊辰日，祖大寿杀死副将何可纲。己巳日，祖大寿从大凌脱围后，进入锦州。十一月丙戌日，派遣太监李奇茂监视陕西的茶叶、马政，派吴直监视清核登岛的兵粮和海禁,群臣联合上疏谏阻,庄烈帝不听。壬辰日,孙承宗退休。癸巳日,在文华殿召见廷臣,征询军国诸种事务,当谈及内臣时,庄烈帝说:"你们如果能够实心实意地任事,朕又何需利用这些人呢?"己亥日,流贼罗汝才进犯山西。闰月乙丑日,陕西的降贼再次反叛,攻陷了甘泉,参政张允登被杀。丁卯日,登州游击孔有德率领军队援救辽东,到吴桥后反叛,攻陷了陵县,又连连攻陷了临邑、商河、齐东,屠烧了新城。十二月丙子日,济南官军在阮城店抗御贼寇,遭到失败。丁丑日,孙承宗因为在大凌筑城招来祸事,被革去官职。这一年冬天,延安、庆阳连降大雪,人民饥饿,盗贼的势焰更嚣张。

崇祯五年春正月辛丑日,孔有德攻陷登州,游击陈良谟在战斗中身亡,总兵官张可大被害。巡抚都御史孙元化,副使宋光兰等被贼捉去,不久放还。辛亥日,孔有德攻陷黄县。丙寅日,总兵官杨御蕃,王洪率领军队讨伐孔有德,在新城镇被贼打败。二月己巳初一日,孔有德围攻莱州,巡抚都御史徐从治率官兵死守。辛巳日,孔有德攻陷平度。三月壬寅日,兵部侍郎刘宇烈奉命监督管理山东的军务,发兵讨伐孔有德。

夏四月甲戌日,刘宇烈在沙河被贼击败。癸未日,徐从治身遭数伤后死去。这个月,总兵官曹文诏、杨嘉谟在陇安和静宁连连击败贼寇,贼跑到水落城,平凉、庄浪一带的饥民相继归附,贼势又重新恢复。五月丙午日,参政朱大典奉命充任佥都御史,负责巡抚山东。辛亥日,让礼部尚书郑以伟、徐光启并兼东阁大学士,参预处理军国机要事务。六月,京师连降大雨。壬申日,河水泛滥,孟津堤决。

秋七月辛丑日,派遣太监曹化淳掌管京营军政。癸卯日,孔有德伪装投降,诱捕登莱巡抚都御史谢琏。莱州知府朱万年被害。己未日,孙元化被处死。刘宇烈被逮捕下狱,定罪戍边。八月甲戌日,洪承畴在甘泉击败流贼,贼首白广恩投降。甲申日,派朱大典指挥军队援救莱州,前锋参将祖宽在沙河击败流贼。乙酉日,莱州解围。癸巳日,官军在黄县大败孔有德,进攻围打登州。九月丁酉日,海贼刘香骚扰福建。这一年的秋天,陕西流贼攻入山西,大宁、泽州、寿阳相继沦陷,部分流贼跑到河北,进犯怀庆,攻陷修武。

冬十一月戊戌日,刘香骚扰浙江。

崇祯六年春正月癸卯日,曹文诏奉命统领山、陕诸军将领讨伐贼寇。丁未日,副将左良玉在涉县大破流贼,贼退入林县山中,饥民争相归附。庚申日,派遣使者分别督查直省拖欠赋税的收缴情况。这个月,曹文诏屡次击败山西流贼。二月壬申日,削去左副都御史王志道的官职。癸酉日,流贼侵犯畿南。戊子日,总兵官陈洪范等攻克登州水城。辛卯日,孔有德逃入海,山东平定。三月癸巳日,命令曹文诏诸将在三个月的限期内消灭流贼。

夏四月己巳,免收延安、庆阳、平凉新旧辽饷。壬申日,总兵官邓玘、左良玉围剿河南流贼。五月乙巳日,派遣太监陈大金等分头监视曹文诏、张应昌、左良玉、邓玘的部队。壬子日,孔有德及其党羽耿仲明等渡海投降了清军。癸丑日,河套军队进犯宁夏,总兵官贺虎臣在战斗中身亡。六月辛酉初一日,派遣太监高起潜监督宁、锦两州的兵饷。乙丑日,郑以伟去世。

庚辰日,周延儒退休。甲申日,派延绥副将李卑援助左良玉部队剿灭河南的流贼。庚寅日,太监张彝宪请求催收地方拖欠的一千七百余万两赋税,给事中范淑泰劝谏,庄烈帝不听。

秋七月甲辰日,清兵攻取旅顺,总兵官黄龙被害。癸丑日,改调曹文诏镇守大同,山西巡抚都御史许鼎臣请求留下文诏共同剿贼,庄烈帝不同意。八月己巳日,曹文诏在济源击败流贼,又在怀庆打了胜仗。九月庚戌日,提南京礼部侍郎钱士升为礼部尚书兼东阁大学士,参预处理军机要务。

冬十月戊辰日,徐光启去世。十一月癸巳日,提礼部侍郎王应熊,何吾驺为礼部尚书兼东阁大学士,参预处理军机要务。辛亥日,下诏命令保定、河南、山西各部的将领会聚兵力剿贼。壬子日,流贼渡过黄河,乙卯日,攻陷渑池,十二月接连攻陷伊阳、卢氏,分头进犯南阳、汝宁,直逼湖广。

这一年,安南国遣使入朝进贡。

崇祯七年春正月己丑日,广鹿岛副将尚可喜投降清兵。设置河南、山西、陕西、四川、湖广五省总督,延绥巡抚陈奇瑜兼兵部侍郎并担任总督职务。庚寅日,总兵官张应昌渡过黄河,在灵宝击败流贼。壬辰日,贼从郧阳渡过汉水。癸巳日,流贼侵犯襄阳,连连攻陷紫阳、平利、白河,向南进入四川。二月戊寅日,流贼攻陷夔州,大宁诸县相继失守。甲申日,庄烈帝亲自耕种籍田。乙酉日,张献忠从商、雒突围,率领十三营兵马进入汉南。这个月,赈济登州、莱州饥荒,免除拖欠的赋税。三月丁亥初一日,出现日食。甲辰日,分别赏赐刘理顺等人进士及第、进士出身。乙巳日,张应昌在五岭山击贼,战败。庚戌日,贼从四川跑到湖广,副将杨世恩追赶至石河口将贼击败。山西自去年起至这个月滴雨未落,发生严重饥荒。

夏四月,贼从湖广跑到卢氏、宝灵。癸酉日,发放内府银两赈济陕西、山西的饥民。五月丙申日,副将贺人龙等在蓝田击败流贼。六月辛未日,总督侍郎陈奇瑜、郧阳抚治都御史卢象升在上津会师,合剿湖广的流贼。甲戌日,沛县的黄河口决堤。这一年夏天,官军在兴安的车箱峡围困高迎祥和李自成部队达两个月之久。贼兵粮草皆尽,佯装投降。陈奇瑜中计接纳了他们,使贼突出险围。贼突围后又叛变,所过州县皆被攻陷。张应昌自清水追击流贼,战败。

秋七月壬辰日,清兵攻入上方堡,直逼宣府。乙未日,命令总兵官陈洪范坚守居庸关,巡抚保定都御史丁魁楚等坚守紫荆关和雁门关。辛丑日,京师戒严。庚戌日,清兵攻克保安,沿边的诸城堡也相继被清兵占领。八月,分头派遣总兵官尤世威等援救边关。戊辰日,宣大总督侍郎张宗衡奉命节制各镇援兵。闰月甲申日,流贼攻陷隆德、固原,参议陆梦龙率兵前往增援,战败身亡。丁亥日,清兵攻克万全左卫。庚寅日,清兵回师出塞。壬寅日,李自成在陇州包围了贺人龙。九月庚申日,制造盔甲的兵工厂遭到火灾。庚辰日,洪承畴派援兵赶赴陇州解围。甲戌日,因为流贼聚集在陕西,下诏命令河南军队进入潼、华,湖广军队进入商、雒,四川军队从兴、汉,山西军队出蒲州、韩城,四面包围合剿众贼。

冬十月庚戌日,湖广军队救援汉中,副将杨正芳阵亡。十一月庚辰日,陈奇瑜被逮捕入狱,定罪戍边。乙酉日,洪承畴奉命兼管五省的军务。这一年冬季,陕西流贼分头进犯湖广和河南,李自成攻陷了陈州。

这一年,暹罗遣使入朝进贡。

崇祯八年春正月乙卯日,流贼攻陷了上蔡,又连连攻陷了汜水、荥阳、固始。己未日,洪承畴领兵出关讨伐贼寇。辛酉日,张献忠攻陷了颍州。丙寅日,又攻陷凤阳,焚毁了皇陵中的楼台殿堂,留守朱国相等人在抗击贼寇中战死。壬申日,徐州的援兵抵达凤阳。张献忠进犯庐州,接着又攻陷了庐江、无为。李自成转战到归德,与罗汝才会合后又折回陕西。二月,张献忠攻陷了潜山、罗田、太湖、新蔡,应天巡抚都御史张国维率官兵奋力抵抗。甲午日,因皇陵失守,总督漕运尚书杨一鹏被逮捕下狱,不久处死。丁酉日,总兵官邓玘在罗山击败贼寇。三月,曹文诏在随州击败贼寇。

夏四月,张献忠率部再次转向汉中,进犯平凉、凤翔。丁亥日,郑芝龙击败了海贼刘香,刘香自杀,其余部全数投降。辛卯日,洪承畴在汝州会师,分头部署诸将防守豫楚咽喉要害之地。乙巳日,四川军队在樊城发生兵变,总兵官邓䜣自杀。丙午日,洪承畴从西部撤回,军队驻扎在灵宝。五月乙亥日,吴宗达退休。六月己丑日,官军在乱马川与贼相遇,被贼打败。壬辰日,副将艾万年、柳国镇在宁州的襄乐与李自成交战,两人皆战死。丙午日,曹文诏率部追击流贼到真宁的湫头镇,遭遇埋伏,文诏奋力抗贼最后阵亡。

秋七月甲戌日,提升少詹事文震孟,刑部侍郎张至发为礼部侍郎兼东阁大学士,参预处理军机要务。这个月,张献忠急攻朱阳关,总兵官尤世威战败,贼寇重新转回河南。八月,李自成攻陷咸阳,贼将高杰投降。壬辰日,下诏撤回原派往各边关进行监视总理的内臣,唯京营及关、宁依旧保留。辛丑日,派遣卢象升总理直隶、河南、山东、湖广、四川的军务。九月辛亥日,在洪承畴的指挥下,副将曹变蛟等在关山镇击败流贼。李自成率部向东转移,与张献忠会合。壬戌日,官军在沈丘的瓦店战败,总兵官张全昌被俘。壬申日,王应熊退休。

冬十月庚辰日,庄烈帝下诏责备自己,布衣角带避居武英殿中,减饮食去声乐,表示要与将士同甘共苦。丙戌日,户部尚书候恂请用严厉的手段征收新旧拖欠的赋税,庄烈帝表示同意。辛卯日,李自成攻陷陕州。十一月庚戌日,何吾驺,文震孟被免去官职。庚申日,在南郊举行祭天仪式。总兵官祖宽在汝州大破贼寇。十二月戊寅日,修筑凤阳城。乙酉日,卢象升、祖宽在确山击败李自成。戊子日,左良玉在阌乡击败流贼。癸巳日,流贼进犯江北,包围了滁州。乙巳日,老回回诸贼从河南向陕西进犯,洪承畴率官军在临潼击败了他们。

这一年,安南、暹罗,琉球遣使入朝进贡。

崇祯九年春正月甲寅日,总理侍郎卢象升,祖宽派兵援救滁州,在朱龙桥大败流贼。丁卯日,林釬以礼部侍郎原官并兼东阁大学士,参预处理军机要务。二月,前副将汤九州在嵩县与贼交战,战败身亡。山西旱情持续,民大饥,出现人相食的惨景。乙酉日,宁夏饥情严重,发生兵变,巡抚都御史王楫被乱兵杀死,兵备副使丁启睿平定了这场骚乱。辛卯日,提武举人陈起新为给事中。三月,卢象升、祖大乐合兵围剿河南的流贼。高迎祥,李自成分部进入陕西,其余的队伍从光化转向湖广。赈济南阳的饥民,免除山西受灾州县的新旧二饷。

夏四月戊子日,钱士升退休。五月壬子日,下诏赦免胁从的贼人。有愿意返归的,护送还乡有关部门安置;有愿意随军为国效力的,论功行赏,升迁与他人同等对待。丙辰日,延绥总兵官俞冲霄在安定与李自成交战,战败身亡。李自成进犯榆林,被贺人龙击败。癸酉日,免征畿内五年以前拖欠的赋税。六月乙亥日,林钎去世。甲申日,提升吏部侍郎孔贞运、礼部尚书贺逢圣、黄土俊为礼部尚书兼东阁大学士,参预处理军机要务。己亥日总兵官解进忠在淅川平定流贼,被杀害。

秋七月甲辰日,派遣内臣李国辅等人分别镇守紫荆、倒马等关隘。庚戌日,派遣成国公朱纯臣对各边关进行巡视。癸丑日,诏令各镇守军迅速赶赴京师救援。己未日,清兵攻入昌平,巡关御史王肇坤等被害。壬戌日,巡抚陕西的都御史孙传庭在盩厔擒获贼首高迎祥,将他押送京师诛杀。癸亥日,命令廷臣捐银资助军饷。甲子日,命兵部尚书张凤翼指挥援军,高起潜担任总监。这个月,清兵攻入宝坻,接连攻下京师附近的州县。八月癸酉日,搜括功臣皇亲及文武诸臣的马匹。己未日,卢象升援助京师,驻扎真定。丙申日,唐王聿键起兵救驾。勒令他立即回到自己的辖地,不久将他废为庶人。这个月,清兵出塞。九月辛酉日,改调卢象升总督宣大、山西的军务。

冬十月乙亥日,工部侍郎刘宗周因上疏弹劾内臣和大学士温体仁,被削去官职。甲申日,张献忠进犯襄阳,丙申日,命令开采银、铁、铜、铅等矿藏。十一月丁未日,免除山东五年以前拖欠赋税。十二月,清兵征伐朝鲜。

这一年,洪承畴在陇州击败流贼,贼转向庆阳、风翔。暹罗遣使入朝上贡。

崇祯十年春正辛丑初一日,出现日食。丙午日,老回回诸贼直趋江北,张献忠、罗汝才自襄阳进犯安庆,南京受到严重威胁。二月甲戌日,派遣使者监督征收直省拖欠的赋税。丁酉日,流贼进犯潜山,总兵官左良玉、副使史可法在枫香驿击败流贼。这个月,朝鲜降清。三月辛亥日,赈济陕西的灾民。丁巳日,分别赐予刘同升等人进士及第、进士出身。甲子日,派官兵援救安庆,在鄪家店被贼寇打败。

夏四月戊寅日,清兵攻克皮岛,副总兵金日观奋力抵抗,被清兵杀死,总兵官沈冬魁率余部败逃到石城岛。癸巳日,旱情严重,命令清查审理刑事案件。这个月,洪承畴在河南剿贼。闰月壬寅日,庄烈帝命令所有官员要廉洁爱民,以挽回天意。占据长江以北的流贼分头进犯河南,任命总督两广都御史熊文灿为兵部尚书,总理南京、河南、山、陕、川、湖军务,驻扎在郧阳讨伐流贼。五月戊寅日,李自成自秦州进犯四川。六月戊申,温体仁退休。这年夏天,两畿,山西旱情严重。

秋七月,山东、河南各地相继发生蝗虫灾,百姓大饥。八月己酉日,提吏部侍郎刘宇亮、礼部侍郎傅冠为礼部尚书,提金都御史薛国观为礼部侍郎,三人都兼东阁大学士,参预处理军机要务。庚申日,庄烈帝巡视京城。九月丙子日,左良玉在虹县击败流贼。辛卯日,洪承畴在汉中击败流贼。癸巳日,李自成攻陷宁羌。

冬十月丙申日,李自成从七盘关进入西川。壬寅日,李自成接连攻陷了昭化、剑州、梓潼,分兵直趋潼川、江油、绵州,总兵官侯良柱战死,彰明,盐亭诸县相继沦陷。庚戌日,李自成军直逼成都。十一月庚辰日,由于出现星变等异常天象,应烈帝命诸臣修身反省,并下诏征求意见。十二月癸卯日,黄土俊退休。癸亥日,洪承畴、曹变蛟率军援救四川,到达广元。

这一年,安南,琉球遣使入朝进贡。

崇祯十一年春正月丁丑日,洪承畴在梓潼击败流贼,贼退走陕西。丁亥日,裁汰南京多余闲散的官员。二月甲辰日,改调河南巡按御史张任学为总兵官。三月戊寅,贺逢圣退休。这个月,李自成从洮州取路少数民族地区,总兵官曹变蛟追击打败了他。李自成重又入塞,跑到西和、礼县。

夏四月辛丑日,张献忠在谷城假意投降,熊文灿接纳了。戊申日,张至发退休。己酉日,火星逆轨而行,命令廷臣修身反省。五月癸亥初一日,在中左门亲自出题考试选拔官吏。六月癸巳日,安民厂遭受火灾,城墙毁坏,砸伤万余人。壬寅日,孔贞运退休。乙卯日,提兵部尚书杨嗣昌、户部尚书程国祥、礼部侍郎方逢年、工部侍郎蔡国用为礼部尚书,大理少卿范复粹为礼部侍郎,五人并兼东阁大学士,参预处理军机要务。杨嗣昌仍旧掌管兵部。这个月,两畿、山东、河南大面积遭受旱灾和蝗灾。

秋七月乙丑日,少詹事黄道周因弹劾杨嗣昌丧服未满被朝廷强令出仕一事,被贬为按察司照磨。八月戊戌日,因为灾祸、怪异事件屡屡出现,庄烈帝素食居住永寿宫,命令廷臣修身反省。癸丑日,傅冠退休。戊午,下令对囚犯停止使用酷刑。流贼罗汝才等从陕州往襄阳进犯。九月,陕西、山西旱情严重,百姓大饥。辛巳日,清兵入侵墙子岭,总督蓟、辽兵部侍郎吴阿衡被害。癸未日,京师戒严。

冬十月癸巳日,卢象升率部队救援京师,庄烈帝在武英殿召见他,征询有关军务。甲午日,下令搜求马匹。卢象升、高起潜分别指挥援军。这个月,洪承畴、曹变蛟在潼关南原大破流贼,李自成率数名骑兵突围逃遁。十一月戊辰日,清兵攻克高阳,退休在家的大学士孙承宗被害。戊子日,卢象升被罢官,允许他戴罪立功。刘宇亮自荐请求指挥军队,庄烈帝准许。这个月,罗汝才投降。十二月庚子日,方逢年被罢官。卢象升在巨鹿战败,被害。戊申日,提孙传庭为兵部侍郎,指挥援军,征召洪承畴入京师守卫。

这一年,吐鲁番、琉球派遣使臣入朝进贡。

崇祯十二年春正月己未初一日,因战火频仍,时事多难,辞去廷臣的朝贺。庚申日,清兵入侵济南,德王由枢被俘,布政使张秉文等人被害。戊辰日,刘宇亮、孙传庭汇集十八万军队屯驻在晋州,不敢贸然进兵。丁丑日,改调洪承畴总督蓟、辽两州军事,孙传庭总督保定、山东、河北的军事。二月乙未日,刘宇亮被罢官。清兵搬师北归。三月丙寅日,清兵出了青山口。历时五个月,清兵深入中原两千里,攻下畿内、山东的七十余座城池。丙子日,加孝纯皇太后谥号,下诏布告全国。

夏四月戊申日,程国祥退休。这个月,左良玉击败贼首李万庆并招其投降。五月甲子日,礼部侍郎姚明恭、张四知,兵部侍郎魏照乘三人皆提升为礼部尚书并兼东阁大学士,参预处理军机要务。乙丑日,张献忠在谷城反叛,罗汝才等人起而响应,攻陷了房县。乙亥日,削夺了孙传庭的官职,不久又逮捕下狱。六月,畿内、山东、河南、山西旱、蝗灾情严重。乙酉日,抽调各镇精兵进行训练,又加派征收练饷。

秋七月壬申日,左良玉讨伐张献忠,在罗猴山战败,总兵官罗岱被捉住杀害。熊文灿被削夺官职,不久将他逮捕下狱。八月癸巳日,下诏诛杀镇守边疆失职的巡抚都御史颜继祖,总兵官倪宠、祖宽,内臣邓希诏、孙茂霖等三十三人,全部处死。己亥日,免收唐县等四十个州县去年应缴田租的一半。壬子日,大学士杨嗣昌指挥军队讨伐流贼,命令总督以下的官员皆听从他调遣。

冬十月甲申初一日,杨嗣昌在襄阳誓师。甲午日,封左良玉为平贼将军。丙申日,《钦定保民四事全书》制定成,向全国颁布。十一月辛巳日,在南郊举行祭天仪式。十二月,罗汝才侵犯四川。丙午日,下令将兵总尚书傅宗龙逮捕下狱。

这一年,琉球派遣使臣入朝进贡。

崇祯十三年春闰正月乙酉日,赈济真定的饥民。戊子日,赈济京师的饥民。癸卯日,赈济山东的饥民。二月壬子初一日,在东郊祭祀太阳。戊午,总督陕西三边侍郎郑崇俭,在太平县玛瑙山与张献忠交战,获取大胜,张献忠跑到归州。戊寅日,因为久旱不雨,下诏征求意见。三月甲申日,祈祷降雨。丙戌日,阴云弥漫,大风骤起,下诏清查审理刑事案件。戊子日,罢去各镇的内臣。丙申日,分别赏赐魏藻德等人进士及第、进士出身。戊戌日,赈济畿内的饥荒。丁未日,免收河北三府往年拖欠的赋税。

夏四月戊午日,江西巡抚佥都御史解学龙及他所荐举提拔的黄道周皆被逮捕。己卯日,任命吏部尚书谢升为礼部尚书,礼部侍郎陈演以其原官,二人并兼为东阁大学士,参预处理军机要务。五月,罗汝才进犯夔州,石砫女官秦良玉连战数次将他打退。甲申日,在北郊举行祭地的仪式。庚戌日,姚明恭退休。六月辛亥初一日,总兵官贺人龙等分几路追逐贼寇,将他们打败,罗汝才跑到大宁。庚午日,蔡国用去世。辛未日,薛国观被罢官。

秋七月庚辰初一日,畿内捕杀蝗虫。己丑日,发放库银赈济被蝗虫灾害的州县。辛卯日,左良玉和京营总兵官孙应元等在兴山与罗汝才交战,取得大胜。罗汝才跑到巫山,与张献忠会合。八月甲戌日,赈济江北的饥荒。九月,陕西官军在巴西鱼腹山中将李自成团团包围,自成拼死冲杀突围脱险。癸巳日,张献忠攻陷大昌,总兵官张令战死。不久,张献忠又攻陷了剑州、绵州。

冬十月癸丑日,熊文灿被处死。十一月,杨嗣昌率部队向重庆进军。丁亥日,在南郊举行祭祀天的仪式。戊子日,南京发生地震。十二月丁未初一日,严禁传抄军机要闻。辛亥日,张献忠攻陷泸州。乙卯日,逮捕薛国观。这个月,李自成从湖广跑到河南,饥民纷纷投入他的队伍,接连攻陷了宜阳、永宁,杀掉了万安王采鑨,攻陷了偃师,军势大盛。

这一年,两畿、山东、河南、山西、陕西连遭旱灾和蝗灾,出现人吃人的惨景。

崇祯十四年春正月辛巳日,在南郊举行祈求谷物丰收的祭礼。乙丑日,总兵官猛如虎追杀张献忠至开县的黄陵城,战败,参将刘士杰等战亡,流贼于是往东而下。丙申日,李自成攻陷了河南,福王朱常洵遇害,前兵部尚书吕维祺等人被杀。二月己酉日,因为战火频仍,时事多难,灾祸和怪异屡屡出现,应烈帝下诏沉痛地责备自己,并命令停止在今年内施行刑罚,所有罪犯一律减罪论处。庚戌日,张献忠攻陷了襄阳,襄阳王朱翊铭、贵阳王朱常法同时遇害,副使张克俭等人被杀死。戊午日,李自成攻打开封城,周王朱恭枵和巡按御史高名衡率官兵奋力拒敌,将他打退。乙丑日,张献忠攻陷了光州。己巳日,在乾清宫左室召见阁臣、九卿、科道。命令驸马都尉冉兴让等人带着内库金钱往河南赈济和抚恤遭到死难的皇帝的宗族。三月丙子初一日,杨嗣昌从四川返回,到达荆州后去世。

乙酉日，祈祷求神降雨。丙申日，洪承畴在宁远汇集八镇的守兵。丁酉日，郑崇俭被逮捕入狱，不久处死。

夏四月壬子日，清兵攻打锦州，祖大寿率领官兵拒敌力守。己未日，擢总督三边侍郎丁启睿为兵部尚书，指挥部队讨伐流贼。五月庚辰日，范复粹退休。释放傅宗龙出狱，任命他为兵部侍郎，总督陕西三边的军务，讨伐李自成。戊子日，在北郊举行祭祀地的仪式。六月，两畿、山东、河南、浙江、湖广连遭旱灾和蝗灾，山东的盗寇纷纷而起。

秋七月己卯日，李自成攻打邓州，被杨文岳和总兵官虎大威击败。壬寅日，洪承畴派兵援救锦州，在松山驻扎。这个月，临清的运河水干涸。京师瘟疫流行。八月乙巳日，援兵在松山与清兵交战，阳和总兵杨国柱战死。辛亥日，薛国观被赐死。辛酉日，重新修建的太学校落成，举行隆重释奠先师孔子的仪式。甲子日，总兵官吴三桂、王朴从松山逃跑，各路军队当夜溃散。这个月，左良玉在信阳大败张献忠。九月丁丑日，傅宗龙率部队到达新蔡，与总督保定侍郎杨文岳军队会合。己卯日，和流贼相遇交战，贺人龙全军败溃，傅宗龙军被围困，杨文岳跑到陈州。甲申日，周延儒、贺逢圣重新入内阁。辛卯日，皇子慈炯被封为定王。壬辰日，傅宗龙突破包围，转移到项城，被贼捉获后杀害。流贼屠烧项城和商水、扶沟。戊戌日，李自成、罗汝才攻陷了叶县，叶县守将刘国能被害。这个月，官军在英山的望云寨与张献忠交战，取得胜利。

冬十月癸卯初一日，出现日食。十一月丙子日，李自成攻陷了南阳，唐王朱聿镆遇难，总兵官猛如虎等被杀害。十二月，李自成连连攻陷洧川、许州、长葛、鄢陵。甲子日，解学龙、黄道周被判戍边。李自成、罗汝才合兵攻打开封城，周王朱恭枵，巡抚都御史高名衡率官兵拒敌死守。

崇祯十五年春正月癸未日，任命孙传庭为兵部侍郎，指挥京城军队去救援开封。乙酉日，杨文岳率兵援救开封，贼寇放弃了对开封的包围，转向南攻陷了西华。戊子日，免除全国十二年以前拖欠的赋税。这个月，山东的流贼攻陷了张秋、东平，劫去了漕运的船只。派遣太监王裕民、刘元斌率领禁兵会合兖东的官军讨伐平服了他。二月戊甲日，赈济山东受招抚的乱民。癸丑日，总督陕西都御史汪乔年到达襄城，与贼相遇交战，贺人龙等奔逃入关，汪乔年被贼包围。丁巳日，襄城沦陷，汪乔年被贼捉获后杀害。戊午日，清兵攻克松山，洪承畴投降，巡抚都御史丘民仰，总兵官曹变蛟、王廷臣，副总兵江翥、饶勋等人被害。这个月，孙传庭总理督察三边军务。三月，李自成攻陷陈州。丁丑日，魏照乘退休。己卯日，祖大寿投降清兵并献出锦州。辛卯日，李自成攻陷归德。这年春天，江北的流贼攻陷了含山、和州，南京告急，实行戒严。

夏四月癸亥日，李自成再次围攻开封。乙丑日，削夺谢升官职。五月己巳日，孙传庭率军入关，杀死贺人龙。甲戌日，张献忠攻陷庐州。丁亥日，王朴被处死。六月戊申日，贺逢圣退休。癸丑日，张四知退休。甲寅日，诏令全国在三年内停止用刑。己未日，提升詹事蒋德璟、黄景昉，戎政侍郎吴甡三人皆为礼部尚书兼东阁大学士，参预处理军机要务。庚申日，下诏命令孙传庭出关。命令兵部侍郎候恂监督左良玉的部队援助开封。壬戌日，因为会同推荐选任内阁大臣不当，将吏部尚书李日宣等六人逮捕入狱，分别加以贬谪或戍边。甲子日，在北郊举行祭祀地的仪式。这个月，庄烈帝筑坛亲自祭奠为效忠国事而死的文武大臣。山西总兵官许定国援救开封，在沁水溃败，宁武兵在覃怀溃败。

秋七月己巳日，左良玉、虎大威、杨德政、方国安四镇军队在朱仙镇溃败。八月庚戌日，安庆发生兵变，都指挥徐良宪被杀，官军讨伐平定了这场骚乱。乙丑日，将黄道周从戍边地方释放回京，恢复他的原来的官职。丁卯日，兵部尚书陈新甲被逮捕下狱，不久后处死。九月壬午日，流贼决开黄河口，用水冲灌开封城。癸未日，大水冲垮了城墙，数十万民众被水淹死。己丑日，孙传庭率领部队赶赴河南。辛卯日，凤阳总兵官黄得功、刘良佐在潜山把张献忠打得大败。

冬十月辛酉日，孙传庭在郏县战败，逃进关。十一月丁卯日，援救汴州的总兵官刘超占据永城反叛。庚午日，发放内库银赈济开封遭受死难的皇族及兵民。壬申日，清兵分几路攻入塞内，京师戒严。命令勋臣分兵把守九座城门，太监王承恩督察京城的守备情况。下诏举荐能胜任指挥军队重任的大将。戊寅日，征召诸镇军队救援京师。庚辰日，清兵攻克蓟州。丁亥日，蓟镇总督赵光汴指挥援兵。戊子日，张献忠攻陷了无为。己丑日，辽东督师侍郎范志完救援京师。闰月癸卯日，庄烈帝下诏责备自己，并征求意见。壬寅日，清兵大军南下，畿南郡县城邑纷纷沦陷。丁巳日，起用退役的老将。这个月，李自成攻陷了汝宁，前总督侍郎杨文岳，金事王世琮不肯屈从，被流贼杀害。十二月，清兵向曹、濮进军，山东的州县相继被攻下，鲁王朱以派自杀。己巳日，李自成攻陷了襄阳，据为营地。左良玉奔赴承天，不久跑到武昌。贼分兵攻下德安、彝陵、荆门，荆州沦陷。癸巳日，贼寇焚烧了献陵。

崇祯十六年春正月丁酉日，李自成攻陷了承天，巡抚都御史宋一鹤、留守沈寿崇等人被害。庚申日，张献忠攻陷了蕲州。二月乙丑初一日，出现日食。己巳日，范志宪、赵光汴在平原会师。三月庚子日，李自成杀掉罗汝才，将其部吞并。壬寅日，命令大学士吴甡指挥军队讨伐流贼。丁未日，流贼攻陷武冈，杀死了岷王朱企礼。张献忠攻陷黄州。

夏四月丁卯日，周延儒自荐请求指挥军队，庄烈帝批准了。辛卯日，清兵班师北归，明军在螺山与其交战，总兵官张登科、和应荐战败身亡，八镇的军队全部溃败。这个月，刘超的叛乱被平服。五月癸巳初一日，张献忠攻陷了汉阳。壬寅日，周延儒返回京师。丙午日，提修撰魏藻德为少詹事兼东阁大学士，参预处理军机要务。戊申日，吴甡被罢官。丁巳日，周延儒被罢官。壬戌日，张献忠攻陷了武昌，楚王朱华奎被沉溺江中淹死，在籍大学士贺逢圣等人被害。六月癸亥日，下诏免收直省未遭清兵、流贼侵害的州县二年的三种饷银及一切日常赋税。己卯日，将范志完逮捕下入监狱。丙戌日，奉先殿前面的兽吻被雷震坏，命令群臣修身反省。

秋七月丁酉日，庄烈帝在中左门亲自审讯范志完。乙卯日，又在中左门亲自审讯前文选郎中关昌时，命令周延儒听从审问。己未日，禁止朝臣私自谒见内阁大臣。京师从二月起至七月流行瘟疫，下诏释放轻罪囚犯，发放银钱给百姓治疗疾病，掩埋五城中暴露在外的尸骸。八月壬戌初一日，左良玉收复武昌、汉阳。丙寅日，张献忠攻陷了岳州。丙戌日，攻陷了长沙。庚寅日，攻陷了衡州。九月丙申日，张献忠又攻陷了宝庆。己亥日，黄景昉退休。辛丑日，孙传庭收复宝丰，进驻郏县，李自成率兵迎战，孙传庭将他击败。庚戌日，张献忠攻陷了永州，巡按御史刘熙祚被害。辛亥日，分别赏赐杨延鉴等人进士及第、进士出身。壬子日,孙传庭部队因为草尽粮绝撤退,走至半路被贼追上,传庭回军交战,被击败,率领余部退守潼关。这个月,凤阳多次发生地震。

冬十月辛酉初一日,在太庙祭祀。丙寅日,李自成攻陷了潼关,督师尚书孙传庭被杀害。流贼接连攻陷了华州、渭南、临潼。命令有关部门用赎罪的钱来补充军饷。戊辰日,李自成屠烧商州。庚午日,张献忠攻陷了常德。壬申日,李自成攻陷了西安,秦王朱存枢投降,巡抚都御史冯师孔、按察使黄炯等人被李自成杀害。丁丑日,张献忠攻陷了吉安。十一月甲午日,李自成攻陷了延安,不久屠烧了凤翔。壬寅日,在南郊举行祭祀天的仪式。辛亥日,吏部侍郎李建泰、副都御史方岳贡一起兼任东阁大学士,参预处理军机要务。癸丑日,范志完、赵光汴被处死。遣发吴甡到金齿戍边。丁巳日,李自成攻陷了榆林,兵备副使都任、在籍的总兵官尤世威等被杀害。宁夏、庆阳相继沦陷,韩王朱亶塉被俘。十二月壬戌日,张献忠攻陷了建昌。乙丑日,周延儒因有罪被赐死。丁卯日,张献忠攻陷了抚州。辛丑日,流贼渡过黄河,攻陷了平阳,山西州县守军相继溃败投降。甲申日,流贼攻陷了甘州,巡抚都御史林日瑞、总兵官马𤧹等人被害。丙戌日,左良玉收复长沙。

这一年,暹罗、琉球、哈密派使臣入朝进贡。

崇祯十七年春正月庚寅初一日,风大天阴,凤阳发生地震。庚子日,李建泰自荐请求筹措军费整治官兵讨贼,庄烈帝允准。乙卯日,庄烈帝亲自到正阳门楼前,为李建泰出师饯行。南京发生地震。丙辰日,迁工部尚书范景文、礼部侍郎丘瑜并兼东阁大学士,参预处理军机要务。这个月,张献忠攻入四川。二月辛酉日,李自成攻陷了汾州,别的贼军攻陷了怀庆。丙寅日,攻陷了太原,晋王朱求桂被俘,巡抚都御史蔡懋德等人遭到杀害。壬申日,庄烈帝下诏责备自己。癸酉日,潞安沦陷。乙亥日,召集廷臣商量守卫京师的办法。李自成攻打代州,总兵官周遇吉奋力抵战,因粮草用尽,退而护守宁武关。丁丑日,李自成偏将攻陷了固关,向畿南进犯。己卯日,派遣内臣高起潜、杜勋等十人监视诸边关及近畿要害的守军。壬午日,真定知府丘茂华杀死总督侍郎徐标,命令其部属投降流贼。甲申日,流贼攻至彰德,赵王朱常㳆投降。丁亥日,下诏命令全国救驾。命廷臣提出战守的办法和建议。左都御史李邦华、右庶子李明睿上疏请求将朝廷迁移南方,并请派太子到江南督军,庄烈帝都不同意。戊子日,陈演退休。李自成攻陷了宁武,周遇吉率官兵奋力死战,兵败身亡。三月庚寅日,流贼攻至大同,总兵官姜瓌投降了贼寇,代王朱传㸨遇害,巡抚都御史卫景瑗被俘,不肯屈服上吊自杀。辛卯日,李建泰上疏请求南迁。壬辰日,庄烈帝在平台召见廷臣,拿出建泰的奏疏,说:"国君应当与社稷同存同亡,你们认为我应该迁到哪里?"李邦华等人又提出请太子到南京督军,庄烈帝不听。蒋德璟退休。癸巳日,总兵官吴三桂、左良玉、唐通、黄得功同时被封为伯爵。甲午日,征集各镇兵赴京师救援。乙未日,总兵官唐通入卫京师,命其和内臣杜之秩守住居庸关。戊戌日,派遣太监王承恩指挥京城的守备。己亥日,李自成攻至宣府,负责监视宣府的太监杜勋投降,巡抚都御史朱之冯等人被害。癸卯日,唐通及内臣杜之秩投降了李自成,流贼进入居庸关。甲辰日,贼攻陷了昌平。乙巳日,流贼进犯京师,京城军队溃败,丙午日,黄昏,外城被攻陷。当日晚,皇后周氏去世。丁未日拂晓,内城被攻陷。庄烈帝上吊死于万岁山,太监王承恩跟从一起自杀。庄烈帝亲笔在衣上写道："我由于薄德少义，性柔无威，受到了上天的惩罚，然而这一切皆因为诸臣辅佐不力而贻误了我。我死而无颜面去见祖宗，所以除下冠帽，用头发覆盖脸面。任凭贼将我分裂，只希望不要伤害百姓一人。"自大学士范景文以下数十人全部殉难。丙辰日，贼将庄烈帝、周皇后的棺材迁往昌平。昌平人将他们合葬在田贵妃的墓中。至此，明朝灭亡。

这一年夏四月，清兵在山海关打败流贼。五月，攻入京师，按皇帝的礼仪重新将庄烈帝灵柩挪出后改葬，命令臣民为其服丧三天，定谥号为"庄烈愍皇帝"，皇陵称为思陵。

太祖孝慈高皇后传

【题解】

明太祖皇后马氏（1332～1382年），宿州（今安徽宿州市）人。父母早亡，元末白莲教领袖郭子兴把她嫁给朱元璋。明太祖行事偏于严厉，马皇后以宽仁规劝，为之多有补救。洪武十五年去世，葬于孝陵。

【原文】

太祖孝慈高皇后马氏，宿州人。父马公，母郑媪，早卒。马公素善郭子兴，遂以后托子兴。马公卒，子兴育之如己女，子兴奇太祖，以后归焉。

后仁慈有智鉴，好书史。太祖有札记，辄命后掌之，仓卒未尝忘。子兴尝信谗，疑太祖，后善事其妻，嫌隙得释。太祖既克太平，后率将士妻妾渡江。及居江宁，吴、汉接境，战无虚日，亲缉甲士衣鞋佐军，陈友谅寇龙湾，太祖率师御之，后尽发宫中金帛犒士。尝语太祖，定天下以不杀人为本。太祖善之。

洪武元年正月，太祖即帝位，册为皇后。初，后从帝军中，值岁大歉，帝又为郭氏所疑，尝乏食。后窃炊饼，怀以进，肉为焦。居常贮糗备脯修供帝，无所乏绝，而己不宿饱。及贵，帝比之"芜蒌豆粥"，"滹沱麦饭"，每对群臣述后贤，同于唐长孙皇后。退以语后。后曰："妾闻夫妇相保易，君臣相保难。陛下不忘妾同贫贱，愿无忘群臣同艰难。且妾何敢比长孙皇后也。"

后勤于内治，暇则讲求古训。告六宫，以宋多贤后，命女史录其家法，朝夕省览。或言宋过仁厚，后曰："过仁厚，不愈于刻薄乎？"一日，问女史："黄老何教也，而窦太后好之？"女史曰："清净无为为本。若绝仁弃义，民复孝慈，是其教矣。"后曰："孝慈即仁义也，讵有绝仁义而为孝慈者哉。"后尝诵《小学》，求帝表章焉。

帝前殿决事，或震怒，后伺帝还宫，辄随事微谏。虽帝性严，然为缓刑戮者数矣。参军郭景祥守和州，人言其子稍欲杀父，帝将诛之。后曰："景祥止一子，人言或不实，杀之恐绝其后。"帝廉之，果枉。李文忠守严州，杨宪诬其不法，帝欲召还。后曰："严，敌境也，轻易将不宜。且文忠素贤，宪言讵可信。"帝遂已。文忠后卒有功。学士宋濂坐孙慎罪，逮至，论死，后谏曰："民家为子弟延师，尚以礼全终始，况天子乎？且濂家居，必不知情。"帝不听。会后侍帝食，不御酒肉。帝问故。对曰："妾为宋先生作福事也。"帝恻然，投箸起。明日赦濂，安置茂州。吴兴富民沈秀者，助筑都城三之一，又请犒军。帝怒曰："匹夫犒天子军，乱民也，宜诛。"后谏曰："妾闻法者，诛不法也，非以诛不祥。民富敌国，民自不祥。不祥之民，天将灾之，陛下何诛焉。"乃释秀，戍云南。帝尝令重囚筑城。后曰："赎罪罚役，国家至恩。但疲囚加役，恐仍不免死亡。"帝乃悉赦之。帝尝怒责宫人，后亦佯怒，令执付宫正司议罪。帝曰："何为？"后曰："帝王不以喜怒加刑赏。当陛下怒时，恐有畸重。付宫正，则酌其平矣。即陛下论人罪亦诏有司耳。"

一日，问帝："今天下民安乎？"帝曰："此非尔所宜问也。"后曰："陛下天下父，妾辱天下母，子之安否，何可不问。"遇岁旱，辄率宫人蔬食，助祈祷；岁凶，则设麦饭野羹。帝或告以振恤。后曰："振恤不如蓄积之先备也。"奏事官朝散，会食廷中，后命中宫取饮食亲尝之。味弗甘，遂启帝曰："人主自奉欲薄，养贤宜厚。"帝为饬光禄官。帝幸太学还，后问生徒几何，帝曰："数千。"后曰："人才众矣。诸生有廪食，妻子将何所仰给？"于是立红板仓，积粮赐其家。太学生家粮自后始。诸将克元都，俘宝玉至。后曰："元有是而不能守，意者帝王自有宝欤？"帝曰："朕知后谓得贤为宝耳。"后拜谢曰："诚如陛下言。妾与陛下起贫贱，至今日。恒恐骄纵生于奢侈，危亡起于细微，故愿得贤人共理天下。"又曰："法屡更必弊，法弊则奸生；民数扰必困，民困则乱生。"帝叹曰："至言也。"命女史书之册。其规正，类如此。

帝每御膳，后皆躬自省视。平居服大练浣濯之衣，虽敝不忍易。闻元世祖后煮弦事，亦命取练织为衾绸，以赐高年茕独。余帛素丝，缉成衣裳，赐诸王妃公主，使知蚕桑艰难。妃嫔宫人被宠有子者，厚待之。命妇入朝，待之如家人礼。帝欲访后族人官之，后谢曰："爵禄私外家，非法。"力辞而止。然言及父母早卒，辄悲哀流涕。帝封马公徐王，郑媪为王夫人，修墓置庙焉。

洪武十五年八月寝疾。群臣请祷祀，求良医。后谓帝曰："死生，命也，祷祀何益。且医何能活人。使服医不效，得毋以妾故而罪诸医乎。"疾亟，帝问所欲言。曰："愿陛下求贤纳谏，慎终如始，子孙皆贤，臣民得所而已。"是月丙戌崩，年五十一。帝痛哭，遂不复立后。是年九月庚午葬孝陵，谥曰孝慈皇后。宫人思之，作歌曰："我后圣慈，化行家邦。抚我育我，怀德难忘。怀德难忘，于万斯年。睠彼下泉，悠悠苍天。"永乐元年，上尊谥曰孝慈昭宪至仁文德承天顺圣高皇后。嘉靖十七年，加上尊谥曰孝慈贞化哲顺仁徽成天育圣至德高皇后。

【译文】

明太祖孝慈高皇后马氏，宿州（今安徽宿州市）人。父亲马公，母亲郑婆，均早亡。马公平素与郭子兴私交很好，便把女儿托付给郭子兴。马公死后，郭子兴像对自己的女儿一样抚养马氏。郭子兴认为明太祖有特殊的地方，把马氏嫁给了他。

马皇后为人仁慈，很有鉴识，爱好书籍文史，明太祖的簿籍，都由马皇后掌管，即使在忙乱中也未曾遗忘。郭子兴曾经因听信谗言而怀疑明太祖。马皇后对待郭子兴的妻子很好,使得郭子兴和明太祖之间的误会得以消除。明太祖攻克太平后,马皇后率领将士们的妻妾渡过长江。驻扎江宁(今南京)之后,与吴、汉两国接壤,天天打仗,马皇后亲自缝纫战士们的衣服、鞋袜等以供军需。陈友谅侵犯龙湾。明太祖率兵抵抗,马皇后把宫中的钱财都拿出来犒赏战士。她曾对明太祖说,平定天下的根本大计是不杀人,明太祖也很赞成。

洪武元年正月,明太祖当了皇帝,马氏被册封为皇后。当初,马皇后随从明太祖同在军营中,正碰上大歉年,郭子兴又不信任明太祖,所以经常缺粮。马皇后偷了烧饼,揣在怀里带回来给明太祖吃,因烧饼热,把皮肉都烫坏了。平常她总是存下干粮肉脯等给明太祖吃,从不缺乏,而自己晚上时常忍着饿睡觉。当了皇后,明太祖把那一段岁月与汉光武帝刘秀与部下未成事时在河北饶阳滹沱河畔芜蒌亭吃麦饭喝豆粥的故事相比较,经常在大臣面前称赞马皇后,说她的贤德之处与唐太宗的长孙皇后相同。回宫后明太祖把这些说给马皇后听,马皇后说:"我听说夫妇互相扶助比较容易,君臣互相扶助就难了。陛下既然能不忘与我共同度过的贫贱岁月,但愿也能不忘与您的臣下共同度过的艰难岁月。况且我又怎敢与长孙皇后相比呢?"

马皇后管理内宫事务很辛苦,有空闲时则探讨自古以来这方面的训诫。因为宋代出了很多贤德的皇后,她便要求女官把宋代皇宫的管理方法抄录下来,让宫内的妃嫔们每天学习。有人说宋代治国过于宽仁厚道,马皇后说:"过于宽仁厚道,难道不比过于刻薄好吗?"一天,她问女官:"'黄老之教'是什么教?为什么西汉的窦太后喜好此教?"女官说:"黄老之教以清静无为为根本。比如'弃绝仁义、使人民恢复孝顺慈爱'就是他们所提倡的。"马皇后说:"孝顺慈爱就是仁义了,难道弃绝仁义还能有孝顺慈爱吗?"马皇后曾经朗诵《小学》,请求明太祖提倡这些学说。

明太祖在朝堂上处理政事,有时会勃然大怒,马皇后等明太祖回宫后,往往就事婉转劝说。虽然明太祖性情严厉,但好几次由于马皇后的劝说而缓解了将要施行的刑罚。参军郭景祥镇守和州(今安徽和县)。有人说他的儿子手持长枪想要刺杀父亲,明太祖要杀掉他的儿子。马皇后说:"郭景祥只有一个儿子,传言也许不可靠,杀了他的儿子恐怕会断绝了郭景祥的后代。"明太祖经过调查,证实了郭的儿子果然是冤枉的。李文忠镇守严州,杨宪诬蔑他不守法度,明太祖想把他召回来。马皇后说:"严州与敌国接境,轻易调换守将不合适。再说李文忠一向很贤明,杨宪的话未必可信。"明太祖因此不再过问此事,李文忠后来立了大功。学士宋濂因为孙子宋慎犯法连坐而被逮到朝廷,论罪应当处死,马皇后劝说道:"老百姓家为子弟请教师,尚且能始终以礼相待,更何况皇帝呢?而且宋濂早已退休回家,宋慎的事他肯定不知内情。"明太祖不听。正值马皇后陪明太祖一起进餐,她不吃酒肉,明太祖觉得奇怪,问她缘故。马皇后说:"我是在为宋先生求福啊。"明太祖大为感动,扔下筷子就起来走了。第二天便下旨赦免宋濂,让他住在茂州(今四川茂汶羌族自治县)。吴兴地方的富户沈秀,为帮助修筑都城,捐资了总额的三分之一,又请求出钱犒赏军队士卒。明太祖大为生气,说:"一个老百姓竟要犒赏皇帝的军队,简直是犯上作乱,应该处死。"马皇后劝阻说:"我听说法律是惩治不法之徒的,而不是用来惩治不祥之物的。一个老百姓竟然富到与国家并肩的程度,对他来说当然不是吉祥之事,这种不祥,老天爷自会降灾给他,陛下何必处死他呢?"明太祖因此释放了沈秀,把他充军到云南。明太祖曾经命令让重罪囚犯筑城。马皇后说:"罚他们服劳役来赎罪,这本是国家对他们的大恩。但已经十分疲惫的囚犯再给他们增加劳役,恐怕他们还是要死的。"明太祖便全部赦免了他们。明太祖曾经愤怒地斥责宫中的侍者,马皇后也装作十分生气,命令把有过失的侍者送到宫正司定罪。明太祖问:"这为什么?"马皇后说:"作为皇帝,不要因为自己一时的高兴或生气而给人下奖赏或惩罚。当陛下生气的时候,恐怕会给予过重的惩罚。把他们交给宫正司,就能做出公正的判决了。陛下要定某人的罪还是应交给有关的衙门。"

有一天,马皇后问明太祖:"现在天下人民生活安定吗?"明太祖说:"这不是你所应当问的。"马皇后说:"陛下是天下百姓的父亲,我也可以算是天下百姓的母亲,为什么不可以问问子女们生活是否安定呢?"遇到旱灾之年,马皇后便率领宫中所有的人吃素,向天地神祇祈祷,如果遇到饥荒之年,她便命令准备麦饭和羹汤。明太祖有时告诉她已经在发放赈济。马皇后说:"临时赈济不如事先做好积蓄储备的工作。"大臣们在朝堂上议事完毕后,在殿廷上会餐,马皇后命令太监取来大臣们的食物亲自品尝。她觉得味道不太好,便对明太祖说:"皇帝对待自己要节俭,对待贤德之士则应丰厚。"明太祖便把这番道理通知负责此事的光禄寺官员。明太祖视察太学回来,马皇后问有多少学生,太祖说有几千人。马皇后说:"人才很多呀!太学生们每月有公家发的伙食费,他们的妻子儿女又靠什么为生呢?"从此朝廷设立了红板仓,积贮粮食供给太学生的家属。太学生家属发口粮是从马皇后开始的。明军将领攻克了元朝的首都,把缴获的金宝美玉送回南京。马皇后说:"元朝有这些财宝而不能守住,我想大概帝王们另有宝物吧?"明太祖说:"我知道皇后的意思是说人才是宝。"马皇后说:"陛下说得很对。我与陛下从贫贱出身而能有今天。我常担心骄横纵恣由奢侈而生,国家危亡从细小之处而起,所以希望招揽人才以共同治理天下。"她又说:"法度经常变动必然会生出弊病,法度有弊病则易于生出坏人坏事;经常扰乱人民则民生必会困乏,民生困乏则会生出变乱。"明太祖感慨地说:"太有道理了。"便命令宫中女官把这些话写在书册上。马皇后的正言规劝,大略与此类似。

明太祖每次膳食,马皇后都亲自料理。平常穿的是素白丝织、多次洗涤过的衣服,即使很旧了也不舍得换新的。马皇后听说元世祖的皇后煮旧弓弦的故事后,也让人用丝织成被帐,以赏赐老年独居的人。剩余的布料和丝,她也都缝缀成衣裳,赏赐给王妃和公主们,让她们知道养蚕种桑的艰难。明太祖的妃嫔和宫中侍女由于受到皇帝的宠爱而怀孕生子的,马皇后都仁厚地对待她们。大臣们的妻子均有品级,她们到宫中来的时候,马皇后待她们像自己家人一样。明太祖找寻马皇后娘家一族人,打算封他们官职,马皇后谢绝说:"把官爵禄位私授给外戚,这是不合法的。"由于她坚决拒绝,此事便没有实行。但每当说起自己父母的早亡,马皇后总是悲痛哭泣。明太祖追封马皇后的父亲为徐王,她的母亲郑氏为王夫人,重修了坟墓,还重建了神庙。

洪武十五年八月,马皇后患病。大臣们请求为她祈祷祭祀,寻访好医生。马皇后对明太祖说:"人的生死自有命运,祈祷祭祀也没有用处。医生又怎能使人复活?假使吃了药也不见效,难道不会因为我的缘故而加罪于医生吗?"病重之时,明太祖问她有什么要说的。她说:"希望陛下访求人才,听从规劝,慎终如始,子孙们都贤明,天下臣民各得其所就行了。"当月丙戌日死去,享年五十一岁。明太祖为之痛哭,此后便不再立皇后。当年九月庚午日,马皇后被安葬在孝陵,谥号为孝慈皇后。宫中的侍从们思念她,在歌中唱道:"我们的皇后英明慈爱,恩德遍于国家,抚育我们,令人难忘。千年万年,恩德难忘,如同泉水长流,苍天悠悠。"永乐元年又上尊谥为"孝慈昭宪至仁文德承天顺圣高皇后"。嘉靖十七年又加谥为"孝慈贞化哲顺仁徽成天育圣至德高皇后"。

成祖仁孝徐皇后传

【题解】

明成祖皇后徐氏(1362~1407年)是明朝开国功臣徐达的女儿。靖难之役中,徐皇后曾亲自指挥守城。永乐五年,徐皇后去世,谥号为"仁孝皇后"。葬长陵。

【原文】

成祖仁孝皇后徐氏,中山王达长女也。幼贞静,好读书,称女诸生。太祖闻后贤淑,召达谓曰:"朕与卿,布衣交也。古君臣相契者,率为婚姻。卿有令女,其以朕子棣配焉。"达顿首谢。

洪武九年册为燕王妃。高皇后深爱之。从王之藩,居孝慈高皇后丧三年,蔬食如礼。高皇后遗言可诵者,后一一举之不遗。

靖难兵起,王袭大宁,李景隆乘间进围北平。时仁宗以世子居守,凡部分备御,多禀命于后。景隆攻城急,城中兵少,后激劝将校士民妻,皆授甲登陴拒守,城卒以全。

王即帝位,册为皇后。言:"南北每年战斗,兵民疲敝,宜与休息。"又言:"当世贤才皆高皇帝所遗,陛下不宜以新旧间。"又言:"帝尧施仁自亲始。"帝辄嘉纳焉。初,后弟增寿常以国情输之燕,为惠帝所诛,至是欲赠爵,后力言不可。帝不听,竟封定国公,命其子景昌袭,乃以告后。后曰:"非妾志也。"终弗谢。尝言汉、赵二王性不顺,官僚宜择廷臣兼署之。一日,问:"陛下谁与图治者?"帝曰:"六卿理政务,翰林职论思。"后因请悉召见其命妇,赐冠服钞币。谕曰:"妇之事夫,奚止馈食衣服而已,必有助焉。朋友之言,有从有违,夫妇之言,婉顺易入。吾旦夕侍上,唯以生民为念,汝曹勉之。"尝采《女宪》《女诫》作《内训》二十篇,又类编古人嘉言善行,作《劝善书》,颁行天下。

永乐五年七月,疾革,唯劝帝爱惜百姓,广求贤才,恩礼宗室,毋骄畜外家。又告皇太子:曩者北平将校妻为我荷戈城守,恨未获随皇帝北巡,一赉恤之也。是月乙卯崩,年四十有六。帝悲痛,为荐大斋于灵谷、天禧二寺,听群臣致祭,光禄为具物。十月甲午,谥曰仁孝皇后。七年营寿陵于昌平之天寿山,又四年而陵成,以后葬焉,即长陵也。帝亦不复立后。仁宗即位,上尊谥曰仁孝慈懿诚明庄献配天齐圣文皇后,祔太庙。

【译文】

明成祖仁孝皇后徐氏,是中山王徐达的大女儿。自幼贞淑文静,喜欢读书,被称为"女秀才",明太祖听说她贤惠善良,便把徐达召来,对他说:"我和你还是百姓时便有交情。古来皇帝和臣子合得来的,大概都结为姻亲。你有个好女儿,就许配给我的儿子朱棣吧。"徐达叩头谢恩。

洪武九年册封徐氏为燕王妃。明太祖皇后马氏很喜欢她。她随燕王居住在封地,为明太祖的马皇后守丧三年,完全按照礼仪吃素。马皇后的遗言能够朗读的,徐氏一一摘出,绝无遗漏。

燕王朱棣起兵靖难,亲自率军奔袭大宁。李景隆乘机围攻北平(今北京)。后来的明仁宗当时还是燕王世子,指挥守城,凡是军队部署等事项,多半都要禀报徐氏,受命遵行。李景隆攻势很急,城中军队不多,徐氏便极力劝说将校士民的妻子,让她们都穿上甲胄登城守御,由此守住了城池。

燕王登上皇帝宝座,册封徐氏为皇后。徐皇后曾说:"南方北方连年交战,士兵和百姓都已疲惫困乏,应该让他们休养生息。"她还说:"当今的英贤人才都是太祖皇帝给我们留下来的,陛下不要因为新人或旧臣而区别对待他们。"她又说:"尧帝施行仁政从自己的亲人开始。"明成祖对此都欣然采纳。当初徐皇后的弟弟徐增寿经常把南京方面的情况报告给燕王那边,因此被明惠帝处死,现在明成祖打算追赠徐增寿爵位,徐皇后坚决不同意。明成祖没有听她的,追封徐增寿为定国公,让他的儿子徐景昌继袭,这才告知徐皇后。徐皇后说:"这不是我的意思。"最后也没有谢恩。徐皇后曾说汉王与赵王二人性情不和顺,他们二人的属官应该在朝廷大臣中选择合适的人兼任。有一天,她问明成祖说:"陛下同谁一起治理国家?"明成祖说:"六卿负责日常行政,翰林院职责谋划国策。"徐皇后便请求把这些官员的妻子们有品级的全部召来,赏赐她们衣帽钱钞等,对她们说:"妻子侍奉丈夫,并非仅仅在于吃饭穿衣,必须要能成为丈夫的帮手。朋友间的话语,有的听从,有的不听从,夫妇间的话语,婉转平顺,易于被接受。我每天侍奉皇上,一心只为百姓着想,你们也要以之自勉。"徐皇后曾经摘录《女宪》《女诫》的内容,编成《内训》二十篇,又把古人的好语言好行为分类编成《劝善书》,让天下人阅读。

永乐五年七月,她病重,遗言中只是劝明成祖爱惜百姓,广泛寻访英贤人才,对皇族要恩礼备至,不要骄纵外戚。又告诉皇太子说,往年在北平时,将校的妻子都为我拿起武器守卫城池,可惜的是成祖皇帝到北平巡视时我未能随行,没有对她们加以赏赐或抚恤。当月乙卯日,徐皇后去世,享年四十六岁。明成祖十分悲痛,在灵谷寺和天禧寺作大斋追荐亡灵,听凭大臣们前来吊祭,光禄寺为她设置祭物。十月甲午日,给徐皇后定下谥号为"仁孝皇后"。永乐七年在昌平(今北京昌平)天寿山建造陵墓,过了四年陵墓建成,把徐皇后葬在这里,就是长陵。明成祖也不再立皇后。明仁宗即位,为徐皇后追赠尊号"仁孝慈懿诚明庄献配天齐圣文皇后",神主祔祭于太庙。

仁宗诚孝张皇后传

【题解】

明仁宗皇后张氏（？～1442年），永城（今河南永城）人。她历经仁宗、宣宗、英宗三朝，对国事起了很大的稳定作用。正统七年张皇后去世，葬于献陵。

【原文】

仁宗诚孝皇后张氏，永城人。父麒以女贵，追封彭城伯，具《外戚传》。洪武二十八年封燕世子妃。永乐二年封皇太子妃。仁宗立，册为皇后。宣宗即位，尊为皇太后。英宗即位，尊为太皇太后。

后始为太子妃，操妇道至谨，雅得成祖及仁孝皇后欢。太子数为汉、赵二王所间，体肥硕不能骑射，成祖恚，至减太子宫膳，濒易者屡矣，卒以后故得不废。及立为后，中外政事莫不周知。

宣德初，军国大议多禀听裁决。是时海内宁泰，帝入奉起居，出奉游宴，四方贡献，虽微物必先上皇太后。两宫慈孝闻天下。三年，太后游西苑，皇后皇妃侍，帝亲掖舆登万岁山，奉觞上寿，献诗颂德。又明年谒长、献二陵，帝亲橐鞬骑导。至河桥，下马扶辇。畿民夹道拜观，陵旁老稚皆山呼拜迎。太后顾曰："百姓戴君，以能安之耳，皇帝宜重念。"及还，过农家，召老妇问生业，赐钞币。有献蔬食酒浆者，取

明仁宗

以赐帝，曰："此田家味也。"从臣英国公张辅，尚书蹇义，大学士杨士奇、杨荣、金幼孜、杨溥请见行殿。太后慰劳之，且曰："尔等先朝旧人，勉辅嗣君。"他日，帝谓士奇曰："皇太后谒陵还，道汝辈行事甚习。言辅，武臣也，达大义。义重厚小心，第寡断。汝克正，言无避忤，先帝或数不乐，然终从汝，以不败事。又有三事，时悔不从也。"太后遇外家严，弟升至淳谨，然不许预议国事。

宣宗崩，英宗方九岁，宫中讹言将召之襄王矣。太后趣召大臣至乾清宫，指太子泣曰："此新天子也。"群臣呼万岁，浮言乃息。大臣请太后垂帘听政，太后曰："毋坏祖宗法。第悉罢一切不急务，时时勖帝向学，委任股肱。"以故王振虽宠于帝，终太后世不敢专大政。

正统七年十月崩。当大渐，召士奇、溥入，命中官问国家尚有何大事未办者，士奇举

三事。一谓建庶人虽亡,当修实录。一谓太宗诏有收方孝孺诸臣遗书者死,宜弛其禁。其三未及奏上,而太后已崩。遗诏勉大臣佐帝惇行仁政,语甚惇笃。上尊谥曰:诚孝恭肃明德弘仁顺天启圣昭皇后,合葬献陵,祔太庙。

【译文】

明仁宗诚孝皇后张氏,永城(今河南永城)人。父亲张麒因为女儿贵盛而被追封为彭城伯,他的事迹载于《外戚传》。洪武二十八年,张氏被封为燕王世子妃。永乐二年她被封为皇太子妃。明仁宗即位,她被册封为皇后。明宣宗即位,她又被尊为皇太后。明英宗即位,她再被尊为太皇太后。

张皇后刚做太子妃的时候,严守妇道,深得明成祖和仁孝太后的欢心。汉王和赵王屡次想要离间成祖和太子的关系,太子身体肥胖无法骑马射箭,明成祖很生气,甚至减少了太子的宫廷膳食费用,好几次就要更换太子了,终因张皇后的缘故而得以保全。到张氏立为皇后,朝廷内外事务她全都知道。

宣德朝初年,军国大事经常是禀报张太后,听从她的裁断。当时国内形势安宁稳定,张太后无论起居游宴,宣宗皇帝随时侍奉,四方进贡来的贡物,虽然是小东西也都先献给皇太后。皇帝孝顺,太后仁慈,天下人都知道。宣德三年,张太后出游西苑,皇后和皇妃随身侍奉,宣宗皇帝亲自扶持太后乘轿登万寿山,举酒祝寿,献诗篇以宣扬太后的功德。宣德四年,在拜祭长陵和献陵的时候,宣宗皇帝骑马在前面引导。经过河桥时,宣宗皇帝下马扶持太后所乘的马车。京城的老百姓夹道围观,陵墓周围的老人和儿童都跪着迎接车驾,欢呼不绝。张太后看着这情景说:"人民爱戴君主,是因为君主使他们生活安定,皇上要牢记此事。"回宫路上经过农家,张太后召来老妇人询问谋生情况,还赏赐她们钱钞。百姓们献上蔬菜食品和酒水,张太后拿来给宣宗皇帝,并说:"这是农家的风味。"随从的大臣英国公张辅、尚书蹇义、大学士杨士奇、杨荣、金幼孜、杨溥请求太后在行宫接见他们。张太后问候他们,并说:"你们都是先朝留下的老臣了,要勉力辅佐新皇帝呀!"过了些日子,宣宗皇帝对杨士奇说:"皇太后拜祭陵墓回来,说你们办事很老练。她说,张辅是武将,明白大义;蹇义为人谨慎持重,但优柔寡断;你能坚持正道,说话直爽无顾忌,先帝有几次很不高兴,但最后还是听从了你的主张,因此没有坏事。只是有三件事,当时没有听你的,后来还经常后悔。"张太后对待自己的娘家很严格,她的弟弟张升为人淳朴谨慎,但太后不许他干预国事。

宣宗皇帝死的时候,英宗皇帝只有九岁,皇宫中流传谣言说将要立襄王为皇帝。张太后紧急召集大臣们到乾清宫,指着太子边哭边说:"这就是新皇帝。"流言这才止息。大臣们请张太后垂帘听政,太后说:"不要破坏了祖宗的法度,但请停止一切不急之务,时刻鼓励皇帝学习,要信任辅佐的大臣。"因为张太后的缘故,王振虽然受英宗皇帝的宠信,但张太后在世时始终不敢专擅朝政。

正统七年十月,张太后病故。当病危时,她召来杨士奇和杨溥,命太监问他们国家还有什么大事没办,杨士奇举出三件事。一是建文帝虽死,还是应当为他编纂实录。二是太宗皇帝曾有诏令,收集方孝孺等人遗书的人要处死,这条禁令以放开为好。第三件事还没来得及说，张太后已经死去了。她遗留下诏书勉励大臣们要辅佐皇帝大力施行仁政，言语十分恳挚。张太后被尊谥为"诚孝恭肃明德弘仁顺天启圣昭皇后"，与仁宗皇帝合葬于献陵，神主祔祭于太庙。

英宗孝庄钱皇后传

【题解】

明英宗皇后钱氏（？～1468 年），海州（今江苏连云港一带）人。她在世时并没有什么特殊的事迹，但死后却因为遗体如何安葬，神主如何祭祀的问题而掀起一场大波。

【原文】

英宗孝庄皇后钱氏，海州人。正统七年立为后。帝悯后族单微，欲侯之，后辄逊谢。故后家独无封。英宗北狩，倾中宫赀迎驾。夜哀泣吁天，倦即卧地，损一股。以哭泣复损一目。英宗在南宫，不自得，后曲为慰解。后无子，周贵妃有子，立为皇太子。英宗大渐。遗命曰："钱皇后千秋万岁后，与朕同葬。"大学士李贤退而书之册。

熹宗立，上两宫徽号，下廷臣议。太监夏时希贵妃意，传谕独尊贵妃为皇太后。大学士李贤、彭时力争。乃两宫并尊，而称后为慈懿皇太后。及营裕陵，贤、时请营三圹。下廷议。夏时复言不可，事竟寝。

成化四年六月，太后崩，周太后不欲后合葬。帝使夏时、怀恩召大臣议。彭时首对曰："合葬裕陵，主祔庙，定礼也。"翼日，帝召问，时对如前。帝曰："朕岂不知，虑他日妨母后耳。"对曰："主上孝事两宫，圣德彰闻。礼之所合，孝之所归也。"商辂亦言："不祔葬，损圣德。"刘定之曰："孝从义，不从命。"帝默然久之，曰："不从命尚得为孝耶！"时力请合葬裕陵左，而虚右以待周太后。已，复与大臣疏争，帝再下廷议。吏部尚书李秉、礼部尚书姚夔集廷臣九十九人议，皆请如时言。帝曰："卿等言是，顾朕屡请太后未得命。乖礼非孝，违亲亦非孝。"明日，詹事柯潜、给事中魏元等上疏，又明日，夔等合疏上，皆执议如初。中旨犹谕别择葬地。于是百官伏哭文华门外。帝命群臣退。众叩头，不得旨不敢退。自巳至申，乃得允。众呼万岁出。事详时、夔传中。是年七月，上尊谥曰：孝庄献穆弘惠显仁恭天钦圣睿皇后，祔太庙。九月合葬裕陵，异隧，距英宗玄堂数丈许，中窒之，虚右圹以待周太后，其隧独通，而奉先殿祭，亦不设后主。

弘治十七年，周太后崩。孝宗御便殿，出裕陵图，示大学士刘健、谢迁、李东阳曰："陵有二隧，若者窒，若者可通往来，皆先朝内臣所为，此未合礼。昨见成化间彭时、姚夔等章奏，先朝大臣为国如此，先帝亦不得耳。钦天监言通隧上干先帝陵堂，恐动地脉，朕已面折之。窒则天地闭塞，通则风气流行。"健等因力赞。帝复问祔庙礼，健等言："祔二后，自唐始也。祔三后，自宋始也，汉以前一帝一后。曩者定议合祔，孝庄太后居左，今大行太皇太后居右，且引唐、宋故事为证，臣等以此不敢复论。"帝曰："二后已非，况复三后。"迁曰："宋祔三后，一继立，一生母也。"帝曰："事须师古，太皇太后鞠育朕躬，朕岂敢忘，顾私情耳。祖宗来，一帝一后。今并祔，坏礼自朕始。且奉先殿祭皇祖，特座一饭一匙而已。夫孝穆皇太后，朕生母也，别祀之奉慈殿。今仁寿宫前殿稍宽，朕欲奉太皇太后于此，他日奉孝穆皇太后于后，岁时祭享，如太庙。"于是命群臣详议。议上，将建新庙，钦天监奉年方有碍。廷议诸暂祀周太后于奉慈殿，称孝肃太皇太后。殿在奉先殿西，帝以祀孝穆，至是中奉孝肃而徙孝穆居左焉。帝始欲通隧，亦以阴阳家言不果行。

【译文】

明英宗孝庄皇后钱氏，海州（今江苏连云港一带）人，正统七年被立为皇后。英宗皇帝因为怜悯钱皇后娘家宗族寒微，想要封她娘家为侯爵，钱皇后屡屡谢绝，因此便没有封侯。瓦剌族入侵，明英宗被俘，被带往北方，钱皇后把自己宫中的全部资财拿出来，以营救英宗皇帝。夜间，钱皇后向天哭泣，祈求天神帮助，哭累了便倒地睡去，一条腿因此致残，还哭坏了一只眼睛。英宗皇帝退位居住南宫时，心情不好，钱皇后尽力开导他。钱皇后没生儿子，就将周贵妃的儿子立为皇太子。明英宗病重时，留下遗言说："钱皇后死后，要同我葬在一起。"大学士李贤把这句话记录了下来。

明宪宗登上皇帝宝座，要为钱皇后与周贵妃上尊号，命令朝廷大臣商议此事。太监夏时迎合周贵妃的心意，传旨要只立周贵妃一人为皇太后。大学士李贤、彭时据理力争，于是两宫都立为皇太后，钱皇后的尊号是慈懿皇太后。建造裕陵的时候，李贤、彭时请求建造三个墓穴，皇帝又命令朝廷大臣商议。夏时又说不行。此事就没有进行。

成化四年六月，钱太后病故。周太后不想让她与英宗皇帝合葬。宪宗皇帝让夏时、怀恩召集大臣商议。彭时首先发言说："钱太后合葬裕陵、神主牌祔祭于太庙，这是规定的礼仪。"第二天，宪宗皇帝召大臣们来询问，彭时的回答和昨天一样。宪宗皇帝说："我难道不懂得这个？只是担心将来会妨碍了母后。"（周太后是宪宗皇帝的生母）彭时说："皇上侍奉两位皇太后都很孝顺，陛下的美德早已为人们所知。符合礼仪，正是孝道的目的。"商辂也说："不让钱太后与英宗皇帝合葬，对于皇上的圣德有所损害。"刘定之说："孝要服从大义，不能只服从命令。"宪宗皇帝长时间没有回答，然后说："不听从命令还能算孝吗？"彭时极力请求将钱太后合葬于裕陵的左边，空着右边以等待周太后。随后，他又同大臣们上奏章力争，宪宗皇帝命令再交朝臣们议论。吏部尚书李秉、礼部尚书姚夔集合九十九位大臣合议，都说应该按彭时所说的办理。宪宗皇帝说："你们说得对。但我多次请示周太后都未获同意。违背礼仪不符合孝道，违背母亲也不符合孝道。"第二天，詹事柯潜、给事中魏元等上奏章，又过了一天，姚夔等人联合上奏章，都坚持原来的意见。宫中下来的旨意还是要求另外寻找下葬的地方。于是大臣们在文华门外伏地大哭。宪宗皇帝命令大臣们回去。大家只是叩头，声称不获同意便不回去。从巳时直跪到申时，宪宗皇帝终于接受了大家的意见。大臣们这才三呼"万岁"地散去。此事经过详述在彭时、姚夔的传记之中。当年七月为钱皇后上谥号为"孝庄献穆弘惠显仁恭天钦圣睿皇后"，祭于太庙，九月葬入裕陵，但墓室与英宗皇帝的墓室隔开好几丈远，中间也不相通，空着右边的墓室以备周太后之用，哪里与英宗皇帝的墓室相通。而且奉先殿祭祀的时候，也不设置钱太后的神主。

弘治十七年，周太后病故。孝宗皇帝在便殿召见大臣，拿出裕陵的构造图给大学士刘健、谢迁、李东阳看，说："裕陵有两条墓道，一条堵塞，另一条可以通过，这都是前朝太监干的，不合乎礼法。昨天我看过成化年间彭时、姚夔等人的奏章，前朝的大臣们这样做是为了国家，宪宗皇帝是没有办法才那样处理的。钦天监说如果打通墓道直达英宗皇帝的墓室，恐怕会震动地脉，我已当面驳斥他们了。堵塞墓道会使天地隔绝，打通墓道才能使风气流动。"刘健等人都大为赞成。孝宗皇帝又问到祔祭太庙的礼仪，刘健等人说："两位皇后祔祭是从唐朝开始。三位皇后祔祭是从宋朝开始。汉朝以前都是一位皇帝配一位皇后。以前已经商定，祔祭太庙时，孝庄皇太后的神主在左边，新故去的太皇太后的神主在右边，还引用了唐朝和宋朝的旧例为证，我们为此不敢再加议论。"孝宗皇帝说："两位皇后已经不对，更别说三位皇后了。"谢迁说："宋朝以三位皇后祔祭，一位是后来又立的，一位是新皇帝的生母。"孝宗皇帝说："办事要遵照古来的规矩。太皇太后抚育了我，我怎敢忘记？但这只是私情。自古以来，一位皇帝配一位皇后，现在两位皇后一同祔祭，败坏礼法是从我开始了。而且在奉先殿祭祀我的祖父英宗皇帝时，也只是放置一饭一匙罢了。孝穆皇后是我的生母，要在奉慈殿单独祭祀。现在仁寿宫的前殿比较宽敞，我准备把太皇太后的神主放在这里，将来再把孝穆皇太后的神主放在后面，每年在这祭祀，象太庙一样。"于是命令大臣们仔细议论。大臣们商定之后，把办法上报给皇上，将要建造新庙的时候，钦天监上奏说本年天象有妨碍。朝廷大臣商议后，请求暂且在奉慈殿祭祀周太后，称她为"孝肃太皇太后"。奉慈殿在奉先殿的西边，原来是孝宗皇帝准备用来祭祀孝穆皇后的，现在成为中间供奉孝肃太皇太后，而把孝穆皇后的神主迁移到左边。孝宗皇帝原先准备打通裕陵的墓道，也因为阴阳家的话而没能实行。

孝肃周太后传

【题解】

周太后（？～1504年）是昌平（今北京昌平）人。她是明英宗的皇妃，明宪宗的生母。弘治十七年病故，葬于裕陵。

【原文】

孝肃周太后，英宗妃、宪宗生母也。昌平人。天顺元年封贵妃。宪宗即位，尊为皇太后，其年十月，太后诞日，帝令僧道建斋戒。礼部尚书姚夔帅群臣诣斋所，为太后祈福。给事中张宁等劾之。帝是其言，令自后僧道斋醮，百官不得行香。二十三年四月上徽号曰圣慈仁寿皇太后。孝宗立，尊为太皇太后。

先是，宪宗在位，事太后至孝，五日一朝，燕享必亲。太后意所欲，唯恐不欢。至钱太后合葬裕陵，太后殊难之。宪宗委曲宽譬，乃得请。孝宗生西宫，母妃纪氏薨，太后育之宫中,省视万方。及孝宗即位,事太后亦至孝。太后病疡,久之愈,诰谕群臣曰:"自英皇厌代,予正位长乐,宪宗皇帝以天下养,二十四年犹一日,兹予偶患疡,皇帝夜吁天,为予请命,春郊罢宴,问视唯勤,俾老年疾体,获砥康宁。以昔视今,父子两世,孝同一揆,予甚嘉焉。"

弘治十一年冬,清宁宫灾,太后移居仁寿宫。明年,清宁宫成,乃还居焉。太后弟长宁伯彧家有赐田,有司请厘正之,帝未许也,太后曰:"奈何以我故觖皇帝法。"使归地于官。

弘治十七年三月崩,谥"孝肃贞顺康懿光烈辅天承圣睿皇后",合葬裕陵。以大学士刘健、谢迁、李东阳议,别祀于奉慈殿,不祔庙,仍称太皇太后。嘉靖十五年,与纪、邵二太后并移祀陵殿,题主曰皇后,不系帝谥,以别嫡庶。其后穆宗母孝恪、神宗母孝定、光宗母孝靖、熹宗母孝和、庄烈帝母孝纯,咸遵用其制。

【译文】

孝肃太后周氏,明英宗的皇妃,是宪宗皇帝的生母,昌平(今北京昌平)人。天顺元年,周氏被封为贵妃。宪宗皇帝即位,她被尊封为皇太后。当年十月,周太后的生日那一天,宪宗皇帝下令让和尚道士设置斋戒。礼部尚书姚夔率领大臣们到设斋的场所为周太后祈祷,给事中张宁等人上奏章指摘他们行为不当。宪宗皇帝认为张宁等人的指责有道理,下令从此以后再有和尚道士等设斋祈祷时,文武百官都不准到场烧香。成化二十三年四月给周太后上尊号为"仁寿皇太后"。孝宗皇帝即位,周太后被尊为太皇太后。

当初宪宗皇帝在位的时候,侍奉周太后极为孝顺,每五天向她请安一次,酒宴时必定出席作陪。周太后有什么要求都满足她,唯恐她不高兴。在钱太后合葬于裕陵这件事上,周太后百般刁难。宪宗皇帝向她婉转解释,才使她勉强同意。孝宗皇帝生于西宫,他的母亲纪氏皇妃死后,是周太后把他放在自己身边养育成人,关怀备至。到孝宗皇帝即位后,侍奉周太后也极为孝顺。周太后患痈疮,很长时间才得以痊愈,她写给大臣们的告示说:"自从英宗皇帝去世后,我以太后的身份住在长乐宫,宪宗皇帝以整个天下为我养老,二十四年如一日。我这次偶然患了痈疮,皇帝夜间为我的健康向天祈祷。春天祭天时也因此而停止设宴,对我经常慰问探视,终于使我这老年人的病,获得健康安宁。用昔日与今天相比,宪宗与孝宗皇帝父子两代,行孝则相同,我对此十分满意。"

弘治十一年的冬天,清宁宫失火,周太后移居仁寿宫。第二年,清宁宫重新修好,周太后还搬回清宁宫。周太后的弟弟长宁伯周彧有一块田地是被赏赐而来的,有关衙门请求对这块地加以测量,孝宗皇帝不许。周太后说:"怎能因为我的缘故违背皇家法度。"便让把这块地交还公家。

弘治十七年三月,周太后病故,谥号"孝肃贞顺康懿光烈辅天承圣睿皇后",合葬于裕陵,采纳了大学士刘健、谢迁、李东阳的建议,在奉慈殿单独祭祀周太后,不祔祭于太庙,仍然称她为太皇太后。嘉靖十五年,周太后又与纪太后、邵太后一同被转移到皇帝陵墓的祭殿上接受祭祀,她们的神主牌位上只写"皇后"而不写皇帝的谥号,以此来区别正妻与侧室。此后穆宗皇帝的母亲孝恪皇后、神宗皇帝的母亲孝定皇后、光宗皇帝的母亲孝靖皇后、熹宗皇帝的母亲孝和皇后、庄烈帝的母亲孝纯皇后的祭祀仪式，都遵循这一办法。

孝穆纪太后传

【题解】

纪太后（？~1475年）是明孝宗的生母，贺县（今广西贺州市）人。她是广西少数民族女子，是在明王朝与少数民族的战争中被俘后进入皇宫的。后来很受宪宗皇帝宠爱，生养了一个儿子。成化十一年，突然去世。孝宗即位后，迁葬茂陵。

【原文】

孝穆纪太后，孝宗生母也，贺县人。本蛮土官女。成化中征蛮，俘入掖庭，授女史，警敏通文字，命守内藏。时万贵妃专宠而妒，后宫有娠者皆治使堕。柏贤妃生悼恭太子，亦为所害。帝偶行内藏，应对称旨，悦，幸之，遂有身。万贵妃知而恚甚，令婢钩治之。婢谬报曰病痞。乃谪居安乐堂。久之，生孝宗，使门监张敏溺焉。敏惊曰："上未有子，奈何弃之。"稍哺粉饵饴蜜，藏之他室，贵妃日伺无所得。至五六岁，未敢剪胎发。时吴后废居西内，近安乐堂，密知其事，往来哺养，帝不知也。

帝自悼恭太子薨后，久无嗣，中外皆以为忧。成化十一年，帝召张敏栉发，照镜叹曰："老将至而无子。"敏伏地曰："死罪，万岁已有子也。"帝愕然，问安在。对曰："奴言即死，万岁当为皇子主。"于是太监怀恩顿首曰："敏言是。皇子潜养西内，今已六岁矣，匿不敢闻。"帝大喜，即日幸西内，遣使往迎皇子。使至，妃抱皇子泣曰："儿去，吾不得生。儿见黄袍有须者，即儿父也。"衣以小绯袍，乘小舆，拥至阶下，发披地，走投帝怀。帝置之膝，抚视久之，悲喜泣下曰："我子也，类我。"使怀恩赴内阁具道其故，群臣皆大喜。明日，入贺，颁诏天下。移妃居永寿宫，数召见。万贵妃日夜怨泣曰："群小给我。"其年六月，妃暴薨。或曰贵妃致之死，或曰自缢也。谥恭恪庄僖淑妃。敏惧，亦吞金死。敏，同安人。

孝宗既立为皇太子，时孝肃皇太后居仁寿宫，语帝曰："以儿付我。"太子遂居仁寿。一日，贵妃召太子食，孝肃谓太子曰："儿去无食也。"太子至，贵妃赐食，曰："已饱。"进羹，曰："疑有毒。"贵妃大恚曰："是儿数岁即如是，他日鱼肉我矣。"因恚而成疾。

孝宗即位，追谥淑妃为孝穆慈慧恭恪庄僖崇天承圣纯皇后，迁葬茂陵，别祀奉慈殿。帝悲念太后，特遣太监蔡用求太后家，得纪父贵、纪祖旺兄弟以闻。帝大喜，诏改父贵为贵，授锦衣卫指挥同知，祖旺为旺，授锦衣卫指挥佥事，赐予第宅、金帛、庄田、奴婢不可胜计。追赠太后父为中军都督府左都督，母为夫人，其曾祖、祖父亦如之。遣修太后先茔之在贺者，置守坟户，复其家。

先是，太后在宫中，尝自言家贺县，姓纪，幼不能知亲族也，太监郭镛闻而识之。太监陆恺者，亦广西人，故姓李，蛮中纪、李同音，因妄称太后兄，令人访其族人诣京师。恺女兄夫韦父成者出冒之，有司待以戚畹，名所居里曰迎恩里。贵、旺曰："韦犹冒李，况我实李氏。"因诈为宗系上有司，有司莫辨也。二人既骤贵，父成亦诣阙争辩。帝命郭镛按之。镛逐父成，犹令驰驿归。及帝使治后先茔，蛮中李姓者数辈，皆称太后家，自言于使者。使者还，奏贵、旺不实。复遣给事中孙珪、御史滕祐间行连、贺间，微服入瑶、僮中访之，尽得其状，归奏。帝谪罚镛等有差，戍贵、旺边海。自此帝数求太后家，竟不得。

弘治三年，礼部尚书耿裕奏曰："粤西当大征之后，兵燹饥荒，人民奔窜，岁月悠远，踪迹难明。昔孝慈高皇后与高皇帝同起艰难，化家为国，徐王亲高皇后父，当后之身，寻求家族，尚不克获，然后立庙宿州，春秋祭祀。今纪太后幼离西粤，入侍先帝，连、贺非徐、宿中原之地，嫔宫无母后正位之年，陛下访寻虽切，安从得其实哉。臣愚谓可仿徐王故事，定拟太后父母封号，立祠桂林致祭。"帝曰："孝穆皇太后早弃朕躬，每一思念，怵焉如割。初谓宗亲尚可旁求，宁受百欺，冀获一是。卿等谓岁久无从物色，请加封立庙，以慰圣母之灵。皇祖既有故事，朕心虽不忍，又奚敢违。"于是封后父推诚宣力武臣特进光禄大夫桂国庆元伯，谥端僖，后母伯夫人，立庙桂林府，有司岁时祀。大学士尹直撰哀册有云："睹汉家尧母之门，增宋室仁宗之痛。"帝燕闲念诵，辄郗歍流涕也。

【译文】

孝穆皇太后纪氏，是明孝宗的生母，贺县(今广西贺州市)人。她原是少数民族土官的女儿，成化年间征伐少数民族，她被俘，进入皇宫，被授予女史的职务。她机警敏悟，识字，被委派看管内库。当时贵妃万氏最受皇帝宠爱，而且十分嫉妒，后宫妃嫔有了身孕的都设法让她们流产。贤妃柏氏生育了悼恭太子，也被她暗害。宪宗皇帝偶尔来到内库，纪氏与他对话，很得他的欢心，受到宠爱，后来纪氏怀孕了。万贵妃知道后大为生气，派侍女去给她打胎。侍女编造假话回报，说纪氏是患了痞症。纪氏被降低品级，居住在安乐堂。过了很久，纪氏生下孝宗。万贵妃又让守门太监张敏把婴儿溺死。张敏大为吃惊，说："皇上没有儿子，为什么不要这个孩子呢？"便用面糊调上饴糖蜂蜜喂这个婴儿，把他藏在另外的屋子里。万贵妃每天在暗中窥伺，终于没有找到。直到五、六岁了，还不敢给他剪胎发。当时吴皇后已被废掉，住在西宫，离安乐堂不远，暗地里知道了这件事，时常过来帮助喂养这个孩子。宪宗皇帝不知道当时的这些事。

宪宗皇帝自从悼恭太子死后，很长一段时间里没继承人，朝廷内外都为此事担忧。成化十一年，宪宗皇帝传召张敏来为自己梳头，他照着镜子叹息说："很快就要老了，却没有儿子。"张敏跪在地上说："请皇上免我的死罪，万岁爷已经有儿子了。"宪宗皇帝大为吃惊，问儿子在哪里。张敏回答说："奴才说了就活不成了，万岁爷要为这个孩子做主。"这时太监怀恩也叩头说："张敏所说是真的，皇上的儿子偷偷地养育在西宫，现在已经六岁了，隐匿不敢上报。"宪宗皇帝大喜，当天就来到西宫，派人把儿子接回去。差人来到的时候，皇妃纪氏抱着皇子哭着说："儿子，你这一去我就活不成了，你看见身穿黄袍、有胡须的人，就是你的父亲呀！"纪氏给他穿上小红袍子，坐上小轿，一直抬到皇宫下面。他头发长得拖到地上，跑到皇帝怀里。宪宗皇帝把他放在自己膝盖上，抚摸审视，好长时间后，悲喜交加，流着泪说："是我的儿子呀！长得像我。"皇帝让怀恩把此事告诉朝廷大臣们，大臣们都非常高兴。第二天,大臣们入朝祝贺,宪宗皇帝颁布诏书向天下宣布此事。皇妃纪氏被移居永寿宫,受到皇帝好几次召见。万贵妃则白天黑夜地埋怨哭泣,说:"这些贱人欺瞒我。"当年六月,皇妃纪氏突然死去。有人说是万贵妃把她害死的,也有人说是自己上吊死的。她被谥为恭恪庄僖淑妃。张敏很害怕,也吞金自杀。张敏是同安(今福建同安)人。

孝宗被立为皇太子,当时孝肃皇太后住在仁寿宫,她对皇帝说:"把太子交给我吧。"太子便住在仁寿宫。有一天,万贵妃召太子来吃东西,孝肃皇太后对太子说:"你去吧,但不要吃东西。"太子到了万贵妃哪里,贵妃给他东西吃,他说:"我已经吃饱了。"万贵妃又让人端上羹汤,太子说:"我怕有毒。"贵妃大怒,说:"这个小孩才几岁就这样,将来还不得吃了我。"便被气病了。

孝宗皇帝即位后,追谥皇妃纪氏为"孝穆慈慧恭恪庄僖崇天承圣纯皇后",迁葬于茂陵,单独在奉慈殿接受祭祀。孝宗皇帝怀念纪氏,心中悲痛,特地派遣太监蔡用寻访纪太后的家人,找到纪父贵、纪祖旺兄弟二人,向皇帝报告。孝宗皇帝十分高兴,命令纪父贵改名为纪贵,授官职为锦衣卫指挥同知;纪祖旺改名为纪旺,授官职为锦衣卫指挥佥事;赏赐给他们宅第、财物、田庄、奴仆,数量之多,数不胜数。又追赠纪太后的父亲为中军都督府左都督,母亲为夫人;纪太后的曾祖父、祖父也都追赠这一官职。还派人修造纪太后家族在贺县的祖坟,当初纪太后在宫中的时候,自己说家在贺县,姓纪,因为年幼而不清楚家庭族系,太监郭镛听后就记住了。太监陆恺,也是广西人,原来姓李,少数民族语言中,纪、李同音,因此陆恺便假称自己是纪太后的哥哥,派人把本族找到京城来。陆恺的姐父韦父成出来冒认,负责其事的官员以招待国戚的礼节接待他,把他所住的地方起名为迎恩里。纪贵、纪旺二人因此说:"韦某是冒充李氏,何况我们真的是姓李。"便也假称是纪太后的宗亲而上报负责官员,官府无法分辨。纪贵、纪旺二人既能骤然富贵,韦父成为之眼红,也赶赴朝廷争论此事。孝宗皇帝命令郭镛处理。郭镛把韦父成驱逐回原籍,但仍令官方的驿站送他回去。到孝宗皇帝派人修建纪太后的祖坟时,少数民族中好几家姓李的,都说是纪太后的本家,各自向来人诉说。皇帝的使者回到京城后,向孝宗皇帝报告,说纪贵、纪旺并非真是纪太后的亲人。孝宗皇帝又派给事中孙珪、御史滕祐到连州、贺县一带微服私访,向瑶、僮等族人调查,调查清楚之后,回京上报。孝宗皇帝对郭镛等人给予不同的贬责,纪贵、纪旺被充军到边远地方。此后孝宗皇帝又几次访求纪太后的家人,都没能找到。

弘治三年,礼部尚书耿裕上奏说:"粤西一带经过大战乱之后,兵灾和饥荒使得百姓流离失所,再加岁月久远,踪迹已经难以寻找。过去孝慈高皇后(即马皇后)与高皇帝(即明太祖)一同在艰难中起兵,建立国家,高皇后在世时寻找父亲徐王的家族,就没能找到,只得在宿州建立庙宇,春秋两季祭祀。现在纪太后幼小时就离开粤西一带,入宫侍奉先帝。连州、贺县本来就不比徐州、宿州中原地方,后宫嫔御也不能同正宫娘娘相比,陛下寻访的心情虽然急切,又怎能得到可靠的结果呢?依臣下的愚见,可以仿照徐王的惯例,拟定纪太后父母的封号,在桂林建立祠庙作祭祀之用。"孝宗皇帝说:"纪太后去世太早,我每当想到她,心中伤痛像刀割一般。原以为纪氏宗族亲属还能找到,所以虽然受过成百次的欺哄,还是希望一旦能找到真的。你们说年岁太久无从寻访,请求加封立庙,以便安慰圣母的在天之灵。既然祖宗已有惯例,我虽然还不甘心,也只好按旧例办了。"于是便封纪太后的父亲为"推诚宣力武臣特进光禄大夫桂国庆元伯",谥为端僖,纪太后的母亲封伯夫人,在桂林府治建立庙宇,负责的官员每年定时祭祀。大学士尹直写作的悼词中有一句为"睹汉家尧母之门,增宋室仁宗之痛",孝宗皇帝闲时念诵此文,时常是涕泪交流。

孝惠邵太后传

【题解】

邵太后(? ~1522年)是明宪宗皇帝的妃子。昌化(今浙江昌化)人。她的儿子被封为兴王,其孙朱厚熜继承皇位,是为明世宗。尊她为太皇太后。嘉靖元年病故。

【原文】

孝惠邵太后,宪宗妃,兴献帝母也。父林,昌化人,贫甚,鬻女于杭州镇守太监,妃由此入宫。知书,有秀色。成化十二年封宸妃,寻进封贵妃。兴王之藩,妃不得从。世宗入继大统,妃已老,目眚矣,喜孙为皇帝,摸世宗身,自顶至踵。已尊为皇太后。嘉靖元年上尊号曰寿安。十一月崩。帝欲明年二月迁葬茂陵,大学士杨廷和等言:"祖陵不当数兴工作,惊动神灵。"不从。谥曰孝惠康肃温仁懿顺协天祐圣皇太后,别祀奉慈殿。七年七月改称太皇太后。十五年迁主陵殿,称皇后,与孝肃、孝穆等。

【译文】

孝惠皇太后邵氏,是宪宗皇帝的妃子,兴献皇帝的生母。她的父亲邵林,是昌化(今浙江昌化)人。因为极度贫困,把女儿卖给了杭州的镇守太监,邵氏就是这样进入皇宫的。邵氏能看书,长得很漂亮。成化十二年,邵氏被封宸妃,不久又晋升为贵妃。兴王(邵氏所生的皇子)到自己的封地去,邵氏不能跟随前往。世宗皇帝继承皇位,这时邵氏已经老了,眼睛也看不见了,自己的孙子当了皇帝,她十分高兴,用手抚摸世宗皇帝,从头顶直摸到脚跟。随后,邵氏被尊封为皇太后。嘉靖元年,邵太后的尊号被定为"寿安"。当年十一月,邵太后病故。世宗皇帝准备第二年二月把邵太后迁葬到茂陵,太学士杨廷和等人说:"祖宗的陵墓不应当多次进行工程,那样会惊动神灵。"世宗皇帝不听。邵太后的谥号为"孝惠康肃温仁懿顺协天祐圣皇太后",在奉慈殿单独接受祭祀。嘉靖七年七月改称为太皇太后。嘉靖十五年,邵太后的神主牌位被迁到陵墓的祭殿,称号为皇后,与孝肃皇后、孝穆皇后相同。

万贵妃传

【题解】

万贵妃(1431~1487年)是明宪宗最宠爱的妃子,诸城(今山东诸城)人。她的岁数较之宪宗皇帝要大近二十岁,但皇帝对她的宠爱却始终不衰。在宫中十分专横。成化二十三年病逝。葬于天寿山。

【原文】

恭肃贵妃万氏,诸城人。四岁选入掖廷,为孙太后宫女。及长,侍宪宗于东宫。宪宗年十六即位,妃已三十有五,机警,善迎帝意,遂谮废皇后吴氏,六宫希得进御。帝每游幸,妃戎服前驱。成化二年正月生皇第一子,帝大喜,遣中使祀诸山川,遂封贵妃。皇子未期薨,妃亦自是不复娠矣。

当是时,帝未有子,中外以为忧,言者每请溥恩泽以广继嗣。给事中李森、魏元,御史康永韶等先后言尤切。四年秋,彗星屡见。大学士彭时、尚书姚夔亦以为言。帝曰:"内事也,朕自主之。"然不能用。妃益骄。中宫用事者,一忤意,立见斥逐。掖廷御幸有身,饮药伤坠者无数。孝宗之生,顶寸许无发,或曰药所中也。纪淑妃之死,实妃为之。佞幸钱能、覃勤、汪直、梁芳、韦兴辈皆假贡献,苛敛民财,倾竭府库,以结贵妃欢。奇技淫巧,祷祠宫观,糜费无算。久之,帝后宫生子渐多,芳等俱太子年长,他日立,将治己罪,同导妃劝帝易储。会泰山震,占者谓应在东宫。帝心惧,事乃寝。

二十三年春,暴疾薨,帝辍朝七日。谥曰恭肃端慎荣靖皇贵妃,葬天寿山。弘治初,御史曹璘请削妃谥号。鱼台县丞徐顼请逮治诊视纪太后诸医,捕万氏家属,究问当时薨状。孝宗以重违先帝意,已之。

万贵妃

【译文】

明宪宗恭肃贵妃万氏,是诸城(今山东诸城)人。四岁时被选进皇宫,是孙太后的宫女。长大以后,她在东宫侍奉皇太子(即后来的宪宗皇帝)。宪宗皇帝十六岁登上皇位,这时万氏已经三十五岁了。她为人机警,善于迎合宪宗皇帝的心意,她说皇后吴氏的坏话,结果吴氏被废。宫中的女子很少能受到宪宗皇帝的眷顾。宪宗皇帝春游,万贵妃总是穿一身军服在前面开道。成化二年正月，万氏生下了宪宗皇帝的长子，皇帝大为高兴，派宫中太监为使者去祭祀国中名山大川，万氏便被封为贵妃。皇子生下不到一年就死了，万贵妃此后也未能再怀孕。

当时，宪宗皇帝没有儿子，朝廷内外都为此担忧，很多人建议皇帝广施恩泽，多行善事，希望借此能得到继承人。给事中李森、魏元，御史康永韶等人先后上奏章，言词更为恳切。成化四年秋天，多次看见彗星。大学士彭时、尚书姚夔也谈到此事。宪宗皇帝说："这是内廷事务，我自己来解决。"但皇帝也没有什么办法。万贵妃更为骄横。管事的太监，只要违背万贵妃的心意，立刻就被斥逐。宫内怀孕的侍女，被万贵妃强迫服药堕胎的不计其数。孝宗皇帝刚生下来的时候，头顶一寸左右范围内没有头发，有人说就是吃药造成的。淑妃纪氏（即孝宗皇帝的生母）的死，实际上也是万贵妃干的。奸邪太监钱能、覃勤、汪直、梁芳、韦兴等人都假借向皇帝进贡之名，搜刮民间的财物和官府的库藏，献给了贵妃，以讨她欢心。万贵妃追求各种奇怪巧妙的东西，建造了多所祠堂庙宇，浪费了大量的金钱。久而久之，宪宗皇帝宫内生的男孩渐渐多起来，梁芳等人害怕太子年龄已大，将来当了皇帝，会惩治他们所犯的罪过，便同万贵妃一起劝宪宗皇帝另立太子。正碰上泰山一带地震，占卜者说地震与东宫太子有关。宪宗皇帝心里害怕，更换太子之事便停了下来。成化二十三年的冬天，万贵妃突然患病死去，宪宗皇帝为她的死停止上朝七天。她的谥号为"恭肃端慎荣靖皇贵妃"，葬于天寿山。弘治初年，御史曹璘请求削除万贵妃的谥号。鱼台（今山东鱼台）县丞徐顼请求逮捕为纪太后看病的医生，还要逮捕万贵妃的家属，从他们哪里查究纪太后死时的情形。孝宗皇帝觉得这太违背死去皇帝的意愿而作罢。

孝烈方皇后传

【题解】

方皇后（？～1547年）是明世宗的第三位皇后，江宁（今江苏南京）人。她在嘉靖二十一年宫女谋杀明世宗时救了皇帝的命。嘉靖二十六年去世。在方皇后的祭、葬方式上，皇帝又同大臣们有过一番争执。

【原文】

孝烈皇后方氏，世宗第三后也，江宁人。帝即位且十年，未有子。大学士张孚敬言："古者天子立后，并建六宫、三夫人、九嫔、二十七世妇、八十一御妻，所以广嗣也。陛下春秋鼎盛，宜博求淑女，为子嗣计。"从之。十年三月，后与郑氏、王氏、阎氏、韦氏、沈氏、卢氏、沈氏、杜氏同册为九嫔，冠九翟冠，大采鞠衣，圭用次玉，毂文，册黄金涂，视皇后杀五分之一。至期，帝衮冕告太庙，还服皮弁，御华盖殿，传制，遣大臣行册礼。既册，从皇后朝奉先殿。礼成，帝服皮弁，受百官贺，盖创礼也。张后废，遂立为后，而封沈氏为宸妃，阎氏为丽妃。旧制,立后,谒内庙而已,至是,下礼臣议庙见礼。于是群臣以天子立三宫以承宗庙,《礼经》有庙见之文,乃考据《礼经》,参稽《大明集礼》,拟仪注以上。至期,帝率后谒太庙及世庙。越三日,颁诏诒天下。明日,受命妇朝。

二十一年,宫婢杨金英等谋弑逆,帝赖后救得免,乃进后父泰和伯锐爵为侯。初,曹妃有色,帝爱之,册为端妃。是夕,帝宿端妃宫。金英等伺帝熟寝,以组缢帝项,误为死结,得不绝。同事张金莲知事不就,走告后。后驰至,解组,帝苏。后命内监张佐等捕宫人杂治,言金英等弑逆,王宁嫔首谋。又曰,曹端妃虽不与,亦知谋。时帝病悸不能言,后传帝命收端妃、宁嫔及金英等悉磔于市,并诛其族属十余人,然妃实不知也。久之,帝始知其冤。

二十六年十一月乙未,后崩。诏曰:"皇后比救朕危,奉天济难,其以元后礼葬。"预名葬地曰永陵,谥孝烈,亲定谥礼,视昔加隆焉。礼成,颁诏天下。及大祥,礼臣请安主奉先殿东夹室,帝曰:"奉先殿夹室,非正也,可即祔太庙。"于是大学士严嵩等请设位于太庙东,皇姑睿皇后之次,后寝藏主则设幄于宪庙皇祖妣之右,以从祔于祖姑之义。帝曰:"祔礼至重,岂可权就,后非帝,乃配帝者,自有一定之序,安有享从此而主藏彼之礼。其祧仁宗,祔以新序,即朕位次,勿得乱礼。"嵩曰:"祔新序,非臣下所敢言,且阴不可当阳位。"乃命姑藏主睿皇后侧。

二十九年十月,帝终欲祔后太庙,命再议。尚书徐阶言不可,给事中杨思忠是阶议,余无言者。帝觇知状。及议疏入,谓:"后正位中宫,礼宜祔享,但遽及庙次,则臣子之情,不唯不敢,实不忍也。宜设位奉先殿。"帝震怒。阶、思忠惶恐言:"周建九庙,三昭三穆。国朝庙制,同堂异室,与《周礼》不同。今太庙九室皆满,若以圣躬论,仁宗当祧,固不待言,但此乃异日圣子神孙之事。臣闻夏人之庙五,商以七,周以九。礼由义起,五可七,七可九,九之外亦可加也。请于太庙及奉先殿各增二室,以祔孝烈,则仁宗可不必祧,孝烈皇后可速正南面之位,陛下亦无预祧以俟之嫌。"帝曰:"臣子之谊,当祧当祔,力请可也。苟礼得其正,何避豫为。"于是阶等复会廷臣上言:"唐、虞、夏五庙,其祀皆止四世。周九庙,三昭三穆,然而兄弟相及,亦不能尽足六世。今仁宗为皇上五世祖,以圣躬论,仁宗于礼当祧,孝烈皇后于礼当祔。请祧仁宗、祔孝烈皇后于太庙第九室。"因上祧祔仪注。

已而请忌日祭,帝犹衔前议,报曰:"孝烈继后,所奉者又入继之君,忌不祭亦可。"阶等请益力,帝曰:"非天子不议礼。后当祔庙,居朕室次,礼官顾谓今日未宜,徒饰说以惑众听。"因谕严嵩等曰:"礼官从朕言,勉强耳。即不忍祧仁宗,且置后主别庙,将来由臣下议处。忌日令奠一卮酒,不至伤情。"于是礼臣不敢复言,第请如敕行,乃许之。后二年杨思忠为贺表触忌,予杖削籍。隆庆初,与孝洁皇后同日上尊谥曰孝烈端顺敏惠恭诚祗天卫圣皇后,移主弘孝殿。

【译文】

孝烈皇后方氏,是明世宗的第三位皇后,江宁(今江苏南京)人。明世宗登上皇帝宝座已有十年了,还没有儿子。大学士张孚敬说:"古代皇帝册立皇后,同时建立六宫、三夫人、九嫔、二十七世妇、八十一御妻,后宫所以有这么多女子,是为了广求继承人。现在陛下正在壮盛的年龄,应该广泛地选取贞淑女子进宫,这才是解决继承人问题的办法。"世宗皇帝采纳了这一建议。嘉靖十年三月,方氏与郑氏、王氏、阎氏、韦氏、沈氏、卢氏、沈氏、杜氏同时被册封为九嫔,头戴九翟冠,身穿大花鞠衣,手执谷圭,封册以黄金涂饰,比皇后之册减小五分之一。册封九嫔的那一天,世宗皇帝身穿衮服,头戴冕旒,在太庙祭告祖先。回宫后头戴皮帽,在华盖殿发布圣旨,派大臣进行册封仪式。册封完毕后,九嫔跟随皇后到奉先殿朝拜。全部礼仪结束后,世宗皇帝头戴皮帽,接受文武百官的祝贺。这套仪式是新创的。张皇后被废后,方氏便被立为皇后,沈氏被封为宸妃,阎氏被封为丽妃。以前的制度,新册立的皇后只拜谒宫内的祖庙,这次世宗皇帝让掌管礼仪的官员们讨论皇后到太庙拜见祖先的仪式。大臣们认为皇帝立各位皇后是为了承继宗族,《礼经》书上有关于拜谒宗庙的文字,他们便根据《礼经》,同时参照《大明集礼》,订出了礼仪上报给皇帝。到了那一天,世宗皇帝带领方皇后拜谒了太庙和世宗皇帝为自己的父亲建的庙。过了三天,世宗皇帝将立后之事颁布诏书,昭告天下。又过了一天,方皇后接受了大臣家属中的有品级的妇女们的朝见。

嘉靖二十一年,宫中婢女杨金英等人密谋杀害世宗皇帝,皇帝全靠方皇后救助才得以幸免。便晋升方皇后父亲方锐的爵位,由泰和伯升为泰和侯。当初,皇妃曹氏因为容貌美丽,世宗皇帝十分宠爱她,把她册封为端妃。那一夜,世宗皇帝住在端妃宫中。杨金英等人等皇帝睡熟后,用丝带勒住他的脖颈,慌乱中却误打了一个死结,皇帝才没断气。同伙张金莲知道事情办不成了,便跑去告诉方皇后。方皇后急忙赶来,解开丝带,世宗皇帝又苏醒过来。方皇后命令太监张佐等人抓捕宫女审问,供称杨金英等人谋杀皇帝,宁嫔王氏是主谋。还说,端妃曹氏虽没有参与,但事先知情。当时世宗皇帝受到惊吓,口不能言,方皇后假传圣旨,收捕端妃、宁嫔以及宫女杨金英等人,都当众车裂处死,还把她们的家族亲属十多人杀了头,然而端妃曹氏其实事先并不知情。过了很长时间以后,世宗皇帝才得知曹氏的冤枉。

明世宗

嘉靖二十六年十一月乙未,方皇后去世。世宗皇帝下诏书说:"方皇后解救我的危险,遵奉天意,救拔苦难,应以原配皇后的礼节安葬。"世宗皇帝预先为方皇后的葬地起名为永陵,谥为孝烈,又亲自确定上谥号的礼仪,比以前所实行的更加隆重。礼仪完成后,皇帝又下诏书布告天下。下葬时,负责礼仪的官员建议先把方皇后的神主安放在奉先殿东侧的夹室,世宗皇帝说:"奉先殿的夹室,太不正规,应当马上送入太庙祔祭。"于是大学士严嵩等人建议把方皇后的神主牌安设在太庙东边,在皇母睿皇后(即英宗孝庄皇后)神主之后,后殿神主则设在宪宗的庙室、皇祖母的右边,以遵从祔祭于太婆婆和婆婆的规矩。世宗皇帝说:"祔祭的礼仪是非常重要的,怎能临时处置。皇后并非皇帝,而是与皇帝相配的,原有固定的位置,难道能有神主在此处受祭享而却藏在另一处的礼仪吗?她是继承仁宗皇帝的,祔祭则按照新的次序,放在我的神主之后,不得搅乱礼仪。"严嵩说:"放在陛下神主之后,这样的话不是作为臣下的人所敢说的,而且阴人也不可以占据'阳'位。"世宗皇帝便命令暂且将方皇后的神主牌放在睿皇后的旁边。

嘉靖二十九年十月,世宗皇帝因为还是想让方皇后的神主在太庙受祭,便命令再次商议此事,尚书徐阶认为不行,给事中杨思忠同意徐阶的意见,其他人都没有说话。世宗皇帝暗中了解到大臣们商议时的情形。大臣们的奏章报到皇帝哪里,奏章上说:"方皇后位居正宫,按照礼仪应该祔祭于太庙,但现在就要排定她在太庙中的位置,我们作为臣子,从感情上来说,不但不敢排。实在也不忍排。应当先把神主牌设在奉先殿为好。"世宗皇帝看后大怒。徐阶、杨思忠诚惶诚恐地说:"周朝建立九庙,分为三昭和三穆。我朝太庙的制度与《周礼》不一样,同一座祭堂分为不同的祭室。现在太庙的九座庙室都已排满,如果以陛下而论,直接接续仁宗皇帝当然不必多说,但这是要将来继承皇位的人安排的事情。我们听说夏朝的太庙是五庙,商朝是七庙,周朝是九庙。礼仪是由正当的道理决定的,五庙可以成为七庙,七庙可以成为九庙,可见九庙之外也还可以再加。我们建议把太庙和奉先殿各增加两个祭室,用来祔祭孝烈皇后,这样可以不必接续仁宗皇帝,孝烈皇后的神主立刻就可以放置在正当的位置上,陛下也没有提前接续仁宗皇帝的嫌疑。"世宗皇帝说:"无论是远祧,还是近祔,应该坚持正确的,这才是作臣子的道理。只要礼仪订得正当,何必要躲避什么嫌疑呢?"于是徐阶等人再次聚集大臣们商议,然后上奏说:"尧、舜、商三朝的五庙,祭祀祖先只到第四代。周朝九庙,虽说是三昭三穆,但兄弟相继,也到不了第六代。现在仁宗皇帝是陛下的第五代祖先。以陛下而论,仁宗皇帝按照礼仪应当承继,孝烈皇后按礼仪应当与陛下同享祭祀。建议陛下在太庙的第九室承继仁宗皇帝、祔祭孝烈皇后。"同时献祧、祔礼仪的解说。

不久到了方皇后的忌日,大臣们请求前往祭奠。世宗皇帝对大臣们以前的争议仍怀恨在心,便批复说:"孝烈皇后乃是继室,她所侍奉的又是入继的皇帝,忌日不祭奠也可以。"徐阶等发越坚持要祭,世宗皇帝说:"不是皇帝不议论礼仪。方皇后理当祔祭太庙,位置在我的祭室之下。负责礼仪的官员却说现在不是时候,只知道找出各种理由来迷惑众人。"世宗皇帝告诉严嵩等人说:"诸位负责礼仪的官员听从了我的主张,其实是不得已罢了。也就是不愿意让我承继仁宗皇帝,因此先把方皇后的神主放置在别的祭室,将来再由大臣们做决定,方皇后的忌日官员们可祭献一杯酒,免得伤了情面。"这样一来,负责礼仪的大臣们不敢再说什么,只能请求按皇上的圣旨办,皇上便答应了。两年之后,杨思忠因为进献庆贺的表章却触犯了禁忌,被处以杖刑并削除官职。隆庆初年,方皇后与孝洁皇后在同一天尊上谥号,方皇后的谥号是"孝烈端顺敏惠恭诚祇天卫圣皇后",她的神主牌被迁到弘孝殿。

孝定李太后传

【题解】

李太后(？～1614年)是明穆宗的皇妃,明神宗的生母,漷县(今北京通县一带)人。隆庆元年立为贵妃,神宗继位后尊为太后。万历四十二年,李太后去世,葬于昭陵。

【原文】

孝定李太后,神宗生母也。漷县人。侍穆宗于裕邸。隆庆元年三月封贵妃。生神宗。即位,上尊号曰慈圣皇太后。旧制,天子立,尊皇后为皇太后,若有生母称太后者,则加徽号以别之。是时,太监冯保欲媚贵妃,因以并尊风大学士张居正下廷臣议,尊皇后曰仁圣皇太后,贵妃曰慈圣皇太后,始无别矣。仁圣居慈庆宫,慈圣居慈宁宫。居正请太后视帝起居,乃徙居乾清宫。

太后教帝颇严。帝或不读书,即召使长跪。每御讲宴入,尝令效讲臣进讲于前。遇朝期,五更至帝寝所,呼曰"帝起",敕左右掖帝坐,取水为盥面,挈之登辇以出。帝事太后唯谨,而诸内臣奉太后旨者,往往挟持太过。帝尝在西城曲宴并酒,令内侍歌新声,辞不能,取剑击之。左右劝解,及戏割其发。翼日,太后闻,传语居正具疏切谏,令为帝草罪己御札。又召帝长跪,数其过。帝涕泣请改乃已。六年,帝大婚,太后将返慈宁宫,敕居正曰:"吾不能视皇帝朝夕,先生亲受先帝嘱付,其朝夕纳诲,终先帝凭几之谊。"三月加尊号曰宣文。十年加明肃。十二年同仁圣太后谒山陵。二十九年加贞寿端献。三十四年加恭熹。四十二年二月崩,上尊谥曰孝定贞纯钦仁端肃弼天祚圣皇太后,合葬昭陵,别祀崇先殿。

后性严明。万历初政,委任张居正,综核名实,几于富强,后之力居多。光宗之未册立也,给事中姜应麟等疏请被谪,太后闻之弗善。一日,帝入侍,太后问故。帝曰:"彼都人子也。"太后大怒曰:"尔亦都人子!"帝惶恐,伏地不敢起。盖内廷呼宫人曰"都人",太后亦由宫人进,故云。光宗由是得立。群臣请福王之藩,行有日矣,郑贵妃欲迟之明年,以祝太后诞为解。太后曰:"吾潞王亦可来上寿乎!"贵妃乃不敢留福王。御史曹学程以建言论死。太后怜其母老,言于帝,释之。后父伟封武清伯。家人尝有过,命中使出数之,而抵其家人于法。顾好佛,京师内外多置梵刹,动费钜万,帝亦助施无算。居正在日,尝以为言,未能用也。

【译文】

孝定太后李氏,是明神宗的生母,漷县(在今通州区南)人。她在穆宗皇帝还是裕王的时候就已在裕王府侍奉他了。隆庆元年三月李氏被封为贵妃。后来她生下神宗皇帝。神宗皇帝继位后,给李氏加上慈圣皇太后的尊号。过去的制度,皇帝即位,只有皇后被尊为皇太后，如果因为是新皇帝的生母而被尊称为太后的话，要加上徽号以作为区别。这次，太监冯保想要投李贵妃的欢心，便把两位太后同等尊贵的意思暗示给大学士张居正，张居正带领大臣们商议后，尊皇后为仁圣皇太后，尊贵妃为慈圣皇太后，便不再有区别了。仁圣太后住在慈庆宫，慈圣太后住在慈宁宫。张居正请李太后照顾神宗皇帝的日常生活，李太后便搬到乾清宫居住。

李太后管教神宗皇帝十分严厉。神宗皇帝有时不念书，李太后便罚他长跪。有时皇上听完讲官讲课回来，太后往往让他把讲官讲的内容再复述一遍。上朝的日子，五更时李太后便来到皇帝的寝室，把神宗皇帝叫醒，命令皇上身边服侍的人扶皇帝起来，端来水为他洗脸，把他送上乘辇出宫。神宗皇帝对待李太后十分恭谨，而太监们接受了太后的旨意，约束皇帝往往过分。有一次神宗皇帝在西面城上开宴，命令太监唱新曲，太监推辞说不会，皇帝便拔剑砍他。经过其他人的劝解，神宗皇帝开玩笑地割掉了他的头发。第二天，李太后听说此事，便传话给张居正，让他上奏疏痛切地劝谏神宗皇帝，又命令他为皇帝起草一份自我责备的诏书。万历六年，神宗皇帝正式成婚后，李太后要返回慈宁宫居住了，她指示张居正说："我不能再早晚看视皇帝了，张先生亲身接受了先帝的嘱托，一定要时常劝导皇上，不要辜负先帝托孤的情义。"万历六年三月，在李太后的尊号上增加"宣文"二字，万历十年再增加"明肃"二字。万历十二年李太后与仁圣太后一起拜谒穆宗皇帝的陵墓。万历二十九年又在李太后的尊号上增加"贞寿端献"四字，万历三十四年再增加"恭熹"二字。万历四十二年二月，李太后去世，被谥为"孝定贞纯钦仁端肃弼天祚圣皇太后"，合葬于昭陵，神主牌在崇先殿接受祭祀。

李太后性格严厉，明达事理。万历初年，朝政由张居正主持，力求名实相副，使国家变得富强起来，这里李太后有很大的功劳。后来的光宗皇帝在未被确立为太子之前，给事中姜应麟等人上奏疏请求确立太子，遭到贬谪，李太后听说后很不赞成。有一天，神宗皇帝来给李太后请安，李太后问起此事的缘故。神宗皇帝说："他是'都人'所生的。"李太后听了大怒，说："你也是'都人'所生的。"神宗皇帝十分惶恐，跪在地上不敢起来。皇宫里把侍女们称为"都人"，李太后初入宫时也只是个侍女，所以她才那样说。光宗由此被立为太子，大臣们请求福王回自己的封地去，已有很长时间了，郑贵妃（福王生母）想让他明年再走，便用为李太后祝寿为借口。李太后说："我的儿子潞王也可以来祝寿吗？"郑贵妃因此不敢再留福王。御史曹学程因为提意见而触犯皇帝，被判死刑，李太后怜悯他的老母亲，在神宗皇帝面前为他讲情，开释了他的死罪。李太后的父亲李伟被封为武清伯。他家的仆人犯了罪，李太后派宫中的太监到他家里去宣布那人的罪状，依法处置了那个人。李太后尊崇佛教，在京城内外修建了很多佛寺，经常花费成千上万的金钱，神宗皇帝也捐助、施舍过不知多少。张居正活着的时候曾对此加以劝阻，但未被接纳。

孝靖王太后传

【题解】

王太后(? ~1560年)是明神宗的妃子,光宗皇帝的生母。万历十年立为恭妃,万历三十四年立为皇贵妃。万历三十九年去世,葬于天孝山。后迁葬定陵。

【原文】

孝靖王太后,光宗生母也。初为慈宁宫人。年长矣,帝过慈宁,私幸之,有身。故事,宫中承宠,必有赏赉,文书房内侍记年月及所赐以为验。时帝讳之,故左右无言者。一日,侍慈圣宴,语及之。帝不应。慈圣命取内起居注示帝,且好语曰:"吾老矣,犹未有孙。果男者,宗社福也。母以子贵,宁分差等耶?"十年四月封恭妃。八月,光宗生,是为皇长子。既而郑贵妃生皇三子,进封皇贵妃,而恭妃不进封。二十九年册立皇长子为皇太子,仍不封如故。三十四年,元孙生,加慈圣徽号,始进封皇贵妃。三十九年病革,光宗请旨得往省,宫门犹闭,抉钥而入。妃目眚,手光宗衣而泣曰:"儿长大如此,我死何恨。"遂薨,大学士叶向高言:"皇太子母妃薨,礼宜从厚。"不报。复请,乃得允。谥温肃端靖纯懿皇贵妃,葬天寿山。光宗即位,下诏曰:"朕嗣承基绪,抚临万方,溯厥庆源,则我生母温肃端靖纯懿皇贵妃恩莫大焉。朕昔在青宫,莫亲温清,今居禁闼,徒痛桮棬,欲伸罔极之深惊,唯有肇称乎殷礼。其准皇祖穆宗皇帝尊生母荣淑康妃故事,礼部详议以闻。"会崩,熹宗即位,上尊谥曰孝靖温懿敬让贞慈参天胤圣皇太后,迁葬定陵,祀奉慈殿。后父天瑞,封永宁伯。

【译文】

孝靖太后王氏,是明光宗皇帝的生母。最初她只是慈宁宫中的一位宫女。长大以后,有一次神宗来慈宁宫,私自与王氏发生了关系,使她有了身孕。按惯例,皇帝与宫女发生了关系,必然要给予赏赐,皇宫中负责文书房的太监还要记下日期和赏赐的东西以作将来的证物。当时神宗皇帝对此事有所避忌,所以周围的人也都不提起。一天,神宗皇帝陪侍慈圣太后(即李太后)饮宴,谈话中提起此事。神宗皇帝不说话。慈圣太后让人取来宫内的起居注给皇帝看,并且好言好语地对他说:"我已经老了,还没有孙子。这次如能生个男孩,也是祖宗、国家的福气。生下贵子,母亲的身份自然会高起来,难道还要分等级吗?"万历十年四月,王氏被封为恭妃。八月,后来的光宗皇帝出生了,他是神宗皇帝的长子。以后郑贵妃生下神宗皇帝的第三个儿子,被晋封为贵妃,而恭妃王氏却不被进封。万历二十九年神宗正式立长子为皇太子,但仍不进封恭妃王氏。万历三十四年,神宗皇帝的长孙出生,为慈圣太后增加徽号的字数以示庆贺,直到这时王氏才被晋封为皇贵妃。万历三十九年,王氏病重,皇太子(即后来的光宗)请示神宗皇帝后前去探望,王

明神宗

氏所住宫室的正门还锁着，打开锁才能进去。王贵妃眼睛已经看不见了，她摸着太子的衣服哭着说："儿子已经长得这么大了，我死去还有什么可遗憾的。"便去世了。大学士叶向高说："皇太子的母亲去世，葬礼以隆重为好。"神宗皇帝不作回答。叶向高再次请求，神宗才表示同意。王贵妃的谥号为"温肃端靖纯懿皇贵妃"，葬于天寿山。

光宗皇帝登皇帝位后，颁布诏书说："我继承皇位，治理天下，追溯源头，我的生母温肃端靖纯懿皇贵妃恩情甚大。我当太子的时候，不能向她问寒问暖，现在当了皇帝，又只能对着旧物伤心。我现在要想抒发无边的悲痛，只能以隆重的礼仪取得一些内心的补偿。我想依照皇祖穆宗尊崇他的生母荣淑康妃的先例尊崇我的生母，请礼部官员们详细商议后向我汇报。"光宗随即去世，熹宗皇帝继位，为王贵妃上谥号为"孝靖温懿敬让贞慈参天胤圣皇太后"，迁葬于定陵，神主在奉慈殿接受祭祀。她的父亲王天瑞，被封为永宁伯。

郑贵妃传

【题解】

郑贵妃(？～1630年)，大兴人(今北京大兴区)，明神宗的皇妃。她在神宗皇帝面前极为得宠，想使自己所生的儿子立为太子，结果惹出很多麻烦。崇祯三年去世，葬于银泉山。

【原文】

恭恪贵妃郑氏，大兴人。万历初入宫，封贵妃，生皇三子，进皇贵妃。帝宠之。外廷疑妃有立己子谋。群臣争言立储事，章奏累数千百，皆指斥宫闱，攻击执政。帝概置不问。由是门户之祸大起。万历二十九年春，皇长子移迎禧宫，十月立为皇太子，而疑者仍未已。

先是，侍郎吕坤为按察使时，尝集《闺范图说》。太监陈矩见之，持以进帝。帝赐妃，妃重刻之，坤无与也。二十六年秋，或撰《闺范图说跋》，名曰《忧危竑议》，匿其名，盛传京师，谓坤书首载汉明德马后由宫人进位中宫，意以指妃，而妃之刊刻，实藉此为立己子之据。其文托"朱东吉"为问答。"东吉"者，东朝也。具名曰"忧危"，以坤曾有"忧危"一疏，因借其名以讽，盖言妖也。妃兄国泰，姪承恩以给事中戴士衡尝纠坤，全椒知县樊玉衡并纠贵妃，疑出自二人手。帝重谪二人，而置妖言不问。踰五年，《续忧危竑议》复出。是时太子已立，大学士朱赓得是书以闻。书托"郑福成"为问答。"郑福成"者，谓郑之福王当成也。大略言："帝于东宫不得已而立，他日必易。其特用朱赓内阁者，实寓更易之义。"词尤诡妄，时皆谓之妖书。帝大怒，敕锦衣卫搜捕甚急。久之，乃得曒生光者，坐极刑，语详郭正域、沈鲤传。

四十一年，百户王曰乾又告变，言奸人孔学等为巫蛊，将不利于圣母及太子，语亦及妃。赖大学士叶向高劝帝以静处之，而速福王之藩，以息群言。事乃寝。其后"梃击"事起，主事王之采疏言张差狱情，词连贵妃宫内侍庞保、刘成等，朝议汹汹。贵妃闻之，对帝泣，帝曰："外廷语不易解，若须自求太子。"贵妃向太子号诉。贵妃拜，太子亦拜。帝又于慈宁宫太后几宴前召见群臣，令太子降谕禁株连，于是张差狱乃定。神宗崩，遗命封妃皇后。礼部侍郎孙如游争之，乃止。及光宗崩，有言妃与李选侍同居乾清宫谋垂帘听政者。久之始息。

崇祯三年七月薨，谥恭恪惠荣和靖皇贵妃，葬银泉山。

【译文】

恭恪贵妃郑氏，大兴(今北京大兴)人。万历初年进宫，被封为贵妃，为神宗皇帝生下第三个儿子后，晋升为皇贵妃。神宗皇帝非常宠爱她。朝中大臣们怀疑她想立自己的亲生儿子为太子。于是大家争相议论立太子的事，奏章累积成百上千，都指责宫廷，批评执掌朝政的大臣。皇帝一概不理。朋党之祸便由此而起。万历二十九年春天，神宗皇帝的长子移居迎禧宫，十月被立为太子，但是人们仍未消除疑心。

早先侍郎吕坤当按察使的时候，曾经编了一本《闺范图说》。太监陈矩看见了，拿去献给神宗皇帝。皇帝又把此书赐给了郑贵妃。贵妃把这部书重新刊刻，吕坤并不知道。万历二十六年秋天，有人写了《闺范图说跋》，又名《忧危竑议》，不题作者姓名，在京城广为流传。此文中说吕坤所编《闺范图说》一书首先就记载了汉代明德皇后马氏由宫人进封为皇后的事，用意即在影射郑贵妃，而郑贵妃刊刻其书，也正要借此为册立自己所生的儿子为太子的根据。《忧危竑议》一文托名"朱东吉"为问答之体。"东吉"二字，即指太子所居的东宫。所以名为"忧危",是因为吕坤曾上过一道奏疏,就名为"忧危",此处便借用作暗示。此文当属煽惑之言。郑贵妃的哥哥郑国泰,侄子郑承恩怀疑该文出自给事中戴士衡与全椒知县樊玉衡之手。因为戴弹劾吕坤,而樊更一并弹劾郑贵妃本人。神宗皇帝重重地贬谪戴、樊二人,对于流传之言则置之不理。过了五年,又出了一篇《续忧危竑议》。当时太子已经确立。大学士朱赓得到此书并上报神宗皇帝。该书托名"郑福成"作问答体。"郑福成"也就是郑贵妃所生的福王当成的意思。书中内容大概是说,神宗皇帝立太子是不得已的事,将来一定会更换。所以特地用"朱赓"主持朝政,正包含了更换的意思,此书中的词句更是诡诈狂妄,当时人都称之为妖书。神宗皇帝大怒,命令锦衣卫尽快缉拿作此书的人。过了很长时间,才抓到一个叫"皦生光"的人,处以极刑,详情见《郭正域、沈鲤传》。

万历四十一年,百户王曰乾又告发非常事件,他说奸邪之徒孔学等人施行巫术,将要作对圣母和皇帝不利的事,话语中也涉及到郑贵妃。大学士叶向高劝神宗皇帝先静观其变,而赶快让福王回他自己的封地去,以使流言平息。事情就这样压下来了。后来出现"梃击"一案,主事王之采上奏疏汇报犯人张差的案情,说供词中牵连到郑贵妃宫内的太监庞保、刘成等人,朝廷大臣们因此议论纷纷。郑贵妃听说后,在神宗皇帝面前哭泣,皇帝说:"朝廷官员哪里不容易解释,你得自己去求太子帮忙。"郑贵妃去向太子哭诉此事。郑贵妃拜倒在地,太子也向贵妃下拜。神宗皇帝又在慈宁宫慈圣太后面前召见大臣们,让太子告诉他们不要牵连无辜,张差"梃击"一案这才定下来。神宗皇帝死后,遗嘱命令进封郑贵妃为皇后,礼部侍郎孙如游坚持不同意,此事便没有进行。到光宗皇帝死后,又有人说郑贵妃与李选侍同住乾清宫,正谋求垂帘听政,过了好久流言才平息。

崇祯三年,郑贵妃去世,谥号为"恭恪惠荣和靖皇贵妃",葬于银泉山。

熹宗懿安张皇后传

【题解】

明熹宗皇后张氏(? ～1644年),祥符(今河南开封)人。天启元年立为皇后。崇祯十七年,李自成攻陷京都,张皇后自缢而死。

【原文】

熹宗懿安皇后张氏,祥符人。父国纪,以女贵,封太康伯。天启元年四月册为皇后。性严正,数于帝前言客氏、魏忠贤过失。尝召客氏至,欲绳以法。客魏交恨,遂诬告后非国纪女,几惑帝听。三年,后有娠,客、魏尽逐宫人异己者,而以其私人承奉,竟损元子。帝尝到后宫,后方读书。帝问何书。对曰:"《赵高传》也。"帝默然。时宫门有匿名书列忠贤逆状者,忠贤疑出国纪及被逐诸臣手。其党邵辅忠、孙杰等,欲因此兴大狱,尽杀东林诸臣,而借国纪以动摇中宫,冀事成则立魏良卿女为后。顺天府丞刘志选侦知之,首上

疏劾国纪,御史梁梦环继之,会有沮者乃已。及熹宗大渐,折忠贤逆谋、传位信王者,后力也。庄烈帝上尊号曰懿安皇后。十七年三月,李自成陷都城,后自缢。顺治元年,世祖章皇帝命合葬熹宗陵。

【译文】

明熹宗懿安皇后张氏,祥符(今河南开封)人。她的父亲张国纪,因女儿的尊贵而被封为太康伯。天启元年四月,张氏被册封为皇后。张皇后性情严肃正派,曾数次在熹宗皇帝面前谈论客氏与魏忠贤的过错,还曾经传唤客氏前来,打算依法治客氏的罪。客氏与魏忠贤怨恨张皇后,便诬告张皇后不是张国纪的女儿,熹宗皇帝几乎信以为真。天启三年,张皇后怀孕了,客氏与魏忠贤把张皇后身边与自己不一条心的侍从全都赶走,换上自己人服侍皇后,熹宗皇帝的第一个儿子就这样损失掉了。熹宗皇帝曾来到皇后宫中,张皇后正在读书,皇帝问她看的是什么书,皇后回答说:"是《赵高传》。"熹宗皇帝默然不语。当时曾有人在皇宫门外书写匿名告示,列出魏忠贤的不法情状,魏忠贤怀疑是张皇后的父亲张国纪与其他被贬斥的大臣们干的。魏忠贤的党羽邵辅忠、孙杰等人,想要利用此事制造大冤案,一举杀尽东林党人,同时也借张国纪来动摇张皇后的地位。一旦事成后,他们想立魏良卿的女儿为皇后。顺天府丞刘志选了解到此事之后,首先上奏疏弹劾张国纪,御史梁梦环紧随其后,由于有人出来阻止才作罢。熹宗皇帝死后,挫败魏忠贤的阴谋,把皇位传给信王,全是靠张皇后的力量。庄烈皇帝(即崇祯皇帝)为张皇后上了"懿安皇后"的尊号。崇祯十七年三月,李自成攻陷京都,张皇后自缢而死。顺治元年,清世祖(即顺治皇帝)命令将张皇后与明熹宗合葬。

庄烈帝愍周皇后传

【题解】

庄烈帝皇后周氏(? ~1644 年),原籍苏州,后迁居大兴(今北京大兴区)。崇祯十七年自缢而死,葬于思陵。

【原文】

庄烈帝愍皇后周氏,其先苏州人,徙居大兴。天启中,选入信邸。时神宗刘昭妃摄太后宝,宫中之政悉禀成于熹宗张皇后。故事,宫中选大婚,一后以二贵人陪。中选,则皇太后幕以青纱帕,取金玉跳脱系其臂。不中,即以年月帖子纳淑女袖,侑以银币遣还。懿安疑后弱,昭妃曰:"今虽弱,后必长大。"因册为信王妃。帝即位,立为皇后。

后性严慎。尝以寇急,微言曰:"吾南中尚有一家居。"帝问之,遂不语,盖意在南迁也。至他政事,则未尝预。田贵妃有宠而骄,后裁之以礼。岁元日,寒甚,田妃来朝,翟车上庑下,后良久方御坐,受其拜,拜已遽下,无他言。而袁贵妃之朝也,相见甚欢,语移时。

田妃闻而大恨,向帝泣。帝尝在交泰殿与后语不合,推后仆地,后愤不食。帝悔,使中使持貂裀赐后,且问起居。妃寻以过斥居启祥宫,三月不召。一日,后侍帝于永和门看花,请召妃。帝不应。后遽令以车迎之,乃相见如初。帝的寇乱茹蔬。后见帝容体日瘵,具馔将进,而瀛国夫人奏适至,曰:"夜梦孝纯太后归,语帝瘵而泣,且曰:'为我语帝,食毋过苦。'"帝持奏入宫,后适进馔。帝追念孝纯,且感后意,因出奏示后,再拜举匕箸,相向而泣,泪盈沾案。

崇祯十七年三月十八日瞑,都城陷,帝泣语后曰:"大事去矣。"后顿首曰:"妾事陛下十有八年,卒不听一语,至有今日。"乃抚太子、二王痛哭,遣之出宫。帝令后自裁。后入室阖户,宫人出奏,犹云"皇后领旨"。后遂先帝崩。帝又命袁贵妃自缢,系绝,久之苏。帝拔剑斫其肩,又斫所御妃嫔数人,袁妃卒不殊。世祖章皇帝定鼎,谥后曰庄烈愍皇后,与帝同葬田贵妃寝园,名曰思陵。下所司给袁妃居宅,赡养终其身。

有宫人魏氏者,当贼入宫,大呼曰:"我辈必遭贼污,有志者早为计。"遂跃入御河死,顷间从死者一二百人。宫人费氏,年十六,自投眢井中。贼钩出,见其姿容,争夺之。费氏绐曰:"我长公主也。"群贼不敢逼,拥见李自成。自成命中官审视之,非是,以赏部校罗某者。费氏复绐罗曰:"我实天潢,义难苟合,将军宜择吉成礼。"罗喜,置酒极欢。费氏怀利刃,俟罗醉,断其喉立死。因自诧曰:"我一弱女子,杀一贼帅足矣。"遂自刎死。自成闻大惊,令收葬之。

【译文】

明庄烈帝愍皇后周氏,祖先为苏州人,迁居大兴。天启中叶,周氏被选入信王府邸。当时神宗皇帝的昭妃刘氏代为掌管太后的玺印,皇宫的内务完全由熹宗皇帝的皇后张氏管理。按惯例,皇宫中为皇子选择正妻时,一位候选的皇后由两位候选的贵人陪伴。如果中选,皇太后便用黑纱头帕把她的脸挡起来,把金玉跳脱系在她的手臂上。如果未中选,便把她的生辰八字帖子放进她的袖子里,还要以银币酬谢她,送她回去。懿安皇后疑心周氏身体较弱,昭妃说:"现在虽有些弱,将来一定能长得高大起来。"于是周氏便被册封为信王王妃。信王继位为皇帝,周氏便成为皇后。

周皇后性格严肃谨慎。有一次她曾因为农民起义声势浩大而暗示皇帝说:"我在南方还有一个家。"庄烈帝询问详情,她却又不说,大概她的意思是想迁都去南方。至于其他朝廷事务,她从未干预过。田贵妃仗着皇帝的宠爱而十分骄横,周皇后以礼法制裁她。正月初一,天气极冷,田贵妃前来朝见周皇后,装饰着雉羽的车停在廊下。周皇后过了好长时间才出来到殿上就座,接受田贵妃的朝拜,拜完后周皇后马上离去,什么话也没说。而袁贵妃来朝拜的时候,二人相见,极为欢洽,交谈了很长时间。田贵妃听说后大为愤恨,向庄烈帝哭诉。庄烈帝曾在交泰殿与周皇后谈话,一语不合,皇帝把皇后推倒在地,周皇后愤而绝食。庄烈帝后悔了,派太监拿貂皮衣来赏赐给她,并且询问饮食起居。田贵妃不久就因犯了过错而被贬居启祥宫,庄烈帝三个月都没有召见她。有一天,周皇后陪庄烈帝在永和门看花,乘机请求召回田贵妃。庄烈帝没有说话。周皇后便命令派车去接,于是田贵妃又与庄烈帝和好如初。庄烈帝因为农民起义的缘故而吃素,周皇后见他面容身体日见憔悴，便安排食物准备进奉皇帝，此时瀛国夫人的奏章正好送到。上面说："夜里我梦见孝纯太后(即庄烈帝的生母)回来了，她说到皇帝憔悴，哭了起来，还说：'请替我告诉皇帝，饭食不要太艰苦。'"庄烈帝带着瀛国夫人的奏章回宫，周皇后也正送来食物。庄烈帝追念母亲，也被周皇后的情意所感动，便把瀛国夫人的奏章给皇后看。拜谢母亲的关怀之后，庄烈帝举筷，却又与周皇后相对哭泣，泪水盈盈，打湿了几案。

崇祯十七年三月十八日黄昏，京城失陷，庄烈帝哭着对周皇后说："大势已去了。"皇后跪倒在地，说："我侍奉陛下十八年，最终你不听我那句话，才会有今天。"她抚摸着太子和两位王子痛哭，打发他们出宫。庄烈帝命令周皇后自尽，周皇后走入内室，关上门。宫女出来报告时，还说"皇后遵从圣旨"。就这样周皇后死在庄烈帝之前。庄烈帝又命令袁贵妃自缢，因丝带断了，长时间后袁贵妃又苏醒过来。庄烈帝拔出宝剑，砍在她肩上，又砍了好几个自己亲近过的妃嫔。袁贵妃最终没有死。清世祖平定天下以后，给周皇后上谥号为"庄烈愍皇后"，与庄烈帝一同合葬在田贵妃的陵园里，称为思陵。还命令负责其事的官员为袁贵妃安排住宅，赡养终身。宫女魏氏在农民军进入皇宫的时候，大声呼喊说："我们必定要被贼人污辱，有志气的人要早做准备。"她便跳进御河死了，顷刻之间跟随她死的就有一、二百人。还有一位姓费的宫女，十六岁，跳进枯井里。农民军用钩子把她钩出来，见到她的容貌后，都想要她，便争抢起来。费氏骗他们说："我是皇帝的长女。"大家不敢再逼她，便带她去见李自成。李自成命令太监辨认后，知道不是，便把她赏给部将罗某。费氏又骗罗某说："我确实是皇族，不能与你随便结合，将军应当选择吉日与我正式成婚。"罗某很高兴，摆酒痛饮。费氏怀里藏了利刀，等罗某喝醉之后，一刀切断他的咽喉，杀了他。费氏自己惊讶地说："我一个弱女子，杀死一个贼将也够了。"便自刎而死。李自成知道此事后大为吃惊，命令收殓费氏，安葬了她。

朱橚传

【题解】

朱橚(1360~1425)，为明太祖朱元璋的第五个儿子，明成祖朱棣的同母兄弟。洪武三年(1371)封为吴王，十一年改封周王，十四年归藩府开封。《明史》本传说朱橚好学，"能辞赋，尝作《元宫词》百章"。开封一带自然灾害较多，哪里野生植物生长繁茂，朱橚偕同一些幕僚收集并经考核可以用于人们度饥荒用的植物四百多种，撰写成《救荒本草》一书。朱橚卒于洪熙元年(1425年)，谥号定。所以《明史》也题《救荒本草》为"周定王撰"。

《救荒本草》是以救荒为宗旨的，因而实用性是本书的一大特点。作者经过广泛调查，把民间利用野生植物救饥的方法和经验都记录入书中，供人们做参考。本书是十五世纪初，中国第一部关于植物的科学记录，对植物特性的描述相当细致和准确。《救荒本草》原书二卷，共收录记载植物414种，其中已见于历代本草书的138种，新增加的276

种,分为草部、木部、米谷部、果部和菜部五大类。《救荒本草》很早就流传国外,在日本先后有刊刻和手抄本多种传世。德国植物学家 E·Brest Sohueider 在 1851 年就研究了本书,并对其中的 176 种植物定了学名。美国植物学家 A·S·Lead 在 1942 年出版的《植物学小史》一书中盛赞本书插图之精确程度超过当时欧洲的。

【原文】

周定王橚,太祖第五子。洪武三年封吴王。七年,有司请置护卫于杭州。帝曰:"钱塘财赋地,不可。"十一年改封周王,命与燕、楚、齐三王驻凤阳。十四年就藩开封,即宋故宫地为府。二十二年,橚弃其国来凤阳。帝怒,将徙之云南,寻止,使居京师,世子有燉理藩事。二十四年十二月敕归藩。建文初,以橚燕王母弟,颇疑惮之。橚亦时有异谋,长史王翰数谏不纳,佯狂去。次子汝南王有爋告变。帝使李景隆备边,道出汴,猝围王宫,执橚,窜蒙化,诸子并别徙,已,复召还京,锢之。成祖入南京,复爵,加禄五千石。永乐元年正月诏归旧封,献颂九章及俳舞。明年来朝,献驺虞。帝悦,宴赐甚厚。以汴梁有河患,将改封洛阳。橚言汴堤固,无重劳民力,乃止。十四年疏辞所赐在城税课,十八年十月有告辅反者,帝察之有验。明年二月召至京,示以所告词。橚顿首谢死罪。帝怜之,不复问。橚归国,献还三护卫。仁宗即位,加岁禄至二万石。好学,能辞赋,尝作《元宫词》百章,以国土夷广,庶草蕃庑,考核其可佐饥馑者四百余种,绘图疏之,名《救荒本草》。辟东书堂以教世子,长史刘淳为之师。洪熙元薨。

【译文】

周定王朱橚,是明太祖的第五个儿子。洪武三年封吴王。七年,有关部门请为他在杭州设置监领卫所,太祖说:"钱塘是国家财赋收入的重地。不可以。"十一年,改封周王,命他和燕、楚、齐三王一起驻居在凤阳。十四年,就归藩国开封,即在北宋王宫旧址上建立王府。二十二年,朱橚放弃封国而来到凤阳。太祖大怒,想把他迁封到云南去,接着放弃原有打算,让他留住在京城,由他的儿子有燉代管理藩国的事务。建文帝(1399~1402)初年,因朱橚是燕王的同母兄弟,对他有所疑忌。朱橚当时确实也有不轨图谋,长史王翰曾几次直言规劝,都没被采纳,于是装疯而离去。朱橚第二个儿子,汝南王有爋告发朱橚有非常举动。建文帝派李景隆防守边境,在赴边途中经过开封,突然领兵包围王宫,捉拿朱橚。朱橚逃到蒙化,几个儿子也分别逃到其他地方。自后,又复召他回京城,把他关押起来。明成祖兵出南京称帝后,恢复了他的爵位,加俸禄为五千石。永乐元年(1403)正月,下诏归还给旧有的封地。朱橚献上颂词九章和俳舞。第二年,入朝晋见,献上驺虞之乐。皇帝很高兴,宴请赏赐丰厚。因开封有黄河水患,要改封他到洛阳去。朱橚说,开封河堤坚固,不要劳烦民力。于是停止改封。十四年,上疏辞谢皇帝赏赐的开封城税收。十八年十月,有人告发朱橚谋反。成祖派人调查实有其事。第二年二月,召朱橚到京城,把告发信给他看。朱橚以头叩地承认有死罪的错误。成祖怜悯他,不再加追问。朱橚回归到藩国,把自己的护卫武装还给皇帝。仁宗即位,朱橚每年的俸禄增加到二万石。朱橚喜欢读书学习,擅长辞赋,曾写作过《元宫词》一百章。因其封国土地平坦空阔,各种野生植物生长繁茂,考核其中可以供贫民度荒用的四百多种,绘画成图像,并加文字说明,书名《救荒本草》。专门开辟东书堂为他长子读书的地方,长史刘淳为老师。洪熙元年(1425)逝世。

朱高煦传

【题解】

朱高煦,明成祖朱棣的第二子。性凶悍,为太祖朱元璋所厌。靖难之役中,多次率军击败建文帝军。自以功多而骄横不法。永乐二年(1404)封汉王,王云南,不之国。永乐十三年(1415)改封青州,十五年改封至乐安州。明宣宗宣德元年(1426)遂起兵反叛,谋夺帝位,旋即失败,被废为庶人,囚禁而死。

【原文】

汉王高煦,成祖第二子。性凶悍。洪武时,召诸王子学于京师。高煦不肯学,言动轻佻,为太祖所恶。及太祖崩,成祖遣仁宗及高煦入临京师。舅徐辉祖以其无赖,密戒之。不听,盗辉祖善马,径渡江驰归。途中辄杀民吏,至涿州,又击杀驿丞,于是朝臣举以责燕。成祖起兵,仁宗居守,高煦从,尝为军锋。白沟河之战,成祖几为瞿能所及,高煦帅精骑数千,直前决战,斩能父子于阵。及成祖东昌之败,张玉战死,成祖只身走,适高煦引师至,击退南军。徐辉祖败燕兵于浦子口,高煦引蕃骑来,成祖大喜,曰:"吾力疲矣,儿当鼓勇再战。"高煦麾蕃骑力战,南军遂却。成祖屡濒于危而转败为功者,高煦力为多。成祖以为类己,高煦亦以此自负,恃功骄恣,多不法。

明成祖

成祖即位,命将兵往开平备边。时议建储,洪国公丘福,驸马王宁善高煦,时时称高煦功高,几夺嫡。成祖卒以元子仁贤,且太祖所立,而高煦又多过失,不果。永乐二年,仁宗立为太子,封高煦为王,国云南。高煦曰:"我何罪,斥万里。"不肯行。从成祖巡北京,力请并其子归南京。成祖不得已,听之。请得天策卫为护卫,辄以唐太宗自比。已,复乘间请益两护卫,所为益恣。成祖尝命同仁宗谒孝陵。仁宗体肥重,且足疾,两中使掖之行，恒失足。高煦从后言曰："前人蹉跌，后人知警。"时宣宗为皇太孙，在后应声曰："更有后人知警也。"高煦回顾失色。高煦长七尺余，轻骁善骑射，两腋若龙鳞者数片。既负其雄武，又每从北征，在成祖左右，时媒蘖东宫事。潜解缙至死，黄淮等皆系狱。

十三年五月改封青州，又不欲行。成祖始疑之，赐教曰："既受藩封，岂可常居京邸。前以云南远惮行，今封青州，又托故欲留侍，前后殆非实意，兹命更不可辞。"然高煦迁延自如。私选各卫健士，又募兵三千人，不隶籍兵部，纵使劫掠。兵马指挥徐野驴擒治之。高煦怒，手铁瓜挝杀野驴，众莫敢言。遂僭用乘舆器物。成祖闻之怒。十四年十月还南京，尽得其不法数十事，切责之，褫冠服，囚系西华门内，将废为庶人。仁宗涕泣力救，乃削两护卫，诛其左右狎昵诸人。明年三月徙封乐安州，趣即日行。高煦至乐安，怨望，异谋益急。仁宗数以书戒，不悛。

成祖北征晏驾。高煦子瞻圻在北京，觇朝廷事驰报，一昼夜六七行。高煦亦日遣人潜伺京师，幸有变。仁宗知之，顾益厚遇。遗书召至，增岁禄，赐赉万计仍命归藩。封其长子为世子，余皆郡王。先是，瞻圻怨父杀其母，屡发父过恶。成祖曰："尔父子何忍也。"至是，高煦入朝，悉上瞻圻前后觇报中朝事。仁宗召示瞻圻曰："汝处父子兄弟间，谗构至此，稚子不足诛。"遣守凤阳皇陵。

未几，仁宗崩，宣宗自南京奔丧。高煦谋伏兵邀于路，仓卒不果。及帝即位，赐高煦及赵王视他府特厚。高煦日有请，并陈利国安民四事。帝命有司施行，仍复书谢之。因语群臣曰："皇祖尝谕皇考，谓叔有异志，宜备之。然皇考待之极厚。如今所言，果出于诚，则是旧心已革，可不顺从。"凡有求请，皆曲徇其意。高煦益自肆。

宣德元年八月，遂反。遣其亲信枚青等潜至京师，约旧功臣为内应。英国公张辅执之以闻。时高煦已约山东都指挥靳荣等，又散弓刀旗帜于卫所，尽夺傍郡县畜马。立五军：指挥王斌领前军，韦达左军，千户盛坚右军，知州朱恒后军，诸子各监一军，高煦自将中军。世子瞻坦居守，指挥韦弘、韦兴，千户王玉、李智领四哨。部署已定，伪授王斌、朱恒等太师、都督、尚书等官。御史李浚以父丧家居，高煦招之，不从，变姓名，间道诣京师上变。帝犹不忍加兵，遣中官侯泰赐高煦书。泰至，高煦盛兵见泰，南面坐，大言曰："永乐中信谗，削我护卫，徙我乐安。仁宗徒以金帛饵我，我岂能郁郁居此。汝归报，急缚奸臣夏原吉等来，徐议我所欲。"泰惧，唯唯而已。比还，帝问汉王何言，治兵何如，泰皆不敢以实对。

是月，高煦遣百户陈刚进疏，更为书与公侯大臣，多所指斥。帝叹曰："汉王果反。"乃议遣阳武侯薛禄将兵往讨。大学士杨荣等劝帝亲征。帝是之。张辅奏："高煦素懦，愿假臣兵二万，擒献阙下。"帝曰："卿诚足擒贼，顾朕初即位，小人或怀二心，不亲行，不足安反侧。"于是车驾发京师，过杨村，马上顾从臣曰："度高煦计其安出？"或对曰："必先取济南为巢窟。"或对曰："彼曩不肯离南京，今必引兵南下。"帝曰："不然。济南虽近，未易攻，闻大军至，亦不暇攻。护卫军家乐安，必内顾，不肯径趋南京。高煦外夸诈，内实怯，临事狐疑不能断。今取反者，轻朕年少新立，众心未附，不能亲征耳。今闻朕行，已胆落，敢出战乎。至即擒。"

高煦初闻等将兵，攘臂大喜，以为易与。及闻亲征，始惧。时有从乐安来归得，帝厚赏之，令还谕其众。仍遣书高煦曰："张敖失国，始于贯高；淮南被诛，成于伍被。今六师压境，王即出倡谋者，朕与王除过，恩礼如初。不然，一战成擒，或以王为奇货，缚以来献，悔无及矣。"前锋至乐安，高煦约诘旦出战。帝令大军蓐食兼行，驻跸乐安城北，壁其四门。贼乘城守，王师发神机铳箭。声震如雷，诸将请即攻城。帝不许。再敕谕高煦，皆不答。城中人多欲献高煦者，高煦大惧。乃密遣人诣行幄，愿假今夕诀妻子，即出归罪。帝许之。是夜，高煦尽焚兵器及通逆谋书。明日，帝移跸乐安城南。高煦将出城，王斌等力止曰："宁一战死，无为人擒。"高煦绐斌等复入宫，遂潜从间道出见帝。群臣请正典刑。不允。以劾章示之，高煦顿首言："臣罪万万死，惟陛下命。"帝令高煦为书召诸子，余党悉就擒。赦城中罪，胁从者不问。命薛禄及尚书张本镇抚长安，改曰武定州，遂班师。废高煦父子为庶人，筑室西安门内锢之。王斌等皆伏诛，惟长史李默以尝谏免死，谪口北为民。天津、青州、沧州、山西诸都督指挥约举城应者，事觉相继诛，凡六百四十余人，其故纵与藏匿坐死戍边者一千五百余人，编边氓者七百二十人。帝制《东征记》以示群臣。高煦及诸子相继皆死。

【译文】

　　汉王朱高煦，是成祖的第二子。高煦生性凶悍。洪武时，召集众王子在京城学习。高煦不肯学习，言语行为轻浮，太祖很厌恶他。太祖死后，成祖叫仁宗和高煦进京城。他的舅舅徐辉祖看他无赖，私下不让他回京。高煦不听，偷了徐辉祖的良马，径直渡江奔回京城。沿途动不动就杀官吏、百姓，经过涿州，又打死了驿丞，大臣们因此谴责他父亲燕王。明成祖起兵，让仁宗在后方留守，让高煦跟随作前军先锋。白沟河之战，明成祖几乎被瞿能捉住，高煦率精锐骑兵数千人勇往直前与瞿能决战，在战场上杀了瞿能父子。后来，明成祖在东昌一战中失败。张玉战死疆场，成祖只身败逃，正好遇上高煦引军赶来，打退了南军。徐辉祖在浦口子打败燕兵，高煦率领番帮骑兵赶来。成祖大喜，说"我已经精疲力竭了，你要一鼓作气与他再战"。高煦指挥番帮骑兵奋力拼杀，南军当即退却。成祖多次濒于危局而转败为胜，大多借助于高煦之力。成祖认为他很像自己，高煦也以这一点自负，仗着功高十分骄横，多不遵法度。

　　明成祖当了皇帝，命他亲自去开平驻守边关。这时，朝廷中议论立储君的，洪国公丘福，驸马王宁赞赏高煦，时时称赞高煦功高，险些夺取太子位。明成祖终以长子仁义贤德，并且为太祖所立，而高煦又多有过失，没有让高煦当太子。永乐二年，仁宗被册封为太子，封高煦为汉王，属地云南。高煦说："我有什么罪，被赶到万里之外。"不愿意去。高煦随成祖巡视北京，一再请求与他的儿子一齐回到南京。成祖不得已，听了他的话。又请求以天策卫为护卫，常常以唐太宗自比。随后，又乘机请求增加两护卫，其行为更加放肆。成祖曾经让他与仁宗拜谒孝陵。仁宗身体肥胖，又有脚病，行走不便，让两名中使扶着走，还常常跌倒。高煦在后边说："前人摔了跤，就能警示后边的人。"当时宣宗是皇太孙，在他后边应声说："更有后人知道警惕呀。"高煦回头看了，不免脸红。高煦身高七尺多。轻捷善于骑马射箭，两腋下有数片状如龙麟。既仗凭他有雄武之姿，又常随成祖北征，在成祖身边，便常常说太子的坏话，诬陷解缙至死，黄淮军被逮捕入狱。

明成祖永乐十三年五月，又改封高煦到青州，高煦又不去。成祖才开始怀疑他，下令道："既接受了封地，哪能一直住在京城。从前你嫌云南远不愿去，现在改封青州，又借口想要留京侍奉，前后绝不是真心，所以这次的命令更不能推辞不执行。"然而，高煦仍我行我素，拖延着不到封地去。并暗地为各护卫选拔身强力壮的兵士，还招募了三千兵丁，均不属兵部编制，又纵使他们劫掠。兵马指挥徐野驴捉住劫掠的兵士予以制裁，高煦发怒，手执铁披挝杀了野驴，众人不敢言语。于是，高煦冒用帝王坐的车辆器具。成祖得知大怒。永乐十四年十月回南京，历数他的不法事情几十件，严厉地谴责了他，夺去他的官帽官服，把他囚禁在西华门内，将要废他为平民百姓。仁宗涕泪横流竭力救他，最后削去了他的两护卫，杀了他左右那些亲谄而不庄重的人。第二年改封乐安州，催其当日上路，高煦行至长安，怨气更盛，反叛的心更急。仁宗多次寄信告诫他，他始终不改。

明成祖北征时逝世，高煦的儿子瞻圻在北京，他偷偷打探朝廷里的事急速报告高煦，一昼夜就有六、七批人报信。高煦也派人潜回京城打探，怀着侥幸等待发生变故。仁宗虽然知道这些事，仍然厚待高煦。送信召他回京，为他增添每年的俸禄，赏赐以万计，仍命他回封地。又封高煦的长子为世子，其余均为郡王。起初，瞻圻怨恨父亲杀其母，多次揭发父亲的过错与恶行。成祖说："你们父子何必如此啊。"这以后高煦到朝中，就把瞻圻前前后后偷偷窥探传报的朝中事一一说出。仁宗召见瞻圻说："你处在父子兄弟之间，谗言毁谤达到这种程度，还不该杀吗？"随后立即派瞻圻守凤阳皇陵去了。

不久，仁宗逝世，宣宗自南京赴京城奔丧。高煦在宣宗途经的道路上设伏兵欲谋杀宣宗，因仓促行事，没有得逞。至宣宗即皇帝位，赐高煦及赵王比其他府第更优厚。高煦每天都有奏折奉上，并陈述利国安民大事。宣宗命有关部门按高煦说的办，还回信感谢他。并对群臣说："我爷爷曾对我父亲说，我叔叔有野心，应该防备他。然我父亲待他特别优厚。如今他说的，全是诚心话，看来他已经洗心革面，我为什么不听他的话呢。"只要高煦有要求，宣宗都尽量按他说的办。因此高煦更加自高自大。

宣德元年八月，高煦反叛朝廷。他派亲信枚青等人偷偷进京城，邀请旧功臣为内应。英国公张辅捉到密探报告了朝廷。这时，高煦已经约山东都指挥蕲荣等起事，又在卫所散发了刀枪旗帜，把这四周的郡县养马全部夺了过来。成立五军：指挥王斌率领前军，韦达率领左军，千户盛坚率领右军，知州朱恒率领后军，高煦的几位儿子各监一军，高煦自率领中军。世子瞻坦守后方，指挥韦弘、韦兴、千户王玉、李智率领四哨。部署好后，伪授王斌、朱恒等太师官职，都督、尚书等官职。御史李浚因父亲丧事在家居住，高煦招见他，他没有去，便更名改姓从小路赶到京城，给宣宗说了高煦谋反的事。宣宗还不忍心派兵讨伐，派中官侯泰给高煦送去一封信。侯泰赶到高煦哪里，高煦列兵接见侯泰，脸朝南坐着，大言不惭地说："永乐年间先皇相信谗言，削去了我的护卫，让我搬到乐安。仁宗只想用金帛作诱饵迷惑我，但我哪能郁郁居于这种地位。你回去报告，赶快绑了奸臣夏原吉等送来，然后慢慢说我的要求。"侯泰惧怕，只顾点头听命，侯泰回到京城，宣宗问他汉王说了些什么，军事情况怎样，侯泰不敢说实话。

这一月，高煦派百户陈刚上疏，又写信给各位公侯大臣，信中有许多指斥的话。宣宗长叹说："汉王果真是反了。"这才商议派阳武侯薛禄率兵前去讨伐。大学士杨荣等人劝宣宗亲自领军队征讨。宣宗当认为很对。张辅说："高煦向来性情懦弱，我愿借二万兵出城，把他捉来献给您。"宣宗说："你确实足以擒拿住他，但我刚当即皇帝，心术不正的人还怀有二心，我不亲自去征讨，不足以平定这一战乱。"于是率领军队从京城出发。经过杨村，宣宗在马上看着随从的大臣："大家想想高煦谋反的计策如何出？"有人说："高煦必然先夺取济南为巢穴。"有的说："从前他不肯离开南京，现在必带兵南下。"宣宗说："不对，济南虽然很近，但不易攻克，他听说大军前来，也顾不上攻打了。况且护卫军将士的家在乐安，必然要顾家，是不肯一直去南京的。高煦外表狡诈，其实内心怯懦，临事又不敢决断。现在他敢反叛，是轻视朕年少新登帝位，众心没有归附，还不能亲自出来征讨他罢了。现在一听说我亲自出征，早已是心惊胆战，还敢出战吗？我赶到哪里，肯定能捉住他。"

　　起初，高煦听说薛禄等率领军队，挥臂大喜，认为容易和他较量。后来听说宣宗亲自出征，才害怕了。这时，宣宗对那些在乐安临时归附高煦的人厚加赏赐，又让他们在兵士中广泛宣传。仍给高煦送信一封说："张敖失掉封国，从贯高开始；淮南王被杀头，是伍被造成的。现在六师已来到你的边境，你立即交出倡导谋反的主凶，我替你免掉过错，还像过去那样对待你。不然，一仗打下来，你被擒拿，有人以你为奇货，绑着献给我，你再后悔可就晚了。"前锋军来到乐安，高煦约定第二天出战。宣宗命令大军以草代食兼程赶路，宣宗率军进驻乐安城北，部队象墙壁一样固守四门。叛军上楼，朝廷军发神机铳箭，声震如雷。各位将领请求即刻攻城。宣宗不准。再下令告诉高煦，均不见回答。城中许多人想抓住高煦献给宣宗，高煦十分恐惧。于是他秘密派人见宣宗，愿借今晚与妻子诀别，随后就出城请罪。宣宗答应了他。这天夜里，高煦把兵器和谋反的文书全部烧毁。第二天，宣宗进驻长安城南。高煦将要出城。王斌等人竭力阻止他说："宁可一战死去，也不能被人捉住。"高煦哄骗王斌等又回到宫里，遂即偷偷从小路出城见宣宗。大臣们请求让高煦按刑法办。宣宗没有答应，并拿出大臣们揭发他的材料叫高煦看，高煦磕着头说："我罪该万万死，只听您的命令。"宣宗让高煦写信召回他的几个儿子，叛军余党全部被捉拿。宣宗赦免城中百姓，凡胁从的一律不问罪。随后命薛禄和尚书张本镇守乐安，改名为定武州。将高煦父子降为平民百姓，在西安门内建选房屋，将他们囚禁了起来。王斌等人全被处死，只有长史李默因曾劝高煦不要谋反而免死罪，被降为口北百姓。天津、青州、沧州、山西各都督，指挥中凡有与高煦相约并相应谋反的，被查出后接连被杀，共计六百四十余人，那些明知谋反而不举报或藏匿谋反者的人，有一千五百余名被判死罪或流放到边境，另有七百二十人被降为边境百姓。宣宗作《东征记》一篇以告录众臣。高煦和其子相继死去。

朱常洵传

【题解】

朱常洵，明神宗朱翊均第三子。以其母郑贵妃有宠，几夺皇太子之位。万历二十九年(1601),世封福王,王洛阳(今河南洛阳)。万历四十二年(1614)始之藩。前后赏赐以亿计,国库存为之空虚,人称洛阳富于大内。在藩唯以括财,声色自娱,不恤政事。崇祯十四年(1641)春,李自成起义军攻克洛阳,朱常洵被杀。

朱由崧,朱常洵世子,继福王位。崇祯十七年(1644)春,李自成军攻克北宋,朱由崧避乱至江苏淮东,凤阳总督马士英等迎之南京,拥立为帝,年号弘光。第二年,南京即被清军攻破,朱由崧在鞠湖被擒,押于北京,死去。

【原文】

福恭王常洵,神宗第三子。初,王皇后无子,王妃生长子,是为光宗。常洵次之,母郑贵妃最幸。帝久不立太子,中外疑责妃谋立己子,交章言其事,窜谪相踵,而言者不止。帝深厌苦之。二十九年始立光宗为太子,而封常洵福王,婚费至三十万,营洛阳邸第至二十八万,十倍常制。廷区请王之藩者数十百奏。不报。至四十二年,始令就藩。

先是,海内全盛,帝所遣税使、矿使遍天下,月有进奉,明珠异宝文毳锦绮山积,他搜括赢羡亿万计。至是多以资常洵。临行出宫门,召还数四,期以三岁一入朝。下诏赐庄田四万顷。所司力争,常洵亦奏辞,得减半。中州腴土不足,取山东、湖广田益之。又奏乞故大学士张居正所没产,及江都至太平沿江荻州杂税,并四川盐井榷茶银以自益。伴读、承奉诸官,假履亩为名,乘传出河南北、齐、楚间,所至骚动。又请淮盐千三百引。设店洛阳与民市。中使至淮、扬支盐,乾没要求辄数倍。而中州旧食河东盐,以改食淮盐故,禁非王肆所出不得鬻,河东引遏不行,边饷由此绌。廷臣请改给王盐于河东,且无与民市。弗听。帝深居久,群臣章奏率不省。独福藩使通籍中左门,一日数请,朝上夕报可。四方奸人亡命,探风旨,走利如鹜。如是者终万历之世。

及崇祯时,常洵地近属尊,朝廷尊礼之。常洵日闭阁饮醇酒,所好惟妇女倡乐。秦中流贼起,河南大旱蝗。人相食,民间藉藉,谓先帝耗天下以肥王,洛阳富于大内。援兵过洛者,喧言:"王府金钱百万,而令吾辈枵腹死贼手。"南京兵部尚书吕维祺方家居,闻之惧,以利害告常洵,不为意。十三年冬,李自成连陷永宁、宜阳。明年正月,参政王胤昌帅众警备,总兵官王绍禹,副将刘见义、罗泰各引兵至。常洵召三将入,赐宴加礼。越数日,贼大至,攻城。常洵出千金募勇士,缒而出,用矛入贼营,贼稍却。夜半,绍禹亲军从城上呼贼相笑语,挥刀杀守堞者,烧城楼,开北门纳贼。常洵缒城出,匿迎恩寺。翌日,贼迹而执之,遂遇害。两承奉伏尸哭,贼捽之去。承奉呼曰:"王死某不愿生,乞一棺收王骨,齑粉无所恨。"贼义而许之。桐棺一寸,载以断车,两人即其旁自缢死。王妃邹氏及世子由崧走怀庆。贼火王宫,三日不绝。事闻,帝震悼,辍朝三日,令河南有司改殡。

十六年秋七月,由崧袭封,帝亲择宫中宝玉带赐之。明年三月,京师失守,由崧与潞王常淓俱僻贼至淮安。四月,凤阳总督马士英等迎由崧入南京。五月庚寅,称监国。以兵部尚书史可法、户部尚书高弘图及士英俱为大学士,士英仍督凤阳军务。壬寅自立于南京,伪号弘光。史可法督师江北。召士英入,分淮、扬、凤、庐为四镇,以总兵官黄得功、刘良佐、刘泽清、高杰领之。

由崧性闇弱,湛于酒色声伎,委任士英及士英党阮大铖,擢至兵部尚书,巡阅江防。

二人日以鬻官爵、报私憾为事。事详诸臣传中。未几，有王之明者，诈称庄烈帝太子，下之狱。又有妇童氏，自称由崧妃。亦下狱。于是中外哗然。明年三月，宁南侯左良玉举兵武昌，以救太子诛士英为名，顺流东下。阮大铖、黄得功等帅师御之。而我大清兵以是年五月己丑渡江。辛卯夜，由崧走太平，盖趋得功军也。壬辰，士英挟由崧母妃奔杭州。癸巳，由崧至芜湖。丙申，大兵至南京城北，文武官出降。丙午，执由崧至南京。九月甲寅。以归京师。

【译文】

福恭王常洵，是神宗第三子。起初，王皇后没有孩子，王妃生长子，就是后来的光宗皇帝。常洵是次子，他的母亲郑贵妃很得神宗皇帝宠爱。神宗皇帝迟迟不立太子，朝廷内外疑心郑贵妃欲谋立自己的儿子为太子，于是群臣们纷纷递表章论这件事，因此被贬官流放的大臣接连不断，但上书议这件的人仍然不断。神宗皇帝为此十分厌烦苦恼。神宗万历二十九年，才立光宗为太子，封常洵为福王，婚礼耗资达三十万，又用二十万在洛阳建造福王府第，费用相当于平常规定的十倍。大臣们奏请福王去封地的表章达几十、上百件，神宗就是不答复。直到万历四十二年，才让他离京到洛阳去。

神宗万历年初，国运昌盛，神宗派往各地的税收、矿业官员遍布四方，月月进奉十分丰裕，朝廷库存明珠、奇珍异宝、绫罗绸缎等物堆积如山，神宗搜刮的财富多达亿万之巨。当时，神宗常常把这些财物送给常洵。常洵离京出宫门时，神宗将他召回四次，约定每三年入朝一次，并下诏书赐给常洵良田四万顷。有关部门据理力争，常洵也奏请辞退，最后才减半赐给。中州地方的肥沃土地不够赐给常洵，就把山东、湖广地方的良田割一部分给他。常洵又奏请将过去没收张居正的财产，以及江都至太平沿江芦苇洲的杂税，并四川盐井榷茶银两给他。常洵的伴读、乘传车出入，承奉等官又借查看地亩之名，扰乱河南、河北及齐楚之地的百姓。又请淮盐一千三引，在洛阳设盐店售盐。中使至淮、扬地取盐，吞没要求又数倍于此。中州地方过去食用河东盐，因改而食用淮盐的缘故，明令不是福王盐店的盐不能买，河东的盐引被禁遏不得通行，由此边境军饷不足。大臣们请求把河东的盐供给福王，并不准在民间市场卖。神宗没有采纳这个意见。神宗深居简出时间很久，大臣递上的奏章多数不看，唯独福王的使者可以从中左门进出，一天往往见几次，早上请奏，傍晚即下诏答应。当时，四方作奸犯科的不法之徒、亡命之徒往往到福王府探听朝廷消息，牟取奸利趋之若鹜。这种状况一直持续到万历之世最后。

到崇祯皇帝时，常洵是长辈，地位高，朝廷十分尊崇他。常洵每天居楼阁闭门饮醇酒，爱好唯有妇女与歌妓。陕西发生农民起义，河南出现大旱与蝗灾，人吃人的事不断发生，人民怨愤之声四起，说先皇帝耗尽天下的财物并养肥了一个福王，洛阳的福王比朝廷还富有。前往陕西镇压农民起义军的援兵经过洛阳，将士们议论纷纷说："福王府金钱百万，为什么让我们饿着肚子去战场送死。"南京兵部尚书吕维祺正好在家乡居住，听了这些传闻很惧怕，向常洵讲明利害，但他不以为然。崇祯十三年冬天，李自成接连攻克永宁、宜阳。第二年正月，参政王胤昌率军队到洛阳加强守备，总兵王绍禹、副将刘见义、罗泰各率领军队到洛阳。常洵接见三个将领，常赐宴席并以礼相待。过了几天，大批农民起义军赶到,开始攻洛阳城。常洵拿出千金招募勇士,缒城而出,挺长矛冲入农民起义军营中,农民起义军稍微后撤。半夜时分,王绍禹的亲军在城上叫农民起义军,并和他们谈笑,随后挥刀杀了守城堞的人,烧毁城楼,打开城北门让农民起义军进来。常洵缒城逃出,藏进了迎恩寺。第二天,农民起义军跟踪赶来捉住了他,遂即杀了他。常洵的两个承奉官赶来,爬在常洵的尸体上痛哭不止,农民起义军揪起承奉让他们走开。承奉喊着说:"福王死了,我们也不愿活着,求你们给一个棺木收葬福王,我们就是粉身碎骨也在所不惜。"农民起义军答应了这个要求,运来了一寸厚桐木棺材,用破车拉走安葬,两个承奉在福王旁边自尽。福王妃子邹氏和世子由崧逃跑到怀庆府。农民起义军放火烧了福王的宫殿,大火整整烧了三天。崇祯皇帝听到这件事,十分震惊伤心,三天没有上朝议事,让河南官吏安葬了常洵。

　　崇祯十六年七月,由崧继承了常洵的封号,崇祯皇帝选择宫中的宝玉带赐给了由崧。第二年三月,李自成的军队攻克北京,由崧和潞王常淓一起到淮安躲避农民起义军。四月,凤阳总督马士英等迎接由崧进南京。五月庚寅日,尊他为监国。兵部尚书史可法、户部尚书高弘图和马士英为大学士,马士英仍管理凤阳军军务。壬寅日,由崧在南京自立为皇帝,伪帝号弘光。史可法在江北统领军队。弘光皇帝把马士英召进宫中,把淮、扬、凤、卢分为四镇,让总兵黄德功、刘良佐、刘泽清、高杰各管一镇。

　　由崧性情软弱不明智,每天沉湎于酒色歌会,他委任马士英及其党羽阮大铖,提升阮大铖任兵部尚书,负责检查长江防务。马士英、阮大铖每天把卖官爵、挟私报复他人当作大事,根本不以朝廷大事为重。这些事已详记在诸臣传中。不久,有个叫王之明的人,谎称庄烈皇帝的太子,被捉拿下狱。又有妇女童氏,自称是由崧妃,也被抓进监牢。于是,朝廷内外一时议论纷纷。第二年三月,宁南侯左良玉在武昌举兵,声言杀马士英救太子,随后顺江而下。阮大铖,黄德功等将领率军抵御。而清兵地这一年的五月己丑日渡过长江。辛卯日夜,由崧跑到太平,去赶黄德功的军队。壬辰日,马士英挟持由崧的母亲和妃子到杭州。癸巳日,由崧到芜湖。丙申日,清兵到南京城北,文武官员出城投降。丙午日,清军把由崧送到南京。九月甲寅日,押朱由崧回到京城。

朱常瀛传

【题解】

　　朱常瀛,明神宗第七子,封桂王,封地衡州(今湖南衡阳)。崇祯十六年(1643),衡州为农民起义军攻陷,朱常瀛避至梧州(今广西梧州),第二年死在苍梧。

　　朱由榔,朱常瀛之第三子,初封永明王。治三年十一月(1646),为丁魁、楚瞿式耜等拥立于梧州,即皇帝位,年号永历。顺治六年(1649),瞿式耜等人战死,朱由榔奔南宁。八宁,孙可望迎之入贵州。顺治十一年(1654),李定国奉朱由榔入云南。十六年(1659),清军攻入云南,朱由榔退入缅甸,为缅酋长所劫。第二年,清军进入缅甸,朱由榔被缅人

送至清军之中。第二年死于云南。明朝彻底灭亡。

【原文】

桂端王常瀛,神宗第七子。天启七年之藩衡州。崇祯十六年衡州陷,与吉、惠二王同走广西,居梧州。

大清顺治二年,大兵平江南,福王就擒。在籍尚书陈子壮等将奉常瀛监国,会唐王自立于福建,遂寝。是年,薨于苍梧。

世子已先卒,次子安仁王由㭪亦未几卒。次由榔,崇祯时,封永明王。

三年耗八月,大兵取汀州,执唐王聿键。于是两广总督丁魁楚、广西巡抚瞿式耜、巡按王化澄与旧臣吕大器等共推由榔监国。母妃王氏曰:"吾儿不胜此,愿更择可者。"魁楚等意益坚,合谋迎于梧。十月十四日监国肇庆,以魁楚、大器、式耜为大学士,余授官有差。是月大兵取赣州,内侍王坤仓卒奉由榔仍走梧州,式耜等力争,乃国肇庆。十一月,唐王弟聿鐭自闽浮海至奥。时闽旧臣苏观生撤兵奔广州,与布政使顾元镜、总兵官林察等谋立聿鐭,伪号绍武,与由榔相拒。是月由榔亦自立于肇庆,伪号永历,遣兵部侍郎林佳鼎讨聿鐭。会大兵由福建取广州,执聿鐭,观生自缢,祭酒梁朝钟、太仆卿霍子衡等俱死。肇庆大震,王坤复奉由榔走梧州。

明年三月,由平乐、浔州走桂林。魁楚弃由榔,走岭溪,降于大军。既而平乐不守,由榔大恐。会武冈总兵官刘承胤以兵至全州,王坤清赴之。式耜力谏。不听。乃以式耜及总兵官焦琏留守桂林,封陈邦传为思恩侯,守昭平,遂趋承胤军中。三月封承胤安国公,锦衣指挥马吉翔为伯。承胤挟由榔归武冈,改曰奉天府,政事皆决焉。

是时,长沙、衡、永皆不守,湖广总督何腾蛟与侍郎严起恒走白牙市。六月,由榔遣官召腾蛟至,密使除承胤,顾承胤势盛,腾蛟复还白牙。大兵由宝庆趋武冈,马吉翔等挟由榔走靖州,承胤举城降。由榔又奔柳州。道出古泥,总兵官侯性、太监庞天寿帅舟师来迎。会天雨饥饿,性供帐甚备。九月,土舍覃鸣珂作乱,大掠城中,矢及由榔舟。先是,大兵趋桂林,焦琏拒守甚力,又广州有警,大兵东向。桂林稍安。既而湖南十三镇将郝永忠、卢鼎等俱奔赴桂林,腾蛟亦至,与式耜议分地给诸将,使各自为守。琏已先复阳翔、平乐,陈邦传复浔州,合兵复梧州,广西全省略定。十二月,由榔返桂林。

五年二月,大兵至灵川,郝永忠溃于兴安,奔还,挟由榔走柳州。大兵攻桂林,式耜、腾蛟拒战。时南昌金声桓等叛,降于由榔。八月,由榔至肇庆。六年春,大兵下湘潭,何腾蛟死。明年,由榔走梧州。是年十二月,大兵入桂林,瞿式耜及总督张同敞死焉。由榔闻报大惧,自梧州走南宁。时孙可望已据滇、黔,受封为秦王。八年三月,遣兵来卫,杀严起恒等。

九年三月,可望迎由榔入安隆所,改曰安龙府。久之,日益穷促,闻李定国与可望有隙,遣使密召定国,以兵来迎。马吉翔党于可望,侦知之,大学士吴贞毓以下十余人皆被杀。事详《贞毓传》。后二年,李定国败于新会,将由安隆入滇。可望患之,促由榔移贵阳就已。由榔故迟行。定国至,遂奉由榔由南安卫走云南,居可望署中,封定国晋王。可望以妻子在滇,未敢动。明年,由榔送其妻子还黔,遂举兵与定国战于三岔。可望将白文选单骑奔定国军。可望败，挈妻子赴长沙大军前降。

十五年三月，大兵三路入云南。定国扼鸡公背，断贵州道，别将守七星关，抵生界立营，以牵蜀师。大兵出遵义，由水西取乌撒，守将弃关走，李定国连败于安隆，由榔走永昌。明年正月三日，大兵入云南，由榔走腾越。定国败于潞江，又走南甸。二十六日，抵囊木河，是为缅境。缅勒从官尽弃兵仗，始启关，至蛮莫。二月，缅以四舟来迎，从官自觅舟，随行者六百四十余人，陆行者自故岷王子而下九百余人，期会于缅甸。十八日至井亘。黔国公沐天波等谋奉由榔走户，猎二河，不果。五月四日，缅复以舟来迎。明日，发井亘，行三日，至阿瓦。阿瓦者，缅酋所居城也。又五日至赭硔。陆行者缅人悉掠为奴。多自杀。惟岷王子八十余人流入暹罗。缅人于赭硔置草屋居由榔，遣兵防之。

十七年，定国、文选与缅战，索其王，连败缅兵，缅终不肯出由榔。十八年五月，缅酋弟莽猛白代立，给从官渡河盟。既至，以兵围之，杀沐天波、马吉翔、王维恭、魏豹等四十有二人，详《任国玺传》。存者由榔与其属二十一人。十二月，大兵临缅，白文选自木邦降，定国走景线，缅人以由榔父子送军前。明年正月，死于云南。六月，李定国卒，其子嗣兴等降。

【译文】

桂端王朱常瀛，是神宗皇帝第七子。天启七年到他的封地衡州。崇祯十六年，衡州失陷，他和吉王、惠王一齐逃到广西，住在梧州。

清朝顺治二年，清兵平定江南，福王被清兵捉拿。在原籍居住的陈子仁等准备立常瀛为监国，但正值唐王在福建自立为皇帝，就中止了这件事。这一年，朱常瀛死在苍梧。

朱常瀛的世子已经先死。次子安仁王朱由榿不久也去世。第三子朱由榔，崇祯时被封为永明王。

顺治三年八月，清兵攻取汀州，活捉唐王朱聿键。于是，明两广总督丁魁楚、广西巡抚瞿式耜、巡抚王化澄与旧臣吕大器等共同推朱由榔监国。朱由榔的母妃王氏说："我儿子不能胜此重任，请你们另外选择可胜此任的人。"丁魁楚等更加坚定，合谋迎朱由榔于大梧。十月十四日，朱由榔在肇庆监国，以丁魁楚、吕大器、瞿式耜为大学士，其余的授官各有等差。这一月，清兵攻取赣州，内侍王坤仓皇保护着朱由榔仍回梧州，经瞿式耜等人力争，才回肇庆。十一月，唐王的弟弟朱聿𨮁从福建渡海至广东。这时，福建旧臣苏观生撤兵奔广州，与布政使顾元镜、总兵官林察等人计划立朱聿𨮁为帝，伪号绍武，和朱由榔相对抗。这一月，朱由榔也在肇庆自立为帝，年号永历，派兵部侍郎林佳鼎讨伐朱聿𨮁。会清兵由福建攻取广州，活捉了朱聿𨮁，苏观生上吊自杀，祭酒梁朝钟、太仆卿霍子衡等也都死去。肇庆方面大为震动，王坤又保护朱由榔逃往梧州。

第二年二月，朱由榔由平乐、浔州退到桂林。丁魁楚扔下朱由榔，逃到岑溪，投降了清军。不久平乐被清军占领，朱由榔大为恐慌。正好武冈总兵官刘承胤率军到达全州，王坤请朱由榔到刘承胤军中去。瞿式耜反复劝说，朱由榔不听，以瞿式耜和总兵官焦琏留守桂林，封陈邦传为思恩侯，镇守昭平，随即向刘承胤军中出发。三月，封刘承胤为安国公，锦衣指挥马吉翔等人为伯。刘承胤挟持朱由榔归武冈，改武冈为奉天府，政事都由这时，长沙、衡阳和永州都失守，湖广总督何腾蛟与侍郎严起恒退到白牙市。六月，朱由榔派人把何腾蛟召来，暗中指使他除掉刘承胤。因刘承胤势力大，一时难以下手，何腾蛟又走回白牙。清军由宝庆进趋武冈，马吉翔等人挟持朱由榔退至靖州，刘承胤举城向清军投降。朱由榔又奔柳州，途经古泥，总兵官侯性、太监庞天寿帅舟师前来迎接。正赶上天下大雨，又饥又饿，侯性供应帐篷用具甚为周全。九月，土舍覃鸣珂作乱，在城中大肆抢掠，流箭直射到朱由榔的船上。在此之前，清军向桂林进攻，焦琏率军奋力拒守。另外，广州发生反清抵抗，清军东向，桂林稍稍安定下来。不久，湖南十三镇将郝永忠、卢鼎等都奔赴桂林，何腾蛟也到达桂林，和瞿式耜商议分地给诸将，让他们各自为守。焦琏已先收复了阳朔和平乐，陈都传收复了浔州，又合兵收复了梧州，广西全省全部略定。十二月，朱由榔返回桂林。

五年二月，清军至灵川，郝永忠在兴安战败，奔还桂林，挟朱由榔退向柳州。清军进攻桂林，瞿式耜、何腾蛟率军拒战。这时，南昌守将金声桓等叛变清军，投降于朱由榔。八月，朱由榔到达肇庆。六年春天，清军攻下湘潭，何腾蛟战死。第二年，朱由榔退至梧州。这年十二月，清军攻占桂林，瞿式耜和总督张同敞战死。朱由榔听说后大为恐惧，从梧州奔南宁。这时，孙可望已占据云南和贵州，受封为秦王。八年三月，孙可望派兵前来护卫朱由崧，杀了严起恒等人。

九年二月，孙可望迎接朱由榔入安隆所，改安隆所为安龙所。时间一久，日益穷促，听说李定国和孙可望有矛盾，朱由榔便派使者秘密召李定国，让李定国率军前来迎接。马吉翔倾向于孙可望，探知了这件事，大学士吴贞毓以下十几人都因此被杀。此事详载于《吴贞毓传》中。后二年，李定国在新会战败，准备从安隆入云南。孙可望感到忧虑，催促朱由榔迁到贵阳，以和自己的队伍靠近。朱由榔故意行走缓慢。李定国到达后，便奉朱由榔由安南卫退入云南，居住在原来孙可望的官署中。朱由榔封李定国为晋王。孙可望因为自己的妻子和儿子在云南，未敢轻举妄动。第二年，朱由榔把孙可望的妻子儿女送回贵州，孙可望便举兵向李定国军进攻，两军战于三岔。孙可望手下将领白文选单骑奔李定国军，投于李定国。孙可望战败，携带妻、子奔长沙投降于清军。

十五年三月，清军三路进入云南。李定国军扼守鸡公背，切断贵州方向的通道，又派别将守七星关，直抵生界立营，以牵制四川方向的清军。清军出遵义，由水西攻取乌撒，守将弃关逃走。李定国在安隆连连战败，朱由榔退向永昌。第二年正月三日，清军进入云南，朱由榔退到腾越。李定国在潞江战败，又退走南甸。二十六日，朱由榔进抵囊木河，这里已是缅甸之境。缅甸方面让跟从官员全部放下兵器，才开关放行，到达蛮莫。二月，缅甸方面以四条船前来迎接，跟从的官员自己找船，随行的六百四十多人，陆行的从故岷王子以下九百多人，相期在缅甸相会。十八日，到达井亘。黔国公沐天波等计划保护朱由榔从户、猎二河走，没有成功。五月四日，缅甸又派船前来迎接。第二天，朱由榔从井亘出发，行走三天，到达阿瓦。阿瓦是缅甸酋长所居住的城。又走了五天到达赭硈。在陆地上行走的人，缅甸人都把他们掠卖为奴婢，许多人自杀。只有岷王子等八十多人流亡入暹罗。缅甸人在赭硈盖起草屋，让朱由榔居住，并派兵防守。

十七年，李定国、白文选和缅甸人作战，索要朱由榔，连连击败缅兵。缅甸人始终不肯放出朱由榔。十八年五月，缅甸人酋长的弟弟莽猛白代立，欺骗朱由榔的从官渡河结盟。等他们到来后，以兵包围，杀了沐天波、马吉翔、王维恭、魏敬等四十二人。此事详细记载在《任国玺传》中。活着的只剩下朱由榔与其属下二十五人。十二月，清兵进入缅甸，白文选在白木邦投降，李定国退到景线，缅甸人把朱由榔父子送到清军之中。第二年正月，朱由榔死在云南。六月，李定国去世，其子李嗣兴等人投降。

郭子兴、韩林儿传

【题解】

郭子兴(？~1355)，元末农民起义领袖。祖籍曹州(治所在今山东菏泽)，后迁至定远(今属安徽)。少时即任侠尚义，信奉白莲教。元末天下大乱，他散家财结交豪杰。1351年，郭子兴与孙德崖等人率众起事。1352年攻占濠州(治所在今安徽凤阳)，朱元璋投其门下，郭子兴妻以养女马氏(后为皇后)。同年，郭子兴与由徐州(今属江苏)来奔的彭大、赵均用所率领之起义军汇合；终因内部矛盾，险遭杀害，幸赖朱元璋之力，方免于难，后移驻滁州(治所在今安徽滁县)。郭子兴为人勇猛善战，但气量狭小，对朱元璋有猜疑，时亲时疏。他本想在滁州称王，经朱元璋劝阻，始罢。攻下和州(治所在今安徽和县)后，郭子兴命朱元璋驻守。孙德崖率部来投，朱元璋收容之。郭子兴闻讯，亦来和州。他与孙德崖有宿怨，郭、孙两军发生冲突，死伤甚多。1355年，郭子兴病死和州，归葬滁州。明初，朱元璋追封郭子兴为滁阳王。

郭子兴领导的农民起义，起事较早，活跃于江、淮一带。朱元璋出其部下，郭死后，继承其业，最后统一中国。明王朝的建立，郭子兴有奠基之功。

韩林儿(？~1366)，元末农民起义领袖。其父韩山童，祖籍栾城(今属河北)，因祖父传授白莲教，谪徙永年(今属河北)。元末，韩山童与颍州(今安徽阜阳)人刘福通，借白莲教鼓动百姓起来推翻元王朝，以红巾为标记(后遂称"红巾军")。

郭子兴

奉韩为"明王"。1351年聚众起事，韩山童被捕遇害。韩林儿随母杨氏逃入武安(今属河北)山中。1355年，刘福通将韩林儿迎至亳州(治所在今安徽亳县)，拥立为"小明王"，国号"宋"，年号"龙凤"。但权事实际为刘福通所掌握。后刘福通携韩林儿移驻安丰(今安徽寿县)。1358年刘福通率军攻占汴梁(今河南开封)，迎来韩林儿，定汴梁为都城。起义军声威大震，攻占很多地方，直至深入西北、东北地区，连元王朝的上都(故址在今内蒙古正蓝旗东闪电河北岸)也被攻陷。但是，韩林儿并无实权；刘福通又不能节制起义军诸将领，军纪不严；攻克之地，亦不能守。1359年，元军围困汴梁城，起义军屡战失利，刘福通挟持韩林儿逃回安丰。1363年，农民起义军领袖张士诚部将吕珍攻入安丰，杀刘福通。韩林儿被朱元璋挟持到滁州。1366年，朱元璋命部将廖永忠以迎韩林儿到应天（今江苏南京）为名，把韩林儿淹死在瓜步长江中。

韩林儿虽徒有虚名，但农民起义军以其名号，前后活动达十二年之久，影响深广，对朱元璋建立明王朝，起了不少作用。

【原文】

郭子兴，其先曹州人。父郭公，少以日者术游定远，言祸福辄中。邑富人有瞽女无所归，郭公乃娶之，家日益饶。生三子，子兴其仲也。始生，郭公卜之吉。及长，任侠，喜宾客。会元政乱，子兴散家资，椎牛酾酒，与壮士结纳。至正十二年春，集少年数千人，袭据濠州。太祖往从之。门者疑其谍，执以告子兴。子兴奇太祖状貌，解缚与语，收账下，为十夫长，数从战有功。子兴喜，其次妻小张夫人亦指目太祖曰："此异人也。"乃妻以所抚马公女，是为孝慈高皇后。

始，子兴同起事者孙德崖等四人，与子兴而五，各称元帅不相下。四人者粗而戆，日剽掠，子兴意轻之。四人不悦，合谋倾子兴。子兴以是多家居不视事。太祖乘间说曰："彼日益合，我日益离，久之必为所制。"子兴不能从也。

元师破徐州，徐帅彭大、赵均用帅余众奔濠。德崖等以其故盗魁有名，乃共推奉之，使居己上。大有智数，子兴与相厚而薄均用。于是德崖等谮诸均用曰："子兴知有彭将军耳，不知有将军也。"均用怒，乘间执子兴，幽诸德崖家。太祖自他部归，大惊。急帅子兴二子诉于大。大曰："吾在，孰敢鱼肉而翁者。"与太祖偕诣德崖家，破械出子兴，挟之归。元师围濠州，乃释故憾，共城守五阅月。围解，大、均用皆自称王，而子兴及德崖等为元帅如故。未几，大死，子早任领其众。均用专狠益甚，挟子兴攻盱眙、泗州，将害之。太祖已取滁，乃遣人说均用曰："大王穷迫时，郭公开门延纳，德至厚也。大王不能报，反听细人言图之，自剪羽翼，失豪杰心，窃为大王不取。且其部曲犹众，杀之得无悔乎！"均用闻太祖兵甚盛，心惮之，太祖又使人赂其左右，子兴用是得免，乃将其所部万余就太祖于滁。

子兴为人枭悍善斗，而性悻直少容。方事急，辄从太祖谋议，亲信如左右手。事解，即信谗疏太祖；太祖左右任事者悉召之去，稍夺太祖兵柄。太祖事子兴愈谨。将士有所献，孝慈皇后辄以贻子兴妻。子兴至滁，欲据以自王。太祖曰："滁四面皆山，舟楫商旅不通，非可旦夕安者也。"子兴乃已。及取和州，子兴命太祖统诸将守其地。德崖饥，就食和境，求驻军城中，太祖纳之。有谗于子兴者。子兴夜至和，太祖来谒，子兴怒甚，不与语。太祖曰："德崖尝困公，宜为备。"子兴默然。德崖闻子兴至，谋引去。前营已发，德崖方留视后军，而其军与子兴军斗，多死者。子兴执德崖，太祖亦为德崖军所执。子兴闻之，大惊，立遣徐达往代太祖，纵德崖还。德崖军释太祖，达亦脱归。子兴憾德崖甚，将甘心焉，以太祖故强释之，邑邑不乐。未几，发病卒，归葬滁州。

子兴三子。长子前战死。次天叙、天爵。子兴死，韩林儿檄天叙为都元帅，张天佑及太祖副之。天祐，子兴妇弟也。太祖渡江，天叙、天佑引兵攻集庆，陈野先叛，俱被杀。

林儿复以天爵为中书右丞。已而太祖为平章政事。天爵失职怨望，久之谋不利于太祖，诛死，子兴后遂绝。有一女，小张夫人出者，事太祖为惠妃，生蜀、谷、代三王。

洪武三年追封子兴为滁阳王，诏有司建庙，用中牢祀，复其邻宥氏，世世守王墓。十六年，太祖手书子兴事迹，命太常丞张来仪文其碑。滁人郭老舍者，宣德中以滁阳王亲，朝京师。弘治中，有郭琥自言四世祖老舍，滁阳王第四子，予冠带奉祀。已，为宥氏所讦。礼官言："滁阳王祀典，太祖所定，曰无后，庙碑昭然，老舍非滁阳王子。"夺奉祀。

韩林儿，栾城人，或言李氏子也。其先世以白莲会烧香惑众，谪徙永年。元末，林儿父山童鼓妖言，谓"天下当大乱，弥勒佛下生"。河南、江、淮间愚民多信之。颍州人刘福通与其党杜遵道、罗文素、盛文郁等复言"山童，宋徽宗八世孙，当主中国。"乃杀白马黑牛，誓告天地，谋起兵，以红巾为号。至正十一年五月，事觉，福通等遽入颍州反，而山童为吏所捕诛。林儿与母杨氏逃武安山中。福通据朱皋，破罗山、上蔡、真阳、确山。犯叶、舞阳、陷汝宁、光、息，众至十余万，元兵不能御。时徐寿辉起蕲、黄，布王三、孟海马等起湘、汉，芝麻李起丰、沛，而郭子兴亦据濠应之。时皆谓之"红军"，亦称"香军"。

十五年二月，福通物色林儿，待诸砀山夹河；迎至亳，僭称皇帝，又号小明王，建国曰宋，建元龙凤。拆鹿邑太清宫材，治宫阙于亳。尊杨氏为皇太后，遵道、文郁为丞相，福通、文素平章政事，刘六知枢密院事。刘六者，福通弟也。遵道宠用事。福通嫉之，阴命甲士挝杀遵道，自为丞相，加太保，事权一归福通。既而元师大败福通于太康，进围亳，福通挟林儿走安丰。未几，兵复盛，遣其党分道略地。

十七年，李武、崔德陷商州，遂破武关以图关中，而毛贵陷胶、莱、益都、滨州，山东郡邑多下。是年六月，福通率众攻汴梁，且分军三道：关先生、破头潘、冯长舅、沙刘二、王士诚趋晋、冀；白不信、大刀敖、李喜喜趋关中；毛贵出山东北犯。势锐甚。田丰者，元镇守黄河义兵万户也，叛附福通，陷济宁，寻败走。其秋，福通兵陷大名，遂自曹、濮陷卫辉。白不信、大刀敖、李喜喜陷兴元，遂入凤翔，屡为察罕帖木儿、李思齐所破，走入蜀。

十八年，田丰复陷东平、济宁、东昌、益都、广平、顺德。毛贵亦数败元兵，陷清、沧，据长芦镇，寻陷济南；益引兵北，杀宣慰使董搏霄于南皮，陷蓟州，犯漷州，略柳林以逼大都。顺帝征四方兵入卫，议欲迁都避其锋，大臣谏乃止。贵旋被元兵击败，还据济南。而福通出没河南北，五月攻下汴梁，守将竹贞遁去，遂迎林儿都焉。关先生、破头潘等又分其军为二，一出绛州，一出沁州。逾太行，破辽、潞，遂陷冀宁；攻保定不克，陷完州，掠大同、兴和塞外诸郡，至陷上都，毁诸宫殿，转掠辽阳，抵高丽。十九年陷辽阳，杀懿州路总管吕震。顺帝以上都宫阙尽废，自此不复北巡。李喜喜余党复陷宁夏，略灵武诸边地。

是时承平久，州郡皆无守备。长吏闻贼来，辄弃城遁，以故所至无不摧破。然林儿本起盗贼，无大志，又听命福通，徒拥虚名。诸将在外者率不遵约束，所过焚劫，至啖老弱为粮；且皆福通故等夷，福通亦不能制。兵虽盛，威令不行。数攻下城邑，元兵亦数从其后复之，不能守。惟毛贵稍有智略。其破济南也，立宾兴院，选用元故官姬宗周等分守诸路。又于莱州立屯田三百六十所，每屯相距三十里，造轮运大车百辆，凡官民田十取其二。多所规画，故得据山东者三年。及察罕帖木儿数破贼，尽复关、陇，是年五月大发秦、晋之师会汴城下，屯杏花营，诸军环城而垒。林儿兵出战辄败，婴城守百余日，食将尽。

福通计无所出，挟林儿从百骑开东门遁还安丰，后宫官属子女及符玺印章宝货尽没于察罕。时毛贵已为其党赵均用所杀，有续继祖者，又杀均用，所部自相攻击。独田丰据东平，势稍强。

二十年，关先生等陷大宁，复犯上都。田丰陷保定，元遣使招之，被杀。王士诚又躏晋、冀。元将勃罗败之于台州，遂入东平与丰合。福通尝责李武、崔德逗挠，将罪之。二十一年夏，两人叛去，降于李思齐。时李喜喜、关先生等东西转战，已多走死，余党自高丽还寇上都，孛罗复击降之。而察罕既取汴梁，遂遣子扩廓讨东平，胁降田丰、王士诚，乘胜定山东。惟陈猱头者，独守益都不下，与福通遥为声援。

二十二年六月，丰、士诚乘间刺杀察罕，入益都。元以兵柄付扩廓，围城数重，猱头等告急，福通自安丰引兵赴援，遇元师于火星埠，大败走还。元兵急攻益都，穴地道以入，杀丰、士诚，而械送猱头于京师。林儿势大窘。明年，张士诚将吕珍围安丰，林儿告急于太祖。太祖曰："安丰破则士诚益强。"遂亲帅师往救，而珍已入城杀福通。太祖击走珍，以林儿归，居之滁州。明年，太祖为吴王。又二年，林儿卒。或曰太祖命廖永忠迎林儿归应天，至瓜步，覆舟沉于江云。

初，太祖驻和阳，郭子兴卒，林儿檄子兴子天叙为都元帅，张天佑为右副元帅，太祖为左副元帅。时太祖以孤军保一城，而林儿称宋后，四方响应，遂用其年号以令军中。林儿殁，始以明年为吴元年。其年，遣大将军定中原，顺帝北走，距林儿亡仅岁余。林儿僭号凡十二年。

【译文】

郭子兴的祖先是曹州人。其父郭公，年轻时依靠占卦卜筮的法术流荡在定远县，预言祸福之事很灵验。县城里一个富翁家有一位瞎眼的女儿嫁不出去，郭公就娶了她，家中一天比一天富裕起来。郭公生了三个儿子，郭子兴是老二。子兴刚出生，郭公占卜，大吉。等到长大之后，以抑强扶弱为己任，喜好结交朋友。当时正遇上元朝末年政治混乱，郭子兴分散家财，宰牛滤酒，结交壮士。元末至正十二年（1352）春天，郭子兴聚集青年数千人，袭击并占领了濠州。明太祖（朱元璋）前去投靠郭子兴。守门人怀疑他是间谍，逮捕了他并告知郭子兴。郭子兴认为太祖的长相奇特，为他松绑并同他讲话，收他为部下，任十夫长，屡次跟随作战立下功劳。郭子兴很喜欢，他的次妻小张夫人也手指并且眼看着太祖说："这是个不寻常的人。"就把她所抚养的马公的女儿嫁给太祖为妻，这就是孝慈高皇后。

起初，跟郭子兴一同起事的孙德崖等四人，和郭子兴共五家，各自称元帅，地位不相上下。这四个人粗鲁而愚直，天天抢劫掠夺，郭子兴有轻视他们的意思。这四个人不高兴，合谋倾轧郭子兴。郭子兴因此经常在家里呆着不管事。太祖乘机劝说郭子兴道："他们一天比一天抱得紧，我们愈来愈被疏远，时间长了一定要被他们控制。"郭子兴不听从太祖的劝说。

元军攻破徐州，徐州的主将彭大、赵均用率领残余的部众逃奔到濠州。孙德崖等人因为他们原来是有名的强盗首领，就一起推崇他们，让他们的地位在自己之上。彭大有智谋权术，郭子兴和他交好而冷淡了赵均用。于是孙德崖等人在赵均用面前进谗言，说："郭子兴只知道有彭将军，不知道有你这个将军啊！"赵均用大怒，找了个机会逮捕了郭子兴，关押在孙德崖的家里。太祖从别处部队回来，大吃一惊，急忙带领郭子兴的两个儿子上诉到彭大那儿。彭大说："有我在，哪个敢残害你们的父亲！"并且和太祖一起前往孙德崖家，打开枷锁救出郭子兴，护送他回来。元军围攻濠州，他们之间就消除旧怨，一起在城中坚守五个多月。解围后，彭大、赵均用都各自称王，郭子兴和孙德崖等人还同原来一样称元帅。没有多久，彭大死了，其子早任率领彭大的部众。赵均用愈来愈专横狠毒，挟持郭子兴攻打盱眙、泗州，并要杀害他。太祖已攻下滁州，就派人劝赵均用，说："大王走投无路时，郭（子兴）公开门接纳你们，恩德是非常深厚的。大王没有报答，反而听信小人的话要谋害他，自己除掉辅佐的人，会失去豪杰之心，我以为大王不该如此。况且他的部队还很多，杀了他能不后悔吗？"赵均用闻知太祖的兵力很强，心里害怕他，太祖又派人贿赂赵均用身边的亲信，郭子兴因此才能免于一死，于是率领自己所统辖的一万多人前往滁州依靠太祖。

郭子兴为人勇猛善战，但是性情固执，罕能容人。遇到危急之事，就跟太祖策划商量，亲近信任，如同左膀右臂。事情缓解之后，就听信谗言疏远太祖；太祖身边管事的人都被调走，逐渐削除太祖的兵权。但太祖服侍郭子兴更加谨慎小心。将士们进献给太祖的物品，孝慈皇后（朱元璋妻马氏）就赠送给郭子兴的妻子。郭子兴到了滁州，想占据此地自己称王。太祖说："滁州四面都是山，水路船只商人旅客都不好通行，不是短时间内能安生的地方。"郭子兴于是打消了称王的念头。等到攻取了和州，郭子兴命令太祖率领诸将领守卫这个地方。孙德崖没粮草了，移军和州境内寻找吃的，要求把部队驻扎在城里，太祖收容了他。有人在郭子兴面前说太祖的坏话。郭子兴在夜里到达和州，太祖来拜见，郭子兴非常生气，不和太祖说话。太祖说："孙德崖曾使您处于困境，应该有所防备。"郭子兴沉默不语。孙德崖听说郭子兴来了，图谋领兵离开。前队已出发了，孙德崖正留下视察后面的队伍，他的队伍和郭子兴的军队打起来了，死的人很多。郭子兴抓获孙德崖，太祖也被孙德崖的部队抓获。郭子兴闻知太祖被俘，大惊，马上派徐达前去替换太祖，把孙德崖也放回去了。郭子兴非常恨孙德崖，本来打算杀掉他才称心，因为太祖的缘故勉强地释放了他，心里忧闷不高兴；没有多久，就生病死了，尸体运回滁州埋葬。

郭子兴有三个儿子。长子先前就战死了，次为郭天叙、郭天爵。郭子兴死后韩林儿下文任命郭天叙为都元帅，张天祐和太祖为副元帅。张天祐是郭子兴的妻弟。太祖渡过长江，郭天叙和张天祐领兵攻打集庆。陈野先叛变，天叙、天祐都被杀害。韩林儿又任命郭天爵为中书右丞。不久太祖任平章政事。郭天爵没能得到要职心怀不满，很久以来图谋危害太祖，被处死，郭子兴于是绝了后代。郭子兴有一个女儿，是小张夫人所生，嫁给太祖封为惠妃，生了蜀、谷、代三位亲王。

明太祖洪武三年（1370）追封郭子兴为滁阳王，下诏书命令有关部门建立他的祠庙，用猪羊各一来祭祀，免除他原来邻居宥氏的徭役，世世代代看守滁阳王的陵墓。洪武十六年（1383年），太祖亲手书写郭子兴的事迹，命令太常丞张来仪撰成祠庙碑文。滁州有一个叫郭老舍的人，宣德（明宣宗年号，1426～1435年）年间以滁阳王亲属的身份，至京城朝见。弘治(明孝宗年号,1488年~1505年)年间,有一个叫郭琥的人自称四世祖先老舍是滁阳王的第四个儿子,朝廷赐予他冠带礼服命他负责敬奉祭祀滁阳王。不久,受到宥氏的揭发。掌管礼仪的官员说:"滁阳王祭祀的制度,是太祖定下的,滁阳王没有后代,祠庙的碑文上说得很清楚,郭老舍不是滁阳王的儿子。"不再允许郭琥负责祭祀滁阳王。

韩林儿,栾城人,有人说他是李氏的儿子。他的先辈用白莲会烧香活动欺骗群众,被流放到永年。元朝末年,韩林儿的父亲韩山童宣扬妖言,说"天下一定要大乱,弥勒佛要下界了。"黄河以南、长江、淮河之间的愚民大都相信他的话。颍州人刘福通和他的同伙杜遵道、罗文素、盛文郁等人又说:"韩山童是宋徽宗的八代孙,该为中原之主。"于是杀白黑牛,对天地宣誓,图谋起兵造反,以红巾为标记。元至正十一年(1351)五月,事情败露,刘福通等人慌忙进入颍州造反,韩山童被官府差役捕获诛杀。韩林儿和母亲杨氏逃入武安的山城。刘福通占领朱皋,攻破罗山、上蔡、真阳、确山,进犯叶县、舞阳,攻陷汝宁、光州、息州,聚众达十多万人,元军抵挡不了。其时,徐寿辉等人在蕲州、黄州起事;布王三、孟海马等人在湘水、汉水起事;芝麻李在丰县、沛县起事,而且郭子兴又占据了濠州响应刘福通。当时都称他们"红军",又叫"香军"。

至正十五年(1355)二月,刘福通访求韩林儿,在砀山的夹河找到了他,接到亳州,非法称皇帝,又称"小明王",建国号叫"宋",建年号"龙凤"。拆下鹿邑太清宫的木材,在亳州建造宫殿。遵奉杨氏为皇太后;任命杜遵道、盛文郁为丞相,刘福通、罗文素为平章政事,刘六为枢密院知事。刘六是刘福通的弟弟。杜遵道得宠当权。刘福通嫉妒他,暗地里命武士击杀杜遵道,自己当了丞相,加太保衔。权力完全归于刘福通。不久元军在太康大败刘福通,进攻、包围亳州,刘福通挟持韩林儿逃往安丰。没过多久,兵力又强大了,派遣他的党羽分道夺取地盘。

至正十七年(1357年),李武、崔德攻陷商州,于是攻破武关以牟取关中;毛贵攻陷胶州、莱州、益都、滨州,山东的州县大多攻下。这年六月,刘福通率领部众攻打汴梁,并且分兵三路:关先生、破头潘、冯长舅、沙刘二、王士诚奔赴晋、冀;白不信、大刀敖、李喜喜奔赴关中;毛贵出山东向北方进犯。他们的气势非常凶猛。田丰是元朝镇守黄河的乡兵万户,叛变投降了刘福通,攻陷济宁,不久战败逃跑。这年秋天,刘福通攻陷大名,于是从曹州、濮州攻陷卫辉。白不信、大刀敖、李喜喜攻陷兴元,随即进入凤翔,多次被察罕帖木儿、李思齐击败,逃往蜀地。

至正十八年(1358年),田丰又攻陷东平、济宁、东昌、益都、广平、顺德。毛贵也数次打败元军,攻陷清州、沧州,占据长芦镇,不久攻陷济南;又逐步领兵向北,在南皮杀死宣慰使董搏霄,攻陷蓟州,进犯漷州,夺取柳林以逼近大都。元顺帝征召各地军队来守卫大都,商量要迁移首都避开毛贵的锋芒,经大臣们进谏才作罢。毛贵很快就被元军击败,退守济南。刘福通在黄河南北活动,五月攻占汴梁,元守将竹贞逃走,于是奉迎韩林儿到汴梁,以此地为首都。关先生、破头潘等人又把他们的部队分为两路:一路出绛州,一路出沁州。出绛州的一路越过太行山,攻破辽州、潞州,随即攻陷冀宁;出汾州的一路攻打保定不成功,攻陷完州,骚扰大同、兴和等塞外各州,直到攻陷上都,毁坏哪里的宫殿,又转而骚扰辽阳,到达高丽。至正十九年(1359)攻陷辽阳,杀死懿州路总管吕震。元顺帝因上都的宫殿完全毁坏，从此不再北巡。李喜喜的余党又攻陷宁夏，占领灵武等边境地方。

当时太平无事的时间长了，地方上都没有设防。地方长官听说贼寇来了，总是弃城逃跑，因此贼寇所到之处无不一攻即破。可是，韩林儿本是盗贼出身，胸无大志，又听命于刘福通，徒有皇帝的虚名。在外面的将领们全都不听从管束，所过之处烧杀抢掠，甚至把老弱之人当粮食来吃；而且他们过去都是和刘福通地位相等的人，刘福通也管不了他们。兵士虽然很多，但军令不能执行。屡次攻下城池，元军也屡次在其后又收复它们，不能守住。只有毛贵稍微有些智谋策略。他攻取济南后，建立宾兴院，选用元朝的旧官吏姬宗周等人分守各路。又在莱州设立屯田三百六十处，每屯之间相距三十里，造拉运货物的大车一百辆，所有官田民田收取产量的十分之二作为赋税。毛贵多所策划，因此能占据山东三年。等到察罕帖木儿好几次击败贼寇，完全收复关、陇地区，就在这年的五月大批调遣秦、晋地区的军队会合于汴梁城下，驻扎在杏花营，各军围绕汴梁城筑起营垒。韩林儿的军队出战就打败仗，据城自守一百多天，吃的东西都快完了。刘福通想不出什么计策，挟持韩林儿带领百余骑兵打开汴梁东门逃回安丰，后宫的姬妾官员的眷属子女和符玺印章珍宝财物全部被察罕帖木儿吞没。当时毛贵已被他的同伙赵均用杀害，有一个叫续继祖的，又杀了赵均用，各部队自相攻击。只有田丰据守东平，势力略微强些。

至正二十年（1360），关先生等人攻陷大宁，又进犯上都。田丰攻陷保定，元朝派遣使者招降他，使者被杀害。王士诚又蹂躏晋、冀地区。元将孛罗在台州击败他，士诚就进入东平和田丰会合。刘福通曾经责备李武、崔德绕道避开敌军、观望不前，准备治他们的罪。至正二十一年（1361）夏天，他们两人叛变逃走，投降了李思齐。当时李喜喜、关先生等人，东西转战，大都逃的逃死的死，余党从高丽回来侵犯上都，孛罗又击败并招降了他们。察罕帖木儿攻取汴梁之后，就派遣儿子扩廓征讨东平，胁迫田丰、王士诚投降，乘胜平定了山东。只有一个叫陈猱头的，独自据守益都攻不下来，和刘福通遥相声援。

至正二十二年（1362）六月，田丰、王士诚趁机会刺死察罕帖木儿，进入益都。元朝廷把军权交给扩廓，扩廓包围益都城好多层，陈猱头等人告急，刘福通从安丰领兵赶去救援，在火星埠与元军相遇，大败逃回。元军加紧攻打益都，挖掘地道进入益都城，杀死田丰、王士诚，把陈猱头押解到京城。韩林儿的情势非常困迫。次年，张士诚的部将吕珍围困安丰，韩林儿向太祖告急。太祖说："安丰被攻破，张士诚的势力就会更加强大。"于是亲自率领军队前去救援，可是吕珍已攻进城里杀死了刘福通，太祖击退吕珍，带韩林儿回来，让他住在滁州。次年，太祖称吴王。又过了两年，韩林儿去世。有人说，太祖命令廖永忠迎接韩林儿回应天，到达瓜步时，把船弄翻了，林儿淹死在长江中。

先前，太祖驻守和阳，郭子兴死后，韩林儿下公文命郭子兴的儿子郭天叙为都元帅，张天祐为右副元帅，太祖为左副元帅。当时太祖以孤军守住一城。韩林儿建国号"宋"以后，四方响应，太祖于是用韩林儿的年号在军队中发布命令。韩林儿死后，才从第二年起定为吴元年（1367）。这一年，太祖派遣大将军平定中原地区，元顺帝逃往北方，距韩林儿死去只有一年多。韩林儿非法称帝共十二年。

陈友谅、张士诚传

【题解】

陈友谅(1320~1363),元末农民起义领袖。沔阳(今属湖北)人,渔家出身。当过县吏,后投奔徐寿辉领导的农民起义军,隶属于徐的部将倪文俊,逐渐升为领兵元帅。徐寿辉(?~1360),罗田(今属湖北)人,布贩出身。1351年组织反元起义,称"红巾军",被拥立为帝。他领导的起义军攻占许多地方,部众达数十万。后受倪文俊挟持。1357年,倪文俊谋害徐寿辉不成,反被陈友谅所杀。从此,陈友谅势力越来越大,据有江西、湖广等地。1359年他挟持徐寿辉至江州(今江西九江),以为都城,自称汉王。1360年杀害寿辉,自称帝,国号"汉"。其后屡与朱元璋争斗。1361年朱元璋攻取江州,陈友谅退守武昌。其部将投降朱元璋者甚多。1363年在鄱阳湖大败于朱元璋,受其围困。朱元璋劝降,不听。突围时,陈友谅在泾江口中箭身亡。其子陈理在武昌继位,次年即投降朱元璋。

陈友谅勇而多疑,得势后奢侈享乐,虽称雄一时,终为朱元璋所败。然他在元末率众起义,屡挫元军,对推翻元朝统治,亦起过很大作用。

张士诚(1321~1367),元末农民起义领袖。泰州白驹场(今江苏大丰)人,小名九四,盐贩出身。1353年率盐丁起事,攻下高邮等地,自称"诚王",国号"大周"。1355年渡长江,攻下常熟。1356年攻克平江(今江苏苏州)、湖州、松江、常州等地,遂以平江(改名隆平府)为都城。1357年张士诚投降元朝,受封为太尉。1363年他又脱离元朝,自立为"吴王",其势愈盛,据地南到绍兴,北至济宁的金沟,西抵安徽西北部,东临海,有军队数十万。张士诚的地盘与朱元璋连接,经常冲突。在与朱元璋的争斗中,屡遭失败,其部将献城投降朱元璋者甚众。1366年朱元璋围困平江,劝降不成;张士诚突围亦失败。1367年城破,张士诚自杀未遂,被俘至金陵(今江苏南京),最后自缢身亡。

陈友谅故居

张士诚率众起义,前后达十四年,江南大震,加速了元王朝的崩溃。然而他胸无大志,曾一度降元;得势后奢侈享乐,又纵部下聚敛财物,腐败堕落。他最终为朱元璋所击败,绝非偶然。

【原文】

陈友谅，沔阳渔家子也。本谢氏，祖赘于陈，因从其姓。少读书，略通文义。有术者相其先世墓地，曰"法当贵"，友谅心窃喜。尝为县小吏，非其好也。徐寿辉兵起，友谅往从之，依其将倪文俊为簿掾。

寿辉，罗田人，又名真一，业贩布。元末盗起，袁州僧彭莹玉以妖术与麻城邹普胜聚众为乱，用红巾为号，奇寿辉状貌，遂推为主。至正十一年九月陷蕲水及黄州路，败元威顺王宽彻不花。遂即蕲水为都，称皇帝，国号天完，建元治平，以普胜为太师。未几，陷饶、信。明年分兵四出，连陷湖广、江西诸郡县。遂破昱岭关，陷杭州。别将赵普胜等陷太平诸路。势大振。然无远志，所得不能守。明年为元师所破，寿辉走免。已而复炽，迁都汉阳，为其丞相倪文俊所制。

十七年九月，文俊谋杀寿辉，不克，奔黄州。时友谅隶文俊麾下，数有功，为领兵元帅。遂乘衅杀文俊，并其兵，自称宣慰使，寻称平章政事。

明年陷安庆，又破龙兴、瑞州，分兵取邵武、吉安，而自以兵入抚州。已，又破建昌、赣、汀、信、衢。

当是时，江以南惟友谅兵最强。太祖之取太平也，与为邻。友谅陷元池州，太祖遣常遇春击取之，由是数相攻击。

赵普胜者，故骁将，号"双刀赵"。初与俞通海等屯巢湖，同归太祖，叛去归寿辉。至是为友谅守安庆，数引兵争池州、太平，往来掠境上。太祖患之，赚普胜客，使潜入友谅军间普胜。普胜不之觉，见友谅使者辄诉功，悻悻有德色。友谅衔之，疑其贰于己，以会师为名，自江州猝至。普胜以烧羊逆于雁汊。甫登舟，友谅即杀普胜，并其军。乃以轻兵袭池州，为徐达等击败，师尽覆。

始友谅破龙兴，寿辉欲徙都之，友谅不可。未几，寿辉遽发汉阳，次江州。江州，友谅治所也，伏兵郭外，迎寿辉入，即闭城门，悉杀其所部。即江州为都，奉寿辉以居，而自称汉王，置王府官属。遂挟寿辉东下，攻太平。太平城坚不可拔，乃引巨舟薄城西南。士卒缘舟尾攀堞而登，遂克之。志益骄。进驻采石矶，遣部将阳白事寿辉前，戒壮士挟铁挝击碎其首。寿辉既死，以采石五通庙为行殿，即皇帝位，国号汉，改元大义，太师邹普胜以下皆仍故官。会大风雨，群臣班沙岸称贺，不能成礼。

友谅性雄猜，好以权术驭下。既僭号，尽有江西、湖广之地，恃其兵强，欲东取应天。太祖患友谅与张士诚合，乃设计令其故人康茂才为书诱之，令速来。友谅果引舟师东下，至江东桥，呼茂才不应，始知为所绐。战于龙湾，大败。潮落舟胶，死者无算，亡战舰数百，乘轻舸走。张德胜追败之慈湖，焚其舟。冯国胜以五翼军蹙之，友谅出皂旗军迎战，又大败。遂弃太平，走江州。太祖兵乘胜取安庆，其将于光、欧普祥皆降。明年，友谅遣兵复陷安庆。太祖自将伐之，复安庆，长驱至江州。友谅战败，夜挈妻子奔武昌。其将吴宏以饶降，王溥以建昌降，胡廷瑞以龙兴降。

友谅忿疆土日蹙，乃大治楼船数百艘，皆高数丈，饰以丹漆，每船三重，置走马棚，上下人语声不相闻，舻箱皆裹以铁。载家属百官，尽锐攻南昌，飞梯冲车，百道并进。太祖从子文正及邓愈坚守，三月不能下，太祖自将救之。友谅闻太祖至，撤围，东出鄱阳湖，遇于康郎山。友谅集巨舰，连锁为阵，太祖兵不能仰攻，连战三日，几殆。已，东北风起，乃纵火焚友谅舟，其弟友仁等皆烧死。友仁号五王，眇一目，有勇略，既死，友谅气沮。是战也，太祖舟虽小，然轻驶，友谅军俱艨艟巨舰，不利进退，以是败。

太祖所乘舟樯白，友谅约军士明日并力攻白樯舟。太祖知之，令舟樯尽白。翌日复战，自辰自午，友谅军大败。友谅欲退保鞋山，太祖已先扼湖口，邀其归路。持数日，友谅谋于众。右金吾将军曰："出湖难，宜焚舟登陆，直趋湖南图再举。"左金吾将军曰："此示弱也，彼以步骑蹙我，进退失所据，大事去矣。"友谅不能决，既而曰："右金吾言是也。"左金吾以言不用，举所部来降。右金吾知之，亦降。友谅益困。太祖凡再移友谅书，其略曰："吾欲与公约从，各安一方，以俟天命。公失计，肆毒于我。我轻师间出，奄有公龙兴十一郡，犹不自悔过，复构兵端。一困于洪都，再败于康郎，骨肉将士重罹涂炭。公即幸生还，亦宜却帝号，坐待真主，不则丧家灭姓，悔晚矣。"友谅得书忿恚，不报。久之乏食，突围出湖口。诸将自上流邀击之，大战泾江口。汉军且斗且走，日暮犹不解。友谅从舟中引首出，有所指挥，骤中流矢，贯睛及颅死。军大溃，太子善儿被执。太尉张定边夜挟友谅次子理，载其尸遁还武昌。友谅豪侈，尝造金镂床甚工，宫中器物类是。既亡，江西行省以床进。太祖叹曰："此与孟昶七宝溺器何异！"命有司毁之。友谅僭号凡四年。

子理既还武昌，嗣伪位，改元德寿。是冬，太祖亲征武昌。明年二月再亲征。其丞相张必先自岳州来援，次洪山。常遇春击擒之，徇于城下。必先，骁将也，军中号"泼张"，倚为重。及被擒，城中大惧，由是欲降者众。太祖乃遣其故臣罗复仁入城招理。理遂降，入军门，俯伏不敢视。太祖见理幼弱，掖之起，握其手曰："吾不汝罪也。"府库财物恣理取，旋应天，授爵归德侯。

友谅之从徐寿辉也，其父普才止之，不听。及贵，往迎之，普才曰："汝违吾命，吾不知死所矣。"普才五子：长友富，次友直，又次友谅，又次友仁、友贵。友仁、友贵前死鄱阳。太祖平武昌，封普才承恩侯，友富归仁伯，友直怀恩伯，赠友仁康山王，命所司立庙祀之，以友贵附。理居京师，邑邑出怨望语。帝曰："此童孺小过耳，恐细人蛊惑，不克全朕恩，宜处之远方。"洪武五年，理及归义侯明升并徙高丽，遣元降臣枢密使延安答理护行。赐高丽王罗绮，俾善视之。亦徙普才等滁阳。

张士诚，小字九四，泰州白驹场亭人。有弟三人，并以操舟运盐为业，缘私作奸利。颇轻财好施，得群辈心。常鬻盐诸富家，富家多陵侮之，或负其直不酬。而弓手丘义尤窘辱士诚甚。士诚忿，即帅诸弟及壮士李伯升等十八人杀义，并灭诸富家，纵火焚其居。入旁郡场，招少年起兵。盐丁方苦重役，遂共推为主，陷泰州。高邮守李齐谕降之，复叛。杀行省参政赵琏，并陷兴化，结砦德胜湖，有众万余。元以万户告身招之，不受。给杀李齐，袭据高邮，自称诚王，僭号大周，建元天佑。是岁至正十三年也。

明年，元右丞相脱脱总大军出讨，数败士诚，围高邮，隳其外城。城且下，顺帝信谗，解脱脱兵柄，削官爵，以他将代之。士诚乘间奋击，元兵溃去，由是复振。逾年，淮东饥，士诚乃遣弟士德由通州渡江入常熟。

十六年二月陷平江，并陷湖州、松江及常州诸路。改平江为隆平府，士诚自高邮来都之。即承天寺为府第，踞坐大殿中，射三矢于栋以识。是岁，太祖亦下集庆，遣杨宪通好于士诚。其书曰："昔隗嚣称雄于天水，今足下亦擅号于姑苏，事势相等，吾深为足下喜。睦邻守境，古人所贵，窃甚慕焉。自今信使往来，毋惑谗言，以生边衅。"士诚得书，留宪不报。已，遣舟师攻镇江。徐达败之于龙潭。太祖遣达及汤和攻常州，士诚兵来援，大败，失张、汤二将，乃以书求和，请岁输粟二十万石，黄金五百两，白金三百斤。太祖答书，责其归杨宪，岁输五十万石。士诚复不报。

初，士诚既得平江，即以兵攻嘉兴。元守将苗帅杨完者数败其兵。乃遣士德间道破杭州，完者还救，复败归。明年，耿炳文取长兴，徐达取常州，吴良等取江阴，士诚兵不得四出，势渐蹙。亡何，徐达兵徇宜兴，攻常熟。士德迎战败，为前锋赵德胜所擒。士德，小字九六，善战有谋，能得士心，浙西地皆其所略定。既被擒，士诚大沮。太祖欲留士德以招士诚。士德间道贻士诚书，俾降元。士诚决计请降。江浙右丞相达识帖睦迩为言于朝，授士诚太尉，官其将吏有差。士德在金陵竟不食死。士诚虽去伪号，擅甲兵土地如故。达识帖睦迩在杭与杨完者有隙，阴召士诚兵。士诚遣史文炳袭杀完者，遂有杭州。顺帝遣使徵粮。赐之龙衣御酒。士诚自海道输粮十一万石于大都，岁以为常。既而益骄，令其下颂功德，邀王爵。不许。

二十三年九月，士诚复自立为吴王，遵其母曹氏为王太妃，置官属，别治府第于城中，以士信为浙江行省左丞相，幽达识帖睦迩于嘉兴。元徵粮不复与。参军俞思齐者，字中孚，泰州人，谏士诚曰："向为贼，可无贡；今为臣，不贡可乎！"士诚怒，抵案仆地，思齐即引疾去。当是时，士诚所据，南抵绍兴，北逾徐州，达于济宁之金沟，西距汝、颍、濠、泗，东薄海，二千余里，带甲数十万。以士信及女夫潘元绍为腹心，左丞徐义、李伯升、吕珍为爪牙，参军黄敬夫、蔡彦文、叶德新主谋议，元学士陈基、右丞饶介典文章。又好招延宾客，所赠遗舆马、居室、什器甚具。诸侨寓贫无籍者争趋之。

士诚为人，外迟重寡言，似有器量，而实无远图。既据有吴中，吴承平久，户口殷盛，士诚渐奢纵，怠于政事。士信、元绍尤好聚敛，金玉珍宝及古法书名画，无不充牣日夜歌舞自娱。将帅亦偃蹇不用命，每有攻战，辄称疾，邀官爵田宅然后起。甫至军，所载婢妾乐器踵相接不绝；或大会游谈之士，樗蒲蹴鞠，皆不以军务为意。及丧师失地还，士诚概置不问。已，复用为将。上下嬉娱，以至于亡。

太祖与士诚接境。士诚数以兵攻常州、江阴、建德、长兴、诸全，辄不利去。而太祖遣邵荣攻湖州，胡大海攻绍兴，常遇春攻杭州，亦皆不能下。廖永安被执，谢再兴叛降士诚，会太祖与陈友谅相持，未暇及也。友谅亦遣使约士诚夹攻太祖，而士诚欲守境观变，许使者，卒不行。太祖既平武昌，师还，即命徐达等规取淮东，克泰州、通州，图高邮。士诚以舟师溯江来援，太祖自将击走之。达等遂拔高邮，取淮安，悉定淮北地。于是移檄平江，数士诚八罪。徐达、常遇春帅兵自太湖趋湖州，吴人迎战于毗山，又战于七里桥，皆败，遂围湖州。士诚遣朱暹、五太子等以六万众来援，屯于旧馆，筑五砦自固。达、遇春筑十垒以遮之，断其粮道。士诚知事急，亲督兵来战，败于皂林。其将徐志坚败于东迁，潘元绍败于乌镇，升山水陆寨皆破，旧馆援绝，五太子、朱暹、吕珍皆降。五太子者，士诚养子，短小精悍，能平地跃丈余，又善没水，珍、暹皆宿将善战，至是降。达等以徇于湖州。守将李伯升等以城降,嘉兴、松江相继降。潘原明亦以杭州降于李文忠。

二十六年十一月,大军进攻平江,筑长围困之,士诚距守数月。太祖贻书招之曰:"古之豪杰,以畏天顺民为贤,以全身保族为智,汉窦融、宋钱俶是也。尔宜三思,勿自取夷灭,为天下笑。"士诚不报,数突围决战,不利。李伯升知士诚困甚,遣所善客逾城说士诚曰:"初公所恃者,湖州、嘉兴、杭州耳,今皆失矣。独守此城,恐变从中起,公虽欲死,不可得也。莫若顺天命,遣使金陵,称公所以归义救民之意,开城门,幅巾待命,当不失万户侯。且公之地,譬如博者,得人之物而复失之,于公何损?"士诚仰观良久曰:"吾将思之。"乃谢客,竟不降。士诚故有勇胜军号"十条龙"者,皆骁猛善斗,每被银铠锦衣出入阵中,至是亦悉败,溺万里桥下死。最后丞相士信中炮死,城中汹汹无固志。二十七年九月,城破,士诚收余众战于万寿寺东街,众散走。仓皇归府第,拒户自缢。故部将赵世雄解之。大将军达数遣李伯升、潘元绍等谕意,士诚瞑目不答。舁出葑门,入舟,不复食。至金陵,竟自缢死,年四十七。命具棺葬之。

方士诚之被围也,语其妻刘曰:"吾败且死矣,若曹何为?"刘答曰:"君无忧,妾必不负君。"积薪齐云楼下,城破,驱群妾登楼,令养子辰保纵火焚之,亦自缢。有二幼子匿民间,不知所终。先是,黄敬夫等三人用事,吴人知士诚必败,有"黄菜叶"十七字之谣,其后卒验云。

莫天祐者,元末聚众保无锡州,士诚招之,不从。以兵攻之,亦不克。士诚既受元官,天祐乃降。士诚累表为同金枢密院事。及平江既围,他城皆下,惟天祐坚守。士诚破,胡廷瑞急攻之,乃降。太祖以其多伤我兵,诛之。

李伯升仕士诚至司徒,既降,命仍故官,进中书平章同知詹事府事。曾将兵讨平湖广慈利蛮,又为征南右副将军,同吴良靖前州蛮。后坐胡党死。潘元明以平章守杭州降,仍为行省平章,与伯升俱岁食禄七百五十石,不治事。云南平,以元明署布政司事,卒官。

士诚自起至亡,凡十四年。

【译文】

陈友谅是沔阳的一个渔夫的儿子,他本来姓谢,祖父招赘在陈家,因而随着姓陈。年少时念过书稍微懂些文理。有一个会看风水的人观察他家祖先的坟地,说"据风水的模式定当大贵",陈友谅心里暗自高兴。曾经在县里当小吏,他不喜欢干。徐寿辉的军队起事,陈友谅去投奔他,在他的部将倪文俊哪里当掌簿书的佐史。

徐寿辉,罗田人,又名真一。以贩卖布匹为业。元朝末年盗贼蜂起,袁州的和尚彭莹玉用妖术和麻城的邹普胜聚众作乱,以红巾为标记。他们因徐寿辉长相奇特,就推举他为首领。至正十一年(1351)九月攻陷蕲水和黄州路,打败元朝的威顺王宽彻不花。于是就以蕲水为都城,立徐寿辉为皇帝,国号"天完",建年号"治平",以邹普胜为太师。没有多久,攻陷饶州、信州。次年(1352)分兵四处出击,接连攻陷湖广、江西的诸多州县。接着又攻破昱岭关,攻下杭州。别将赵普胜等人攻破太平各路。声势大振。但是,徐寿辉没有远大的抱负,所得之地不能守住,第二年(1353)被元军击败,徐寿辉逃脱。不久又兴盛起来,把都城迁到汉阳,被他的丞相倪文俊所控制。

至正十七年(1357)九月,倪文俊图谋杀害徐寿辉,没成功,逃往黄州。当时陈友谅隶属于倪文俊,多次立下战功,当上了领兵元帅,就找了个机会杀死倪文俊,吞并了他的部队,自封宣慰使,不久称平章政事。

次年(1358),攻陷安庆,又攻破龙兴、瑞州,分兵攻取邵武、吉安。陈友谅本人率军攻入抚州。不久,又攻破建昌、赣州、汀州、信州、衢州。

其时,长江以南只有陈友谅的兵力最强大。太祖攻下了太平,和陈友谅相比邻。陈友谅攻陷元朝的池州,太祖派遣常遇春攻取了池州,从此多次相互攻击。

有个赵普胜,本是一员猛将,绰号“双刀赵”。当初,他和俞通海等人驻扎在巢湖,一起归顺太祖,后又叛离归降徐寿辉。在这时为陈友谅防守安庆,多次领兵争夺池州、太平,在疆界处来回骚扰。太祖为此忧虑,以利引诱赵普胜的门客,让他潜入陈友谅的军中离间赵普胜。赵普胜没有发觉,见到陈友谅派来的人就夸说自己的功劳,恼怒地表露出对陈友谅有恩德的神色。陈友谅怀恨在心,怀疑他对自己有二心,以会师为名,从江州突然来到赵普胜处。赵普胜用烧羊在雁汊迎接陈友谅,刚登上船,陈友谅马上杀死赵普胜,吞并了他的部队。于是就用轻装快速的部队袭击池州,被徐达等人击败,军队全部覆没。

当初,陈友谅攻破龙兴,徐寿辉想把都城迁移到这里,陈友谅不同意。没有多久,徐寿辉突然从汉阳出发,停留在江州。江州是陈友谅驻扎的地方,他在城外埋伏下军队,迎接徐寿辉进城,随即紧闭城门,把徐寿辉带来的部队全部杀害。随即以江州为都城,侍奉徐寿辉驻节在此地,而自称“汉王”,设置王府属下的官吏。于是陈友谅挟持徐寿辉东下,攻打太平,太平城坚固,攻打不下来,就率领大船停泊在太平城的西南。士兵们沿着船尾攀缘城上的矮墙登上了城,于是攻下太平。陈友谅心气更加骄纵。他进驻采石矶后,派遣部下将领表面上到徐寿辉面前禀告事情,暗中命令壮士带着铁锤击碎徐寿辉的脑袋。徐寿辉死了以后,陈友谅以采石的五通庙为行宫,即皇帝位,国号“汉”,改年号“大义”,太师邹普胜以下都继续担任原来的官职。登基时正好遇上刮大风下大雨,百官依次排列在沙岸上祝贺,未能完成规定的礼仪。

陈友谅性强劲而好猜疑,爱用权术驾驭部下。他非法称帝后,完全占有江西、湖广的地方,依仗自己兵力强盛,想向东取得应天。太祖担心陈友谅和张士诚联合,就设计叫陈友谅的老朋友康茂才写信引诱他,让他快来。陈友谅果然带领水军东下,到达江东桥,呼唤康茂才,无人答应,才知道被欺骗了。在龙湾与太祖的军队交战,大败。潮水下落,船只搁浅,死的人不计其数,丧失战船几百艘,陈友谅等人乘小船逃走。张德胜追击到慈湖,又打败陈友谅,烧毁了他的船。冯国胜率五翼军迫近他,陈友谅出黑旗军迎战,又大败。于是陈友谅丢弃太平,逃往江州。太祖的军队乘胜攻取安庆,陈友谅的部下将领于光、欧普祥都投降。第二年(1361),陈友谅派兵再次攻陷安庆。太祖亲自领兵征讨他,又收复了安庆,长驱直入到达江州。陈友谅战败,夜里带着妻子儿女逃往武昌。他的将领吴宏献出饶州投降,王溥献出建昌投降,胡廷瑞献出龙兴投降。

陈友谅愤恨疆土一天比一天缩小,就大规模营造楼船几百艘,都高数丈,涂上红漆,每艘船三层,设置走马棚。上下层人说话的声音相互间都听不见,船体都用铁皮包上。船上装载着家属百官。竭其精锐进攻南昌,攻城的长梯和冲击城墙的战车,从各条路上同时前进。太祖的侄儿朱文正和邓愈坚守南昌，三个月没能攻下来，太祖亲自领兵援救南昌。陈友谅听说太祖来了，撤下围城的兵力，向东出鄱阳湖，在康郎山与太祖相遇。陈友谅把大船聚集起来，连锁在一起形成战阵，太祖的军队不能由下向上进攻，接连交战三天，非常危险。不久，刮起东北风，于是放火烧陈友谅的船，他的弟弟陈友仁等人全被烧死。陈友仁称五王，瞎一眼，有勇有谋，死后，陈友谅的士气低落。这一仗，太祖的船虽小，但是行驶轻便，陈友谅部队都是大型的战船，进退不方便，因此战败。

　　太祖所乘坐的船桅杆是白色的，陈友谅与将士们约定明天合力攻打白桅杆船。太祖知道这一情况，下令所有船上的桅杆全弄成白色的。明天再战，自辰时打到午时，陈友谅的军队大败。陈友谅想退守鞡山，太祖已先把守住湖口，拦截他的归路。相持了好几天，陈友谅和部下商量对策，右金吾将军说："出湖困难，应当烧掉船登陆。直奔湖的南面图谋再起。"左金吾将军说："这是显示软弱，对方以步兵骑兵追踪我们，进和退都失去依靠，大事就完了。"陈友谅拿不定主意。过了一会儿说："右金吾将军的话是对的。"左金吾将军因为自己的意见不被采纳，率领他的部下投降太祖。右金吾将军知道这一情况后，也投降了。陈友谅更加窘迫。太祖共两次发文书给陈友谅，大意说："我想和您相约联合，各自安抚一方，以等待上天的意旨。您失策了，对我任意加害。我以轻装的部队乘隙出击，据有您龙兴等十一个州郡，您仍不自己追悔所造成的祸害，又挑起战争事端。先是在洪都受窘，又在康郎山打得大败，骨肉兄弟和部下将士一再遭受巨大的灾难。您即使能侥幸活着回去，也应该撤销帝王称号，安分地等候真命天子出来，不然家破族灭，后悔可就来不及了！"陈友谅收到文书后又怒又恨，不给答复。时间长了，军队没有吃的，陈友谅从湖口突围出来。太祖的将领们从上游拦击他们，大战泾江口。汉军（陈友谅军）一边打一边逃跑，天黑了还没能摆脱追击。陈友谅从船中把头伸出来，要指挥作战，突然被流箭射中，穿透眼睛进入颅内死去。汉军大乱，太子陈善儿被俘获。太尉张定边夜里带着陈友谅的次子陈理，载着陈友谅的尸体逃回武昌。陈友谅豪华奢侈，曾经制造了一张非常精致的镂金床，宫中的器物用具都类似这样。他死后，江西行省把这张床进献给太祖。太祖感叹地说："这和孟昶的七宝便壶有什么两样！"下令有关官吏毁了这张床。陈友谅非法称帝共四年。

　　陈友谅的次子陈理回武昌后，继承伪帝位，改年号为"德寿"。这年冬天，太祖亲自征讨武昌。第二年（1364）二月再次亲自出征。陈理的丞相张必先从岳州前来援救陈理，驻扎在洪山。常遇春击败并活捉了他，押他在武昌城下示众。张必先是一员猛将，在军中绰号"泼张"，陈理特别倚重他。等到他被擒，城里便非常恐慌，因此想投降的人非常多。太祖就派遣（陈）的旧臣罗复仁进城招降陈理。陈理于是投降。他进入营门，趴在地上不敢向上看。太祖见陈理年幼弱小，扶他起来，握着他的手说："我不加罪于你。"武昌官库里的财物听任陈理取用，太祖返回应天后，授给他归德侯的爵位。

　　陈友谅投奔徐寿辉时，他的父亲陈普才曾加以劝阻，陈友谅不听。等到陈友谅显达之后，去迎接陈普才，陈普才说："你不听我的话，我还不知道死在什么地方呢！"陈普才有五个儿子：长子友富、次子友直、三子友谅、四子、五子友仁和友贵。陈友仁、陈友贵先前已死在鄱阳。太祖平定武昌，封陈普才为承恩侯、陈友富为归仁伯、陈友直为怀恩伯，追赠陈友仁为康山王，命令有关主管部门建庙祭祀他，让陈友贵随从受祭。陈理住在京城，忧闷不乐，说一些不满的话。皇帝(太祖)说："这是小孩子的过错，恐怕小人诱惑，不能保全朕给予的恩德，应当把他安置在远方。"洪武五年(1372)，将陈理和归义侯明升一起迁移到高丽，派遣元朝投降的大臣枢密使延安答理护送。皇帝赐给高丽王绫罗绸缎，让他好好照应他们。又把陈普才等人迁移到滁阳。

张士诚，小名九四，泰州白驹场的盐丁。有三个弟弟，都以撑船运盐为职业，通过贩卖私盐牟取非法盈利。他为人非常轻视钱财，乐于帮助他人，受到他们一伙人的拥护。他常常卖盐给许多有钱的人家，有钱人家大多欺侮他，有些人欠他的盐钱不还。有个弓手丘义，侮辱张士诚尤其厉害。张士诚愤恨不平，就率领几个弟弟和壮士李伯升等十八个人杀死丘义，并且杀绝那些有钱的人家，放火烧掉他们的房屋。张士诚等人进入别的州郡的盐场，招募青年起兵造反。盐丁们正为沉重的劳役所苦，就一起推举张士诚为首领，攻陷泰州。高邮太守(知府)李齐指示招降了他，但后来又叛变，杀害行省参政赵琏，并且攻陷兴化，在德胜湖安营扎寨，有部众一万多人。元朝廷用"万户"军职委任状招降张士诚，他不接受。张士诚用欺骗的手法杀害了李齐，袭击并占据高邮，自称"诚王"，非法称国号"大周"，立年号"天祐"。这一年是元至正十三年(1353)。

明年(1354)，元朝右丞相脱脱统领大军出征，几次打败张士诚，围困高邮，毁坏了高邮的外城。城就要攻下了，元顺帝听信谗言，解除了脱脱的军权，削夺了他的官职爵位，用别的将领来替代他。张士诚乘机奋力出击，元军溃败逃走，从此张士诚又兴盛起来。过了一年(1355)，淮东闹饥荒，张士诚就派自己的弟弟张德从通州渡过长江侵入常熟。

元至正十六年(1356)二月，张士诚攻陷平江，并且攻陷湖州、松江和常州各路。改平江为隆平府，张士诚从高邮迁来，以此地为都城。就用承天寺作王府宅第，蹲坐在大殿中间，射三支箭在大梁上以为标志。这年，太祖也攻下集庆，派遣杨宪去交好张士诚。太祖的信中说："从前隗嚣在天水称雄，现在足下也在姑苏自己称王，情势相同，我很为足下高兴。比邻和睦相处，各守疆界，是古人所贵重的，我私下非常仰慕。从现在起我们信使往来，不要受谗言的迷惑，从而在边境上生出事端。"张士诚收到信，扣留下杨宪，不予答复。不久，他派遣水军攻打镇江，徐达在龙潭打败他的军队。太祖派遣徐达和汤和攻打常州，张士诚的军队来救援，被打得大败，丧失张、汤二将，就写书信求和，请求每年献纳粮食二十万石，黄金五百两，白银三百斤。太祖回信，责令他放回杨宪，每年献纳粮五十万石，张士诚又不回复。

当初，张士诚攻取平江后，就派兵攻打嘉兴。元朝守将苗人统帅杨完者几次打败他的军队。张士诚于是派遣张德从小路攻破杭州，杨完者回师救援，张士诚军又被打败回来。明年(1357)，耿炳文攻下长兴，徐达攻下常州，吴良等人攻下江阴，张士诚的军队四面受阻，不能出动，形势逐渐紧迫。没过多久，徐达的军队占据宜兴，攻打常熟。张士德迎战，打败，被前锋赵德胜活捉。张士德，小名九六，善战有谋略，得到将士们的爱戴。浙西地方都是他攻占平定的。他被活捉后，张士诚非常沮丧。太祖想留下张士德来招降张士诚。张士德派人从偏僻小道送给张士诚一封信，让他投降元朝。张士诚于是决定向元朝请求投降。元浙江右丞相达识帖睦迩替张士诚向朝廷报告，朝廷授给张士诚太尉，他手下的将领官吏也都被授予等级不同的官职。张士德在金陵终于绝食而死。张士诚虽然免去伪王称号,据有武装部队和地盘还是和过去一样。达识帖睦迩在杭州与杨完者有矛盾,暗中召来张士诚的军队。张士诚派遣史文炳袭击并杀害了杨完者,于是据有杭州。元顺帝派遣使者征收粮食,赐给张士诚龙衣御酒。张士诚从海路运送粮食十一万石到大都,每年如此,成为常规。不久,张士诚愈来愈骄纵,命令他的部下颂扬他的功业和德行,希求得到王爵,元朝廷没有应允。

元至正二十三年(1363)九月,张士诚又自立为吴王,尊奉他的母亲曹氏为王太妃,设置下属官吏,另外在城中营建王府宅第,以张士信为浙江行省左丞相,将达识帖睦迩囚禁在嘉兴。元朝廷征收粮食不再供给。有个参军俞思齐,字中孚,泰州人,规劝张士诚说:"我们从前是贼寇,可以不进贡;现在是臣子,不进贡可以吗!"张士诚大怒,把长桌推倒在地,俞思齐便托病辞官离去。当时,张士诚所占据的地方,南到绍兴,北过徐州,达到济宁的金沟,西到汝州、颍州、濠州、泗州,东临近海,方圆二千余里,武装的士兵几十万人。他以张士信和女婿潘元绍为心腹,左丞徐义、李伯升、吕珍为爪牙,参军黄敬夫、蔡彦文、叶德新主管出谋划策,元朝的学士陈基、右丞饶介执掌礼乐法度。他又喜好招揽接纳宾客,赠送给他们的车马、住宅、日用杂物都非常齐全。许多侨居他乡贫困没有户籍的人争着投奔他。

张士诚为人,表面上迟缓凝重,少言寡语,似乎很有器量,但实际上没有远大抱负。占有吴一带地方后,吴地太平安定的时间很长,户口众多,张士诚逐渐奢侈放纵,懒于处理政务。张士信、潘元绍尤其嗜好搜括财物,金玉珍宝和古代名家的书法、绘画,家中都充满了。他们日日夜夜的听歌观舞,只顾自己娱乐。将领们也都傲慢,不出力卖命,每逢要打仗了,就推说有病,求得官爵田地房产以后才出兵。刚到军中,车子装载着婢妾乐器便紧跟着连续不断地到来;有时同游说空谈的人士聚会,赌博踢球,都不把军务放在心上。等到丧师失地打了败仗回来,张士诚一概不问罪。不久,又用他们为领兵的将军。上上下下玩乐享受,以至于灭亡。

太祖和张士诚疆土相连接。张士诚多次派兵攻打常州、江阴、建德、长兴诸全,总是失利而返。太祖派遣邵荣攻打湖州,胡大海攻打绍兴,常遇春攻打杭州,也都不能攻克。廖永安被士诚俘获,谢再兴叛变投降张士诚,适逢太祖和陈友谅相持不下,没有功夫顾及。陈友谅也派使者约张士诚夹攻太祖,但张士诚想守住疆土以观变化,口头上答应使者,最终没有行动。太祖平定武昌后,大军转回,就命令徐达等人谋划夺取淮东,攻克了泰州、通州,围困高邮。张士诚派水军船只沿长江逆流而上前来救援,太祖亲自率军击退他们。徐达等人于是攻克高邮,夺取淮安,完全平定淮北地区。接着下讨伐文书到平江,历数张士诚八条罪状。徐达、常遇春统领军队从太湖直奔湖州,吴地人在毗山迎战,又在七里桥交战,都被打败,于是包围湖州。张士诚派遣朱暹、五太子等人率六万部众前来救援,驻扎在旧馆,修筑五座营寨自守。徐达、常遇春修筑十座营垒以拦阻他们,断绝了他们的运粮道路。张士诚知道事情紧迫,亲自督促军队来交战,在皂林被打败。他的部将徐志坚在东迁被打败,潘元绍在乌镇被打败,升山水上陆路的营寨全被攻破,旧馆的救援断绝,五太子、朱暹、吕珍都投降了。所谓五太子,是张士诚的养子,短小精悍,能在平地上跳起一丈多高,又擅长潜水。吕珍、朱暹都是善于作战的老将,到这时全部投降。徐达等人送他们到湖州城下示众。湖州守将李伯升等人献城投降,嘉兴、松江也相继投降。潘原明也献杭州向李文忠投降。

元至正二十六年(1366)十一月,太祖大军进攻平江,修筑长长的围子包围平江城。张士诚拒守了几个月。太祖致信招降他,说:"古代的豪杰,以畏惧天命顺从民意为贤,以保全自己保住家族为智,汉朝的窦融、宋朝的钱俶就是这样的。你应该三思,不要自取灭亡,为天下人耻笑。"张士诚不回复,几次突围决战,都不顺利。李伯升知道张士诚非常窘迫,派遣和张士诚亲善的门客越过城游说张士诚,说:"当初您所依靠的,就是湖州、嘉兴、杭州啊!现在都丧失了。孤零零地守着这座城,恐怕变故要从内部发生,那时您即使想死,也不能够啊!不如顺应天命,派遣使者去金陵,表达您能够归从大义拯救百姓的心意,打开城门,脱掉帽子,用绢一幅束发,等候命令,就还不会失去万户侯的爵位。何况您的地盘,就譬如赌博的人,赢得人家的东西而又失去了它,对您有什么损害?"张士诚仰头观看很久,说:"我要思考思考。"就辞去门客,但终究没有投降。张士诚本来有勇胜军称作"十条龙"的,都勇猛善战,常穿银铠甲绸缎衣出入于战阵之中,到这时也都战败,淹死在万里桥下。最后,丞相张士信被火炮击中而死,城里喧扰不安,不再有坚守的意志。元至正二十七年(1367)九月,城被攻破,张士诚收聚残余的部众,在万寿寺东街作战,部众四散逃走。士诚慌慌张张地回到王府宅第,闭门上吊自杀。他原来的部将赵世雄解救了他。大将军徐达几次派遣李伯升、潘元绍等人向他传达太祖的旨意,张士诚闭眼不回答。用轿子把他抬出葑门,上了船,他从此不再吃东西。到达金陵,终于上吊自杀身亡,这时他四十七岁。太祖下令准备棺材埋葬他。

当张士诚被围困的时候,对他的妻子刘氏说:"我失败了将要死了,你们怎么办?"刘氏回答说:"你不要担心,我一定不辜负你。"把柴禾堆积在齐云楼下。城被攻破后,刘氏驱赶群妾登上齐云楼,叫养子张辰保放火烧楼,自己也上吊自杀。有两个年幼的儿子隐藏在民间,不知道下落。先前,黄敬夫等三人掌权,吴地人知道张士诚一定会失败,有"黄菜叶"十七个字的民谣,以后终于应验了。

有个莫天祐,元朝末年聚众保卫无锡州,张士诚招降他,不听从。张士诚派兵攻打无锡,也不能攻克。张士诚接受元朝的官爵后,莫天祐才投降。张士诚屡次上奏章推荐他任同金枢密院事。到了平江被围困后,其他城池都被攻下,唯有莫天祐坚守无锡。张士诚被消灭,胡廷瑞加紧攻打无锡,莫天祐才投降。太祖认为他杀伤我方将士太多,便杀了他。

李伯升在张士诚处当官,一直当到了司徒,投降后,命他继续任原官,又晋封为中书平章同知詹事府事。他曾经领兵讨伐平定湖广慈利蛮人,又任征南右副将军,和吴良一起讨伐靖州蛮人。后来因为牵入胡(惟庸)党案获罪而死。潘元(原)明是以平章的官衔守杭州时候投降的,降后仍旧任行省平章,与李伯升都每年享受俸禄七百五十石,不管事。云南平定,朝廷任潘元(原)明代理布政司事,死在任上。

张士诚从起事到灭亡,共十四年。

常遇春传

【题解】

常遇春(1330～1369)明朝开国将领。字伯仁,安徽怀远人。历任中翼大元帅,中书平章军国重事、左副将军,封鄂国公。

初常遇春从刘聚起义,元至正十五年(1355)投归朱元璋。随朱元璋渡长江,取太平(今安徽当涂),破集庆(今南京);配合大将军徐达取婺州,下衢州。在与陈友谅的鄱阳湖决战中,曾救了朱元璋性命;在全歼陈友谅部后,又转征张士诚,攻克平江(今苏州),俘获张士诚部众二十五万;再北上,转战中原,攻克大都(今北京),灭亡元朝。洪武二年(1369),又率军北征,攻占元上都,俘获元宗王及将士万余。在回师途中得暴病身亡,追封为开平王,谥忠武。

常遇春读书不多,但勇敢沉着,善于用兵。在朱元璋扫平群雄、推翻元朝、统一全国的过程中,战功卓绝,是一位智勇双全的杰出将帅。他自谓率十万军队能横行天下,因此有"常十万"之美称。

【原文】

常遇春,字伯仁,怀远人。貌奇伟,勇力绝人,猿臂善射。初从刘聚为盗,察聚终无成,归太祖于和阳。未至,困卧田间,梦神人被甲拥盾呼曰:"起起,主君来"。惊寤,而太祖适至,即迎拜。时至正十五年四月也。无何,自请为前锋。太祖曰:"汝特饥来就食耳,吾安得汝留也。"遇春固请。太祖曰:"俟渡江,事我未晚也。"及兵薄牛渚矶,元兵陈矶上,舟距岸且三丈余,莫能登。遇春飞舸至,太

常遇春

祖麾之前。遇春应声,奋戈直前。敌接其戈,乘势跃而上,大呼跳荡,元军披靡。诸将乘之,遂拔采石,进取太平。授总管府先锋,进总管都督。

时将士妻子辎重皆在和州,元中丞蛮子海牙复以舟师袭据采石,道中梗。太祖自将攻之,遣遇春多张疑兵分敌势。战既合,遇春操轻舸,冲海牙舟为二。左右纵击,大败之,尽得其舟。江路复通。寻命守溧阳,从攻集庆,功最。从元帅徐达取镇江,进取常州。吴兵围达于牛塘,遇春往援,擒其将,进统军大元帅。克常州,迁中翼大元帅。从达攻宁国,

中流矢,裹创斗,克之。别取马驮沙,以舟师攻池州,下之,进行省都督马步水军大元帅。从取婺州,转同佥枢密院事,守婺。移兵围衢州,以奇兵突入南门瓮城,毁其战具,急攻之,遂下,得甲士万人,进佥枢密院事。攻杭州,失利,召还应天。从达拔赵普胜之水寨,从守池州,大破汉兵于九华山下。

友谅薄龙湾,遇春以五翼军设伏,大破之,遂复太平,功最。太祖追友谅于江州,命遇春留守,用法严,军民肃然无敢犯,进行省参知政事。从取安庆。汉军出江游徼,遇春击之,皆反走,乘胜取江州。还守龙湾,援长兴,俘杀吴兵五千余人,其将李伯升解围遁。命甓安庆城。

先是,太祖所任将帅最著者,平章邵荣、右丞徐达与遇春为三。而荣尤宿将善战,至是骄蹇有异志,与参政赵继祖谋伏兵为变。事觉,太祖欲宥荣死,遇春直前曰:"人臣以反名,尚何可宥,臣义不与共生"。太祖乃饮荣酒,流涕而戮之,以是益爱重遇春。

池州帅罗友贤据神山寨,通张士诚,遇春破斩之。从援安丰。比至,吕珍已陷其城,杀刘福通,闻大军至,盛兵拒守。太祖左右军皆败,遇春横击其阵,三战三破之,俘获士马无算。遂从达围庐州。城将下,陈友谅围洪都,召还。会师伐汉,遇于彭蠡之康郎山。汉军舟大,乘上流,锋锐甚。遇春偕诸将大战,呼声动天地,无不一当百。友谅骁将张定边直犯太祖舟,舟胶于浅,几殆。遇春射中定边,太祖舟得脱,而遇春舟复胶于浅。有败舟顺流下,触遇春舟乃脱。转战三日,纵火焚汉舟,湖水皆赤,友谅不敢复战。诸将以汉军尚强,欲纵之去,遇春独无言。比出湖口,诸将欲放舟东下,太祖命扼上流。遇春乃溯江而上,诸将从之。友谅穷蹙,以百舸突围。诸将邀击之,汉军遂大溃,友谅死。师还,第功最,赉金帛土田甚厚。从围武昌,太祖还应天,留遇春督军困之。

明年,太祖即吴王位,进遇春平章政事。太祖复视师武昌。汉丞相张必先自岳来援。遇春乘其未集,急击擒之。城中由是气夺,陈理遂降,尽取荆、湖地。从左相国达取庐州,别将兵略定临江之沙坑、麻岭、牛陂诸寨,擒伪知州邓克明,遂下吉安。围赣州,熊天瑞固守不下。太祖使使谕遇春:"克城无多杀。苟得地,无民何益?"于是遇春浚壕立栅以困之。顿兵六月,天瑞力尽乃降,遇春果不杀。太祖大喜,赐书褒勉。遇春遂因兵威谕降南雄、韶州,还定安陆、襄阳。复从徐达克泰州,败士诚援兵,督水军壁海安坝以遏之。

其秋拜副将军,伐吴。败吴军于太湖,于毗山,于三里桥,遂薄湖州。士诚遣兵来援,屯于旧馆,出大军后。遇春将奇兵由大全港营东阡,更出其后。敌出精卒搏战,奋击破之。袭其右丞徐义于平望,尽燔其赤龙船,复败之于乌镇,逐北至升山,破其水陆寨,悉俘旧馆兵,湖州遂下。进围平江,军虎丘。士诚潜师趋遇春,遇春与战北濠,破之,几获士诚。久之,诸将破葑门,遇春亦破阊门以入,吴平。时中书平章军国重事,封鄂国公。

复拜副将军,与大将军达帅兵北征。帝亲谕曰:"当百万众,摧锋陷坚,莫如副将军。不虑不能战,虑轻战耳。身为大将,顾好与小校角,甚非所望也。"遇春拜谢。既行,以遇春兼太子少保,从下山东诸郡,取汴梁,进攻河南。元兵五万陈洛水北。遇春单骑突其阵,敌二十余骑攒槊刺之。遇春一矢殪其前锋,大呼驰入,麾下壮士从之。敌大溃,追奔五十余里。降梁王阿鲁温,河南郡邑以次下。谒帝于汴梁,遂与大将军下河北诸郡。先驱取德州,将舟师并河而进,破元兵于河西务,克通州,遂入元都。别下保定、河间、真定。

与大将军攻太原，扩廓帖木儿来援。遇春言于达曰："我骑兵虽集，步卒未至，骤与战必多杀伤，夜劫之可得志。"达曰："善"。会扩廓部将豁鼻马来约降，且请为内应，乃选精骑夜衔枚往袭。扩廓方燃烛治军书，仓卒不知所出，跣一足，乘羸马，以十八骑走大同。豁鼻马降，得甲士四万，遂克太原。遇春追扩廓至忻州而还。诏改遇春左副将军，居右副将军冯胜上。北取大同，转徇河东，下奉元路，与胜军合，西拔凤翔。

会元将也速攻通州，诏遇春还备，以平章李文忠副之，帅步骑九万，发北平，径会州，败敌将江文清于锦州，败也速于全宁。进攻大兴州，分千骑为八伏。守将夜遁，尽擒之，遂拔开平。元帝北走，追奔数百里。获其宗王庆生及平章鼎住等将士万人，车万辆，马三千匹，牛五万头，子女宝货称是。师还，次柳河川，暴疾卒，年仅四十。太祖闻之，大震悼。丧至龙江，亲出奠，命礼官议天子为大臣发哀礼。议上，用宋太宗丧韩王赵普故事。制曰"可"。赐葬钟山原，给明器九十事纳墓中。赠翊运推诚宣德靖远功臣、开府仪同三司、上柱国、太保、中书右丞相，追封开平王，谥忠武。配享太庙，肖像功臣庙，位皆第二。

遇春沉鸷果敢，善抚士卒，摧锋陷阵，未尝败北。虽不习书史，用兵辄与古合。长于大将军达二岁，数从征伐，听约束惟谨，一时名将称徐常。遇春常自言能将十万众，横行天下，军中又称"常十万"云。

【译文】

常遇春，字伯仁，怀远人。他外貌异常魁伟，胆量力气超乎常人，手臂特别长，善于射箭。起初跟从刘聚当强盗，后察觉到刘聚始终成不了大事，就去和阳投归朱元璋。还未到和阳，因困乏在田间睡着了，梦见一个披甲举盾的神人向他喊道："快起来，起来，你的主君来了！"遇春从梦中惊醒，这时朱元璋正好从这里经过，常遇春赶忙上前迎拜。当时是元至正十五年四月。不多久，常遇春自告奋勇请求当军队的前锋。朱元璋说："你只是因为饥饿才来这里找饭吃的，我怎么能收留你呢？"常遇春再三请求，朱元璋说："待渡江以后，你再为我效力为时也不晚。"朱元璋部队逼近牛渚矶，矶上布满了元兵，船离岸将近有三丈多，没有人能登上岸去。常遇春驾船飞速前来，朱元璋命令上前进攻。他应声而动，挥舞着手中的戈直向前冲。敌人接住他刺去的铁戈，他借势一跃，登上江岸，一边口中大喊，一边东跳西突地砍杀敌兵。元军溃败了。这时其他将领乘胜追击，顺势攻下了采石，进而攻取太平府。常遇春被授为总管府先锋，又进为总管都督。

这时，将士的家眷和部队辎重都在和州，元朝中丞蛮子海牙又一次派水军袭击占据了采石矶，使和州和太平之间的水路阻塞。朱元璋亲自率军去攻打元兵，他派常遇春在各处多设疑阵分散敌人兵力。战斗打响后，常遇春驾着小船，将海牙的船队冲散成为两部分。朱元璋军随即从左右出击，大败元军，缴获了敌人的全部战船。江上的道路又畅通了。接着命令常遇春守溧阳，配合攻打集庆，战功最著。又跟从元帅徐达攻取镇江，接着进取常州。张士诚的军队在牛塘包围了徐达，遇春前去救援，攻破了敌人的包围，俘获了敌方将领，被提升为统军大元帅。攻下常州后，又迁升为中翼大元帅。随即跟从徐达攻打宁国，被流箭射中，他包扎好伤口后又继续作战，拿下了宁国。另外攻取马驼沙，率水师攻打并取下了池州，为此晋升为行省都督马步水军大元帅。他跟从朱元璋取下婺州，转任同金枢密院事，驻守婺州。后又带兵去围攻衢州，出奇兵突入衢州城南门的瓮城，捣毁了敌人的防御工事，随即迅速攻城，终于拿下城池，俘获对方武装兵士一万余人，常遇春升为金枢密院事。进攻杭州时，常遇春的部队失利，被召回应天府。又跟随徐达拔掉了赵普胜的水寨，配合守卫池州，又在九华山下大败陈友谅军。

陈友谅进逼龙湾，常遇春用五支军队设下埋伏，大败友谅军，终于又收复了太平府，论功遇春最高。朱元璋追击陈友谅到江州，命令常遇春留守太平府。常遇春用法严明，军民都恭守没有敢违反的，又晋升为行省参知政事。他跟从朱元璋攻取安庆。陈友谅军在长江里流动游弋，常遇春出兵袭击，他们都转身逃走，朱元璋于是乘胜取下江州。后还守龙湾，支援长兴，俘获、斩杀了张士诚的士兵五千多人，张士诚部将李伯升撤围逃跑。朱元璋命令常遇春修筑安庆城。

起初，朱元璋任用的将帅中最有名的是：平章邵荣、右丞徐达和常遇春三人。其中邵荣是老将，尤其善于打仗，但到这时他却居功骄慢，心有不轨的企图，和参政赵继祖谋划用伏兵来搞叛变。事情被察觉后，朱元璋想宽恕邵荣一死，常遇春径直上前对朱元璋说："臣子有了谋反的名声，还有什么可以宽宥的？我决不和他共生！"朱元璋于是请邵荣饮酒，流着眼泪下令处斩了邵荣，从此就更加喜欢、器重常遇春了。

池州将领罗友贤占据了神山寨，勾结张士诚，常遇春打败并杀死了他。跟从朱元璋支援安丰，等他们到达时，吕珍已攻占了安丰，杀了刘福通，听说朱元璋大军到来，吕珍也集合兵力抵抗守卫。双方交战时，朱元璋的左、右两路大军都被吕珍打败，这时常遇春率兵从横里冲击敌阵，三战三胜，俘获了吕珍的兵士车马不计其数。接着配合徐达围攻庐州。城即将攻下时，陈友谅军包围了洪都，朱元璋召常遇春回守。朱元璋各部队会师攻打陈友谅，在彭蠡的康郎山双方相遇。陈友谅军的战船高大，又据上流，战锋很锐利。常遇春和其他将领一起与敌大战，喊杀声震天动地，无不以一当百。陈友谅的骁将张定边驾船直攻朱元璋的坐船，朱元璋的船恰恰又搁浅，几乎被击毁。常遇春发箭射中了张定边，朱元璋的船才得以脱险，但常遇春的船又搁浅了。这时有一条战败的船只顺流而下，撞上遇春的船只才使他也脱险。双方转战三天三夜，朱元璋军纵火焚烧陈友谅战船，湖水被火光映得通红，陈友谅不敢再战了。众将领认为陈友谅军还很强盛，想放他逃走，只有常遇春一言不发。等到朱元璋军出了湖口，众将领想放船顺流东下，朱元璋却下令发舟上溯，把守住上游。常遇春于是沿江而上，众将领跟他前去。陈友谅被逼得走投无路，只得率百余艘船突围。众将领率军迎面阻击，陈友谅军彻底崩溃，陈友谅本人也战死。部队凯旋，论功行赏，常遇春功排第一，被赏赐丰厚的钱财、丝帛和土地。又跟从朱元璋围攻武昌。朱元璋回应天府，留下常遇春继续率军围困武昌。

第二年，朱元璋即吴王位，晋升常遇春为平章政事。朱元璋又到武昌视察军队。陈友谅的丞相张必先从岳州来增援武昌守军。常遇春趁他的部队还未结集，迅速出击擒获了他。武昌城中的士气为此一落千丈，守将陈理终于投降，常遇春随即占取了荆、湖各地。他又跟从左相国徐达攻克庐州，还带兵打下了临江的沙坑、麻岭、牛陂等寨，擒获了陈友谅伪汉知州邓克明，接着攻下吉安。常遇春围攻赣州，熊天瑞坚守抵抗，久攻不下。朱元璋派遣使者对常遇春说："攻打城市不能多杀人。如果得到了土地而没有人民百姓，那又有什么好处？"于是常遇春挖壕沟、树木栅，围困赣州城。屯兵六个月，熊天瑞人力财力都耗尽了只好投降，常遇春果然不杀戮无辜。朱元璋知道后十分高兴，亲自写信予以表扬勉励。常遇春于是趁兵势正盛的威风去劝谕南雄、韶州的敌人投降，接着又返师平定了安陆、襄阳。之后跟徐达攻克泰州，击败张士诚的援兵，率领水军在海安筑坝以遏制敌人前进。

这年秋天，常遇春被授为副将军，率军讨伐张士诚的吴国，先后在太湖、毗山、三里桥大败吴军，接着进逼湖州。张士诚派兵前来救援，驻扎在旧馆，在常遇春大军后面出现。常遇春带领一支小部队从大全港出发在东阡筑营，更在吴军的后面。敌方派出精锐部队来进攻，将士们奋勇回击打退了敌兵。遇春袭击了平望张士诚的右丞相徐义，将吴军的赤龙船全部烧毁，在乌镇又一次打败了他，向北追到升山，破了他的水陆营寨，俘获了屯驻在旧馆的全部士兵，这样湖州终于被攻下来了。接着参加围攻平江的战斗，驻军虎丘。张士诚暗中派部队向常遇春逼近，常遇春在北濠与对方交战，打败对方，差一点将张士诚抓获。相持了一段时间后，别的将领攻破葑门，常遇春也攻破阊门进入苏州城，张士诚的吴国被扫平。常遇春晋升中书平章军国重事，封为鄂国公。

常遇春再次被拜为副将军，和大将军徐达统帅大军北征。朱元璋亲自告谕常遇春说："统兵百万，摧折敌人锐锋，攻陷对方坚阵，没有人能比得上你副将军，我不担心你不能作战，而是担忧你轻敌啊！身为大将，却喜欢和小校官们斗，这实在不是我所期望的！"常遇春恭敬地接受。部队出发后，朱元璋又让遇春兼太子少保衔，配合徐达打下山东各郡，攻取汴梁，转而进攻河南。元兵五万人在洛水北岸列阵布防。常遇春单枪匹马冲入敌阵，敌人二十多个骑兵一起将手中槊矛向常遇春刺去。常遇春一箭射死了对方的前锋，高声呼喊着策马突入敌阵，部下壮士紧随他前进。敌人大败，遇春带兵追击了五十多里。他逼降了梁王阿鲁温，河南郡县便相继攻下。到汴梁拜见了朱元璋，接着又与大将军徐达攻扫河北各郡县。先驱兵取下德州，随后统领水师沿黄河而进，在河西务击败元兵，攻克通州，最后进入元大都。另外还取下保定、河间、真定。

常遇春和徐达攻打太原，元将扩廓帖木儿前去援救。遇春对徐达说："我军骑兵虽已调集，但步兵还没到，马上和他们交战一定会有较大伤亡，我们夜间去偷袭则可以达到目的。"徐达说："很好。"这时正好扩廓的部将豁鼻马前来约降，并且请求同意让他为内应，于是挑选了精良骑兵，口中衔枚在夜间前往偷袭。扩廓正点着蜡烛在研究军书，遇到来袭，仓促之间竟不知从哪里逃跑，光着一只脚，骑上一匹劣马，只带了十八个骑兵往大同方向逃去。豁鼻马应约来降，得到了他的四万兵士，终于取下了太原。常遇春追击扩廓到忻州才返回。朱元璋下诏改常遇春为左副将军，位居右副将军冯胜之上。遇春又率军往北攻克大同，转而扫平河东各地，取下了奉元路，与冯胜军会合，向西打下了凤翔。

这时正好元将也速攻打通州，朱元璋调常遇春回守，并以平章李文忠辅助他。遇春统帅步、骑兵九万人，从北平出发，路经会州，在锦州打败敌将江文清，在全宁战胜也速。进攻大兴州时，常遇春将一千骑兵分八面埋伏。元守将在夜间逃跑，全部都被捕获，于是攻克开平。元朝皇帝向北逃亡，常遇春率军追赶了几百里路。俘虏元宗王庆生及平章鼎住等将士一万多人，获车一万多辆、马三千匹、牛五万头，及百姓、珍宝无数。然后还师北平,驻扎在柳河川,遇春突然得暴病而亡,年仅四十岁。元璋闻讯,大为震惊,悲痛不已。他的遗体运到龙江,元璋亲自出来祭奠,命令礼官讨论天子为大臣致哀的礼仪。礼官报上建议,照宋太宗哀悼韩王赵普的先例办事。元璋颁诏令说:"可照此办理。"遇春被赐葬在钟山的宽阔平坦之地,赐明器九十件放入墓中。赠遇春翊运推诚宣德靖运功臣、开府仪同三司、上柱国、太保、中书右丞相,追封为开平王,谥号忠武。将其灵位放在太庙享祭,并在功臣庙中塑肖像,地位都在第二位。

常遇春深沉勇猛又果敢,善于安抚士兵,冲锋陷阵,从未失败过。他虽不熟悉经籍文史,但用兵却常与古代兵法相符。他比大将军徐达长二岁,却多次跟从徐达南征北战,听从管束,恭敬谨慎,当时可称名将的就是徐达、常遇春二人。遇春曾经自己说,能统帅十万将士,驰骋天下,因此,军中又称他"常十万"。

徐达传

【题解】

徐达(1332~1385)明初名将。字天德,濠州(今安徽凤阳)人,世代务农。二十二岁参加朱元璋的队伍,很受重视。在部队中,他和常遇春以勇敢知名,而他比常遇春更有谋略,行军稳重,尤其注意军纪,有大将风度,深得将士拥护。在攻灭张士诚,北上灭元的战斗中,他身任大将,所向披靡,屡建奇功。

洪武元年(1368),徐达攻克大都后,分兵平定北方各地,操练兵马,修缮城池,开垦屯田。以后,连年出击残元势力扩廓帖木儿,每年春天被派出,岁末被召回京师,几乎成了惯例。回京师,立即交还将印,驾一辆轻车回家。他以礼接待儒生,和他们广泛交谈,关系很融洽。

徐达为人宽厚、正派,遇事小心谨慎,在军中功劳最大,又是皇亲,与朱元璋有布衣兄弟之称,但他从不居功自傲。封魏国公,死后追封中山王。配享太庙,置像功臣庙,都位列第一。

【原文】

徐达,字天德,濠人,世业农。达少有大志,长身高颧,刚毅武勇。太祖之为郭子兴部帅也,达时年二十二,往从之,一见语合。及太祖南略定远,帅二十四人往,达首与焉。寻从破元兵于滁州涧,从取和州,子兴授达镇抚。子兴执孙德崖,德崖军亦执太祖,达挺身诣德崖军请代,太祖乃得归,达亦获免。从渡江,拔采石,取太平,与常遇春皆为军锋冠。从破擒元将陈野先,别将兵取溧阳、溧水,从下集庆。太祖身居守,而命达为大将,帅诸军东攻镇江,拔之。号令明肃,城中宴然。授淮兴翼统军元帅。

时张士诚已据常州,挟江东叛将陈保二以舟师攻镇江。达败之于龙潭,遂请益兵以围常州。士诚遣将来援。达以敌狡而锐,未易力取,乃离城设二伏以待,别遣将王均用为奇兵，而自督军战。敌退走遇伏，大败之，获其张、汤二将，进围常州。明年克之。进金枢密院事。继克宁国，徇宜兴，使前锋赵德胜下常熟，擒士诚弟士德。明年复攻宜兴，克之。太祖自将攻婺州，命达留守应天，别遣兵袭破天完将赵普胜，复池州。迁奉国上将军、同知枢密院事。进攻安庆，自无为陆行，夜掩浮山寨，破普胜部将于青山，遂克潜山。还镇池州，与遇春设伏，败陈友谅军于九华山下，斩首万人，生擒三千人。遇春曰："此劲旅也，不杀为后患。"达不可，乃以状闻。而遇春先以夜阬其人过半，太祖不怿，悉纵遣余众。于是始命达尽护诸将。陈友谅犯龙江，达军南门外，与诸将力战破之，追及之慈湖，焚其舟。

徐达

明年，从伐汉，取江州。友谅走武昌，达追之。友谅出战舰沔阳，达营汉阳沌口以遏之。进中书右丞。明年，太祖定南昌，降将祝宗、康泰叛。达以沌口军讨平之。从援安丰，破吴将吕珍，遂围庐州。会汉人寇南昌，太祖召达自庐州来会师，遇于鄱阳湖。友谅军甚盛，达身先诸将力战，败其前锋，杀千五百人，获一巨舟。太祖知敌可破，而虑士诚内犯，即夜遣达还守应天，自帅诸将鏖战，竟毙友谅。

明年，太祖称吴王，以达为左相国。复引兵围庐州。克其城。略下江陵、辰州、衡州、宝庆诸路，湖、湘平。召还，帅遇春等徇淮东，克泰州。吴人陷宜兴，达还救复之。复引兵渡江，克高邮，俘吴将士千余人。会遇春攻淮安，破吴军于马骡港，守将梅思祖以城降。进破安丰，获元将忻都，走左君弼，尽得其辎艘。元兵侵徐州，迎击，大破之，俘斩万计。淮南、北悉平。

师还，太祖议征吴。右相国李善长请缓之。达曰："张氏汰而苛，大将李伯升辈徒拥子女玉帛，易与耳。用事者，黄、蔡、叶三参军，书生不知大计。臣奉主上威德，以大军蹙之，三吴可计日定。"太祖大悦，拜达大将军，平章遇春为副将军，帅舟师二十万人薄湖州。敌三道出战，达亦分三军应之，别遣兵扼其归路。敌战败返走，不得入城。还战，大破之，擒将吏二百人，围其城。士诚遣吕珍等以兵六万赴救，屯旧馆，筑五寨自固。达使遇春等为十垒以遮之。士诚自以精兵来援，大破之于皂林。士诚走，遂拔升山水陆寨。五太子、朱暹、吕珍等皆降，以徇于城下，湖州降。遂下吴江州，从太湖进围平江。达军葑门，遇春军虎丘，郭子兴军娄门，华云龙军胥门，汤和军阊门，王弼军盘门，张温军西门，康茂才军北门，耿炳文军城东北，仇成军城西南，何文辉军城西北，筑长围困之。架木塔与城中浮屠等。别筑台三成，瞰城中，置弓弩火筒。台上又置巨炮，所击辄糜碎。城中大震。达遣使请事，太祖敕劳之曰："将军谋勇绝伦，故能遏乱略，削群雄。今事必禀命，此将军之忠，吾甚嘉之。然将在外，君不御。军中缓急，将军其便宜行之，吾不中制。"既而平江破，执士诚,传送应天,得胜兵二十五万人。城之将破也,达与遇春约曰:"师入,我营其左,公营其右。"又令将士曰:"掠民财者死,毁民居者死,离营二十里者死。"既入,吴人安堵如故。师还,封信国公。

寻拜征虏大将军,以遇春为副,帅步骑二十五万人,北取中原,太祖亲于龙江。是时称名将,必推达、遇春。两人才勇相类,皆太祖所倚重。遇春剽疾敢深入。而达尤长于谋略。遇春下城邑不能无诛戮,达所至不扰,即获壮士与谍,结以恩义,俾为己用。由此,多乐附大将军者。至是,太祖谕诸将御军持重有纪律,战胜攻取得为将之体者,莫如大将军达。又谓达,进取方略,宜自山东始。师行,克沂州,降守将王宣。进克峄州,王宣复叛,击斩之。莒、密、海诸州悉下。乃使韩政分兵扼河,张兴祖取东平、济宁,而自帅大军拔益都,徇下潍、胶诸州县。济南降,分兵取登、莱。齐地悉定。

洪武元年,太祖即帝位,以达为右丞相。册立皇太子,以达兼太子少傅。副将军遇春克东昌,会师济南,击斩乐安反者。还军济宁,引舟师溯河,趋汴梁,守将李克彝走,左君弼、竹贞等降。遂自虎牢关入洛阳,与元将脱因帖木儿大战洛水北,破走之。梁王阿鲁温以河南降,略定嵩、陕、陈、汝诸州,遂捣潼关。李思齐奔凤翔,张思道奔鄜城,遂入关,西至华州。

捷闻,太祖幸汴梁,召达诣行在所,置酒劳之,且谋北伐。曰:"大军平齐鲁,扫河洛,王保保逡巡观望;潼关既克,思齐辈狼狈西奔。元声援已绝,今乘势直捣元都,可不战有也。"帝曰:"善。"达复进曰:"元都克,而其主北走,将穷追之乎?"帝曰:"元运衰矣,行自渐灭,不烦穷兵。出塞之后,固守封疆,防其侵轶可也。"达顿首受命。遂与副将军会师河阴,遣裨将分道徇河北地,连下卫辉、彰德、广平。师次临清,使傅友德开陆道通步骑,顾时浚河通舟师,遂引而北。遇春已克德州,合兵长芦,扼直沽,作浮桥以济师。水陆并进,大败元军于河西务,进克通州。顺帝帅后妃太子北去,逾日,达陈兵齐化门,填濠登城。监国淮王帖木儿不花,左丞相庆童,平章迭儿必失、朴赛因不花,中丞张康伯,御史中丞满川等不降,斩之,其余不戮一人。封府库,籍图书宝物,令指挥张胜以兵千人守宫殿门,使宦者护视诸宫人、妃、主,禁士卒毋所侵暴。吏民安居,市不易肆。

捷闻,诏以元都为北平府,置六卫,留孙兴祖等守之,而命达与遇春进取山西。遇春先下保定、中山、真定,冯胜、汤和下怀庆,度太行,取泽、潞,达以大军继之。时扩廓帖木儿方引兵出雁门,将由居庸以攻北平。达闻之,与诸将谋曰:"扩廓远出,太原必虚。北平有孙都督在,足以御之。今乘敌不备,直捣太原,使进不得战,退无所守,所谓批亢捣虚者也。彼若西还自救,此成擒耳。"诸将皆曰:"善。"乃引兵趋太原。扩廓至保安,果还救。达选精兵夜袭其营。扩廓以十八骑遁去。尽降其众,遂克太原。乘势收大同,分兵徇未下州县。山西悉平。

二年引兵西渡河。至鹿台,张思道遁,遂克奉元。时遇春下凤翔,李思齐走临洮,达会诸将议所向。皆曰:"张思道之才不如李思齐,而庆阳易于临洮,请先庆阳。"达曰:"不然,庆阳城险而兵精,猝未易拔也。临洮北界河、湟,西控羌、戎,得之,其人足备战斗,物产足佐军储。蹙以大兵,思齐不走,则束手缚矣。临洮既克,于旁郡何有。"遂渡陇,克秦州,下伏羌、宁远,入巩昌,遣右副将军冯胜逼临洮,思齐果不战降。分兵克兰州,袭走豫王，尽收其部落辎重。还出萧关，下平凉。思道走宁夏，为扩廓所执，其弟良臣以庆阳降。达遣薛显受之。良臣复叛，夜出兵袭伤显。达督军围之。扩廓遣将来援，逆击败去，遂拔庆阳。良臣父子投于井，引出斩之。尽定陕西地。诏达班师，赐白金文绮甚厚。

将论功大封，会扩廓攻兰州，杀指挥使。副将军遇春已卒。三年春，帝复以达为大将军，平章李文忠为副将军，分道出兵。达自潼关出西道，捣定西，取扩廓。文忠自居庸出东道，绝大漠，追元嗣主。达至定西，扩廓退屯沈儿峪，进军薄之。隔沟而垒，日数交。扩廓遣精兵从间道劫东南垒，左丞胡德济仓卒失措，军惊扰，达帅兵击却之。德济，大海子也，达以其功臣子，械送之京师，而斩其下指挥等数人以徇。明日，整兵夺沟，殊死战，大破扩廓兵。擒郯王、文济王及国公、平章以下文武僚属千八百六十余人，将士八万四千五百余人，马驼杂畜以巨万计。扩廓仅挟妻子数人奔和林。德济至京，帝释之，而以书谕达："将军效卫青不斩苏建耳，独不见穰苴之待庄贾乎？将军诛之，则已，今下廷议，吾且念其信州、诸暨功，不忍加诛。继自今，将军毋事姑息。"

达既破扩廓，即帅师自徽州南一百八渡至略阳，克沔州，入连云栈，攻兴元，取之。而副将军文忠亦克应昌，获元嫡孙妃主将相。先后露布闻，诏振旅还京师。帝迎劳于龙江。乃下诏大封功臣，授达开国辅运推诚宣力武臣，特进光禄大夫、左柱国、太傅、中书右丞相，参军国事，改封魏国公，岁禄五千石，予世券。明年帅盛熙等赴北平练军马，修城池，徙山后军民实诸卫府，置二百五十四屯，垦田一千三百余顷。其冬，召还。

五年复大发兵征扩廓。达以征虏大将军出中道，左副将军李文忠出东道，征西将军冯胜出西道，各将五万骑出塞。达遣都督蓝玉击败扩廓于土剌河。扩廓与贺宗哲合兵力拒，达战不利，死者数万人。帝以达功大，弗问也。时文忠军亦不利，引还。独胜至西凉获全胜，坐匿驼马，赏不行。明年，达复帅诸将行边，破敌于答剌海，还军北平，留三年而归。十四年，复帅汤和等讨乃儿不花。已，复还镇。

每岁春出，冬暮召还，以为常。还辄上将印，赐休沐，宴见欢饮，有布衣兄弟称，而达愈恭慎。帝尝从容言："徐兄功大，未有宁居，可赐以旧邸。"日邸者，太祖为吴王时所居也。达固辞。一日，帝与达之邸，强饮之醉，而蒙之被，舁卧正寝。达醒，惊趋下阶，俯伏呼死罪。帝觇之，大悦。乃命有司即旧邸前治甲第，表其坊曰"大功"。胡惟庸为丞相，欲结好于达，达薄其人，不答，则赂达阍者福寿使图达。福寿发之，达亦不问；惟时时为帝言惟庸不任相。后果败，帝益重达。

十七年，太阴犯上将，帝心恶之。达在北平病背疽，稍愈，帝遣达长子辉祖赍敕往劳，寻召还。明年二月，病笃，遂卒，年五十四。帝为辍朝，临丧悲恸不已。追封中山王，谥武宁，赠三世皆王爵。赐葬钟山之阴，御制神道碑文。配享太庙，肖像功臣庙，位皆第一。

达言简虑精。在军，令出不二。诸将奉持凛凛，而帝前恭谨如不能言。善拊循，与下同甘苦，士无不感恩效死，以故所向克捷。尤严戢部伍，所平大都二，省会三，郡邑百数，闾井宴然，民不苦兵。归朝之日，单车就舍，延礼儒生，谈议终日，雍雍如也。帝尝称之曰："受命而出，成功而旋，不矜不伐，妇女无所爱，财宝无所取，中正无疵，昭明乎日月，大将军一人而已。"

【译文】

　　徐达,字天德,濠州人,家里世代务农。徐达从小便立下远大的志向,身材颀长,颧骨比较高,一副刚毅勇武的气概。朱元璋在郭子兴部下当元帅时,刚二十二岁的徐达去投奔他,一见面便谈得很投机。朱元璋决定向南发展夺取定远,带领三十四个人前往,第一个被选上的便是徐达。接着,徐达又跟随朱元璋在滁州涧打败了元兵,夺取了和州,郭子兴任命他为镇抚。郭子兴抓了孙德崖,孙德崖的军队亦抓住了朱元璋,徐达挺身而出,前往孙德崖部队,请求代替朱元璋,朱元璋这才能够回去,而徐达亦得到释放。后来跟随朱元璋渡长江,攻下采石,攻取了太平,在军队里,他和常遇春都是冲在最前面的人。又跟随太祖打败了元将陈野先,俘虏了他。另派兵攻占了溧阳、溧水,跟从朱元璋攻下集庆。太祖坐镇,任命徐达为大将,率领各部队向东夺取镇江,把它拿下了。徐达部队号令严明,所以城里非常平静。徐达被任命为淮兴翼统军元帅。

　　当时张士诚已经占据了常州,挟持着在江东叛变的将领陈保二用水军攻打镇江。徐达在龙潭把他战败,并请求增派军队包围常州。张士诚调军队前来增援。徐达认为敌军狡猾而且精锐,不容易取胜,于是在城外设了两处伏兵等待,另派将领王均用为出奇制胜的部队,而自己亲自督兵作战。敌军撤退时遇到埋伏,大败。徐达俘获了张士诚部张、汤两将领,进而包围常州。第二年,攻克了它。徐达升为金枢密院事。接着攻克了宁国,进攻宜兴,派前锋赵得胜攻下了常熟,活捉了张士诚的弟弟张士德。第二年再攻打宜兴,把它拿下了。朱元璋自己领兵攻打婺州,命徐达留守应天,另派兵袭击天完将领赵普胜,把他打败,收复了池州。调徐达为奉国上将军、同知枢密院事。徐达进攻安庆,从无为陆路进军,趁夜袭击了浮山寨,在青山战败了赵普胜部将,于是攻克潜山。回去镇守池州,和常遇春一起设下伏兵,在九华山下把陈友谅的部队打得大败,斩首上万人,活捉的有三千。常遇春说:"这是很有实力的部队,不杀死他们将会留下后患。"徐达不同意,于是向朱元璋报告。而常遇春已经先在晚上把一半以上的人都活埋了,朱元璋深表不满,把剩下的俘虏全都放走了。由是朱元璋开始命令徐达统辖各部。陈友谅侵犯龙江,徐达军队在南门外,和各将领协力将他击败,一直紧追到慈湖,把他赶上,并烧了他的船。

　　第二年,徐达跟随朱元璋征伐汉,夺取了江州。陈友谅撤到武昌时,他穷追不舍。陈友谅在沔阳派出战舰,徐达便在汉阳沌口宿营,以扼制他。徐达被提升为中书右丞。第二年,朱元璋平定了南昌,降将祝宗、康泰叛变。徐达用驻在沌口的部队讨伐他们,把他们平息了。又跟随朱元璋支援安丰,打败了吴的将领吕珍,包围了庐州。正好汉兵侵犯南昌,朱元璋召徐达从庐州来会师,部队在鄱阳湖和汉兵遭遇。陈友谅军队士气很骄傲,徐达身先将领,奋力作战,打败了他的前锋,杀死了一千五百人,俘获了一只大船。朱元璋知道可以战胜汉军,但又担心张士诚会攻打自己的后方,于是连夜调徐达率部回去守应天,自己统帅众将领苦战,终于把陈友谅打死了。

　　第二年,朱元璋称吴王,任命徐达为左相国。徐达再引兵围庐州,并把它攻克。夺取了江陵、辰州、衡州、宝庆等路,湖、湘平定。朱元璋召回徐达,命令他率领常遇春等攻取了淮东,攻克泰州。吴军攻陷宜兴,徐达回去救援,收复了它。然后领兵渡过长江,攻克高邮，生俘了吴军将士一千多人。这时正好常遇春攻打淮安，在马骡港打败了吴军，守将梅思祖举城投降。接着攻破安丰，俘虏了元将忻都，左君弼虽然逃脱了，但他的运输船全部被缴获。元兵侵犯徐州，徐达给予迎头痛击，把他打得大败，被俘虏、打死的元兵数以万计。淮南、淮北至此全部被平定。

徐达班师回去，朱元璋又商议征伐吴。右丞相李善长建议暂缓进行。徐达说："张士诚这个人奢侈而苛刻，他的大将李伯升之流，只顾拥有女子和财产，很容易解决。真正起作用的是黄、蔡、叶三个参军，但他们都是书生，没有远大的眼光和计划。我们遵奉主上的威德，用大军逼迫他们，三吴的被平定，当指日可待。"朱元璋非常高兴，拜徐达为大将军，平章常遇春为副将军，带领水军二十万，逼迫湖州。敌军分三路出击，徐达亦分兵三路迎敌，另派部队扼制他的退路。敌军战败后撤，不能进城。回兵再战，徐达把他打得大败，俘获了将吏二百人，并包围了他的城。张士诚派吕珍等带了六万兵前往援救，驻扎在旧馆，筑了五个寨自守。徐达命令常遇春等建了十个堡垒来阻塞他。张士诚亲自率精兵来援救，徐达在皂林把他打得大败。张士诚逃跑，于是夺取了升山水陆寨。五太子、朱进、吕珍等都投降，徐达让他们攻城，湖州投降。于是攻下了吴的江州，从太湖进围平江。徐达驻军葑门，常遇春驻军虎丘，郭子兴驻军娄门，华云龙驻军胥门，汤和驻军阊门，王弼驻军盘门，张温驻军西门，康茂才驻军北门，耿炳文驻军城东北，仇成驻军城西南，何文辉驻军城西北，筑起了很长的壁垒群围困敌人。又架起了和城中佛塔一样高的木塔，还筑了三个台，台建成后，在上面可以俯瞰城里动静，台上安放了弓弩火筒，装上大炮，炮击中的地方都被打得粉碎。城里因此大为震动。徐达派使者向朱元璋汇报请示，朱元璋写敕慰劳他说："将军有超群的智谋和勇敢，所以能够制止叛乱的阴谋，削弱群雄的势力。现在遇事都报告请示，更体现了将军的忠心，对此我非常赞赏。但是，将在外，君主不加以牵制。部队中各种事情，将军可以斟酌情况自行处理，我不从中控制。"不久，徐达攻破平江，俘虏了张士诚，把他解送到应天，收编了张士诚部队二十五万人。城将要攻破时，徐达和常遇春约定说："部队进城以后，我驻扎在左面，公驻扎在右面。"又命令将士说："抢掠老百姓财物的，处死；拆毁民房的，处死；离开驻地二十里的，处死。"部队进城以后，吴的百姓和往常一样安居。班师回来，封徐达为信国公。

不久，拜徐达为征虏大将军，以常遇春为副将军，率步骑兵二十五万，北进夺取中原。部队出发后，朱元璋亲自到龙江祭神。当时的人一谈到名将，都首推徐达、常遇春。他们两人的才能和勇敢相类似，都被朱元璋倚靠重用。常遇春剽悍敏捷，敢于深入敌阵，而徐达尤其擅长于出谋划策。常遇春攻下城邑时，难免会杀人，而徐达部队所到之处，都不扰民，即使抓到了壮士和间谍，也都以恩义相待，使他为自己所用。因此，多数人都乐于归附大将军。这时，太祖告谕各将领说，带兵稳重而又有严格纪律，攻取城池和战争得胜的时候，最有大将风度的，你们都不如大将军徐达。又告诉徐达，下一步军事行动的计划，应当从山东开始。于是向山东进军，攻克了沂州，降服了守将王宣。进而攻克峄州，这时王宣再叛，把他打败，斩了。接着相继攻下了莒州、密州、海州等。便派韩政分兵扼守黄河，张兴祖夺取东平、济宁，而自己率大部队攻克益都，占领了潍、胶各个州县。济南投降，又分兵夺取登州、莱州。山东地区至此全部平定。

洪武元年，朱元璋即皇帝位，就是明太祖，任命徐达为右丞相。册立皇太子，用徐达兼任太子少傅。副将军常遇春攻克东昌，在济南会师，打击并斩了在乐安反叛的人。部队回到济宁后，带领水军溯黄河而上，进军汴梁，守将李克彝逃跑，左君弼、竹贞等投降。于是从虎牢关进入洛阳，在洛水以北，与元将脱因帖木儿大战，脱因帖木儿大败而逃。梁王阿鲁温带领河南投降。在夺取和稳定了嵩州、陕州、陈州、汝州后，才向潼关进攻。这时李思齐跑到凤翔，张思道逃到了鄜城，大军于是入了关，向西进至华州。

收到捷报后，太祖到汴梁，召见徐达，设酒宴慰劳他，并计划北伐。徐达说："大军平定了齐鲁，扫荡了河洛，王保保正在徘徊观望，潼关已经攻克，李思齐等人狼狈向西逃跑。元朝的声援已经断绝，现在乘胜直攻元朝的京师，不用打什么大仗就可以占领了。"皇帝说："好。"徐达又接着说："元朝大都攻克了，而元主向北逃跑，这时要穷追他吗"？皇帝说："元朝的气数已尽，将会像水的干涸一样慢慢消灭，不必竭尽兵力去追赶，他出塞以后，只要加强边境的守卫，防止他的进犯便可以了。"徐达叩头接受命令。于是与副将军会师河阴，派副将分路攻占河北各地，接连拿下了卫辉、彰德、广平。部队驻扎在临清，命傅友德修筑陆路，以便骑兵通过，顾时浚通河道以便水师通行，于是挥军北上。常遇春攻克了德州，双方合兵攻占长芦，控制了直沽，大造浮桥让部队渡过。水陆两军同时进发，在河西务大败元军，进而夺取了通州。元顺帝领着太子后妃仓皇向北遁逃。隔了一天，徐达列兵齐化门，填城濠登城。监国的淮王帖木儿不花，左丞相庆童、平章迭而必失、朴赛因不花，右丞张康伯，御史中丞满川等拒绝投降，把他们斩了，其余的人一个不杀。封了仓库，造册登记图籍珍宝文物，命令指挥张胜领一千兵守卫宫殿门，使宦官保护照顾各宫人、妃嫔、公主，禁止士卒无礼侵犯。官吏百姓都得以安居，市内的作坊店铺，也都照常营业。

皇帝收到捷报后，下诏将元朝的京师改为北平府，设置六个卫，令孙兴祖等留守，而徐达与常遇春进取山西。常遇春先攻下了保定、中山、真定，冯胜、汤和攻下怀庆，越过太行山，攻占了泽州、潞州，徐达亦率大军开到。当时扩廓帖木儿正领兵出雁门，准备由居庸关进攻北平。徐达得讯后，与各将领商议说："扩廓帖木儿远出，太原必定空虚。北平有孙都督守卫，足以抵御他。我们正可以出其不意，直捣太原，使他进不能攻，退无处守，正所谓抓住要害乘虚而入。如果他领兵向西回来自救，正好把他抓住。"众将领都说："好。"于是挥军太原。扩廓帖木儿到了保定，果然回军自救。徐达选派精兵夜袭他的营地，扩廓帖木儿带着十八骑逃脱了。徐达降服了他的部众，把他们全部收编，就这样攻克了太原。乘势拿下了大同，分兵攻取还未占领的州县。山西便全部被平定。

洪武二年，徐达引兵向西渡过黄河，到了鹿台，张思道遁逃，于是攻克奉元。当时常遇春已攻下了凤翔，李思齐跑到临洮，徐达召集众将领商议进军目标。大家都说："张思道的能力不如李思齐，而攻打庆阳比攻打临洮更容易，请先攻庆阳。"徐达说："不是的，庆阳城险而部队精锐，一下子不容易拿下来，临洮北面与黄河、湟水相连，西面控制羌、戎，占领了它，哪里的人足可以补充兵源，哪里的物产亦完全可以补充军队物资的储备。我们用大兵逼迫它，李思齐不走，则只能束手就擒。临洮已经拿下，其他郡还有什么关系。"于是渡过陇水，攻克秦州，拿下了伏羌、宁远，进入巩昌，派遣右副将军冯胜进逼临洮，李思齐果然不战而降。分兵攻克了兰州，袭击打跑了豫王，把他的部落辎重全部收缴。回兵出萧关，拿下了平凉。张思道跑到宁夏，被扩廓帖木儿抓住，他的弟弟张良臣举庆阳投降。徐达派薛显受降。张良臣又叛变，晚上出兵袭击打伤了薛显。徐达指挥部队把他包围了。扩廓帖木儿派将领前来援救，反击失败撤走，于是占领了庆阳。张良臣父子已投井，把他们捞出来斩了。陕西地区全部平定。下诏徐达班师，赐给他大量的白金和华丽的丝织品。

将要论功大行封赏，而扩廓帖木儿攻打兰州，杀了指挥使。这时副将军常遇春已经死了。洪武三年春天，皇帝再以徐达为大将军，平章李文忠为副将军，分道出兵，徐达从潼关走西路出，直捣定西，攻打扩廓帖木儿。李文忠从居庸关走东路出，穿越沙漠，追赶继位的元主。徐达到了定西，扩廓帖木儿退到沈儿峪屯守，徐达进兵逼迫他。隔壕沟彻起了堡垒，每日数次接触。扩廓帖木儿派精兵从小道猛然强夺东南的堡垒，左丞胡德济仓皇失措，部队惊慌骚动，徐达领兵把他们打退了。胡德济，是胡大海的儿子，徐达因为他是功臣的儿子，所以把他戴上刑具押送京师，而斩了他下属的指挥等几个人示众。第二天，整顿队伍抢夺壕沟，拼死作战，大败扩廓帖木儿兵。俘虏了郯王、文济王以及国公、平章以下文武部属一千八百六十多人，将士八万四千五百多人，马、骆驼和其他牲口以万计。扩廓帖木儿仅仅带着妻子等几个人跑到和林。胡德济到了京师，皇帝释放了他，而写信晓谕徐达说："将军效法卫青不斩苏建罢了，难道没看见穰苴是怎样对待庄贾的吗？将军杀了他，便算了。现在放下廷议，我姑且念他在信州、诸暨的功劳，不忍心杀了他。从今以后，将军不要姑息。"

徐达既打败扩廓帖木儿，便立即率部队从徽州南面一百八渡到略阳，攻克了沔州，进入连云栈，攻打兴元，夺取了它。而副将军李文忠亦攻克应昌，俘获元嫡孙、妃、公主、将相。捷报先后上闻，下诏休整军队班师回朝。皇帝到龙江慰劳迎接。于是下诏大封功臣，授予徐达开国辅运推诚宣力武臣，特进光禄大夫、左柱国、太傅，中书右丞相参军国事，改封魏国公，年俸禄五千石，给予世袭铁券。第二年，徐达率领盛熙等到北平操练军马，修缮城池，迁徙山后军民充实各个卫府，设置了二百五十四个屯，开垦荒地一千三百多顷。这年冬天，诏徐达回京师。洪武五年，再派大军征讨扩廓帖木儿。徐达任征虏大将军由中路出，左副将军李文忠从东路出，征西将军冯胜从西路出，各带五万骑兵出塞。徐达派都督蓝玉在土剌河打败了扩廓帖木儿。扩廓与贺宗哲合兵顽拒，徐达失利，死了几万人。皇帝因为徐达功劳大，不予追究。当时李文忠部队亦不顺利，引兵退回。只有冯胜到西凉获得全胜，但被告私藏骆驼、马匹，所以不给赏赐。第二年，徐达再领众将领巡行边境，在答剌海打败了敌人，回军北平，在哪里守了三年才回京师。洪武十四年，再统帅汤和等征讨乃儿不花，然后再回去镇守。

徐达每年春天出去，冬末被召回京师，已经习以为常。回来总是立即交还将印，皇帝赐给假期，设宴接见痛饮，有布衣兄弟之称，而徐达更加谦恭谨慎。皇帝曾经从容地说："徐兄功劳大，未有合适的宅第，可以把旧邸赐给他。"所谓旧邸，就是太祖当吴王时所住的地方。徐达坚决推辞。有一天，皇帝与徐达到旧邸，把他灌醉了，用被子裹着，抬到正中寝室里睡。徐达醒过来，吓得赶快跑下台阶，俯伏在哪里高呼自己死罪。皇帝偷看到了，非常高兴。于是命令有关部门在旧邸前起盖封侯的宅第给他，旌表他的牌坊题为"大功"。胡惟庸当丞相，想和徐达拉关系，徐达鄙薄他的为人，不予理睬。胡惟庸便贿赂徐达的守门人福寿，让他设法加害徐达。福寿把他揭发了，徐达亦不追究；只是常常对皇帝说胡惟庸不能胜任丞相。后来胡惟庸的阴谋果然败露，皇帝更加看重徐达。洪武十七年，月球侵犯上将星座，皇帝心里很忌讳。徐达在北平生病，背上长疽，稍微好一点，皇帝派徐达的长子徐辉祖带着敕书前去慰劳，不久召回。第二年二月，病重，便去世，享年五十四岁。皇帝因此停止出朝，参加葬礼时悲伤哀恸不已。追封为中山王，谥号武宁，赠予三代都封王爵。赐葬在钟山的北面，亲自撰写神道碑文。牌位供在太庙附祭，肖像供在功臣庙，排列都在第一位。

徐达话说得不多，但考虑问题很周到。在部队里，发布了命令就不再更改。各将领都敬畏地遵奉着他的领导，但在皇帝面前，他恭敬谨慎得好像不会说话。他很会关心慰问别人，和部下同甘共苦，兵士没有不感谢他的关怀愿意效死力的，因此所向披靡。尤其注意于收敛部队，他所平定的大都两个，省会三个，郡邑上百个，都是里巷市井平静，百姓没有受到士兵的骚扰。回京师的时候，轻车回家，礼貌地接待儒生，整天和他们交谈议论，非常和谐。皇帝曾经称赞他说："接受命令立即出动，成功便归来，不居功，不自傲，不贪女色，不取财宝，不偏不倚，没有过失，像日月一样光明，只有大将军一人罢了。"

李善长传

【题解】

李善长(1314~1390)，明朝初年名相。字百室，安徽定远人。元至正十四年(1354)他参加农民起义军朱元璋的部队，劝说朱元璋效法汉高祖，胸襟开阔，知人善任，不乱杀人，成就帝王事业，从此深得朱元璋信任，参与机要。朱元璋四出征讨，李善长常留守后方，供应粮草，协调关系。郭子兴要他辅助自己，他坚决拒绝，因此更得朱元璋的信任。建议朱元璋渡江攻占集庆(今江苏南京)，凡军中机密，赏罚条例，大都由其手定。又曾书写禁止军队掳掠的告谕，严明纪律，使朱元璋军队所向披靡。朱元璋称吴王，命其为右相国。他熟悉典故，处理政务裁决如流。建立盐法、茶法、钱法，确定鱼税，使财用富足。与刘基等主持制定法律，颁布天下。

明朝建立之初，奉命监修《元史》，编辑《祖训录》《大明集礼》等书，参与制定各项典章制度。洪武三年(1371)，明太祖朱元璋大封功臣，封其为韩国公，拜中书左丞相，比作汉代萧何。命其主持修建中都宫殿，并将长女临安公主嫁与其子。又任命他和曹国公李文忠掌管中书省、都督府、御史台，共议军国大事。他为政很有能力，为人外宽内苛。后因胡惟庸案牵连处死，全家七十余口同时被杀。死后第二年，有人上疏为他辩冤，太祖置之不理。

【原文】

李善长，字百室，定远人。少读书有智计，习法家言，策事多中。太祖略地滁阳，擅长迎谒。知其为里中长者，礼之，留掌书记。尝从容问曰："四方战斗，何时定乎？"对曰："秦乱，汉高起布衣，豁达大度，知人善任，不嗜杀人，五载成帝业。今元纲既紊，天下土崩瓦解。公濠产，距沛不远。山川正气，公当受之。法其所为，天下不足定也。"太祖称善。从下滁州，为参谋，预机画，主馈饷，甚见亲信。太祖威名日盛，诸将来归者，擅长察其材，言之太祖。复为太祖布款诚，使皆得自安。有以事力相龃龉者，委曲为调护。郭子兴中流言，疑太祖，稍夺其兵柄。又欲夺擅长自辅，擅长固谢弗往。太祖深倚之。太祖军和阳，自将击鸡笼山寨，少留兵佐擅长居守。元将谍知来袭，设伏败之，太祖以为能。

太祖得巢湖水师，擅长力赞渡江。既拔采石，趋太平，擅长预书榜禁戢士卒。城下，即揭之通衢，肃然无敢犯者。太祖为太平兴国翼大元帅，以为帅府都事。从克集庆。将取镇江，太祖虑诸将不戢下，乃佯怒欲置诸法，擅长力救得解。镇江下，民不知有兵。太祖为江南行中书省平章，以为参议。时宋思颜、李梦庚、郭景祥等俱为省僚，而军机进退，赏罚章程，多决于擅长。改枢密院为大都督府，命兼领府司马，进行省参知政事。

李善长

太祖为吴王，拜右相国。擅长明习故事，裁决如流，又娴于辞命。太祖有所招纳，辄令为书。前后自将征讨，皆命居守，将吏帖服，居民安堵，转调兵饷无乏。尝请榷两淮盐，立茶法，皆斟酌元制，去其弊政。既复制钱法，开铁冶，定鱼税，国用益饶，而民不困。吴元年九月论平吴功，封擅长宣国公。改官制，尚左，以为左相国。太祖初渡江，颇为重典，一日，谓擅长："法有连坐三条，不已甚乎？"擅长因请自大逆而外皆除之，遂命与中丞刘基等裁定律令，颁示中外。

太祖即帝位，追帝祖考及册立后妃、太子、诸王，皆以擅长充大礼使。置东宫官属，以擅长兼太子少师，授银青荣禄大夫、上柱国，录军国重事，余如故。已，帅礼官定郊社宗庙礼。帝幸汴梁，擅长留守，一切听便宜行事。寻奏定六部官制，议官民丧服及朝贺东宫仪。奉命监修《元史》，编《祖训录》《大明集礼》诸书。定天下岳渎神祇封号，封建诸王，爵赏功臣，事无巨细，悉委擅长与诸儒臣谋议行之。

洪武三年，大封功臣。帝谓："擅长虽无汗马劳，然事朕久，给军食，功甚大，宜进封大国。"乃授开国辅运推诚守正文臣、特进光禄大夫、左柱国、太师、中书左丞相,封韩国公,岁禄四千石,子孙世袭。予铁券,免二死,子免一死。时封公者,徐达、常遇春子茂、李文忠、冯胜、邓愈及擅长六人。而擅长位第一,制词比之萧何,褒称甚至。

擅长外宽和,内多忮刻。参议李饮冰、杨希圣,稍侵擅长权,即按其罪奏黜之。与中丞刘基争法而诟,甚不自安,请告归。太祖所任张昶、杨宪、汪广洋、胡惟庸皆获罪,擅长事寄如故。贵富极,意稍骄,帝始微厌之。四年,以疾致仕,赐临濠地若干顷,置守冢户百五十,给佃户千五百家,仪仗士二十家。逾年,病愈,命董建临濠宫殿。徙江南富民十四万田濠州,以擅长经理之,留濠者数年。七年,擢擅长弟存义为太仆丞,存义子伸、佑皆为群牧所官。九年,以临安公主归其子祺,拜驸马都尉。初定婚礼,公主修妇道甚肃。光宠赫奕,时人艳之。祺尚主后一月,御史大夫汪广洋、陈宁疏言:"擅长狎宠自恣,陛下病不视朝几及旬,不问候。驸马都尉祺六日不朝,宣至殿前,又不引罪,大不敬。"坐削岁禄千八百石。寻命与曹国公李文忠总中书省、大都督府、御史台,同议军国大事,督圜丘工。

丞相胡惟庸,初为宁国知县,以擅长荐,擢太常少卿,后为丞相,因相往来。而擅长弟存义子佑,惟庸从女婿也。十三年,惟庸谋反伏诛,坐党死者甚众,擅长如故。御史台缺中丞,以擅长理台事,数有所建白。十八年,有人告存义父子实惟庸党者,诏免死,安置崇明。擅长不谢,帝衔之。又五年,擅长年已七十有七,耄不检下。尝欲营第,从信国公汤和假卫卒三百人,和密以闻。四月,京民坐罪应徙边者,擅长数请免其私亲丁斌等。帝怒,按斌。斌故给事惟庸家,因言存义等往时交通惟庸状。命逮存义父子鞫之,词连擅长,云:"惟庸有反谋,使存义阴说擅长。擅长惊叱曰:'尔言何为者! 审尔,九族皆灭。'已,又使擅长故人杨文裕说之,云:'事成,当以淮西地封为王。'擅长惊,不许,然颇心动。惟庸乃自往说擅长,犹不许。居久之,惟庸复遣存义进说,擅长叹曰:'吾老矣。吾死,汝等自为之。'"或又告擅长云:"将军蓝玉出塞,至捕鱼儿海,获惟庸通沙漠使者封绩,擅长匿不以闻。"于是御史交章劾擅长。而擅长奴卢仲谦等,亦告擅长与惟庸通赂遗,交私语。狱具,谓擅长元勋国戚,知逆谋不发举,狐疑观望怀两端,大逆不道。会有言星变,其占当移大臣。遂并其妻女弟侄家口七十余人诛之。而吉安侯陆仲亨、延安侯唐胜宗、平凉侯费聚、南雄侯赵庸、荥阳侯郑遇春、宜春侯黄彬、河南侯陆聚等,皆同时坐惟庸党死。而已故营阳侯杨璟、济宁侯顾时等追坐者又若干人。帝手诏条列其罪,傅著狱词,为《昭示奸党三录》,布告天下。擅长子祺与主徙江浦,久之卒。祺子芳、茂,以公主恩得不坐。芳为留守中卫指挥,茂为旗手卫镇抚,罢世袭。

擅长死之明年,虞部郎中王国用上言:"擅长与陛下同心,出万死以取天下,勋臣第一。生封公,死封王,男尚公主,亲戚拜官,人臣之分极矣。藉令欲自图不轨,尚未可知,而今谓其欲佐胡惟庸者,则大谬不然。人情爱其子,必甚于兄弟之子,安享万全之富贵者,必不侥幸万一之富贵。擅长与惟庸,犹子之亲耳,于陛下则亲子女也。使擅长佐惟庸成,不过勋臣第一而已矣,太师、国公、封王而已矣,尚主、纳妃而已矣,宁复有加于今日?且擅长岂不知天下之不可幸取。当元之季,欲为此者何限,莫不身为齑粉,覆宗绝祀,能保首领者几何人哉?擅长胡乃身见之,而以衰倦之年身蹈之也。凡为此者,必有深仇激变,大不得已,父子之间或至相挟以求脱祸。今擅长之子祺,备陛下骨肉亲,无纤介嫌,何苦而忽为此？若谓天象告变，大臣当灾，杀之以应天象，则尤不可。臣恐天下闻之，谓功如擅长且如此，四方因之解体也。今擅长已死，言之无益，所愿陛下作戒将来耳。"太祖得书，竟亦不罪也。

【译文】

李善长，字百室，定远人。年少时读过一些书，很有智谋，熟悉法家学说，预见事情发展多能应验。明太祖朱元璋夺取滁州一带时，李善长前去拜见。太祖知道他是当地知名人士，很有礼貌地对待他，留下他担任幕府书记的职务。太祖曾经不慌不忙地问道："四面八方都在打仗，天下什么时候才能平定呢？"李善长回答说："秦末世道沸乱，汉高祖以一布衣平民起兵，心胸开阔，很有气度，善于发现人才，委任合适的职位，不喜欢乱杀人，因此五年成就了帝王的事业。如今元朝纲纪已经紊乱，天下土崩瓦解。你出生在濠州，哪里距离汉高祖的家乡沛地不远。山山水水呈现出的帝王气象，你是当然承受了的。只要你效法刘邦的所作所为，天下很快就会平定。"太祖以为是。李善长跟随太祖攻下滁州，作为参谋，参与机密谋议，筹划粮饷，很得太祖的信任。太祖的威名越来越大，众将前去投靠的，李善长考察他们的才干，荐举给太祖。又为太祖散布殷勤诚恳的心意，使众将都能安心。有因事互相闹意见发生不合的，他曲折耐心地为他们调解保护。郭子兴由于听信了流言蜚语，对太祖起了疑心，夺去他的部分兵权，又想把李善长夺过去辅佐他，李善长坚决谢绝不去。因此太祖十分依重他。太祖屯军和阳，亲自率领军队攻打鸡笼山寨，只留下少数兵士帮助李善长留守和阳，元朝大将探听到哪里的情况前往袭击，李善长设下埋伏击败了元军，太祖认为他很能干。

太祖收编了巢湖水军以后，李善长极力劝说他渡江。后来攻下采石，大军直逼太平，李善长事先书写好禁止军队掳掠的告示。攻打下城池以后，马上张贴在大街小巷路口，因此军队纪律严明，没有人敢违反禁令。太祖做太平兴国翼大元帅，任命他担任帅府都事。他跟随太祖攻占集庆。要夺取镇江的时候，太祖担心众将不能约束部下，于是假装发怒的样子要处置他们，李善长出面极力营救才得以解脱。所以占领镇江以后，军纪严明，百姓还不知道有大军到来。太祖做江南行中书省平章，任用李善长为参议。当时宋思颜、李梦庚、郭景祥等人都是中书省的属官，然而军机进退，赏惩章程，大都由李善长决定。枢密院改为大都督府后，任命李善长兼任大都督府司马，提升他做行省参知政事。

太祖做了吴王，授给李善长右相国的官职。李善长熟悉前朝的行政制度，处理政事很有效率，又善于言词会撰写命令。太祖有要招纳收降的，就命令他撰写劝降的文书。太祖先后亲自率领军队征战的时候，都命李善长居守大本营，将领和官吏们服服帖帖，百姓安居，他转运调配军队的粮饷从来没有缺乏。李善长曾经请求官卖两淮产盐，制定茶法，都是反复衡量考虑元朝的制度，除去其中有害的法令。后来又制定钱法，开矿冶炼，铸造铜钱，规定鱼税，国家的资财日益富足起来，而且百姓的日子也好过了。吴元年九月，评论平定苏州张士诚的功劳，封李善长为宣国公。职官制度改变以后，左官高于右官，所以任命李善长做左相国。太祖刚渡江的时候，很用重法。有一天，他对李善长说："法律中有三条一人犯法，亲属等连带制罪的条文，不是过分严重了吗？"李善长乘机请求除犯有叛逆大罪的人以外,都免除连坐,于是太祖命他和中丞刘基等人主持制定法律条令,颁布天下。

太祖即位做了皇帝,追尊自己的祖父母和父母,册立皇后妃嫔、太子、各王,都是由李善长充当大礼使。设置东宫太子的官员属下,以李善长兼太子少师,授给银青荣禄大夫、上柱国、录军国重事。其他的职衔仍像原来的一样。不久,他率领掌管礼仪的官员制定帝王祭祀天地和祖先的礼仪。皇帝巡幸汴梁的时候,李善长留守在南京,一切朝廷政事听凭他酌情处置。不久李善长上奏制定了六部官制,提议规定官员和百姓服丧的装束以及百官朝贺东宫太子的礼仪。奉命监修《元史》,编辑《祖训录》《大明集礼》等书。确定全国高山大川神祇的封号,分封亲王,功臣封爵行赏等,事无巨细,全都委任李善长和各位文臣谋划商议进行。

洪武三年大封功臣。皇帝说:"李善长虽说没有战功,但是为我服务很长时间了,军队粮饷的供给方面,功劳很大,应当给他进封大国。"于是授给开国辅运推诚守正文臣、特进先禄大夫、左柱国、太师、中书左丞相,封为韩国公,每年给俸禄四千石,子子孙孙世袭。赐给铁券,可免去他两次死罪,免去他的儿子一次死罪。当时封为公的人,有徐达、常遇春的儿子常茂、李文忠、冯胜、邓愈和李善长六个人。而李善长位居第一,皇帝的制书中把他比做汉代名相萧何,赞扬称颂达到了极点。

李善长为人表面宽仁温和,实际内心嫉妒刻薄。参议李饮冰、杨希圣稍有侵犯李善长的权力,他立即考察他们的过失,上奏免去了他们的官职。和中丞刘基为实行法律办案的事争辩。刘基自己感到不安,请假回乡了。太祖任用的张昶、杨宪、汪广洋、胡惟庸都得了罪名,只有李善长任用托付像以前一样。李善长位极人臣之首,富贵至极,心里逐渐骄傲起来,皇帝开始暗暗讨厌他。洪武四年,李善长因病退休,太祖赐给他临濠的田地若干顷,设置守坟户一百五十家,又给佃户一千五百家,仪仗户二十家。过了一年,李善长的病好了,任命他主持修建临濠的宫殿。迁徙江南一带的富有百姓十四万到濠州种田,让李善长经理这件事,他留居在濠州几年。七年,提升李善长的弟弟李存义做太仆寺丞,存义的儿子李伸、李佑都做了群牧所的官员。九年,太祖把长女临安公主下嫁给李善长的次子李祺,封李祺做驸马都尉。起初确定婚姻仪礼,公主遵行儿媳的规矩很恭敬。李善长一家光彩荣耀显赫高贵,很使当时满朝文武羡慕。李祺娶公主以后一个月,御史大夫汪广洋、陈宁上疏说:"李善长轻慢皇上的宠信骄傲放纵,陛下生病不能上朝理事将近十几天,也不问候。驸马都尉李祺六天不朝见,把他叫到殿前,他又不知认罪自责,这是很大的不尊敬。"因此定罪削去李善长每年的俸禄一千八百石。不久任命他和曹国公李文忠掌管中书省、大都督府、御史台,共同议定军国大事,监督圜丘工程。

丞相胡惟庸,起初做宁国县知县。因为李善长的推荐,提升为太常少卿,后来成为丞相,因此两人互相很有交往。而李善长弟弟李存义的儿子李佑,是胡惟庸的侄女婿。洪武十三年,胡惟庸谋反被杀,牵连为胡党而判罪被杀的人非常多,而李善长却像以前一样。御史台缺中丞,太祖让李善长治理御史台的事情,他多次提出建议。十八年,有人告发李存义父子实际上勾结胡惟庸,太祖下诏书免去他们的死罪,安置到崇明。李善长没有为此感谢恩典,皇帝怀恨在心。又过了五年,李善长的年纪已经七十七岁,年老不能约束下面的人。他曾经想营建自己的住宅，向信国公汤和借三百名侍卫兵士，汤和秘密报告了太祖。四月，京师有一批判罪应当迁徙到边地去的百姓，李善长的亲信丁斌等人也在其内，李善长几次请求不要迁徙他们。皇帝生气，审问丁斌。丁斌以前在胡惟庸家做事，因此说出李存义等人以前与胡惟庸交结的情况。皇帝命令逮捕李存义父子审讯，他们供出的案情牵连到李善长，说："胡惟庸准备谋反的时候，派李存义暗地去劝说李善长。擅长吃惊地大声呵斥说：'你说些什么胡话，要是让人知道你干的事，这是要灭九族的。'后来，胡惟庸又派李善长的老部下杨文裕去游说李善长，说：'事情如果成功的话，当用淮西地方封他为王。'李善长惊骇没有答应，但是很有些动心。胡惟庸于是亲自前往游说李善长，他还是没有答应。过了很久，胡惟庸再次派李存义前去游说，李善长叹着气说：'我年纪大了。等我死以后，你们自己去干吧。'"有人又告发李善长说："大将军蓝玉领兵出塞外，到捕鱼儿海，获得胡惟庸交通沙漠的使者封绩，李善长隐瞒不予上报。"于是御史们一起上章弹劾李善长。而李善长的奴仆卢仲谦等人，也揭发李善长与胡惟庸互赠财物，私下秘语。罪案于是成立，说李善长身为功臣元勋、皇亲国戚，知道谋反的阴谋而不告发，怀疑观望，心怀两端，真是大逆不道。正巧这时有人报告星象有异常变化，预示应当改换大臣应灾。于是李善长及其妻子儿女兄弟子侄全家七十多人都被诛杀。而吉安侯陆仲亨、延安侯唐胜宗、平凉侯费聚、南雄侯赵庸、荥阳侯郑遇春、宜春侯黄彬、河南侯陆聚等人，都同时作为胡惟庸同党被杀。而已经死去的营阳侯杨璟、济宁侯顾时等追加定罪的人又有许多。皇帝亲手书写条例他们的罪状，附上狱中的供词，作为《昭示奸党三录》，布告天下。李善长的儿子李祺和公主被迁徙到江浦，过了很长时间死去。李祺的儿子李芳、李茂，因为公主的缘故得到恩惠没有定罪。李芳为留守中卫指挥，李茂为旗手卫镇抚，都免去了世袭。

李善长死去的第二年，工部郎中王国用上奏说："李善长和陛下同心，拼出万死而取得天下，是功臣第一人。生前封为公，死后封为王，儿子娶了公主，亲戚都被任命了官职，作为大臣的名位到了顶点。假如他自己想要图谋不轨，还有可说，可是如今说他打算辅佐胡惟庸，那就大错特错了。从人情上说爱自己的儿子必然超过兄弟的儿子，安定地享受着万金富贵的人，必定不会怀着侥幸心理去追求那可能性只有万分之一的富贵。李善长和胡惟庸是子侄辈的亲戚罢了，而他与陛下却是亲子女间的亲属。假使李善长辅佐胡惟庸谋反成功，他也不过是功臣第一人而已，太师国公封为王而已，儿子娶公主，女儿成为妃嫔而已，难道还会比今天更尊贵吗？况且李善长难道不知道天下不可以侥幸取得？元朝末年的时候，想要取得天下的人不知有多少，结果没有不粉身碎骨、灭绝宗祀的，能够保全脑袋的有几个人？李善长为什么亲眼见到这种情况，却又在衰老疲倦的年纪亲身去尝试呢？凡是干这种事的人，一定有深重仇恨，激起事变，在非常不得已的情况下，父子之间或许互相挟制而希求逃脱灾祸。如今李善长的儿子李祺完全是陛下的骨肉至亲，没有细微的仇怨，何苦忽然做这种事？如果说天象告变，大臣当灾，杀了李善长以应上天的警戒，那就更不合适。我担心天下人知道这件事后会说，功劳大得像李善长那样尚且有这样下场，四方将会因此而瓦解。如今李善长已经死去，多说也没有益处，我只是希望陛下将来以此作为鉴戒罢了。"太祖得到这件奏疏，竟然没有怪罪他。

刘基传

【题解】

刘基(1311~1375)是明代著名大臣、文学家、思想家。元末进士。曾任江西高安县丞、江浙儒学副提举,不久弃官隐居。后出任江浙行省都事,因反对招抚方国珍而被革职,于是回乡寄居。朱元璋占据金陵后,网罗人才,刘基于是再度出山,在辅佐朱元璋推翻元朝的过程中,建立了不少功勋。后辞归养老青田。后来被胡惟庸诬陷,忧愤而死。又说被胡惟庸毒死。谥文成。

刘基早年受正统儒家思想的影响,哲学思想上有浓厚的神秘色彩;弃官归乡后,他的思想受到农民起义的震荡,发生了重大变化,对元统治者的暴行有了更多的认识。他认为人能够认识部分物质世界;人也能够控制自然,利用自然,他认为自然界是取之不竭,用之不穷的,只要好好地利用它,就会"天地之生愈滋,庶民之用愈足"。他指出天灾流行并不是天有警于人,不过是自然变化的现象而已;国家政治的好坏,不决定于天而决定于人;他反对当时流行的迷信思想,继承了王充以来的无神论思想传统,有不彻底的无鬼论思想。但是他在社会问题和人性问题上有较大的局限和矛盾。

刘基

刘基诗文兼长,他的散文奔放旷达,诗歌雄浑夸张,语言质朴通俗,或忧于时事,或讥讽繁政苛令,气魄飞扬豪迈。他的佳作多半写于元末,明代以后,多是一些叹老伤怀之作,非往日之气象可比。

他的诗文后人汇编为《诚意伯文集》。其中《郁离子》最为有名。他通晓天文律令,后人有假托其名的伪作不少。

【原文】

刘基,字伯温,青田人。曾祖濠,仁宋为朝林掌书。宋亡,邑子林融倡义旅。事败,元遣使簿录其党,多连染。使道宿濠家,濠醉使者而焚其庐,籍悉毁。使者计无所出,乃为其更其籍,连染者皆得免。基幼颖异,其师郑复初谓其父烆曰:"君祖德厚,此子必大君之门矣。"元至顺间,举进士,除高安丞,有廉直声。行省辟之,谢去。起为江浙儒学副提举,论御史失职,为台臣所阻,再投劾归。基博通经史,于书无不窥,尤精象纬之学。西蜀赵

天泽论江左人物,首称基,以为诸葛孔明俦也。

方国珍起海上,掠郡县。有司不能制。行省复辟基为元帅府都事。基议筑庆元诸城以副贼,国珍气沮。及左丞帖里帖木儿招谕国珍,基言方氏兄弟首乱,不诛无以惩后。国珍惧,厚赂基。基不受。国珍乃使人浮海至京,贿用事者,遂招抚国珍,授以官,而责基擅威福,羁管绍兴,方氏逐愈横。亡何,山寇蜂起,行省复辟基剿捕,与行院判石抹宜孙守处州。经略使李国凤上其功,执政以方氏故抑之,授总管府判,不与兵事。基遂弃官还青田,著《郁离子》以见志。时避方氏者争依基,基稍为部署,寇不敢犯。

及太祖下金华,定括苍,闻基及宋濂等名,以币聘。基未应,总制孙炎再致书固邀之,基始出。既至,陈时务十八策。太祖大喜,筑礼贤馆以处基等,宠礼基至。初,太祖以韩林儿称宋后,遥奉之。岁首,中书省设御座行礼,基独不拜,曰:"牧竖耳,奉之何为!"因见太祖,陈天命所在。太祖问征取计,基曰:"士诚自守虏,不足虑。友谅劫主胁下,名号不正,地据上流,其心无日忘我,宜先图之。陈氏灭,张氏势孤,一举可定。然后北向中原,王业可成。"太祖大悦曰:"先生有至计,勿惜尽言。"曾陈友谅陷太平,谋东下,势张甚,诸将或议降,或议奔据钟山,基张目不言。太祖召入内,基奋曰:"主降及奔者,可斩辄。"太祖曰:"先生计安出?"基曰:"贼骄矣,待其深入,伏兵邀取之,易耳。天道后举者胜,取威制敌以成王业,在此举矣。"太祖用其策,诱友谅至,大破之,以克敌赏基。基辞。友谅兵复陷安庆,太祖欲自将讨之,以问基。基力赞,遂出师攻安庆。自旦及暮不下,基请巡趋江州,拊友谅巢穴,遂悉军西上。友谅出不意,帅妻子奔武昌,江州降。其龙兴守将胡美遣子通款,请勿散其部曲。太祖有难色。基从后蹴胡床。太祖悟,许之。美降,江西诸郡皆下。

基丧母,值兵事未敢言,至是请还葬。会苗军反,杀金、处守将胡大海、耿再成等,浙东摇动。基至衢,为守将夏毅谕安诸蜀邑,复与平章邵荣等谋复处州,乱遂定。国珍素畏基,致书啗。基答书,宣示太祖威德,国珍遂入贡。太祖数以书即家访军国事,基条答悉中机宜。寻赴京,太祖方亲援安丰。基曰:"汉、吴伺隙,未可动也。不听。友谅耳之,乘间围洪都。"太祖曰:"不听君言,几失计。遂自将救洪都,与友谅大战鄱阳湖,一日数十接。太祖坐胡床督战,基侍侧,忽跃起大呼,趣太祖更舟。太祖仓卒徙别舸,坐未定,飞砲声旧所御舟立碎。友谅乘高见之,大喜。而太祖舟更进,汉军皆失色。时湖中相持,三日未决,基请移军湖口扼之,以金木相犯日决胜,友谅走死。其后太祖取士诚,北伐中原,遂成帝业,略如基谋。

吴元年以基为太史令,上《戊申大统历》。荧惑守心,请下诏罪己。大旱,请决滞狱。即命基平反,雨随注。因请立法定制,以止滥杀。太祖方欲刑人,基请其故,太祖语之以梦。基曰:"此得土得众之象,宜停刑以待。后三日,海宁降。太祖喜,悉以囚付基纵之。寻拜御史中丞兼太史令。"

太祖即皇帝位,基奏立军卫法。初定处州税粮,视宋制亩加五合,惟青田命毋加,曰:"今令温乡里世世为美谈也。"帝幸汴梁,基与左丞相擅长居守。基谓宋、元宽纵天下,今宜肃纪纲。食御史纠劾无所避,宿卫宦侍有过者,皆启皇太子置之法,人惮其敢。中书省都事李彬坐贪纵抵罪,擅长素匿之,请缓其狱。基不听,驰奏。报可。方祈雨,即斩之。

由是与擅长忤。帝归，塑基戮人坛墠下，不敬。诸怨基者亦交谮之。会以旱求言，基奏："士将物故者，其妻悉处另管，凡数万人，阴气郁结。工匠死，肉骸暴露，吴将吏降者皆编军户，足干和气。"帝纳其言，旬日仍不雨，帝怒。会基有妻丧，遂请告归。时帝方营中都，又锐意灭扩廓。基濒行，奏曰："凤阳虽帝乡，非建都地。王保保未可轻也。"已而定西失利，扩廓竟走沙漠，迄为边患。其冬，帝手诏叙倭基勋伐，召赴京，赐赉甚厚，追赠基祖、父皆永嘉郡公。累欲进基爵，基固辞不受。

初，太祖以事责丞相李善长，基言："擅长勋旧，能调和诸将。"太祖曰："是数欲害君，君乃为之地耶？吾行相君矣。"基顿首曰："是如易柱，须得大木。若束小木为之，且立覆。"及擅长罢，帝欲相杨宪，宪素善基，基力言不可，曰："宪有相才无相器。夫宰相者，持心如水，以义理为权衡，而己无与者也，宪则不然。"帝问汪广洋，曰："此褊浅殆甚于宪。"又问胡惟庸，曰："譬之驾，惧其偾辕也。"帝曰："吾之相，诚无逾先生。"基曰："臣疾恶太甚，又不耐繁剧，为之且孤上恩。天下何患无才，惟明主悉心求之，目前诸人诚未见其可也。"后宪、广洋、惟庸皆败。三年授弘文馆学士。十一月大封功臣，授基开国翊运守正文臣、资善大夫、上护军，封诚意伯，禄二百四十石。明年赐归老于乡。

帝尝手书问天象。基条答甚悉而焚其草。大要言霜雪之后，必有阳春，今国威已立，宜少济以宽大。基佐定天下，料事如神。性刚嫉恶，与物多忤。至是还隐山中，惟饮酒弈棋，口不言功。邑令求见不得，微服为野人谒基。基方濯足，令从子引入茅舍，炊黍饮令。令告曰："某青田知县也。"基惊起称民，谢去，终不复见。其韬迹如此，然究为惟庸所中。

初，基言瓯、括间有隙地曰谈洋，南抵闽界，为盐盗薮，方氏所由乱，请设巡检司守之。奸民弗便也。会茗洋逃军反，吏匿不以闻。基令长子琏奏其事，不先白中书省。胡惟庸方以左丞掌省事，挟前憾，使吏讦基，谓谈洋地有王气，基图为墓，民弗与，则请立巡检逐民。帝虽不罪基，然颇为所动，遂夺基禄。基惧入谢，乃留京，不敢归。未几，惟庸相，基大戚曰："使吾言不验，苍生福也。"忧愤疾作。八年三月，帝亲制文赐之，遣使护归。抵家，疾笃，以《天文书》授子琏曰："亟上之，毋令后人习也。"又谓次子璟曰："夫为政，宽猛如循环。当今之务在修德省刑，祈天永命。诸形胜要害之地，宜与京师声势连络。我欲为遗表，惟庸在，无益也。惟庸败后，上必思我，有所问，以是密奏之。"居一月而卒，年六十五。基在京病时，惟庸以医来，饮其药，有物积腹中如拳石。其后中丞涂节首惟庸逆谋，并谓其毒基致死云。

基虬髯，貌修伟，慷慨有大节，论天下安危，义形于色。帝察其至诚，任以心膂。每召基，辄屏人密语移时。基亦自谓不世遇，知无不言，遇急难，勇气奋发，计画立定，人莫能测。暇则敷陈王道。帝每恭己以听，常呼为老先生而不名，曰："吾子房也。"又曰："数以孔子之言导予。"顾帷幄语秘莫能详，而世所传为神奇，多阴阳风角之说，非其至也。所为文章，气昌而奇，与宋濂并为一代之宗。所著有《覆瓿集》、《犁眉公集》传于世。子琏、璟。

【译文】

刘基，字伯温，青田（今浙江省文成县）人。曾祖父刘濠，在宋朝为官任翰林掌书。宋朝灭亡，同乡人林融倡议反抗。结果失败，元朝廷派使者把叛党全部记录下来，牵连的很多。使者途中住在刘濠家里，刘濠把使者灌醉而烧掉了自己的房子，记录簿都烧掉了。使者无法子可想，于是他为使者改了部籍，牵连的人全都幸免了。刘基小时候聪明伶俐，与众不同，他的老师郑复初对他的父亲烆说："您的祖先积德很多，这儿子一定是出入于君主门下的人物。"元至顺年间，举进士，任高安丞，有廉洁耿直之声名。行省征召他，他辞谢了。后起用为浙江儒学副提举，议论御史失职，被台臣所阻拦，再次投书弹劾而回。刘基博通经史，对于书没有不读的，尤其精于星象谶纬之学。西蜀赵天泽评论江左人物，居首位的就是刘基，认为他有诸葛孔明的谋略。

方国珍起兵海上，攻掠郡县，主管部门没有办法，行省再次征召刘基为元帅府都事。刘基主张建筑庆元各城，用来夹逼贼寇，方国珍士气沮丧。等左丞贴里木儿招谕方国珍，刘基说方氏兄弟首先叛乱，不诛杀他们就不足以警诫后来者。方国珍害怕了，用很多东西贿赂刘基。刘基不接受。于是方国珍派人乘船到京城，贿赂官事的官员。于是下诏招抚方国珍，授给他官位，反而指责刘基施威擅权，把绍兴作为寄居之地。方氏于是更加肆无忌惮。没多久，各地贼寇纷纷起兵，行省再次征召刘基剿捕，与行院判石抹宜孙守处州。经略使李国凤上奏他的功劳，执政者以方氏的事情为由压倒了他，授他总管府判，但不让他参与军务。刘基于是辞职回到青田，著《郁离子》，以表明自己的志向。当时逃避方氏的人，争相来依附刘基，刘基稍微加以部署，贼寇就不敢侵扰了。

到明太祖攻下金华，稳定了括苍，听说刘基和宋濂等人的名气，用很多钱去聘他们。刘基没有答应，总制孙炎又写信给他，坚决诚恳地邀请刘基，刘基才出来。到了以后，陈述十八条时政要务。太祖十分高兴，专门修筑了礼贤馆让刘基等人居住，给了很多特殊礼遇。当初，因为韩林儿称帝，太祖还遥远地尊奉他。年初，中书省设御座行庆贺礼，刘基一个人不拜叩，说："放牧小儿，尊奉他干什么呢！"因此拜见太祖，陈说天命所在。太祖询问有何计可施，刘基说："张士诚本人只不过是守虏而已，不足为虑。陈友谅劫持幼主胁迫下属，名号不正，又居于上流，他没有一天忘记过我们，应对他先下手。陈氏灭亡了，张氏势单力孤，一举可以平定。然后北上中原，王业就可以成就了。"太祖十分高兴地说："先生有上好的计谋，请不要不陈说完！"正遇陈友谅攻陷太平，谋划东下，气焰很凶猛，各位将领有的说投降他，有的议论逃到钟山据守，刘基睁大眼睛一句话也不说。太祖把他召进内室，刘基亢奋地说："主张投降和逃跑的人，都可以斩首。"太祖说："先行有什么计谋可用？"刘基回答说："贼寇骄横至极，等他们深入领地，埋伏士兵拦截攻打，太容易了。天道后举者胜利，树立威望制服敌人，成就王业的行动，在此一举了。"太祖采纳了刘基的策略，引诱陈友谅到来，大破陈友谅军，以克敌制胜奖赏刘基。刘基辞谢不受。陈友谅的军队又攻陷了安庆，太祖打算亲自率兵讨伐，他去询问刘基。刘基全力表示赞称，于是出师攻打安庆。从天亮一直战斗到晚上，还没有攻下来，刘基请求直赴江州，捣坏陈友谅的巢穴，于是他率全军西上。陈友谅没有想到，在出其不意的打击下，只好带着妻子儿女逃到武昌，江州投降。其龙兴守将胡美派遣儿子来表示诚意，请求不要解散自己的军队。太祖显出为难的样子，刘基在后面踩胡床暗示。太祖醒悟过来，答应了胡美儿子的请求。胡美归降，江西各郡县都成了太祖的地盘。

刘基的母亲去世了，正值激战之时，他没敢说出来，这时候他请求回去归葬。正好苗軍反叛,杀了金、处守将胡大海、耿再成等人,渐东局势不稳。刘基到达衢,帮助守将夏毅告谕安抚各属下地界,又与平章邵荣等人筹划恢复处州,叛乱才被平定下来。方国珍素来害怕刘基,致信吊唁他母亲。刘基回信,宣扬太祖的威德,方国珍这才前来入贡。太祖多次写信到他家询问军国大事,刘基一条一条回答太祖,都与事情的关键相适宜。不久回到京师,太祖正要亲自救援安丰。刘基劝说:"汉、吴在等待机会,不可大动。"太祖没有听他的话。陈友谅听说了,乘机围攻洪都。太祖说:"不听先生的话,差一点误了大事。"于是亲自率军救援洪都,与陈友谅在阳胡展开大决战,每天交锋几十次。太祖坐在临时坐具胡床上督战,刘基在旁边侍候,突然跳起来大喝一声,催促太祖更换舰船。太祖匆匆忙忙转移到另外的大船上,还没有坐安稳,一发飞砲击中他刚才所坐的御船,那船立即化为碎片,陈友谅爬到高处看到这一情景,十分高兴。但太祖的舰船更加往前冲来,汉军都大惊失色。当时在湖中相持了三天,还未见分晓,刘基请求把军队转移到湖口阻住敌军,在金木相犯的那一天与他决胜负,结果陈友谅逃走被杀。其后太祖攻取张士诚,北伐中原,终于成就了帝王之业,大概确实像刘基所筹划的方略一样准确。

　　吴元年(1363),任命刘基为太史令,献上《戊申大统历》。荧惑星围着心宿,请求下诏书自我批评。天大旱,请判决滞留未决的案件。于是立即命刘基令平反冤狱,随之天下了大雨。因此他请求立法定制度,用来制止滥杀无辜。太祖正准备处罚,刘基请求了解原因,太祖把自己的梦告诉了刘基。刘基回答说:"这是得土郡、得民众之象,应该停止刑罚等待这个时候的到来。"过了三天,海宁归降。太祖高兴了,把全部的囚徒交给刘基放了。不久拜刘基为御史中丞兼太史令。

　　太祖登上皇帝宝座,刘基上书建立军队保卫国家法度。当初确定处州税粮,根据宋制亩数加五合,只有青田,命令没有增加,说:"让伯温的乡里世世传为美谈。"太祖巡幸汴梁,刘基与左丞相李善长居守朝内。刘基说宋、元因为宽纵失去天下,现在应该整肃纪纲。命令御史纠察弹劾不要什么例处,宿卫宦侍有过错的,都送皇太子依法处置,人都害怕他的严厉。中书省都事李彬犯了贪污放纵之罪,李善长平常与他很亲近,这时请求对李彬缓期处刑。刘基不采纳,派人赶去请示皇帝,皇帝答应可以。将要向天祈雨,就把他斩首了。从此以后与李善长关系恶化。皇帝回来,向皇帝诉说刘基在坛下侮辱人,犯了不敬之罪。各种怨恨刘基的人也交口诋毁他。正好因为干旱征求意见,刘基上书:"士兵死去的,他们的妻子都在另外的营里居住,有几万人,阴气郁结。工匠死了,腐烂的尸骨暴露在外面,吴将官吏投降者都编为军户,都足以干扰和气。"太祖采纳了他的建议,十多天仍不下雨,于是发怒了。正巧刘基的妻子死了,于是他请求归去。当时太祖正在营建中都,又积蓄力量要全力消灭扩廓。刘基临走,上书说:"凤阳虽然是皇帝的家乡,但不是建都城的地方。王保保不可轻视。"不久定西失利,扩廓竟然逃入沙漠地带,一直成为边患。这年冬天,皇帝亲自下诏表述刘基征战的功勋,召他回京,赏赐特别多,并追赠刘基的祖父、父亲都为永嘉郡公。多次想升刘基的爵位,刘基坚辞不受。

　　当初,太祖因为某事责怪丞相李善长,刘基说:"李善长是有功勋的老臣,能够调和诸将间的关系。"太祖说:"是他几次想加害先生,先生为何说他好话呢?我做事应学着先生了。"刘基顿首回答说:"这好比是要换柱子,必须得用大木材。如果捆绑小木材为大柱,不一会就会倒掉。"等李善长罢去，太祖想任杨宪为丞相，杨宪素来与刘基友善，刘基却坚持说不行，他说："杨宪有做丞相的才华，但没有做丞相的气度。做宰相的人，持心如水，办事公正，以义理为权衡标准，而不掺杂自己的私见。可杨宪就不行了。"太祖问汪广洋怎么样，刘基回答说："他偏袒浅陋比杨宪更甚一些。"又问胡惟庸怎样，刘基回答说："比如驾车之马，害怕他掀翻车子。"太祖说："我的丞相，实际上先生最合适不过了。"刘基说："我太疾恶如仇了，又对繁琐匆乱之事没有耐心，做了丞相又会辜负皇上的大恩。天下何患没有相才，希望皇上圣明全心地寻求他，目前这几个人真是没看到有可以为相的。"后来杨宪、汪广洋、胡惟庸都出事而败。三年授刘基弘文馆学士。十一月大封功臣，授刘基为开国翊运守正文臣、资善大夫、上护军，封为诚意伯，俸禄二百四十石。第二年，赐他回到家乡养老。

太祖曾写信询问天象，刘基条列回答十分详细，但烧掉了草稿。大概说霜雪以后，一定会有阳春到来，现在国威已经树立，应该少许用一些宽大的政策。刘基辅佐太祖平定天下，料事如神。性格刚直，疾恶如仇，与众人常发生不同意见。到这时归隐山中，只有饮酒下棋，从来不谈自己的功劳。地方长官求见不得，便换上百姓的衣服去拜见刘基。刘基正要洗脚，让从子引他到茅屋中，做了黍面的饭给他吃。邑令告诉刘基说："我是青田的知县。"刘基吃惊地起身称民，辞谢而去，再未见他。他的行迹虽然这样，但终究还是被胡惟庸所言中。

当初，刘基说瓯、括之间有一块空地叫谈洋，南边抵达闽边界，是盐盗的贼窝，方氏据此为乱，请求设置巡检司据守它。奸猾刁民就不方便了。正巧遇上茗洋的逃军反叛，官员隐瞒不报。刘基让他的长子刘琏上书报告这事，没有先向中书省讲。当时胡惟庸正以左丞掌管省里事务，怀着对以前相事的不快，让官吏诬陷刘基，说谈洋地带有帝王之气，刘基想在哪里做坟墓，百姓不给，他就请设立巡检司以驱逐老百姓。太祖虽然没有追问刘基的罪过，但特别被这话打动了，于是削夺了刘基的俸禄。刘基害怕进京谢罪，于是留在京城，不敢回家乡。不久，胡惟庸做了丞相，刘基大发感慨说："假如我的话不灵验，那是平民百姓的福气！从此忧虑愤懑引发了疾病。八年(1375)三月，太祖亲自写了文书赐给刘基，派使臣保护他回家乡。到家以后，病更严重了，把《天文书》交给儿子刘琏，说："尽快交给皇帝，不要让后来人学习它。"又对次子刘璟说："从事政务，宽松凶猛象循环一样。现在的要务在于修德少刑，祈求上天永远保佑。各种形势险峻的要害之地，应该与京师声势联络。我想留一份遗表，但胡惟庸在朝，没有用处。胡惟庸败绩之后，皇上一定会想到我，有要询问的事，把它秘密地交给皇上。"过了一月，就去世了。享年六十五岁。刘基在京师病后，胡惟庸派医生来治，吃了他开的药，有什么东西积聚在腹中，像拳头大的石头一般。其后中丞涂节首先告发胡惟庸的叛逃阴谋，并且说他毒死了刘基等等。

刘基有虬龙般的髯须，相貌伟岸和善，为人慷慨，高风亮节，评论天下安危形势，义形于色。太祖观察到他十分忠诚，所以把他当作顶梁柱般的知心人。每次召见刘基，都要让别人回避与他私谈很久。刘基也自己说难遇知己，知无不言。遇到危急艰难，更加勇气奋发，计划马上就会制定出来，没有人能测猜到他的计谋。闲暇的时候，他就陈说王道。太祖每次洗耳恭听，常叫他为老先生而不叫他的名字，说："我的子房啊！"又说："他多次拿孔子的言论教导我。"这本来是帷幄之中的话，因秘密而没有人知道其详情，而被世人传得神乎其神，最多的传说是阴阳风角之说，并非他所最精到的。他所做的文章，气势昌盛，风格奇特，与宋濂一起被认为是一代宗师。他的著作有《覆瓿集》《犁眉公集》流传于世。

宋濂传

【题解】

宋濂(1310~1381)，字景濂，祖籍金华(今浙江金华)，后迁至浦江(今浙江浦江)。洪武二年，朝廷下诏开史局，命宋濂、王祎为总裁官，以从大都缴获的元十三朝实录和《经世大典》为基础，修撰《元史》，仅用了六个多月的时间，就完成了一百五十九卷。因顺帝一朝无实录可依据，又派欧阳佑等人到北平等地，收集史料，以备续编。洪武三年二月，重开史局，七月份全书撰成。此书本纪四十七卷、志五十八卷、表八卷、列传九十七卷，合计二百一十卷。纪事上起元太祖铁木真称成吉思汗，下至元顺帝至正二十八年，前后共一百六十余年。历代对《元史》贬多褒少，指责它详略不均，杂乱重复，无论赞，缺《艺文志》等等。出现这些情况，原因比较复杂，最根本的是可搜集的材料不足。元朝统治者一向对历史不重视，"不置日历，不置起居注"，而元修实录又多草率，《元史》以实录为主要依据，当然难免疏略。然而，《元史》也不是一无是处，如《选举》《百官》《食货》《兵》《刑法》等志本于《皇朝经世大典》，《天文》《历》等志，则本于郭守敬的《授时历》，《地理志》本于《大元一统志》，《河渠志》本于欧阳玄的《河防记》等等，这些志都受到普遍的重视。元朝实录有一些出于姚燧、欧阳玄、苏天爵等名臣之手。尽管《元史》有诸多缺点，但在元实录和《经世大典》《大元一统志》等书都亡佚的情况下，它的史料价值就更值得珍贵。

【原文】

宋濂，字景濂，其先金华之潜溪人，至濂乃迁浦江。幼英敏强记，就学于闻人梦吉，通《五经》，复往从吴莱学。已，游柳贯、黄溍之门，两人皆亟逊濂，自谓弗如。元至正中，荐授翰林编修，以亲老辞不行，入龙门山著书。

逾十余年，太祖取婺州，召见濂。时已改宁越府，命知府王显宗开郡学，因以濂及叶仪为《五经》师。明年三月，以李善长荐，与刘基、章溢、叶琛并征至应天，除江南儒学提举，命授太子经，寻改起居注。濂长基一岁，皆起东南，负重名。基雄迈有奇气，而濂自命儒者。基佐军中谋议，濂亦首用文学受知，恒侍左右，备顾问。尝召讲《春秋左氏传》，濂进曰："《春秋》乃孔子褒善贬恶之书，苟能遵行，则赏罚适中，天下可定也。"太祖御端门，口释黄石公《三略》。濂曰："《尚书》二《典》、三《谟》，帝王大经大法毕具，愿留意讲明之。"已，论赏赉，复曰："得天下以人心为本。人心不固，虽金帛充牣，将焉用之。"太祖悉称善。乙巳三月，乞归省。太祖与太子并加劳赐。濂上笺谢，并奉书太子，勉以孝友敬

恭、进德修业。太祖览书大悦，召太子，为语书意，赐札褒答，并令太子致书报焉。寻丁父忧。服除，召还。

洪武二年诏修元史，命充总裁官。是年八月史成，除翰林院学士。明年二月，儒士欧阳佑等采故元元统以后事迹还朝，仍命濂等续修，六越月再成，赐金帛。是月，以失朝参，降编修。四年迁国子司业，坐考祀孔子礼不以时奏，谪安远知县，旋召为礼部主事。明年迁赞善大夫。是时，帝留意文治，征召四方儒士张唯等数十人，择其年少俊异者，皆擢编修，令入禁中文华堂肄业，命濂为之师。濂傅太子先后十余年，凡一言动，皆以礼法讽劝，修归于道，至有关政教及前代兴亡事，必拱手曰："当如是，不当如彼。"皇太子每敛容嘉纳，言必称师父云。

帝剖符封功臣，召濂议五等封爵。宿大本堂，讨论达旦，历据汉、唐故实，量其中而奏之。甘露屡降，帝问灾祥之故。对曰："受命不于天，于其人，休符不于祥，于其仁。《春秋》书异不书祥，为是故也。"皇从子文正得罪，濂曰："文正固当死，陛下体亲亲之谊，置诸远地则善矣。"车驾祀方丘，患心不宁，濂从容言曰："养心莫善于寡欲，审能行之，则心清而身泰矣。"帝称善者良久。尝问以帝王之学，何书为要。濂举《大学衍义》。乃命大书揭之殿两庑壁。顷之御西庑，诸大臣皆在，帝指《衍义》中司马迁论黄、老事，命濂讲析。讲毕，因曰："汉武溺方技谬悠之学，改文、景恭俭之风，民力既敝，然后严刑督之。人主诚以礼义治心，则邪说不入，以学校治民，则祸乱不兴，刑罚非所先也。"问三代历数及封疆广狭，既备陈之，复曰："三代治天下以仁义，故多历年所。"又问："三代以上，所读何书？"对曰："上古载籍未立，人不专诵。君人者兼治教之责，率以躬行，则众自化。"尝奉制咏鹰，令七举足即成，有"自古戒禽荒"之言。帝忻然曰："卿可谓善陈矣。"濂之随事纳忠，皆此类也。

六年七月迁侍讲学士，知制诰，同修国史，兼赞善大夫。命与詹同、乐韶凤修日历，又与吴伯宗等修宝训。九月定散官资阶，给濂中顺大夫，欲任以政事。辞曰："臣无他长，待罪禁近足矣。"帝益重之。八年九月，从太子及秦、晋、楚、靖江四王讲武中都。帝得舆图《濠梁古迹》一卷，遣使赐太子，题其外，令濂询访，随处言之。太子以示濂，因历历举陈，随事进说，甚有规益。

濂性诚谨，官内庭久，未尝讦人过。所居室，署曰"温树"。客问禁中语，即指示之。尝与客饮，帝密使人侦视。翼日，问濂昨饮酒否，坐客为谁，馔何物。濂具以实对。笑曰："诚然，卿不朕欺。"间召问群臣臧否，濂惟举其善者曰："善者与臣友，臣知之；其不善者，不能知也。"主事茹太素上书万余言。帝怒，问廷臣。或指其书曰："此不敬，此诽谤非法。"问濂，对曰："彼尽忠于陛下耳。陛下方开言路，恶可深罪。"既而帝览其书，有足采者。悉召廷臣诘责，因呼濂字曰："微景濂几误罪言者。"于是帝廷誉之曰："朕闻太上为圣，其次为贤，其次为君子。宋景濂事朕十九年，未尝有一言之伪，诮一人之短，始终无二，非止君子，抑可谓贤矣。"每燕见，必设坐命茶，每旦必令侍膳，往复咨询，常夜分乃罢。濂不能饮，帝尝强之至三觞，行不成步。帝大欢乐。御制《楚辞》一章，命词臣赋《醉学士诗》。又尝调甘露于汤，手酌以饮濂曰："此能愈疾延年，愿与卿共之。"又诏太子赐濂良马，复为制《白马歌》一章，亦命侍臣和焉。其宠待如此。九年，进学士承旨、知制诰，兼赞善如故。其明年致仕,赐《御制文集》及绮帛,问濂年几何,曰:"六十有八。"帝乃曰:"藏此绮三十二年,作百岁表可也。"濂顿首谢。又明年,来朝。十三年,长孙慎坐胡惟庸党,帝欲置濂死。皇后太子力救,乃安置茂州。

濂状貌丰伟,美须髯,视近而明,一黍上能作数字。自少至老,未尝一日去书卷,于学无所不通。为文醇深演迤,与古作者并。在朝,郊社宗庙山川百神之典,朝会宴享律历衣冠之制,四裔贡赋赏劳之仪,旁及元勋巨卿碑记刻石之辞,咸以委濂,屡推为开国文臣之首。士大夫造门乞文者,后先相踵。外国贡使亦知其名,数问宋先生起居无恙否。高丽、安南、日本至出兼金购文集。四方学者悉称为"太史公",不以姓氏。虽白首侍从,其勋业爵位不逮基,而一代礼乐制作,濂所裁定者居多。

其明年,卒于夔,年七十二。知事叶以从葬之莲花山下。蜀献王慕濂名,复移茔华阳城东。弘治九年,四川巡抚马俊奏:"濂真儒翊运,述作可师,黼黻多功,辅导著绩。久死远戍,幽壤沉沦,乞加恤录。"下礼部议,复其官,春秋祭葬所。正德中,追谥文宪。

仲子璲最知名,字仲珩,善诗,尤工书法。洪武九年,以濂故,召为中书舍人。其兄子慎亦为仪礼序班。帝数试璲与慎,并教诫之。笑语濂曰:"卿为朕教太子诸王,朕亦教卿子孙矣。"濂行步艰,帝必命璲、慎扶掖之。祖孙父子,共官内庭,众以为荣。慎坐罪,璲迹连坐,并死,家属悉徙茂州。建文帝即位,追念濂兴宗旧学,召璲子怿官翰林。永乐十年,濂孙坐奸党郑公智外亲,诏特宥之。

【译文】

宋濂,字景濂,他的先人是金华潜溪的人,到宋濂时就迁到浦江。宋濂年幼即异常聪敏、记忆力极强,在闻人梦吉处学习,精通《五经》,又前往吴莱处就学。这以后,宋濂又游学于柳贯、黄潛门下,柳、黄都对宋濂极为逊让,自称不如宋濂。元至治年间,因人推荐,授宋濂为翰林编修,宋濂以侍奉老人为由辞谢不赴任,进龙门山著书立说。

过了十几年,明太祖夺取婺州,召见宋濂。这时婺州已改为宁越府,命令知府王显宗开办郡学,因而以宋濂和叶仪为《五经》师。第二年三月,因李善长的推荐,与刘基、章溢、叶琛一并征召到应天府,除授江南儒学提举,命令他授太子经,不久又改起居注。宋濂比刘基长一岁,都起于东南,而且都享有盛名。刘基雄壮豪迈有奇异的气质,而宋濂以儒者自居。刘基辅佐军中的谋划计议,宋濂也第一个以文学得到知遇,一直侍奉太祖左右,以备顾问。曾应召讲《春秋左氏传》,宋濂进言说:"《春秋》乃是孔子褒贬善恶的书,假若能遵行《春秋》,那么赏罚适中,天下可以安定。"太祖亲临端门,宋濂讲解黄石公的《三略》。宋濂说:"《尚书》的《尧典》《舜典》《大禹谟》《皋陶谟》《益稷谟》,完全具备帝王的大经大法,希望陛下留意讲明这《二典》《三谟》。"在这以后,议论赏赐,宋濂又说:"得到天下以人心为根本。人心不稳固,虽然充满金帛,将有何用处。"太祖对此都表示赞许。乙巳(元至正二十五年)三月,宋濂请求回乡省亲。太祖与太子一起慰劳赏赐宋濂。宋濂上笺谢恩赏,而且写信给太子,用孝友敬恭以及增进道德、修养学业勉励太子。太祖看了信大喜,召见太子,向他讲信中内容,赐笔纸褒奖回答,并且命太子写信给宋濂作答。不久宋濂遭父丧。丧服期满,召回朝廷。

洪武二年朝廷下诏修《元史》，命令宋濂担任总裁官。这年八月，《元史》撰成，除授宋濂为翰林院学士。洪武三年二月，儒士欧阳佑等人搜采故元朝元统以后事迹还朝，仍然命令宋濂等人续修《元史》，过了六个月《元史》再度撰成，朝廷赐宋濂等金帛。这个月，宋濂因朝见天子有失，降为编修。四年，调任国子司业，因考祭祀孔子礼而不按时奏报获罪，贬为安远县知县，不久召为礼部主事。第二年调任赞善大夫。这时，太祖注意文治，征辟各地儒士张唯等几十人，选择当中年轻而有卓异才华的人，皆提升为编修，让他们进宫中文华堂修习学业，命令宋濂做他们的老师。宋濂做太子师傅先后十几年，凡是一言一行，都用礼法婉言劝谕，使太子的言行合于礼法，至于有关政治教化以及前代兴亡的事，一定拱手说："应当像这样，不应当像那样。"每当皇太子严肃面容欣然接受时，言必称师父云云。

太祖剖符分封功臣，召宋濂议论五等封爵。宋濂住在大本堂，议论到天亮，顺次根据汉代、唐代的旧例，衡量出适中的内容而奏明太祖。甘美的雨露多次降下，太祖问灾祥的缘故。宋濂回答说："天子受命不在天，而在于人，好的征兆不在祥，而在于仁。《春秋》记载异常现象而不记载祥兆，就是这缘故。"皇帝的侄子朱正文获罪，宋濂说："朱文正固然应当受死，陛下实行亲其所当亲之义，把他安置在边远的地方就行了。"太祖夏至祭地时，感到心绪不宁，宋濂从容地说："养心最好莫过于寡欲，真的能做到这一点，那么心境清新身体安泰。"太祖长时间地称赞此说。太祖曾以帝王之学，什么书最为重要的问题问宋濂。宋濂举出《大学衍义》。于是命令把《大学衍义》用大字写在殿的两边廊壁上。不久太祖亲临西廊，众大臣都在场，太祖指着《衍义》中司马迁论黄老事，命令宋濂讲解分析。宋濂讲解完毕，接着说："汉武帝沉浸于方技的空虚悠远的学说中，改变文、景两帝的恭俭作风，民力已经衰敝，然后又以严刑督察百姓。人主真的用礼义修养内心，那么邪说就不能进入，用学校治理百姓，那么祸乱就不会兴起，刑罚不必被列于前。"太祖问三代朝代更替的时间以及版图的大小，宋濂全部陈述完毕后，又说："三代仁义治天下，所以统治年代长久。"太祖又问："三代之上，他们所读的书是什么？"宋濂回答说："上古时典籍尚未完全确立，人们也不专门讲读。人君兼治理教化的责任，以身体力行统率众民，那么众民自然会被教化。"曾经奉制作咏鹰诗，命令七步就完成，诗中有"自古即戒沉迷田猎"的话。太祖高兴地说："爱卿可称得上是善于上言啊。"宋濂的随事进献忠言，都是这种情况。

六年七月宋濂调任侍讲学士，知制诰，同修国史，还兼赞善大夫。朝廷命令宋濂与詹同、乐韶凤一起修日历，又与吴伯宗等修宝训。九月定散官的官资品阶，授宋濂中顺大夫，想把政事委任给他。宋濂辞谢说："臣没有其他的长处，能够待罪在陛下近旁就心满意足了。"太祖更加器重他。八年九月，跟从太子以及秦、晋、楚、靖江四王在中都讲武。太祖得到舆图《濠梁古迹》一卷，派人赐给太子，在书外题词，让宋濂询问访求，随所到之处而讲解之。太子把此书拿给宋濂看，于是清清楚楚地称引讲陈，随事进言，很有规范益处。

宋濂生情诚实恭谨，久在内庭为官，未曾揭发过别人的过失。他所住的房间，署名为"温树"。客人问宫中的事，就手指"温树"二字让他看。曾与客人饮酒，太祖秘密派人监视。第二天，太祖问宋濂昨天饮酒没饮酒，客人是谁，吃得什么东西。宋濂都如实回答。

太祖笑着说："诚实啊，卿不欺骗朕。"有时召宋濂问群臣的好坏，宋濂只称举那些好的，说："善的是臣的朋友，臣了解他，那些不好的，臣不能了解他们。"主事茹太素上书几万言。太祖发怒，问朝廷大臣，有人指着茹太素的上书说："这是不敬，这是诽谤不法。"太祖问宋濂，宋濂回答说："茹太素尽忠于陛下啊。陛下刚刚广开言路，怎能过分给他加罪。"过后，太祖阅读茹太素的上书，有完全可以采纳的内容。把朝廷大臣都召集起来责问，因而呼唤宋濂的字说："没有景濂，我会错怪上言的人。"于是太祖在朝廷称誉宋濂说："朕听说最上者为圣，其次为贤，再其次为君子。宋景濂侍奉朕十九年，不曾有一句话的伪诈，不曾指责过一个人的短处，始终如一，他不止是个君子，抑或可称之为贤啊。"每逢在内廷朝见，太祖必定设置座位命人上茶，每天早上必定令人准备早膳，太祖反复咨询，常常直到夜深才结束。宋濂不能饮酒，太祖曾强迫他饮酒至三杯，就摇摇晃晃迈不成步了，太祖特别开心，亲自写《楚辞》一章，命令词臣赋《醉学士诗》。又曾把甘美的雨露调在汤里，亲手拿着给宋濂喝，说："这汤能治好病，延长寿命，朕愿与你共饮此汤。"又诏令太子赐宋濂好马，又为此写《白马歌》一章，也命令侍臣和诗赋此。宋濂得到太祖这样的宠信。九年，宋濂进为学士承旨、知制诰，仍然兼任赞善大夫。第二年退休，太祖赐他《御制文集》和绮帛，问宋濂多大年纪，宋濂回答说："六十有八。"太祖就说："把这绮收藏三十二年，可以做百岁衣啊。"宋濂叩首拜谢。又过一年，宋濂来朝觐见。十三年，长孙宋慎因是胡惟庸的同伙而获罪，太祖想判宋濂死罪。皇后和太子极力营救，就令宋濂在茂州安置。

宋濂状貌丰伟，胡须很美，看东西近而明晰，在一粒黍上能写数字。从小到老，没有一天离开书卷，对于学问无所不通。做文章精深演绎，可与古代学者并驾齐驱。在朝廷，郊社宗庙山川百神的祭典，朝会宴享律历衣冠的制度，四裔贡赋赏劳的礼仪，旁及元勋巨卿碑记刻石的文辞，都委托给宋濂，多次被推举为文臣之冠首。士大夫到宋濂府上乞求文章的人，前后继踵而至。外国进贡使节也知道宋濂的名气，多次询问宋先生的起居安好与否。高丽、安南、日本直至用双倍的价钱购买他的文集。各方的学者都称他为"太史公"，不加姓氏。虽然宋濂时至白头仍为侍从，他的功业爵位都不及刘基，然而这一代的礼乐的制作，由宋濂所裁定的居多。

那第二年，宋濂在夔州去世，终年七十二岁。知事叶以从把宋濂葬在莲花山之下。蜀献王仰慕宋濂之名，又把宋濂的坟墓移到华阳城东。弘治九年，四川巡抚马俊上奏说："宋濂是真正的儒者，辅佐国运，他的著述可为师表，在华美文辞方面颇有功效，辅导后进有显著的功绩。很久以前死在远方边戍，沉沦于地下，乞求给予怜悯录官。"将此奏议下到礼部讨论，恢复宋濂的官职，春秋两季在安葬他的地方祭祀他。正德年间，追谥号为"文宪"。

宋濂的第二个儿子宋璲最有名，字仲衍，善于作诗，尤其精通书法。洪武九年，因为宋濂的缘故，召为中书舍人。他哥哥的儿子宋慎也为仪礼序班。太祖多次考宋璲与宋慎，并且教诲告诫他们。太祖笑着对宋濂说："爱卿为朕教育太子和诸王，朕也教育爱卿的子孙啊。"宋濂走路困难，太祖一定命令宋璲、宋慎挽扶宋濂。祖孙、父子，一起在内庭为官，大家都以此为荣。宋慎获罪，宋璲也被株连，都被处死，家属都流徙到茂州。建文帝即位，追念宋濂提倡尊崇旧学，召宋璲的儿子宋怿为翰林官。永乐九年，宋濂的孙子因是奸党郑公智的外亲获罪,朝廷下诏特别宽免他。

俞通海传

中华传世藏书

二十五史

明史

三九三〇

【题解】

俞通海(1330~1367)明朝开国将领。字碧泉,祖籍濠州(今安徽凤阳),其父时迁巢湖。历任秦淮翼元帅、枢密院同知、中书省平章政事。

元末,俞通海与父、弟等在家乡结水塞自卫,后投归朱元璋,随元璋渡长江,攻集庆(今江苏南京),屡破元兵。至正十七年(1357),在攻张士诚的战斗中,他身先士卒,奋勇搏击,右目中箭。至正十九年(1359),他率兵参加围歼陈友谅的鄱阳湖之战,多次率战船突入敌阵,纵火焚毁陈友谅战舰百余艘。二十七年(1367),在攻打张士诚的最后战斗中,负重伤身死,年仅三十八岁。后追封为虢国公,谥号忠烈。

俞通海勇敢沉着,治军严厉但又有恩惠,士兵乐于为他所征用。他尤长水战,在朱元璋统一全国的战斗中,论及水战,俞通海功劳最高。

【原文】

俞通海,字碧泉,其先濠人也。父廷玉徙巢,子三人,通海、通源、渊。元末,盗起汝、颍。廷玉父子与赵普胜、廖永安等结寨巢湖,有水军千艘,数为庐州左君弼所窘,遣通海间道归太祖。太祖方驻师和阳,谋渡江,无舟楫。通海至,大喜曰:“天赞我也”。亲往抚其军,而赵普胜叛去。元兵以楼船扼马场河等口,濒湖惟一港可通,亦久涸。会天大雨,水深丈余,乃引舟出江,至和阳。

通海为人沉毅,治军严而有恩,士乐为用。巢湖诸将皆长于水战,而通海为最。从破海牙诸水寨,授万户。从渡江,克采石,取太平,徇下诸属县。海牙复以战舰截采石,而陈兆先合淮兵二十万屯方山,相掎角。通海与廖永安等击之,大败其众,海牙遁。进破兆先,取集庆路。从汤和拔镇江,迁秦淮翼元帅。偕诸将取丹阳、金坛、常州,迁行枢密院判官。从克宁国,下水阳,因以舟师略太湖,降张士诚守将于马迹山,舣舟胥口。吕珍兵暴至,诸将欲退。通海曰:“不可,彼众我寡,退则情见,不如击之”。乃身先疾斗,矢下如雨,中右目,不能战,命帐下士被己甲督战。敌以为通海也,不敢逼,徐解去。由是一目遂眇。已,偕永安等克石牌戍,夺马驮沙而还。普胜既叛归友谅,陷池州,遣别将守,而自据枞阳水寨。太祖方征浙东,以枞阳为忧。通海往攻,大破之。普胜陆走,尽获其舟,遂复池州。迁金枢密院事。陈友谅犯龙湾,偕诸将击走之,追焚其舟于慈湖,擒七帅,逐北至采石。功最,进枢密院同知。

从攻友谅,下铜陵,克九江,掠蕲、黄。从徐达击叛将祝宗、康泰,复南昌。从援安丰,败士诚兵,还攻庐州。友谅大举围南昌,从太祖击之。遇于康郎山,舟小不能仰攻,力战几不支。通海乘风纵火焚其舟二十余,敌少挫。太祖舟胶。友谅骁将张定边直前犯太祖舟。常遇春射中定边，通海飞舸来援，舟骤进水涌，太祖舟得脱。而通海舟复为敌巨舰所压，兵皆以头抵舰，兜鍪尽裂，仅免。明日复战，偕廖永忠等以七舟置火药，焚敌舟数百。逾二日，复以六舟深入。敌连大舰力拒。太祖登舵楼望，久之无所见，意已没。有顷，六舟绕敌舰出，飘摇若游龙。军士灌噪，勇气百倍，战益力。友谅兵大败。师次左蠡，通海进曰："湖有浅，舟难回旋。莫若入江，据敌上流。彼舟入，即成擒矣"。遂移师出湖，水陆结栅。友谅不敢出，居湖中一月，食尽，引兵突走，竟败死。是役也，通海功最多。师还，赐良田金帛。

明年从平武昌。拜中书省平章政事。总兵略刘家港，进逼通州，败士诚兵，擒其将朱琼、陈胜。进摄江淮行中书省事，镇庐州。从徐达平安丰。又从克湖州，略太仓，秋毫不犯。民大悦。围平江，战灭渡桥，捣桃花坞，中流矢，创甚，归金陵。太祖幸其第，问曰："平章知予来问疾乎？"通海不能语。太祖挥涕而出。翼日卒，年三十八。太祖临哭甚哀，从官卫士皆感涕。追封豫国公，侑享太庙，肖像功臣庙。洪武三年改封虢国公，谥忠烈。通海父廷玉官金枢密院事，先卒，追封河间郡公。通海无子，弟通源嗣其官。

【译文】

俞通海，字碧泉，祖先是濠州人。他父亲俞廷玉从濠州迁到巢湖。廷玉有三个儿子，通海、通源和渊。元朝末年，汝、颍二州盗贼纷起，廷玉父子与赵普胜、廖永安等在巢湖聚众结寨，拥有可在水上作战的船只千余艘，但还是屡受庐州左君弼的困扰，于是派俞通海走小道去投归朱元璋。朱元璋这时正驻扎在和阳，想率师过江，但苦于没有船只。俞通海的到来。使他大喜过望，说："老天赞助我啊！"他亲自到俞通海的军中去安抚兵士，赵普胜不愿意跟朱元璋，反叛而去。元兵用楼船扼守住马场河等水道出入口，沿湖只有一个港口可以通行，但也干涸很长时间了。这时正巧天下大雨，水涨至一丈多深，于是将船只引出长江，到了和阳。

俞通海为人深沉刚毅，治军严厉但又讲恩惠，士兵都愿意为他所用。巢湖出来的将领都擅长水上作战，而俞通海是最突出的一位。他跟从朱元璋攻破了海牙的所有水寨，被授为万户。又跟着元璋渡江，先后打下了采石、太平，扫平了各附属的县城。海牙又用战舰切断采石水道，而陈兆先集合了二十万淮军驻扎在方山，与海牙的水军合成犄角之势。俞通海和廖永安等率兵出击，大败众多的敌军，海牙逃跑。进而击败陈兆先，取下了集庆路。接着跟从汤和攻克镇江，被提升为秦淮翼元帅。俞通海和其他将领又取下丹阳、金坛、常州，升为行枢密院判官。他又跟随朱元璋攻占了宁国、水阳，于是统率水师进取太湖，在马迹山逼降了张士诚的守将，然后将舰船停泊在胥口。吕珍的部队突然来到，将领们想撤退，俞通海说："不能退，现在敌众我寡，我们一退就会暴露真相，不如主动出击。"于是他挺身先出与敌激战。当时箭如雨下，一箭射中了他的右眼，他不能再战了，就叫帐下的一名卫士穿上他的盔甲指挥战斗。敌人以为还是俞通海呢，不敢进逼，慢慢解围而去。从此俞通海的一只眼睛瞎了。不久，他和廖永安等一起攻破敌人在石牌的防守，夺得了马驮沙这一地方后才还师。赵普胜叛归陈友谅之后，攻占了池州，他派别的将领驻守，而自己则据守枞阳水寨。朱元璋正在征伐浙东，他因枞阳为敌所占而感到忧虑。

俞通海前去攻取，大败赵普胜。赵普胜从陆上逃走，俞通海缴获了赵的所有船只，接着收复了池州。俞通海升任金枢密院事。陈友谅进犯龙湾，俞通海会同其他将领一起打退了敌人，追击到慈湖，烧毁了他们的战舰，抓获了七位将帅，又向北一直追赶到采石。此次战斗，俞通海战功最高，晋升为枢密院同知。

俞通海胁从进攻陈友谅，先后攻占了铜陵、九江，夺取了蕲、黄二州。又跟从徐达征讨叛将祝宗、康泰，收复南昌。协助救援安丰，打败张士诚的部队，返还再攻庐州。陈友谅大举包围南昌，俞通海跟随朱元璋去征讨解围，在康郎山与陈友谅军相遇。朱元璋水师的船小不能向上攻击，虽奋力作战但还是支撑不住。俞通海乘风势放火烧毁对方二十多艘战船，敌人才稍受挫折。朱元璋坐的船搁浅了，陈友谅的勇将张定边驾船直驰而来攻打朱元璋坐船。常遇春发箭射中张定边，俞通海也飞舟前来救援。船飞速驰来，带动湖水急涌而至，元璋的坐船才得以脱险。而俞通海的船却又被敌人的大船压住，士兵们都用头去顶推敌舰，以至头盔都顶裂了，才勉强幸免于难。第二天再战，俞通海和廖永安等人用七只船装满了火药，点燃了飞驰冲进敌舰群中，烧毁敌船几百艘。过了二天，又驾了六只船冲入对方船群深处。敌人将大船联结起来奋力抵抗。朱元璋登上舵楼眺望，很长时间都没有看见六艘船的影子，心想大概已经沉没了。没多久，六条船绕过敌舰在敌后方出现了，飘飘摇摇有如游龙一般。军士们都欢呼叫喊起来，顿时勇气百倍，作战愈发卖力。陈友谅的部队大败。朱元璋军停在左蠡，俞通海进言说："湖中有浅滩，舟船难以回旋。不如进入长江，占据敌人的上流，对方的船入江返逃，就能被我擒获。"于是调军队出湖，在沿江水陆都结栅栏为营。陈友谅不敢出来，在湖中困居了一个月，粮食耗尽后，带兵想突围逃跑，最后失败而死。这一战役，俞通海功劳最多。还师后，朱元璋赏赐给他良田，黄金和丝帛。

第二年俞通海跟朱元璋前去征平武昌，授命为中书省平章政事。他统领部队去进攻刘家港，进逼通州，打败张士诚部队，抓获了张的部将朱琼、陈胜。俞被提拔为江淮行中书省事，镇守庐州。又随徐达去打安丰。接着跟朱元璋去攻打湖州，夺取太仓，他的部队纪律严明，对百姓秋毫无犯，老百姓非常欢迎。俞通海参加了围攻苏州的战斗，攻打灭渡桥，直捣桃花坞，不幸被乱箭射中，伤得十分厉害，回到金陵。朱元璋亲自到他的宅所去探望他，问道："平章，你知道我来探望你吗？"俞通海不会说话了，朱元璋挥泪而出。第二天俞通海死了，年仅三十八岁。朱元璋亲临吊丧，哭得十分伤心，从官卫士也都感伤流涕。朱元璋追封俞通海为豫国公，灵位进供太庙配享，其肖像进功臣庙。洪武三年，明太祖朱元璋改封俞通海为虢国公，谥号忠烈。通海的父亲俞廷玉曾任金枢密院事，已先去世，这时也追封为河间郡公。俞通海没有儿子，其弟俞通源继承了他的官职。

李仕鲁传

【题解】

李仕鲁字宗孔，濮阳人。明初著名儒士，尊崇朱熹理学，一生以光大理学，驳斥佛教为己任。担任地方官时，以儒家学说治政，政绩显著。性格刚毅耿直，直言敢谏，也因此而获罪惨死。

【原文】

李仕鲁，字宗孔，濮人。少颖敏笃学，足不窥户外者三年。闻鄱阳朱公迁得宋朱熹之传，往从之游，尽受其学。太祖故知仕鲁名，洪武中，诏求能为朱氏学者，有司举仕鲁。入见，太祖喜曰："吾求子久。何相见晚也。"除黄州同知，曰："朕姑以民事试子，行召子矣。"期年，治行闻。十四年，命为大理寺卿。

帝自践阼后，颇好释氏教，诏征东南戒德僧，数建法会于蒋山，应对称旨者辄赐金襕袈裟衣，召入禁中，赐坐与讲论。吴印、华克勤之属，皆拔擢至大官，时时寄以耳目，由是其徒横甚，谗毁大臣。举朝莫敢言，惟仕鲁与给事中陈汶辉相继争之。

汶辉疏言："古帝王以来，未闻缙绅缁流，杂居同事，可以相济者也。今勋旧耆德咸思辞禄去位，而缁流憸夫乃益以谗间。如刘基、徐达之见猜，李善长、周德兴之被谤，视萧何、韩信，其危疑相去几何哉？伏望陛下于股肱心膂，悉取德行文章之彦，则太平可立致矣。"帝不听。诸僧怙宠者，遂请为释氏创立职官。于是以先所置善世院为僧录司，设左右善世、左右阐教、左右讲经觉义等官，皆高其品秩。道教亦然。度僧尼道士至逾数万。

仕鲁疏言："陛下方创业，凡意指所向，即示子孙万世法程，奈何舍圣学而崇异端乎！"章数十上，亦不听。

仕鲁性刚介，由儒术起，方欲推明朱氏学，以辟佛自任。及言不见用，遽请于帝前曰："陛下深溺其教，无惑乎臣言之不入也。还陛下笏。乞赐骸骨，归田里。"遂置笏于地。帝大怒，命武士捽搏之，立死阶下。

陈汶辉，字耿光，诏安人。以荐授礼科给事中，累官至大理寺少卿，数言得失，皆切直。最后忤旨，惧罪，投金水桥下死。

仕鲁与汶辉死数岁，帝渐知诸僧所为多不法，有诏清理释道二教云。

【译文】

李仕鲁，字宗孔，濮人。少年时聪明勤奋好学，三年不出家门。听说鄱阳朱公迁得宋朝理学家朱熹的真传，到那儿跟他学习，系统地掌握了其学问。明太祖朱元璋很早就知李仕鲁的名声，洪武年间中，下诏征求能讲朱熹学术的人，官吏举荐了李仕鲁。入朝拜见，明太祖十分高兴说："我寻找您已很长时间了，为什么相见这么晚呢？"任命李仕鲁为黄州同知,说:"朕姑且用民事任用您,过一段就将要召用您了。"满一年,李仕鲁治理政务的成绩很显著。洪武十四年,被任命为大理寺卿。

明太祖自从登上皇帝宝座后,很喜好佛教,诏征东南戒德僧,多次在蒋山建法会,对答符合心意的立即赐给金襕袈裟衣,召进宫中,赐座一起谈论、讲解。吴印、华克勤一类的人,都提升为大官,经常委托他们探听消息,因此他们的徒弟特别骄横,说大臣们的坏话。满朝的人谁也不敢说话,只有李仕鲁和给事中陈汶辉相继前后上疏谏争。

陈汶辉的上疏说:"自古以来的帝王,没有听说过士大夫和僧徒,混杂居住共事,可以互相帮助。现在功劳卓著的旧臣和德高望重的长者都想辞去俸禄离开官职而去,但是僧徒邪恶的人更加厉害地用谗言进行离间。如刘基、徐达的被猜疑,李善长、周德兴的被诽谤,和萧何、韩信相比,其危害疑忌相去能有多远呢?伏望陛下对于辅佐大臣和亲信骨干,全部选取在道德行为文章方面才德杰出的人,则天下太平很快就可到来了。"皇帝不听取他的意见。诸僧徒中恃宠而骄的,遂请求为佛教创立职官。于是用从前所设置的善世院改为僧录司,设左右善世、左右阐教、左右讲经觉义等官职,都提高了他们的品级、俸禄。道教也照此办理。离俗出家的僧尼、道士以致超过了数万人。

李仕鲁上疏说:"陛下正在创建千秋功业,凡是立心用意所指的地方,就应是指示给子孙万世的法规章程,为什么舍弃儒家圣学而崇尚佛教异端呢?"章疏奏进了数十个,皇帝也不听。

李仕鲁性格坚强耿直,由儒家学术起家,正要使朱熹学术发扬光大,以排斥、驳斥佛教为自己的任务。到多次上疏言论不被采纳推行,竟在皇帝面前请求说:"陛下深深地沉迷在佛教当中,也就清楚地知道了臣的言论听不进去了。归还陛下朝笏,乞请赐准退休,回到乡村去。"随即把朝笏放在地上。明太祖大怒,命令武士揪打李仕鲁,立刻死在阶下。

陈汶辉,字耿光,诏安人。因推荐授官为礼科给事中,多次升迁官至大理寺少卿,多次上书议论得失,都直言不讳。最后因违背了皇帝旨意,恐怕被治罪,投金水桥下而死。

李仕鲁和陈汶辉死后几年,皇帝慢慢了解了诸僧的行为很多违犯了法律,下诏书清理佛、道二教。

方孝孺传

【题解】

方孝孺(1357~1402)是明初著名儒臣,为当时极优秀的文章家。早年曾投师浙东大儒、明朝开国文臣宋濂门下,学问文章,突飞猛进。1382年因吴沉、揭枢之荐,赴京接受明太祖召见,受到大加赞赏。此后他努力于修身齐家治国平天下的儒家学说。提出积极地"承天命"的主张,认为在天命面前人可以发挥自己的主观努力;他主张行仁政、反对暴政;并严正地提出"君职"之说,认为君王之职,"为天养民者也";他义正词严地对洪武严猛政治进行了批判。

惠帝继位，他得以与君共事，以"明五道，致太平"为己任，极力辅佐惠帝，推行了一系列新政；行宽政，重德省刑；均免赋役，革除弊政；限僧道占田；更定官制，增损洪武礼制；精简机构，革除冗余。这些措施给社会带来了新气象。

正当方孝孺佐惠帝行新政之际，明王朝内部斗争爆发，燕王举兵南下，方孝孺出谋挽回局面，都未见效，终于惠帝自焚，燕王成为新君。方孝孺被逼草诏，面对燕王的淫威，他坚决拒绝，凛然大气，最后他以身殉道，取义成仁，在儒家大忠、大节的正气下，走向死亡。

方孝孺

【原文】

方孝孺，字希直，一字希古，宁海人。父克勤，洪武中循吏，自有传。孝孺幼警敏，双眸炯炯，读书日盈寸，乡人目为"小韩子"。长从宋濂学，濂门下知名士皆出其下。先辈胡翰、苏伯衡亦自谓弗如。孝孺原末视文艺，恒以明王道、致太平为己任。当卧病，绝。家人以告，笑曰："古人三旬九食，贫岂独我哉。"父克勤坐"空印"事诛，扶丧归葬，哀动行路。既免丧，得从濂卒业。

洪武十五年，以吴沉、揭枢荐，召见。太祖喜其举止端整，谓皇太子曰："此壮士，当老其才。"礼遣还。后为仇家所连，逮至京，太祖见其名，释之。二十五年，又以荐召至。太祖曰："今非用孝孺时。"除汉中教授，日与诸生讲学不倦。蜀献王闻其贤，聘为世子师。每见，陈述道德。王尊以殊礼，名其读书之庐曰"正学"。

及惠帝即位，召为翰林侍讲。明年，迁侍讲学士。国家大政事辄咨之。帝好读书，每有疑，即召使讲解。临朝奉事，臣僚面议可否，或命考孺就扆前批答。时修《太祖实录》及《类要》诸书，教孺皆为总裁。更定官帛，孝孺改文学博士。燕兵起，廷议讨之，诏檄皆出自其手。

建文三年，燕兵掠大名。王闻齐、黄已窜。上书请罢盛庸、吴杰、平安兵。孝孺建议曰："燕兵久顿大名，天暑雨，录不战自疲。急令辽东诸将入山海关攻永平，真定诸将渡卢沟捣北平，彼心归救。我以大兵蹑其后，可成擒也。今其奏事适至，宜且兴报，书往返逾月，使其将士心懈，我谋定势合进而蹴之不难矣。"帝以为然，命孝孺草诏，遣大理寺少卿薛岩驰报燕，层赦燕罪，使罢兵归藩。又为宣谕数千言，授岩持至燕军中密散诸将士。比至，匿宣谕不敢出，燕王亦不奉诏。

五月，吴桀、平安、盛庸发兵扰燕饷道。燕王复遣指挥武胜上书伸前请。帝将许之。孝孺曰："兵罢，不可复聚，愿毋为所惑。"帝乃诛胜以绝燕。未几，燕兵掠沛县，烧粮艘。时河北师老无功，而德州又饷道绝，孝孺深以为忧。以燕王世子仁厚，其弟高煦狡谲，有宠于燕王,尝使夺嫡,谋以计间之,使内乱。乃建议白帝,遣锦衣千户张安斋玺书往北平赐世子,世子得书不启封,并安送燕军前,间不得行。

明年五月,燕兵至江北,帝下诏微四方兵。孝孺曰:"事急矣。遣人许以割地,稽延数日,东南募兵渐集,北军不长舟楫,决战江上,胜负未可知也。"帝遣庆成郡王往燕军,陈其说。燕王不听。帝命诸将集舟师江上,而陈瑄以战舰降燕,燕兵逐渡江,时六月乙卯也。帝忧惧,或劝帝他幸,复图兴。孝孺力请守京城以待援兵,即事不济,当死社稷。乙丑,金川门启,燕兵入,帝自焚。是日,孝孺被执下狱。

先是,成祖发北平,姚广孝以孝孺为托,曰:"城下之日,彼必不降,幸勿杀之。杀孝孺,天下读书种子绝矣。"成祖领之。至是欲使草诏。召至,悲恸声彻殿陛。成祖降榻劳曰:"先生毋自苦,予欲法周公辅成王耳。"孝孺曰:"成王安在?"成祖曰:"彼自焚死。"孝孺曰:"何不立成王之子?"成祖曰:"国赖长君。"孝孺曰:"何不立成王之弟?"成祖曰:"此朕家事。"顾左右授笔札,曰:"诏天下,非先生草不可。"孝孺投笔于地,且哭且骂曰:"死即死耳,诏不可草。"成祖怒,命磔诸市。孝孺慨然就死,做绝命词曰:"天降乱离兮孰知其由,奸臣得计兮谋国用犹。忠臣发愤兮血泪交流,以此殉君兮抑又何求。呜乎哀哉兮庶不我尤。"时年四十有六。其门人德庆侯廖永忠之孙镛与其弟铭检遗骸瘗聚宝门外山上。

孝孺有兄孝闻,力学笃行,先孝孺死。弟孝友与孝孺同就戮,亦赋诗一章而死。妻郑及二子中宪、中愈先自经死,二女投淮河死。

孝孺工文章,醇深雄迈。每一篇出,海内争相传诵。永乐中,藏孝孺文者罪至死。门人王稌潜录为侯城集,故后得行于世。

仁宗即位,谕礼部:"建文诸臣,已蒙显戮,家属籍在官者,悉宥为民,还其田土。其外亲戍边者,留一人戍所,余放还。"万历十三年三月释坐孝孺谪戍者后裔,浙江、江西、福建、四川、广东凡千三百余人。而孝孺绝无后,惟克勤弟克家有子曰孝复。洪武二十五年尝上书阙下,请减信国公汤和所加宁海赋,谪戍庆远卫,以军籍获免。孝复子珑,后亦得释为民。世宗时,松江人俞斌自称孝孺后,一时士大夫信之,为纂归宗录。既而方氏察其伪,言于官,乃已。神宗初,有诏褒录建文忠臣,建表忠祠于南京,首徐辉祖,次孝孺云。

【译文】

方孝孺,字希直,又字希古,宁海(今浙江宁海县)人。父亲方克勤,洪武年间的官吏,自己有传。

孝孺小时候就机警聪慧,双眸炯炯有神,每天读书达一寸多,乡人都称他为"小韩子"(即喻为唐朝的韩愈)。长大以后,从宋濂学习,宋濂门下众多的知名人士都不如他,连先辈学者胡翰、苏伯衡也说自己都不如他。不过孝孺不重视文艺,一直以明王道、致太平为己任。他曾卧病在庆,断了口粮。家人告诉了情况,他却笑着说"古人尚有三旬吃九餐饭的,贫困难道只我方孝孺一人吗!"

父亲方克勤,因牵连"空印"案被杀,他扶丧归葬,哀动行路之人。服丧完了,又从宋濂学习,一直到完成学业。

洪武十五年(1382),因吴沉、揭枢的推荐,方孝孺赴京接受明太祖的召见,明太祖赞赏他的举止端庄，对皇太子说："这是位庄士，当老其才。"礼貌地把他又送回了家。后来遭到仇人诋毁牵连，被逮捕到京，太祖看到他的名字，就把他释放了。

洪武二十五年（1392），又因为举荐召他进京。但明太祖说："现在还不是重用方孝孺的时候。"于是把他任命为汉中府教授。他便每天不知疲倦地与学生讨论学问。蜀献王听说了方孝孺的大名，于是礼聘他为世子的师傅。每次相见，总陈述道德之事。蜀王待以殊礼，并把读书之庐改名为"正学"。

明惠帝即位以后，召方孝孺为翰林侍讲。第二年迁为侍讲学士，凡国家大政事务都咨询他。惠帝喜欢读书，每有疑难，就召他去讲解。到朝廷奏对政事，臣僚面议可否，又命方孝孺在屏风前批复。当时纂修《太祖实录》和《类要》等书，方孝孺都任总裁职。后改定官制，方孝孺改为文学博士。燕王起兵，朝廷商议讨伐，所有诏令檄文都出自方孝孺的手。

建文三年（1401），燕王举兵攻掠大名（今河北大名等地）。惠王听说齐泰、黄子澄已经逃跑，有人上书请罢盛庸、吴杰、平安的兵事。方孝孺建议说："燕兵在大名住得久了，又正值天热下雨，当不战自疲。那时急令辽东诸将入山海关攻打永平，真定诸将渡卢沟直捣北平，燕兵一定会回去救援。我们以大兵随其后，可以擒拿他们。现在奏事刚到，应该回复他们，这样往返一个多月，使燕兵将士松懈了警惕，心里也疲乏了。我们商议计谋，确定合围之势，举兵进攻，就不怎么难了。"惠帝也以为这样，便命方孝孺起草诏书，派遣大理寺少卿薛岩快速去通报燕王，全部赦免燕王之罪，让解除大兵归顺朝廷。又另宣谕数千字交给薛岩，带到燕王的军队中，密密地散发给各位将士。薛岩到了燕军中，藏了宣谕不敢拿出来，燕王也不服从朝廷的诏令。

五月（1401年），吴杰、平安、盛庸发兵骚扰燕兵的粮饷道路。燕王又派指挥武胜上书惠帝，申述以前的请求。惠帝准备答应他。方孝孺说："兵已罢，不可能再聚，但愿不要被他所迷惑。"惠帝于是杀了武胜，与燕王断绝关系。不久，燕兵攻掠沛县，焚烧粮船。当时黄河以北的军队一直没有战绩，而德州驻军又粮道断绝，缺乏粮草，孝孺很是忧虑。因燕世子仁厚，他弟弟高煦狡黠，在燕王面前受宠爱，曾想夺取嫡传之位，于是方孝孺想施反间之计，引发燕王内部的混乱。他建议惠帝，派遣锦衣卫千户张安携带玺书前往北平赐世子，但世子拿到玺书，连封口都未打开，连同张安一同送到燕王军前，这个反间计也未成功。

第二年五月，燕兵到达长江以北，惠帝下诏征募四方军队。孝孺说："情况危急。派人前去答应割地，以拖延几天时间，等东南招募的军队逐渐集合起来，与北方不擅长掌握舟楫的军队，在长江上展开决战，胜负还难说是谁呢。"惠帝派庆成郡主前往燕军，把这个意思告诉燕王。燕王不予理睬。惠帝命令各位将领在长江上集中水军，可陈瑄带着战舰投降了燕王，燕兵于是渡过了长江，当时是六月乙卯时候。惠帝既担忧又害怕，有人劝惠帝到外地去，以图复兴大业。方孝孺力请坚守京城等待援兵到来，即使大势已去，无可挽回，也应捐躯社稷。乙丑时分，金川门被打开，燕兵进入京城，惠帝自焚。当天，方孝孺被捉拿进狱中。

明成祖起兵北平南下以前，姚广孝就方孝孺其人托付燕王说："南京城被攻下的时候，他决不会投降，万望不要杀他。如果杀了方孝孺，天下的读书种子就绝了。"成祖点头同意。这时成祖想让他起草诏书。召方孝孺前来进见，悲恸声响彻殿堂。成祖走下到榻边说："先生不要自己苦自己，我打算效法周公辅成王的事迹罢了。"孝孺说："成王在那儿呢？"成祖说："他自己焚烧了自己。"孝孺又说："为何不立成王的儿子？"成祖说："国家要靠长大的君王。"孝孺又说："为何不立成王的弟弟呢？"成祖答到："这是我家的事！"于是招呼左右官员拿笔札过来，说："颁诏天下，没有先生的起草是不行的。"孝孺将笔扔到地上，边哭边骂说："死就死，诏不能草。"成祖愤怒了，命令在市内斩首。孝孺慷慨从容地去死，并做绝命词说："天降乱离哟谁知缘由，奸臣得计哟篡国用谋。忠臣愤怒哟涕泪横流，以身报君哟还又何求。鸣呼哀哉啊那不是我的错。"当时年仅四十六岁。他的门徒德庆侯廖永忠的孙子廖镛与弟弟廖铭收敛了他的遗骸，埋在聚宝门外的山上。

方孝孺有兄孝闻，致力于学问道德，先孝孺去世。弟弟孝友和他一同被杀，也赋诗一章而死。妻子和两个儿子中宪、中愈先已自缢，两个女儿投秦淮河自杀。

方孝孺擅于做文章，醇深雄迈。每出一篇文章，海内争相传诵。永乐年间，收藏方孝孺文章者，判处死罪。门徒王稀偷偷地收集他的文章，编成《侯城集》，所以才得以传世。

仁宗即位，诏谕礼部："建文诸臣，山遭杀戮，而家属登记在官府的，全部赦免为民，交还他们的田地。有外戚亲朋还在戍边的，留一人在戍所，其余的放还。"万历十三年(公元1530年)三月又释放了因孝孺之罪牵连，谪戍边防之人的后代，浙江、江西、福建、四川、广东，约有一千三百多人。孝孺没有了后代，只有父亲克勤的弟弟克家有儿子叫孝复。洪武二十五年(公元1392年)曾上书朝廷，请求减免信国公汤和所加的宁海赋，而被谪戍庆远卫，这时以军籍获免。孝复子琬，后也得以释放为民。世宗时，松江人俞斌自称是方孝孺的后代，一时间士大夫信以为真，为纂《归宗录》。后来方氏发现是假冒的，告到官府，就又停纂了。神宗初年，有诏令让褒扬建文忠臣，并建表忠祠于南京，第一个是徐辉祖，第二个便是方孝孺。

姚广孝传

【题解】

姚广孝(1335~1418)，苏州长州(今江苏苏州)人。十四岁时度为僧人，名道衍，字斯道。太祖时，侍候燕王，相交甚密。太祖死后，惠帝即位，姚广孝力劝燕王(后为成祖)发兵反叛。成祖登皇位后，授予道衍曾录司左善世，拜为资善大夫、太子少师。深受成祖宠信。监修《太祖实录》，又与解缙等编纂《永乐大典》。死后追赠为推诚辅国协谋宣力父臣、特进荣禄大夫、上柱国、荣国公，谥号为恭靖。

【原文】

姚广孝，长洲人，本医家子。年十四，度为僧，名道衍，字斯道，事道士席应真，得其阴阳术数之学。尝游嵩山寺，相者袁珙见之曰："是何异僧，目三角，形如病虎，性必嗜杀，刘秉忠流也。"道衍大喜。

洪武中，诏通儒书僧试礼部。不受官，赐僧服还。经北固山，赋诗怀古。其侪宗泐曰："此岂释子语耶？"道衍笑不答。高皇后崩，太祖选高僧侍诸王，为诵经荐福。宗泐时为左善世，举道衍。燕王与语甚合，请以从。至北平，住持庆寿寺。出入府中，迹甚密，时时屏人语。及太祖崩，惠帝立，以次削夺诸王，周、湘、代、齐、岷相继得罪，道衍遂密劝成祖举兵。成祖曰："民心向彼，奈何？"道衍曰："臣知天道，何论民心。"乃进袁珙及卜者金忠。于是成祖意益决，阴选将校，勾军卒，收材勇异能之士。燕邸，故元宫也，深邃。道衍练兵后苑中。穴地作重屋，缭以厚垣，密甓瓴瓶缶，日夜铸军器，畜鹅鸭乱其声。

建文元年六月，燕府护卫百户倪谅上变。诏逮府中官属。都指挥张信输诚于成祖，成祖遂决策起兵。适大风雨至，檐瓦堕地，成祖色变。道衍曰："祥也。飞龙在天，从以风雨。瓦堕，将易黄也。"兵起，以诛齐泰、黄子澄为名，号其众曰"靖难之师"。道衍辅世子居守。其年十月，成祖袭大宁，李景隆乘间围北平。道衍守御甚固，击却攻者。夜缒壮士击伤南兵。援师至，内外合击，斩首无算。景隆、平安等先后败遁。成祖围济南三月，不克，道衍驰书曰："师老矣，请班师。"乃还。复攻东昌，战败，亡大将张玉，复还。成祖意欲稍休，道衍力趣之，益募勇士，败盛庸，破房昭西水寨。道衍语成祖："毋下城邑，疾趋京师。京师单弱，势必举。"从之。遂连败诸将于淝河、灵璧，渡江入京师。

成祖即帝位，授道衍僧录司左善世。帝在藩邸，所接皆武人，独道衍定策起兵。及帝转战山东、河北，在军三年，或旋或否，战守机事皆决于道衍。道衍未尝临战阵，然帝用兵有天下，道衍力为多，论功以为第一。永乐二年四月拜资善大夫、太子少师，复其姓，赐名广孝，赠祖父如其官。帝与语，呼少师而不名。命蓄发，不肯。赐第及两宫人，皆不受。常居僧寺，冠带而朝，退仍缁衣。出振苏、湖，至长洲，以所赐金帛散宗族乡人。重修《太祖实录》，广孝为监修。又与解缙等纂修《永乐大典》。书成，帝褒美之。帝往来两都，出塞北征，广孝皆留辅太子于南京。五年四月，皇长孙出阁就学，广孝侍说书。

十六年三月入觐，年八十有四矣，病甚，不能朝，仍居庆寿寺。车驾临视者再，语甚欢，赐以金唾壶，问所欲言。广孝曰："僧溥洽系久，愿赦之。"溥洽者，建文帝主录僧也。初，帝入南京，有言建文帝为僧遁去，溥洽知状，或言匿溥洽所。帝乃以他事禁溥洽，而命给事中胡濙等遍物色建文帝，久之不可得，溥洽坐系十余年。至是，帝以广孝言，即命出之。广孝顿首谢。寻卒。帝震悼，辍视朝二日，命有司治丧，以僧礼葬。追赠推诚辅国协谋宣力文臣、特进荣禄大夫、上柱国、荣国公，谥恭靖。赐葬房山县东北。帝亲制神道碑志其功，官其养子继尚宝少卿。

广孝少好学，工诗。与王宾、高启、杨孟载友善。宋濂、苏伯衡亦推奖之。晚著《道余录》，颇毁先儒，识者鄙焉。其至长洲，候同产姊。姊不纳。访其友王宾。宾亦不见，但遥语曰："和尚误矣，和尚误矣。"复往见姊，姊詈之。广孝惘然。

洪熙元年加赠少师，配享成祖庙庭。嘉靖九年，世宗谕阁臣曰："姚广孝佐命嗣兴，劳烈具有。顾系释氏之徒，班诸功臣，侑食太庙，恐不足尊敬祖宗。"于是尚书李时偕大学士张璁、桂萼等议请移祀大兴隆寺，太常春秋致祭。诏曰："可。"

【译文】

姚广孝,长洲人,本来是出生于医生家庭的孩子。十四岁时,度为僧人。名道衍,字斯道,侍奉道士席应真,得到他阴阳术数之学。曾经游历嵩山寺,相面人袁珙看见他说:"这是什么样的奇异的僧人? 三角眼,形状像病蛇,性格一定好杀,刘秉忠一类的人。"道衍非常高兴。

洪武年中,下诏博学的儒生和知书的僧人参加礼部考试。姚广孝不接受官职,皇帝赐给他衣服回去。经过北固山,赋诗怀古。他同事宗泐说:"这岂是僧人的语言?"道衍笑而不答。高皇后死,太祖选高僧侍候诸王,为其念经祈福。宗泐当时是左善世,推荐道衍。燕王跟他交谈很投机,请求让他跟自己。到了北平,作庆寿寺的住持。进出府中,来往很密。时时把人喊开二人密语。等到太祖死,惠帝即位,挨着削减诸王势力,周、湘、代、齐王相继获罪,道衍便秘密劝说成祖发兵反叛。成祖说:"民心向着那边,怎么办?"道衍说:"我只知道天道,哪里管什么民心。"于是推荐袁珙和占卜人金忠。因而成祖的意思更坚决了。暗中选将校,连结军士,收罗勇敢有才能的人。燕邸,元氏的旧宫,很深。道衍在后苑中练兵。挖地作地下室,用厚墙围绕,暗藏瓶罐,日夜铸造武器,养鹅鸭来掩盖声音。

姚广孝

建文元年六月,燕府护卫百户倪谅叛变。皇帝下诏逮捕府中官吏。都指挥张信向成祖表白诚心,成祖于是决定起兵。刚好大风大雨,屋顶上的瓦刮到地下,成祖脸色都变了。道衍说:"这是吉祥的。飞龙在天,风雨跟着。瓦刮下来,是将要换主子了。"部队反叛后,以杀齐泰、黄子澄为名,把部队称作"平难之师"。道衍辅佐成祖的儿子留守。当年十月,成祖攻击大宁,李景龙乘机包围了北平。道衍防守很坚固,打退进攻者。夜里用绳放下壮士打伤南兵。增援部队到,内外合击,砍头无数。景隆、平安等先后打败逃跑。成祖包围济南三个月,攻不下来,道衍送去信说:"部队疲惫了,请撤回部队。"便回来了。又攻东昌,战败,大将张玉死,又撤回。成祖想要稍微休整一下,道衍竭力鼓动,更多地招募勇士,打败盛庸,在西水寨挫败了房昭。道衍对成祖说:"不要攻打城市,赶快去京师。京师力量小,一定能打下来。"皇帝听从了他的话。于是在淝河、灵璧接连打败几员将领。渡过长京,进入京师。

成祖登上皇帝的位置,授予道衍僧录司左善世。皇帝在未当政之前,所交往的都是武人,却只有道衍决定起兵的谋划。等到皇帝转战山东、黄河之北,在战争的三年当中,或肯定或否定,战和守的军事策略都决定于道衍。道衍不曾临阵打仗,但是皇帝靠军队统有天下，道衍起的作用最大，论功劳为第一。永乐二年四月拜他为资善大夫、太子少师，恢复他的姓，赐他广孝一名，也赠他的祖父同样的官。皇帝同他说话，喊他少师而不喊他名。让他留头发，他不肯。赐给他一套住宅和两个宫人，他都不要。经常住在佛寺中，穿戴好了上朝，回去就穿黑色的衣服。去救苏、湖灾，到了长洲，将皇帝赐他的金帛发放给同族的乡亲。重新编修《太祖实录》时，广孝是监修。又同解缙等编纂《永乐大典》。书编成后，皇帝予以嘉奖。皇帝往来于南北二都，到塞北打仗，广孝都留在南京辅佐太子。永乐五年四月，皇帝的长孙开始读书，广孝教他读书。

永乐十六年三月入朝觐见，年纪已有八十四岁了。病得很厉害，不能上朝，仍然住在庆寿寺。皇帝坐着车来看了他两次，谈得很高兴，赐给他金唾壶，问他想说什么话。广孝说："僧人溥洽被关押了很长时间，希望释放他。"溥洽，就是建文帝的主录僧。当初，皇帝进入南京，有种说法是建文帝被僧人带跑了，溥洽知道情况。又据说就藏在溥洽处。皇帝于是借着其他事情囚禁了溥洽，而命令给事中胡漾等到处去找建文帝，找了很久也找不到，溥洽因而被关了十多年。到了这时，皇帝由于广孝说了话，立刻命令释放他。广孝叩头感谢。不久就去世了。皇帝很感震惊，表示哀悼，停止处理朝政两天。命令有关人员经办丧事，按照僧人的礼节入葬。追赠他推诚辅国协谋宣力文臣、特进荣禄大夫、上柱国、荣国公，谥号为恭靖。赐葬在房山县东北。皇帝亲自撰写神道碑记录他的功劳，让他的养子姚继当了尚宝少卿。

姚广孝小时好学，诗做得好。与王宾、高启、杨孟载关系好。宋濂、苏伯衡也推举嘉奖他。晚年写了《道余录》，颇为批评以前的儒家，有识之士都责备他。他到长洲时，问候他的同胞姐姐，姐姐不理睬他。去拜访朋友王宾，王宾也不见他。只是远远地对他说："你错了，你错了。"又去看他的姐姐，姐姐骂他。姚广孝感到很惘然。

洪熙元年加赠他少师，配在成祖的庙中供人祭祷。嘉靖九年，明世宗对大臣说："姚广孝帮助取得政权，功劳辛苦都有。只是他乃佛家之徒，放在功臣之中，配享太庙，恐怕对祖宗不够尊敬。"于是尚书李时同大学士张璁、桂萼等商议请求把广孝移到大兴隆寺祭祷，太常春秋主持祭祀。皇帝下诏说："同意。"

胡俨传

【题解】

胡俨，字若思，南昌人。他从小好学上进，博览群书，学识渊广，他精通天文、历法、地理、医学等学问。他生长的时代，正是朱明王朝初建时期。太祖一方面取消宰相制，加强中央集权，使皇权至上；另一方面也采取均平赋役、兴修水利、推行屯田、抑制豪绅贪吏等措施，使经济有所发展。出现了一个较长的社会稳定、经济文化发展的承平时期。胡俨在这种环境下，得以专心致力教育和著述，取得了很大的成绩。

胡俨在科学上的成就在于：他任桐城知县时，领导兴建水利工程，引水灌溉农田。执

掌明王朝最高学府国子监二十多年,破除陈规陋习,发展教育事业,造就了大批人才;他任《太祖实录》《永乐大典》《天下图志》等巨著的重修和编撰的总纂官,为后人留下珍贵的文化遗产。

胡俨治学严谨,注重操守,清廉俭朴,为人忠厚,是难得的大家鸿儒。

【原文】

胡俨,字若思,南昌人。少嗜学,于天文、地理、律历、医卜无不究览。洪武中以举人授华亭教谕,能以师道自任。母忧,服除,改长垣,乞便地就养,复改余干,学官许乞便地自俨始。

建文元年荐授桐城知县。凿桐陂水,溉田为民利。县有虎伤人。俨斋沐告于神,虎遁去。桐人祀之朱邑祠。四年,副都御史练子宁荐于朝曰:"俨学足达天人,智足资帷幄。"比召至,燕师已渡江。

成祖即位,曰:"俨知天文,其令钦天监试。"既试,奏俨实通象纬,气候之学。寻又以解缙荐,授翰林检讨,与缙等俱直文渊阁,迁侍讲,进左庶子。父丧,起复。俨在阁,承顾问,尝不欲先人,然少戆。永乐二年九月拜国子监祭酒,遂不予机务。时用法严峻,国子生托事告归者坐戍边。俨至,即奏除之。七年,帝幸北京,召俨赴行在。明年北征,命以祭酒兼侍讲,掌翰林院事,辅皇太孙留守北京。十九年改北京国子监祭酒。

当是时,海内混一,垂五十年。帝方内兴礼乐,外怀要荒,公卿大夫彬彬多文学之士。俨馆阁宿儒,朝廷大著作多出其手,重修《太祖实录》《永乐大典》,《天下图志》皆充总裁官。居国学二十余年,以身率教,动有师法。洪熙改元,以疾乞休,仁宗赐敕奖劳,进太子宾客,仍兼祭酒。致仕,复其子孙。

宣宗即位,以礼部侍郎召,辞归。家居二十年,方岳重臣咸待以师礼。俨与言,未尝及私。自处淡泊,岁时衣食才给。初为湖广考官,得杨溥文,大异之,题其上曰:"必能为董子之正言,而不为公孙之阿曲。"世以为知人。正统八年八月卒,年八十三。

赞曰:明初罢丞相,分事权于六部。成祖始命儒臣直文渊阁,予机务。沿及仁、宣,而阁权日重,实行丞相事。解缙以下五人,则词林之最初入阁者也。夫处禁密之地,必以公正自持,而尤贵于厚重不泄。缙少年高才,自负匡济大略,太祖俾十年进学,爱之深矣。彼其动辄得谤,不克令终,夫岂尽嫉贤害能者力固使之然欤。黄淮功在辅导,胡广、余幼孜劳著扈从,胡俨久于国学。观诸臣从容密勿,随事纳忠,固非仅以文字翰墨为勋绩己也。

【译文】

胡俨,字若思,南昌人。他从小好学,天文、地理、乐律、历法、医学、占卜等方面的书他都很爱研读。洪武年间,他考取举人,被授华亭教谕,他能克尽师道。母亲去世后,他服丧期满便奉派到长垣。他提出要求在离家近一些的地方为官,以便照顾长辈和家庭。

于是，他被改派到馀干。作为掌管教育的官吏，允许就近做官还是从胡俨开始的。

建文元年(1399)，胡俨被委任为桐城知县。他兴建水利工程，引来桐陂水以灌溉农田，为民谋利。桐城出现了老虎伤人的事。胡俨斋沐以祭告神灵，老虎便逃遁了。桐城人把他供入朱邑祠来祭祀。建文四年，副都御史练子宁向朝廷举荐道："胡俨饱学明理，可以通达仙人。他足智多谋，可以运筹帷幄。"朝廷将胡俨召进京城时，燕王的军队已打过了长江。

明成祖即位后，下了一道命令："听说胡俨懂得天文，让钦天监考考他。"钦天监对胡俨进行了一番考察之后，回奏明成祖说他确实懂得天文学、气象学。不久。由于解缙的举荐，胡俨被授以翰林检讨，与解缙等人一起在文渊阁任职。后来，又任侍讲，晋升为左庶子。父亲亡故后，胡俨服丧期满又出来做官。他仍在文渊阁任职，接受皇帝的垂询，提供咨询，但他常常不抢先发表意见，显得忠厚诚朴。永乐二年(1404)九月，胡俨任国子监祭酒，就不再参与政务了。当时。国子监订了些很严厉的规矩，如将借故退学的国子生发往边疆服役。胡俨上任后，奏经皇帝批准，把这类规定废除了。永乐七年，皇帝到北京，把胡俨召到行宫。次年，明成祖北征，命胡俨以祭酒兼侍讲的身份，执掌翰林院，同时辅佐皇太孙留守北京。永乐十九年(按：即明成祖迁都北京那年)，胡俨又改任北京国子监祭酒。

当时，国家统一，承平时期已长达五十年之久。皇帝得以在国内修明政治，大兴教化，对偏远的地方则实行安抚、整治，公卿大夫们都是些满腹经纶、彬彬有礼的文人。胡俨是当时文坛上一位老成博学的大文豪，朝廷许多重要文稿大都出自他手。重修《太祖实录》《永乐大典》《天下图志》时，他都任总裁官。他在最高学府任职二十多年，总是率先垂范，成为人们学习的楷模。明仁宗洪熙元年(1425)，他因病请求退休。仁宗颁布命令嘉奖他的劳绩，晋升为太子宾客，仍兼任祭酒，还让他的子孙也做了官。明宣宗即位，召见胡俨，任他为礼部侍郎，他辞谢后返回家乡。他在家住了二十年，四方的大官重臣都尊他为老师。他与他们的交往中，却很少谈及自己。他淡泊明志，从不追名逐利，节衣缩食，十分俭朴，但求温饱而已。以前，担任湖广主考官时，看到杨溥的文章，他十分惊讶，在文章上题批道："定能为董仲舒说一些正直公允的话，绝不会曲从于公孙。"大家认为，胡俨是一位慧眼识才的长者。正统八年(1444)八月胡俨逝世，享年八十三岁。

赞说：明朝初年不设宰相，由六部分掌权力。明成祖时，才命文臣主持文渊阁，处理政务。仁宗和宣宗都沿用了这个制度。而且，文渊阁的权势日益膨胀，实际上行使了宰相的职权。解缙为首的五大臣，是最先入阁的文士。处在这样的位置上，一定要保持一个公正的态度，更要深谋远虑，言行都不可轻率。解缙年轻气盛，才高志大，胸怀治国韬略。太祖十年来与他研讨学问，很得益彰，故十分器重他。但是他树大招风，常受到毁谤，难得善始善终。这当然也不能说全是那些嫉贤害能之辈造成的。黄淮的功劳在于他能很尽心地辅佐君王，胡广和余幼孜紧随皇帝很有劳绩。而胡俨的功绩则在于他长期从事教育和著述。可以看出，这些大臣都是谨慎勤劳，和衷共事，事事都能尽忠报国，并不

杨士奇传

【题解】

杨士奇(1365～1444),明初名相。名寓,以字行,号东里,后谥号文贞。江西泰和人。传见《明史》卷一四八。少孤,家贫,力学,以教书自给。建文初年,以史才被荐入翰林院,充任编纂官,参与修《太祖实录》。吏部考选,奏为第一。明成祖即位,改编修。不久,选入内阁,掌管机务。永乐二年(1404)入选东宫官。成祖北巡,常命他与蹇义、黄淮等人留辅太子于南京。汉王朱高煦数次诬陷太子,他因是东宫官而下狱。太子之位赖其正言保全。明仁宗即位,提升他为礼部侍郎兼华盖殿大学士。忠心辅政,仁宗曾赐给"杨贞一印"。修《太宗实录》,与黄淮、金幼孜、杨溥同任总裁。明宣宗即位,修《仁宗实录》,又任总裁。宣德元年(1426),宣宗亲征汉王高煦,平息叛乱,侍郎陈山提议袭捉赵王,为他阻止。规劝宣宗放弃交阯(今越南),蠲免赋税,清理冤狱,裁汰工程。与杨荣、杨溥以大学士同心辅政,并称"三杨",时称治世。

杨士奇正直敢言,廉洁奉公,知人善任。晚年值英宗年少登基,太皇太后深深倚重。但他年纪已大,对宦官王振得宠及儿子杨稷横暴杀人,都已无能为力,忧病不起去世。著作有《东里全集》《文渊阁书目》《历代名臣奏议》《三朝圣谕录》等。

【原文】

杨士奇,名寓,以字行,泰和人。早孤,随母适罗氏,已而复宗。贫甚,力学,授徒自给。多游湖、湘间,馆江夏最久。建文初,集诸儒修《太祖实录》,士奇已用荐征授教授,当行,王叔英复以史才荐。遂召入翰林,充编纂官。寻命吏部考第史馆诸儒,尚书张紞得士奇策,曰:"此非经生言也。"奏第一。授吴王府审理副,仍供馆职。成祖即位,改编修。已,简入内阁,典机务,数月进侍讲。

永乐二年,选宫僚,以士奇为左中允。五年,进左谕德。士奇奉职甚谨,私居不言公事,虽至亲厚不得闻。在帝前,举止恭慎,善应对,言事辄中。人有小过,尝为掩覆之。广东布政使徐奇载岭南土物馈廷臣,或得其目籍以进。帝阅无士奇名,召问,对曰:"奇赴广东时,群臣作诗文赠行,臣适病弗预,以故独不及。今受否未可知,且物微,当无他意。"帝遽命毁籍。

六年,帝北巡,命与蹇义、黄淮留辅太子。太子喜文辞,赞善王汝玉以诗法进。士奇曰:"殿下当留意《六经》,暇则观两汉诏令。诗小技,不足为也。"太子称善。

初,帝起兵时,汉王数力战有功,帝许以事成立为太子。既而不得立,怨望。帝又怜赵王年少，宠异之。由是两王合而间太子，帝颇心动。九年，还南京，召士奇问监国状。士奇以孝敬对，且曰："殿下天资高，即有过必知，知必改，存心爱人，决不负陛下托。"帝悦。十一年正旦，日食。礼部尚书吕震请勿罢朝贺。侍郎仪智持不可。士奇亦引宋仁宗事，力言之，遂罢贺。明年，帝北征，士奇仍辅太子居守。汉王谮太子益急。帝还，以迎驾缓，尽征东宫官黄淮等下狱。士奇后至，宥之。召问太子事，士奇顿首言："太子孝敬如初。凡所稽迟，皆臣等罪。"帝意解。行在诸臣交章劾士奇不当独宥，遂下锦衣卫狱，寻释之。

杨士奇

十四年，帝还京师，微闻汉王夺嫡谋及诸不轨状，以问蹇义。义不对，乃问士奇。对曰："臣与义俱侍东宫，外人无敢为臣两人言汉王事者。然汉王两遣就藩，皆不肯行。今知陛下将徙都，辄请留守南京，唯陛下熟察其意。"帝默然，起还宫。居数日，帝尽得汉王事，削两护卫，处之乐安。明年，进士奇翰林学士，兼故官。十九年，改左春坊大学士，仍兼学士。明年复坐辅导有阙，下锦衣卫狱，旬日而释。

仁宗即位，擢礼部侍郎兼华盖殿大学士。帝御便殿，蹇义、夏原吉奏事未退。帝望见士奇，谓二人曰："新华盖学士来，必有谠言，试共听之。"士奇入，言："恩诏减岁供甫下二日，惜薪司传旨征枣八十万斤，与前诏戾。"帝立命减其半。服制二十七日期满，吕震请即吉。士奇不可，震厉声叱之。蹇义兼取二说进。明日，帝素冠麻衣绖而视朝。廷臣惟士奇及英国公张辅服如之。朝罢，帝谓左右曰："梓宫在殡，易服岂臣子所忍言，士奇执是也。"进少保，与同官杨荣、金幼孜并赐"绳愆纠缪"银章，得密封言事。寻进少傅。

时藩司守令来朝，尚书李庆建议发军伍余马给有司，岁课其驹。士奇曰："朝廷选贤授官，乃使牧马，是贵畜而贱士也，何以示天下后世。"帝许中旨罢之，已而寂然。士奇复力言，又不报。有顷，帝御思善门，召士奇谓曰："朕向者岂真忘之？闻吕震、李庆辈皆不喜卿，朕念卿孤立，恐为所伤，不欲因卿言罢耳，今有辞矣。"手出陕西按察使陈智言养马不便疏，使草敕行之。士奇顿首谢。群臣习朝正旦仪，吕震请用乐。士奇与黄淮疏止，未报。士奇复奏，待庭中至夜漏十刻，报可。越日，帝召谓曰："震每事误朕，非卿等言，悔无及。"命兼兵部尚书，并食三禄。士奇辞尚书禄。

帝监国时，憾御史舒仲成，至是欲罪之。士奇曰："陛下即位，诏向忤旨者皆得宥。若治仲成，则诏书不信，惧者众矣。如汉景帝之待卫绾，不亦可乎？"帝即罢弗治。或有言大理卿虞廉言事不密,帝怒,降一官。士奇为白其罔,得复秩。又大理少卿弋谦以言事得罪,士奇曰:"谦应诏陈言,若加之罪,则群臣自此结舌矣。"帝立进谦副都御史,而下敕引过。

时有上书颂太平者,帝以示诸大臣,皆以为然。士奇独曰:"陛下虽泽被天下,然流徙尚未归,疮痍尚未复,民尚艰食。更休息数年,庶几太平可期。"帝曰:"然"。因顾蹇义等曰:"朕待卿等以至诚,望匡弼。惟士奇曾五上章,卿等皆无一言。岂果朝无阙政,天下太平耶?"诸臣惭谢。是年四月,帝赐士奇玺书曰:"往者朕膺监国之命,卿侍左右,同心合德,徇国忘身,屡历艰虞,曾不易志。及朕嗣位以来,嘉谟入告,期予于治,正固不二,简在朕心。兹创制'杨贞一印'赐卿,尚克交修,以成明良之誉。"寻修《太宗实录》,与黄淮、金幼孜、杨溥俱充总裁官。未几,帝不豫,召士奇与蹇义、黄淮、杨荣至思善门,命士奇书敕,召太子于南京。

宣宗即位,修《仁宗实录》,仍充总裁。宣德元年,汉王高煦反。帝亲征,平之。师还,次献县之单家桥,侍郎陈山迎谒,言汉、赵二王实同心,请乘势袭彰德,执赵王。荣力赞决。士奇曰:"事当有实,天地鬼神可欺乎?"荣厉声曰:"汝欲挠大计耶!今逆党言赵实与谋,何谓无辞?"士奇曰:"太宗皇帝三子,今上惟两叔父。有罪者不可赦,其无罪者宜厚待之。疑则防之,使无虞而已。何遽加兵,伤皇祖在天意乎?"时惟杨溥与士奇合。将入谏,荣先入,士奇继之,阍者不纳。寻召义、原吉入,二人以士奇言白帝。帝初无罪赵意,移兵事得寝。比还京,帝思士奇言,谓曰:"今议者多言赵王事,奈何?"士奇曰:"赵最亲,陛下当保全之,毋惑群言。"帝曰:"吾欲封群臣章示王,令自处何如?"士奇曰:"善,更得一玺书幸甚。"于是发使奉书至赵。赵王得书大喜,泣曰:"吾生矣。"即上表谢,且献护卫,言者始息。帝待赵王日益亲而薄陈山,谓士奇曰:"赵王所以全,卿力也。"赐金币。

时交阯数叛,屡发大军征讨,皆败没。交阯黎利遣人伪请立陈氏后。帝亦厌兵,欲许之。英国公张辅、尚书蹇义以下,皆言与之无名,徒示弱天下。帝召士奇、荣谋,二人力言:"陛下恤民命以绥荒服,不为无名;汉弃珠崖,前史以为美谈,不为示弱,许之便。"寻命择使交阯者。蹇义荐伏伯安口辩。士奇曰:"言不忠信,虽蛮貊之邦不可行。伯安小人,往且辱国。"帝是之,别遣使。于是弃交阯,罢兵,岁省军兴钜万。

五年春,帝奉皇太后谒陵,召英国公张辅、尚书蹇义及士奇、荣、幼孜、溥,朝太后于行殿。太后慰劳之。帝又语士奇曰:"太后为朕言,先帝在青宫,惟卿不惮触忤,先帝能从,以不败事。又诲朕当受直言。"士奇对曰:"此皇太后盛德之言,愿陛下念之。"寻敕鸿胪寺,士奇老有疾,趋朝或后,毋论奏。帝尝微行,夜幸士奇宅。士奇仓皇出迎,顿首曰:"陛下奈何以社稷宗庙之身自轻?"帝曰:"朕欲与卿一言,故来耳。"后数日,获二盗,有异谋。帝召士奇,告之故,且曰:"今而后知卿之爱朕也。"

帝以四方屡水旱,召士奇议下诏宽恤,免灾伤租税及官马亏额者。士奇因请并蠲逋赋、薪刍钱,减官田额,理冤滞,汰工役,以广德意。民大悦。逾二年,帝谓士奇曰:"恤民诏下已久,今更有可恤者乎?"士奇曰:"前诏减官田租,户部征如故。"帝怫然曰:"今首行之，废格者论如法。"士奇复请抚逃民，察墨吏，举文学武勇之士，令极刑家子孙皆得仕进。又请廷臣三品以上及二司官，各举所知，备方面郡守选。皆报可。当是时，帝励精图治，士奇等同心辅佐，海内号为治平。帝乃仿古君臣预游事，每岁首，赐百官旬休。车驾亦时幸西苑万岁山，诸学士皆从，赋诗赓和，从容问民间疾苦。有所论奏，帝皆虚怀听纳。

帝之初即位也，内阁臣七人。陈山、张瑛以东宫旧恩入，不称，出为他官。黄淮以疾致仕。金幼孜卒。阁中惟士奇、荣、溥三人。荣疏阔果毅，遇事敢为。数从成祖北征，能知边将贤否，厄塞险易远近，敌情顺逆。然颇通馈遗，边将岁时致良马。帝颇知之，以问士奇，士奇力言："荣晓畅边务，臣等不及，不宜以小眚介意。"帝笑曰："荣尝短卿及原吉，卿乃为之地耶？"士奇曰："愿陛下以曲容臣者容荣。"帝意乃解。其后，语稍稍闻，荣以此愧士奇，相得甚欢。帝亦益亲厚之，先后所赐珍果、牢醴、金绮衣币、书器无算。

宣宗崩，英宗即位，方九龄，军国大政关白太皇太后。太后推心任士奇、荣、溥三人，有事遣中使诣阁谘议，然后裁决。三人者亦自信，侃侃行意。士奇首请练士卒，严边防，设南京参赞机务大臣，分遣文武镇抚江西、湖广、河南、山东，罢侦事校尉。又请以次蠲租税，慎刑狱，严核百司。皆允行。正统之初，朝政清明，士奇等之力也。三年，《宣宗实录》成，进少师。四年，乞致仕，不允。敕归省墓，未几，还。

是时，中官王振有宠于帝，渐预外庭事，导帝以严御下，大臣往往下狱。靖江王佐敬私馈荣金，荣先省墓，归不之知。振欲借以倾荣，士奇力解之，得已。荣寻卒，士奇、溥益孤。其明年，遂大兴师征麓川，帑藏耗费，士马物故者数万。又明年，太皇太后崩，振势益盛，大作威福，百官小有牴牾，辄执而系之。廷臣人人惴恐，士奇亦弗能制也。

士奇既耄，子稷傲很，尝侵暴杀人。言官交章劾稷。朝议不即加法，封其状示士奇。复有人发稷横虐数十事，遂下之理。士奇以老疾在告。天子恐伤士奇意，降诏慰勉。士奇感泣，忧不能起。九年三月卒，年八十。赠太师，谥文贞。有司乃论杀稷。

初，正统初，士奇言瓦剌渐强，将为边患，而边军缺马，恐不能御，请于附近太仆寺关领，西番贡马亦悉给之。士奇殁未几，也先果入寇，有土木之难，识者思其言。又雅善知人，好推毂寒士，所荐达有初未识面者。而于谦、周忱、况钟之属，皆用士奇荐，居官至一、二十年，廉能冠天下，为世名臣云。

【译文】

杨士奇，名寓，通常以字称呼他，泰和人。他从小死去父亲，跟随母亲嫁到罗家，后来恢复了原来的杨姓。家里很贫穷，但他努力学习，靠教授生徒维持生活。经常在湖南、湖北一带教书，以在江夏教学馆的时间最长。建文帝初年，招集各儒生纂修《太祖实录》，杨士奇已经被推荐征用为教授，正要上任，王叔英因为他修史方面的才能又荐举了他。于是召他进入翰林院，担任编纂官。不久皇帝命吏部考试评定史馆中各儒生的等第。尚书张纨看到杨士奇写的对策，说："这不是平常儒生所能说出的话。"于是上奏他为第一名。朝廷授职吴王府副审理。仍然让他在实录馆里供职。明成祖即位，改任编修。后来，选

入内阁，掌管机密的军国大事，几个月后提升做了侍讲。

永乐二年入选做东宫太子的宫僚，以他为左中允。永乐五年升为左谕德。杨士奇供职非常谨慎，在私宅里不谈论公事，即便是最亲密友好的人都不能从他哪里听到这些事情。在皇帝面前，举止动作恭敬慎重，善于回答问题，而且他说的话常常能够应验。有人有小的过错，常常给他掩饰过去。广东布政使徐奇带了些岭南的土特产送给朝廷的官员们，有人把他送了东西的官员名单拿给皇帝看，皇帝看到上面没有杨士奇的名字，就把他召去询问。杨士奇回答说："徐奇去广东上任的时候，群臣们做诗文赠给他送行，我正巧生病没有参加，因此没有送东西给我。现在名单上的官员是不是都接受了这些东西还不知道，而且东西很少，估计没有其他的意思。"皇帝立即命令把那名单烧毁了。

永乐六年，皇帝巡幸北方，命杨士奇和蹇义、黄淮留在南京辅佐皇太子。太子喜好文章诗词，赞善王汝玉把诗法进献给他。杨士奇说："殿下应当用心学习《六经》，有空闲的时候看看两汉的诏令。作诗是小技巧，不值得去研究。"太子认为很对。

当初，成祖起兵的时候，汉王多次拼死作战很有功劳。成祖答应事情成功以后把他立为太子。后来没有能得到册立，他心怀怨恨。成祖又怜惜赵王年纪小，对他特别宠爱。因此两王联合起来离间太子，成祖心里很有些活动。永乐九年回南京，把杨士奇召去询问太子监国的情况。士奇回答太子孝顺恭敬，而且说："殿下天资很高，即使有过错也一定能知道，知道以后必定改正，心地好，待人仁爱，决不会辜负陛下对国家大事的托付。"皇帝满意了。永乐十一年正月初一，有日食出现。礼部尚书吕震请求不要停罢朝贺的仪式。侍郎仪智坚持认为不可以。士奇也引用宋仁宗时的事例极力反对。于是停止了朝贺。第二年，皇帝北征。士奇仍然辅佐太子留守南京。汉王诬陷太子越来越严重。皇帝回来，因为太子迎接来迟，把太子的东宫官属黄淮等人全部投入监狱。杨士奇后来才到，皇帝饶恕了他。召他询问太子的情况。杨士奇叩头说："太子孝顺恭敬像以前一样。凡是有耽搁迟缓，都是我们臣下的罪过。"皇帝的气消了。随从皇帝的各大臣纷纷上奏弹劾杨士奇不应当单独得到宽恕，于是把他也关进锦衣卫监狱，不久释放了他。

永乐十四年，皇帝回到京师，听到一点汉王想要夺取太子位置的阴谋和其他不轨的行为，便问蹇义。蹇义不回答，于是又问杨士奇。他回答说："我和蹇义都侍奉东宫太子，外人没有敢和我们两人说汉王的事的。但是两次让汉王到藩王分封的地方去，他都不肯走。现在知道陛下将要迁都北京，总是要求留守南京。希望陛下认真考虑他的用心。"皇帝沉默着没有说话，起驾回宫。过了几天，皇帝完全知道了汉王的事情，削夺了两支隶属于他的护卫武装部队，把他安置到乐安去了。第二年提升杨士奇做翰林学士，仍然兼任原来的官职。永乐十九年改为左春坊大学士，仍旧兼翰林学士。次年又以辅导太子有过错为由，被关入锦衣卫监狱，十来天后才释放。

仁宗即位做了皇帝，提升杨士奇做礼部侍郎兼华盖殿大学士。皇帝在便殿，蹇义、夏原吉奏事没有退出。仁宗望见杨士奇，对两人说："新华盖学士来了，一定有正直的言论，让我们一起来听听他讲些什么。"杨士奇进殿后说："皇上开恩减少岁供的诏令刚才下达两天，惜薪司就传圣旨征收枣八十万斤，这和前面所下的诏令是相矛盾的。"仁宗立即命令征收数字减去一半。成祖死后，按照丧服制度的规定，穿丧服的时间至二十七日期满，吕震请求换穿吉服。杨士奇认为不可以。吕震厉声斥责他。蹇义把他们两人的意见都上报给皇帝。第二天，皇帝头戴素冠，身穿麻衣制的丧服扎着孝带出理朝政。朝廷大臣只有杨士奇和英国公张辅像他一样身着丧服。退朝以后，皇帝对左右的人说："先帝的棺材还在停放着，做臣下的怎么能忍心说换上吉服，杨士奇坚持的对。"升他做少保，与同事杨荣、金幼孜一起被赐给刻有"绳愆纠缪"四个字的银印章，准许密封上奏事情。不久升为少傅。

当时布政使知县等地方官员进京朝见，尚书李庆建议把发给军队剩余的马匹给他们，每年向他们征收马驹。杨士奇说："朝廷选举贤能的人授给官职，却让他们养马，是贵牲畜而轻视士人，这怎么能够向天下和后世交代呢。"皇帝答应从宫中直接发圣旨停止这一做法，但后来没有消息了。杨士奇再次极力争辩，又没有回音。不久，皇帝到思善门，召见杨士奇说："朕难道真的忘记了这件事吗？听说吕震、李庆等人都不喜欢你，朕考虑你孤立，恐怕被他们中伤，不想因为你的话而停止这件事罢了，现在有的说了。"随手拿出陕西按察使陈智讲养马不妥当的奏疏，让杨士奇起草敕文实行。杨士奇叩头拜谢。群臣练习正月初一日朝拜的仪式，吕震请求用乐，杨士奇和黄淮上疏请求停止。皇帝没有回答。士奇再次上奏，在庭院里一直等到夜深，皇帝同意了他的意见。过了一天，皇帝召见杨士奇，对他说："吕震经常耽误朕的事，不是你们提出，将会后悔不及。"任命杨士奇兼兵部尚书，一起领三个职务的俸禄。杨士奇辞去尚书俸禄。

皇帝做太子监国的时候，恨御史舒仲成，这时想要惩处他。杨士奇说："陛下即位，下诏说过去违背了圣旨的人都可以得到宽恕。如果惩治舒仲成，那就是诏书不讲信用，害怕的人就多了。就像汉景帝对待卫绾那样，不是也可以吗？"于是皇帝马上停止惩治舒仲成。又有人说大理卿虞谦讲事情不缜密，皇帝很生气，把虞谦降了一级。杨士奇为他辩白冤枉，使他得以恢复原来的品级。还有大理少卿弋谦因为进谏朝事得罪。杨士奇说："弋谦是响应诏书进言的。如果给他加上罪名，那么群臣从此都不敢讲话了。"皇帝立即提升弋谦做副都御史，而且发下敕文承认自己的过错。

当时有上书歌颂太平的，皇帝拿出来给各位大臣看，都认为是这样。只有杨士奇说："陛下虽然恩泽遍布天下，但是迁徙流移的人还没有回归故乡，战争创伤还没有恢复，百姓衣食还比较艰难。还需要再休息几年，也许到那时可以期望达到太平。"皇帝说："对。"于是回头看着蹇义等人说："朕坦诚对待你们，希望得到你们的辅助和纠正。只有杨士奇曾经五次上奏章，你们都没说一句话。难道真的是朝廷政治没有疏漏过错，天下太平了吗？"各位大臣都惭愧认错。这一年四月，皇帝赐给杨士奇玺书说："从前朕负有监国的使命，你侍奉在左右，同心同德，为了国事忘记了自己，屡次经历艰难忧患，都没有改变志向。到朕即位以来，贡献良好的谋略，希望给予天下太平，忠贞不渝，所有这些都记在朕的心里。现在创制'杨贞一印'赐给你，还希望能够友好相处，以达到明达贤良的美名。"

不久纂修《太宗实录》，与黄淮、金幼孜、杨溥一起充当总裁官。不久，皇帝一病不起，召杨士奇和蹇义、黄淮、杨荣到思善门，命士奇书写敕书从南京召回皇太子。

宣宗即帝位，纂修《仁宗实录》，杨士奇仍然担任总裁。宣德元年，汉王朱高煦发动叛乱。皇帝亲自征讨，平息了叛乱。大军凯旋，驻扎在献县的单家桥，侍郎陈山来迎接拜见，说汉王和赵王是一条心，请求乘势袭击彰德，捉住赵王。杨荣极力赞成。杨士奇说："事情应当有证据，天地鬼神是可以欺瞒的吗？"杨荣厉声地说："你想要阻挠这重大的谋划吗！现在叛党说赵王实在是与汉王同谋的，怎么说没有口供？"杨士奇说："太宗皇帝有三个儿子，现在皇上只有两位叔父。有罪的不可以赦免，而没有罪的应该宽厚对待，有怀疑的话可以防备他，使不发生意外的事就是了。为什么突然发兵攻打他，伤害了在天皇祖的感情呢？"当时只有杨溥的意见和杨士奇是相同的。他们打算到皇帝哪里去进谏，杨荣先进去了，杨士奇跟着到，守门的人不让进去。不久皇帝召蹇义、夏原吉进去。他们两人把杨士奇说的话告诉了皇帝。皇帝起初没有惩治赵王的意思，所以调动军队攻打彰德的事得以停止。回到京师以后，皇帝考虑杨士奇说的话，对他说："现在人们议论赵王之事的很多，怎么办？"士奇说："赵王和陛下最亲，陛下应该保全他，不要被人们的话所迷惑。"皇帝说："我想把群臣上的奏章封起来送给赵王看，让他自行处理，怎么样？"杨士奇说："好，如能再有一封玺书就更好了。"于是皇帝派使者捧玺书去赵王哪里。赵王得到玺书非常高兴。哭泣着说："我能活了。"立即上表谢恩，而且献出护卫武装部队，外面对他的议论才平息下来。皇帝对待赵王日益亲近而疏远了陈山，对杨士奇说："赵王所以能够保全，都是靠了你的努力。"于是赐给他金币。

当时交阯几次叛乱。明廷屡次发大军去征讨，都因失败而全军覆没。交阯黎利派人假意请求册立陈氏的后代。皇帝也讨厌进行战争，想要答应他。英国公张辅、尚书蹇义以下的官员们，都说没有理由答应他，这样做只会对天下显示出自己的软弱。皇帝召见杨士奇、杨荣和他们商议。两个人都极力说："陛下为了体恤百姓生命安抚边远的地区，不是没有理由；汉朝放弃了珠崖，以前历史上都认为是好事，不能说是表示软弱，答应他是对的。"接着皇帝命令选择派往交阯的使臣，蹇义推荐伏伯安有口才。杨士奇说："说话不讲信用，虽然是蛮貊这样的地方也不能去。伯安是小人，派他前去会有失国体。"皇帝认为他说的对，另外派人去了。于是放弃交阯，停止战争，每年节省战争耗费巨万。

宣德五年春天，皇帝侍奉皇太后拜谒皇陵，召英国公张辅、尚书蹇义和杨士奇、杨荣、金幼孜、杨溥，在行殿朝见太后。太后慰劳他们。皇帝又对杨士奇说："太后对朕说起，先帝在东宫的时候，只有你不怕触犯，敢于直谏，先帝能够听从你的话，所以没有误事。又教导朕应该接受正直的意见。"杨士奇回答说："这是皇太后大恩大德的话，希望陛下记住。"不久，皇帝下敕书给鸿胪寺，杨士奇年老有病，上朝有时会晚一些，不要弹劾他。皇帝曾经便服出宫，在晚上到了杨士奇的家里。士奇慌忙出来迎接，叩头说："陛下为什么把掌管社稷宗庙的身体看得这样轻？"皇帝说："朕想和你说句话，所以就来了。"几天以后，捉获了两个强盗，都图谋不轨。皇帝召见杨士奇，告诉他这件事。并且说："从今以后更知道你对朕的爱心了。"

皇帝因为各地屡次有水旱灾害,召杨士奇拟写诏令宽恤,免去受灾地方的租税和养官马亏欠的数额。杨士奇乘机请求免除过去拖欠的赋役和柴薪草料钱,减少官田的数额,清理积压下来的冤狱,裁减工程役作,以扩大皇帝对百姓的恩德。百姓都很高兴。过了两年,皇帝对杨士奇说:"抚恤百姓的诏令颁布已经很长时间了,现在还有什么可以宽恤的地方吗?"杨士奇说:"从前下诏减少了官田的租税,可是户部却照旧征收。"皇帝愤怒地说:"现在开始实行,不实行或阻挠实行的按法律治罪。"杨士奇再请求安抚逃亡的百姓,调查贪官污吏,推举有文才、精通武艺而又勇敢的士人,令被判死罪的人家的子孙可以做官。又建议请朝廷大臣三品以上和地方上的布政使、按察使,各自举荐自己所知道的人,准备充当地方官员的人选。皇帝都回答可以。在那个时候,皇帝励精图治,杨士奇等人同心辅佐,天下号称太平治世。皇帝于是仿效历史上帝王和臣下共同游乐的故事,每到年初,赐给朝廷大臣十天休假。皇帝也时常到西苑万寿山,各位大学士都随从他去,作诗唱和,从容地询问民间百姓的疾苦。大臣们有什么议论上奏,皇帝都能虚心听取。

皇帝刚即位的时候,内阁大臣有七个人。陈山、张瑛是因为曾在东宫供职的旧情而进入内阁的,不称职,调出去做其他的官了。黄淮因为生病退了休。金幼孜去世。内阁中只有杨士奇、杨荣、杨溥三个人。杨荣豪放开阔、果敢刚毅,遇到事情敢作敢为。多次随从成祖北征,很熟悉边关将领德才的高低,要塞的险易远近,敌人归顺与叛逆。但是他却很喜欢接受礼物,边关将领每年都给他送好马,皇帝很有些知道这些事,就向杨士奇询问。士奇极力说:"杨荣了解边防的事务,我们都比不上他,不应该把小毛病放在心上。"皇帝笑着说:"杨荣曾经讲你和夏原吉的坏话,你还为他说情吗?"杨士奇说:"希望陛下像曲折周到地容忍我那样宽容杨荣。"皇帝的不快于是解除了。那以后,杨士奇说的话逐渐让杨荣知道了,杨荣因此觉得愧对杨士奇,两人相互间相处得很好。皇帝也更加亲近优厚地对待杨士奇,先后赐给他珍奇果品、祭祀用的牺牲美酒、金绮衣币、书籍器具无数。

宣宗逝世以后,英宗即位做了皇帝,他才九岁,国家的军政大事都要报告太皇太后。太皇太后推心置腹地信用杨士奇、杨荣、杨溥三个人。有事就派宫中宦官到内阁咨询商议,然后裁决。杨士奇等三人也很自信,理直气壮地推行自己的意见。杨士奇首先请求训练士兵,加强边境的守备防御,设置南京参赞机务大臣,分别派遣文武官员镇守巡抚江西、湖广、河南、山东,罢免进行特务活动的校尉。又请求有安排地免除租税,慎重处理刑事案件,严格考核各部门的官员。皇帝都答应实行。正统初年,朝廷政治清明,是杨士奇等人的功劳。正统三年,《宣宗实录》纂修完成,升杨士奇做少师。正统四年,他请求退休,没有被准许。诏令让他回乡祭扫墓地。不久,还朝。

当时太监王振为皇帝所宠信,逐渐干预朝廷政务,诱导皇帝用严酷的手段统治臣下,大臣们往往被投入监狱。靖江王朱佐敬私自送给杨荣黄金。杨荣先已经回乡祭扫墓地去了,回来并不知道这件事。王振想借这件事排挤杨荣,杨士奇极力为他解释,得以作罢。杨荣不久去世,杨士奇、杨溥更加孤立。在王振的怂恿下,第二年便大举兴兵征讨麓川,耗费国库储藏,士兵马匹死去几万。再过了一年,太皇太后去世,王振的势力更加大了,大作威福,大小官员稍微有抵触违抗他的,马上被捉进监狱。朝廷大臣人人都心怀恐惧,杨士奇也不能够制止。

杨士奇年老以后,他的儿子杨稷傲慢狠毒,曾经侵害平民并用暴力杀人。主管监察的官员纷纷上奏弹劾杨稷。朝臣议论不立即按法律治他的罪,而把那些有关文件封起来交给杨士奇看。后来又有人揭发杨稷蛮横暴虐的几十件事,于是把他捉进了监狱。杨士奇因为年老生病休假在家,皇帝恐怕伤害了他的感情,下诏予以安慰勉励。杨士奇感动得流泪,因为忧虑而使疾病加重卧床不起。正统九年三月去世,享年八十岁。追赠太师,根据他生前的事迹给他"文贞"的称号。有关衙门这才判了杨稷的死刑。

起初,正统初年的时候,杨士奇曾经说瓦剌逐渐强盛起来,将会成为边疆的祸患,而边境军队缺少马匹,恐怕不能抵御。请求在附近的太仆寺领取,西番进贡的马匹也全都发给他们。杨士奇死了不久,瓦剌也先果然侵犯内地,发生了"土木之变"的灾难,有记得的人想起了杨士奇的话。杨士奇平素善于发现人才,喜好推荐贫寒的士人,他所荐举任用的人,有些他起初并没有见过面。而于谦、周忱、况钟等人,都是由于杨士奇的推荐,担任官职一、二十年,廉洁和才能为天下第一,是当时的著名大臣。

刘观传

【题解】

在明成祖朱棣所用诸臣之中。颇有些不甚可取者,或无所远见,或晚节不克,或有才无德,或贪墨不道。刘观便堪称食墨之典型。史书中将他与成祖时另一贪墨之臣并录于一卷之中,称:"吴中、刘观之墨,又不足道矣。"(《明史》卷一五一《赞曰》)明初吏治尚严,自成祖永乐(1403～1424)后期渐有贪纵之风。但瑟明中叶后之贪黩不可同日望。不过刘观这个人在明初可算甚者,而且因此被罢官,明初的风气也因此而得少肃。故此选译,以飨读者。

【原文】

刘观,雄县人,洪武十八年进士,授太谷县丞,以荐擢监察御史。三十年,迁署左金都御史。坐事下狱,寻释。出为嘉兴知府,丁父忧去。永乐元年擢云南按察使,未行,拜户中右侍郎。二年,调左副都御史。时左都御史陈瑛残刻,右都御史吴中宽和,观委蛇二人间,务为容悦。四年,北京营造宫室,观奉命采木浙江,未几还。明年冬,帝以山西旱,命观驰传往,散遣采木军民。六年,郑赐卒,擢礼部尚书,十二月,与刑部尚书吕震易官。坐事为皇太子谴责,帝在北京闻之,以大臣有小过,不宜折辱,特赐书谕太子。八年,都督金事费瓛讨凉州叛羌,命观赞军事。还,坐事谪本部吏。十三年,还职,改左都御史。十五年,督浚河漕,十九年,命巡抚陕西,考察官吏。仁宗嗣位,兼太子宾客。旋加太子少保,给二俸。时大理少卿弋谦数言事,帝厌其繁琐。尚书吕震、大理卿虞谦希旨劾奏。观复令十四道御史论其诬妄,以是为舆论所鄙。时未有官妓之禁。宣德初,臣僚宴乐,以奢相尚,歌妓满前。观私纳贿赂,而诸御史亦贪纵无忌。三年六月,朝罢,帝召大学士杨士奇、杨荣至文华门,谕曰:"祖宗时,朝臣谨饬,年来贪浊成风,何也?"士奇对曰:"永乐末已有之,今为甚耳。"荣曰:"永乐时,无逾方宾。"帝问:"今日谁最甚者?"荣对曰:"刘观。"又问:"谁可代者?"士奇、荣荐通政使顾佐。帝乃出观视河道,以佐为右都御史。于是御史张循理等交章劾观,并其子辐诸赃污不法事。帝怒,逮观父子以弹章示之。观疏辩。帝益怒,出廷臣先后密奏,中有枉法受赇至千金者。观引伏,遂下锦衣卫狱。明年,将置重典,士奇、荣气贷其死。乃谪辐戍辽东,而命观随往,观竟客死。七年,士奇请命风宪官考察奏罢有司之贪污者。帝曰:"然。向使不罢刘观,风宪安得肃!"

杨荣

【译文】

刘观是雄县人,洪武十八年考中进士,授官太谷县丞,因受到推荐升任监察御史。洪武三十年升掌左金都御史之事。后由于出事被捕入狱,不久获释。出任嘉兴知府,值父亲去世,守丧去职。

永乐元年,刘观升任云南按察使,尚未赴任而行,又拜官户部右侍郎。永乐二年,调任左副都御史。当时左都御史陈瑛为人残刻,右都御史吴中为人宽和,刘观应付二人之间务求全都满意。永乐四年,在北京营造宫殿,刘观奉命浙江督办采木,不久还京。第二年冬天,成祖因山西发生旱灾,命刘观火速前往,遣散了采木的军士和民夫。永乐六年,礼部尚书郑赐病逝,于是升刘观为礼部尚书。同年十二月,又与刑部尚书吕震互换官职。刘观曾因有过失而遭到监国的皇太子谴责。成祖在北京听到这情况,按照大臣有小的过失,不应当就给予折辱的原则,特地赐书诏谕皇太子。永乐八年,都督金强费璋率师征讨凉州卫叛乱的羌族,命刘观参赞军事。回师后因有过失之事,刘观又被谪贬为本部(刑部)的吏员。永乐十三年,他官复原职,又改任左都御史。永乐十五年他奉命督办通浚漕

明仁宗即位后,刘观兼任太子宾客,随即又加太子太保衔,给两份俸禄。当时大理寺少卿弋谦多次上书言事,仁宗对弋谦繁琐言事感到厌烦。礼部尚书吕震、大理寺卿虞谦按照仁宗心思弹劾弋谦,刘观又让十四道监察御史上疏劾论弋谦所言为诬妄之词,他因此被上大夫中舆论所鄙视。

当时没有禁用官妓的规定。宣德初年,官员们宴会聚乐,均以奢侈相尚,歌妓满于宴席之上。刘观私下接受贿赂,那些御史们也都贪污放纵无所顾忌。宣德三年六月一天罢朝后,宣宗将大学士杨士奇、杨荣召到文华门,对他们说道:"祖宗那时,朝臣们都谨慎自守,近来却贪浊成风,这是什么原因呢?"杨士奇回答道:"永乐末年已经有这种情况了,如今更为严重。"杨荣说道:"永乐时,没有超过方宾的。"宣宗问道:"今天谁是最严重的?"杨荣回答说:"刘观。"宣宗又问:"谁可以代替刘观的职务?"杨士奇、杨荣推荐了通政使顾佐。宣宗于是将刘观外派去巡视河道,任用顾佐为右都御史。御史张循理等人趁此机会纷纷上奏章弹劾刘观,并且涉及刘观之子刘辐许多贪赃枉法之事。宣宗大怒,下令逮捕刘观父子,拿出弹劾他们的奏章给他们看。刘观上疏为自己辩解。宣宗更加恼怒,又出示廷臣们先后送上的密奏,其中有枉法受贿赂达千金的情况。刘观这才认罪,于是将他下到锦衣卫狱中。次年将要处以重刑。杨士奇、杨荣请求免其一死。就将刘辐谪戍辽东,命刘观随同前往。刘观后来竟客死于辽东。宣德七年,杨士奇奏请命令掌风宪的官员们考察奏免各官吏中贪污之人。宣宪说道:"可以这样办。当初如若不罢免刘观,风纪宪纲又怎能得以整肃。"

杨继宗传

【题解】

明朝的清官中,杨继宗堪称佼佼者。他居官于天顺(1457～1464)、成化(1465～1487)、弘治(1488～1505)三朝,那时的官场已不似明初之严整,官吏贪黩渐成风气,杨继宗却身处其中,不为之所染,以至当时掌权的太监汪直都承认:"天下不爱钱者,惟杨继宗一人耳。"杨继宗十分鄙视那些贪官污吏,把他们视作脏物,他到达任所,先汲水百人斛,将厅堂冲洗后再视事问政,并且说这样做是要清除污秽。杨继宗虽仅官至按察使,但却名著青史,成为后世敬仰的一代名臣。

【原文】

杨继宗,字承芳,阳城人。天顺初进士,授刑部主事。囚多疫死,为时其食饮,令三日一栉沐,全活甚众。又善辨疑狱,河间获盗,遣里民张文、郭礼送京师,盗逸,文谓礼曰:

“吾二人并当死。汝母老,鲜兄弟,以我代盗,庶全汝母子命。”礼泣谢,从之。文桎梏诣部,继宗察非盗,竟辨出之。

成化初,用王翱荐,擢嘉兴知府。以一仆自随,署斋萧然。性刚廉孤峭,人莫敢犯。而时时集父老问疾苦,为祛除乏。大兴社学,民间子弟八岁不就学者,罚其父兄,遇学官以宾礼,师儒竞劝,文教大兴。

御史孔儒清军,里老多挞死。继宗榜曰:“御史杖人至死者,诣府报名。”儒怒,继宗入见,曰:“为治有体,公但剔奸弊,劝惩官吏,若比户稽核,则有司事,非宪体也。”儒不能难,而心甚衔之。濒行,突入府署,发箧视之,敝衣数袭而已。儒惭而去。中官过者,继宗遗以菱芡、历书。中官索钱,继宗即发牒取库金,曰:“金具在,与我印券。”中官咋舌不敢受。入觐,汪直欲见之,不可。宪宗问直:“朝觐官孰廉?”直对曰:“天下不爱钱者,惟杨继宗一人耳。”

九载秩满,超迁浙江按察使。数与中官张庆忤。庆兄敏在司礼,每于帝前毁继宗。帝曰:“得非不私一钱之杨继宗乎?”敏惶恐,遗书庆曰:“善遇之,上已知其人矣。”

闻母丧,立出,止驿亭下,尽籍廨中器物付有司。惟携一仆,书数卷而还。服除,以右金都御史巡抚顺天。畿内多权贵庄田,有侵民业者,辄夺还之。按行关塞,武备大饬。星变,应诏陈言,历指中官及文武诸臣贪残状,且请召还中官出镇者,益为权贵所嫉。治中陈翼讦其过,权贵因中之,左迁云南副使。

孝宗之,迁湖广按察使。既至。命汲水百斛,洗涤厅事而后视事,曰:“吾以除秽也。”居无何,复以金都御史巡抚云南。三司多旧僚,相见欢然。既而出位,揖之曰:“明日有公事,诸君幸相谅。”遂劾罢不职者八人。未几卒。

继宗力持风节,而居心慈厚,自处必以礼。为知府,谒上官必衣缔服。朝觐谒吏部亦然。或言不可,笑曰:“此朝廷法服也,此而不服,将安用之?”为浙江按察时,仓官十余人坐缺粮系狱,至鬻子女以偿。继宗欲宽之而无由。一日,送月俸至,命量之,则溢原数。较他司亦然。因悟仓吏缺粮之由,将具实以闻。众惧,请于继宗,愿指俸代偿。由是十人者获释。尝监乡试得二卷,具朝服再拜曰:“二子当大魁天下,吾为朝廷得人贺耳。”及拆卷,王华、李旻也,后果相继为状元。人服其鉴。天启初,谥贞肃。

【译文】

杨继宗,字承芳,是阳城人。天顺初年考中进士,授官刑部主事。当时狱囚病死较多,杨继宗为他们改善饮食,下令每三天洗浴一次,使很多囚犯得以继续生存。杨继宗又善于辨明疑案。河间府捕获了强盗,派遣乡里村民长文、郭礼押送京师,途中强盗逃走。张文对郭礼说道:“我们两个人都应当同死。你母亲年老,又缺少兄弟,用我来代替强盗,希望能保全你母子性命。”郭礼哭泣而谢,听从了张文的安排。张文身被桎梏前往刑部,杨继宗查明他并非强盗,终于辨明情况将他释放。

成化初年,朝廷采纳王翱的推荐,升任杨继宗为嘉兴知府。杨继宗赴任时仅用一个

仆人跟随,官署书斋也都清朴无华。他生性刚正廉洁孤独冷峭,人们都不敢有所冒犯。然而他却能经常召集乡间父老询问疾苦,帮助他们解除,又大力兴办社学,民间子弟年满八岁不往就学,则要处罚他们的父兄。杨继宗每遇到学官时都待以宾客之礼,府内教师儒生竞相劝学,一时文教大兴。

御史孔儒来嘉兴清理军籍,各里老人多被他鞭挞而死。杨继宗张榜告示说:"有被御史杖责致死的,来府衙报告名姓。"孔儒十分恼怒。杨继宗前拜见他说:"为治之道有一定规矩,您只管剔除奸弊,劝诫惩办官吏。挨家挨户稽查考核,则是地方官府之事,不是你风宪官的管辖范围。"孔儒无法与之相难,但心里却深为忌恨。临行前,他突然闯入府衙之中,打开杨继宗的箱箧察看,里面只有旧衣数件而已,也惭愧而去。有经过嘉兴的太监,杨继宗送给他们的只是菱角、芡实之类和历书。太监们索要钱财,杨继宗当即发出公牒去领取库中金银,并说:"钱都在,请给我立下印券。"太监吓得咋舌不敢接受。杨继宗进京入觐,汪直想要见他,他却不肯。明宪宗问汪直:"朝觐官中谁廉洁?"汪直回答说:"天下不爱钱的,只有杨继宗一个人。"

九年任满,杨继宗被破格升迁为浙江按察使。他多次冒犯太监张庆,张庆哥哥张敏在司礼监,经常在宪宗面前诋毁杨继宗。宪宗说道:"你说的不就是那个不要一个钱的杨继宗吗?"张敏惶恐不安,写信给张庆说:"好好对待杨继宗,皇上已经知道他这个人了。"

得知母亲去世的消息,杨继宗立即离任出行,来到骚亭下,将官署中的器物全部清理交付给官府,只带着一个仆从、几卷书而还。守丧结束后,杨继宗以右佥都御史巡抚顺天府。京畿之内有多处权贵的庄田,凡有权贵侵占百姓产业的,就立即夺还给百姓,他还巡查关塞,武备得到很大整饬。遇到星辰变异,杨继宗应诏上疏陈言,历数指斥太监和文武诸臣们贪赃残虐之状,并且请求召回出镇的太监,因此更加被权贵们所嫉恨。治中陈翼奸告他的过失,权贵们趁机中伤他,他因此被降职为云南副使。

明孝宗即位后,杨继宗改任湖广按察使。到任后,他让人打来上百斛水,把厅衙冲洗一番,然后再处理事务,他说:"我用来清除污秽。"在任不久,又以佥都御史巡抚云南。云南都指挥使司、布政使司、按察使司有许多旧日同僚,相见十分高兴。见面后他离开座位向僚友揖礼说道:"明天要办公事,望诸君能给予谅解。"于是弹劾罢免不称职的八人。不久他便去世了。

杨继宗极力维持风纪节操,但心肠慈厚。自己处事必定依礼而行。任知府时,谒见上司一定身着朝服,入京朝觐谒见吏部时也是如此。有人说不用这样,杨继宗笑道:"这是朝廷的法服,这时不穿,将什么时候穿用呢?"他任浙江按察使的时候,有管仓库官吏的十余人因缺少库粮被关在狱中,以至于卖掉子女赔偿。杨继宗想从宽处理他们,却没有理由。有一天,送来他的月俸银,他让人称量一下,就发现超出了原数,再量别的官吏俸银,也都如此,因此悟出了仓吏缺粮的原因,他准备具实上报,众人恐慌不安,请求杨继宗,甘愿捐出俸解代替仓吏们赔偿。十余名仓吏因此获释。杨继宗曾监考乡试,得到两份好考卷,便身着朝服一再拜天道:"这二生必当为天下人才之魁,我为朝廷得人才而祝贺。"等到拆开考卷，知道二生为王华、李旻，后来果然相继考中状元，人们因此佩服杨继宗有眼光。天启初年，追赠谥号为贞肃。

周新传

【题解】

周新，字日新，南海人。明太祖洪武年间以诸生推荐入太学，后历任大理寺评事、监察御史、北京巡按、云南按察使、浙江按察使等职，善于判案断狱，多次判断疑难案件。又有"冷面寒铁"之称，直言敢谏，忠勇刚烈。最后遭贼人诬陷而死。本传对他多有褒扬。

【原文】

周新，南海人。初名志新，字日新。成祖常独呼"新"，遂为名，因以志新字。洪武中以诸生贡入太学。授大理寺评事，以善决狱称。

成祖即位，改监察御史，敢言，多所弹劾，贵戚震惧，目为"冷面寒铁"。京师中至以其名怖小儿，辄皆奔匿。巡按福建，奏请都司卫所不得凌府州县，府卫官相见均礼，武人为之戢。改按北京，时令吏民罪徒流者耕北京闲田，监禁详拟，往复待报多瘐死。新请从北京行部或巡按详允就遣，以免淹滞，从之。且命畿内罪人应决者许收赎。帝知新，所奏无不允。

还朝，即擢云南按察使。未赴，改浙江。冤民系入，闻新至，喜曰："我得生矣。"至果雪之。初，新入境，群蚋迎马头，迹得死人榛中，身系小木印。新验印，知死者故布商。密令广市布，视印文合者捕鞫之，尽获诸盗。一日，视事，旋风吹叶堕案前，叶异他树。询左右，独一僧寺有之。寺去城远，新意僧杀人。发树，果见妇人尸，鞫实，磔僧。一商暮归，恐遇劫，藏金丛祠石下，归以语其妻。旦往求金不得，诉于新。新召商妻讯之，果商妻有所私。商骤归，所私尚匿妻所，闻商语，夜取之。妻与所私皆论死。其他发奸摘伏，皆此类也。

新微服行部，忤县令。令欲拷治之，闻廉使且至，系之狱。新从狱中询诸囚，得令贪污状。告狱吏曰："我按察使也。"令惊谢罪，劾罢之。永乐十年，浙西大水，通政赵居任匿不以闻，新奏之。夏原吉为居任解。帝命覆视，得蠲振如新言。嘉兴贼倪弘三劫旁郡，党数千人，累败官军。新督兵捕之，列木栅数诸港汊，贼陆走，追蹑之桃源，絷以狱。当是时，周廉使名闻天下。

锦衣卫指挥纪纲使千户缉事浙江，攫贿作威福，新欲按治之，遁去。顷之，新赍文册入京，遇千户涿州，捕系州狱，脱走诉于纲，纲诬奏新罪。帝怒，命逮新。旗校皆锦衣私人，在道榜掠无完肤。既至，伏陛前抗声曰："陛下诏按察司行事，与都察院同。臣奉诏擒奸恶,奈何罪臣?"帝愈怒,命戮之。临刑大呼曰:"生为直臣,死当作直鬼!"竟杀之。

他日,帝悔,问侍臣曰:"周新何许人?"对曰:"南海。"帝叹曰:"岭外乃有此人,枉杀之矣。"后帝若见人绯衣立日中,曰:"臣周新已为神,为陛下治奸贪吏"云。后纪纲以罪诛,事益白。

妻有节操。新未遇时,缝纫自给。及贵,偶赴同官妻内宴,荆布如田家妇,诸妇惭,尽易其衣饰。新死无子,妻归,贫甚。广东巡抚杨信民曰:"周志新当代第一人,可使其夫人终日馁耶?"时时周给之。妻死,浙人仕广东者皆会葬。

【译文】

周新,南海人。起初名叫志新,字日新。明成祖朱棣常常独称呼"新",遂以"新"为名。因此用志新为字。明太祖洪武年间中以诸生推荐入太学。授职大理寺评事,因善于判决讼案闻名。

明成祖朱棣即皇帝位,改任监察御史,敢于说话,弹劾的人、事很多,贵族外戚震惊恐惧,称为"冷面寒铁"。京师中竟至有用周新的名字吓唬小孩,立即都吓得逃跑藏匿起来。巡按福建,上疏奏请都司卫所不得凌府州县,府卫官相见行同礼。武人因此收敛。改巡按北京,当时命令官吏、百姓有罪判刑流放的人耕种北京闲田,监禁周详拟定,来回往返等待报告,很多囚犯死在狱中。周新建议由北京行部或巡按详允就遣,以免久待滞留,朝廷听从了他的意见。并且建议命畿内罪人应该判决的允许就地拘捕或者以物赎罪。明成祖了解周新,所奏请的无不允许。

还归朝廷,即提拔为云南按察使。未赴任,改任浙江按察使。冤民因禁了很长时间,听说周新到来,喜悦地说:"我得生了。"到后果然为他雪冤。起初,周新入浙江境,群蚋迎着马头飞舞盘旋,推察寻找在榛中发现死人尸体,身上系着小木印。周新检验小木印,判断死者过去是贩布商人。密令广泛买各种布,照所卖布和印文相符合的人逮捕审讯,全部捕获了诸盗贼。一天,办公,旋风吹树叶落在公案前面,树叶和其他树不同,询问部下,知道这种树叶只有一个佛教僧徒寺院中有。寺院离城很远,周新意料是僧杀人。刨树,果然出现了妇女尸体,审讯确知事实真相,杀死了恶僧陈尸于市。一个商人傍晚回家,恐怕碰到抢劫的强盗,把金子藏在丛祠的石头下,回家后把这事告诉了妻子。早晨起来到那儿金子找不到了,上诉于周新。周新召来商人妻子审讯她,果然商人妻子有奸夫。商人突然归来,奸夫藏匿在商人妻子的地方,听商人说话,夜晚就取走了金子。商人妻子和奸夫都被判处死刑。其他揭发隐匿的坏人坏事,大都是这种类型的。

周新脱去官员服饰装扮成平民私自查访,触犯了县令。县令要拷打惩治他,听说廉使将要到,把周新关进监狱。周新从监狱中询问那些囚犯,得到了县令贪污的情况。告诉狱吏说:"我是按察使。"县令大吃一惊连忙道歉认罪,周新弹劾罢免了他。永乐十年,浙西发生了大水灾,通政赵居任隐瞒不上报,周新上疏讲明。夏吉原为赵居任解释说话。皇帝命令复查,最后得以蠲免粮税赈济灾民按照周新所说的去办。嘉兴贼倪弘三抢劫旁郡,党羽数千人,多次打败官军。周新督官军追捕倪弘三,在各港汊树立木栅栏,贼在陆地逃走,紧随追赶到桃源,捉拿住他们束缚献上。正在那个时候,周廉使名字天下闻知。

锦衣卫指挥纪纲派遣千户以搜捕事到浙江,索取贿赂、作威做事,周新要依法审查整治他,千户逃走了。不多久,周新携带文册进北京,在涿州遇到千户,逮捕关在涿州监狱,后逃跑到纪刚那儿告状,纪纲便上书诬奏周新罪恶。皇帝怒,命令逮捕周新。旗校都是锦衣卫亲戚故旧,在道上把周新拷打的体无完肤。既到宫中,伏在阶前高声说:"陛下诏命按察司行事,和都察院相同。臣奉诏捉拿奸邪恶人,为何治臣罪?"皇帝更怒,命令杀死他。周新在临刑前大呼:"生为直臣,死当作直鬼!"竟然杀死了他。

有一天,皇帝后悔,问侍臣说:"周新什么地方的人?"回答说:"南海。"皇帝叹息说:"岭外才有此人,枉杀他了。"后来皇帝好像看见有人穿红衣立在太阳中,说:"臣周新已成为神,为陛下惩治奸邪贪官污吏。"后来纪刚因犯罪被杀,事情真相更明白。

周新的妻子有气节操守。周新没有得皇帝信任时,缝纫自给生活。到周新显贵后,偶然赴同官妻内宴,粗布便服象农村妇女一样,诸妇惭愧,全都另换了衣服头饰。周新死后没有儿子,妻子归还家乡,十分贫困。广东巡抚杨信民说:"周志新当代第一人,能使他的夫人整日挨饿吗?"经常给予周济。周新妻子死,浙江人在广东做官的都参加了丧礼。

况钟传

【题解】

一段《十五贯》的戏剧故事,使况钟成为妇孺皆知的清官。而历史上的况钟,也并不亚于戏剧中的况钟,他出身吏员,深知官场的积弊,为官后奖善惩恶,被百姓奉之若神。他任苏州知府十二年,"刚正廉洁,孜孜爱民,前后守苏者莫能及。"他死后,苏州吏民相聚哭悼,为他立祠祭礼。况钟任职苏州时,正值宣德(1426~1435)、正统(1436~1449)间,这是明初经洪武(1368~1398)、永乐(1403~1424)两朝严治之后,政治、经济上的一个相对宽松时期,国家从政治、经济的绝对集中造成的国富民穷向藏富于民转变。应该说,况钟在治苏州期间,在巡抚周忱的支持下,十分突出地执行这一方针,并且取得了成效。史书中说他是"所谓承宣德化,为天子分忧者。"而他之所以能够做到这一点,与他的刚正廉洁是分不开的。

【原文】

况钟,字伯律,靖安人。初以吏事尚书吕震,奇其才,荐授仪制司主事,迁郎中。宣德五年,帝以郡守多不称职,会苏州等九府缺,皆雄剧地,命部、院臣举其属之廉能者补之。钟用尚书蹇义、胡濙等荐,擢知苏州,赐敕以遣之。

苏州赋役繁重，豪猾舞文为奸利，最号难治。钟乘传至府。初视事，群吏环立请判牍。钟佯不省，左右顾问，惟吏所欲行止。吏大喜，谓太守暗易欺。越三日，召诘之曰："前某事宜行，若止我；某事宜止，若强我行。若辈舞文久，罪当死。"立捶杀数人，尽斥属僚之贪虐庸懦者。一府大震，皆奉法。钟乃蠲烦苛，立条教，事不便民者，立上书言之。清军御史李立勾军暴，同知张徽承风指，动以酷刑抑配平人。钟疏免百六十人，役止终本身者千二百四十人。属县逋赋，四年凡七百六十余万石。钟请量折以钞，为部议所格，然自是颇蠲减，又言："近奉诏募人佃官荒田，官田准民田起科，无人种者除赋额。昆山诸县民以死徙从军除籍者，凡三万三千四百余户，所遗官田二千九百八十余顷，应减税十四万九千余石。其他官田没海者，赋额犹存，宜皆如诏书从事。臣所领七县，秋粮二百七十七万九千石有奇。其中民粮止十五万三千余石，而官粮乃至二百六十二万五千余石，有亩征至三石者，轻重不均如此。洪、永间，令出马役于北方诸驿，前后四百余匹，期三岁遣还，今已三十余岁矣。马死则补，未有休时。工部征三梭阔布八百匹，浙江十一府止百匹，而苏州乃至七百，乞敕所司处置。"帝悉报许。

当是时，屡诏减苏、松重赋。钟与巡抚周忱悉心计画，奏免七十余万石。凡忱所行善政，钟皆协力成之。所积济农仓粟岁数十万石，振荒之外，以代民间杂办及逋租。

其为政，纤悉周密。尝置二簿识民善恶，以行劝惩。又置通关勘合簿，防出纳奸伪；置纲运簿，防运夫侵盗；置馆夫簿，防非理需求。兴利除害，不遗余力。锄豪强，植良善，民奉之若神。先是，中使织造采办及购花木禽鸟者踵至。郡佐以下，动遭笞缚。而卫所将卒，时凌虐小民。钟在，敛迹不敢肆。虽上官及他省吏过其地者，咸心惮之。

钟虽起刀笔，然重学校，礼文儒，单门寒士多见振赡。有邹亮者，献诗于钟，钟欲荐之。或为匿名书毁亮。钟曰："是欲我速成亮名耳。"立奏之朝。招授吏、刑二部司务，迁御史。初，钟为吏时，吴江平思忠亦以吏起家，为吏部司务，遇钟有恩。至是钟数延见，执礼甚恭，且令二子给侍，曰："非无仆隶，欲籍是报公耳。"思忠家素贫，未尝缘故谊有所干。人两贤之。

钟尝丁母忧，郡民诣阙乞留。诏起复。正统六年，秩满当迁，部民二万余人，走诉巡按御史张文昌，乞再任。诏进正三品俸，仍视府事。明年十二月卒于官。吏民聚哭，为立祠。

钟刚正廉洁，孜孜爱民，前后守苏者莫能及。钟之后李从智、朱胜相继知苏州，咸奉敕从事，然敕书委寄不如钟矣。

【译文】

况钟，字伯律，是江西靖安人。起初为尚书吕震属吏，吕震对他才能感到惊异，推荐授予他仪制司主事之官，后又升为郎中。宣德五年，明宣宗因为感到各地郡守大多不能称职，又正逢苏州等九府缺少知府，这九府都是重要难治之地，于是命令六部及都察院大臣推荐属下廉正有能力的官吏补各府之缺。况钟得到尚书蹇义、胡濙等人举荐，升任苏州知府,宣宗特赐诰敕而派遣他前往。

苏州地区赋役繁重,豪强猾吏舞文弄墨以奸求利,是号称最难治之地。况钟乘驿站车马来到苏州府。他开始处理事务时,群吏围立在四周请他写下判牍。况钟装作不懂,向左右请教询问,一切按照属吏们的意图去办。群吏大喜,说知府昏暗好欺骗。过了三天,况钟召集群吏责问他们道:"前某件事应该办,你们阻止我;某件事不该办,你们强计我去做,你们这群人,舞文弄墨已久,罪该处死。"当即下令打死几人,将属僚中贪赃暴虐庸暗懦弱的全都罢斥,全府上下大为震动,全都奉法行事。况钟于是蠲免烦苛之征,订立教民条文,事情有不便于民的,即上书朝廷讲明。清军御史李立在勾补军户时为政暴虐,府同知张徽秉承李立的心思,动辄用酷刑压制平民改配军籍。况钟上疏奏免一百六十人,只役及本人的一千二百四十人。苏州府属县拖欠的赋税共四年未收齐,总计七百六十余万石。况钟请求适当改为征钞,被户部部议时否决,但从此后颇有所蠲免和减征。况钟又曾上言:"近来奉诏招募百姓租种官民荒田,官田按照民田科则征收,没有人种的田地则免除赋税额。昆山等县百姓因为死亡、迁徙、从军而除掉户籍的,共三万三千四百余户,所遗留的官田二千九百八十余顷,应当减去赋税十四万九千余石。其他官田被海水淹没的,赋税额却依然存在,应当都按照诏书的规定办理。臣所管辖的七县,共计秋粮二百七十七万九千多石。其中民田征粮仅十五万三千余石,而官田征收税粮就多达二百六十二万五千余石,有的田地一亩征收达三石之多,轻重不均到这样程度。洪武、永乐年间,下令给北方各驿站出马役,前后四百多匹,定期三年发遣回还,如今已经三十余年了。马死就要补充,没有完休之时。工部征收三梭阔布八百匹,浙江十一府只征百匹,而苏州一府就征达七百匹,请求敕令有关机构处理。"宣宗都予以批准。

当时,多次下诏减轻苏州、松江的重赋。况钟和巡抚周忱精心计划,奏免赋税七十余万石。凡是周忱所推行的善政,况钟都协助大力办成。所积累的济农仓存粟每年有几十万石,用来振济灾荒之外,还用来代交民间杂办赋役和拖欠的租赋。

况钟为政,纤悉而且周密,他曾设置两本簿籍记录乡民的善恶,用来进行劝善惩恶;又设立通关勘合簿,防止出纳时行奸作伪;设立纲运簿,防止运夫偷盗侵没;设立馆夫簿,防止无理的需求。他兴利除害,不遗余力,铲锄豪强,扶植良善,民间将他奉若神明。以前,太监奉使织造采办和购求花木禽鸟的接踵而至,府中僚佐以下官吏,动不动便遭他们绑打。又有卫所将士军卒,时常欺凌百姓。况钟到任后,都敛迹不敢再放肆。虽然是上级官员和其他省的官吏经过苏州的,也都从心里对况钟有所畏惧。

况钟虽然出身于刀笔吏,却重视学校教育,礼敬文人儒士,贫寒之家的读书人多有受到他帮助的。有个名叫邹亮的人,献诗给况钟,况钟想要推荐他,有人写了匿名书信诋毁邹亮,况钟说道:"这是想让我更快地帮邹亮成名。"当即奏明朝廷,朝廷召授邹亮吏、刑二部司务,后升任御史。当初况钟为吏员时,吴江人平思忠也由吏员起家,任吏部司务,对况钟有恩。到这时候况钟多次请见,对待他礼节非常恭敬,并且让他的两个儿子到自己属下做事,说:"并非我没有仆役,这是想借此报答您。"平思忠家素来贫寒,从来不靠旧交情而有所请托。人们称赞他们两人都是贤德之人。

况钟曾遭母丧，府中百姓前往朝廷请求他留任，朝廷为此下诏命他戴孝起复留任。正统六年，况钟任期已满应当升迁，府中百姓二万余人，前往巡按御史张文昌投诉，请求让况钟继续任职。英宗下诏进况钟食正三品俸禄，仍然留任知府。次年十二月，况钟死于任上。苏州府吏民相聚哭悼，为他立祠致祭。

况钟刚正廉洁，孜孜爱民，在他前后任苏州知府的都不能像他一样。况钟死后李从智、朱胜相继为苏州知府，也都是奉敕书行事，但是敕书中信用倚靠的程度都赶不上况钟了。

王文传

【题解】

王文其人，在封建社会的官吏中，和一些靠杀害异己和残害人民的人还有所不同。他的整肃边防，奏免平凉等地租赋及在江南恢复以银折粮等事，都对人民有好处。当然，他也有谄事王振等宦官的一面，这在明代，恐怕有一定的普遍性。他这个人颇有心计，所以史称他"深刻有城府"，他就是凭着这些手段，官至太子太保，入阁掌握大权。朝廷中不少官员惧怕他，这情况也比较复杂，有他严刻阴险的一面，也有强毅的一面，至于他被杀的原因则很清楚，他不信瓦剌首领也先会轻易地放明英宗回来，因而效忠于景泰帝。英宗复辟时，王文和于谦一样被杀害，所加的罪名也同样是莫须有的，所以当时"人皆知其诬"。

【原文】

王文，字千之，初名强，枣鹿人。永乐十九年进士。授监察御史。持廉奉法，为都御史顾佐所称。宣德末，奉命治彰德妖贼张普祥狱。还奏称旨，赐今名。

英宗即位，迁陕西按察使。遭父忧，命奔丧，起视事。正统三年正月，擢右副都御史，巡抚宁夏。五年召为大理寺卿。明年与刑部侍郎何文渊录在京刑狱，寻迁右都御史。九年，出视延绥、宁夏边务，劾治定边营失律都督金事王桢、都督同知黄真等罪，边缴为肃。明年，代陈镒镇守陕西。平凉、临洮、巩昌饥，奏免其租。寻进左都御史。在陕五年，镇静不扰。

景泰改元，召掌院事。文为人深刻有城府，面目严冷，与陈镒同官，一揖外未尝接谈。诸御史畏之若神，廷臣无敢干以私者，然中实柔媚。初，按大理少卿薛瑄宣狱，希王振指，欲坐瑄死。至是治中官金英纵家奴不法事，但抵奴罪。给事中林聪等劾文，镒畏势长奸，下诏狱。二人俱伏，乃宥之。二年六月，学士江渊上言法司断狱多枉。文及刑部尚书俞士悦求罢,且言渊尝私以事,不听,故见诬。帝两置之。

三年春,加太子太保。时陈镒镇陕西,将还,文当代。诸御史交章留之,用改命侍郎耿九畴。南京地震,江、淮北大水,命巡视。偕南九卿议上军民便宜九事。又言徐、淮间饥甚,而南京储蓄有余,请尽发徐、淮仓粟振贷,而以应输南京者输徐、淮,补其缺。皆报可。

是时,陈循最任,好刚自用。高谷与循不相能,以文强悍,思引与共政以敌之,乃疏请增阁员。循举其乡人萧维祯,谷遂举文。而文得中官王诚助,于是诏用文。寻自江、淮还朝,改吏部尚书,兼翰林院学士,直文渊阁。二品大臣入阁自文始。寻遭母丧,夺哀如前。文虽为谷所引,而

明英宗

谷迟重,循性明决,文反与循合而不附谷。其后以子伦故,欲倾考官,又用谷言而罢。由是两人卒不相得。

五年三月,江、淮大水,复命巡视。先是苏、松、常、镇四府粮,四石折白银一两,民以为便。后户部多征米,令输徐、淮,凡一百十余万石。率三石而致一石,有破家者。文用便宜停之,又发廪振饥民三百六十余万。时年饥多盗,文捕长洲盗许道师等二百人,欲张其功,坐以谋逆。大理卿薛瑄辨其诬。给事中王镇乞会适臣勘实,得为盗者十六人置之法,而余得释。还进少保,兼东阁大学士。再进谨身殿大学士,仍兼东阁。

初,英宗之还也,廷臣议奉迎礼。文时为都御史,厉声曰:"公等谓上皇果还耶?也先不索土地、金帛而遽送驾来耶?"众素畏文,皆愕然不决而罢。及易储议起,文率先承命。景帝不豫,群臣欲乞还沂王东宫。文曰:"安知上意谁属?"乃疏衣早选元良。以是中外谊传文与中官王诚等谋召取襄世子。

英宗复位,即日与于谦执于班内,言官劾文与谦等谋立外藩,命鞫于廷。文力辩曰:"召亲王须用金牌信符,遣人必有马牌,内府兵部可验也。"辞气激壮。逮车驾主事沈敬接问,无迹。廷臣遂坐谦、文召敬谋未定,与谦同斩于市,诸子悉戍边。敬亦坐知谋反故纵,减死,戍铁岭。文之死,人皆知其诬。以素刻忮,且迎驾、复储之议不惬舆论,故冤死而民不思。成化初,赦其子还,寻复官,赠太保,谥毅愍。

【译文】

王文,字千之,起初时名叫王强,枣鹿(今属河北)人。永乐十九年进士,被任为监察御史。他保持廉洁,遵守法律,被都御史顾佐所称道。宣德末年,奉命处理彰德妖贼张普祥案件。还京奏报,使皇帝很满意,赏赐他名为文。

英宗即位，王文升任陕西按察使。遭到他父亲的丧事，朝廷命令他回家奔丧后，就返任亲事。正统三年正月，升为右副都御史，为宁夏巡抚。五年，被征为大理寺卿。明年，他和刑部侍郎何文渊审问京城中的狱案，不久，被升为右都御史。九年，出去视察延绥、宁夏边防事务。弹劾处理定边营不遵法纪的都督佥事王祯、都督同知黄真等人罪名，边境上吏治得到澄清。明年，代陈镒镇守陕西。平凉、临洮、巩昌等地发生灾荒，王文上奏免去这些地方的田租。不久，晋升左都御史，在陕西五年，地方上安静不乱。

景泰帝改换年号，王文被征召入京掌管都察院事务。王文为人深沉刻薄，心中很有城府，面貌严峻冷酷，和陈镒同在官位，见面只是作个揖，没有交谈过。各御史都像神明一样忌惮他，朝中官员没有敢以私事求他的，然而王文内心却柔顺谄媚。当初，他查治大理少卿薛瑄的案件，附加宦官王振的意志，想处薛瑄以死罪。此时他查治宦官全英纵容家奴干不法事情，只是将家奴治了罪。给事中林聪等人弹劾王文、陈镒惧怕权势，助长奸恶，被逮捕下狱。两人都服罪，于是得到赦免。二年六月，学士江渊上奏说执法官断案多有冤枉。王文和刑部尚书俞士悦要求辞官，并且说江渊曾有私事求他们，他们没有听从，所以诬奏他们。皇帝对双方都置之不问。

景泰三年春天，王文被加太子太保。当时陈镒镇守陕西，将还京，应由王文接代。各御史都上章要求留下王文，于是改派侍郎耿九畴。南京地震，江淮以北大水，皇帝命令王文去巡视。他和南京的九卿们商议，上奏有关治理军民方便适宜事务九件。他又上奏说，徐州、淮河一带灾荒严重，而南京的粮食储备有余，要求全部发放徐、淮一带仓库存粮救灾，并且把应该运送南京的粮食运送到徐、淮一带，以补足其缺。都得到允准。

这时，陈循最受皇帝任用，他喜欢刚愎自用。高谷和陈循二人不和，高谷认为王文为人强悍，想引荐王文一起共事来与陈循对抗，于是上疏请求增加内阁成员。陈循推举他的同乡人萧维祯，高谷就推荐王文。而王文得到宦官王诚的帮助，于是皇帝下诏用王文。不久王文从江、淮回朝，改任吏部尚书，兼翰林院学士，入文渊阁办事。二品大臣进入内阁是从王文开始的。不久王文又遭母丧，仍像上次一样夺哀任职。王文虽然是高谷所引荐的，但高谷为人迟疑稳重，而陈循性格明朗善决断，王文反而和陈循合伙而不依附高谷。其后王文因为他儿子王伦的缘故，想倾陷考官，又因皇帝听信高谷的话而作罢。因此他和高谷终究不能合作。

五年三月，江、淮间又大水，王文又奉命巡视。在此以前苏州、松江、常州、镇江四府的粮食，每四石折合白银一两，百姓认为便利。后来户部又征收粮米，叫运徐、淮，共一百十几万石。大抵要出三石米才能有一石被运到徐、淮，百姓有的因此破产。王文使用官员可以根据方便适宜而作临时决定的权力把运米的事停下，他又开仓库救济灾民三百六十多万人。当时荒年盗贼多，王文逮捕长洲县贼盗许师道等二百人，他想夸大自己的功劳处以谋反大罪。大理卿薛瑄辨别此事的诬妄。给事中王镇要求集合朝廷官员如实勘察，查出做盗贼的十六人加以处置，其余的得到释放。王文还京后晋升少保，兼东阁大学士。再升谨身殿大学士，仍兼任东阁大学士。

当初，英宗从瓦剌回京，朝廷群臣商议奉迎的礼仪。王文当时任都御史，他厉声说："你们认为上皇真能回来吗？也先不要求土地和金帛而就送太上皇来吗？"众人素来畏惧王文，都惊愕不决而作罢。及至易储的议论起来，王文领先接受命令。景泰帝有病，群臣想请求沂王回东宫。王文说："哪知道皇帝的意思想立谁？"于是上疏请求早选定太子。因此朝廷内外纷纷传闻王文和宦官王诚合计召取襄世子。

英宗复位，王文当天就和于谦一起在朝中被捕。御史们劾奏王文和于谦等想迎立藩王。命令在朝廷中审问。王文竭力辩驳说："征召亲王须用金牌信符，派人必须有马牌，这在内府和兵部可以验证。"言辞激昂壮烈。于是逮捕了车驾主事沈敬讯问，并无事实。朝臣就判于谦和王文召来沈敬计议未定，因此把王文和于谦一起斩于市上，他的儿子都被弃军到边地。沈敬也被处知道谋反而故意纵容不报，免死，弃军到铁岭。王文之死，人们皆知道他的冤枉。只因他平常刻薄狠毒，而且在奉迎英宗及景泰帝复储等事的议论与舆论相反，所以含冤死去而百姓并不思念。成化初年，赦免他儿子回来，不久恢复其官职，追赠太保，谥为毅愍。

徐有贞传

【题解】

徐有贞，原名珵，后因政坛不得志而易名为有贞，字元玉，吴地（今江苏）人。他才华横溢，精通天文、地理、兵法、水利、阴阳方术等，善观天象，笃信天命。

他生活在明王朝由盛转衰的多事之秋。他对名利看得极重，一生都在刻意追求。明宣宗宣德八年（1434）考取进士后，只做到编修一类小官。十几年后好容易晋升为侍讲，却又因主张南迁险些丢官。明代宗景泰三年（1452），徐有贞奉命督治黄河水患。他深入实地考察，提出了切实可行的整治方案。力排众议，躬亲施行，仅用五百五十五天就把七年治理不成的水患治平了。充分展示了他的学识渊博，机断果敢。他因治水有功而获重赏，升任左副都御史。

徐有贞积极参与权贵宦官们的政争，数度大起大落，最终被排除政坛，抱憾而死。在1457年明英宗复辟的军事政变中，徐有贞扮演了主要角色，他的政治胆略和才干表现得淋漓尽致，是他政治生涯中最精彩的一段。他虽权倾当朝，名噪一时，但他却位高而骄固。终于在权臣宦官的夹击下，很快沦为阶下囚。他虽大难不死，但终不得大用，满腹经纶未得施展。

徐有贞对马士权赖婚一事，充分说明他追名逐利，却不注重操守德行。

【原文】

徐有贞，字元玉，初名珵，吴人。宣德八年进士。选庶吉士，授编修。为人短小精悍，多智数，喜功名。凡天官、地理、兵法、水利、阴阳方术之书，无不谙究。

时承平既久，边备媮隋，而西南用兵不息，珵以为忧。正统七年疏陈兵政五事。帝善之而不能用。十二年进侍讲。十四年秋，荧惑入南斗。珵私语友人刘溥曰："祸不远矣"，亟命妻子南还。及土木难作，王召廷臣问计。郕大言曰："验之星象，稽之历数，天命已去，惟南迁可以纾难。"太监金英叱之，胡濙、陈循咸执不可。兵部侍郎于谦曰："曰南迁者，可斩也。"珵大沮，不敢复言。

景帝即位，遣科道官十五人募兵于外，珵行监察御史事，往彰德。寇退，召还，仍故官。珵急于进取，自创南迁议为内廷仙笑，久不得迁。因遗陈循玉带，且用星术，言"公带将玉矣"。无何，循果加少保，大喜，因屡荐之。而是时用人多决于少保于谦。珵属谦门下士游说，求国子祭酒。谦为言于帝，帝曰："此议南迁徐珵邪？为人倾危，将坏诸生心术。"珵不知谦之荐之也，以为沮己，深怨谦。循劝珵改名，因名有贞。

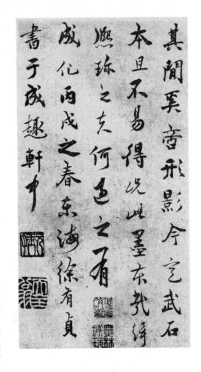

徐有贞《行书题识》

景泰三年迁右谕德。河决沙湾七载，前后治者皆无功。廷臣共举有贞，乃擢左金都御史，治之。至张秋，相度水势，条上三策：一置水门，一开支河，一浚运河。议既定，督漕都御史王竑以漕渠淤浅滞运艘，请急塞决口。帝敕有贞如竑议。有贞守便宜，言："临清河浅，旧矣，非因决口未塞也。漕臣但知塞决口为急，不知秋冬虽塞，来春必复决，徒劳无益。臣不敢邀近功。"诏从其言。有贞大集于是民夫，躬亲督率，治渠建闸，起张秋以接河、沁。河流之旁出不顺者，为九堰障之。更筑大堰，楗以水门，总五百五十五日而工成。名其渠曰"广济"，闸曰"通源"。方工之未成也，帝以转漕为急，工部尚书江渊等请遣中书偕文武大臣督京军五万人往助役，期三月毕工。有贞言："京军一出，日费不赀，遇涨则束手坐视，无所施力。今泄口已合，决堤已坚，但用沿河民夫，自足集事。"议遂寝。事竣，召还，佐院事。帝厚劳之。复出巡视漕河。济宁十三州县河夫多负官马及他杂办，所司趣之亟，有贞为言免之。七年秋，山东大水，河堤多坏，唯有贞所筑如故。有贞乃修旧堤决口，自临清抵济宁，各置减水闸，水患悉平。还朝，帝召见，奖劳有加，进左副都御史。

八年正月，景帝不豫。石亨、张𫐐等谋迎上皇，以告太常卿许彬。彬曰："此不世功也。彬老矣，无能为。徐元玉善奇策，盖与图之。"亨即夜至有贞家。闻之，大喜，曰："须令南城知此意。"𫐐曰："阴达之矣。"令太监曹吉祥入白太后。辛己夜，诸人复会有贞所。有贞升屋览乾象，亟下曰："时至矣，勿失。"时方有边警，有贞令𫐐诡言备非常，勒兵入大内。亨掌门钥,夜四鼓,开长安门纳之。既入,复闭以遏外兵。时天色晦冥,亨、轵皆惶惑,谓有贞曰:"事当济否?"有贞大言必济,趣之行。既薄南城,门锢,毁墙以入。上皇灯下独出问故。有贞等俯伏请登位,乃呼进辇。兵士惶惧不能举,有贞率诸人助挽以行。星月忽开朗,上皇各问诸人姓名。至东华门,门者拒弗纳,上皇曰"朕太上皇帝也",遂反走。乃升奉天门,有贞等常服谒贺,呼万岁。

景帝明当视朝,群臣咸待漏闽下。忽闻殿中呼噪声,方惊谔。俄诸门毕启,有贞出号于众曰:"太上皇帝复位矣。"趣入贺。即日命有贞兼学士,入内阁,参予机务。明日加兵部尚书。有贞谓亨曰:"愿得冠侧注从兄后。"亨为言于帝,封武功伯兼华盖殿大学士,掌文渊阁事,赐号奉天翊卫推诚宣力守正文臣,禄千一百石,世锦衣指挥使,给诰券。有贞遂诬少保于谦、大学士王文,杀之。内阁诸臣斥逐略尽。陈循素有德于有贞,亦弗救也。事权尽归有贞,中外咸侧目。而有贞愈益发舒,进见无时,帝亦倾心委任。

有贞既得志,则思自异于曹、石。窥帝于二人不能无厌色,乃稍稍裁之,且微言其贪横状,帝亦为之动。御史杨瑄奏劾亨、吉祥侵占民田。帝问有贞及李贤,皆对如瑄奏。有诏奖瑄。亨、吉祥大怨恨,日夜谋构有贞。帝方眷有贞,时屏人密语。吉祥令竖窃听得之,故泄之帝。帝惊问曰:"安所受此语?"对曰:"受之有贞,某日语某事,外间无弗闻。"帝自是疏有贞。会御史张鹏等欲纤亨他罪,未上,而给事中王铉泄之亨、吉祥。二人乃泣诉于帝,谓内阁实主之。遂下诸御史狱。并逮系有贞及李贤。忽雷雹交作,大风折木。帝感悟,重违亨意,乃释有贞出为广东参政。

亨等憾未已,必欲杀之。令人投匿名书,指斥乘舆,云有贞怨望,使其客马士权者为之。遂追执有贞于德州,并士权下诏狱,榜治无验。会承天门灾,肆赦。亨、吉祥虑有贞见释,言于帝曰:"有贞自撰武功伯券辞云'缵禹成功',又自择封邑武功。禹受禅为帝,武功者曹操始封也,有贞志图非望。"帝出以示法司,邢部侍郎刘广衡等奏当弃市。诏徙金齿为民。

亨败,帝从容谓李贤、王翱曰:"徐有贞何大罪,为石亨辈所陷耳,其释归田里。"成化初,复冠带闲住。有贞既释归,犹冀帝复召,时时仰观天象,谓将星在吴,益自负。常以铁鞭自随,数起舞。及闻韩雍征两广有功,乃掷鞭太息曰:"孺子亦应天象邪?"遂放浪山水间,十余年乃卒。

有贞初出狱时,拊士权背曰:"子,义士也,他日一女相托。"金齿归,士权时往侯之,绝不及婚事。士权辞去,终身不言其事,人以是薄有贞而重士权。

【译文】

徐有贞,字元玉,原名珵,吴地(今江苏)人。明宣宗宣德八年(公元1434年)考中进士,被选为庶吉士,授编修之职。他精明强悍,足智多谋,刻意追求功名利禄。大凡天文、地理、兵法、水利、阴阳方术等类书籍,他无不深究谙熟。

当时,天下已安定了很长时间,边防有所疏忽,而西南部却常有战事,徐珵很为担忧。

明英宗正统七年(1442),他上书提出有关军事的五条意见。英宗看了大表赞同,却并未采纳。正统十二年,他晋升为侍讲。正统十四年秋季,火星进入南斗。徐珵私下对朋友刘溥说:"灾祸快来了。"他急急忙忙把妻儿送回南方。不久,发生了英宗被俘的土木堡事变。郕王把大臣们召来商议对策。徐珵大声说:"我观察天象,又仔细核对了历数,看来上天不再庇佑我们了,唯有南迁才能避难。"太监金英厉声呵斥他。大臣胡濙和陈循都说这是万不可行的。兵部侍郎于谦则说:"主张南迁的人,应当问斩。"徐珵十分沮丧,不敢再说南迁的事了。

明景帝即位后,派了十五位给事中和监察御史去招兵,徐珵以监察御史的身份去到彰德。敌人退兵以后,他奉召回京,仍任原职。徐珵念念不忘升官。但是,自提议南迁遭到大家斥责讪笑之后,很久都得不到提拔。他为了升官,特地送陈循一条玉带,又引用占星术对陈说:"你佩带了这条玉带,一定会吉祥发达的。"没有多久,陈循果然加封了少保,他因此非常高兴,常常在景帝面前保荐徐珵。然而在当时用人与否多半取决于谦。徐珵又求于谦的门客去游说于谦,想谋得国子祭酒的职位。于谦在景帝面前替徐珵说项。景帝说:"说的是那个提议南迁的徐珵吗?他为人险诈,将会把国子生们的心术都搞坏了。"徐珵不知道于谦推荐了他,反以为于谦败坏了他,因而深深怨恨于谦。陈循劝徐珵更名,他便改名叫有贞。

景泰三年(1452),徐有贞升任右谕德。黄河在沙湾决口已有七年,前后治了多次都未成功。大臣们一致举荐徐有贞,景帝将他升为左金都御史,派他去治河。徐有贞到张秋一带察看水情以后,向景帝提出治水的三条办法:安置水闸,开凿支河,疏浚运河。景帝批准了这些办法。但是,办理漕运的督漕都御史王竑以漕道淤浅漕运船只不便航行为理由,请求尽快堵塞决口。景帝命令徐有贞照王竑的意见,把决口堵起来。徐有贞从实情出发,权衡利害得失后,坚持自己的意见,向景帝奏道:"临清一带河水浅是原来就如此,并不是因为决口没堵才造成的。管漕运的大臣只知道堵塞决口刻不容缓,不知道即便冬季堵住了,来年春季又会决口,这是徒劳无益的。我不敢图这样的急功近利。"景帝下诏采纳了他的意见。于是,徐有贞召集了大量民夫,亲自督率。从张秋开始修渠建闸,把黄河和沁水连起来。在支流不通畅的地方,修了九座拦河坝,以抬高水位,使支流通畅。还筑了更大的拦河坝,用土石、竹木等材料建成水闸。历时五百五十五天完成了全部工程。他将渠命名为"广济",将闸命名为"通源"。在工程尚未竣工的时候,景帝为漕运一事很为焦急。工部尚书江渊等人奏请派中书带领文武大臣督领京都的卫戍军队五万人去帮助整治,并以三月为期必须完工。徐有贞得知后奏明景帝:"京都的卫戍军队一旦开赴工地,每天的花费难以计数。如果遇到河水上涨,就只能眼睁睁地看着,什么事也做不成。现在,决口都堵好了,溃决的河堤也修好了,剩下的事情用沿河的民夫就能做好了。"原议便撤销了。工程完工后,徐有贞奉诏回京,参与内阁事务。景帝还重重地奖赏了他。后来,他又出京巡视漕河。济宁等十三个州县的河夫都拖欠了官府的徭役和摊派,官府又催得很急,他便替河夫们说话,使官府把这些徭役、摊派都免了。景泰七年秋天，山东发生大水灾，许多河堤被毁，只有徐有贞建筑的河堤完好无损。徐有贞还修复了旧堤决口，自临清至济宁还安置了减水闸，水患从此消弭。回到京城后，景帝召见他，厚厚给予奖赏，并将他提升为左副都御史。

景泰八年(1457)正月，景帝身体不适。石亨、张𫐐等人谋划要迎立太上皇，他们把这个打算告诉太常卿许彬。许彬说："这是流芳百世的大功业。我老了，怕起不了多大的作用。徐元玉足智多谋，你们可以和他商议。"石亨等当夜就到徐有贞家。徐有贞听到这件事很高兴，他说："这件事必须让内宫知道。"张𫐐说："可以秘密地通报。"于是，就让太监曹吉祥将他们的谋划禀告了太后。一天夜里，石亨等人又在徐有贞家聚会。徐有贞爬上屋顶去观察天象，然后急匆匆跑下来对大家说："时机已经到了，切不可坐失良机。"当时，正值边境不安宁，徐有贞就让张𫐐借口防备发生不测事故，领兵进入皇宫。石亨掌管着宫门钥匙，四更天，他打开长安门，把张𫐐的军队放进去。然后，又关闭宫门，以防止宫外别的军队进去。当时，天色阴晦，石亨、张𫐐都感到很惶恐。他们问徐有贞："这事能成功吗？"徐有贞很肯定地说一定会成功，并催促他们赶快行动。到了皇宫南部，宫门紧紧关着，他们便破墙而入。太上皇就着灯光独自出来问发生了什么事。徐有贞等人马上跪伏在地上请太上皇复位，还把皇帝乘坐的大轿也叫了进来。士兵们惧怖异常，连轿子也抬不起来，徐有贞等人上前帮助，抬着太上皇离开了南内。这时，天空突然放晴，星月当空，太上皇一一问了徐有贞等人的姓名。他们一行来到东华门，看管宫门的官吏拒不放他们进去。太上皇对门官说："我是太上皇。"说完便转身另寻他路。太上皇登上奉天门，徐有贞等人着便服朝贺，高呼万岁。

景帝次日天亮便要登朝，群臣都在阙下等侯。忽然听到宫殿内有呼喊吵闹的声音，大家惊愕不已。过了一会，各处宫门都打开了，徐有贞出来向君臣宣告："太上皇已经复位了。"他催促大臣们赶快进去朝贺。当天，太上皇任命徐有贞兼学士，成为内阁成员，参与大政事务。次日，又加封兵部尚书。徐有贞对石亨说："我如果得到加官晋爵，一定追随你。"石亨在复位后的明英宗面前替徐说了许多好话，英宗便封徐有贞为武功伯兼华盖殿大学士，执掌文渊阁职事，还赐号"奉天翊卫推诚宣力守正文臣"，俸禄一千一百石，世袭锦衣指挥使，并颁发诰封文书。徐有贞得势以后，便诬陷少保于谦和大学士王文，并杀害了他们。原在内阁任职的大臣大都遭他排挤。连陈循这样向来对徐有贞有恩德的人，都不能幸免。朝中大权都落入徐有贞手中，朝野上下对他侧目而视，畏惧不已。而他却更加横行无忌，动不动就去见英宗，英宗也对他十分信任，重要的事都叫他去处理。

徐有贞虽已得宠，却总觉得还不如曹吉祥、石亨。他看出英宗对这两个庸才并无厌烦之意，便从中离间，说了他们如何贪婪横行等等坏话，英宗也慢慢听进去了。御史杨瑄上奏章弹劾石亨、曹吉祥霸占民田。英宗向徐有贞、李贤核实，他们异口同声说杨瑄说的是实情。英宗下诏褒奖了杨瑄。石亨、曹吉祥恼羞成怒，日夜都在谋划，罗织罪名陷害徐有贞。当时，英宗正对徐有贞百般信赖，恩宠有加，常常屏退左右和他单独密谈。曹吉祥让小太监偷听到他们谈话的内容，又故意转而密告给英宗。英宗十分惊讶问道："这些话是从哪里听来的?"曹吉祥答道:"是徐有贞告诉我的。你们哪一天谈了哪件事,外面没有不知道的。"从此,英宗开始疏远徐有贞。恰在这时,御史张鹏等人正打算举发石亨别的罪行,还没来得及上奏,就被给事中王铉偷偷告诉了石亨、曹吉祥。于是,石、曹二人便跪到英宗面前去哭诉,说内阁已被御史们操纵了。英宗听信谗言下令将御史们投入监牢,还把徐有贞、李贤也抓了起来。突然,雷电冰雹交加,狂风大作,摧林折木。英宗忽然有所感悟,一反石亨的意愿,把徐有贞放了出来,并命他为广东参政。

石亨等人对徐有贞的怨恨有增无减,必欲除之而后快。他们让人写匿名信去责骂皇上,反过来说这是徐有贞对皇上怀恨在心,让他的门客马士权干的。英宗听信了他们的诬告,就下令追捕徐有贞,在他赴任途经德州时抓住他,连同马士权一起作为钦犯下了大狱。经过严刑拷打,却没有得到罪证。适逢承天门发生火灾,徐有贞得以赦免。石亨和曹吉祥对徐有贞获释深感不安,对英宗说:"徐有贞自己撰写的武功伯卷上有'继承大禹治水,建树了极大的功业'一类的话,又自己选择武功为封邑。大禹曾经接受禅让而作了皇帝,'武功'是曹操最早的封号。看来,徐有贞是心存非分之想的。"英宗向司法重臣征询意见,刑部侍郎刘衡等人回奏说,应该把徐有贞斩首于闹市,且暴尸街头示众。英宗便把徐有贞削为庶民,流放到金齿去了。

石亨罪行败露,死在狱中,英宗不慌不忙地对李贤、王翱说:"其实,徐有贞有什么大罪,不过是石亨他们陷害他,把他放回故里吧。"明宪宗成化初年(1465),徐有贞恢复了仕宦的身份,在家赋闲。他既已获释回归故里,就总是希望皇帝再召出去做官。他常常仰观天象,说将星就在吴地,他也因此更加自负。他总是把铁鞭带在身边,经常挥舞操习。当他听说韩雍征讨两广战功卓著时,就扔掉铁鞭叹息道:"这小子也应了天象吗?"从此,他浪迹天涯,十几年后去世。

徐有贞刚出狱的时候,拍着马士权的肩背说:"你真是一个侠骨义气的人,以后我一定把一个女儿许配给你。"他从金齿流放归来,马士权经常去拜访他,希望他能履行诺言,而他却绝口不提这件事了。马士权后来离他而去,终身都不再提及这件事了。世人因此而看不起徐有贞,却十分敬重马士权。

刘健传

【题解】

刘健(1432～1526),明中叶名相。字希贤,号晦庵,谥号文靖,洛阳人。天顺四年(1460)中进士,改庶吉士,授编修。成化年间,升为少詹事,充任东宫讲官,受知于孝宗。

【原文】

刘健,字希贤,洛阳人。父亮,三原教谕,有学行。健少端重,与同邑阎禹锡、白良辅

游,得河东薛瑄之传。举天顺四年进士,改庶吉士,授编修。谢交游,键户读书,人以木强目之。然熟悉典故,有经济志。

成化初,修《英宗实录》,起之忧中,固辞,不许。书成,进修撰。三迁至少詹事,充东宫讲官,受知于孝宗。既即位,进礼部右侍郎兼翰林学士,入内阁参与机务。弘治四年,进尚书兼文渊阁大学士,累加太子太保,改武英殿。十一年春,进少傅兼太子太傅,代徐溥为首辅。

健学问精粹,正色敢言,以身任天下之重。清宁宫灾,太监李广有罪自杀。健与同列李东阳、谢迁疏言:"古帝王未有不遇灾而惧者。向来奸佞荧惑圣听,贿赂公行,赏罚失当,灾异之积,正此之由。今幸元恶殄丧,圣心开悟,而余孽未除,宿弊未革。伏愿奋发励精,进贤黜奸,明示赏罚。凡所当行,断在不疑,毋更因循,以贻后悔。"帝方嘉纳其言,而广党蔡昭等旋取旨予广祭葬、祠额。健等力谏,仅寝祠额。南北言官指陈时政,颇有所论劾,一切皆不问。国子生江瑢劾健、东阳杜抑言路。帝慰留健、东阳,而下瑢于狱。二人力救,得释。

十三年四月,大同告警,京师戒严。兵部请甄别京营诸将,帝召健及东阳、迁至平台,面议去留。乃去遂安伯陈韶等三人,而召镇远侯顾溥督团营。时帝视朝颇晏,健等以为言,颔之而已。

十四年秋,帝以军兴缺饷,屡下廷议。健等言:"天下之财,其生有限。今光禄岁供增数十倍,诸方织作务为新巧,斋醮日费钜万。太仓所储不足饷战士,而内府取入动四、五十万。宗藩、贵戚之求土田夺盐利者,亦数千万计。土木日兴,科敛不已。传奉冗官之俸薪,内府工匠之饩廪,岁增月积,无有穷极,财安得不匮。今陕西、辽东边患方殷,湖广、贵州军旅继动,不知何以应之。望陛下绝无益之费,躬行节俭,为中外倡,而令群臣得毕献其诚,讲求革弊之策,天下幸甚。"

明年四月,以灾异陈勤朝讲、节财用、罢斋醮、公赏罚数事。及冬,南京、凤阳大水,廷臣多上言时务,久之不下。健等因极陈怠政之失,请勤听断以振纪纲,帝皆嘉纳。《大明会典》成,加少师兼太子太师、吏部尚书、华盖殿大学士。与东阳、迁同赐蟒衣。阁臣赐蟒自健等始。

帝孝事两宫太后甚谨,而两宫皆好佛、老。先是,清宁宫成,命灌顶国师设坛庆赞,又遣中官赍真武像,建醮武当山,使使诣泰山进神袍,或白昼散灯市上。帝重违太后意,曲从之,而健等谏甚力。十五年六月,诏拟《释迦哑塔像赞》,十七年二月,诏建延寿塔朝阳门外,除道士杜永祺等五人为真人,皆以健等力谏得寝。

是年夏,小王子谋犯大同,帝召见阁臣。健请简京营大帅,因言京军怯不任战,请自今罢其役作,以养锐气。帝然之。退复条上防边事宜,悉报允。未几,边警狎至,帝惑中官苗逵言,锐欲出师。健与东阳、迁委曲阻之,帝意犹未回。兵部尚书刘大夏亦言京军不可动,乃止。

帝自十三年召对健等后,阁臣希得进见。及是在位久,益明习政事,数召见大臣,欲以次革烦苛，除宿弊。尝论及理财，东阳极言盐政弊坏，由陈乞者众，因而私贩数倍。健进曰："太祖时茶法始行，驸马欧阳伦以私贩坐死，高皇后不能救。如伦事，孰敢为陛下言者。"帝曰："非不敢言，不肯言耳。"遂诏户部核利弊，具议以闻。

当是时，健等三人同心辅政，竭精尽虑，知无不言。初或有从有不从，既乃益见信，所奏请无不纳，呼为先生而不名。每进见，帝辄屏左右。左右间从屏间窃听，但闻帝数数称善。诸进退文武大臣，厘饬屯田、盐、马诸政，健翊赞为多。

未几，帝疾大渐，召健等入乾清宫。帝力疾起坐，自叙即位始末甚详，令近侍书之。已，执健手曰："先生辈辅导良苦。东宫聪明，但年尚幼，好逸乐，先生辈常劝之读书，辅为贤主。"健等欷歔顿首受命以出。翌日，帝崩。

武宗嗣位，健等厘诸弊政，凡孝宗所欲兴罢者，悉以遗诏行之。刘瑾者，东宫旧竖也，与马永成、谷大用、魏彬、张永、丘聚、高凤、罗祥等八人俱用事，时谓之"八党"，日导帝游戏，诏条率沮格不举。京师淫雨自六月至八月，健等乃上言："陛下登极诏出，中外欢呼，想望太平。今两月矣，未闻汰冗员几何，省冗费几何。诏书所载，徒为空文。此阴阳所以失调，雨旸所以不若也。如监局、仓库、城门及四方守备内臣增置数倍，朝廷养军匠费钜万计，仅足供其役使，宁可不汰；文武臣旷职偾事、虚糜廪禄者，宁可不黜；画史、工匠滥授官职者多至数百人，宁可不罢；内承运库累岁支银数百余万，初无文簿，司钥库贮钱数百万，未知有无，宁可不勾校。至如纵内苑珍禽奇兽，放遣先朝宫人，皆新政所当先，而陛下悉牵制不行，何以慰四海之望。"帝虽温诏答之，而左右宦竖日恣，增益且日众。享祀郊庙，带刀被甲拥驾后。内府诸监局金书多者至百数十人，光禄日供骤益数倍。健等极陈其弊，请勤政、讲学，报闻而已。

正德元年二月，帝从尚书韩文言，畿甸皇庄令有司征课，而每庄仍留宦官一人、校尉十人。健等言："皇庄既以进奉两宫，自宜悉委有司，不当仍主以私人，反失朝廷尊亲之意。"因备言内臣管庄扰民。不省。

吏、户、兵三部及都察院各有疏争职掌为近习所挠。健等拟旨，上不从，令再拟。健等力谏，谓："奸商谭景清之沮坏盐政，北征将士之无功授官，武臣神英之负罪玩法，御用监书篆之滥收考较，皆以一、二人私恩，坏百年定制。况今政令维新，而地震天鸣，白虹贯日，恒星昼见，太阳无光。内贼纵横，外寇猖獗，财匮民穷，怨谤交作。而中外臣仆方且乘机作奸，排忠直犹仇仇，保奸回如骨肉。日复一日，愈甚于前，祸变之来，恐当不远。臣等受知先帝，叨任腹心。迩者旨从中下，略不与闻。有所拟议，竟从改易。似此之类，不可悉举。若复顾惜身家，共为阿顺，则罔上误国，死有余辜。所拟四疏，不敢更易，谨以原拟封进。"不报。

居数日，又言："臣等遭逢先帝，临终顾命，惓惓以陛下为托，痛心刻骨，誓以死报。即位诏书，天下延颈，而朝令夕改，迄无宁日。百官庶府，仿效成风，非惟废格不行，抑且变易殆尽。建言者以为多言，干事者以为生事，累章执奏谓之渎扰，厘剔弊政谓之纷更；忧在于民生国计，则若罔闻知，事涉于近幸贵戚，则牢不可破。臣等心知不可，义当尽言。

比为盐法、赏功诸事，极陈利害，拱俟数日，未蒙批答。若以臣等言是，宜赐施行，所言如非，即当斥责。乃留中不报，视之若无。政出多门，咎归臣等。宋儒朱子有言：'一日立乎其位，则一日业乎其官；一日不得乎其官，则不敢一日立乎其位。'若冒顾命之名，而不尽辅导之实，既负先帝，又负陛下，天下后世其谓臣何。伏乞圣明矜察，特赐退休。"帝优旨慰留之，疏仍不下。

越五日，健等复上疏，历数政令十失，指斥贵戚、近幸尤切，因再申前请。帝不得已，始下前疏，命所司详议。健知志终不行，首上章乞骸骨，李东阳、谢迁继之，帝皆不许。既而，有司议上，一如健等所指。帝勉从之，由是诸失利者咸切齿。

六月庚午，复上言："近日以来，免朝太多，奏事渐晚，游戏渐广，经筵日讲直命停止。臣等愚昧，不知陛下宫中复有何事急于此者？夫滥赏妄费，非所以崇俭德；弹射钓猎，非所以养仁心；鹰犬狐兔田野之物，不可育于朝廷，弓矢甲胄战斗之象，不可施于宫禁。今圣学久旷，正人不亲，直言不闻，下情不达，而此数者杂交于前，臣不胜忧惧。"帝曰："朕闻帝王不能无过，贵改过。卿等言是，朕当行之。"健等乃录廷臣所陈时政切要者，请置坐隅朝夕省览：曰无单骑驰驱，轻出宫禁，曰无频幸监局，泛舟海子；曰无事鹰犬弹射；曰无纳内侍进献饮膳。疏入，报闻。

先是，孝宗山陵毕，健等即请开经筵。帝初勉应之，后数以朝谒两宫停讲，或云择日乘马。健等陈谏甚切至。八月，帝既大婚，健等又请开讲。命俟九月，至期，又命停午讲。健等以先帝故事，日再进讲，力争不得。

当是时，健等恳切疏谏者屡矣，而帝以狎近群小，终不能改。既而，遣中官崔杲等督织造，乞盐万二千引。所司执奏，给事中陶谐、徐昂、御史杜旻、邵清、杨仪等先后谏，健等亦言不可。帝召健等至暖阁面议，颇有所诘问，健等皆以正对。帝不能难，最后正色曰："天下事岂皆内官所坏，朝臣坏事者十常六七，先生辈亦自知之。"因命盐引悉如杲请。健等退，再上章言不可。帝自愧失言，乃俞健等所奏。于是中外咸悦，以帝庶几改过。

健等遂谋去"八党"，连章请诛之。言官亦交论群阉罪状，健及迁、东阳持其章甚力。帝遣司礼诣阁曰："朕且改矣，其为朕曲赦若曹。"健等言："此皆得罪祖宗，非陛下所得赦。"复上言曰："人君之于小人，不知而误用，天下尚望其知而去之。知而不去则小人愈肆，君子愈危，不至于乱亡不已。且邪正不并立，今举朝欲决去此数人，陛下又知其罪而故留之左右，非特朝臣疑惧，此数人亦不自安。上下相猜，中外不协，祸乱之机始此矣。"不听。健等以去就争。瑾等八人窘甚，相对涕泣。而尚书韩文等疏复入，于是帝命司礼王岳等诣阁议，一日三至，欲安置瑾等南京。迁欲遂诛之，健推案哭曰："先帝临崩，执老臣手，付以大事。今陵土未干，使若辈败坏至此，臣死何面目见先帝！"声色俱厉。岳素刚正疾邪，慨然曰："阁议是。"其侪范亨、徐智等亦以为然。是夜，八人益急，环泣帝前。帝怒，立收岳等下诏狱，而健等不知，方倚岳内应。明日，韩文倡九卿伏阙固争，健逆谓曰："事且济，公等第坚持。"顷之，事大变，八人皆宥不问，而瑾掌司礼。健、迁遂乞致仕，赐敕给驿归，月廪、岁夫如故事。

健去，瑾憾不已。明年三月辛未，诏列五十三人为奸党，榜示朝堂，以健为首。又二年，削籍为民，追夺诰命。瑾诛，复官，致仕。后闻帝数巡游，辄叹息不食，曰："吾负先帝。"世宗立，命行人赍敕存问，以司马光、文彦博为比，赐赉有加。及年跻九十，诏抚臣就第致束帛、饩羊、上尊，官其孙成学中书舍人。嘉靖五年卒，年九十四。遗表数千言，劝帝正身勤学，亲贤远佞。帝震悼，赐恤甚厚，赠太师，谥文靖。

健器局严整，正己率下。朝退，僚寀私谒，不交一言。许进辈七人欲推焦芳入吏部，健曰："老夫不久归田，此座即焦有，恐诸公俱受其害耳。"后七人果为芳所挤。东阳以诗文引后进，海内士皆抵掌谈文学，健若不闻，独教人治经穷理。其事业光明俊伟，明世辅臣鲜有比者。

【译文】

刘健，字希贤，洛阳人。父亲刘亮，是三原县教谕，很有学识品行。刘健很端重，和同县阎禹锡、白良辅交往，得到河东薛宣的传授。天顺四年中进士，改为庶吉士，授做编修。他谢绝交往，闭门读书，别人都把他看作朴实倔强的人。然而他反复学习熟知典故，有治理国家的志向。

成化初年，纂修《英宗实录》，朝廷在他父丧守制尚未满期的时候起用他，刘健坚决拒绝，但没有准许。《英宗实录》纂修完毕，进官修撰，多次提升到少詹事，充任东宫太子的讲官，得到孝宗的了解。孝宗即皇帝位以后，他升为礼部左侍郎兼翰林学士，进入内阁参与机密的军国大事。弘治四年升尚书兼文渊阁大学士，累积加官太子太保，改为武英殿大学士。十一年春天，提升为少傅兼太子太傅，代替陈溥成为内阁首辅。

刘健学问精深，严肃正直，敢于讲话，以身担负天下重任。清宁宫遭火灾，太监李广畏罪自杀。刘健和同事李东阳、谢迁上疏说："自古帝王没有不遇到灾祸而惧怕的。向来奸恶小人迷惑帝王判断，贿赂公开进行，奖赏惩罚失当，灾祸聚积，正是这个缘故。现在庆幸大恶已死，皇上心里开始觉悟，而剩下的隐患没有清除，素来的弊端没有革掉。希望陛下奋发励精图治，提拔贤能，罢免奸恶，明确表示奖赏和惩罚。凡是应当做的，都要果断不疑，不要照旧不改，以免遗留后患。"皇帝刚刚赞赏地接纳了刘健的话，而李广的同党蔡昭等随即取得圣旨赐给李广祭葬仪式和祠堂牌匾。刘健等人极力劝谏，只免去了祠堂牌匾。南北科道官陈说时政，多有所指摘弹劾，皇帝一切都不予过问。国子监学生江瑢弹劾刘健、李东阳杜绝压抑说话的渠道。皇帝宽慰挽留刘健、李东阳，而把江瑢下了监狱，两人极力营救，他才得以释放。

十三年四月，大同报警，京师戒严。兵部请求鉴别选任京营各将领，皇帝召刘健和李东阳、谢迁到平台，当面商议京营将领的去留。于是免去遂安伯陈韶等三人，而召回镇远侯顾溥统率团营。当时皇帝出理朝政很晚，刘健等人因此说了话，皇帝点头而已。

十四年秋天，皇帝因为战事兴起缺少粮饷，几次让内阁及朝廷大臣集议。刘健等人说："天下的财富，来源是有限的。如今光禄寺每年的上供增加几十倍，各地的织造力求新奇精巧，斋醮祭祀活动每天要耗费巨万。太仓储存的粮食不足供给士兵的粮饷，而内府取进宫常常四、五十万，宗室藩王、皇亲贵戚乞请土地侵夺盐利也以几千万计算。土木工程一天天兴作起来，征收赋役没有完结的时候。从宫中传奉得官的闲散多余官员的俸禄，内府工匠的食粮，年年增加，月月累积，没有穷尽的时候，财用哪里会不缺乏？如今陕西、辽东边患正烈，湖广、贵州军队相继行动，不知道用什么供应他们。希望陛下断绝没有益处的耗费，身体力行节俭，作为宫中及天下的倡导，而使群臣都能献出全部忠诚，讲求革除弊政的计谋，是天下的幸运。"

第二年四月，因为灾异发生，刘健上疏提出请皇上勤于视朝讲读，节约财用，罢免佛道祭祀，公正赏罚等几件事。到了冬天，南京、凤阳遭了水灾，朝廷大臣很多人都上疏议论时务，皇帝很久也没有传下旨意来。刘健等人因此极力陈述松懈朝政的错误，请求努力治理，以便振作法度，皇帝表示赞成。《大明会典》纂修完成，加官太师兼太子太师、吏部尚书、华盖殿大学士。与李东阳、谢迁一起被赐予绣有蟒纹的长袍。内阁大学士赐给蟒衣是从刘健等人开始的。

皇帝孝敬侍奉两宫皇太后非常恭谨，而两宫皇太后都喜好佛教、道教。起初，清宁宫建，命令灌顶国师设祭坛庆贺赞美，又派宦官带着真武像，在武当山建坛祭祀，派遣使臣到泰山进献神袍，有时白天在市上散灯。皇帝不愿违背太后的心意，委婉地顺从她们，而刘健等劝谏不遗余力。十五年六月，下诏草拟《释迦哑塔像赞》，十七年二月，下诏在朝阳门外建延寿塔，任命道士杜旻永祺等五人为真人，都因刘健等人极力劝阻停止。

十七年夏天，小王子打算侵犯大同，皇帝召见内阁大臣。刘健请求选拔京营大帅，乘机说到京军胆怯不能胜任战事，请求从今起罢免京军劳役来培养锐气。皇帝同意了。刘健退后又列边防事务上奏，都得到批准。不久，边防警报更迭到来，皇帝被宦官苗逵的话所迷惑急切想要出兵。刘健与李东阳、谢迁婉转阻止，皇帝还不能回心转意。兵部尚书刘大夏也说京军不可出动，出兵的事才阻止住。

皇帝自从十三年召见刘健等人以后，内阁大臣就很少能够进宫见到皇帝。这时皇帝在位时间长了，更加明了熟悉朝廷政条，便多次召见大臣，想要依次革除苛政，除去常年积弊。一次商讨料理财政，李东阳极力陈说盐政败坏，是由于求乞的人多，因而私自贩卖达到几倍。刘健进一步说："太祖时茶法开始实行，驸马欧阳伦因私自贩卖而判死罪，高皇后都救不了他。像欧阳伦那样的事情，没有人敢于对陛下讲。"皇帝说："不是不敢讲，是不肯讲罢了。"于是下户部核实利弊，提出建议上报。

当时，刘健等三人同心辅佐，尽心竭力，知道的没有不讲的。起初皇帝有时听从有时不听从，后来就更加信任，对他们的奏请没有不接纳的，直接称呼"先生"而不叫他们的名字。每次进见的时候，皇帝立即屏退左右侍从。左右侍从悄悄从屏风间偷听，只听到皇帝多次称赞说好。升降文武大臣，治理整顿屯田、盐法、马政诸般政务，刘健尽心辅佐，多有作为。

不久，皇帝的病越来越重，召刘健等进入乾清宫。皇帝吃力地坐起来，详细自叙即位始末，命令亲近侍从书写出来。叙述完以后，拉着刘健的手说："先生们辅导良苦。东宫太子聪明，但年纪还小，喜欢放纵玩乐，先生们时常勉励他读书，辅佐他成为贤明的君主。"刘健等哭泣叩头接受了顾命退出。第二天，孝宗皇帝逝世。

武宗即位，刘健等清理弊政，凡孝宗生前想要兴办和革除的事情，都写入遗诏实行。刘瑾这个人，原是武宗当太子时，在东宫的侍从太监，和马永成、谷大用、魏彬、张永、丘聚、高凤、罗祥等八名太监都得到重用行事，当时人们叫他们为"八党"，天天诱导皇帝游戏取乐，所下诏令大多被阻碍不能实施。京师从六月到八月连绵不断的下雨，刘健等于是上疏说："陛下登基的诏书下达，朝廷内外欢呼，想往太平。现在两个月了，没听说裁去闲散无用的官员几人，节省多余的耗费多少。诏书所写，只是成为一纸空文。这就是阴阳所以失调，雨水和日出所以不成比例的原因。象监局、仓库、城门和各地守备太监增置几倍，朝廷养军匠费用以巨万计算，只够供给他们役使，难道可以不裁汰；文臣武将荒废职守败坏事情，白白浪费粮食俸禄的，难道可以不罢免；画史，工匠滥授官职多到几百人，难道可以不罢官；内承运库多年支付银两数百万，起初没有文册，司钥库贮存钱钞数百万，不知还有没有，难道不以勾销核计。至于像放走内苑的珍贵禽兽，放先朝宫人出宫，都是刷亲政治所应当首先施行的，而陛下都牵制着不让实行，用什么去慰藉天下人的期望？"皇帝虽然在诏书中和气地做了回答，然而他左右的太监越来越放肆，人数也越来越增多。供奉祭祀天地宗庙的时候，宦官带着刀剑披着铠甲簇拥在皇帝后面。内府各监局金书多的达到一百几十人，光禄寺每日的供给急剧增加几倍。刘健等极力陈述重用宦官的坏处，请求皇帝尽心治理朝政，在御前进讲，皇帝仅回答知道了而已。

正德元年二月，皇帝听从尚书韩文的建议，让有关外廷衙门官吏征收京师附近皇庄的赋税，而每庄仍留宦官一人，校尉十人。刘健等说："皇庄既然已经进献给两宫皇太后，自然应当全都委派有关衙门官吏，不应该仍让私人掌管，否则反而会失去朝廷尊敬亲人的心意。"乘机详细述说了宦官掌管皇庄骚扰百姓的事情。皇帝不醒悟。

吏、户、兵三部及都察院都上疏论说他们职务上掌管的事情遭到宦官内臣的干扰。刘健等拟出圣旨，皇帝不同意，命令重新再拟。刘健等极力劝谏，说："奸商谭景清的败坏盐政，北征将士的无功授官，武臣神英的犯罪枉法，御用监书篆的无节制收用考核，都是以一、两个人的私人恩怨，败坏了上百年的规定制度。何况现在政令变革，而地震天鸣，白虹横贯天日，恒星白日可以见到，太阳失去光泽。内部奸贼纵横，外部敌寇猖獗。财用缺乏，抱怨指责交加。而朝廷内外的臣仆将要乘机作恶，排斥忠诚正直的人像仇敌一样，保护奸邪小人倒如同骨肉至亲。一天又一天，越来越严重，灾祸发生恐怕不会太远了。我们为先帝所了解，惭愧地充任他的心腹。近来圣旨从宫内直接下达，我们丝毫不知道。我们所拟出的建议，最终都改变。像这一类的事情，不能全部列举。如果再顾惜自己的身家性命，大家都阿谀顺从，那么欺上误国，死了也是有罪的。所拟定的四份奏疏，不敢更改，郑重地按原拟封起来进献。"皇帝不做答复。

过了几天，刘健又说："我们知遇先帝，他临终前诚恳地将陛下托付给我们，任命我们辅导陛下，我们刻骨铭心，发誓用死来报答。即位诏书，是天下人伸颈期待的，然而朝令夕改，到今天也没有安宁的日子。百官和各衙门仿效成为风气，不但应该废止的没有执行，而且善政也几乎全都改变了。提出建议的人被认为是多话，办事的人被以为是惹事，连续坚持上奏被说成裹渎干扰，治理清除弊政被说成杂乱变更；有关百姓活生国家大计的事就像没有听见一样，事情涉及宫中亲信和贵戚就牢不可破。我们心里知道这样是不行的，有义务尽心规劝。接连为盐法、赏功等事，极力陈说利害，恭敬地等待了几日，没有得到批出答复。如果认为我们说的对，应该赐下实行，如果认为说的不对，就应当斥责。竟然把章奏留在宫中不做答复，看过就像没有看到一样。政令出自不同部门，而过失却归我们。宋代大儒朱熹说过：一日立足在这个官位上，就一日兢兢业业忠于职守；哪一天没有了官职，就一天也不敢存在这个官位上。'如果冒领接受临终托付的名义而不做尽心辅导的实事，那么既辜负了先帝，又辜负了陛下，天下后世会说我们什么呢。伏地请求皇上明智地慎重考察，特赐退休。"皇帝发下圣旨，好言安慰挽留，但奏疏仍旧没有批复下达。

过了五天，刘健等人又上奏疏，历数政令的十大过失，更加严厉地斥责贵戚及皇帝亲信，并再一次提出退休的请求。皇帝不得已，才发下以前的奏疏，命令掌管衙门详细商议。刘健知道自己的主张终究不能施行，首先上疏请求告退还乡，李东阳、谢迁也相继要告退，皇帝都不答应。不久有关衙门将所议意见报上，与刘健等人的看法完全一样。皇帝勉强听从，因此那些失去既得利益的人都切齿痛恨刘健等人。

六月庚午这天，刘健又上疏说："近些天来，皇上免去朝见过多，奏事更晚，游玩渐加增多，经筵日讲下令停止。我们做大臣的愚昧，不知道陛下宫中还有什么事情比这些更急的。失去节制的赏赐胡乱花费，不是崇尚节俭的品德；弹弓射击钓鱼打猎，不可以培养出仁爱的心地；飞鹰猎犬狐狸兔子，是田野的产物，不能养育在宫廷里；弓箭铠甲等战争的象征，也不可以在宫闱禁地散布。如今圣贤的学说已经荒废很久，不亲近正直的人，不听信忠诚正直的话，下面的情况不能上达，这几桩事相互交错摆在面前，我非常忧虑害怕。"皇帝说："朕听说帝王不可能没有过失，可贵的在于能够改正。你们说得对，朕应该这样做。"于是刘健等把朝廷大臣所陈述的当时紧要的政务摘录下来，请皇帝放在座位旁早晚查看，其内容主要是：不要一人骑马飞驰，轻率地走出宫廷禁地；不要频繁驾临监局，在海子里游船；不要带飞鹰猎犬去打猎；不要接受内侍进献的饮食。奏疏报进去后，皇帝回答知道了。

起初，孝宗的陵墓修建完工后，刘健等就请求开御前日讲。皇帝开始勉强答应了这件事，以后屡次以朝见两宫皇太后为由停止日讲，有时说是选择好日期去骑马。刘健等进言劝谏非常恳切。到了八月，皇帝已经完成大婚，刘健等又请求开讲。皇帝让等到九月，到了时候又命令停止午讲。刘健等用先帝过去的事例说明，应该每天两次进讲，虽经极力争取，也没有得到成功。

当时，刘健等恳切上疏诤谏的次数很多，而皇帝因为亲近一群小人，始终不能悔改。

不久派遣宦官崔杲等人监督织造，崔杲请求给盐引一万二千。掌管衙门上奏，给事中陶谐、徐昂，御史杜旻、邵清、杨仪等先后上疏劝谏，刘健等也说不可发给。皇帝召刘健等到暖阁当面商议，很有责问意思，刘健等都以正直的言词回答。皇帝不能反驳，最后严厉地说："天下的事情难道都是宦官败坏的，朝廷大臣坏事的常有十分之六七，先生们自己也知道的。"因此下令全都按崔杲请求的给以盐引。刘健等退下以后，又上奏表示反对。皇帝自惭说错了话，就同意了刘健等的上奏。于是朝廷内外都非常高兴，认为皇帝还有可能改正过失。

刘健等人于是策划除去太监刘瑾"八党"，接连奏请杀掉他们。科道官也一起上疏弹劾宦官们的罪状。刘健和谢迁、李东阳坚决坚持章奏的主张。皇帝派司礼监太监到内阁说："朕将改过，你们为朕委曲放过这些人吧。"刘健等说："这些都是得罪了祖宗的，不是陛下可以赦免他们。"又上疏说："帝王对于小人，不了解而错误地任用了，天下还希望帝王了解以后除去他们。如果了解而不除去，那么小人就会越来越放肆，正直的人就会越来越危险，不弄到乱亡的地步不会停止。而且奸邪和正直不能并列，现在满朝都想要除掉这几个人，陛下又知道他们的罪状而故意留他们在左右，不只是朝廷大臣疑虑恐惧，这几个人自己也不安。朝廷大臣疑虑，内外不能合作，祸乱的预兆就从这里开始了。"皇帝不听。刘健等以退休相争。刘瑾等八人非常窘迫，相对哭泣。而尚书韩文等人的奏疏又上，于是皇帝命司礼监太监王岳到内阁商议，一天去了三次，想要把刘瑾等人安置到南京。谢迁想就此杀掉他们，刘健推开几案哭着说："先帝临终，握着我的手，托付给国家大事。现在陵墓的泥土还没有干，就让你们这些宦官败坏到这个地步，我死后有什么面目去见先帝！"脸色和声音都严肃极了。王岳向来刚毅正直痛恨奸邪，慷慨地说："内阁的主张是对的。"同去的宦官范亨、徐智等也认为对。这天夜晚，八人更加紧急，他们围绕在皇帝面前哭泣。皇帝大怒，立即把王岳等逮捕投入锦衣卫的监狱，而刘健等还不知道，正倚靠王岳在宫内响应。第二天，韩文倡议九卿在皇宫门前跪伏坚决力争，刘健迎上去对他说："事情将要成功，你们只要坚持一下。"很快，事情发生变化，八人都恕罪不问，刘瑾掌管司礼监。刘健、谢迁于是请求退休，皇上准允，赐予敕书，给驿马送他们回归故里，朝廷按月给的廪米、每年给的役夫都同原来的一样。

刘健离朝，刘瑾还记恨不止。第二年三月辛未，下诏书罗列五十三人为"奸党"，把告示张贴在上朝的地方，刘健列在榜首。又过了两年，削去刘健的官籍，贬他为平民，追夺回给他的诰命。刘瑾被杀，刘健恢复原来的官职，退休。后来他听说皇帝屡次巡幸游玩，就叹息不进饮食说："我辜负了先帝。"世宗即位，命行人带着敕书前去慰问他，用司马光、文彦博比喻他，增加赏赐。刘健到了九十年纪，皇帝下诏，命巡抚到他的府第送去丝织品、活羊、好酒，任命他的孙子刘成学做中书舍人的官。嘉靖五年，刘健去世，享年九十四岁。留下几千字的表章，规劝皇帝端正自身，努力学习，亲近有德行的人，疏远奸恶的小人。皇帝为他的死震动追悼，赏赐抚恤非常丰厚，赠太师，根据他生前的事迹给他"文靖"的谥号。

刘健气度严谨整肃,端正自身而为下属的表率。退朝以后,官员私下拜见,不讲一句话。许进等七人想要推荐焦芳进入吏部,刘健说:"我不久就要退职回乡,这个位置就归焦芳所有,恐怕各位都要受他的害了。"后来七个人果然都被焦芳排挤。李东阳以诗文引导年轻人,全国读书人都相对谈论文学,刘健好像没有听到,只是教人研习经书追究义理。他的事业光明卓越,明代的辅佐大臣少有能与他相比的。

杨廷和传

【题解】

杨廷和(1459~1529),明中叶名相。字介夫,号石斋,四川新都人。十二岁中举,十九岁中进士,改庶吉士。风度翩翩,性格沉静周密,胸怀身任辅佐之臣的大志。弘治年间历任修撰、左春坊左中允、左春坊大学士。正德初年,因触犯专权太监刘瑾,外调南京吏部。不久,升南京户部尚书,还朝升文渊阁大学士,入阁参与军国机务。后升吏部尚书武英殿大学士,进谨身殿大学士,又进华盖殿大学士,继李东阳为内阁首辅。宁王朱辰濠反,武宗皇帝亲征,命他留守京师,他镇静持重,为朝廷内外所推服。

武宗逝世,他援引《皇明祖训》拥立兴献王长子朱厚熜继位,草拟遗诏,革除武宗朝弊政。世宗年幼即位,他又拟写登基诏书,极力推行新政,深得人心。因在"大礼仪"中得罪世宗皇帝,于嘉靖三年(1525)正月辞职归乡。嘉靖七年削籍为民。嘉靖八年卒,享年七十一。隆庆初年复官。著有《杨文忠公三录》《石斋集》等。

【原文】

杨廷和,字介夫,新都人。父春,湖广提学佥事。廷和年十二,举于乡。成化十四年,年十九,先其父成进士,改庶吉士。告归娶,还朝授检讨。廷和为人美风姿,性沉静详审,为文简畅有法,好考究掌故、民瘼、边事及一切法家言,郁然负公辅望。

弘治二年,进修撰。《宪宗实录》成,以预纂修进侍读。改左春坊左中允,侍皇太子讲读。修《会典》成,超拜左春坊大学士,充日讲官。正德二年,由詹事入东阁,专典诰敕。以讲筵指斥佞幸,忤刘瑾,传旨改南京吏部左侍郎。五月,迁南京户部尚书。又三月,召还,进兼文渊阁大学士,参预机务。明年,加少保兼太子太保。瑾摘《会典》小误,夺廷和与大学士李东阳等俸二级,寻以成《孝宗实录》功还之。明年,加光禄大夫、柱国,迁改吏部尚书、武英殿大学士。

时瑾横益甚,而焦芳、张䌽为中外媾。廷和与东阳委曲其间,小有剂救而已。安化王寘𫐉反,以诛瑾为名。廷和等草敕诏,请擢边将仇钺,以离贼党。钺果执寘𫐉。会张永发瑾罪,瑾伏诛,廷和等乃复论功进少傅兼太子太傅、谨身殿大学士,予一子中书舍人。

流贼刘六、刘七、齐彦名反，杨一清荐马中锡讨之。廷和言："中锡，文士也，不任此。"时业已行，果不能平贼。廷和请逮中锡下狱，以陆完代之，而斩故受赇纵贼者参将桑玉。已，又用学士陈霁言，调诸边兵讨河南贼赵镂等，而荐彭泽为总制。贼平论功，录廷和一子锦衣卫千户。辞，特加少师、太子太师、华盖殿大学士。东阳致政，廷和遂为首辅。

张永既去瑾而骄，捕得男子臂龙文者以为功，援故太监刘永诚例，觊封侯。廷和言："永诚从子聚自以战功封伯耳，且非永诚身受之也"，乃止。彭泽将西讨鄢本恕，问计廷和，廷和曰："以君才，贼不足平，所戒者班师早耳。"泽后破诛本恕等即班师，而余党复蝟起不可制。泽既发复留，乃叹曰："杨公先见，吾不及也。"

乾清宫灾，廷和请帝避殿，下诏罪己，求直言。因与其僚上疏，劝帝早朝晏罢，躬九庙祭祀，崇两宫孝养，勤日讲。复面奏开言路，达下情，还边兵，革宫市，罢皇店，出西僧，省工作，减织造，凡十余条，皆切至。帝不省。寻以父卒乞奔丧，不许。三请乃许，遣中官护行。旋复起之，三疏辞，始许。阁臣之得终父母丧者，自廷和始也。

服甫阕，即召至。帝方猎宣府，使使赐廷和羊酒、银币。廷和疏谢，因请回銮，不报。复与大学士蒋冕驰至居庸，欲身出塞请。帝令谷大用扼关门，乃归。帝命回銮日群臣各制旗帐迎，廷和曰："此里俗以施之亲旧耳。天子至尊，不敢渎献。"帝再使使谕意，执不从，乃已。

当廷和柄政，帝恒不视朝，恣游大同、宣府、延绥间，多失政。廷和未尝不谏，俱不听，廷和亦不能执奏。以是邑邑不自得，数移疾乞骸骨，帝亦不听。中官谷大用、魏彬、张雄、义子钱宁、江彬辈，恣横甚。廷和虽不为下，然亦不能有所裁禁，以是得稍自安。

御史萧淮发宁王宸濠反谋，钱宁辈犹庇之，诋淮离间。廷和请如宣宗谕赵王故事，遣贵戚大臣赍敕往谕，收其护卫屯田。于是命中官赖义、驸马都尉崔元等往，未至而宸濠反。帝欲帅师亲征，廷和等力阻之。帝乃自称总督军务、威武大将军、总兵官、后军都督府、太师、镇国公朱寿，统各京边将士南讨。而安边伯许泰为威武副将军、左都督刘晖为平贼将军前驱，镇守、抚、按悉听节制。命廷和与大学士毛纪居守。以乾清、坤宁二宫工成，推恩录一子锦衣卫副千户，辞，时廷和当草大将军征南敕谕，谢弗肯，帝心恚。会推南京吏部尚书刘春理东阁诰敕，以廷和私其乡人，切责之。廷和谢罪，乞罢，不许。少师梁储等请与俱罢，复不许。廷和方引疾不入，帝遂传旨行之。时十四年八月也。

帝既南，两更岁朔。廷和颇以镇静持重，为中外所推服。凡请回銮者数十疏，皆不省复。帝归，驻跸通州。廷和等举故事，请帝还大内御殿受俘，然后正宸濠等诛，而帝已不豫。趣召廷和等至通州受事，即行在执宸濠等僇之，驾乃旋。

明年正月，帝郊祀，呕血舆疾归，逾月益笃。时帝无嗣。司礼中官魏彬等至阁言，国医力竭矣，请捐万金购之草泽。廷和心知所谓，不应，而微以伦序之说风之，彬等唯唯。三月十四日丙寅，谷大用、张永至阁，言帝崩于豹房，以皇太后命，移殡大内，且议所当立。廷和举《皇明祖训》示之，曰："兄终弟及，谁能渎焉？兴献王长子，宪宗之孙，孝宗之从子，大行皇帝之从弟，序当立。"梁储、蒋冕、毛纪咸赞之。乃令中官入启皇太后，廷和等候左顺门下。顷之，中官奉遗诏及太后懿旨，宣谕群臣，一如廷和请，事乃定。

廷和遂以遗诏命太监张永、武定侯郭勋、安边伯许泰、尚书王宪选各营兵，分布皇城四门、京城九门及南北要害，厂卫御史以其属扞拽。传遗命，罢威武营团练诸军，各边兵入卫者俱重赏散归镇，革皇店及军门办事官校悉还卫，哈密、吐鲁番、佛郎机诸贡使皆给赏遣还国，豹房番僧及少林僧、教坊乐人、南京快马船诸非常例者，一切罢遣。又以遗诏释南京逮系囚，放遣四方进献女子，停京师不急工务，收宣府行宫金宝归诸内库。中外大悦。

时平虏伯江彬拥重兵在肘腋间，知天下恶之，心不自安。其党都督佥事季琮尤狠黠，劝彬乘间以其家众反，不胜则北走塞外。彬犹豫未决。于是廷和谋以皇太后旨捕诛彬，遂与同官蒋冕、毛纪及司礼中官温祥四人谋。张永伺知其意，亦密为备。司礼魏彬者，故与彬有连。廷和以其弱可胁也，因题大行铭旌，与彬、祥及他中官张锐、陈严等为详言江彬反状，以危语怵之。彬心动，惟锐力言江彬无罪，廷和面折之。冕曰："今日必了此，乃临。"严亦从旁赞决，因俾祥、彬等入白皇太后。良久未报，廷和、冕益自危。顷之，严至曰："彬已擒矣。"彬既诛，中外相庆。

廷和总朝政几四十日，兴世子始入京师即帝位。廷和草上登极诏书，文书房官忽至阁中，言欲去诏中不便者数事。廷和曰："往者事龃龉，动称上意。今亦新天子意耶？吾侪贺登极后，当面奏上，问谁欲削诏草者。"冕、纪亦相继发危言，其人语塞。已而诏下，正德中蛊政厘抉且尽。所裁汰锦衣诸卫、内监局旗校工役为数十四万八千七百，减漕粮百五十三万二千余石，其中贵、义子、传升、乞升一切恩幸得官者，大半皆斥去。中外称新天子圣人，且颂廷和功。而诸失职之徒衔廷和次骨，廷和入朝，有挟白刃伺舆旁者。事闻，诏以营卒百人卫出入。帝御经筵，廷和知经筵事。修《武宗实录》，充总裁。廷和先已加特进，一品满九载，兼支大学士俸，赐敕旌谕。至是加左柱国。帝召对者三，慰劳备至。廷和益欲有所发擿，引用正人，布列在位。

给事、御史交章论王琼罪状，下诏狱。琼迫，疏讦廷和以自解。法司当琼奸党律论死，琼力自辩，得减戍边。或疑法司承廷和指者。会石珤自礼部尚书掌詹事府，改吏部，廷和复奏改之掌詹事司诰敕。人或谓廷和太专。然廷和以帝虽冲年，性英敏，自信可辅太平，事事有所持诤。钱宁、江彬虽伏诛，而张锐、张忠、于经、许泰等狱久不决，廷和等言："不诛此曹，则国法不正，公道不明，九庙之灵不安，万姓之心不服，祸乱之机未息，太平之治未臻。"帝乃籍没其赀产。廷和复疏请敬天戒，法祖训，隆孝道，保圣躬，务民义，勤学问，慎命令，明赏罚，专委任，纳谏诤，亲善人，节财用。语多剀切，皆优旨报可。及议"大礼"，廷和持论益不挠，卒以是忤帝意。

先是，武宗崩，廷和草遗诏，言皇考孝宗敬皇帝亲弟兴献王长子某，伦序当立。遵奉《祖训》兄终弟及之文，告于宗庙，请于慈寿皇太后，迎嗣皇帝位。既令礼官上礼仪状，请由东安门入居文华殿。翼日，百官三上笺劝进，俟令旨俞允，择日即位。其笺文皆循皇子嗣位故事。世宗览礼部状，谓："遗诏以吾嗣皇帝位，非为皇子也。"及至京，止城外。廷和固请如礼部所具仪，世宗不听。乃御行殿受笺，由大明门直入，告大行几筵，日中即帝位。诏草言："奉皇兄遗诏，入奉宗祧"，帝迟回久之，始报可。越三日，遣官往迎帝母兴献妃。未几，命礼官议兴献王主祀称号。廷和检汉定陶王、宋濮王事授尚书毛澄，曰："是足为据，宜尊孝宗曰皇考，称献王为皇叔考兴国大王，母妃为皇叔母兴国太妃，自称侄皇帝名。别立益王次子崇仁王为兴王，奉献王祀。有异议者即奸邪，当斩。"进士张璁与侍郎王瓒言，帝入继大统，非为人后。瓒微言之，廷和恐其挠议，改瓒官南京。

五月，澄会廷臣议上，如廷和言。帝不悦。然每召廷和从容赐茶慰谕，欲有所更定，廷和卒不肯顺帝指。乃下廷臣再议。廷和偕蒋冕、毛纪奏言："前代入继之君，追崇所生者，皆不合典礼。惟宋儒程颐《濮议》最得义理之正，可为万世法。至兴献王祀，虽崇仁王主之，他日皇嗣繁衍，仍以第二子为兴献王后，而改封崇仁王为亲王，则天理人情，两全无失。"帝益不悦，命博考典礼，务求至当。廷和、冕、纪复言："三代以前，圣莫如舜，未闻追崇其所生父瞽瞍也。三代以后，贤莫如汉光武，未闻追崇其所生父南顿君也。惟皇上取法二君，则圣德无累，圣有光矣。"澄等亦再三执奏，帝留中不下。

七月，张璁上疏谓当继统，不继嗣。帝遣司礼太监持示廷和，言此议遵祖训，据古礼，宜从。廷和曰："秀才安知国家事体！"复持入。无何，帝御文华殿，召廷和、冕、纪，授以手敕，令尊父母为帝后。廷和退而上奏曰：《礼》谓为所后者为父母，而以其所生者为伯叔父母，盖不惟降其服而又异其名也。臣不敢阿谀顺旨。"仍封还手诏。群臣亦皆执前议。帝不听。

迨九月，母妃至京，帝自定仪由中门入，谒见太庙，复申谕欲加称兴献帝、后为皇。廷和言："汉宣帝继孝昭后，谥史皇孙、王夫人曰悼考、悼后；光武上继元帝，钜鹿、南顿君以上立庙章陵，皆未尝追尊。今若加皇字，与孝庙、慈寿并，是忘所后而重本生，任私恩而弃大义，臣等不得辞其责。"因自请斥罢。廷臣诤者百余人。帝不得已，乃以嘉靖元年诏称孝宗为皇考，慈寿皇太后为圣母，兴献帝、后为本生父母，不称皇。

当是时，廷和先后封还御批者四，执奏几三十疏，帝常忽忽有所恨。左右因乘间言廷和恣无人臣礼。言官史道、曹嘉遂交劾廷和。帝为薄谪道、嘉，以安廷和，然意内移矣。寻论定策功，封廷和、冕、纪伯爵，岁禄千石，廷和固辞。改荫锦衣卫指挥使，复辞。帝以赏太轻，加荫四品京职世袭，复辞。会满四考，超拜太傅，复四辞而止。特赐教旌异，锡宴于礼部，九卿皆与焉。

帝颇事斋醮，廷和力言不可，引梁武、宋徽为喻，优旨报纳。江左比岁不登，中官请遣官督织造。工部及给事、御史言之，皆不听，趣内阁撰敕。廷和等不奉命，因极言民困财竭，请毋遣。帝趣愈急，且戒毋渎扰执拗。廷和力争，言："臣等与举朝大臣、言官言之不听，顾二三邪佞之言是听，陛下能独与二三邪佞共治祖宗天下哉？且陛下以织造为累朝旧例，不知洪武以来何尝有之，创自成化、弘治耳。宪宗、孝宗爱民节财美政非一，陛下不取法，独法其不美者，何也？即位一诏，中官之幸路绌塞殆尽，天下方传诵圣德，今忽有此，何以取信？"因请究拟旨者何人，疑有假御批以行其私者。帝为谢不审，俾戒所遣官毋纵肆而已,不能止也。

廷和先累疏乞休,其后请益力。又以持考献帝议不合,疏语露不平。三年正月,帝听之去,责以因辞归咎,非大臣道。然犹赐玺书,给舆廪邮护如例,申前荫子锦衣卫指挥使之命。给事、御史请留廷和,皆不报。廷和去,始议称孝宗为皇伯考。于是,廷和子修撰慎率群臣伏阙哭争,杖谪云南。既而王邦奇诬评廷和及其次子兵部主事惇、婿修撰金承勋、乡人侍读叶桂章与彭泽弟冲交关请属,俱逮下诏狱,鞫治无状,乃得解。

七年,《明伦大典》成,诏定议礼诸臣罪。言廷和谬主《濮议》,自诡门生天子、定策国老,法当僇市,姑削职为民。明年六月卒,年七十一。居久之,帝问大学士李时太仓所积几何,时对曰:“可支数年。由陛下初年诏书裁革冗员所致。”帝慨然曰:“此杨廷和功,不可没也。”隆庆初,复官,赠太保,谥文忠。

初,廷和入阁,东阳谓曰:“吾于文翰,颇有一日之长,若经济事须归介夫。”及武宗之终,卒安社稷者,廷和力也,人以东阳为知言。

【译文】

杨廷和,字介夫,新都人。父亲杨春,是湖广提学佥事。杨廷和十二岁时,乡试中了举人。成化十四年,年龄十九岁,在他父亲之前中进士,改庶吉士。请假回乡娶亲,回朝授官检讨。杨廷和这个人风度翩翩,性格沉静,考虑周密,文章简洁流畅,很得方法,喜欢研究历史上的人物事迹、制度沿革、民间疾苦、边防事宜以及一切法家学说,蔚然负有国家公卿辅佐之望。

弘治二年,进官修撰。《宪宗实录》纂修完成,因为参与纂修升为侍读。改左春坊左中允,侍奉皇太子讲读。修《会典》完成,越级升官左春坊大学士,充任日讲官。正德二年,由詹事进入东阁,专门掌管诰命敕书。由于在进讲时指摘斥责奸佞的亲信小人,得罪了专权太监刘瑾,传下旨意改官南京吏部左侍郎。五月,升为南京户部尚书。又过三个月,召回朝廷,进官兼文渊阁大学士,参与机密的军国大事。第二年,加官少保兼太子太保。刘瑾指摘《会典》中的小错误,剥夺杨廷和与大学士李东阳等人俸禄二级。不久因为修成《孝宗实录》的功劳,又把剥夺去的俸禄还给了他们。第二年,加官光禄大夫、柱国,调升为吏部尚书,武英殿大学士。

当时刘瑾更加蛮横残暴,而焦芳、张綵成为宦官与朝廷官员勾结的人物。杨廷和与李东阳为了顾全大局暂时忍让,只能稍有调和补救而已。安化王朱寘鐇谋反,以诛杀刘瑾为名义。杨廷和等人草拟赦免诏书,请求提升边防将领仇钺,以便离间叛党。仇钺果然捉住了朱寘鐇。正巧这时太监张永揭发刘瑾的罪状,刘瑾伏法被杀,杨廷和等人于是又论功升为少傅兼太子太傅、谨身殿大学士,授予他的一个儿子为中书舍人。

流贼刘六、刘七、齐彦名造反,杨一清推荐马中锡征讨他们。杨廷和说:“马中锡,是个文人,不能担负这个重任。”当时马中锡已经出发征讨,果然不能平定流贼。杨廷和请求逮捕马中锡关入监狱,让陆完代替他征讨,而斩了以前按受贿赂放纵流贼的参将桑玉。不久,又用学士陈霁的建议,调发各边防兵征讨河南流贼赵镦等人,而推荐彭泽为总制。

流贼平定后评论功劳,任用杨廷和一子为锦衣卫千户,他辞而不受。特例给他加官少师、太子太师、华盖殿大学士。李东阳退休还政朝廷,杨廷和于是成为内阁首辅。

张永在刘瑾处死以后骄纵起来,捉到臂膀上刻有龙纹的男子认为有功劳,援引过去太监刘永诚的先例,觊觎封侯。杨廷和说:"是刘永诚的侄子刘聚自己认为有战功封伯爵罢了,还不是刘永诚自身所受的封爵。"于是给张永封爵的事就作罢了。彭泽将要西征鄢本恕,向杨廷和请教计谋。杨廷和说:"凭你的才能,贼是不难平定的,要防备的是过早的认为胜利而调军回朝罢了。"彭泽后来攻杀了鄢本恕等人就班师回朝,而余党聚集起来,无法遏制。彭泽已经往回发兵又留了下来,于是感叹地说:"杨公有预见,我不如他。"

乾清宫遭受火灾,杨廷和请求皇帝避居别殿,下发自己认罪的诏书,征求正直的言论。因此他和同事一起上疏,劝说皇帝早朝晚罢,亲自躬行九庙祭祀典礼,尊崇奉养两宫皇太后,尽心日讲。又当面奏明广开言路,通达下情,边兵调归,革除宫市,停罢皇店,驱出番僧,节省工程,减少织造,一共有十几条,词意都非常殷切。皇帝却不省悟。不久,杨廷和因为父亲死去,请求回乡料理丧事,皇帝不准。接连多次请求后才许可,派遣太监护送他回乡。不久又起用他,他再三上奏推辞,才准许。内阁大臣得以自始至终为父母服丧,是从杨廷和开始的。

服丧刚刚期满,就召还朝。皇帝正在宣府打猎,派遣使臣赐给杨廷和羊酒、银币。杨廷和上疏谢恩,乘机请皇帝车驾回京。皇帝不做答复。杨廷和又与大学士蒋冕急忙赶到居庸关,想要亲自出塞请皇帝回宫。皇帝派太监谷大用把守住居庸关门,他们只得回京。皇帝命令在他车驾回京的时候群臣各自制作旗帐迎接他。杨廷和说:"这个俚俗是用于亲戚朋友罢了。天子是最尊贵的,不敢亵渎奉献这些。"皇帝又一次派出使臣告知这个意图,杨廷和坚持不从,于是只好作罢。

当时杨廷和执掌朝政,皇帝经常不上朝,在大同、宣府、延绥等地放纵地游玩,耽搁了很多重要政事。杨廷和也曾规劝,但都不听。杨廷和也不能执意上奏,因此他自己愁闷不安,多次称病请求退休回乡,皇帝也不答应。太监谷大用、魏彬、张雄,皇帝义子钱宁、江彬等人,放纵骄横极了。杨廷和虽然不示弱,但也不能制裁禁止。因此他自己的地位才稍微得到安稳。

御史萧淮揭发宁王朱宸濠反叛的阴谋,钱宁等人庇护宁王,诋毁萧淮是离间。杨廷和请求像过去宣宗告谕赵王那样行事,派遣皇亲贵戚大臣带着敕书前往告谕,收回宁王的护卫部队和屯田。于是命太监赖义、驸马都尉崔元等人前去,还没有到达而宸濠反叛了。皇帝想要亲自率领军队去征讨,杨廷和等人极力阻止。皇帝却自称总督军务、威武大将军、总兵官、后军都督府、太师、镇国公朱寿,统领各京军及边防将士南下征讨。而安边伯许泰任命为威武副将军,左都督刘晖被任命为平贼将军,在前面作先锋,各地镇守大臣、巡抚、巡按都听从节制。命令杨廷和与大学士毛纪居住京师留守。因乾清、坤宁二宫殿的工程竣工,扩大恩典任用杨廷和一子为锦衣卫副千户,他推辞了。当时杨廷和理当草拟大将军征讨南方的敕书,他辞谢不肯草拟,皇帝怀恨在心。正巧推荐南京吏部尚书刘春管理东阁诰命敕书,皇帝认为杨廷和对他的同乡有私情,着实斥责了他。杨廷和谢罪,请求罢免官职,皇帝不准许。少师梁储等人请求与杨廷和一同罢免,也不准许。杨廷和正以有病为由不到内阁办事,而皇帝竟然发下圣旨出发了。时间是在正德十四年的八月。

皇帝南征以后,两次更改了岁首,杨廷和很以镇静持重而为朝廷内外所推崇佩服。他请求皇帝车驾回京的奏疏一共上了几十次,都不能使皇帝省悟。皇帝归来,在通州停留暂住。杨廷和等人举出旧日例行的仪式,请求皇帝回宫内御殿接受战俘,然后依法执行宸濠等人的死刑,而这时皇帝已经病得很重了。皇帝赶快宣召杨廷和等人到通州议事,就在行在捉拿宸濠等处死了他们。车驾这才凯旋回京。

第二年正月,皇帝到南郊祭祀天地,因吐血乘车急忙还宫,过了一个月病情加重。当时皇帝还没有儿子,司礼监太监魏彬等到内阁说,御医竭尽力量了,请求捐出万两黄金向民间搜求医方。杨廷和心里明白他们说的是什么,没有答应,而不显露地用人伦顺序的说法暗暗劝告他们,魏彬等只是答应。三月十四日丙寅,谷大用、张永到内阁,说皇帝死在豹房,用皇太后的命令迁移灵枢到内宫里,将要商议应当立为皇帝的人。杨廷和手举《皇明祖训》给他们看,说:"兄长死去由弟弟继承,谁能够轻慢?兴献王的长子,是宪宗的孙子,孝宗的侄子,大行皇帝的堂弟,按顺序应当立为皇帝。"梁储、蒋冕、毛纪都赞同他的说法,于是命太监进宫告知皇太后,杨廷和等人守候在左顺门下面。过了一会儿,太监捧着皇帝遗诏和皇太后的懿旨,宣布告谕群臣,完全和杨廷和请求的一样,事情就这样决定了。

杨廷和于是以皇帝遗诏命令太监张永、武定侯郭勋、安边伯许泰、尚书王宪挑选各营兵,士,分布在皇城内门、京城九门以及南北要害的地方。厂卫、御史各自率领他们的下属守卫一方。发下遗命,罢去威武营团练各军队,各地边防军入卫京师的都给以重赏散回各自镇守地方,革除皇店,军门办事官校全部归还各卫所,哈密、吐鲁番、佛郎机的各位朝贡使节也都给赏赐遣回国,豹房番僧和少林僧、教坊司的乐人、南京快马船等各种不符合常例的事物全部停罢废除。又以皇帝遗诏名义释放了南京逮捕关在狱中的囚犯,把全国各地进献的妇女放出宫去遣散回乡,停罢京师不急的工程事项,收宣府行宫的金印还内库。朝廷内外都非常高兴。

当时平虏伯江彬在京师附近要害地方拥有重兵,知道天下人都憎恨他,心里很不安。他的同党都督金事李琮尤其狠毒狡猾,劝说江彬乘机率领家兵属下谋反,不能成功就向北逃往塞外。江彬犹豫不决。于是杨廷和谋划用皇太后懿旨逮捕杀掉江彬,就和同事蒋冕、毛纪及司礼监太监温祥四个人商量。张永暗中得知这个意图,也秘密地做了准备。司礼太监魏彬这个人,过去和江彬有关系,杨廷和认为他软弱可以胁迫就范。因此题写表彰大行皇帝的铭文,和魏彬、温祥及其他太监张锐、陈严等详细述说江彬谋反的罪状,用危险吓人的话语让他们知道恐惧。魏彬心里活动了,只有张锐极力说江彬没有罪,杨廷和当面斥责了他。蒋冕说:"今天一定要解决这件事,已经迫在眉睫了。"陈严也从一旁赞成做出决定。因此派温祥、魏彬等进宫报告皇太后。许久没有回音,杨廷和、蒋冕更加感到危急。不久,陈严来到说:"江彬已经被捉住了。"江彬被处死以后,朝廷内外都相互

　　杨廷和总理朝政近四十天，兴献王世子才到京师即皇帝位。杨廷和草拟了新皇帝登基的诏书，文书房官员忽然到内阁来，说是想要删去诏书中几件不合适的事情。杨廷和说："过去事情有抵触时，动不动就称说是皇帝旨意。现在也是新皇帝的旨意吗？我们朝贺皇帝登基以后，当面奏明皇帝，问问谁是想要删削诏书草稿的人。"蒋冕、毛纪也接着发表正直的言词，使那个文书房的官员说不出话来。不久诏书颁布下来，把正德时期败坏的朝政几乎全部纠正剔除了。裁减淘汰锦衣卫各卫、内监局旗校、工役共十四万八千七百人，削减漕粮一百五十三万二千多石，把宠幸宦官、皇帝义子、宫内传旨升迁的官员、自己乞求升迁的官员及一切由于恩惠宠幸而得一官职的人大多数都斥退了。朝廷内外称赞新皇帝是圣人，还颂扬杨廷和的功劳。而众多的失去职位的人对杨廷和却恨之入骨，杨廷和上朝时，有人在胳膊底下夹着刀子等候在他的轿子旁，准备刺杀他。皇帝听说了这件事，下诏让京营士兵一百人保卫杨廷和出入。皇帝开经筵听讲儒家经典学说，杨廷和主持经筵进讲事宜。纂修《武宗实录》，充任总裁官。杨廷和在此以前已经特例加官，担任一品官满九年，兼领取大学士的俸禄，赐给敕书表彰。到这时又加左柱国。皇帝多次召见，慰劳周到极了。杨廷和更加想要施展抱负有所作为，援引正直的人士，安排在朝廷合适的位置上。

　　给事中、御中一起上章弹劾王琼的罪状，把他关入锦衣卫的监狱。王琼窘迫，上疏攻击杨廷和，企图以此使自己得到解脱。法律部门认为按照奸党的律条王琼应当处以死罪，王琼极力为自己辩白，得到减刑流放到边远地方。有人怀疑法律部门接受了杨廷和的指使。正巧石瑶从礼部尚书掌詹事府改官吏部，杨廷和又上奏调他掌詹事主管诰命敕书。有人说杨廷和过于独断专行。然而杨廷和认为皇帝虽然年幼，但本性英明聪慧，自己有信心可以辅佐他达到太平治世，每件事情都坚持用正直的言论劝导。钱宁、江彬虽然服罪被杀，而张锐、张忠、于经、许泰等人的案件却很长时间没有判决，杨廷和等人说："如果不处死这些人，就会国法不正，公道不明，祖宗神灵不安，百姓心里不服，祸乱兆头不能平息，太平治世不能真的形成。"皇帝于是查抄没收他们的财产。杨廷和又上疏请求皇帝敬重上天告诫，遵守祖宗训令，兴隆孝道，保重身体，爱护民众，勤奋学习，慎重命令，分明赏罚，委任专一，采纳直言，亲近善士，节省财用，所言大多切实可行。皇帝下诏赞许他的意见。到议定"大礼"的时候，杨廷和更加坚持己见，终于因为这一缘故触犯了皇帝的心意。

　　在这以前，武宗死后，杨廷和草拟遗诏，称说武宗皇帝的父亲孝宗皇帝的亲弟弟兴献王长子某，按照人伦顺序应当立为皇帝，遵行《皇明祖训》中兄长死后由弟弟即位的规定，祭告宗庙，经向慈寿皇太后请示，迎来继承皇帝位。已经命令掌管礼仪的官员奏上应行的礼仪程序，请嗣君从东安门进皇宫，住在文华殿。第二天，朝廷百官三次呈表笺，劝说登基，等待令旨准许，挑选日期即位。表笺的内容都是按照皇太子即位的制度起草的。世宗观看了礼部的上奏，说："遗诏让我继承皇帝位，不是做皇子。"等到达了京师以后，停留在城外，杨廷和坚决请求如礼部上奏的礼仪行事，世宗不肯听从。最终到行殿接受表笺，由大明门进入皇宫，在大行皇帝的牌位前禀告后，正午的时候即皇帝位。草拟的诏书中说："恭敬地接受皇兄遗诏，入继宗统世系"，皇帝迟疑辗转了很久，才回答许可。过了三天，派遣官员议定祭祀兴献王时的称号。杨廷和查出汉朝定陶王、宋朝仆王的事例交给尚书毛澄，说："这完全可以作为根据，应当尊奉孝宗为皇父，称呼兴献王为皇叔父兴国大王，母妃为皇叔母兴国太妃，自称为侄皇帝署名，另外立益王第二子崇仁王为兴王，供奉兴献王祭礼。有不同意见的就是奸邪的人，应当斩首。"进士张璁对侍郎王瓒说，皇帝入继帝统，不是做别人的后代。王瓒稍微提到这个意思，杨廷和怕他干扰议事，改调王瓒任南京官去了。

五月，毛澄汇集朝廷大臣的意见上报，都与廷和说的一样，皇帝很不高兴。然而每次召见杨廷和，从容赐茶慰谕，想要让他改订，杨廷和到底不肯顺从皇帝的意图。于是命令朝廷大臣再议。杨廷和与蒋冕、毛纪一同上奏说："过去朝代入继的君主，追尊生身父母，都不合乎典礼。只有宋朝大儒程颐的《濮议》最能得到正确的义理，可以被万代效法。至于兴献王的祭祀，虽然由崇仁王主持，以后皇帝的子孙逐渐增多，仍然让第二子作为兴献王的后代继承人，而改封崇仁王为亲王，那么天理和人情，就可以两全其美，没有缺失了。"皇帝更加不高兴，命令广泛查考典籍仪礼，一定要搜求到最恰当的办法。杨廷和、蒋冕、毛纪又说："三代以前，没有谁比舜更圣贤的，没有听说他追尊生父瞽瞍。三代以后，贤能没有比得过汉光武帝的，也没有听说他追尊生父南顿君。只要皇帝效法这两位君王，那么道德上没有毛病，尽心父母的孝道也发扬光大了。"毛澄等人也接连坚持上奏，皇帝把奏疏留在宫中不发下来。

七月，张璁上奏说应当继承皇帝的帝统，而应不过继继承嗣统。皇帝派遣司礼太监拿着这份奏疏给杨廷和看，说这一主张遵循祖训，依据古礼，宜予听从。杨廷和说："秀才哪里懂得国家的大事？"太监又拿着奏疏回宫去了。不久，皇帝到文华殿召见杨廷和、蒋冕、毛纪，交给他们亲笔所写的敕书，令尊奉他的生身父母为皇帝、皇后。杨廷和退下后上奏说："《周礼》说，把将自己认作继承人的人称为父母，而把生育自己的人称为伯叔父母，不仅是降低亲属关系而且还要改变称呼。臣下不敢阿谀顺从陛下的旨意。"仍旧封还了皇帝的亲笔诏书。群臣也坚持以前的议论。皇帝不予接受。

等到九月，皇帝生母兴献王妃到达京师，皇帝自己制定礼仪从中门进入皇宫，拜谒太庙，又一次申明要加称兴献帝、兴献后为皇帝、皇后。杨廷和说："汉宣帝继承孝昭皇帝以后，他的生身父母史皇孙、王夫人死后根据生平事迹给的称号是'悼考'、'悼后'；光武帝继承元帝，给钜鹿、南顿君以上父祖在章陵建立宗庙，都不曾追尊。今日如果加上'皇'字，和孝宗、慈寿并列，是忘记了所继承的人而偏重原本生身的人，凭个人私恩而丢弃国家大义，臣等不能推卸自己的责任。"因此自己请求罢官离职。朝廷大臣直言规劝的有一百多人。皇帝不得已，于是在嘉靖元年的诏书中称孝宗为皇父，慈寿皇太后为圣母，兴献帝、后称作本生父母，没有称为皇帝、皇后。

当时，杨廷和先后封还皇帝的御批四次，坚持上奏将近三十次，皇帝时常想起多有记恨。左右的人因此乘机说杨廷和放肆，没有做臣下的礼貌。科道官史道、曹嘉于是一起弹劾杨廷和。皇帝为此轻责史道、曹嘉，让杨廷和安心，然而内心的意图改变了。不久评论决定策立的功劳，封杨廷和、蒋冕、毛纪为伯爵，每年给俸禄一千石，杨廷和坚持推辞。改为任用一子为锦衣卫指挥使，他又推辞。皇帝以为赏赐太轻，增荫一个四品京官世袭，又一次推辞。正好达到四次考满的时候，越级拜为太傅，又推辞了四次才作罢。皇帝特地赐给敕书表彰他的特殊功劳，在礼部赐宴，九卿都参加了宴会。

皇帝从事大量的斋醮祭礼活动。杨廷和极力劝说不可，援引梁武帝、宋徽宗的事例作为说明，皇帝降旨，表示接受。江左连年粮食歉收，太监请求派遣监督织造。工部及给事中、御史上言，都不接受，催促内阁撰写敕书。杨廷和等人不遵行命令，于是极力陈述百姓困苦财用竭尽，请求不要派遣。皇帝催促越来越急，还告诫不要轻慢干扰执意不遵。杨廷和极力争执，说："臣等和满朝文武大臣、科道官员说的话不接受，只听从二三个奸恶谄媚小人的话，陛下能够只和二三个奸恶谄媚的小人共同治理祖宗传下来的天下吗？况且陛下认为织造是历朝旧有的惯例，不知道洪武以来不曾有，是从成化、弘治时期开创的。宪宗、孝宗爱护百姓节省财用的善政不只一件，陛下不采用效法，唯独仿效不好的地方，这是为什么呢？即位的诏书中，把太监得到宠幸的途径几乎全部废除阻塞了，天下正在传诵皇帝的圣明德行，现在忽然发生这件事，用什么取得天下人的信任呢？"于是请求追究草拟圣旨的是什么人，怀疑有人假皇帝御批实行自己的私意。皇帝道歉说考虑不周到，让告诫派遣出去的宦官不要放肆而已，但不予阻止。

杨廷和起先屡次上疏请求退休，后来请求更加坚决。又因为所持关于皇帝生父献帝称号的主张不合乎皇帝的心意，章疏中的言语流露出不平。三年正月，皇帝听凭他退休离去，并责备他在言词中归罪他人，不是做大臣应有的道德。然而还是给赐玺书，像以往惯例给予车马俸禄，一路护送回乡，重申先前给予一子锦衣卫指挥使的诰命。给事中、御史请求挽留杨廷和，都不答复。杨廷和离朝以后，才议定称孝宗为皇伯父。于是，杨廷和的儿子修撰杨慎率领群臣在皇宫门外伏地哭泣力争，被廷杖贬职到云南。不久王邦奇诬陷攻击杨廷和及他的次子兵部主事杨惇、女婿修撰金承勋、同乡侍读叶桂章与彭泽弟冲互相交通关节请托，都逮捕关入了锦衣卫监狱。经审讯没有犯罪的事实，于是释放了他们。

七年，《明伦大典》纂修完成，下诏给议论大礼的众大臣定罪，说杨廷和错误地主张《仆议》，欺诈自称是皇帝老师、策划决定皇帝即位的国家元老，按法律应当在市上斩首，暂且削去官籍为民。第二年六月，杨廷和死去，享年七十一岁。过了很久，皇帝问大学士李时太仓积存的粮食有多少，李时回答说："可以支付使用几年，这是由于陛下即位初年诏书决定裁减革除闲散无事的多余官员取得的结果。"皇帝感慨地说："这是杨廷和的功劳，不可埋没。"隆庆初年，恢复了杨廷和的官籍，追赠太保，根据他的生平事迹给以"文忠"的谥号。

起初，杨廷和进入内阁，李东阳对人说："我对于文章辞藻，很有一技之长，如果是治理国家的大事，那就须由介夫（杨廷和号介夫）来担当。"到武宗死了以后，最终安定国家社稷，是杨廷和的功劳，人们认为李东阳的话很有见识。